《奉化知县知州史料选辑》编纂委员会

主　　任：张文斌

副主任：陈红伟　陈彩凤

成　　员：竺剑虹　卓奇荣　吴爱通　竺月飞　陈黎明

编写组成员

主　　编：陈黎明　俞信芳

编　　辑：王舜祁　林祖焕　胡信胜

奉化知县知州史料选辑

宁波市奉化区地方志编纂办公室 编

陈黎明 俞信芳 / 主编

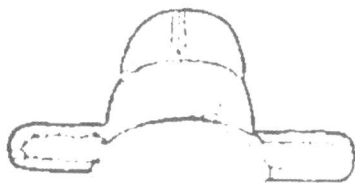

ZHEJIANG UNIVERSITY PRESS
浙江大学出版社

图书在版编目(CIP)数据

奉化知县知州史料选辑 / 陈黎明,俞信芳主编;宁波市奉化区地方志编纂办公室编. —杭州:浙江大学出版社,2017.12
ISBN 978-7-308-17772-6

Ⅰ.①奉… Ⅱ.①陈… ②俞…③宁… Ⅲ.①县—官员—行政管理—史料—奉化 Ⅳ.①D691.42

中国版本图书馆 CIP 数据核字(2017)第 327107 号

奉化知县知州史料选辑

宁波市奉化区地方志编纂办公室　编

陈黎明　俞信芳　主编

策划编辑	吴伟伟
责任编辑	杨利军
文字编辑	陈 翩
责任校对	沈巧华　张振华
封面设计	春天书装
出版发行	浙江大学出版社
	(杭州市天目山路 148 号　邮政编码 310007)
	(网址:http://www.zjupress.com)
排　　版	浙江时代出版服务有限公司
印　　刷	杭州日报报业集团盛元印务有限公司
开　　本	710mm×1000mm　1/16
印　　张	34.5
字　　数	510 千
版 印 次	2017 年 12 月第 1 版　2017 年 12 月第 1 次印刷
书　　号	ISBN 978-7-308-17772-6
定　　价	88.00 元

编纂说明

　　奉化为古鄞地,隋朝隶属句章县,唐置鄮州,又为鄮县。唐开元二十六年(738)析鄮置奉化县,自此起选县令。前之鄮县令如谢风等不录。

　　辑文前为知县、知州生平简介,含生卒年月日、籍贯、出身等。可考者,著录之;不可考者,则缺如,不赘使用"无考"说明。生平简介侧重出任奉化之事迹。最后附录相关诗文,有则录,无则缺。元代同一人名往往有多种称谓,以致实为一人,误作二人。在简介里括注异名,行文中一般不再括注。附录《奉化历代知县知州名录》统计了各朝代出任人数,复任的不计入数,如清代知县袁玉煊,后复任民国县知事,则统计在清代人数中。个别事项另用"按"语作补充说明。由于题为"史料选辑",除简介以外,均标史料出处,以备查核。

　　本书采用符号:"{}",内为拟删除的文字;"[]",内为拟增补的文字;"()",内或原文双行夹注,或新添夹注。夹注中无月日之公元年份,省略"年"字;古人多以干支、浣日、韵目计日,夹注对应旧历的公元日期。

　　传主任免时间往往与前后任有重叠和间隔。原因多种,如前任离职早、后任到岗迟,有的是历史文献疏漏讹误所致,宥于文献,未作按断。

序 一

2015年1月12日,习近平总书记在与中央党校第一期县委书记研修班学员座谈时,讲到县一级官员的重要性:"在我们党的组织结构和国家政权结构中,县一级处在承上启下的关键环节,是发展经济、保障民生、维护稳定、促进国家长治久安的重要基础。"确实,"郡县治,天下安",古今皆然。自秦汉郡县制形成以来,县级政权一直是中央集权在地方的代言,是直面百姓的最基层、最重要的官员,所谓"亲民之官,莫过于县令"。他们执一方之令,担一方之责:"平赋役,听治讼,兴教化,励风治,凡养老、祀神、贡士、读法,皆躬亲厥职而勤理之"。

由是观之,《奉化知县知州史料选辑》的编纂出版无疑有一定的积极意义和现实价值。

其一,具有史料研究价值。编者做了大量搜集、考证工作,汇总了历史上出任奉化的知县(知州)名录,并广泛征引丰富、翔实、可靠的史料,以反映历代奉化县官的生平经历、为官功过等。据史料记载,奉化自唐开元置县至中华人民共和国成立的1200余年间,历任知县(知州)有近400位。实际上还不止,因年代久远,难以考证,后世载史入册的不尽详全,也有谬误。对此,编者力所能及地予以勘误补漏,如增录五代时奉化令王文序,其史料来源为宋代葛胜仲撰的《丹阳集》卷十四《宣义郎致仕王公墓志铭》,应该是可靠的。又,增录元代奉化知县临海人蒋师颜,也史出有据。对此,奉化历代志书均无记载,填补了空白。其他如一些县官的生卒、籍贯、任免时间等也多有补正。当然,由于历史记载缺失,奉化古代县官存在"断档"现象在所难免,如唐开元年间奉化最早的几任县令就没有记载,而五代近60年间的知县无从考证。这些有待地方文史研究者稽考填补。此外,选辑中包含了丰富的地方历史文化信息,从后人撰写的众多碑铭中,我们可以了解奉化一些祠庙、殿堂的历史渊源,奉化县学之兴衰变迁,奉化河塘堤坝等水利之兴废……此书可以说是研究古代官场文化的样本,亦可作为地方历史文化研究的参考书。

其二,具有警示教育意义。古语云:"以铜为鉴,可正衣冠;以古为鉴,可知兴替;以人为鉴,可明得失。"《奉化知县知州史料选辑》记载的近400位县令,有一些政绩卓著,在百姓中口碑良好。如兴修水利、筑资国渠的唐县令陆明允,民间建灵祐庙祭祀之;凿河抗旱、除蝗抗灾却过劳猝死的萧世显,萧王庙历古至今举行庙会纪念他;重教兴农、政绩卓著的马称德,百姓为他立去思碑,勒石铭记,永作纪念;集民筑城、抗击倭寇的萧万斛,后人将其功比大禹……他们兴利除弊,造福一方,百姓看在眼里,记在心里,离任时攀辕卧辙,真诚挽留;离任后或为之立碑铭记,或为之建庙祭祀。这些官员还往往被朝廷树为榜样,加以旌表。他们坊间留名,青史留芳,是我们学习效仿的正面形象。也不乏滥用职权、践踏民意、鱼肉乡民、碌碌无为之辈,如权柄下移、形同聋聩的魏桐,为官不正、强征赋税的王济,贪污受贿、吸食鸦片的沈秉诚等,最后落得百姓唾骂,污迹存史,是我们引以为戒的反面教材。

史册"所以纪实而备观也",其用意就在于"指其善以为劝,指其恶以为戒"。选辑的警示教育意义不言而喻。

其三,具有资政鉴治作用。《奉化知县知州史料选辑》载录了奉化一些县官的从政经历和执政功绩,如宋嘉定年间县令冯多福,置义仓,修学校,治水利,造龙津馆,筑登陆亭,所作以民为重,多有惠政;元代至元年间县尹丁济重视教育,建养正堂,聚邑中子弟受学,重建仁寿殿、彝训堂,为县学讲肆之所,立百年根基;元代延祐年间知州马称德,以"务本业、兴文治"为宗旨,积义仓,垦荒田,设惠民局,建尊经阁,修城隍庙,政绩斐然,且尤重水利,开挖新河,疏浚广平湖、万寿湖,建珊琳碶、海岛碶、胡芝碶、资国碶、广平堰等,惠泽一方;明代崇祯年间县令胡梦泰重视教化,端正民风,捐建学宫和舒文靖、戴德彝祠,并着力社会治安,杖击乱民,严缉匪盗,惩处作恶宦亲,为官刚直不阿……从这些县官的执政理念和执政方略中,我们不难看出什么样的官员才是百姓心目中的好官,什么样的作为才会令百姓拍手称道。这些县官的为政之道可为当下广大干部尤其是一方主政者参考,对我们发展经济、治理社会、惠顾民生具有资鉴作用。

习近平总书记在县委书记研修班讲话时,曾经称赞过古代的几位清官:王安石二十七岁担任浙江鄞县(今宁波市鄞州区)知县,任职三年,"治绩大举,民称其德",为以后革新变法打下了基础;清代郑板桥长期在河南范县、山东潍县(今潍坊市)担任知县,其诗句"衙斋卧听萧萧竹,疑是民间疾苦声。些小吾曹州县吏,一枝一叶总关情"千古流传。此外还提到了陶渊明、狄仁杰、包拯、海瑞等县官。不可否认,古代县官与现代的县级官员有着本质区别,前者君为臣纲,端的是一套封建忠君思想;后者是执政为民,秉持的是为人民服务的宗旨,两者的执政理念不同。但是,正如习总书记所说:古代的官员也有很多抱着"齐家、治国、平天下"志向,不乏廉洁公正、政绩显著、为民做主的清官能吏。这从选辑中也可以看出,他们为奉化的发展和繁荣作出了应有贡献,其言其行值得我们尊敬和学习。

开卷有益,《奉化知县知州史料选辑》值得广大党员干部学习借鉴,从中汲取有益养分,摒弃封建糟粕。

原奉化县副县长、市政协副主席　范雪倩

序 二

中国的县制历史悠久，其发端可溯及春秋，《周礼注疏》卷十五《地官·司徒（下）》："县正，各掌其县之政令征比，以颁田里，以分职事，掌其治讼，趋其稼事而赏罚之。"是为周之县令。

春秋时，县令之称谓有多种：鲁、卫曰宰；楚曰尹，曰公；晋曰大夫。秦灭六国后在全国实行郡县制，《史记》卷五《秦本纪》："并诸小乡聚（《正义》：'万二千五百家为乡聚。犹村落之类也'），集为大县，县一令，四十一县。"《汉书》卷十九上《百官公卿表》："县令、长，皆秦官，掌治其县。万户以上为令，秩千石至六百石；减万户为长，秩五百石至三百石。皆有丞、尉。秩四百石至二百石，是为长吏。"《后汉书》卷三十八《百官志》曰县令职责："皆掌治民，显善、劝义、禁奸、罚恶，理讼、平贼，恤民时务，秋冬集课，上计于所属郡国。"

奉化，秦汉时属鄞县，隋朝时属句章县。《隋书》卷三十一《地理志》："句章。平陈，并余姚、鄞、鄮三县入。"时奉化属鄮县版图。《元和郡县志》卷二十七《江南道》（明州）："（唐）开元二十六年（738）采访使齐澣奏分越州之鄮县置明州"；"管县四：鄮县、奉化、慈溪、象山"；奉化县，"开元二十六年，采访使齐澣奏置"。《新唐书》卷四十一《地理志》："奉化，上。开元二十六年，析鄮置。"《旧唐书》卷九《玄宗本纪》：开元二十六年"七月庚辰（十三，738年8月3日），分越州置明州"。奉化县也在同一日设置。

北宋时，奉化为明州六县之一。元元贞元年（1295）升为奉化州，隶庆元。明洪武二年（1369）降为县。其时，县级官职一般设："知县一人（正七品），县丞一人（正八品），主簿一人（正九品）。其属典史一人（所辖别见）。

知县掌一县之政……"（《明史》卷七十五《职官》）

奉化自清顺治二年（1646）六月随宁波归入清版图。清沿明制，设知县（正七品）、县丞（正八品）、典史，废主簿。另鲒埼司巡检（康熙二年裁撤）、塔山司巡检、连山驿丞（乾隆年间裁撤），俱从九品。县以下行均里法，设里长。雍正三年（1725）革里长，代以保长。宣统元年（1909）颁行自治法，设乡董、乡佐、村董、村佐。《清史稿》卷一百十六《职官志》九十一《职官》三《外官》："县：知县一人（正七品），县丞一人（正八品），簿无定员（正九品），典史一人（未入流）。知县掌一县治理，决讼断辟，劝农赈贫，讨猾除奸，兴养立教。凡贡士、读法、养老、祀神，靡所不综。县丞、主簿，分掌粮马、征税、户籍、缉捕诸职。典史掌稽检狱囚（无，丞、簿兼领其事）。"

辛亥宁波光复，清制终。县最高长官名称不一，有的仍称县长或临时县长、代理县长，有的称司令、总司令、总理或民政长等。奉化称民政长。1912年11月26日，各省暂行划一官吏名称，规定各县府直隶厅、直隶州等行政长官一律改称知事，行政机关称知事公署。1914年5月23日公布县官制，同年9月6日修正，共九条，其中一条为：县置知事，隶属道尹，为一县行政长官，依法律、命令，执行县内行政事务。

1927年6月，废除县官旧称，一律改为县长制。1928年5月8日，国民政府公布《战地各县县政府组织暂行条例》，规定战地各县县政府设县长一人，受战地政务委员会指挥，处理全县事务。民国时奉化属三等县，面积1292.27平方千米。

古语云：郡县治，天下安。宋代著名清官包拯在《论县令轻授》奏章中曰："臣闻古之所重，为民父母者，县令耳。"说的是县官的重要性。古代对县官的选拔极为重视，往往"诏举贤良方正直言极谏之士，上亲策问以古今治道"，且"量材而授官，录德而定位"（《汉书》卷五十六《董仲舒传》）。

古之贤能县官大多严于律己，如鄞县县令杨懿，以"清慎勤"自勉——清以洁其己，慎以集其事，勤以奉其公。其在鄞县任职两年余，政绩卓著，口碑颇佳。而如汉代的龚（遂）、黄（霸）、卓（茂）、鲁（恭）等，均是千古传颂的杰出县令。

细数奉化的知县、知州,不乏贤明县官。如唐代县令赵察,凿县北河,开白杜河,分别溉民田八百余顷、四百余顷。民立祠以祀。宋代县令周因,兴利除害,仁爱洽民。移学宫,浚灵济泉,置大堰、聚堰水于县南,导水至方胜碶。复于县北十里置碶,溉田甚溥,名周长官碶。迁谢公祠,修庆登桥,创嘉会桥亭,民甚德之,立祠祀,名周南庙。元代知州于伯颜,专以忠厚,文雅廉慈、抚柔兴弱,消沮嚣兢。一年答榜轻,再年符移清,三年科徭平,逋流还归。戴表元为撰《知州于伯颜去思碑记》。明代县令钱璠,临民一以至诚,绝无炫饰,秋毫不取于民。虽自食之粟,必取给于家。在任六年,妻未尝自随,士论甚洁之。倪家碶崩剥,捐俸修之。戴德彝死建文之难,未有表彰。璠创为之祠,匾曰"显忠",手制祀文,文情并茂。又修嘉靖《奉化县图志》,总结历代之典章、成就,著录不少碑传文献。赖愈秀,识度通敏,才尤练达。与人宽而自严,作事整而自暇。开万家河,造太平桥,创北渡公馆,修学宫及诸公署。事皆精办,不动声色。清代知县郑懔,性仁俭,貌清癯,持身端谨。时用兵后,田地荒芜者甚多,为民请蠲若干亩,民甚德之。又筑后溪塘溉田,捐俸建厅,事皆可纪。李从龙,植善锄奸,恩威并济。听讼决以片言,狱无留滞。覆亩课农,令深其沟浍,固其堤防。杨国翰,性仁恕,勤恤民隐而遇事有执持,虽大府世家,无敢干以私者。上列县官,或廉洁奉公,或勤政恤民,或振起风教,或兴办水利,既改善了民生,亦净化了官场风气,堪为世范。

但也有为官不正的,如王济,额外加征,诱发社会动乱,被革职拿问;魏桐,权柄下移,行同聋聩,被革职追责。又如(民国)江辅勤《忠告县知事》提到的,"民国十一年中,历任本邑知事,可屈指数也。陈、陶、董、屠等,过去之劣绩,不屑说耳",对陈锦波、陶昌贤、董增春、屠景曾等知事嗤之以鼻。可见旧时之县官,政绩平庸、品行不端者不在少数。

如何做县官?应该做怎样的县官?古来有种种说法,多篇《县令箴》颇具针对性。如北宋姚铉编《唐文粹》卷七十八《县令箴》说县官施政:"政不欲猛,刑不欲宽。宽则人慢,猛则人残。宽则不济,猛则不安。……如山之重,如水之清。如石之坚,如松之贞。如剑之利,如镜之明。如弦之直,如秤之平。"明代唐文凤的《梧冈集》卷十《县令箴》云:"欲成其政,先修其身。当恤于民,毋负于君。正尔之心,鉴空衡平。励尔之操,蘖苦冰清。毋堕庸庸,毋过察察。毋苛刻而残,毋邪媚而狃。同寅协恭,庶务理集。弗誉以喜,弗谤以惕。……"

县官是封建社会最为重要的官级之一,所谓天下者州县之积,州县者风化之始。

是为序。

奉化区地方志编纂办公室

2017 年 10 月

目　录

目
录

元代达鲁花赤（达噜噶齐）、县尹

奉化知县知州史料选辑

唐代县令

陆明允,字信夫,吴郡人。宣公贽之从子。元和三年(808)以集贤校理出为奉化县令。是年大旱,出现人相食之惨状。明允辑和县民,发库粮以救济道路之饿者,全活数万人,治行为天下第一。又在龙潭溪叠石障水,凿渠引流,下通广平湖达于江,溉田数千顷。其堰所注曰"资国渠",曰"新河",至今赖之。在任五年(元和八年,813)逝世,当地百姓立祠祭祀。

————————————————————————————

《万姓统谱》卷一百十一:"陆明允,字信夫,吴郡人。宣公贽之从子,元和三年以集贤校理出为奉化县令。恫瘝无华,视民如子。属岁大旱,邻境人相食,明允辑和其民,振廪食以给道路之饿者,全活数万人,治行为天下第一。复于龙潭溪叠石障水,凿渠引流,下通广平湖达于江,溉田数千顷。其堰所注曰'资国渠',曰'新河',至今赖之。在邑五年卒,民立祠祀焉。"(清)顾祖禹《读史方舆纪要》卷九十二《浙江》四:"市河,县东南五里。亦曰新河,又名新渠。唐陆明允导大溪水由资国堰注市桥河,东折而北出,绕流六十里,至县北三十六里东耆堰,接奉化江,灌田至数十万,又通舟楫,以便商旅,后渐废。"雍正《宁波府志》卷十八《名宦·奉化》作"元和二年",又曰:"有司致祭之。"光绪《奉化县志》卷十六《职官表》上作元和三年任,曰:"陆明允,案《松江府志》:于邵有《送奉化陆长官之任序》。(后附)"至正《四明续志》卷九《祠祀·神庙·奉化州》:"灵祐庙,州东北五里。唐元和中令陆明允有治行,民德之祠焉。宋淳祐中赐今额,封永康侯。"雍正《宁波府志》卷十《坛庙·奉化》:"灵祐庙,县东北五里,岳林寺右,祀唐元和间令陆明允。事详《名宦传》。宋崇宁初,民祠之,有李中《记》。淳祐中赐额,封永康侯,有朱伯圭《记》。明嘉靖间知县高廷忠置祀田十三亩,为牲币之需。岁以七月二十四日致祭。"光绪《奉化县志》卷六《水利》:"市河,县东南五里,即新河,又名新渠。唐县令陆明允导大溪水,由资国堰注市桥河,循三山为广平湖,下为斗门,通郑家浈,至沈家庄入县溪。"

初夏陆万年厅送奉化陆长官之任序

（唐）于邵

予籍奉化，君之献甚矣。今也何幸，辱与万年君游而获展礼焉。公有入室之清行，有颜门之奥学。加之理要，饰以艺文。三十年中犹宰一邑，是何奇偶之所不伦乎？先是，公由外署尝摄行此职，未拜真而复罢。人到于今思之，岂彼人之幸犹多，而资公之政为理，不然，奚十年之外复与此合耶？况今年吏曹尤难其选，天子申明乎诏令，宰辅论定乎官材，天官卿孜孜于取舍，膺此举也，授受者安易为力哉？拜恩前殿，随牒上道。万年君轸陟冈之叹，怆异县之违，叙离公堂，言具旨酒，二三亲好，献酢有章。既敬而兄，又悦而弟。上友下悌，何其辈欤。鹢尾之会，火云初飞。前春花木，是日仍茂感而惜分（一作：令）于是为切。夫以卿士大夫之会，未尝不引诗人之兴，以宣其志。万年君所以进牍抽翰，邀文属辞，盖合斯义，将用贶别云耳。（《文苑英华》卷七百二十四）

赵察，大梁人，元和十二年（817）授奉化令。凿县北河，溉田八百余顷，名赵河。十四年（819）又开白杜河，溉田四百余顷。民弗能忘，立梓潼文昌宫、昆山庙以祠祀。

乾道《四明图经》卷三《奉化县·贤宰》："唐赵察为县令，元和十二年凿县北河，邑人德之，因名赵河。元和十四年，开白杜河，凡溉民田一千二百余顷。"成化《四明郡志》卷七《职官考·名宦》："赵察，大梁人，元和十二年授奉化令，凿县北河，溉田八百余顷，名赵河。十四年又开白杜河，溉田四百余顷。民弗能忘，立祠以祀。"雍正《宁波府志》卷十八《名宦·奉化》："赵察，大梁人，元和中令奉化，凿县北河，名曰'赵河'。又开白杜河，民立祠祀之，今金溪乡昆山庙是。"任期,《奉化市志·政府》1994年版作:"元和十三年任。"溉田数,宝庆《四明志》卷十四《奉化县志》一《叙县·叙水》:"白杜河,县东三十里,唐元和十四年县令赵察开,溉金溪民田凡四百余顷。""赵河,县北二十五里,唐元和十二年,县令赵察开,溉长寿民田凡八百余顷。邑人德之,因以名河。"白杜河,至正《四明续志》卷四《河渠·奉化州》作:"州东二十五里。"昆山庙,光绪《奉化县志》卷十二《坛庙》上:"县东四十里(《康乾志》作:三十五里),祀唐县令赵察(《康乾志》,采访)。事详《名宦传》。"

成公佐,元和十四年六月四日(819年6月29日)在任。

光绪《奉化县志》卷十六《职官表》上作"元和"年间任。《奉化市志·政府》1994年版作"任期无考"。《宁波历代碑碣墓志汇编:唐/五代/宋/元卷》2012年版第327—328页《明州奉化县西山护国院记》(宋代重立)落款中有"令成公佐题",是碑撰立于"大唐元和十四年六月四日",故可以定为在任日期。惜该碑光绪《奉化县志》卷十二《坛庙》上未录。

明州奉化县西山护国院记

(唐)虞世美

护国院记(篆额)

《明州奉化县西山护国院记》

住持赐紫沙门安期重立石

护国院在西山之巅,山势环立,高峻屏列,而前别有一峰,下临大溪。传者谓:其山多猛兽,而人不敢往。唐元和初,溪流泛涨,人见有僧持锡浮杯(杯)而渡,步入山中,遂常有光彩昼见,异香闻数里间,人皆神之。遂往瞻礼,见有数虎跪伏相向,僧方洗钵于涧下,即今所谓洗钵池;复坐石上,众既礼之，僧忽不见，视石上乃有足迹，即今所谓罗汉迹；其锡自然飞起，闪若电光，卓立前峰，即今所谓驻锡峰；上百步间，石罅有泉，色白味甘，人有痼疾饮之辄差，即今所谓应供泉。由是，乡人敬信，祈祷必应。

元和九季(814)，宗印大师慧觉自天台来，指谓人曰："此乃第四尊者成道之地，常有伽蓝神护持，吾当居此结草成庵。"有僧来问曰："如何是庵前景?"师曰："岩上月明云弄影，溪边风静水无波。"僧再问曰："如何是景中人?"师曰："从教多虎豹，独自卧烟霞。"师乃升座曰："诸生无生灭，生灭本因缘。去因缘则诸法通，通诸法则佛性见。是□种种尘劳，皆是虚妄。若人见真实□□□来。"由是十方闻师了悟，海众云集。至十三年，有乡人陈元弼、邢处躬者，施财重建殿宇。岁间院□□升座谓众曰："道有污隆，时有盛衰。后百年吾道必襄(衰)，当有诬人为我败坏。又百季后，吾道必盛，当有贤侯为我嗣兴。"举手示众曰："任去来，真消息。昨夜东风到岭头，珍重江南好春色。"言讫，端坐而去，实二月二日也。遂命通悟承嗣。其徒来求予记。予与师有道契，因书之。

时大唐元和十四年六月四日(819 年 6 月 29 日)

左拾遗弘文馆学士虞世美记

师录古碑，叙记甚详，诚名蓝也。其间字多讹舛，因沿正之。

令成公佐题

将仕郎守县尉 俞绛

朝散郎行主簿 邵齐

左班殿直监盐酒商税务 邢允中

承务郎大理评事知明州奉化县兼监盐酒商税务成公佐

许□刊

（附记：碑存奉化市大桥镇西溪村西山寺内）

（章国庆编著：《宁波历代碑碣墓志汇编：唐/五代/宋/元卷》，上海古籍出版社 2012 年版，第 327—328 页）

牧大器,元和年间在任。

光绪《奉化县志》卷十六《职官表》上作元和年间任。《奉化市志·政府》1994 年版作"任期无考"。

赵定,赵察之弟,长庆年间（823 年前后）在任。

光绪《奉化县志》卷十六《职官表》上无"赵定"。《奉化市志·政府》1994 年版增入作："823 年前后,长庆年间任,赵察之弟。"

李宗申,咸通六年（865）在任。

宝庆《四明志》卷十四《奉化县志》一《叙县·县令》："李宗申,唐咸通六年（任）,建城隍庙。"《叙县·城隍》："庙在县西五十步,唐咸通六年,令李宗申建。"

周罗山,咸通中（约九年,868）在任。有功于民,当地建溪西庙以祀之。

光绪《奉化县志》卷十六《职官表》上："案:《乾隆志·祠祀》:'溪西庙神,姓周,号罗山,唐咸通中任县令。'而《秩官》列元和间,互异。今从《祠祀》,曹《府志》同。"《奉化市志·政府》1994 年版作："866 年前后,咸通中。"雍正《宁波府志》卷十《坛庙·奉化》："溪西庙,县东三十里（光绪《奉化县志》作:二十五里）,祀唐令周罗山（光绪《奉化县志》卷十二《坛庙》上作:庙后周神周姓,号罗山）,逸其名。唐咸通中任县令。久旱祈雨,跣足谒笔架山龙湫,现。全体见之,雷电交作,大雨如注,令遂惊死。民感其德,立祠亭子墩。以在溪西,因名焉。后毁于兵,宋嘉泰中徙今址。楼钥有《记》（按:碑文,未见《四部丛刊》《四库全书》本《攻媿集》）。元末复毁,碑刻无存。"

厉铎皇，范阳人。咸通年间在任。

　　嘉靖《奉化县图志》卷十二《艺术方伎志》："崔咢《范阳厉氏墓志》云：'父铎皇，明州象山令，兼宰奉化。适颖州陈氏，当州押衙，主双溪镇事。'"《奉化市志·政府》1994年版作："范阳（人），903年前后，天复年间，兼摄象山。"按："天复四年"去世的是铎皇之子厉铎。《奉化市志·政府》1994年版误。《象山县志》卷五《职官表·令》："厉铎皇，咸通年间任。见《奉化志·纪遗》及崔咢等《范阳厉氏墓志》。"

郑准，天祐元年（904）权署奉化县事。

　　嘉靖《奉化县图志》卷十二《艺术方伎志》："土埭堰，县东八里，唐天祐元年镇东节度行军招讨使、银青光禄大夫、检校国子祭酒、栖凤镇遏使、权署奉化县事、兼殿中丞侍御史、上柱国奉化县开国子食邑五百户郑准所筑。立祠堰左。今奉化市有镇东楼，疑其廨宇，为近之。"卷七《祠祀志》："土埭庙，县东八里。神姓郑名准，唐天祐中为镇东节度使兼殿中丞侍御史，奉化县开国子。筑土埭堰，灌田五千亩。国朝封'唐开国子郑公之神'，岁用四月二日致祭。"

宋嗣宗，邢州南和县人，丞相璟之曾孙。天祐四年（907）在任。有功于奉化，深爱奉化。遂家奉化广平。当地百姓建风墩庙以祀之。

　　成化《四明郡志》卷七《职官考·名宦》："宋嗣宗，南和人，天祐四年令奉化，利泽深厚，民甚德之。值唐祚移，遂家邑之斗门桥，名其乡曰'广平'。"（明）杨荣《文敏集》卷二十四《明封征仕郎中书舍人宋原亮墓志铭》："宣德乙卯六月辛丑封征仕郎中书舍人宋原亮，卒于家。其子礼部主事琰奔讣，将归。卜是年某月某日奉葬于乡之日岭山先茔之侧。乃述原亮行义，诣予泣拜请铭。予虽未识原亮，观琰之为人，足以知其父之善，奚可辞？原亮，讳亮，号竹轩。其先有讳嗣宗者，邢之南和人，仕唐为奉化令，因家焉。旧传广平文正公之后，因名所居之地曰'广平乡'。"康熙《宁波府志》卷九《秩官》："宋嗣京（《宝庆志》无）。"宗作"京"。雍正《宁波府志》卷十八《名宦·奉化》："宋嗣宗，字文缵，邢州南和人，丞相璟之曾孙。天祐中令奉化，凿浦口河，筑朱家塘，引江水溉田数千顷。民甚德之。值朱温篡唐，耻臣二姓，遂解组。会水陆兵阻，家于县东门关之迎恩坊。人名其居曰'广平乡'。立庙浦口，曰'风墩。'"光绪《奉化县志》卷十六《职官表》上："宋嗣宗（有传）。案：《康乾志·秩官》列'太和间'，《本传》作'天祐中'，互异。今从《本传》。"《奉化市志·政府》1994年版作："邢州南和县（人），天祐中（906年前后任）。"光绪《奉化县志》卷十三《坛庙》下："风墩庙，县北二十五里浦口，神姓宋名嗣宗，唐末令奉化。事详《名宦传》。宋建炎间，金阿里蒲卢侵明州。车驾幸海埼头之厄，恍见群岛间赤帜万计，贼惊溃。帝得如温州。是夕，帝梦神戎服来谒，自称扈从至此。封丽泽侯，敕有司致祭。明天启间，祠民争祭，角讼，县令蒋应昌分三庙以息其争。至今有上、中、下三风墩庙，上风墩庙在名山，下风墩庙在下妙山，而浦口则为中风墩庙。"

王文序，五代吴越国时为奉化令。

（宋）葛胜仲《丹阳集》卷十四《宣义郎致仕王公墓志铭》："公王氏，讳绛。其先京兆万年人，晋代徙贯四明。有讳文序者，仕钱氏为奉化令。吴越国除，从归朝。又徙苏州，今为平江府永冠著姓。文序生愈，举进士，五对策于廷，入官，卒赠右金吾卫大将军，于公为曾祖。金吾生琚，历广西、淮东二路提点刑狱，赠左武卫大将军，于公为祖。武卫生安仁，知沅州军州事，娶长寿县君丁氏，生公。公字彦成，懋德自立，处家庭孝恭慈良，有愉色之顺；居乡党清正愿悫，无择言之阙。该览群籍，尤邃于《易》，手抄诸儒章句数万言。家贫屡空，不营资业"云云。

宋代县令

萧世显，字道夫，江苏沛县人，汉萧何之后裔。天禧初年（一作：天禧二年，1018）任奉化令。时邑内大旱，教民筑堤捍水，于长寿乡凿河五里，引水以溉田。次年又旱，至长寿、禽孝二乡抗旱，脑卒中而卒。庆历二年，民复追诵其德，始立祠于此以祀之。淳祐十二年，钦赐庙额"灵应"。元至正二十一年（1361）封"绥宁王"，民间遂称该庙为萧王庙。

《万姓统谱》卷二十九："萧世显，字道夫，天禧初任奉化令。廉公节俭，抚字心劳。值境内大旱，躬亲祷雨，循行阡陌间，教民筑堤捍水，于长寿乡凿河五里，引潮水以溉田。次年又旱，且蝗复出，遂教民捕蝗。至长寿、禽孝两{济}〔乡〕（据光绪《奉化县志》卷十八《名宦》校改）界，忽中疯暴卒，盖劬瘁所至云。民立祠祀之，今为萧王庙。"抄本康熙《宁波府志》卷九《秩官》："萧世显，天禧年间。"雍正《宁波府志》卷十八《名宦·奉化》："萧世显，字道夫，天禧二年任奉化。"余略同《万姓统谱》。《奉化市志·政府》1994 年版："萧世显，江苏沛县（人），天禧二年"任。雍正《浙江通志》卷二百二十："灵应萧王庙，成化《四明郡志》：'在县北二十里。'孙胜《重建灵应萧王庙记》：'直县北二十里，有岭临于溪上。岭曰"界岭"，溪曰"泉溪"，而萧王庙实在焉。按旧碑：神姓萧，讳世显，字道夫。汉萧相国之后裔也。宋天禧二年，来令于奉。抚字心劳，廉公节俭，民甚德之。庆历二年，民追诵其德，始祠以祀。神大著显应，恩普德洋。淳祐十二年赐庙额"灵应"。元进封绥宁王。嗣后屋渐隳，永乐间复其故名，曰"灵应萧王庙"。正德辛未（六年，1511）正殿灾。壬申（七年，1512）秋，相与鸠坚搜良，四方之人欢来趋事。新庙落成，视昔有加。'"光绪《奉化县志》卷十三《坛庙》下："显灵庙，县西六十五里董村，祀宋县令萧世显。（《剡源志》）""显应庙，县西八十里栖霞坑，分祀萧世显。""东祠庙，县西北三十五里下白岩，分祀萧世显。""西祠庙，县西北三十五里白岩，分祀萧世显。""萧王庙（《曹府志》作'萧公祠'，《康乾志》作'灵应庙'），县北二十里泉口。祀宋县令萧世显。庆历二年建，淳祐十二年赐额'灵应'。元至正二十一年封绥宁王。永乐间修。弘治十四年（1501）重修。正德六年

(1511)毁。七年重建。(《曹府志》,参孙胜《记》及采访)(附明孙胜撰《重建萧王庙碑记》)"

重建萧王庙碑记

(明)孙胜

　　直县北二十里,有岭临于溪上。岭曰"界岭",溪曰"泉溪",而萧王庙实在焉。按旧碑:神姓萧氏,讳世显,字道夫,汉萧相国之后人也。宋天禧二年(1018)来令于奉,抚字心劳,廉公节俭,民甚德之。后三年,境遭大旱,神则躬亲祈请,且复巡行阡陌间,教民筑堤捍水,至长寿乡,凿河五里,通于潮河,引水以灌田,遂获有秋。次年旱且蝗,神复出舍,教民以捕蝗,车抵长寿、禽孝两乡界,忽中风暴卒。由是百姓悲号,若丧考妣,岁愈久而不忍忘。至仁宗庆历二年(1042),民复追诵其德,始立祠于此以祀之。神辄大著显应,累求累赴,恩普德洋。淳祐十二年(1252),钦赐庙额"灵应",承议郎蔡垲为之记,宣教郎邑侯黄湛为之立石。迨元至正二十一年(1361)春,知州李枢以感应非常,表奏朝署,蒙赐俞允,进封"绥宁王"。嗣后屋渐隳,鞠为蓬砾之区者久之。永乐间,神稍惊动祸福于远近。父老曰:"是庙不立,而神不宁厥居耳。"爰屈群力而经营之,成正殿三楹以安神栖,复其故名曰"灵应萧王庙"。民始知所敬事,而春有祈、秋有报也。弘治初,神复大昭灵异,水旱疾疫,祷焉辄应,用是奉牲帛以走庭下者无虚日。父老佥谋谓:"庙止一殿,不足以竭虔妥灵。"辛酉(弘治十四年,1501)之岁,邑大尹陈君富有感于神,乃更率属为中殿、为前门、为东西庑,次第就绪而规制可观焉。后十一年,为正德辛未二月晦(六年,1511年3月28日),正殿灾,不可扑灭,遂为灰烬。行道叹息,以为神尝殷被庥尊以福尔一方,今兹殿毁而不即图之,则祈盼日慢,祚庆弗下矣。父老闻而是之。壬申(正德七年,1512)之秋,相与鸠坚搜良,乃梓乃载,四方之人欢来趋事。居无何而新庙落成,视昔有加焉。时予守制于家,父老戴怀和、竺文高辈辱使记之,辞以谫弗获,乃书其原始废兴之概,俾刻之于石云。正德七年十一月之望(1512年12月22日)。（光绪《奉化县志》卷十三《坛庙》下。据嘉靖《奉化县图志》卷十一《碑文志》下校。嘉靖本题作《重建灵应萧王庙记》）

于房，约景祐四年(1037)十二月至宝元二年(1039)在任。由秘书丞为奉化令。以废石夫人庙拓展学宫著于世。有《学碑记》传世。

宝庆《四明志》卷十四《奉化县志》一《叙县·县令》："于房，皇朝景祐中废石夫人之庙以增学宫。"亦见《叙县·学校》及卷十五《奉化县志》二《叙祠·诚惠庙》。成化《四明郡志》卷七《职官考·名宦》："于房，定襄人。景祐四年(1037)知鄞县事守正不回，为治务在惩恶劝善，敦厚风俗。毁石夫人庙以广学宫，亦其一事也。"光绪《奉化县志》卷十八《名宦》："景祐四年由秘书丞为奉化令，守正不回，尊贤礼下。民以事至庭，耳提面谕不倦，务在惩恶劝善，兴利除害，以厚风俗。先是学舍湫隘，乃毁石夫人庙广之，自为记。（《嘉靖志》）"（宋）楼钥《攻媿集》卷五十四《奉化县学记》："是邑旧记谓：相国清河公士逊出镇秣陵，为椎轮之始。盖宝元初秘书丞于君房为宰，以石夫人之庙为县学，自为之记云，然且曰：'愿以奉川为县学始'。"后附于房之《学碑记》。于房落款作："宝元二年。"则是时犹在任也。

学碑记

（宋）于房

赵宋四叶在位，天下州郡请置学宫，自今相国清河公士逊出镇秣陵，椎轮始也。奉诏赐书一监，公田四十顷，劝学校也。厥后，蝉联猬起，比比而有，文物寝盛，角于两汉，岁贡礼闱擢进士第者不下数百人。噫嘻，圣人之赞阴，贤人之经始也如是。夫景祐四年冬十二月(1038年1月)，房引籍闽台，庇身是邑。受署伊始，谒先师庙。土地卑薄，人不堪忧。祭享之礼，几不容丈。粤明年秋，相东北隅得淫祠一区，乃石夫人也。殿宇弘丽，势胜积高，凡三十间。由是迁圣师暨十哲安奉之，讲堂、燕室，从而完构，然后召生徒，萃经史，命进士刘孝先讲诵习礼以尸之，赐紫释道源授《左氏》学。五日一试，较呈式也；考以工拙，严赏罚也。呜呼，镇亭海邑，越在孤壤，人性轻扬，必先好讼，风物浇漓，鲜克由学，校之诲之，使变于道。昔文翁为蜀郡守，选县小史受业博士，修起学宫，吏民荣之。数年大化，比齐鲁焉。方今礼乐征伐自天子出，焕乎其有文章，绳之以尧舜文武周公之道，巩太平之基，天下学士靡然响风。房不敏，敦本好教，仰企先哲，愿以奉川为县学始。文意鄙朴，词愧直书，庶几知我者无以狂狷为诮也。时宝元二年（1039）记。（《奉化教育志》2003年版第51页）

| 王泌，皇祐四年（1052）在任，重建广济桥。

———————————————————————————

宝庆《四明志》卷十四《奉化县志》一《叙县·县令》："王泌，皇祐四年。建北渡桥。"《叙县·桥梁》："广济桥，县北二十五里。俗名南渡桥，在市中。皇朝建隆二年，僧师悟始建土桥。其后邑士徐覃易之以木。皇祐中，令王泌重建。长三百尺，阔三丈，高视阔倍之。"是桥从奉化方面看是为北渡，从明州州治角度看是南渡，故又称南渡桥，实一也。光绪《奉化县志》卷十六《职官表》上："王泌，皇祐四年重建广济桥，易以木。梅圣俞有《送王殿丞宰奉化》诗，当即此人。"

（宋）胡宿《文恭集》卷十四有《王泌可光禄寺丞制》，此王泌或与奉化县令王泌为同一人。

送王殿丞宰奉化

（宋）梅尧臣

君行问鲒埼，何物可讲解。一寸明月腹，中有小碧蟹。生意各蠕蠕，黔角容夬夬。愿言宽赋刑，越俗久疲惫。（《奉化县地名志》1985年版第399页）

郏修辅，吴兴人，元丰登科。庆历中以大理寺丞为丰城令，至和元年（1054）为奉化令。在奉化撰有诗文，其中《西山禅寺乐亭记》惜未见。

《万姓统谱》卷一百二十四："郏修辅，吴兴人，元丰登科。"雍正《江西通志》卷十九："丰城县署，唐永徽二年迁县创建。宋皇祐初，知县郏修辅建。"

康熙《宁波府志》卷九《秩官》："郏修辅，熙宁年间。"《奉化市志·政府》1994年版同康熙《宁波府志》。光绪《奉化县志》卷十六《职官表》上亦同，然而与卷十五《寺观》下"西山禅寺"条作"至和中"不协。光绪《奉化县志》卷十五《寺观》下："西山禅寺，县南五里，唐元和十四年僧宗隐建。名护国院……上有乐亭，宋至和中县令郏修辅为记。"惜光绪《奉化县志》脱"唐元和年间之碑"。（参见"成公佐"条）（清）厉鹗《宋诗纪事》卷十七："修辅，庆历中以大理寺丞为丰城令，至和元年为奉化令。"延祐《四明志》卷十七《释道考·奉化州寺院》："西山资国禅寺，州西南五里，旧名'护国'。唐元和间创，宋治平初赐今额。唐左拾遗、宏文馆学士虞世美为记。有洗钵池、罗汉迹、驻锡峰、应供泉，乃天台第四尊者成道之地。上有乐亭，至和（1054—1056）中县令郏修辅为记。"卷七《山川考·潭·奉化州》："白龙潭，在州东一十里。宋至和元年令郏修辅有《记》。《记》云：'潭方阔十余丈，巨槛下一穴。相传有神物宅焉。'自潭导渠，分为数派，溉灌民田八千九百二十二亩。"光绪《奉化县志》卷五《山川》下作"龙潭"。

书隐潭

（宋）郝修辅

在昔知何人，凿破青山骨。飞泉直下来，千尺泻倏忽。两壁苍翠开，一阵风雷突。傍无尘埃踪，中有蛟龙窟。寒气不可向，猛势岂能屈。安得当旱年，为霖济群物。（乾道《四明图经》卷八《古诗》）

裴士尧，治平三年（1066）、四年（1067）在任。奉化县学，原在县东北三百步，治平三年裴士尧迁至县东五十步；治平四年创建泉口大桥。后因抵制郡守苗振腐败而被勒停。至熙宁三年（1070），苗振案发，得以昭雪。

宝庆《四明志》卷十四《奉化县志》一《叙县·县令》："裴士尧，治平三年徙学。"《叙县·学校》："唐建夫子庙于县东北三百步。皇朝景祐中，令于房废石夫人庙，以增学宫。治平三年，令裴士尧迁于县东五十步。""大埠石桥，县北二十五里，旧名源泉桥，又名泉口大桥。宋治平四年创建。"光绪《奉化县志》卷三《建置》下："大埠石桥"又曰"古无桥"，"创自宋治平四年，县令裴士尧记其事。由宋及元，屡修屡废。然皆成于木桥"。是为木桥。熙宁二年（1069）在公塘市添置巡检。光绪《奉化县志》卷二《建置》上《附废署·公塘巡检司厅事》："县西北三十里公塘市中旧地，名高公塘。唐文德元年（888）置，镇民户买朴名课，管纳官钱。熙宁二年添置巡检驻札，巡捕私茶、盐、矾、盗贼等。"后因郡守苗振诬陷而被勒停。苗振，乾道《四明图经》卷十二《太守题名记》："苗振，光禄卿，熙宁年（任）。"宝庆《四明志》卷一《郡守·国朝》："光禄卿，熙宁初以知明州致仕，以官场余材为堂，舟载归郓州，且多置田产。王逵作诗曰：'田从汶上天生出，堂自明州地架来。'句传京师。王安石当国，白,遣御史王子韶廉其事,明州起狱治之,振竟贬斥。事见《续通鉴》。"(清)徐松《宋会要辑稿·职官》五二《遣使》:"神宗熙宁二年九月二日(1069年9月19日),诏遣太子中允、权监察御史里行王子韶往明州,体量前知州苗振在任违越事状、前知睦州朱越治状,仍采访所过州军官吏善恶,民间弊病,回日以闻。"六五《黜降官》二:熙宁三年"八月四日(1070年9月10日),光禄卿苗振责复州团练副使,前明州司理参军韦肃特勒停。坐前知明州不法及故人裴士尧罪,肃以阿随振故也"。至熙宁三年得雪。《续资治通鉴长编》卷二百十四:熙宁三年八月"辛酉(初四,1070年9月10日),光禄卿苗振责授复州团练副使,前明州司理参军辛肃特勒停,国子博士裴士尧依冲替人例。振坐前知明州不法及故入士尧罪,而肃以阿随故也。初,士尧知奉化县,振所为不法事下县,士尧皆格不行,振怒,械系士尧于狱,且文致其赃罪,案上。士尧勒停,经恩未得叙用。已而士尧击登闻鼓自诉。至是,重罪皆得雪"。

‖ 盛穆仲,元丰四年八月十五日(1081年9月21日)在任。

　　宝庆《四明志》卷十四《奉化县志》一《叙县·县令》:"盛穆仲,元丰五年尝记石夫人之灵于碑阴。"光绪《奉化县志》卷十六《职官表》上:"盛穆仲,案:云盖山《寿圣院碑》:'元丰四年知奉化县事。'《康乾志》作五年。"《奉化市志·政府》1994年版作:元丰四年。从光绪《奉化县志》。光绪《奉化县志》卷三五《金石·明州奉化县云盖山重移寿圣院记》(释鉴韶述),落款有:"元丰四年八月十五日(1081年9月21日)","立石:住持沙门仲南。施主汪承□、汪意、张延□、汪淋、陈承赞、周文贵、蒋六娘、胡十二娘。同建:□二十娘出佛像。除施主舍钱外,允来自备长财柒佰贯文建造,守县尉施常,权主簿李实,朝奉大夫、知明州奉化县事上柱国盛穆仲。"宝庆《四明志》卷十五《奉化县志》二《叙祠·诚惠庙》:"县东北三百步,庙之上有山,曰日岭。岭有怪石,高七八丈,宛如妇人之状。《十道四蕃志》所谓'奉化新妇岩'者是已。自唐以来,始植庙宇,曰'贞固夫人之庙'。按:古庙碑云'庙虽不在祀典,盖故老相承之久,民率服众矣。凡有祷请,如影响焉。'皇朝景祐中,县令于房废以增学区。学徒,邑人复请建立祠宇。元丰五年,县令盛穆仲尝记其祷请之验于碑阴。"

向宗谔,元丰七年(1084)在任。尝开浚灵济泉。

宝庆《四明志》卷十四《奉化县志》一《叙县·叙水》:"灵济泉,旧名包家泉,县西南一里。俗传昔有牧童浣衣于泉,得巨鳗,持归,脔为九段,烹之釜中。良久不见,急往泉所视之,而鳗成九节,复游泉中。邑人皆灵之。皇朝元丰七年,令向宗谔开浚其泉,疏于石窦,深不盈尺,不为水旱而盈涸。岁旱祷之,所谓九节鳗者立现,则甘泽立应。"宝庆《四明志》卷十四《奉化县志》一《叙县·县令》、延祐《四明志》卷二《职官考》上、卷三《职官考》下均失载。光绪《奉化县志》卷十六《职官表》上:"熙宁(年间任)郏修辅、向宗谔。"《奉化市志·政府》1994年版同。

蒋师颜,临海人,元丰五年(1082)特科,终承奉郎,知奉化县。

嘉定《赤城志》卷三十四《人物门》三《仕进·特科》:"元丰五年,蒋师颜,临海人,字希贤,鹗之祖,终承奉郎,知奉化县。"任期不详,暂置于元祐五年(1090)之前。

樊忱,元祐五年(1090)在任。尝将王奕塑像迁出祠宫。

光绪《奉化县志》卷十六《职官表》上、《奉化市志·政府》1994年版:"樊忱,元丰年间。"光绪《奉化县志》卷二十三《人物传》一:"王奕,字谋道,质敏而旷,学博而纯,野服隐居,讲论经史,以兴起斯文为己任。守令知其贤,率乡之子弟受学焉。殁,祠于县。县令秦辨之撰记曰:'学在县治之东,为廪以受粟垂数十年。前县令樊侯忱悉辇而出之。辨之适嗣其事,将率县之子弟以学焉。'"故樊忱之任应该是秦辨之之前任。秦辨之《记》见"秦辨之"条后引。

秦辨之,元祐六年(1091)、七年三月十六日(1092 年 4 月 25 日)在任。迁社稷、复王公祠,撰《王公祠堂记》。所撰《王公祠堂记》落款作"奉议郎知县事"。

宝庆《四明志》卷十四《奉化县志》一《叙县·县令》:"秦辨之,元祐六年徙社。"《叙县·社稷》:"坛,旧在县南,皇朝元祐六年,令秦辨之徙置县西南二百余步。"(宋)王应麟《奉化社稷坛记》:"奉化社稷坛,旧在县南。令秦辨之徙置西南二百步,其后圮而复修,迨今百三十余年。"光绪《奉化县志》卷十六《职官表》上、《奉化市志·政府》1994 年版同。雍正《浙江通志》卷二百五十六:"《王公祠堂记》,《奉化县志》:'元祐七年三月,秦辨之撰。'"雍正《宁波府志》卷十六《秩官·奉化令》作"秦办之",误。《唐宋词汇评·两宋卷》第 1 册 2004 年版第 566 页,《菩萨蛮·送奉化知县秦奉议》:"案:秦奉议,当即秦辨之,宝庆《四明志》卷十四《奉化县志》一《叙县·县令》:'秦辨之,元祐六年徙社。'奉议,奉议郎,为文臣寄禄官三十阶之第二十四阶,正八品。词即是时作。"

菩萨蛮·送奉化知县秦奉议

(宋)舒亶

一回别后一回老,别离易得相逢少。莫问故园花,长安君是家。　　短亭秋日晚,草色随人远。欲醉又还醒,江楼暮角声。

王公祠堂记

(宋)秦辨之

学在县治之东,为廪以受粟垂数十年。前县令樊侯忱悉辇而出之,辨之适嗣其事,将率县之子弟以学焉。念必有老儒先生为之矜式者。闻长寿王君之贤。君讳奕,字谋道,行高德厚,少力学,目顾重。一举不售,即拂衣去,乃遗谢世事,营治舍馆,竹林水池,激波其中。野服杖履,以书史琴酒自乐。至杜门却扫,未尝出诣令。令虽欲见之,未易屈致也。故将卜日,愿因绍介以达所欲言者,君忽踵门曰:"闻令治乡校,训迪子弟,吾乡之民,雅不好□□,□争田嗜货,计锱铢寸尺,怒骂撼斗,辞牒讼口纷纷籍籍,虽亲戚相陵蹂不顾。为政者低首受事簿书,狱讼相寻,狎至朱墨,会计敲榜,讯诘昼夜之力不止,宜其以学舍为敝屣刍狗,一切置之意外。予适今闻令之言,不知胸中之气勃勃然,愿为邑人先出力以佐。"令乃芟榛秽,治颓圮。讲习游息,皆有位处。父诏其子,兄令其弟,唯君之言为听。日有课,月有试,弦诵之音彻于道路。曾未阅月,百里之民知儒为贵,来学者日益众。凡教养廪食之具,既有序。会君以病告,林君延之。梦君自外至,屏立以指若祠宇状,意将以为学之神也,曰:"予得终于此矣。"既寤,闻君病且革,遽往视之,气息才属,犹谆谆然学校为念,曰:"予虽病,每瞑辄往,未尝须臾间也。"林于是益异之,乃命匠者作小室置像,设鸡黍,奠酒醴。既成,如梦祭之。明日而君卒。乡人念君不忘,更大屋室,以学土神肖君而祀之。他日又见君如平生,从者十数人,彷徉而入,由是众益以为信。然君天性乐易,兄弟敦睦,教子侄皆有问学,出入乡党,执礼好信义,盖其所敦尚与流俗异,而尤耻财利自暴乡人。以为善,必极力倡道成就乃已。其所不善,逡巡临视若不忍发口,使之循省自化,终不以忿疾之色见于颜面。士之祸患窘穷,赈救贷助,克满其意,周旋曲折,益至不厌,殊不为后日计惜。故以君死之日,识与不识,为之涕洟感恻,而念君之不得见也。立祠堂于学之东偏,以备岁时之享焉。怪力乱神,虽儒者所不道。宗元卒柳州，退之亦记其事，作《罗池碑》，则生有益于世，没而为神灵，其迹昭然著见，在人而不可泯诬者皆可书。于是推其行实，因以记异云。元祐七年三月十六日（1092年4月25日）记。（嘉靖《奉化县图志》卷十《碑文志》上。 光绪《奉化县志》、雍正《浙江通志》著录，有删节）

‖ 钱益，元祐年间在任。迁社稷坛。后尝任制置使，因避金兵入侵而遁湖北，落职。

────────────────────────────────

《宋会要辑稿·刑法》一《格令》二：元祐元年"十二月二十四日，详定重修敕令，书成，以《元祐详定敕令式》为名颁行。先是，元年三月二十四日，诏御史中丞刘挚（原空）、刑部郎中杜纮将《元丰敕令格式》重行刊修，至是上之。修书官：光禄大夫、吏部尚书苏颂，朝散郎、试大理卿杜纮，奉议郎、试侍御史王觌，朝散郎王朋年，朝奉郎宋湜、祝康，奉议郎王叔宪，宣义郎石谔、李世南，承务郎钱益，各迁一官"云云。

光绪《奉化县志》卷十六《职官表》上、《奉化市志·政府》1994年版："钱益，元祐年间。"次秦辨之之后。

《宋会要辑稿·职官》七〇《黜降官》七：建炎元年六月"二十七日，折彦质责授散官，昌化军安置；钱益落职，降官分司；许高、许亢编管海外州军。以臣僚言靖康末，彦质任陕西宣抚副使，乃入川蜀；益任制置使，逃湖北；高、亢统兵防河，逃于江南。故有是责"。

‖ 周池，永嘉人。绍圣三年（1096）在任，有《劝学文》刻于石。崇宁间，知德安县，以智惠院易旧县学。

────────────────────────────────

宝庆《四明志》卷十四《奉化县志》一《叙县·县令》："周池，绍圣三年作《劝学文》刻于石。"雍正《宁波府志》卷十六《秩官·奉化令》："绍圣，周池，三年。"序秦办之（秦辨之）后，周因前。光绪《奉化县志》卷十六《职官表》上、

《奉化市志·政府》1994年版同，又曰"永嘉人"。

嘉靖《九江府志》（天一阁藏明嘉靖刻本）卷十《学校志·书院》："德安县儒学，旧创于邑之东北，隔溪流半里许。（宋）治平间知县张伯乐徙于县治东南一里。崇宁间知县周池慨学基卑隘，以智惠院易之。"《宋会要辑稿·职官》六八《黜降官》五：政和三年"十月十七日，前太府寺丞周池降一官，户部员外郎李税、户部侍郎胡师文各展二年磨勘。以刑寺勘到池承户部牒定夺行人染钱卤莽，师文、税只凭所申，并不取会，故有是责"。

‖ **陈绍**，任期待考。

光绪《奉化县志》卷十六《职官表》上序周池之后。《奉化市志·政府》1994年版作"绍圣年间（1094—1097）"任。

‖ **黄特**，嵊州人。元祐六年（1091）进士。大观元年（1107）任，二年修惠政桥。政和中任金华知州。

光绪《奉化县志》卷十六《职官表》上："大观元年任，二年修惠政桥。"卷三《建置》下：惠政桥，"县东三里，旧名善胜，又名通剡。宋乾德二年建，后坏。大观中重建，改今名"。光绪《奉化县志》卷十六《职官表》上、《奉化市志·政府》1994年版著录无籍贯、出身。嘉定《剡录》卷一《进士登科题名》："黄特，元祐六年马涓榜。"或是同一人。

万历《金华府志》卷二十四《古迹·双溪楼》："在鼓角楼前城上，俯瞰双溪水。宋政和中知州黄特建。"

沈时升，霅川人，丞相沈该之父。元符三年进士。大观年间（1107—1110）任。宣和末任慈溪令。

嘉泰《吴兴志》卷十七《贤贵事实·安吉县·进士题名》：元符三年李金榜，有"沈时升"。

光绪《奉化县志》卷十六《职官表》上：大观年间任。《奉化市志·政府》1994 年版同。

宝庆《四明志》卷十六《慈溪县志》一《叙县·县令》："沈时升，霅川人。宣和末为令，诚心抚字，爱民如子，俗咸化之，无敢梗政。既去，父老请于官，建立祠宇于县治，号沈公堂。公即丞相该之父也。"宝庆《四明志》卷十七《慈溪县志》二《叙祠·教院》十一："云湖庆安院，县西北一十五里，周显德四年置，名'保安'。皇朝治平元年改赐今额。常住田三百亩，山二百二十七亩。院本以湖得名，今湖废矣。院之前有古松夹道，绵亘数里，望之如云。其一最巨而奇，蜿蜒如龙飞，偃如盖，临池上。院之后有流泉潺湲，出于深山穷谷中。僧用巨竹连筒引行数里，入香积厨，以供用。其流汇于松下石池，溢而出于溪。龙图阁学士舒亶有诗曰：'门前屏嶂绕潺湲，付与林僧夜定还。松盖作云连十里，竹龙行雨出千山。白公香火莲开后，谢氏池塘草碧间。我亦凤皇台上客，图闲却笑未能闲。'邑长沈时刂有造舟之役，睥睨兹松，将斤斧焉。里士文学冯輗作诗曰：'寒松一干老苍苍，古寺门前岁月长。匠伯偶图舟楫利，禅翁方患斧斤伤。得全此日同齐栎，勿剪他年比召棠。可但与公期久远，相将俱列大夫行。'且述舒公诗以遗，松赖以不伐。僧遂并二诗刊于石。"

苏之孟，大观四年（1110）任命，但不愿赴任，于是其原职河北籴便司勾当公事官也予以放罢。

《宋会要辑稿·职官》六八《黜降官》五：大观四年"十一月二十一日（1111 年 1 月 2 日），河北籴便司勾当公事官苏之孟放罢。以言者论之：孟新

差知明州奉化县，冒法求辟，避事免县故也"。

┃周因，字循道，号南灵，永嘉人，前县令周池之子。政和七年(1117)任奉化令。兴利除害，仁爱洽于民。民乃在其所建碶旁建周长官庙祀之，后迁至县治之南，名"周南庙"。

宝庆《四明志》卷十四《奉化县志》一《叙县·县令》："周因，宣和元年(1119)徙学。"成化《四明郡志》卷七《职官考·名宦》："周因，政和七年宰奉化，兴利除害，仁爱洽于民。乃立祠县治之南，庙额曰'周南'。事详本庙《记》云。"雍正《宁波府志》卷十八《名宦·奉化》："周因，字循道，永嘉人，前令池之子。政和七年任县令，兴利除害，仁爱治民。移学宫。浚灵济泉。置大堰、聚堰水于县南，导水至方胜碶。复于县北十里置碶，溉田甚溥，名'周长官碶'。迁谢公祠，修庆登桥，创嘉会桥亭。民甚德之，立祠祀焉，名周南庙，有司致祭。"宝庆《四明志》卷十四《奉化县志》一《叙县·学校》："唐建夫子庙于县东北三百步。皇朝景祐中，令于房废石夫人庙以增学宫。治平三年，令裴士尧迁于县东五十步，久而圮。令周因重建，相阴阳之宜，去旧址二十步而少西。王礼记之，乃宣和初元也。"《攻媿集》卷五十四《奉化县学记》："盖宝元初秘书丞于君房为宰，以石夫人之庙为县学，自为之记云，然且曰：'愿以奉川为县学始。'亦可以知吾邑儒风之兴，旧矣。宣和中，周君因徙于邑治之东，面势益胜。"宝庆《四明志》卷十四《奉化县志》一《叙县·叙水》："县桥，县东南一十步。皇朝太平兴国八年建。宣和初，令周因重修，立亭其上，榜曰'嘉会'。建炎兵毁，亭废桥存。"又："庆登桥，县东二里，旧名谢凤桥，一曰东桥。皇朝淳化二年建，政和八年令周因立亭其上，榜曰'丰乐'。"《叙县·叙水》："灵济泉，旧名包家泉，县西南一里。俗传昔有牧童浣衣于泉，得巨鳗，持归，脔为九段，烹之釜中。良久不见，急往泉所视之，而鳗成九节，复游泉中。邑人皆灵之。皇朝元丰七年，令向宗谔开浚其泉，疏于石窦，深不盈尺，不为水旱而盈涸。岁旱祷之，所谓九节鳗者立现，则甘泽立应。

宣和中，令周因植亭其上，榜曰'灵济'，有碑记其异。"光绪《奉化县志》卷六《水利》："聚堰，县东半里。取灵济泉水，接方胜碶。宋政和间令周因置。"卷十三《坛庙》下："灵济泉龙祠，县西南一里，宋令周因构亭奉祀。后圮。""周南庙，县南一里，旧在周长官碶旁，后徙今址。神姓周名因，事详《名宦传》。明封宋县令周公之神。国朝光绪二十八年重新。岁用九月初二日致祭。（《康乾志》，参采访）""周长官庙，县北十二里，周长官碶西，祀宋县令周因。一在后三岭西南。"

周南庙记

（宋）戴杰

夫德泽之在人心，传之于久远者，非言无以宣；智虑之精微，见于行事者，非文无以达。其有遗爱于民，不出于欺世干誉，而真使民不忘者，其可以无记载乎？奉化县令周侯，名因，号南灵，政和七年来宰是邑。仁慈廉谨，兴利除害，令绩具有考焉。至于重建学宫，创嘉会桥，盖灵济泉龙祠，修葺庆登桥亭，迁谢公庙，疏通堰埭，灌溉田禾，民爱惠利，诚有多矣。去任三年，民怀功德。宣和间，邑之君子耆老及在野之民咸思之。曹公粹中作谣刊梓，立祠于邑之南驿道左。历年浸久，蠹蚀朽灭。为后之民咸蒙其德，可不究于心而传之于无穷也？惜乎曹公所记之文，剥落难考，所幸存者唯是谣焉，故以是谣载于石也。谣曰："侯育我矣民淳，民感侯兮慈仁。筑河碶兮水粼粼，开池井兮水沄沄。我农耕兮河之漘，我农耘兮泉之濆。土田膏兮稻如云，岁功成兮德泽均，以食以餐兮子孙诜诜。歌侯之勋兮颂侯之勤，颂侯之勤兮歌侯之勋。"（嘉靖《奉化县图志》卷十一《碑文志》下。 光绪《奉化县志》卷十三有节略）

杜绾，会稽人，建炎间（1127—1130）在任。

　　光绪《奉化县志》卷十六《职官表》上："杜绾，会稽人。案：《康乾志》列政和间。《宝庆志》：周因徙学在宣和元年。是时周因未去任，必无杜绾令奉化之理。考赵敦临《惠政桥记》：建炎庚戌（四年，1130）桥毁，令杜绾结木以济。则杜绾令奉化在建炎间无疑。"

　　考绍兴有一因《云林石谱》而名传天下的杜绾，曰"山阴人"。山阴也属于会稽，而且山阴杜绾活动的时期与奉化令杜绾活动的时期大致相当。他是世宦之家的学者，但相关仕宦资料很少。可能是因为《云林石谱》名气太大，淹没了他的政绩。这里将他的科技上的成就摘录于下，或有深入之可能。《中国科学技术史·人物卷》1998 年版第 379 页："杜绾，字季阳，号云林居士，山阴（今浙江绍兴）人，生卒年不详。北宋矿物岩石学家，著有《云林石谱》传世。杜绾的祖父杜衍（978—1057），字世昌，庆历四年（1044）为相，五年罢相。封祁国公，谥文献。杜衍有四个儿子，顺序排列是杜诜、杜䜣、杜讷、杜诒。杜诜，大理评事，庆历辛巳（1041）卒，年仅 25 岁。子名振，秘书省校书郎。杜䜣（䜣，有写作沂、忻的，应作：䜣。其余均为言字旁的可证），奉礼郎，太常博士。杜讷，将作监主簿。杜诒，秘书省正字。杜绾的父亲是谁，现在没有查到明文记载。但从杜诜只有 25 岁，'三子早卒'的话推断，可能是杜䜣或杜诒。苏舜钦则是杜绾的姑父。杜绾生活在官僚世家，有条件接触全国各地的奇异珍宝和怪石。"又："《云林石谱》的成书时间，根据书中记载的最晚年号'政和间'（1111—1118）可知上限为 1118 年；又据孔传于绍兴三年（1133）写的序，则下限为 1133 年。这样，成书时间可以大约定在 1118—1133 年这 15 年间，即北宋末南宋初。"

赵于珰，字全义，燕懿王五世孙(《宋史》卷二百四十四："太祖四子，长滕王德秀；次燕懿王德昭。")，绍兴元年(1131)在任。任内重建惠政桥。

康熙《宁波府志》卷九《秩官》："赵于昭，绍兴年间。"雍正《宁波府志》卷十六《秩官·奉化令》同。光绪《奉化县志》卷十六《职官表》上："赵于珰，绍兴元年任，字全义。燕懿王五世孙。重建惠政桥。案：《康乾志》'珰'，误'昭'。又无历任年份。今据赵敦临《惠政桥记》补正，《府志》同。

重建惠政桥记

(宋)赵敦临

县之水，发源于连山乡之镇亭，逾市而北，达于鄞江。有桥跨其上，实为交易往来之便。旧榜之曰"惠政"。建炎庚戌(四年，1130)夏五月，有卒然弄兵者，井邑焚热，于是桥亦残于燎焉。前令会稽杜公绾以创残之后，不欲重劳百姓，结木，仅免病涉。明年(绍兴元年)夏，淫雨濡涨，桥复坏，死伤者数十人。令尹赵公泣且言："桥不时修，令过也。"歉然不怿者累月。邑之富人相谓曰："此可爱吾财，而不能成一桥，以戚吾贤大夫？"翕然输金据财鸠工。自仲秋之戊申(绍兴元年九月初五，1131年9月27日)，卒季冬之辛巳(十二月初八，1131年12月29日)，而桥成。公从宾佐来观勤苦，父老相视颜开，咸谓"惠政"之名今不虚矣，因属予纪其事。余曰："公以天枝之英，屈处小邑，能不鄙其名教，以礼法感移化服，而相与弟长慈孝，鼓之舞之，陶成善俗，不既美欤？一桥之成，顾何足言？抑惟古之为政者，徒杠舆梁，必以时成。过其县，桥梁、邮亭之不修，则心知其不能。今公恻怛爱民之意，首见于此桥，宜父老所欲传载以无忘公之惠，而小子亦不得而辞也。"则为之书。赵公名于珰，字全义，燕懿王之五世孙也。绍兴二年二月朔旦(1132年3月19日)记。(光绪《奉化县志》卷三《建置》下。 据嘉靖《奉化县图志》卷

十一《碑文志》下校改）

荣彝，澶州人，左承议郎，绍兴九年(1139)、十三年(1143)在任。任内重建县学、县厅、惠政桥。绍兴二十年(1150)六月，以左朝散郎任宜兴知县。

　　宝庆《四明志》卷十四《奉化县志》一《叙县·县令》："荣彝，左承议郎，绍兴元年□月到任，十一年□月满。"光绪《奉化县志》卷十六《职官表》上作："绍兴九年任。"《奉化市志·政府》1994年版据光绪《奉化县志》增："澶州(人)。"雍正《浙江通志》卷三十五："惠政桥，成化《四明郡志》：'县东北四里，旧名"善胜"，又名"通剡"。宋乾德间建，大观间架木为梁，覆以瓦屋，易今名。'《奉化县志》：'建炎间毁于兵，令杜绾仍结木，绍兴初令赵于珝重建。七年毁，令荣彝重建。'"此桥毁在绍兴七年，建或略后。宝庆《四明志》卷十四《奉化县志》一《叙县·学校》："唐建夫子庙于县东北三百步。皇朝景祐中，令于房废石夫人庙以增学宫。治平三年，令裴士尧迁于县东五十步，久而圮。令周因重建，相阴阳之宜，去旧址二十步而少西。王礼记之，乃宣和初元也。未几，舍法罢，学浸弛。建炎间毁于兵，绍兴九年令荣彝重建。"《攻媿集》卷五十四《奉化县学记》："未几，舍法罢，废为亭传，又遭弄兵者毁焉。绍兴九年荣君彝复新之。"是为绍兴九年在任。宝庆《四明志》卷十四《奉化县志》一《叙县·公宇》："县厅，建炎四年毁于乱兵。绍兴十三年，令荣彝重建。""仁平斋，听事之东，令荣彝建。""龙溪道院，仁平斋之南。令荣彝建，旧曰'道爱堂'，后更名。""恕堂，听事之西，狱之侧。令荣彝建。听政折狱之便坐也。"则是绍兴十三年也在任。

　　咸淳《重修毗陵志》(刻本)卷十《秩官》四《知县·宜兴》："荣彝，绍兴二十年六月，左朝散郎(任)。(后任)鲁冲，绍兴二十二年二月。"

张汝楫,毗陵人,左奉议郎,绍兴十二年(1142)至十四年(1144)在任。

宝庆《四明志》卷十四《奉化县志》一《叙县·县令》:"张汝楫,左奉议郎绍兴十二年(阙)月到任,十四年满。"(宋)洪迈《夷坚志·夷坚乙志》卷二《张梦孙》:"毗陵张汝楫维济,绍兴十三年知明州奉化县。其子妇李氏孕及期,维济梦故人陈郁文卿来,曰:……文卿,无锡人,与维济皆沈元用榜进士。"沈元用榜者,宣和六年也。

刘清臣,字廷直,绍兴十五年(1145)至十七年(1147)在任。十六年冬修琏琳(或作:进林)碶,越五月成功,民德之。

《宋会要辑稿·兵》一三《捕贼》下:绍兴三年"五月五日(1133年6月9日),不理选限登仕郎刘清臣言:'权南剑州剑蒲县丞亲获凶恶强盗张仁等七人,依法合补承信郎,仍与指射差遣,为乞就文资。'特旨补上州文学。先是,有权会稽尉石州助教阮商霖捕强盗韩珍等七人,合补进武副尉,乞就文资,特旨补下州文学。清臣因用是例陈乞也。"嘉靖《广东通志初稿》(刻本)卷九《秩官》下:德清州"通判李绍祖、李观民、萧鞸、洪元英、林聪、贾坛、王珪、刘清臣"。光绪《德庆州志》卷八《职官志第一·职官表》:"左朝请郎,刘清臣。"上引几例或与奉化县令为同一人。此处暂辑集以备考。

宝庆《四明志》卷十四《奉化县志》一《叙县·县令》:"刘清臣,右承议郎,绍兴十五年(阙)月到任,十七年满。"康熙《宁波府志》卷九《秩官》:"刘清臣,绍兴十五年任。"

光绪《奉化县志》卷十六《职官表》上"刘清臣"条下注曰:"案:《府志·县令》载有刘廷直。考廷直,清臣字也。"康熙《宁波府志》卷九《秩官》:"刘廷直,绍兴年间。"《奉化市志·政府》1994年版著录"刘廷直",曰"绍兴年间"任。光绪《奉化县志》卷六《水利》:"琏琳碶,县东北二十五里三十六都长寿乡。地当驿道，大江潮水所汇，立碶于此，为二县三乡所取济。上架石桥，以便行旅。宋绍兴十五年（1145），令刘廷直以邑人吴琳言修筑。"按：光绪《奉化县志》卷六《水利》附（元）翁元臣至治元年四月撰《琲琳碶重修记》有："刘廷直兴工于丙寅（十六年，1146）冬，阅五月乃成。"则在绍兴十六年冬兴工，十七年三四月竣工。

秦泰初，绍兴十六年七月十八日（1146年8月26日）在任奉化令，至十八年十二月（1149年1月）任宫观使。尝于绍兴十六年向朝廷献《神宗皇帝 哲宗皇帝御集》，共118册。

　　嘉泰《吴兴志》卷十五《县令题名·武康县》有："秦泰初、汤穆。"两位奉化县令赴任奉化前曾先后任武康县令。因汤穆在奉化任上故世，武康之任应在奉化前。

　　《宋会要辑稿·崇儒》四《求书　藏书》："十六年七月十八日（1146年8月26日），诏：'明州奉化县秦泰初投进《神宗皇帝 哲宗皇帝御集》，共一百一十八册，与转一官。'上因谕辅臣曰：'书籍尚未备，宜有以劝诱之。可令秦熺措置，立定赏格，镂板行下。'既而提举秘书省比拟赏格，如投献到晋、唐墨迹真本者，取旨优异推恩；秘阁阙书善本及二千卷者，有官人与转官，士人与永免文解，或免解。不及二千卷以上者，比类增减推赏。如愿给者，总计工墨纸札，优与支给。诸路监司守臣求访到晋、唐真迹及善本书籍，应得上件赏格者，比类推赏。其投献到书籍，先下秘书省校对，如委是善本，方许收留。"（宋）李心传《建炎以来系年要录》卷一百五十五："乙酉，右朝奉大夫新知奉化县秦泰初进《神宗哲宗御集》百有十八册。上因谕大臣曰：'书籍未备，宜有以劝之。可令秦熺立定赏格，重则进官，轻则赐帛。'于是进泰初一官。"直称奉化知县，其任职日期，较宝庆《四明志》所记提前些许。宝庆《四明志》卷十四《奉化县志》一《叙县·县令》："秦泰初，右朝散大夫赐紫金鱼袋，绍兴十七年（阙）月到任，十八年十二月宫观。"《建炎以来系年要录》作："右朝奉大夫。"任期不长,为奉化著名藏书家之一。雍正《宁波府志》卷十六《秩官·奉化令》作"陈太初"。康熙《宁波府志》卷九《秩官》、光绪《奉化县志》卷十六《职官表》上、《奉化市志·政府》1994 年版作:十七年任。

汤穆(—1151 年 7 月 4 日),武进人,政和五年进士,尝任吴兴县知县。绍兴十九年(1149)三月任奉化县令,二十一年五月十八日(1151 年 7 月 4 日)任内逝世。

咸淳《重修毗陵志》卷十一《文事·科目·国朝》:"政和五年何㮚榜:张汝能、汤穆。"光绪《武进阳湖县志》卷十九《选举·进士》有"五年乙未,张汝能、汤穆"等语。

宝庆《四明志》卷十四《奉化县志》一《叙县·县令》:"汤穆,左朝请郎。绍兴十九年三月到任,二十一年五月十八日故。"在任内逝世。光绪《奉化县志》卷十六《职官表》上据《奉化市志·政府》1994 年版、宝庆《四明志》取籍贯、出身、任期三点,则仅上任日期可取,余均缺如。

黄韶中,会稽上虞人,以左承议郎,于绍兴二十二年(1152)八月任奉化县令,二十五年(1155)八月满任。

宝庆《会稽续志》卷六《进士》:"政和八年嘉王榜:黄韶中(通子)。"雍正《浙江通志》卷一百二十四作"上虞人"。

宝庆《四明志》卷十四《奉化县志》一《叙县·县令》:"黄韶中,左承议郎,绍兴二十二年八月到任,二十五年八月满。"

| 向士俊，绍兴二十五年八月二十五日（1155 年 9 月 23 日）到任，二十八年（1158）八月任满。后为福建汀州郡倅，乾道年间为南安府郡守，淳熙年间为兴国军郡守。

宝庆《四明志》卷十四《奉化县志》一《叙县·县令》："向士俊，右宣教郎，绍兴二十五年八月二十五日到任，二十八年八月满。"

《永乐大典方志辑佚》1970 年版第 2 册第 1419 页："刘师尹，字伯任，长乐人。绍兴戊寅（二十八年，1158）为录事参军。甫三载，会安仁保民赖福高等不堪长汀科监之扰，恃监司素有约束，谢不肯受。邑士刘亮遂诉之版曹，下州里对，宰陈梦远怒其越诉，因而辱之。福高等惧不能直，谋出亮。适古城权巡检张士先督租下里，因留以质。时郡守孙祖善老不事事，郡倅向士俊残忍专决，与梦远为死党，乃张皇事势，加以叛逆，檄正将谢宣，以亮示之。士先既脱，宣志于功，斩亮以徇，杀千余人，焚毁数百家。梦远又诬郡庠叶椿等与贼交通，士俊欲传致其罪，追逮旁午。有惊窜者即系累其父母、妻子、亲故、邻里，锻炼如大辟。师尹知其冤，三札抗辨，士俊益怒，责以必成，师尹度不可回，乃取款状书其尾曰：'吾宁弃官，不可陷人于非命。'毅然纳禄而去，盖庚辰十月望日（三十年，1160 年 11 月 14 日）也。越明日，教授连潜上书白其事，士俊始少缓其狱，犹衔师尹，捃摭按治。帅司体究得实，先劾罢梦远。台评继上，祖善亦罢。士俊、梦远、宣仍镌秩，然未足以谢长汀之民也。椿等遂获免。"《南安府志 南安府志补正》1987 年版第 168 页："甲仗库，《元志》云：有屋三间，藏甲胄刀盾之属二三百具，城守杂器称是，盖宋狄武襄青收侬智高余物也，乾道庚寅（六年，1170）郡守向士俊改造，元季废。今基址为架阁库。"《宋会要辑稿·职官》一一《审官西院》：乾道八年十一月"十九日，江西安抚使龚茂良条奏：本路捄荒措置宣劳官僚。诏陈寅特转一官，徐大观、向士俊、翁家之各减磨勘三年。"李之亮《宋两江郡守易替考》2001 年版第 554 页："淳熙二、三、四年：向士俊。"第 55 页："《湖北通志》：向士俊，淳熙间任。"

‖ **刘士宠**,绍兴二十八年(1158)八月到任,三十一年(1161)八月满任。

宝庆《四明志》卷十四《奉化县志》一《叙县·县令》:"刘士宠,左奉议郎,绍兴二十八年八月到任,三十一年八月满。"

‖ **朱棨**,绍兴三十一年(1161)十月以右奉议郎到任,隆兴元年(1163)满任。

宝庆《四明志》卷十四《奉化县志》一《叙县·县令》:"朱棨,右奉议郎,绍兴三十一年十月到任,隆兴元年满。"按:原文"榕"之"木"置"容"字下面,字形比较罕见,检索困难。置"容"之左,未必是原字之本意。故此令之研究,有待也。下例暂作参考。

弘治《八闽通志》卷三十一《秩官·历官(郡县)·建宁府》:"(瓯宁县)知县事:范璿、林朝俊(俱绍兴间任)、崔发、任古、朱伟、王彬、富肃、朱榕……(见《名宦志》)"

‖ **李邦宪**,隆兴元年八月二十八日(1163年9月27日)以右奉议郎到任,乾道二年(1166)二月卒于任上。

宝庆《四明志》卷十四《奉化县志》一《叙县·县令》:"李邦宪,右奉议郎,隆兴元年八月二十八日到任,乾道二年二月故。"在任上逝世。

《宋史全文》卷二十二下:绍兴二十六年八月"辛巳(十二,1156年8月29日),新荆湖南路转运判官李邦宪直秘阁"。两者不知同一人否。暂录以备考。

‖ **向士迈**,乾道二年十一月二十五日(1166年12月19日)以右通直郎到任,三年(1167)十二月在任上逝世。

宝庆《四明志》卷十四《奉化县志》一《叙县·县令》:"向士迈,右通直郎,乾道二年十一月二十五日到任，三年十二月故。"在任上逝世。

（宋）周必大《文忠集》卷六十二《中大夫赠特进蔡公（伸）神道碑》（绍兴二年）："六女：……（三女适）通直郎知明州奉化县向士迈。"碑文题下撰期曰"绍兴二年"（1132），而士迈之任奉化令是在乾道二年（1166），相差三十余年，此中不无错讹之存在。（宋）蔡戡《定斋集》卷十四《大父行状》：蔡伸（蔡戡之祖，蔡襄之孙）有女六人，"次适通直郎知明州奉化县向士迈"，则向士迈为蔡伸之婿，蔡戡姑父。又（宋）周必大《文忠集》卷六十二《中大夫赠特进蔡公（伸）神道碑》："通直郎知明州奉化县向士迈……其婿也。"按：周必大所撰《神道碑》，四库本题下注曰："绍兴二年（1132）"，误。周必大生于靖康元年（1126），1132年时才7岁，不可能撰此文；蔡戡生于绍兴十一年（1141），更不可能于1132年请周必大为其祖撰神道碑。据蔡戡《大父行状》，蔡伸卒于绍兴二十六年十月二十日，周必大《神道碑》记叙撰文缘由："公既没四十年，而墓道之碑未刻。右文君（指蔡戡）以予周行旧交，使来请铭。"则撰文时间应为蔡伸死后四十年，约在1196年，对应南宋庆元二年，且四库本该文前一篇注庆元二年（撰），后一篇注庆元三年（撰），可证。

郭忠顺，字移可，浦城人，以荫得官，主程乡簿，改连江。知襄阳县。乾道四年七月初九日（1168年8月13日）以右通直郎到任，七年十二月十五日（1172年1月12日）任满。邑人立二郭（并其子郭德麟）祠祀之。

宝庆《四明志》卷十四《奉化县志》一《叙县·县令》："郭忠顺，右通直郎，乾道四年七月初九日到任，七年十二月十五日满。"

《万姓统谱》卷一百十九："郭忠顺，字移可。笃志嗜学，以荫得官，主程乡簿，改连江。时朱乔年寓居浦城，与忠顺为忘年交。任南康县丞。张九成谓移可'博闻强记'，喜与之游。后知襄阳县。金人侵边，荆、鄂两军戍唐邓，馈运凡二十六万斛。诸司交章论荐，升奉化尹。待士以礼，抚民以宽，束吏以法，尤崇重学校，士人爱之。通判太平州。"弘治《八闽通志》卷六十四《人物·建宁府》:"郭忠顺,字移可,浦城人。以荫得官。知襄阳县。金房寇边,荆、鄂两军戍唐邓,忠顺馈运二十六万斛。诸司交章论荐,改奉化令。邑号难治。下车待士以礼,抚民以宽,束吏以法,尤崇重学校,士人爱之。通判太平州,未赴,卒。子德麟,第进士,为荆南录参,以争死狱为帅臣所器。既而知奉化县,治民如其父。邑人立二郭祠祀之。终国子博士,知抚州。"

| **谢峻**,尝任宁德县尉。乾道七年八月二十五日(1171 年 9 月 26 日)以右承议郎知奉化,八年(1172)十一月任宫观使。

乾隆《宁德县志》上集第 300 页:县尉,"谢峻,宣和三年任"。

宝庆《四明志》卷十四《奉化县志》一《叙县·县令》:"谢峻,右承议郎,乾道七年八月二十五日到任,八年十一月宫祠。"雍正《宁波府志》卷十六《秩官·奉化令》作:"谢峻,乾道七年十二月(任)。""十二月"不知所据。光绪《奉化县志》卷十六《职官表》上、《奉化市志·政府》1994 年版均作"七年"任。

| **魏庭珙**,乾道八年十二月三十日(1173 年 1 月 15 日)以右奉议郎知奉化,九年(1173)任宫观使。

宝庆《四明志》卷十四《奉化县志》一《叙县·县令》:"魏庭珙,右奉议郎,乾道八年十二月三十日到任,九年宫祠。"雍正《宁波府志》卷十六《秩官·奉化令》作:"魏庭珙,乾道八年十二月(任)。"

| **蔡揆**,淳熙元年四月十八日(1174 年 5 月 20 日)以右通直郎知奉化,十一月二十一日(1174 年 12 月 16 日)任宫观使。

宝庆《四明志》卷十四《奉化县志》一《叙县·县令》:"蔡揆,右通直郎,淳熙元年四月十八日到任,十一月二十一日宫祠。"

赵希仁，嘉兴人，绍兴三十年(1160)进士，同年任运判。乾道三年，知吉州。淳熙二年四月二十三日(1175年5月15日)以宣教郎任奉化令，四年(1177)四月召赴都堂审察。淳熙六年(1179)在任桐汭郡。绍熙元年(1190)在任光州。后除湖北提刑，因奸赃而出为宫观使。

　　至元《嘉禾志》卷十五《宋登科题名》：绍兴三十年梁克家榜，有"赵希仁，弟希杰、希仰"。是为绍兴三十年进士，嘉兴人。天启《海盐县图经》卷十五《人物篇》第六之六："赵希仁，中大夫、广东运判。"约绍兴三十年任。《吉安地区志》(第三卷)2010年版第1958页："乾道三年，知吉州，赵希仁。"后任也是乾道三年上任。

　　宝庆《四明志》卷十四《奉化县志》一《叙县·县令》："赵希仁，宣教郎，淳熙二年四月二十三日到任，四年四月，召赴都堂审察。"

　　《永乐大典方志辑佚》第2册第1034页《桐汭志·古迹》："古梅，在玉溪之北，俗号曰'千枝梅'。枝柯盘屈，姿态奇古。筑亭其上，扁曰'回春'，骚人雅士多载酒赏焉。宣和间，用事者尝图以进。淳熙六年，郡守赵希仁摹刻于石。梅今不存。"《宋会要辑稿·职官》七二《黜降官》九：绍熙元年五月"十六日，诏知光州赵希仁展二年磨勘。以本路帅臣赵巩言其'擅行团结民兵，略不申知本司也'"。七四《黜降官》一一：嘉泰元年"八月二十三日，新除湖北提刑赵希仁、新知潼川府张缤指挥并寝罢，各与宫观，理作自陈。以臣僚言二人赋性极鄙，所至奸赃"。

叶仲翱，温州人，绍兴辛未(二十一年，1151)进士，乾道二年(1166)任安溪丞。淳熙四年七月二十八日(1177年8月23日)以奉议郎任奉化令，七年九月十一日(1180年10月1日)任满。终潮州倅。

　　万历《温州府志》卷十《选举志·进士·宋》：绍兴辛未赵逵榜有"叶仲

翱,永潮州倅"。则是温州人,终潮州倅。《安溪县志》(明嘉靖版)2002年版第131页:县丞,"叶仲翱,乾道二年任"。后任:乾道七年任。

宝庆《四明志》卷十四《奉化县志》一《叙县·县令》:"叶仲翱,奉议郎,淳熙四年七月二十八日到任,七年九月十一日满。"

苏祁,淳熙三年(1176)二月,以宣教郎任宜兴令。淳熙七年九月十一日(1180年10月1日)以通直郎任奉化令,九年四月十二日(1182年5月16日)因避亲罢。

明咸淳《重修毗陵志》卷十《秩官》四《知县·宜兴》:"苏祁,淳熙三年二月,宣教郎。"

宝庆《四明志》卷十四《奉化县志》一《叙县·县令》:"苏祁,通直郎,淳熙七年九月十一日到任,九年四月十二日,避亲罢。"(宋)袁说友《东塘集》卷二十《故太淑人叶氏行状》:"淳熙十二年十一月初四日,敷文阁待制单夔之母夫人叶氏终于里居之正寝,寿八十有二。"叶氏乃单莘之妻,有六女:"(五女适)故通直郎、前知明州奉化县苏祁。"苏祁是为单莘之婿。这时,苏祁已经逝世,其称谓之前有一"故"字。

郭德麟,建宁府浦城人,隆兴元年(1163)进士。授侯官尉,调信阳,为荆南录参。淳熙九年六月二十九日(1182年7月31日)以通直郎任奉化令,十二年八月七日(1185年9月2日)任满,九月召赴都堂审察。绍熙二年(1191)任御史。

弘治《八闽通志》卷四十九《选举·科第·建宁府》:隆兴元年(癸未)木待问榜有"郭德麟"。《詹体仁传略》2010年版第186—187页:"郭德麟,字邦瑞,建宁府浦城人。授侯官尉,调信阳,为荆南录参。知奉化县,有功于民。民立二郭生祠。以试户部尚书,遣金贺正旦。官监察御史,建言乞肃清宫

闻,严内侍入宫之禁。绍熙二年,弹击留正,欲使之乞去相位。绍熙三年三月因弹击反道学真凶,奏论留正而出朝,以察事失体,出为湖北提举常平茶盐公事。与朱熹有书信往来,朱熹作《答郭察院》书。后除宗正少卿,不数月,卒。其父郭忠顺,字移可,笃志好学,与朱松为忘年交。以荫得官,主程乡簿,改连江,朱松曾带朱熹访问之。后任南康县丞。张九成谓其博闻强记,喜与之游。后知襄阳县,金人寇边,荆、鄂两军戍唐邓,馈运凡二十六万斛。诸司交章论荐,升奉化尹,有善政。待士以礼,抚民以宽,束吏以法,尤崇重学校,士民爱之。终太平州通判。"是为前令郭忠顺之子。

宝庆《四明志》卷十四《奉化县志》一《叙县·县令》:"郭德麟,通直郎,淳熙九年六月二十九日到任,十二年八月七日满,九月召赴都堂审察。"《攻媿集》卷三十七《湖南提举郭德麟宗正少卿》云云。

《宋会要辑稿·职官》六一《对换官》:淳熙"十六年六月二十四日,诏太府寺丞张同之与司农寺丞郭德麟两易。同之以堂叔张孝伯见任干办诸军审计司,乞回避故也"。《宋会要辑稿·选举》二一《选试》:"绍熙二年二月二十五日,铨试、公试、类试,命监察御史郭德麟监试。"《宋会要辑稿·礼》四九《尊号》十二:绍熙二年五月"二十九日,诏监察御史郭德麟充奉礼郎"。乾隆《福建通志》卷六十八《艺文》一:"郭德麟,《北征录》。"尝使金。

张燧,温州永嘉人,淳熙十二年八月七日(1185 年 9 月 2 日)以宣教郎知奉化县。十五年十月十二日(1188 年 11 月 2 日)满任。庆元元年(1195)任仙居县丞。

宝庆《四明志》卷十四《奉化县志》一《叙县·县令》:"张燧,宣教郎,淳熙十二年八月七日到任,十三年四月内转通直郎,十五年七月内转奉议郎,十月十二日满(任)。"

万历《仙居县志》卷八《官属·县丞》:"张燧,庆元元年(1195)任;李悌,庆元三年任。"(宋)叶适《水心集》卷二十六《宋故中散大夫提举武夷山冲祐

观张公行状》:"公姓张氏,讳秀樗,字延卿,温州府永嘉人,幼入太学。"又曰:
"男五人:曰燧,通直郎,福建舶司干官,先卒。"则又是张秀樗之长子,尝任
"福建舶司干官",且逝世在其父之前。"温州府永嘉人"说,可补宝庆《四明
志》卷十四《奉化县志》、光绪《奉化县志》卷十六《职官表》上及《奉化市志·
政府》1994 年版之缺。

傅伯益,乾道五年在任湖州潮阳县主簿。淳熙十五年十月十二日(1188 年
11 月 2 日)以宣教郎任奉化令。

《宋会要辑稿·选举》二六《铨试》:乾道五年"四月十五日,新湖州潮阳
县主簿傅伯益言:'窃见诸路州军发解锁院,皆有定日,而铨试今独不然。名
为春铨,以二月二十五日锁院,而临期申展,或以半月,或以旬日。远方之
人,滞留伺候,实不易支,多有失职之难。欲望每年定以二月二十五日锁院,
如遇省试年分,则展至五月,不许再展移。'吏部勘会:'自来春铨试为始,每
年定以二月二十五日锁院,如遇省试年分,展至五月十五日,更不申展。'从
之"。

宝庆《四明志》卷十四《奉化县志》一《叙县·县令》:"傅伯益,宣教郎,淳
熙十五年十月十二日到任。"

胡恭,绍熙元年(1190)任奉化令。嘉泰元年(1201)二月在任太常丞。庆元
间任建宁府通判。

宝庆《四明志》卷十四《奉化县志》一《叙县·县令》:"胡恭。"无任免日
期。雍正《宁波府志》卷十六《秩官·奉化令》:"胡恭,绍熙元年(任)。"此说
为光绪《奉化县志》卷十六《职官表》上、《奉化市志·政府》1994 年版所采纳。
(宋)袁燮《絜斋集》卷十八《通判泉州石君墓志铭》:"淳熙中,余游太学,得直
谅多闻之友曰石君,讳范,字宗卿,婺州浦江人也。"又曰:"初,君以绍熙元年

擢进士科,为奉化尉。岁饥,民贫,相率贷粮,境内骚动。君曰:是之不戢,乃吾失职也。单车疾驱开谕,而儆戒之利害明白,听者冰释。又为白官长,亟请于牧守、监司,多方赈贷,其党遂散,不戮一夫。海寇有逞其威虐,大为民害,延及邻境者。君设方略,一日就禽,改承奉郎,知处州丽水县。"则是在胡恭任内发生的事情。

《宋会要辑稿·选举》二一《选试》:"嘉泰元年二月二十五日,铨试、公试、类试,命监察御史施康年监试,太常少卿曾焕、大宗正丞李直柔、秘书丞锺必万考试,太常丞胡恭……考校。"则嘉泰元年二月在任太常丞。弘治《八闽通志》卷三十一《秩官·历官(郡县)·建宁府》:通判府事:有"胡恭……(俱庆元间任)"。

方胜碶记

(宋)王时会

奉化西南阻山,其水曰"灵济泉"、曰"白石堰"、曰"叶吞",皆东注递流以合于溪。自昔障而北之,以灌西圃、洪村之田三千亩有奇。方胜碶既废,垂百年,水失故道,比岁无年。邑人数议复之,或摇于异论,或沮于重费。及是,天台陈侯为郡丞,治用家法,务举其职。入阡陌间,问父老疾苦,凡郡之水利,皆以次搜举,而方胜碶始克有作。度广袤三十尺,酾为水三道,北行重为二闸以折之,入于西圃、洪村。又七里,亦为二闸以节之,入于江。益浚河十里,筑两溃堤,合五十丈有奇。始于绍熙四年(1193)之十月,迄于五年(1194)之五月而成。属岁大旱,洪村、西圃之田当先受其害,独有潜水,已而雨大至,奔流觱沸,桔槔雷发,农人奏功,绿秀布野。民大悦,以为有生未始得也。凡费金钱一百五十万,米百斛。请于常平者一,发于公帑者三,得于民者五,助于赵绘、徐如松、何涣者一。以主薄黄君子善为贤,俾治其役。且又择邑之能者赵绘、徐如松、戴日宣、何涣,以授成焉。民信事时,工用劝作,亟济斯成。陈侯名耆寿,官奉议郎,以治最,诸公交荐之。六年二月望日

（1195 年 3 月 28 日）记。（光绪《奉化县志》卷六《水利》。今据嘉靖《奉化县图志》卷十一《碑文志》下校）（按：这一修缮工程，应在胡恭任内完成。其中"白石堰"、"叶吞"应是方胜碶这一水利系统工程之组成部分。洪村位于今大桥一带。）

宋晋之（1126—1211），字正卿，旧名孝先，字舜卿。永嘉人。弱冠从王十朋游，学徒数百人，独君首出。未几入太学，登乙科，授左迪功郎，汀州司户参军。任司户参军时，海舟隶于邑者数千艘，君既被檄总籍其目，分番以备调发，舟人安之。时造战舰期会趣迫，君缓其期，事亦随办。伐木必亲相视而后取，其免于斧斤者，号"宋公松"。后以奉议郎，庆元二年（1196）知奉化县。赴部，授信州通判以归。嘉定四年（1211）八月属疾，终于家，享年八十有六。诗文甚多，有散佚。

民国《台州府志》（铅印本）卷九十二《金石考》八（佚目一）："《杜渎盐场重修厅记》，宋晋之撰，在临海。监杜渎盐场臧栋于淳熙十三年（1186）修。是晋之时知临海，因为之记。文载《赤城集》，碑佚。"

宝庆《四明志》卷十四《奉化县志》一《叙县·县令》："宋晋之，庆元二年到仟。"《攻媿集》卷五十四《奉化县学记》："永嘉宋君始至，谒奠，顾瞻庙像，愀然曰：'教化根本之地不振如此，何以示斯民？'""乃季夏戊申，宋君率僚佐士夫释菜学宫，用以揭虔妥灵。观者如堵，惊叹赞美，以为前此未有，而民不知役也。于是里中善士董安嗣、徐如松等三十有二人，争趋竞劝，相与再建驾说之堂，挟以直庐，傍列诸斋，庖湢廥廪，器用毕备。凡为屋四十楹。又以去岁始有自右学登科者，为辟射圃，以劝方来。举梁之初，属钥为之文。今既崇成，又托以记。""宋君名晋之，字正卿。悃愊无华，三为邑长，皆以儒术饰吏事。首欲兴学，迄于有成，邑人纪之。实钥之同年生也。"

奉化县学记

（宋）楼钥

　　四明六邑，奉川为{大}[望]，{号难治。然俗尚气而服义，}秀士尤多。{治之得其道，非难也。}神文在位，郡国始建学。张文定公方平谓："庠序俶落乎睢焕，嗣音乎郊郧。而是邑旧记{谓}[为]：相国清河公士逊出镇秣陵，为椎轮之始。盖宝元初秘书丞于君房为宰，以石夫人之庙为县学，自为之记云。然且曰：'愿以奉川为县学'。"始亦可以知吾邑儒风之兴，旧矣。宣和中周君因徒于邑治之东南，势益胜。未几舍法罢，废为亭传，又遭弄兵者毁焉。绍兴九年荣君冀复新之。于今五纪，栋宇浸坏，圮陋不可复支。永嘉宋君始至，谒{莫}[殿]，顾瞻庙像，愀然曰："教化根本之地，不振如此，何以示斯民？"{之}[日]欲谋焉，未遑也。财用之空乏，期会之迫遽，固已不胜其应。而连岁大祲，愈不暇给。政成欲去，介介若不满。邑士汪君{汲}[伋]素好为乡里义事，闻之，谓其弟份曰："是吾曹责也。"不待劝{率}[戒]，不谋于众，以身先之。首创大成殿，增广旧址，不日而成。一木一瓦，皆不苟设。必欲坚致宏敞，为久远计。重立先圣先师十哲之像，仪{两门}[门两]庑以次兴作，前有墨池，浚而广之。方正清深，冰壶澄彻。南山千尺，倒影其中。轮奂翚飞，照映江县。为费不赀，(曾无)吝色。乃季夏戊申，宋君{率}[莘]僚佐士夫释菜学宫，用以揭虔妥灵。观者如堵，惊叹(嘉靖志作：动。误)赞美，以为前此未有，而民不知役也。于是里中善士[楼颐、]董安嗣、徐如松[、吴懋]等三十有二人，争趋竞劝，相与再建{驾说}[彝训]之堂，挟以直庐。傍列诸斋，庖湢廥廪，器用毕备。凡为屋四十楹，又以去岁始有自右学登科者，为辟射圃，以劝方来。举梁之初，属钥为之文。今既崇成，又托以记。钥世居奉川，高祖正议先生教授邑中，《宝元学记》{预}[与]名刻石，寻掌乡校，前后几三十年，始为郡人。然五世皆反葬境内，区区封邑，犹不敢舍。辞不获命，敢告于里人曰：令尹洎诸贤所以惠吾邑者，至矣。自尔必能相勉以学，相高以文，蹑儒科，登膴仕，使{吾邑}簪缨日盛，为四方荣观，则今日之举，斯为称矣。然《孟子》有曰：“谨庠序之教，申之以孝悌之义，颁白者不负戴于道路矣。”是殆与今人论学之意不同。何耶？孔子之教人，亦必曰：“弟子入则孝，出则悌。”盖庠序所以申孝悌。孝悌之义明，则老而负戴于道者，少者必从而代之。以此为庠序之{效}[教]，不为利禄地也。诚能因今之学，行古之{意}[义]，月书季考，不害进取，而父兄之告语，师友之讲习，率以孝悌为先，此义既明，则凡学于此者，施于家，则为孝子顺孙；出而仕，则为忠臣良吏。跄跄济济，化及里闾，浸有不负戴之风几于一变而至。道者，将以此望吾党之士，岂直为是观美而已哉？宋君名晋之，字正卿。悃愊无华，三为邑长，皆以儒术饰吏事。首欲兴学，[而]迄于有成，邑人纪之。实钥之同年生也。[庆元三年中秋日（1197 年 9 月 28 日）记]（《攻媿集》卷五十四。据嘉靖《奉化县图志》卷十《碑文志》上校）

朝散郎致仕宋君墓志铭

（宋）楼钥

隆兴改元，永嘉进士得人最盛，尚书木蕴之既在魁选，一郡同登至二十七人。余忝末科，至乾道七年客授此邦。三年间，多与同年往还，甚乐也。后又假守，则在者已寡矣。今四十载，惟余参议光远、宋贰车正卿在。钥亦偶未死，故三人时以音问往来。而正卿又亡矣。明年，其弟习之持书求铭正卿之墓。抆涕之余，为序其平生而系之《铭》，且请光远篆其盖云。君讳晋之，正卿其字也。旧名孝先，字舜卿。五季时，处士靖自福之长溪徙温之乐清。邑有张文君隐居，筑室为邻，而缑山仙人吹箫台峙其前，真胜地也。今八叶矣，子孙繁衍为名族。曾祖惟表，祖世则，俱晦德不耀。考允修，行义过人，有声舍选，而终不偶。笃意教子，既口授以《尚书》大义，又力贫为之择师。君既升朝，生封承务郎，后又赠至奉直大夫。妣万氏，继母张氏，皆赠恭人。由是邑人益励子于学。君幼颖悟，日诵数百千言。弱冠从梅溪先生王公十朋游,学徒数百人,独君首出。王公器之,曾以诗赠别,褒借甚至。未几,入太学,登乙科,授左迪功郎,汀州司户参军。王公又以诗送行,期待尤远。到官明锐,任事不择剧易,郡政待户曹乃决,有"霹雳手"之名,秋稼加耗病民,君以郡命蠲之,人皆欢服。校文三山,士逾二万。杜君申有场屋声,又尝名荐书,文卷已遭摧剥,君识于众人中,引义力争,竟置举首,果以经魁南省,人尤服鉴裁之明。时丞相王公淮、检正吴公龟年、少卿郑公伯熊同为部,使者皆欲出其门。外移长溪丞。县去福州数百里,休戚几不相同。丞相陈公俊卿为帅,君言邑之利病,多所开纳。赞其长黄君藻,和而不同,相得尤深,罢官祖饯,挥涕而别。海舟之隶于邑者数千艘,君既被檄,总籍其目,分番以备调发,舟人安之。时造战舰期会趣迫,君缓其期,事亦随办。伐木必亲相视而后取,其免于斧斤者,号"宋公松"。丁奉直忧,治丧诸费,一金不仰于公家。归营葬送,仍自为寿藏于侧,泣曰:"尚当供养于地下也。"除服,调临海令,以办治闻。催科不扰,囹圄屡空。太守邀入签幕,郡县视犹一体,知无不为。轺车行部,士民遮道,称德政者动数百人。枢密丘公崈为宪使,率诸台荐于朝。及去官,壶浆攀恋,旗帜咽道,相望不绝,前此未有也。再调光化令。乡人王公自中为守,每称为老先生。被边事简,作亭丰山之颠,遥望卧龙旧隐,暇日相与登高吊古,哦诗度曲,不复以僚属相遇。改奉议郎,知奉化县。君三更邑寄,熟于纲目,刓方为圆,坐以无事,民大爱之。丞相谢公深甫,临海人,素知治行,时在参预,欲引之周行。君赴部,授信州通判以归。佐郡期月,即引年求谢事。谢公又却其请,且勉留之。秩满,竟以朝散郎致仕。或谓理赏可及正郎,君曰:"不翅足矣。"翻然还家,闻者愧服。天资孝友。奉直素为乡曲所敬惮。以儒术自信,黜释老之说,每曰:"亲亡而藉缁黄以荐,何待之薄也?死欲速葬,或溺于阴阳家之言,以幸富贵,至累年不入土者,不孝为大。"其卓见类如此。君之执丧,一遵遗言,追慕老而不衰。岁时祭祀,烹蒿凄怆,如将见之,言及则必泫然。弟习之,少君四十岁,抚之如子,捐祖产以畀之,而不忍析爨。弟亦恭谨好学,事君犹父,门内以礼法称,护坟茔如护头目,拜扫必躬必亲。宗党贫者收恤、经纪,有孤女则为遣嫁之。不惟子弟承教修饬,厮仆亦能以生事相戒。有古樟荫蔽甚广,自号"樟坡居

士"，晚又筑亭其上，榜曰"可高"，赋诗赓酬者众，钥亦预焉。嘉定四年
（1211）八月属疾，终于家，享年八十有六。娶孙氏，继万氏，皆赠安人。二
子：长曰统，迪功郎，宁德主簿，衢州比校务，调邵武军司法，姿禀端重，居家
临政绰有父风，不幸先二年亡矣；次曰缳。孙四人：俩、侨、儌皆业儒；幼曰
宅。孙女四人：伯适进士刘颐；仲适国学进士张复道；叔从浮屠，名法定；季
适进士万遽。女孙三人。习之与缳将以五年十月丁酉葬君于县盖竹山，实
附先茔，君志也。君敏而静，贯穿百家。不为艰深之文，明白丰赡，诗辞高
胜，淡而实腴。即席唱酬，锋起泉涌，人畏其捷而服其工。所至留心风教，勉
厉后学。长溪有隐君子林君维屏，号榕台先生，君屈致邑庠。遇讲书，与其
长率邑之寓公听焉，学者益励。丞相梁文靖公闻之，遂招入郡中，一时政化
之盛，君实启之。忧居，开义学，来者辄受。劝谕有文，斋舍有铭，深衣大带，
济济翼翼，习俗益媺。临海官事整暇，太守熊公克遇视学，则请君为说《春
秋》。光化既为一新军学，至奉化则又亲见之，锐意兴作。里士监南岳庙汪
君伋与其弟份斥家财为之倡，众亦竞劝。轮奂鼎新，照映山川。举梁之文，
落成之记，皆钥为之。自尔累举，得士为多。家素贫，孙安人初以田四项自
随，伏腊粗给。仕几四纪，无一丘之益。客至必留尽欢，或假贷以续食，人为
不堪，晏如也。归老余年，齿落复生，发白更黑，颀然为乡曲之望。诗文甚
多，随有散佚。今惟《乾》《坤》二卦、《中庸》《大学》《禹贡》《洪范》讲义、《春秋
十二公论》各一卷，《历代中兴君臣论》二卷，《拟进万言书》一卷，《樟坡集》三十
卷藏焉。铭曰：

> 阜陵取士，隆兴之春。惟温最盛，二十七人。我幸同升，涖官海滨。
> 相与往来，久而益亲。四十余年，如星向晨。惟宋与余，寿逾八旬。宋
> 君忽焉，而迹遽陈。行义治政，蔼然弗泯。难弟贻书，其请甚勤。哀怀
> 易感，勒铭翠珉。（《攻媿集》卷一百九）

蔡几，庆元元年(1195)任富阳令，有惠政。庆元三年十二月十一日(1198年1月19日)任奉化令。庆元四年，罢公塘镇税。五年三月二十二日(1199年4月19日)通理前任，三考得替。

民国《杭州府志》卷八《桥梁》二《富阳县》："县西境各桥，恩波，康熙《富阳志》：'县西三百余步，旧名"苋浦"。宋太平兴国九年圮坏，治平二年重建，改名"通济"。绍兴四年令王衮重修，更名"惠政"。庆元元年令蔡几新之，复名"通济"。'"

宝庆《四明志》卷十四《奉化县志》一《叙县·县令》："蔡几，庆元三年十二月十一日到任，五年三月二十二日通理前任，三考得替。"《奉化市志·政府》1994年版作"蔡玑"，误。光绪《奉化县志》卷十六《职官表》上不误。庆元四年，罢公塘镇税。光绪《奉化县志》卷二《建置》上《附废署·公塘巡检司厅事》："县西北三十里公塘市中旧地，名高公塘。唐文德元年(888)置，镇民户买朴名课，管纳官钱。熙宁二年(1069)添置巡检驻札，巡捕私茶、盐、矾、盗贼等。庆元四年罢镇税，止存巡检。"

赵汝杰，字君用，宗室，庆元五年四月初四日(1199年4月30日)，以通直郎任奉化令，嘉泰元年五月(1201年6月)任宫观使。后尝知宜州。

宝庆《四明志》卷十四《奉化县志》一《叙县·县令》："赵汝杰，通直郎，庆元五年四月初四日到任，嘉泰元年五月宫祠。"

雍正《广西通志》卷五十一《秩官》："赵汝杰，字君用，宗室。以朝奉郎任。"

钱光祖，临海人，嘉泰元年九月初四日（1201 年 10 月 2 日）以奉议郎到任。修惠政桥。

宝庆《四明志》卷十四《奉化县志》一《叙县·县令》："钱光祖，奉议郎，嘉泰元年九月初四日到任。"雍正《浙江通志》卷三十五："惠政桥，成化《四明郡志》：'县东北四里，旧名"善胜"，又名"通刿"。宋乾德间建，大观间架木为梁，覆以瓦屋，易今名。'《奉化县志》：'建炎间毁于兵，令杜绾仍结木，绍兴初令赵于玿重建。七年毁，令荣彝重建。后乡士汪伋议易以石，与弟份首捐钱以倡之。令钱光祖既经其始，赵彦绾继之，乃克有成。下为双洞，上有小洞，以泄怒水，两旁护以石栏。'"

《汉学研究与中国社会科学的推进——国际学术研讨会论文集》（下卷）2012 年版第 1256 页："南宋开始，临海成为吴越钱氏家族的主要聚居地。除以上所说外，著名的钱氏还有钱端义、钱端徽、钱端英、钱符、钱扬祖、钱光祖……"是为临海人。

赵彦绾，嘉泰四年十月初六日（1204 年 10 月 30 日）以奉议郎到任，开禧三年十一月二十五日（1207 年 12 月 16 日）满任。重建恕堂、改建惠政桥等。之后，任仪征令，建通判厅风月亭。嘉定四年至八年任滁阳守。嘉定十二年都大主管川秦茶马监牧公事，后因"以死损之马支破价钱，及都统司取马，动以无马却之"任宫观使。

宝庆《四明志》卷十四《奉化县志》一《叙县·县令》："赵彦绾，奉议郎，嘉泰四年十月初六日到任，开禧三年十一月二十五日满。"《叙县·公宇》："恕堂，听事之西，狱之侧。令荣彝建。听政折狱之便坐也。嘉泰间赵彦绾为令，邑人吴懋为县家葺理狱室，又以其余材重建此堂。"《叙县·叙水》："惠政桥，县东北三里，旧名'善胜'，又名'通刿'。皇朝乾德二年建，后为洪水所坏。大观中重建，改今名。校官顾文记之。架木为梁，覆以厦屋，率十稔一

易。开禧初，令赵彦绾因民之弗堪，告之曰：'与其累修而累坏，孰若一劳而永逸。'民劝趋之，随赀高下，协力鸠工，易之以石。下为双洞，又有小洞，以泄怒水。高广十倍于前，车马往来，如履平地。两旁护以石栏，东西接两市，南路入天台，北路通明越。"

道光《重修仪征县志》卷二《建置志(官署旧州治废廨附)·旧州治附》："通判厅，在省马院北。初毁于开禧兵火，嘉定以后渐复其旧。旧志云：'有亭曰"风月"，赵彦绾建并记。'"李之亮《宋两淮大郡守臣易替考》2001年版第214页："嘉定四年(1211)，赵彦绾，《滁阳志》：'嘉定四年，以朝请郎知。'"嘉定五年(1212)、六年、七年、八年在任。《宋会要辑稿·职官》七五《黜降官》一二：嘉定十二年"十一月五日，前都大主管川秦茶马监牧公事赵彦绾召赴行在，指挥寝罢，与宫观，理作自陈。以监察御史徐𫚭年言：'其以死损之马支破价钱，及都统司取马，动以无马却之。'"此外，(宋)刘克庄《后村先生大全集》也有记载，卷八十三《玉牒初草》：宁宗皇帝，嘉定十二年"十一月癸巳朔丁酉，以雪，赐辅臣宴于尚书省。徐𫚭年奏：'前主管川秦监牧公事赵彦绾，靳各本钱，不尽支散，致四川都统司战马阙数，乞寝彦绾召命。'从之。"

陈梅叟，永嘉人，淳熙十一年(1184)甲辰科进士。开禧三年十一月二十五日(1207年12月16日)任奉化令。

雍正《浙江通志》卷一百二十六：淳熙十一年甲辰卫泾榜，"陈梅叟，永嘉人，通判黄州"。

宝庆《四明志》卷十四《奉化县志》一《叙县·县令》："陈梅㚒，宣教郎，开禧三年十一月二十五日到任。"这位县令名字中有一"㚒"字，经检《玉篇》，无该字；检《汉语大字典》第2版，曰即"叟"字；检《四库全书》电子版，均以"叟"字应检。光绪《奉化县志》卷十六《职官表》上注曰："《乾隆志》误'容'。"《奉化市志·政府》1994年版也误作"容"。著有《书说》，雍正《浙江通志》卷二百四十一："《书说》，万历《温州府志》：'陈梅叟著。'"

冯多福，无锡人，字季求（一作：季膺），寄居常州父田。绍熙四年（1193）进士。嘉定四年三月十二日（1211 年 4 月 26 日）以奉议郎任奉化令，五年十二月转承议郎，至七年六月十五日（1214 年 7 月 23 日）任满。在任政绩多多，有记不胜之势。九年知徽州。十年改淮西提举兼提刑、运判。十三年，入为司农寺丞。十六年六月七日，福建提刑放罢。宝庆中，出知镇江府。绍定元年奉祠。

淳熙《三山志》卷三十一《人物类》六《科名》：绍熙四年陈亮榜，"冯多福，字季求，寄居常州父田，历司农少卿、将宪卿部，权州事。奉祠终"。

宝庆《四明志》卷十四《奉化县志》一《叙县·县令》："冯多福，奉议郎，嘉定四年三月十二日到任，五年十二月转承议郎，七年六月十五日满。"《叙县·公宇》："镇东楼，县东北四里，市之心。先是，惠政桥成，壮丽为一邑冠。阴阳家云：'无以厌之，恐有郁攸之变。'未几，果验。嘉定中，令冯多福乃建此楼。"（至正《四明续志》卷三《城邑·奉化州·公宇》："按志：楼创于宋嘉定六年，知县冯君多福。处州教授王宗道为之记。"）《叙县·驿铺》："龙津馆，县东北四里，西市之东，惠政桥之西，临大溪侧。嘉定中令冯多福建。""登陆馆，县东三里，市南门之侧，令冯多福建。孙兴公赋：'登陆则四明、天台。'故取以名。"《叙县·叙水》："新桥，县东三里。先是，溪流溢涸无常，桥以石为步，步疏其流，若古之七星桥然。上流涨则石转移，下潮长则步渐湿，民常病之。嘉定中，令冯多福叠石为柱，前锐后平，以破水势。亘板其上。上流涨则逾桥而过，桥不为动；下潮长则不及桥之板者常一二尺。往来始便。""惠政桥，县东北三里，旧名'善胜'，又名'通剡'。皇朝乾德二年建，后为洪水所坏。大观中重建，改今名。校官顾文记之。架木为梁，覆以厦屋，率十稔一易。开禧初，令赵彦缩因民之弗堪，告之曰：'与其累修而累坏，孰若一劳而永逸。'民劝趋之，随赀高下，协力鸠工，易之以石。下为双洞，又有小洞，以泄怒水。高广十倍于前，车马往来如履平地。两旁护以石栏，东西接两市，南路入天台，北路通明越。嘉定四年，令冯多福犹以两堤未坚缜，复甃之。

赋咏者甚多,有题洞底者曰:'凿开苍璧玉棱层,叠作溪桥两洞成。影落波心双月合,光含石眼一星明。鳌头近接东西市,鲸背平分南北程。须信巨川从此济,区区溓洧浪传名。'"此诗,《宁波地名诗》2007 年版第 504 页作:冯多福撰诗。不知所据。诗之"光含石眼一星明",即桥之二孔间设"小洞",既省工料,又可以泄洪。其功能相当于赵州石桥主拱两肩之小拱圈,也是为泄怒水而置也。这在奉化交通工程技术史上应该记上一笔。宝庆《四明志》卷十四《奉化县志》一《叙县·叙水》:"清甘泉,县城内,虽遇久旱不涸。色清甘,因以得名。令冯多福尝记之。"延祐《四明志》卷七《山川考·泉·奉化州》:"茯苓泉,在州城,令冯多福作记。即七星井之一。"此两记笔者尝检光绪《奉化县志》,未见,惜哉。宝庆《四明志》卷十四《奉化县志》一《叙县·学校》:"嘉定七年,令冯多福又筑尚友亭于射圃之后,每辍俸以养士,且劝率乡之贤有力者出产为永业。今此产遂供偕计续食之费,而士之德冯令不忘也。邑之先进楼公郁、王公说,士皆师之。故并冯令祠焉。学之更新,攻媿楼钥记之。尚友堂成,丞周勉记之。"延祐《四明志》卷十四《学校考·本路乡曲义田庄·奉化义庄廪》:"义庄,自宋嘉定年间县令冯多福以学廪不足,出家赀为倡,集八乡父兄出田或赀或买田共七百石有奇,别为廪以贮。嘉定七年县丞周勉为之记。"嘉靖《宁波府志》卷二十五《名宦》:"冯多福,无锡人,嘉定四年知奉化县,置义仓,修学校,请蠲夏税,治水利,惠政甚多,立祠于学。作龙津馆及登陆亭,各有记。"

弘治《徽州府志》(刻本)卷四《职制·郡县官属》:守臣题名,"冯多福,朝奉郎。嘉定九年(1216)八月到官,十年七月改淮西提举兼提刑、运判"。卷五《恤政·仓局》:"又诏会府,咸置药局。《续志》载:'广惠药局,在州衙之西,始创于嘉定二年。冯多福其后迁于东谯楼之左,与便民质库列置。'"任至"嘉定十一年戊寅(1218)"。十三年,以司农寺丞点检试卷。《宋会要辑稿·选举》二一《选试》:嘉定"十三年正月二十五日,命……司农寺丞冯多福……点检试卷"。《宋会要辑稿·职官》七五《黜降官》一二:嘉定十六年"六月七日,福建提刑冯多福与宫观,理作自陈。以臣僚言多福身为监司,不知奉法循理。"宝庆三年(1227)五月任镇江知府。至顺《镇江志》(《宛委别藏》本)卷十五:

"冯多福,中奉大夫,直宝谟阁。宝庆三年五月至,绍定元年(1228)十二月乞祠。总领岳珂权。"在镇江之职务,据南宋岳珂《金佗稡编·金佗续编》卷十六《赐谥吏部牒·碑阴记》落款,为"中奉大夫直宝谟阁知镇江军府事兼管内劝农使节制防江水步军马镇江都统司诸军在寨军马河东县开国男食邑三百户借紫冯多福"。"绍定元年十二月乞祠",获准,不久逝世。在镇江尝撰《研山园记》,斐声园林界。《中国园林艺术辞典》1994年版第317页:"冯多福,生卒年不详。南宋无锡人。宝庆三年(1227)至绍定元年(1228)继岳珂任镇江知府时作《研山园记》,记叙研山园的来历及景观,指出玩石也罢,筑园也罢,无非适意。所谓'己大而物小'之理是也。同中国古典园林写意手法相通,即不囿于自然而得己意趣。"有子冯众,弘治《八闽通志》卷四十六《选举·科第·福州府》:"冯多福,众之父,寄居常州。"

题惠政桥洞底诗

(元)无名氏

凿开苍璧玉棱层,叠作溪桥两洞成。影落波心双月合,光含石眼一星明。鳌头近接东西市,鲸背平分南北程。须信巨川从此济,区区溱洧浪传名。(光绪《奉化县志》卷三《建置》下)

义廪记

(宋)周勉

嘉定六年(1213),余来丞奉川,过吾乡先生薛公而辞焉,为言邑宰冯侯有美政,往为丞,善也。四明距永嘉二十舍而遥,士大夫行旅少出其途者,有能诵道之如此,侯之声溢东浙矣。比余入境,视其野,至邑适市,其里皆熙熙以和,余以观政焉。诣学,谒先圣,其学宫邃端而洁修,其士绳绳雅驯。问其学廪,则每给不匮;问其有职于学者,则由行实选,累请而力辞,不得已而后就者也。余于是知侯不止于政而厚于教,有余力而悦学。其声四达,由此也。初,学有田租,岁为谷四百石,为钱五十缗,散而入于执事者之家,而不及士。侯附益以榷酤之赢,汰其不功而禄者,而士始有养。惧其经久或无以继,则又增置租钱,岁得十八缗,而出家资为倡,集八乡父兄,谕以出田或赀,而人乐从。以其赀买田于民,若官总之,又为谷七百石有奇。于是为之规约,别为之廪,目曰"义廪",俾乡之良士掌其出入。凡学之兴作,不得取;凡职事之禄,不得取。凡职事有定员,且刻其有田与赀者于石,庶几可久勿坏。余嘉其成,告于众曰:"国家以文治郡县,学薄海隅遍矣。县养士则十不及一。今能鸠众以图远,吾请以为他县法。乡父兄能知侯意,顺其教令,富而不吝,且好礼,俗之厚也,吾请以为他县父兄法。侯之在事日月无几,而来者无穷。凡事之难而废之易,惟敬惟公。尚其嗣之愿,以诏诸方来。今之职于学者,皆累请不得已而后就者也。凡士知自重,而后人重之。吾愿以属廉耻之士:若夫田出于父兄,力藉于农,安居而食焉,习于文辞,举于有司,官使于王朝为士者,果何职业也?将必于凤夜只惧,以求俯仰无愧者矣。其饬诸躬,施诸人,炳炳乎天下、国家,侯之泽所被独吾邑哉?夫此非侯之志也哉?余之为言,与有责焉者也。"因书以记。侯名多福,字季膺,世居三山,今为毗陵无锡人。七年二月望日(1214年3月27日)记。(嘉靖《奉化县图志》卷十一《碑文志》下)

孙显懿,嘉定七年六月十五日(1214年7月20日)以宣教郎任奉化令,十年三月转奉议郎,七月十六日(1217年8月19日)任满。

宝庆《四明志》卷十四《奉化县志》一《叙县·县令》:"孙显懿,宣教郎,嘉定七年六月十五日到任,十年三月转奉议郎,七月十六日满。"

▌**黄庑**，新昌人，尝任新会县丞。从事郎，湖州长兴县主簿。嘉定十年七月十六日(1217 年 8 月 19 日)以宣教郎任奉化令，十二年三月转通直郎，十三年七月二十五日(1220 年 8 月 24 日)任满。又任大理寺主簿，因其"封弥卤莽"而"展一年磨勘"。

　　《吴兴备志》卷七："黄庑，新昌人。从事郎，长兴薄。"

　　嘉靖《建宁府志》2009 年版第 410 页："黄庑，新会县丞。"

　　宝庆《四明志》卷十四《奉化县志》一《叙县·县令》："黄庑，宣教郎，嘉定十年七月十六日到任，十二年三月转通直郎，十三年七月二十五日满。"

　　尝任大理寺主簿。《宋会要辑稿·职官》七三《黜降官》一〇：嘉定"十六年二月二十二日，司农寺主簿江润祖特降一官，大理寺主簿黄庑特展一年磨勘。以左司谏李伯坚言其封弥卤莽。"

▌**赵希观**，嘉泰三年(1203)十月十七日以儒林郎任慈溪令，至开禧二年(1206)十二月初八日满替。任内改建开禧桥、改兴贤坊。于嘉定十三年七月二十四日(1220 年 8 月 23 日)以通直郎任奉化令，十五年二月二十三日磨勘，转奉议郎，十六年六月十三日(1223 年 7 月 12 日)满任。后尝任湖兴郡守、杭州通判。

　　宝庆《四明志》卷十六《慈溪县志》一《叙县·县令》："赵希观，儒林郎，嘉泰三年十月十七日到任，开禧二年十二月初八日满替。"任内改建开禧桥、兴贤坊。《叙县·叙水》："开禧桥，旧名'夹田'，在县东南三里，接驿路往来之冲。皇朝皇祐二年建，绍兴八年令林定重建，邑士李瑞民记。久复圮。开禧元年，令赵希观易而大之，遂即改元之号以为名。"《叙县·坊巷》："兴贤坊，旧名崇儒，在县学西。令赵希观更立。"

　　宝庆《四明志》卷十四《奉化县志》一《叙县·县令》："赵希观，通直郎，嘉定十三年七月二十四日到任，十五年二月二十三日磨勘，转奉议郎，七月十八日该遇庆宝,恩转承议郎,十六年六月十三日满。"

（宋）王应麟撰《困学纪闻》卷十五《考史》:"嘉定癸未(十六年,1223)礼闱策士云:'发德音,下明制,宁皇遗诏。'下谓之'遗诰'。盖避时宰家讳也。蒋良贵签判安吉州时,水灾后修城。郡守赵希观属良贵作记。用'浩浩'字,希观欲改,良贵不可,曰:'以宗室而避宰相父名,此非艺祖皇帝所望于金支玉叶也。'闻者壮之。"在任因欲以宗室身份避丞相家讳而形成时论。嘉泰《吴兴志》卷十四《郡守题名》:"赵希观,宝庆三年八月十三日,以朝散郎到任,于当年九月二十四日磨勘,转朝请郎,绍定二年十月得旨,令赴行在奏事,十二月初七日满替。"民国《杭州府志》卷一百《职官》二《府属·宋》:"赵希观,宗室。……以上自嘉泰至绍定初任。"咸淳《临安志》卷五十《秩官》八:东厅(添差)《壁记》中有通判"赵希观"。

赵约,嘉定十六年十月十三日(1223年11月7日),以奉议郎任奉化令。

宝庆《四明志》卷十四《奉化县志》一《叙县·县令》:"赵约,奉议郎,嘉定十六年十月十三日到任。"

陈元晋,字明父,崇仁人,嘉定四年进士。初授雩都尉,雩都主簿,尝任广州增城县丞(嘉定十六年十二月在任)。宝庆元年八月十六日(1225年9月19日)在任奉化令。迁知福州、融州,累官邕管安抚使。嗜学好义,为德于乡人,历官所至,政绩显然。任职各地,"皆迎侍就养"父母。

尝建渔墅书院,因以名其诗文集为《渔墅类稿》。雍正《江西通志》卷二十一:"渔墅书院,在崇仁县东鄢巷,宋安抚使陈元晋建。一名'文溪书院'。"(明)焦竑《国史经籍志》载有《渔墅类稿》十卷,已佚。清四库馆臣检《永乐大典》,尚存杂文八十余篇,各体诗一百一十余首,辑出编为八卷。《渔墅类稿》卷二《上魏左史了翁启》:"试观近岁,甚可寒心。前辈浸以雕零,后生无所则仰。善类之势不合,付之乍佞以乍贤;正论之脉仅存,听其自鸣而自息。以奔趋为捷径,以软熟为圆机。谄笑咿嚘,岂胜夏畦之病;醉梦颠倒,无复夜气之存。习成脂韦,病入骨髓。设有变色动容之警,孰为仗节死谊之人?"四库馆臣称之为"愤世嫉俗之言,则知其生平必以伉直不谐于时者。读其遗文,犹可以见其人也"。《四库全书简明目录》卷十六题要曰:"宋陈元晋撰。原本久佚,今从《永乐大典》录出。集中札、启多指陈时弊之作,颇类乎贾谊痛哭,王符发愤。盖抗直寡合之士也。"《渔墅类稿》卷六《文溪先生致仕大夫陈公夫人黄氏墓碣》:"先君文溪先生,讳凯,字仲高,世占籍抚之崇仁。"则是江西崇仁人。《渔墅类稿》卷五《广州州学序贤亭记》落款:"嘉定昭阳协洽岁除月望日(十六年十二月十六日,1224年1月7日)文林郎广州增城县丞临川陈元晋记。"则其时为广州增城县丞。

《渔墅类稿》卷五《翁源县令厅壁记》:"余与李实夫为辛未(嘉定四年,1211)同年,后十一年(嘉定十五年,1222)会于羊城,又为同幕……皇上践阼之初元(嘉定十五年后之践阼者,应是理宗,初元为宝庆元年)八月既望,宣教郎新庆元府奉化县主管劝农公事兼兵马监押临川陈元晋记。"陈元晋自己落款的日期不大会错。宝庆《四明志》卷十四《奉化县志》一《叙县·县令》:"陈元晋,宣教郎,宝庆二年二月二十二日(1226年3月21日)到任。"与《渔墅类稿》略有不同,应以其自己的著作为准。

通庆元齐守启

(宋)陈元晋

油幢荡节,凤瞻霄汉之躔;墨绶铜章,行隶尘埃之役。束身受教,敛衽陈词。恭惟某官,高明有融,卓荦为杰。操刀必割,四顾而无全牛;振鬣长鸣,一洗而空凡马。蜚声隽轨,策足荣涂。既畴别驾之庸,遥简凝旒之听。以烦骏望,出剖莵符。天台四明,继颛登陆之胜;扶风冯翊,蔚为辅郡之优。重劳制阃之保厘,仍借皇华之咨度。戈船不试,环瀚海以无波;丝缯载驰,布阳春而有脚。民功甚伟，物望罕高。自叶流根，京师蒙九里之润；匪朝伊夕，刺史即三公之除。某鹿鹿一科，鱼鱼百拙。乍违选阱，冒求试于邑滩；所学农书，惜未传于县谱。自知甚审，可笑不量。幸天惠于仁侯，将日依于德庇。三沐欣投于足下，万间真见于眼前。抑惟保障乎，愿奉行简子之政；聊欲弦歌耳，敢妄希元亮之高。（《渔墅类稿》卷二。 齐守，郡守齐硕，嘉定十七年八月十二日到府，宝庆二年二月二十二日交接。 任期：1224 年 8 月 28 日—1226 年 3 月 21 日）

▌**娄绍聘**，宝庆二年十一月初一日（1226 年 11 月 21 日）以宣议郎任奉化令，三年（1227）五月磨勘，转宣教郎。嘉熙三年（1239），知江西瑞州。

　　宝庆《四明志》卷十四《奉化县志》一《叙县·县令》："娄绍聘，宣议郎，宝庆二年十一月初一日到任，三年五月磨勘，转宣教郎。"《叙县·公宇》："县楼门，令娄绍聘重建。"县楼门，即宣明楼，雍正《浙江通志》卷四十三："宣明楼，嘉靖《奉化县志》：'为县之外门，始于宋令娄绍聘。'"娄姓，光绪《奉化县志》卷二《建置》上作"楼"。

　　《清代科举宾兴史》2014 年版第 59 页："江西上高县宾兴庄，嘉熙三年（1239），知州娄绍聘将上高县宝云寺涉讼田产拨归养士费，上高县儒学得田租之半，以之廪士，则士之来学者，养有饩。以之贡士，则士之与荐者行有赆。[（宋）江湘：《宾兴庄记》，见（清）冯兰森、陈卿云：《同治重修上高县志》卷十《艺文志》]"

▌**赵峨夫**，绍定年间（1228—1233）任奉化令。

　　光绪《奉化县志》卷十六《职官表》上、《奉化市志·政府》1994 年版著录，序娄绍聘后，沈昌言前。约在绍定年间任职。

沈昌言，赵与訔大女婿。宝庆初，丞南浦。绍定年间任奉化令。嘉熙间通判漳州军。

《新修浦城县志》2005 年版第 295 页："沈昌言，《沈简肃四益集序》云：'宝庆初，元公之孙昌言来丞南浦。'"

光绪《奉化县志》卷十六《职官表》上、《奉化市志·政府》1994 年版著录，序赵峨夫后，赵时燮前。约在绍定年间任奉化令。

弘治《八闽通志》卷三十三《秩官·历官（郡县）·漳州府》：通判军州事"沈昌言……（俱嘉熙间任）"。（元）赵孟頫《松雪斋文集》卷八《先侍郎阡表》："府君讳与訔，字中父。胄出宋太祖。自秀安僖王五世而至府君，皆家吴兴。安僖王生崇宪靖王伯圭，是为府君曾王父。宪靖王生新兴恭襄王师垂，是为府君王父，其世次历官，语在《宋史》。恭襄王生通议府君，讳希永，仕宋，朝奉大夫、直华文阁，累赠通议大夫……女十四人：孟巽，适沈昌言。"是为赵与訔大女婿，赵孟頫大姐夫。

赵时燮，绍定年间任奉化令。

光绪《奉化县志》卷十六《职官表》上、《奉化市志·政府》1994 年版著录，序沈昌言后，胡逸驾前。任期约在绍定年间。

胡逸驾，江西新建人，嘉定七年进士，绍定年间任奉化令。尝建舒文靖公祠，请同年袁甫撰记，记作于嘉熙元年三月丁巳（初六，1237 年 4 月 2 日）。

雍正《江西通志》卷五十：嘉定七年甲戌袁甫榜，有"胡逸驾，新建人"。是为袁甫之同年。

光绪《奉化县志》卷十六《职官表》上、《奉化市志·政府》1994 年版著录，序赵时燮后，王畴前。任期约在绍定年间。光绪《奉化县志》卷十二《坛庙》

上："舒文靖公祠，县治泮东，祀宋儒舒璘。旧在乡校，宋令胡逸驾建。明崇祯间改建今址。（《康乾志》，参《絜斋集》及胡梦泰《记》）"（袁甫为撰《舒公祠堂记》，收入《蒙斋集》，见下引；《絜斋集》是袁甫父亲袁燮之文集。误。）"胡逸驾任期，（宋）袁甫《奉化县舒先生祠堂记》文中提到应胡逸驾之请撰《记》："今奉川邑大夫胡君逸驾景行前哲，建祠乡校，帅邑人尊事之，又属甫为之记。"惜四库本未注落款日期。按：袁任徽州，《南宋馆阁录·南宋馆阁录续录》卷八《著作佐郎》："嘉定以后三十九人。……袁甫，十五年（1222）十一月除，十六年（1223）五月知徽州。"弘治《徽州府志》卷四《职制·郡县官属》："袁甫，嘉定十六年八月到官，十七年闰八月以忧去。见《名宦志》。"嘉靖《奉化县图志》卷十《碑文志》上著录此文，作撰于嘉熙元年三月丁巳。

　　《昭德先生郡斋读书志》卷五上（附志）《兵家类》："《车阵或问》一卷，右知兴国军胡逸驾所述也，自序于前，附《车战利害奏札》于后。"《秦汉至五代官私藏书研究》2012 年版第 29 页："（宋）胡逸驾撰《祭华林始祖侍御史城公祖妣耿氏夫人二墓文》，载于《（宣统）甘竹胡氏十修族谱》卷一。"

舒公祠堂记

（宋）袁甫

　　先生墓在奉川嵩溪里，其墓碣，慈湖先生所作也。先生典教新安，祠于郡庠，其祠记，先君正献公所作也。今奉川邑大夫胡君逸驾景行前哲，建祠乡校，帅邑人尊事之，又属甫为之记。顾蕆焉晚学，何足以窥先生之仞墙？虽然自儿时见先生每过家塾，拱立侍旁，已有所兴起。又观先生所说《三百五篇》，与我心契，似若有得。弱冠因仲兄就先生学于新安，归言饮食起居之详，与先正献公所称若合符节。后与先生诸子交，益知家法之懿，阖族聚居，交相敬爱，久而弥笃。甫虽未尝数侍先生之教，然其独得于心者，有不可以言语形容尽，盖先生真有道之君子也。道非形容，非离形容。先生内美充实，有孚盈缶，而即之若虚，叩之若无。第见坦坦荡荡，了无偏倚，温温让让，不异常人。应事接物，委蛇曲尽，而若未尝与事物交。小心畏忌，周旋规矩，超然常与造物游，陶陶乎，浩浩乎，生乎天壤之间，独能保此太和，享此真乐，而未易与世人言也。故先生之胸襟，光风霁月也；先生之节操，山高水长也；先生之咏诗，天籁自鸣也；先生之作人，鸢飞鱼跃也。洙泗风雩之气象，先生有焉。处逆境不知其逆也，居顺境不知其顺也，千变万状，自为纷纷，而不知其为千万也，亦不知其为一也。先生之言曰："敝床疏席，总是佳趣；栉风沐雨，反为美境。"此先生之学所以深造自得，而甫之所谓真有道之君子也。胡君与甫俱甲戌进士，今为是举也，邑里翕然莫不应，可谓知务乎？甫之假守新安，尝为先生请易名于朝矣，而卒未遂。胡君倘持是而申请焉，必有慨然主盟吾道者。先生讳璘，字元质，一字元彬。尝宰温之平阳，终于宜州别驾云。嘉熙元年三月丁巳（初六，1237 年 4 月 2 日）。（以《四库全书·蒙斋集》卷十四本与嘉靖《奉化县图志》卷十《碑文志》上本颇有出入，今据后者过录，以见异同）

║王畴，绍定年间任奉化令。

光绪《奉化县志》卷十六《职官表》上、《奉化市志·政府》1994 年版著录，序胡逸驾后，徐桂臣前。绍定年间任奉化令。

║徐桂臣，绍定年间任奉化令。

万历《温州府志》（刻本）卷十《选举志·进士·宋》：嘉定癸未（十六年，1223）蒋重珍榜，"徐桂臣（永）"。二者是否同一人，待考。

光绪《奉化县志》卷十六《职官表》上、《奉化市志·政府》1994 年版著录，序王畴后，程端升前。约在绍定年间任奉化令。

程端升，新安人，程覃之子，漕举。绍定年间任奉化令。

　　光绪《奉化县志》卷十六《职官表》上、《奉化市志·政府》1994年版著录，序徐桂臣后，赵汝璠前。约在绍定年间任奉化令。

　　(明)程敏政辑《新安文献志》卷八十二《行实》收(宋)程珌撰《宋故中大夫司农卿守集英殿修撰致仕休宁县开国伯食邑五百户赐紫金鱼袋赠通议大夫程公(覃)墓志铭》："其子端升，预漕举，则喜见颜色。曰：'一荐未足喜。'且喜诗书，气脉不断。则其所以传家者不以赢金，明矣。其孤端升书来言曰：'先君之窆久矣，而铭犹未也，敢以请。'珌出同谱，居同里，仕同朝，道同志，义可得而辞乎？然萃众美以铭之则愧非其笔尔。"注曰："《宁波志·名宦》：'程覃，字会元，提举两浙东道常平茶盐，权沿淮制置司，卒嘉定八年(1215)。到任，以东钱湖、它山堰灌溉甚博，每患湮圮，覃始置田租，以所收岁给浚导者，虑划最远，拨钱及田造器服以劝学，蠲海错果蔬之征，以惠民。城郭、戎器、仓场、桥道以至公府与乡饮之器具，纤悉留意，人服其整。'"是为新安人程覃之子。

赵汝璠，绍定年间任奉化令。又尝任临安倅。

　　光绪《奉化县志》卷十六《职官表》上、《奉化市志·政府》1994年版著录，序程端升后，欧(某)前。约在绍定年间任奉化令。《宋元浙江方志集成》(第2册)2009年版第917页(临安)南厅倅员题名，有"赵汝璠"。序樊应亨前。则是其尝任之职。

欧(某)，端平年间任奉化令。

　　光绪《奉化县志》卷十六《职官表》上："端平年间，欧[名佚(补)]。端平间筑大欧碶。见《大欧碶庙记》。"《奉化市志·政府》1994年版任期作1235

年前后。余与光绪《奉化县志》略同。光绪《奉化县志》卷十三《坛庙》下："大欧祖庙,县北三十里,大欧碶旁,神姓欧。(《乾隆志》,参采访)""大欧南庙,县北三十里。大欧祖庙分祀庙三:一在王家水仓,一在后江,一在竺家。"

重修大欧南庙记略

(清)庄正心

兹地密近大江,水势顺下,所持以蓄泄灌溉者,独赖有大欧碶。盖宋端平间县尹欧公所筑也。公欧姓,因以姓名碶,而且曰"大"者,谓是碶之泽长利普,壮其猷,故称其氏也。及殁,作祠碶旁以祀之。古称生有盛德,殁享明禋者,其公之谓欤?嗣后子姓日繁,岁时祈报,不获于出入间时亲仪表,爰各就近卜地立庙。然始建时,梓材朴斫,浅且陋也。乙亥(康熙三十四年,1695)秋,咸议重新,相与捐资运木,趋承恐后,不期年而幸观厥成焉。康熙丁亥岁(四十六年,1707)孟冬日。(光绪《奉化县志》卷十三《坛庙》下)

蔡垲,永嘉人,嘉熙二年(1238)进士,以承议郎任奉化令,最晚于淳祐十二年(1252)离任。尝任姑苏通判。

雍正《浙江通志》卷一百二十八:嘉熙二年戊戌周坦榜,"蔡恺,平阳人,奉化令"。"恺",当为"垲"之误。平阳,属永嘉。是为嘉熙二年进士。

光绪《奉化县志》卷十六《职官表》上:"蔡垲,永嘉人,承议郎。修学宫,祀于儒学。"(明)孙胜《重建萧王庙碑记》:"淳祐十二年,钦赐庙额'灵应',承议郎蔡垲为之记,宣教郎邑侯黄湛为之立石。"按:蔡撰碑文未见,惜哉。

正德《姑苏志》卷二十二:"通判东厅,在郡治西……有'风月堂'。蔡垲复于厅西作'光风霁月堂'。"《姑苏志》所载作"光风霁月堂"之蔡垲,时任平江府通判。与奉化县令之蔡垲,应是同一人。

黄湛，天台人，黄宜孙子。淳祐六年四月初二日以承事郎任建德县令。最晚于淳祐十二年(1252)任奉化令。

民国《台州府志》卷三十二《恩泽表》中(荫叙)："黄湛，宜孙，知建德县。"是为黄宜之孙。雍正《浙江通志》卷二百四十八："《黄宜诗》二十卷，《掖垣制草》二卷。《台州府志》：'宜，字达之，天台人。'"淳熙《严州图经》卷二《历代沿革二·知县题名》："黄湛，淳祐六年四月初二日以承事郎到任。"

光绪《奉化县志》卷十六《职官表》上："黄湛(补)，宣教郎。见孙胜《萧王庙记》。"参见"蔡垲"条引。黄湛当是接任蔡垲之职。

孙一飞，武林人，淳祐十二年七月二十五日，以朝散郎任严州通判。宝祐初年(1253)任奉化令。任内尝修学宫。

景定《严州续志》卷二《通判题名》："孙一飞，朝散郎，淳祐十二年七月二十五日到任，于当年十一月十七日去任。"

雍正《宁波府志》卷十六《秩官·奉化令》："孙一飞，宝祐年间(任)。"序娄绍聘后，刘应德前。光绪《奉化县志》卷十六《职官表》上："孙一飞，武林人，修学宫。"卷八《学校》上："宝祐初年，令孙一飞立表揭于泮池之南，树关坊于东西路。"

至元《嘉禾志》卷十五《宋登科题名》：嘉定十三年刘渭榜，有"孙一飞"。因为光绪《奉化县志》有"武林人"之说，是否同一人，不敢定。备考。

杨侗，宝祐年间任奉化令。

光绪《奉化县志》卷十六《职官表》上：宝祐年间任。序孙一飞后，赵孟溥前。《奉化市志·政府》1994年版同。

赵孟溥，宋宗室。宝祐年间任奉化令。

光绪《奉化县志》卷十六《职官表》上：宝祐年间任。序杨侗后，黄孝勤前。《奉化市志·政府》1994年版同。其父是谁，据（清）汪辉祖《九史同姓名略（附补遗）》(2—8)1985年版第953页："赵孟溥，与谔子，见《宋史》卷二百十五《宗室世系表》一"；"与榴子。见《宋史》卷二百十七《宗室世系表》三"。

黄孝勤，林庆的大女婿，尝以从事郎监临安府龙山税务。宝祐年间任奉化令。

《后村先生大全集》卷一百五十《林判官墓志铭》："……公名庆，字养源。由祖泽历晋江尉，兴化簿，漳州法掾，镇江府大军仓门，莆田丞，南剑州判官……淳祐壬寅（二年，1242）秋，哭其仲子，十一月己卯以微疾终于寝。配黄孺人，前卒。二子：豫，晋。二婿：从事郎、新监临安府龙山税务黄孝勤，登仕郎姚圭。"是为林庆之大女婿，从事郎，尝监临安府龙山税务。

光绪《奉化县志》卷十六《职官表》上：宝祐年间任。序赵孟溥后，赵孟燧前。《奉化市志·政府》1994年版同。

赵孟燧，宝祐年间任奉化令。

光绪《奉化县志》卷十六《职官表》上：宝祐年间任。序黄孝勤后，史梦应前。《奉化市志·政府》1994年版同。

万历《四川总志》（刻本）卷七《郡县志·科第》："……赵孟燧（绍定进士）。"乾隆《江南通志》卷一百二十一《选举志·进士》三：淳祐，"赵孟燧，黟县人"。两位赵孟燧都有可能出任奉化县令之职。

史梦应，眉州人，淳祐进士，宝祐年间任奉化令。

万历《四川总志》卷十五《郡县志·眉州》："史梦应（淳祐进士）。"阙名编《精选皇宋策学绳尺》十卷，其中《诸儒策学奥论》收史梦应之应试文章。可见史氏之应试文颇有时誉。

光绪《奉化县志》卷十六《职官表》上：宝祐年间任。序赵孟燧后，俞一旗前。《奉化市志·政府》1994 年版同。

俞一旗，杭州仁和人，淳祐七年进士。宝祐年间任奉化令。

嘉靖《仁和县志》卷八《科贡·进士》：淳祐七年，"俞一旗"。是为杭州仁和人。

光绪《奉化县志》卷十六《职官表》上：宝祐年间任。序史梦应后，姚希文前。《奉化市志·政府》1994 年版同。

姚希文，宝祐年间任奉化令。

光绪《奉化县志》卷十六《职官表》上：宝祐年间任。序俞一旗后，刘应得前。《奉化市志·政府》1994 年版同。

刘应得，金华人，咸淳六年（1270）任奉化令。尝修庆登桥，并翼以二亭。

雍正《宁波府志》卷十六《秩官·奉化令》："刘应德，咸淳年间（任）。""得"作"德"，应为误。光绪《奉化县志》卷十六《职官表》上："刘应德，咸淳七年修庆登桥，翼以二亭。"序姚希文后，徐一峰前。卷三《建置》下："庆登桥，咸熙中令刘应得增左右亭以翼之。""咸熙"应为"咸淳"。雍正《浙江通志》卷三十五："庆登桥，《明一统志》：'在县东三里。'《奉化县志》：'宋元嘉中，令谢凤置。旧名谢凤桥……绍兴中,改今名。咸淳中令刘应得增左右亭以翼之。"《奉化市志·政府》1994年版:"刘应得,咸淳六年任。"

庆登桥重建桥亭记

(宋)石余亨

君子为政,因民所欲而已。视其事,若可缓;听之民,则曰必不可废。若然者猥曰:"吾治簿书期会不暇,姑置之。"非阙欤?奉化由治趋市二里许,中有平畴百亩,跨小涧。旧以石为桥,作亭其上,扁曰"庆登"。不知始何时。按郡志:初"谢凤",后乃更今名。咸淳初暴风雨,亭尽仆。民甚思之。予之来也后,每过其地,闻东西行者犹曰:"何时复见此亭耶?"于是刘侯为县之明年,大议兴复,命学佛者主其事,民欢趋之。又明年,亭成。宏壮坚致,逾于旧十倍。民奋走踊跃,如瞻鲁灵光,如游中天化人之台,如逆旅万里归而乍见先人之庐也。会予入郡幕久之,侯以书来,曰:"亭苟完矣,最其费为缗钱若干。以成之难也,愿为之记。"予闻郑大夫以已舆济人,孟子讥其不知为政。今庆登亭虽仆,桥固在,未至病涉也,而民以为不可废。侯方倥偬酬应,乃即其所欲,卒就此役,真知为政者欤!抑尝考名桥之义矣。今夫出入作息,腰镰拾穗,弛肩而息荫,鼓腹而行歌,尔民亦知所自乎?盖为政者之赐也。向使庸吏奸纵,豪右诡善,而崇恶饰廉,而嗜贪积庋干和,岁且不登,民将不得保其室家之乐,于亭何有哉?然则是役也,事若暇,力若裕。不惰于困袭,不苟于召发。皆未足以知侯当有贤于此者。岁事登,民气乐。称亭所以名是,未可以斤斧论功也。遂为书之,以谂邑之君子。侯名应得,金华人。咸淳八年壬申七月望日(1272年8月10日)记。(嘉靖《奉化县图志》卷十一《碑文志》下)

徐一锋，黄岩人，宝祐四年进士，咸淳年间任奉化令。

《黄岩县志》（天一阁藏明万历七年刻本）卷五《人物志》上《科名》：宝祐四年文天祥榜，有"徐一锋"。

雍正《宁波府志》卷十六《秩官·奉化令》："徐一峰，咸淳年间（任）。""峰"作"锋"。序刘应德后，赵若佺前。光绪《奉化县志》卷十六《职官表》上作：咸淳年间任。序刘应得后，常朝宗前。《奉化市志·政府》1994年版作："咸淳年间（1265—1274）。"

常朝宗，咸淳十年（1274）代理奉化令。

光绪《奉化县志》卷十六《职官表》上："常朝宗（补），咸淳十年摄篆，见家铉翁《四忠节祠堂记》。"关于忠节四公祠所祀，光绪《奉化县志》卷八《学校》上附录："四忠节则曹孝先、吴从龙、郭德畅三人，宋绍定时从将帅许国讨李全，力战而死于难；舒瀛亦同时在衢州西安御贼，捐躯而死。宋相家铉翁撰《祠堂记》，并以忠节著称。是有足为战阵无勇临难偷生者之劝，祠于乡校，不亦宜乎？"（宋）家铉翁《奉化县忠节四公祠堂记》有："忽鄞友曹梦合走一介书，以制使文昌本斋陈公从摄令常朝宗之请建祠学宫，求余记。"则建忠节四公祠时，常朝宗为县令代理。

奉化县忠节四公祠堂记

（宋）家铉翁

国于天地，必有与立，其惟忠义不二心之臣乎？刘渊窥晋，人知王导之反正，不知开于战死之路述；禄山沸唐，人知子仪之拨乱，不知基于柱解之果卿。伐我，亡也；鄙我，亦亡也。不能使无伐，而能使无鄙，国其庶几？不能使无伐，又不能使无鄙，犹谓国有人乎？肆惟宁皇之末年，李全归自山东，而举措非循服者。越厥我理宗在御，连率一旦束湿之，全异心滋不可遏。时则有若曹公孝先，纠郡山阳，建明屯田，欲挈之以东征，俾无居城中，其虑深矣。未报。会全无厌之求弗慊，伪如海州，命刘延福胁犯阃帅。曹公闻变，亟自签舍趋庭抚谕，谓之曰："有情欲陈，当入文状。制置。朝廷之制置。犯制置，是犯朝廷。汝不欲使李氏保其富贵哉？"其首命，部曲弗敢言。许制使国得泛舟于楚台以避。既而谨动，射公中咽。公拔箭叱曰："误李全，斩东市，非汝而谁？曹孝先决不求生，许制使决不可杀！"铿镟交集，血流被体，犹登子城，求许公谋焉。血尽气微，许公枕公以砖而绝。手蔽吭而不可拆，目怒瞠然。许公回身中，慷慨曰："国无以事朝廷、报曹君矣。"亦死之。公既不得敛，乱军取苇燎于城曲。全归自海，反哭而吊，且斩麾下谢公。事定，家人求骸，弗可识。谩号死灰，睹缕烟舟冉绕诸孤发之，褐衲方尺俨不毁。盖公内手成者，遂得裹。驰事闻朝廷，酬公甚厚。当是时，全特未反耳。越明年冬，全叛去。保楚城于两期，生楚人于再岁，非公其谁为功？全既猖獗，啸游淮濆。扬州之战，丁胜遣统制吴公从龙先锋而不出师，是置之死地也。岂知其挺身赴贼，马仆被执，夷犹扬泰之道，从容甲乙之辰，易旗帜，改号令，阳许诺为开关洎驾海陵城下，则呼曰："我右军统制吴从龙，马中矢，执至于此，扬州亡恙。泰城坚，宜死守，贼无能为也。"全寸脔之，而吴公詈不绝口。呜呼烈哉！其功岂直蔽遮一城而已？曾不两月，全首献阙下。初，贼得吴，喜甚，谓泰在目中一死，尽折其锐，魄褫气夺，不败何待？朝廷知公，赐庙于扬，于泰，由今观之，曹公死于前，全两年而不反；吴公死于后，全五旬而遂亡。谓非忠义之功，可乎？中间楚陷，二三达官职曹府史多不免，监州。郭公德畅一家歼焉，逆李为妖。奉有三仁，可不大书特书也哉。异时汪寇煽衢，又得一人曰西安尉舒公瀛，目厌横道，唱义鼓行，竟与江山、开化同寅捐躯绿林。功虽未昌，亦万人吾往者。朝廷既各旌之祠，以对扬明诏长吏之责，固尔，未容以为多也。余老矣，岸帻山中，闻遽辄思死士。忽鄞友曹梦合走一介书，以制使文昌本斋陈公从摄令常朝宗之请建祠学宫，求余记。余持宪节浙东时尝闻其语，未暇求其人也。朝宗，吾甥也，忠毅之孙，颇有志。摄事几何时，不避贪天诮，当闻公之教、邦人之意。如此，邑有忠信，尚告于未知者。

咸淳十年（1274）十一月，朝奉大夫直宝谟阁家铉翁记，通奉大夫宝谟阁待制提举江州太平兴国宫，奉化郡食邑高衢孙书，宝谟阁直学士中奉大夫知庆元军府事兼管内劝农使沿海制置使龙泉县开国男食邑陈存篆盖。（延祐《四明志》卷十九《集古考·文》。嘉靖《奉化县图志》卷十《碑文志》上附录略异，今据延祐本）

赵若伀，乐清人，淳祐四年进士，咸淳八年（1272）知宁海。德祐年间任奉化令。

雍正《浙江通志》卷一百二十八：淳祐四年甲辰留梦炎榜，"赵若伀，乐清人"。是为乐清人，淳祐四年进士。尝任宁海知县。民国《台州府志》卷十一《职官表》三：知宁海，咸淳"八年，赵若伀"。

雍正《宁波府志》卷十六《秩官·奉化令》："赵若伀，德祐年间（任）。"光绪《奉化县志》卷十六《职官表》上、《奉化市志·政府》1994年版同。

广平书院记

（宋）王应麟

乾道、淳熙间，正学大明。朱子在建，张子在潭，吕子在婺，陆子在抚，学者宗之，如日月江汉，光润所被，皆为名儒。于是明有四先生，其一曰广平先生文靖舒公。先生之学，讲于张而成于陆，考德问业于朱、吕，心融神会，精知力践。其躬行有尚纲之实，其诲人有时雨之泽。沈、杨、袁三先生道同志合，化东海之滨为洙、泗。位不配德，而教行于乡，声闻于天下。淳祐中，贡以《易》名。先生有孙泌，明经，世其学，与计偕，上春官，屡不耦，晚始对策集英,典教象山县庠。德祐初元,请于郡太守,谓年七十有一,愿挂衣冠,归老故里。留置闾幕,不就。退而紬楹书,启迪后昆。惟昔先生尝题户丹曰"广平书塾",游于斯,讲于斯,群叟聚辩于斯。先生没,门人敬事不怠,肖像祠于塾。乃遹追先志,奂饰堂序,帅子若孙暨宗族之秀,朝益朝习,春秋舍菜先圣,岁时朔望谒祠,齿拜讲说,冠屦翼如,诵弦蔼如。某闻而叹曰:"古道庶几复兴乎!"古昔士有常心,家无殊俗。八岁入小学,十年就外傅。二十五家为间,间有左、右塾,里中之老有道德者为左、右师,坐两塾。洒扫应对是谨,诗书礼乐是习,孝弟忠信是修,蒙养豫教,熏陶涵濡。是以人有士君子之行,士之子常为士。汉唐之盛,流风犹存。经生守家法,世族重宗谱,子弟彬彬多贤。然金籯之谚,城南之劝,识者谓诱以利禄,非天爵之贵。惟我国朝师道之立,上接邹鲁,冢宰所降之德,司徒所教之伦,父兄训诏必是焉。先其修于家者,若睢阳戚氏;子孙世德之久,南丰曾氏称之;若墨庄刘氏,自太宗时至中兴,忠孝雍睦之风不坠,朱子纂次其家传。概举一二言之,可为士效法。今文靖之孙亦服祖训不违,若稽家有塾之谊,绍衣德言,弗佚前人光,用淑艾于家庭。我有乔木,殖德培之;我有嘉苗,种学耕之。诜诜胄子,在斯塾也。于墙于羹,如见先哲。昏定晨省,入孝出恭,无非教;受业讲贯,习复计过,无非学。张子序《孟子说》曰:"为己者,无所为而然也。"陆子讲《鲁论》义利之章曰:"学者当辨其志。"是训是行,服膺勿失。因二先生之言得文靖之心,百年如一日也。国人称曰:"文靖之后,世世有人焉。"岂惟一家之光? 一国仁逊,将自一家始。《诗》曰:"有斐君子,终不可谖兮。"又曰:"维其有章矣,是以有庆矣。"文靖有焉,子子孙孙勿替引之,后之人其懋哉! 遂书以为记,是岁乙亥夏四月初吉(德祐元年、元至元十二年,1275 年 4 月 23 日),鄞后学王某记。(《四明文献集》卷一。 嘉靖《奉化县图志》卷十《碑文志》上、光绪《奉化县志》卷九《学校》下附录,略异,今据前者)(此文作于德祐元年,或在赵若佺任内,暂置此)

汤炳龙,字子文,山阳人。景炎元年(1277)任奉化令。晚自号"北村老民",所著曰《北村诗集》。

光绪《奉化县志》卷十六《职官表》上:"景炎,汤炳龙(补),见《剡源集·汤子文诗序》。"《奉化市志·政府》1994年版作:"景炎元年(任)。"(明)郁逢庆《书画题跋记·续题跋记》卷四:"我本山阳田舍叟,家有淮田数十亩。江南倦客老不归,此田都为势家有。犹记小年学牧时,去时日出归日西。我生衣食仰此辈,爱之过于百里奚。只今辛苦耕砚席,无处卖文长绝食。卷中邂逅黑牡丹,相逢喜是曾相识。负郭无须二顷田,一双栗角能几钱?数口之家便可饱,要如此图知何年?平生富贵非吾愿,城府近来尤可厌。何时倒乘牛背眠东风,胜如仰看宣明面。北村八十二岁病叟汤炳龙。"或能见汤君之暮年写照。

(清)顾嗣立编《元诗选》三集卷二:"汤炳龙《北村集》:炳龙,字子文,其先山阳人,居京口,辟庆元市舶提举。学问该博,善谈论四书五经皆有传注,尤深于《易》。诗歌甚工,晚自号'北村老民',所著曰《北村诗集》。四明戴表元帅初序曰:'子文诗肆丽清遒,乃一如丘园书生、山林处士之作。'太玉山人俞德邻宗大序曰:'子文诗悯世道之隆污,悼人物之聚散,明时政之得失,吟咏讽谏,使闻者皆足以戒,岂徒夸竞病事推敲者之为哉?盖其易直子谅之心闲于中而肆于外者也。年八十余卒。子垕,为绍兴路兰亭书院山长,终都护府官属。'"

汤子文诗序

(元)戴表元

丹阳汤子文官余州时,余方为民,万山中势不得相往来,而子文数数以诗见交。余重谢其意,而心贤之。阔绝十五年,以为子文去而翱翔江湖之上,当已执士大夫之珪,乘客卿之车而开通侯之封久矣。辛卯(至元二十八年,1291)孟春,忽邂逅于钱塘逆旅。握手问寒暄,竟复出诗若干篇相示,曰:

"自去子州所，辛苦极力而得者才此耳。"余读而味之，则子文诗肆丽清邈，乃一如丘园书生、山林处士之作，搜罗虫鱼，抉摘烟霞，几相忘于前日之为者。嗟乎！子文何以若是然乎？富贵不足道，然得而处之，亦良不易。使子文十五年之间，幸能如众人有所成就，不过亦如众人，徒劳而已，何苦劳于诗耶？此事勿论，论切于诗者。余自学诗来，见作诗人讳寒语，兼不喜用书云。二者能累诗是矣。然古诗人作寒语，无如渊明最多，用书，无如太白、子美，而三人诗传至今，不见其累之也。今吾子文诗二禁俱废，尤有爽然于余心者哉。子文所居丹阳古诗圃，今交游，风流可称者有谁？其江山高秀。余平生雅爱，游处也。旦夕从子文归，而求之诗，在是矣。子文，名炳龙。（《剡源文集》卷九）

元代达鲁花赤（达噜噶齐）、县尹

奉化县达鲁花赤（达噜噶齐）

孙继宗，至元年间任奉化达鲁花赤。

延祐《四明志》卷三《职官考·奉化县·达噜噶齐》："孙继宗。"光绪《奉化县志》卷十六《职官表》上元达鲁花赤，为第一位。至元年间任。《奉化市志·政府》1994 年版同。

布哈绰克（不花出），至元年间任奉化达鲁花赤。

延祐《四明志》卷三《职官考·奉化县·达噜噶齐》："布哈绰克。"雍正《宁波府志》卷十六《秩官·奉化州达鲁花赤》作"不花出"。光绪《奉化县志》卷十六《职官表》上、《奉化市志·政府》1994 年版同。序孙继宗后，张良弼前。

张良弼，尝任奉化县丞，鄞县尉，至元年间任奉化达鲁花赤。

延祐《四明志》卷三《职官考·奉化县·县丞》："张良弼。"《职官考·鄞县·县尉》："张良弼。"《职官考·奉化县·达噜噶齐》："张良弼。"光绪《奉化县志》卷十六《职官表》上序布哈绰克后，张成德前。《奉化市志·政府》1994 年版同。

张成德，至元年间任奉化达鲁花赤。

延祐《四明志》卷三《职官考·奉化县·达噜噶齐》："张成德。"光绪《奉化县志》卷十六《职官表》上序张良弼后，蒙古岱前。《奉化市政·政府》1994

年版同。

道光《琴川三志补记》卷五《宦绩》："张成德，字彦卿。元世祖至元十年知常熟县，三年秩满，官士耆老立石纪绩。（据《秩满纪绩碑》）"是否同一人，待考。

| **蒙古岱**（忙古歹），至元年间任奉化达鲁花赤。

延祐《四明志》卷三《职官考·奉化县·达噜噶齐》："蒙古岱。"序张成德后，额布勒津前。雍正《宁波府志》卷十六《秩官·奉化州达鲁花赤》："忙古歹。"光绪《奉化县志》卷十六《职官表》上作"忙古歹"，序张成德后，亦不剌金前。注曰："歹，《府志》作：歹。"《奉化市志·政府》1994年版作"歹"，传余同。

| **额布勒津**（亦不剌金），至元年间任奉化达鲁花赤。

延祐《四明志》卷三《职官考·奉化县·达噜噶齐》："额布勒津。缺。"序蒙古岱后，雅勒呼前。雍正《宁波府志》卷十六《秩官·奉化州达鲁花赤》作"亦不剌金"。光绪《奉化县志》卷十六《职官表》上亦作"亦不剌金"，序蒙古岱后，雅勒呼前。《奉化市志·政府》1994年版同。

至顺《镇江志》卷十六《宰贰·典史》："亦不剌金，回回人。"

| **雅勒呼**（牙忽），至元年间任奉化达鲁花赤。

延祐《四明志》卷三《职官考·奉化县·达噜噶齐》作"雅勒呼"，序额布勒津后，别多喇卜丹前。雍正《宁波府志》卷十六《秩官·奉化州达鲁花赤》："牙忽。"光绪《奉化县志》卷十六《职官表》上亦作"牙忽"，序亦不剌金后，别都鲁丁前。《奉化市志·政府》1994年版同。

光绪《顺天府志》卷七十二《官师志》一《传》一（自陶唐至元）："牙忽，房山县达噜噶齐。(《房山佟志》)"延祐《四明志》卷三《职官考·定海县·达噜噶齐》:"牙忽,至元十七年(1280)之任。"

▎**别多喇卜丹**(别都鲁丁),至元年间任奉化达鲁花赤。

延祐《四明志》卷二《职官考·元·同知》:"别多喇卜丹,至元十五年(1278)十一月之任,至元十八年(1281)十二月得代。"弘治《徽州府志》卷三《食货》二《财赋(军需徭役附)》:"至元二十五年(1288),淘金提举别都鲁丁等踏视金场。"

延祐《四明志》卷三《职官考·奉化县·达噜噶齐》作"别多喇卜丹",序雅勒呼后,奇尔岱蒙古前。雍正《宁波府志》卷十六《秩官·奉化州达鲁花赤》作"别都鲁丁"。光绪《奉化县志》卷十六《职官表》上亦作"别都鲁丁",序牙忽后,乞觲蒙古前。《奉化市志·政府》1994年版同。

▎**奇尔岱蒙古**(乞觲蒙古),至元年间任奉化达鲁花赤。

延祐《四明志》卷三《职官考·奉化县·达噜噶齐》作"奇尔岱蒙古",序别多喇卜丹后。雍正《宁波府志》卷十六《秩官·奉化州达鲁花赤》作"乞觲蒙古"。光绪《奉化县志》卷十六《职官表》上作"乞觲蒙古"。《奉化市志·政府》1994年版同。

奉化县县尹

▎**楼性之**,原为宋郡守,后降元。至元年间任奉化县尹。

元代《庙学典礼》卷一《都省复还石国秀等所献四道学田》有:"先于至元

十九年五月,浙东道奏据宣慰石国秀并前亡宋总管谢允孙、石国祥、楼性之告言,略谓江东、江西、浙东、浙西四道诸路州县学并杭州太学赡学田产约有数万来亩"云云。

延祐《四明志》卷三《职官考·奉化县·县尹》:"楼性之。"光绪《奉化县志》卷十六《职官表》上、《奉化市志·政府》1994年版著录同,任期与达鲁花赤孙继宗相近,序李炎午前。

李炎午,咸淳八年任江阴县尹,至元年间任奉化县尹。

《江阴县志》(天一阁藏明嘉靖刻本)卷十二《官师表》第十上:知县,"(咸淳)八年壬申,李炎午"。

延祐《四明志》卷三《职官考·奉化县·县尹》:"李炎午。"光绪《奉化县志》卷十六《职官表》上序楼性之后,陈守义前。《奉化市志·政府》1994年版同。

陈守义,至元年间任奉化县尹。

延祐《四明志》卷三《职官考·奉化县·县尹》:"陈守义。"光绪《奉化县志》卷十六《职官表》上序李炎午后,王宗信前。《奉化市志·政府》1994年版同。

王宗信,至元二十三年间任奉化县尹,重建县署。

延祐《四明志》卷三《职官考·奉化县·县尹》:"王宗信。缺。"光绪《奉化县志》卷十六《职官表》上序陈守义后,李天益前。卷二《建置》上:"县署,元至元十三年复毁于兵,令王宗信重建。"考李天益二十三年(1286)重建县学两廊、仪门,则在任。故王宗信序于其前。

娑罗树

（元）王宗信

移来西域此中栽，历尽风霜依石台。最美灵区能独秀，枝枝叶叶净氛埃。（《弥勒道场岳林寺》2011年版，第74页）

李天益，字百里，至元二十年（1283）至二十六年（1289）在任奉化县尹。二十三年复建县学两廊、仪门，二十六年尝重建城隍庙。请陈著撰《奉川十咏》。

延祐《四明志》卷三《职官考·奉化县·县尹》："李天益。"《奉化市志·政府》1994年版"李天益"作"无考"。盖从延祐《四明志》也。序王宗信后，丁济前。延祐《四明志》卷十三《学校考·奉化州儒学》："州学，州东北二百步。……庆元二年，邑士汪伋彻大成殿及门庑，一新之。乡之好义者与协力，而彝训堂、东西六斋成。至元二十年（1283）堂以飓仆，复建。明年，新两廊仪门，主维者令李天益也。"光绪《奉化县志》卷八《学校》上："至元二十〈二〉年，堂以扬仆，复建。明年，兴两廊仪门。主维者令李天益也。"延祐《四明志》卷十五《祠祀考·神庙·奉化州》："城隍庙，在州西五十步，唐咸通六年县令李宗申建，毁于兵火。至元二十六年尹李天益重建。"

应百里李天益来求作奉川十咏似之

（宋）陈著

高山处处著虚轩，来此凭栏便欲仙。下视浮云隔黄雾，半迎行日上青

天。（右《广莫轩》）

　　一水流南抱县行，一桥在上压溪横。傍栏多少人观政，要与桥平水与清。（右《庆登桥》）

　　庭中说法有亲听，龙去庭空水一汀。独有亭亭岁寒柏，不知人世自青青。（右《虚白观》）

　　传说当年契此翁，偶然来此笑春风。忽抛布袋归何处，地下天高一阁空。（右《岳林》）。

　　乳峰真可避人间，上妙高台天可攀。未说旷怀便笑傲，堪从险处习间关。（右《雪窦》）

　　谁把深红浅绿蟠，羽毛飞动倚风栏。时人不识来仪瑞，只向花前想象看。（右《凤花》）

　　皮皱肉紧发苍然，伏雪眠风傲岁年。不见南邻龙卧者，本心元自直通天。（右《龙松》）

　　千尺嶙峋直立形，流传神应挟风霆。石身本聚山川气，便是人心聚处灵。（右《石夫人》）

　　火珠簇压翠微鲜，丹粒团成蜜颗甜。争为渴饕供燕豆，谁知颊汗困偿蓝。（右《杨梅》）

　　微风篆水自成碑，清月磨潭不受疵。万里此通归去路，扁舟堪载送行诗。（右《耀碑潭》）（《本堂集》卷四）

‖**丁济**，字溉之，高邮人。至元二十六年（1289）冬至三十年（1293）在任奉化县尹。至元二十六年冬，移建社稷坛；二十八年，扩县治，创奉川驿；二十九年，于县学建天寿殿、养正堂、觉后亭；三十年，重修方胜碶；任上主修至元《奉化县志》（十卷）等。理政凡公论所在，一字不改，有"丁相公"之称。此其宁波方言"丁相公"一词之来源欤？大德年间任兴化县知县，后升温州瑞安知州。

延祐《四明志》卷三《职官考·奉化县·县尹》:“丁济。”光绪《奉化县志》卷十六《职官表》上:“丁济(有传)。”《奉化市志·政府》1994年版仅著录名字,在附注栏内曰:“至元年间,县达鲁花赤、县尹上任年份无考。”光绪《奉化县志》卷十八《名宦》:“丁济,字溉之,高邮人。先为宁国尹,忽白昼砖石飞空而下,破屋伤人。如是者累日,济曰:‘奸民弄法,县宰之责,强鬼兴妖,城隍之过也。’遂檄城隍神,约三日不已,将罪尔神。未几,果附人至庭,稽首服罪。自后,妖不复作。邑人呼为‘治鬼县尹’。及尹奉化,兴文教,恤民情,众务悉举。凡公论所在,一判不动,民称之曰‘丁相公判一字’。”“丁相公”之钉(盯)准。此语不仅奉化,在宁波也相当流行。《四明文献集》卷一《奉化社稷坛记》:“奉化社稷坛,旧在县南,令秦辨之徙置西南二百步。其后圮而复修,迨今百三十余年。垓壝弗饬,鞠为荆榛。邑剧事繁,自钱谷狱讼,谓之不急。旧仪空存,嘉气湮郁。旱涝札瘥,民罔克乂。至元二十六年冬,襄贲丁侯济为尹,寅念民人社稷之寄,自古逌重,敢不只肃。稽经諏礼,规制一新。社东稷西,崇广如式。风雨雷师,鼎列其次。圭石有严,植木有仪。奠瘗之位,斋祓之庐,毖祀揭虔,勿替敬典。明年正月告成,乃率寮宷,洁牲醴,为民迓续丰年之贶。”该《记》有“至元二十六年冬,襄贲丁侯济为尹”语,则是该年冬始任职。雍正《浙江通志》卷三十一:“奉化县治,在城西北隅。嘉靖《浙江通志》:‘在宝化山北三里,唐开元间分汉鄞县地建今治。宋建炎间毁,复建。’旧《浙江通志》:‘元至元十三年复毁,令王宗信重建。二十八年,令丁济广其址。元贞初升为州治。’”至正《四明续志》卷七《学校·奉化州儒学》:“至元乙酉(二十二年,1285),堂以飓风仆而复建。至元壬辰(二十九年,1292),县尹丁济创建天寿殿,在大成殿西又创‘养正堂’、‘觉后亭’。”按:养正堂,虽然置于大成殿西,但观其教育内容与办学体制,为孩童启蒙之所。光绪《奉化县志》卷九《学校》下《书院》:“养正堂,县学西北隅,元至元二十九年,令丁济建。延戴帅初(表元)为师。王应麟作诗以记其事,曰:‘戴帅初以巍科宿望,县大夫强起为养正师。小子有造,自蒙入圣,其庶乎。应麟盖深嘉之,是用作诗,以勉学子。’”至正《四明续志》卷四《河渠·奉化州》:“方胜碶,在州东三里。地理家云:‘碶乃一州之风水喉襟。’久为洚水所圮,沙土堙之。至元三十年县尹丁济修。"光绪《奉化县志》卷六《水利》:"方胜碶……元至元中坏于洪水,令丁济重修。""广平堰,县西南十里四都四图,即黄马潭,旧名普平港口。闸接镇亭之源,下注资国堰,溉田甚溥。元时乡人争水讦讼,县令丁济判定堰石尺寸,置闸开闭,酌田多寡,分水与之。"卷四十《旧志叙录》:"至元《奉化县志》(十卷),元县尹丁济主修,舒津、陈著、任士林同撰,教谕严德元编正。"

咸丰《重修兴化县志》卷六《秩官表·知县》:"大德,丁济、顾成。"万历《温州府志》卷七《秩官志·县职·瑞安县》:"知州,丁济。"按:《元史》卷六十二《地理志·温州路·瑞安州》:"下,唐瑞安县,宋因之。元元贞元年升州。"

奉化社稷坛记

(宋)王应麟

奉化社稷坛,旧在县南,令秦辨之徙置西南二百步。其后圮而复修,迨今百三十余年。垓壝弗饬,鞠为荆榛。邑剧事繁,自钱谷狱讼,谓之不急。旧仪空存,嘉气湮郁。旱涝札瘥,民罔克乂。至元二十六年冬,襄贲丁侯济为尹,寅念民人社稷之寄,自古逌重,敢不只肃。稽经诹礼,规制一新。社东稷西,崇广如式。风雨雷师,鼎列其次。圭石有严,植木有仪。奠瘗之位,斋祓之庐,怂祀揭虔,勿替敬典。明年正月告成,乃率寮案,洁牲醴,为民迓续丰年之贶,雨旸时若,稽人成功。咸曰:"耿耿祉哉。"于是耆老畯民属应麟为记以识。某耄矣,无能,然俎豆之事尝闻之。窃惟祀典行乎郡县,惟先圣先师暨社稷,达天下,亘万世,是尊是奉,实为政教之本,古循吏之先务,而俗以为缓。夫天生时,地生财,莫大乎土谷,而有神司之。后土后稷,以妥以侑。明斯礼以治国,其如示诸掌乎?风散雨润,箕毕生焉,《周官》之所以橇燎也;鼓以雷霆,庶物生焉,唐礼之所以同坛也。是皆天道之至教,神气之流形。春秋祈报,曰民力之普存,三时之不害,亦惟德馨香。祀清心正,躬对越无愧。吉圭荐信,洋洋如在。储休锡羡,燕及黎庶。非知礼之原,其能急流俗之所缓欤?盖庸敬在心,斯须之敬在祭本乎!地者亲下,幽则有神,令于民最亲,政有臧否,神异如响。神之格思,诚不可掩。昔者古灵陈公宰百里,每过社稷、孔子庙,必下而趋,化行习嫩,兴于礼义。今丁侯治邑三年,师法前猷,庠声序音,诵诗书以淑艾我士女,又能务农重谷,敬恭明神。政教兼善,蔼然学道之遗风,可书也已。乃书以遗邑人,俾刻诸丽牲之石,用诏无怠。

(《四明文献集》卷一)

奉化县学记

(宋)陈著

吾道为天地立心,学校为吾道司命。有天下国家者所先务,而邑于化民最近。奉川一邑,秀于民为多,而诸老先生诗书礼义之泽犹未与流俗澜倒,一变可以近古,其机在邑尹。岁己丑(至元二十六年,1289),丁君之来殿,谒既,览学宫,诸生进而告其故:"邑之学,凡几更革。大成殿,则百年之遗。彝训堂、仪门,左右廊及诚身、明善、观光、利宾、志道、率性六斋,则十余年之近所营建。旧或玩于未修,新或病于未完。"尹之心若有不慊者。越明年,鸠工会梓,而补葺,而墁瓷,而圬垩,丹漆之。亦可矣,而曰:"未也。"又明年,正文庙门,使知有师;创天寿殿,使知有尊;辟养正堂,而小学知有所向。至于阖以入出于学之西,揭以森严于学之南。南有池,池有亭曰"参前",衿佩游息以畅昔所未有,而大备于今。吏不弛劳,民不知役。有政化者如此夫。阖议属余述其概,以诏方来,且谂于余曰:"尹为吾道计,将以邹孟吾邑,而吾籍适成。户也,而役不吾及;赋也,而科不吾泛。章甫撻揪也,而佩珥腰鞬,而茅蒲蓑笠,不吾劳。若是,士皆得为今之幸民。然心无所用,身无所事,不荡而偷者几希。此又幸不幸之几。尹为此惧,急于学校,可谓知本。大厦连云,群居终日,非欲苟便安,徒呫毕,远取诸颜孟,近取证诸周程朱张,诚于心,践于身,行于家庭,信于宗族、乡党、朋友,贵其所自贵,乐其所自乐。穷达,命也,有性焉;行藏,性也,有命焉。其相与勉旃,庶免为学校辱。"余闻之喜,因谓:"果能尔,当联其语于末,以坚尹之心,以报尹之德。"咸曰:"诺。"故并书

奉化知县知州史料选辑

之。尹襄贲人，名济，字既之。直而密，敏而勤，廉平而强毅。意所欲为，不遗余力。而丞王君泽，白君□龟，主簿李君大用，皆乐于协助。百废具兴，学校其一也。至元壬辰七月旦（二十九年，1292年8月14日）。（《本堂集》卷四十九）

彝训堂记

（宋）陈著

彝训堂，奉化县学讲肄之所也。初有堂已久，逮宋庆元间废而复，且百年。至元乙酉（二十二年，1285）秋，压于飓埃瓦砾中，惟文元杨公所书扁与进士题名六碑全。观者惊异，知斯文有相，必有兴其仆者。时公家方多故未遑，皋比无所于寄。里士卢漕贡震龙勇捐私蓄，鸠工募材，植楹，为间五，后楹以石代木，使风雨不可病。涂墍鬓覽，迄无阙事。特旧址前逼大成殿翼，左右屋皆隈陋不称。后六年，尹丁君济来，乃规置堂北地迁之，且坛其阳，植卉木相照映，以全其成，以畅其隘。鼓而讲，音节振越；佩而趋，意气舒迟。一转移间，面势风景殆天设也。他日余于尹接，谓余曰："子记学矣，堂于学为重，敢并以请。"余闻之，师：天下之理一常，非常而已，则非教故。箕子表其义曰"彝训"。古道邈，人心漓。过者不及者，自弃自暴者，而迂而诞，而苟且放肆，滔滔非彝，曾不知彝之本外铄我。斯固学者之罪，亦必有任其责者矣。今堂之建、之迁，岂徒曰人事？正以为人心地。学者于此，当何如哉？吁！世方事于无益之奉，殚极而未餍。教化所自出之宫虽芜废，过者谁肯顾之？此余于斯堂也，见其卓卓，其见非流俗人之所及，其有关于世道甚大，不能不重有感焉。于是乎记。具官陈著记。（《本堂集》卷四十九）

养正堂

（元至元二十九年，令丁济即邑学之西北隅建养正堂，聚邑中子弟
之初者于中，延剡源戴帅初为师以教。王厚斋作诗以记其事云）

（宋）王应麟

戴帅初以巍科宿望，县大夫强起为养正师。小子有造，自蒙入圣，其庶
乎。夫小学为大学基本，近世乃以训蒙属之。未通句读之鄙人，是玉之未琢
试之拙工，其能成圭璋璧琮之器乎？川广自源，成人在始。帅初教于乡里，
将一洗俗习而新美之。应麟深嘉屡叹，是用作诗以勉学子。

泉出于山，涓涓溶溶。大川三百，流行不穷。蒙以养正，是为圣功。惟
民秉彝，惟帝降衷。亲亲长长，曰孝曰恭。孩提良知，厥初则同。赤子之心，
未发之中。平旦之气，清明粹冲。于此持养，善端扩充。一寸之萌，参云摩
空。互乡之子，阙党之童。或进或抑，为哲为庸。学在逊志，柔木弦桐。师
哉师哉，牖明{沦}［钥］聪。圣远道微，教失颛蒙。士有子弟，不如农工。少
学占毕，训诂靡通。斯文未坠，邑有词宗。仕焉而已，阐教儒宫。青青子佩，
抠衣来从。化如时雨，应若撞钟。曲礼少仪，以饬尔躬。洒扫应对，必正尔
容。朝益暮习，矩范肃雍。俾我鄞川，兴洙泗风。六艺夫子，四书文公。由
小进大，理趣春融。我行其野，嘉种芃芃。是穮是蓘，有获斯丰。业勤益广，
德懋益崇。作诗用劝（张如安引文缺一"劝"，张按：此句疑少一字），毋怠以
慵。（嘉靖《奉化县图志》卷十《碑文志》上）

［按：张如安教授撰文《新发现的王应麟佚文〈小学箴〉》（收入
《王应麟学术讨论集》2011年版），为张骁飞点校的《四明文献集》补充
了重要的一篇，并考定其为戴表元"入县学"任教时作。 由于张教授发现
之文引自（清）赵霈涛《剡源乡志》卷十九，而脱一"劝"字，存疑。 此
诗也见著录于光绪《奉化县志》卷九《学校》下《书院》之中，未脱"劝"
字，置"养正堂"条下。 故戴表元之任此教，非县学也。 县学，光绪

《奉化县志》隶卷八。《书院·养正堂》隶卷九也。戴表元之任教,书院养正堂也。嘉靖《奉化县图志》卷十《碑文志》上著录,题作《养正堂》。故题从嘉靖《奉化县图志》。张录本"盖深嘉之",嘉靖本作"深嘉屡叹"。]

奉化重修县治记

(宋)王应麟

越之东境为鄞,汉属会稽,唐合鄞于鄮。开元中,州以四明山名,始建县曰奉化。其地则汉之鄮也,古鄮城在焉。鄮有大里黄公,列于四皓,卓乎千载人物之冠冕。先贤风流所被,其俗纯如,其士彬如。[在《九域志》是谓望县。](按:据2010年中华书局《四明文献集(外二种)》增补。)迪简墨绶,长吏保绥受命,民非才足以揆烦,廉足以砥俗,仁足以摩拊疲瘵,不轻以百里畀也。县治毁于丙子(至元十三年,1276)师旅。饥馑相仍,遗黎蒿焉(按:2010年中华书局《四明文献集(外二种)》"焉"前有一"下"字),困顿。令长迫期会,急茧丝,虑弗及远。王尹宗信,仅克创听事三楹,李尹天益,才缮吏舍。襄贡丁君济宰兹邑,惟武城之室,单父之堂,所以疏视瀹听清,应物之原,若昔董安于治晋阳,一墙一柱犹不苟,匪贵轮奂以为华,壮栋宇以自奉也。及(按:及,2010年中华书局《四明文献集(外二种)》作"爰")契我龟,经之营之。任城王君泽为丞,比善协志,而新是谋。邑士大夫咸劝趋之,庶工丕作,民不知劳。始事辛卯(二十八年,1291)之冬,考成壬辰(二十九年,1292)之秋。丁君以书来曰:"一日必葺,古有明训。百堵皆兴,诗人咏焉。听事东西,吾名以'节爱'、'清安'。两庑翼焉,吾名以'一清'、'四畏'。堂曰'得初',以息以燕。亭曰'清斯',有沼有荷。挹爽西山,扁以'高清'。殖殖其楹,辙辙其门。胥吏攸处,下逮圜扉,粲然一新。曷敢视官舍如蘧传而怠厥事?愿诒后之人,俾勿坏。"余病耄,不能文。尝谓君子为政,其本自相在尔室始。千室之邑易治也,一室之自治为难。子程子之视民如伤,子张子之训民善俗。以一邑为天下之式，其本焉在？惟暗室之不欺而已。岩谷深窈，欲其疾痛必闻，如接几席；胥徒嚚悍，欲其隐微必察，如在户庭。堂上之一笑颦，堂下之万休戚系焉。若保赤子心，诚求之，推是心达于政，蒲、密、中牟之化可复也。《诗》曰："无已太康，职思其居。"然则居此室可不敬欤？闻丁君律己首公，爱民束吏。日莅庠序，惠训不倦，多士欣欣，诵子产之诲我弟子，是能知本矣。耆寿俊相与言曰："兹不可不书。"乃不敢固辞，书其事诏永久，用勉夫字民者。至元二十九年（1292）八月，前进士王应麟记。（延祐《四明志》卷八《城邑考·公宇》）

参前亭记

（宋）陈著

襄贡丁君济尹奉化，以学校为第一义，葺旧营新。佽偬间顾学前有池，池之中可亭，藏修者可游息。然学宫渐完，邑之士协相居。多此役又将谁赖？壬辰四月朔（至元二十九年，1292 年 4 月 19 日），揖而谋诸长明善斋汪日宾，诺而退，经工饬材。是月己卯（十六，5 月 5 日），亭成，扁以"参前"。尹意则有在也："人之为学，所学何事？亦惟言必有物，行必有常，而忠信笃敬为本。吾夫子告子张以此，且申以参前之语。今余于诸生宫以居之，又为此亭，盖欲其优游涵泳，乐其所以学。然虚闲之地，虚则易放，闲则易怠，因摘二字以警。子张为圣门高弟，犹书诸绅。诸生自视子张为何如？登斯亭也，翼翼然若常在目。庶乎久而安，安而化，不自其在忠信笃敬之中，而言行为有成。否则妄而已，如扁何？彼南山泻翠，平野输秀。风清日美，莲净植而芹藻香。天高地下，鸢之飞，鱼之跃，各有适。不物于物，何见非理，何著非情。亦足以畅吾心而融吾性。若山阴之叙情，零陵之燕好，云龙山人之鼓琴放鹤，则非名亭本意。"诸生领已，进而曰："昔子张书绅，止于一已。此以名亭，则与诸生共。所以表章夫子之训，淑后学大矣。敢以记请。"尹退然不自居，曰："于余奚记为？特承余之心者，是可嘉，盍有以劝后。"时著因贺成，适至，辱使之书。辞以耄不获，姑笔其实使来者知尹之用心，而用力又有若，而人将有以日葺为事，而斯亭为学者助百世一日也。具官陈著记。（《本堂集》卷四十九，嘉靖《奉化县图志》卷十《碑文志》上，兹据前文）

仁寿殿记

（元）戴表元（代阮侯）

庆元路奉化县学仁寿殿成，县尹丁济以书谂于同知总管府事阮麟翁曰："愿有所述。"麟翁曰："尝学《诗》而窃闻《诗》之说曰：'天下之生，未有无本者也。'万物本乎天，为之子者本乎父母，而民本乎君，是三者，仁之至也，而有报。物莫寿乎天，天之寿，不待物愿之而寿也。然而孰不愿之？若人子之寿其父母，则苟可以愿者，无不至矣。此报之道也。昔者周之始兴，其诗有《七月》；周之极盛，其诗有《凫鹥》《既醉》。周至于文武成康，而仁其民至矣。其民如天如父母以怀之，怀之不已，则咏歌之。咏歌之不已，则相与持酒醪饮食，具乐舞，设祝嘏以寿之。此人之情，亦报之道也。然独至于《鹿鸣》《四牡》《皇皇者华》《棠棣》《伐木》之燕乐，《天保》之归美，则疑若君私仁其臣，臣私寿其君，而民无所与，久而知之。则《鹿鸣》诸诗之所燕乐者，即周之亲贤中外诸臣所托命以仁其民者也。《天保》之归美，则诸臣采诸其民而献之，即其平时持酒醪饮食，具乐舞，设祝嘏而欲以寿其君者也。噫乎休哉！洪惟皇元，继宋御宇，奄有诸夏。櫜弓偃铖，而天下戢其威；躅征缓狱，而天下颂其平。惟兹海邦，远在数千里外，慈仁所加，无间轩轾。故诏书每下，斥卤之氓，岩穴之叟，投缗植耒，欢喜出听，诚可谓千载一时，太平混合之嘉会。而麟翁及济，适于此时分受国邑，何荣如之？始麟翁佐治宣城，济实为附属。迨麟翁之来，复相际接。诚嘉其廉明肃给之材而出之。岂弟乐易，庶几乎知古诸侯之职，而无愧于诗人之所称说。今又因斯民休养之余力，不烦尺符寸棰，而斯宫鼎成，以彰尊君报本之意，麟翁安敢不发扬而褒侈之乎？若夫作为一代声歌以追继风雅，使天子仁声令闻无疆无极。则学馆诸生必有美其事者,麟翁愿窃有俟焉。"至元壬辰秋七月望(二十九年,1292 年 8 月 28 日)。
(《剡源文集》卷一)

奉川驿记

(元)戴表元

　　浙江东行数百里,将穷而为海也,其州曰明州。明州之海益东而南行数十里,江之支流亦穷,而山兴焉,其为县曰奉化。奉化苞山根江而披海,其形望于明州虽最高,而土壤峭瘠,津涂阻艰,行者病之。凡西人之舍水而欲东,与东人之辞陆而欲西至者,皆失其便。故滨浙之涂通置船官、骑厩,而奉化无有。余考地志,奉化在秦汉前,盖介于百粤瓯闽之交。当先王统一,盛时政役之所不加,王人使客之所罕至,其馆置疏阔,非意故略之,势有不可得而设也。然近世事繁,难概于古。前为县者尝屡创驿,随作随废。会有聘问、发召、期集之事,节传猝至,则寓诸民庐。喧隘扰杂,客主交愧焉。今令襄贲丁侯济之来,喟然叹曰:"是不可久,且每至而烦民,吾何安焉?"乃相土度材,得废址之在官者成屋之,尝规为驿者,于民廛之东,崇拓而增营之。风雨蒿莱之场,尘煤萤磷之区,忽焉而垣合具,轩寝立。先是,主簿李君大用实倡其画。及是,二丞王君泽、白君龙志同议谐,功用大集。计屋之楹,至于百有五十,计功至于{百八}[八百],计日至于七十,而官与民俱不知其劳。起事于季秋庚戌,讫功于仲冬己未。驿成,因其故名,名之曰"奉川",曰"吾以存国俗"。名其堂曰"德星",曰"吾以宾贤德"。噫嘻!美[乎]哉!于是县人乐侯之成,嘉侯之勤者,相与过余而谋曰:"兹事子不可以无记。"余惟侯之可纪者众。以余之为民于兹邑,自侯下车,见其当兵毁之余,日夜与其同僚弥其缺败,振理颓废。昔之撤墙夷灶而遁亡者,今皆归寻其庐,有居处之乐。而侯之所兴筑,若庙学亭治、赋醵之局、禜社之坛、蔽狱之户,诸如此类,何可枚数,而专美一驿乎哉?顾侯之通明廉爱,无一役不矜乎民,凡以图[其]久安而除其数害,有古循良吏之风,则吾父兄子弟宜不可泯灭不著。夫纪当世贤大夫之功行，而推考其里俗、山川、风土之盛衰兴废，此儒者之职也。余不敢辞，遂以为记[之。当驿成之明年，是为至元二十九年岁在壬辰后六月望（1292年6月30日）]。（《剡源文集》卷一。 日期据嘉靖《奉化县图志》卷十一《碑文志》下、光绪《奉化县志》卷二《建置》上著录校补）（按：《全元文》卷四二四及2008年李军、辛梦霞校点《戴表元集》，均无日期著录，则嘉靖《奉化县图志》、光绪《奉化县志》本自有其独特之价值也）

至元奉化县志序

(元)严德元

  邑自夏黄公高隐商山，名在万世，山川清淑之气固已发露秦汉间。然析鄞为奉化以来，更广明中和之故，文献散落久矣。其人物则京兆之杜，河中之吕，河内之常，乐安之孙，颖川之陈，范阳之厉，孙郃、崔罕铭墓所载者，其勋名亦不碌碌也，而史不可考矣。其官属则镇亭之长，双溪之镇，都护防过伙飞兵马使之号，镇遏使、临将之称，一时创见，沿革之由，史又不可考矣。其山川则句章城、计然冢、京遥村、仙师渠，牛僧孺、段成式，徐覃所记录及《皇览》所云者，故老复不可问矣。此邑志之不容不作{矣}[也]。大观初置《九域图志》局，明已成书，而厄于兵。乾道黄鼎得其逸传者也，况宝庆罗浚所志乎？又况邑附郡为书，其详略盖可知矣。以梅都官之送王荆公宰鄞而有《君行问鲒埼》之诗，是以邑为鄞也。以苏文忠公之不到雪窦为平生大恨，而传江瑶柱为邑人，是犹以传闻为实也。则郡志所附岂能一一皆信。书乎钧更大，沿革史可考者几何？故老可问者几何？此邑志之不容不作也。丁侯为邑，识大体，人多归焉。乡先生舒公津、陈公著，以先朝宿望，退老于家，丁侯有以致之，朝夕琴堂之上搜罗故实，作为邑志。凡例之目，窃闻之矣。于房废淫祠、立县学，亦一大伟事，而记所载。紫衣师授诸生，尤氏为未纯也。割股补睛之孝表表可书，而毁伤支体为不经也。楼攻媿今为郡人，杨慈湖今为慈人，而祖父皆返葬于此也；仇泰然旧为青人，周美成旧为汴人，而子孙皆生长于此也。此不书，故书之义例也。师友道丧，故载持节种树之文；水庸事废，故附量水决防之事。存世教以纪僧坊，重封爵以戒淫祀，此又微而显、志而晦、尽而不污之遗意也。他如田赋、土产，归输之途，加详且悉矣。婉而成章，不尚庶几乎。疏为十卷，列七图。其首目曰《奉化志》。德元倚席邑庠，备数编正，敢识于左方。至元壬辰冬十月望（二十九年，1292 年 10 月 24 日）。（光绪《奉化县志》卷四十《旧志叙录》。 校嘉靖《奉化县图志》卷九《艺文志》）

徐文郁，至元年间任奉化尹。

延祐《四明志》卷三《职官考·奉化县·县尹》："徐文郁。"光绪《奉化县志》卷十六《职官表》上、《奉化市志·政府》1994 年版著录，序丁济后，梁观前。

梁观，至元年间任奉化尹。后尝任昆山同知。

延祐《四明志》卷三《职官考·奉化县·县尹》："梁观。"光绪《奉化县志》卷十六《职官表》上、《奉化市志·政府》1994 年版著录，序徐文郁后。

民国《昆新两县续补合志》卷二十四《光绪志校补》："又王世杰，潘注：'字士英，相台人。'至正四年（1344）增修学宫，有昆阳郑东撰《去思碑》。县丞梁观，潘注：王梦声墓志填讳题'承务郎同知昆山州事梁观'。是观非县丞，应改入同知。"

奉化州达鲁花赤（达噜噶齐）

察罕，元贞二年正月元日（1296 年 2 月 5 日）至大德五年四月十五日（1301 年 5 月 23 日）在任。以忠翊校尉任奉化州达鲁花赤。理政"词讼简而民不争,程限信而民自赋。申严盐禁,顽犷屏迹。吏卒无泛遣,叫嚣之声不闻。民困重役,温辞燠休之,民忘其劳。岁课繁浩,一劝励间,卒以办集。树善薙恶,尤所优为。

延祐《四明志》卷三《职官考·奉化州·达噜噶齐》:"察罕,忠翊校尉,大德五年(任)。"日期误。延祐《四明志》卷八《城邑考·公宇》附(宋)陈著《奉化升州记》:"黄唐强理天下,至周之《职方》而大备。降而秦,而郡县随时沿革,势也。元贞改元,朝廷以诸县地产民稠者,升而州,中下其等。明之奉化,为户五万而赢,为下。官视州,设员七。明年月正元日,宣授达噜噶齐察罕公知州事,李公炳敕授同知,星公灿判官。赵公秉、李公居安,省授吏目。臧涓、郑元均,各以其职视事。"是为元贞二年正月元日任奉化达鲁花赤。光绪《奉化县志》卷十六《职官表》上作:"元贞二年任。"《奉化市志·政府》1994年版同。光绪《奉化县志》卷十三《坛庙》下:"锡福庙,县西南三里三溪。神姓刘,名三清,宋司徒兼太师,卒葬三溪。里人立庙祀之。元元贞二年(案:《乾隆志》作至正元年,误)旱,达鲁花赤察罕祷之,大雨。为文祭之。"至正《四明续志》卷三《城邑·奉化州·公宇》:"养济院,在州东北五里,宋元符间建,归附后毁。大德四年,监州察罕重建,屋凡二十一间。"雍正《浙江通志》卷二十七:"龙津书院,在县治东。《奉化县志》:'宋乾道中,朱文公奉使至此。士人咸留问道,遂立书院,后迁于学东。元达噜噶齐察罕等兴复于宝化山之阳。'"卷三十五:"仁济桥,嘉靖《宁波府志》:'县东五里,新妇湖上。名新妇湖桥,又名放生湖桥。宋绍兴中建,覆以屋,后圮。邑人汪伋重修,元至元间毁。大德中,监州察罕立石柱,重建未竟,受代,僧博继成之。'"光绪《奉化县志》卷三《建置》下:作"仁济桥"。(清)徐时栋《宋元四明六志校勘记》卷三《佚文》三延祐《四明志》卷九《城邑考》下:"奉化州万寿桥,宋绍兴中建,覆以屋,后圮。邑人汪伋重修,至元间毁。大德中,监州察罕立石柱,重建未竟,受代,僧博继成之。"仁济桥、万寿桥之记载,基本相同,或为同一桥。成化《四明郡志》卷七《职官考·名宦》:"察罕,蒙古氏,元贞二年授奉化州达鲁花赤。视事初,

观政者塞闾巷,乃集吏民千之曰:'政者,正也。我惧不能正己以正人耳。'闻者趯然。时民间重役,岁课繁浩,能温词劝励,率皆办集。其彰善薙恶,修废举坠,不可殚纪。尝有一村民亲丧不能举,贸妻于吏家,法不应典。顾有夫妇人,事觉,追逮。其夫具以情告。遂原其罪,出俸钱给之。"

《钦定辽金元三史国语解·钦定元史语解》卷十三《人名》:"察罕,白色也。卷十五作'察合',卷一百作'昌罕',卷一百二十一作'敞温',卷二百二十四作'长罕',并改。"

奉化升州记

（宋）陈著

黄唐强理天下,至周之《职方》而大备。降而秦,而郡县随时沿革,势也。元贞改元,朝廷以诸县地广民稠者,升而州,中下其等。明之奉化,为户五万而赢,为下。官视州,设员七。明年月正元日,宣授达噜噶齐察罕公知州事;李公炳敕授同知;星公灿判官;赵公秉、李公居安,省授吏目;臧涓、郑元均,各以其职视事。既而以记属。余谓:"吾夫子之言:'为政道之以德,齐之以礼,有耻且格。'《孟子》曰:'善政不如善教之得民也。'圣贤格言如日月,如金石,断断乎其不可易也。教化者,本;狱讼、徭赋,末也。盖教化行,习俗美,狱讼将自简,而徭赋自易易耳夫。然则吾事毕矣。况仕也以义,方六七十,如五六十,皆可行志。蕞尔之鲁,有《周礼》在,虽齐之大,莫能抗。蜀虽僻远,文翁以经学化之,当时至以齐鲁比。谓地不足回旋,儒术近于迂阔,可乎?况兹邑之旧,诸老先生典刑之遗,章甫缝掖甲于一路,皆素分而自重。农工商贾之家畏法而专业,循循然惟长民者所休戚。薰之以诗书,浃之以礼义,教亦政也;和平而不流于弱,简易而不失于疏,政亦教也。三代而上之化民,亦若是而已,此谓知本于从政乎何有?"咸曰:"善。是吾心也,其以是刻之石。"大德元年六月日,前太学博士陈著记。（延祐《四明志》卷八《城邑考·公宇》）

本州达鲁花赤察罕德政记

(元)萧元澥

　　奉化旧为望邑。至元庚寅(二十七年,1290)官登民数计五万余户,元贞改元(1295),朝廷升为州,明年正月元日,忠翊校尉察罕公被宣命来长此州。视事初,观政者塞间巷,登士若民于庭曰:"政者,正也。我惧不能正己以正人耳。"闻者趯然。公资质纯美,器识精练老成。事无大小,定力山立,秩满如至之日。词讼简而民不争,程限信而民自赋。申严盐禁,顽犷屏迹。吏卒无泛遣,叫嚣之声不闻。民困重役,温辞燠休之,民忘其劳。岁课繁浩,一劝励间,卒以办集。树善薙恶,尤所优为。市南旧有桥,压水仅二尺,潦涨辄坏。鞭石而崇固之,役成而民不知。立左右门,扁曰"会通",涉者赖之。官有驿,登陆者所必由。昔草创,今完美矣。表以"凤鸣",客使如归。禜社有坛,改筑如式。会岁旱,徒步谒龙湫,甘霆随祷而应,人皆曰"相公雨"。公不以为德。至如食饿以糜,儆圉以蔬,此特仁民廉己之一端也。人有亲丧不能举,以鬻妻告。公怜之,给以己俸,使死者有归,生者得全,其有关于风化亦大矣。政成,民恋恋惜其去。一日,乡耆耄来请于予,曰:"公之政,如春和袭人,莫不袖涵襟受。衢歌里咏,皆出于人心之真矣。惧不传远,盍记以寿诸石。"予谓:"有德于民者,宜示不朽。顾余不文,曷克称切?伏私念吾党衣被斯文之福,亦与有力焉。州民之心,吾之心也。不敢辞。"遂摭其实以备观民风者采择。昔夫子谓:"居是邦也,事其大夫之贤者。"吁!古道既邈,人才实难,公亦今之所谓贤者欤!举斯加彼,公之事业岂一州云乎哉?公蓟州人。大德五年四月望日(1301年5月23日)记。(嘉靖《奉化县图志》卷十一《碑文志》下)

元代达鲁花赤(达噜噶齐)、县尹

克呼(怯烈),大德年间以武略将军任奉化达鲁花赤。

延祐《四明志》卷三《职官考·奉化州·达噜噶齐》:"克呼,武略将军,大德七年。"光绪《奉化县志》卷十六《职官表》上作:"怯烈,武略将军,大德二年任。《延祐志》作:'五年任。'"《奉化市志·政府》1994年版作:"怯烈,武略将军,大德五年任。"延祐《四明志》卷二《职官考·庆元路总管府·同知》:"克呼,亚中大夫。"但考"亚中大夫",为延祐年间(1314—1320)置,故应在奉化任之后。

《钦定日下旧闻考·译语总目》:"克呼,蒙古语,野外也。旧作怯烈。"

额森哈雅(也先海牙),大德十年(1306)离奉化达鲁花赤任。

延祐《四明志》卷三《职官考·奉化州·达噜噶齐》:"额森哈雅,承德郎,大德十年。"《宋元四明六志校勘记》作:"也先海牙,承德郎,大德□年□月□日到任,大德十年□月□日得代。"光绪《奉化县志》卷十六《职官表》上作:"也先海牙,承德郎,大德七年任。"《奉化市志·政府》1994年版同。

雍正《江西通志》卷二十:"南康县署……绍定戊子冈寇焚……元大德丙午(十年,1306)达噜噶齐额森哈雅复葺。"不知与奉化任职者是否同一人。雍正《山西通志》卷七十七《职官》五:"额森哈雅,延祐三年虞乡达噜噶齐。"万历《金华府志》卷十二《官师》二《东阳县》:"元达鲁花赤(以国人位县尹右,亦称监县。盖夷制也)夺罗歹、朵罗歹、也先海牙"云云。光绪《潮阳县志》卷十四《职官》:"元达鲁花赤,也先海牙,泰定间任。"等等,备考。

延祐《四明志》卷三《职官考·奉化州·达噜噶齐》:"布呼丹,承直郎。"《宋元四明六志校勘记》作:"宝合丁。"雍正《宁波府志》卷十六《秩官·奉化州达鲁花赤》:"宝合丁,武宗至大(任)。"光绪《奉化县志》卷十六《职官表》

上："宝合丁，承直郎，大德十年任。（按：《康乾志》作：'至大十年任。'误。考至大止四年，今据《延祐志》改。）"《奉化市志·政府》1994年版除按语外，余均从光绪《奉化县志》。

弘治《徽州府志》卷四《职制·本路达鲁花赤》："（以下俱至元）宝合丁，嘉议大夫。"至顺《镇江志》卷十六《宰贰·典史》："宝合丁，回回人，延祐六年至。"光绪《重修丹阳县志》卷十三《职官》："……（尉）宝合丁……元时可考者达鲁花赤十八人"云云。待考。

茂巴尔（木八剌），阿剌浑氏，冀宁人。皇庆元年（1312）任奉化达鲁花赤。在任建井亭；易洞真观废殿，设三皇像奉祠；改建县治；编修州治。

延祐《四明志》卷三《职官考·奉化州·达噜噶齐》："茂巴尔，奉议大夫。"《宋元四明六志校勘记》作："木八剌，奉议大夫，皇庆元年。"光绪《奉化县志》卷十六《职官表》上："木八剌，有传。奉议大夫，皇庆元年任。"《奉化市志·政府》1994年版同。成化《四明郡志》卷七《职官考·名宦》："木八剌，冀宁人。阿剌浑氏。皇庆元年为奉化达鲁花赤。性慈祥恺弟，节俭正直。自下车，一棰不施，而吏民畏服如严父兄。次年建州治，修州志。规模宏远，民不能忘。"光绪《奉化县志》卷十八《名宦》也有传。至正《四明续志》卷三《城邑·奉化州·公宇》："井亭，州治东有井，号茯苓泉，在听事之西。皇庆壬子（元年，1312）监州木八剌创亭覆之。""馆驿，在州东五里，皇庆元年监州木八剌充拓增修。"延祐《四明志》卷十四《学校考·奉化州医学》："古者有医师掌医之政令，凡民之疾病者，使分而治之。今州县各有学，得非此意欤？延祐元年（1314），达噜噶齐茂巴尔奉议就易洞真观废殿修葺一新，设三皇像奉祠。"至正《四明续志》卷三《城邑·奉化州·公宇》："奉化，唐以名郡，故县亦以奉化名。贞元间为上县。元贞改元，例以四万户之上升为州，即县旧治署事。皇庆元年，监州木八剌改建听事三间，扁曰'迁善'；轩三间；副厅，左右各三间，吏目署于左后；堂三间，扁曰'清畏'；仪门、吏舍、庖湢咸备；州狱三

间。前进士陈观记。"光绪《奉化县志》卷四十《旧志叙录》："皇庆《奉化州志》,元达鲁花赤木八剌修。"

奉化州重建公宇记

（元）陈观

奉化于明为望,山海风物之殊,衣冠阀阅之盛,自为县时,前人纪述备矣。然土瘠而民俭食于耕,地阻而四方不甚通于货。治者虽〔谓〕〔为〕其难,而亦存乎其人也。比年民数登进为州,官吏品秩以次俱升。独莅事所因循犹旧,岁久渐弗支。皇庆壬子,达鲁花赤木八剌公之来,顾而叹曰："县之为州,虽征赋所不增,土地所不辟,而今之视昔,难以概论。司存不壮丽,难以示观瞻。"既而耆年士民不谋同辞,乃〔谂〕〔审〕诸同僚。上之统府,上下胥悦。鸠坚搜良,凡木植之可致者,必厚直以贸。〔星〕〔屋〕庐之愿售者,必倍价以偿。工匠之劳,夫丁之募,皆日有给。始于癸丑（皇庆二年,1313）三月,为厅,为轩,为佐幕,为宾荣;画诺有堂,宴息有室,不日皆成;谯门吏庑,犴狴垣墉,次第具举。体制宏敞,轮奂翚飞,俨然千里之郡矣。邦人欲颂公之德,纪公之绩,舍儒者其谁欤?余不获辞。窃谓天下之事,有志者竟成。而事有非一朝一夕之可集,亦非一手一足之能为。其事岂易易?惟公于民,得之也有素,使之也有道。平时律己廉,持心恕。牍不轻署,卒不辄发。不施鞭而赋自办,不假棰而辞自服。两造在庭,事轻者释之以理,使不戾其和气。重者得其情而勿喜。凡此皆所以作其逊让之风,道其君子长者之归。故是役也,人之趋之,如子弟之从其父兄,闻者乐于劝,役者忘其劳。狥欤美哉! 今〔在〕〔之〕仕也,耳目聪明,不能周于簿书期会,何暇他及? 亦有苟焉岁月,视为传舍,不能一日葺,宁有不愧于公? 若公之材,试于一州者,特出其绪余。吾知其去是而黼黻帝室,柱石明堂,有非此邦之士民所得私者矣。同寅协恭,实相斯举,敬书于石。前进士陈观记。（延祐《四明志》卷八《城邑考·公宇》。 嘉靖《奉化县图志》卷十《碑文志》上题作《重建州治

达鲁花赤木八剌德政记

（元）陈旲伯

　　奉化之为州二十年矣，监守之官严毅自异，不亲于民，不同于僚，孰廉孰墨，谁毁谁誉？乃皇庆元年春，有达鲁花赤来莅兹邑，先声所届，万口一辞，曰："是尝连长台之黄岩州、越之余姚州者也，洁己字民，易地如初。"其族阿剌浑氏，其居冀宁，其世淮闽中奉，其家清白忠孝，其名木八剌，其阶奉议大夫，其自谓澄清子也。嘻，其异哉！轨文混一，瑞北陋南。河岳降灵，英髦绝伦。风移俗易，匪伊奉川所在。达鲁花赤，同时并传。惟我州奉议，慈祥恺悌，真民之父母；节俭正直，真吏之师。下车以来，覃思五事，惟恐虚文蔽余之实。枚课各最，无讼为难。一部《论语》，服用流行，庭空圄虚，期月亦效。始谋诸佐贰曰："吾侪有司，食焉而怠其事，无乃不可？一日必葺，非急务欤？"官无庸帑，取具黎庶，有所不敢。敷论殷实，翕然来谕，得缗若干，置屋，买材，贾浮。编户匠食贯五，夫佣三一。不日之间，撤彼县庐，广我州治。湫隘三纪，爽垲一朝。门台直达，高镜照市；吏舍翼挟，明廊映厅。于是自书其所，名署事之堂曰"迁善"，表其乐于改过也。后之登斯堂者，曷敢不迁？宴休之堂曰"清畏"，表其严于慎独也。后之登斯堂者，曷敢不畏？长官经始，同列允谐。割烹落成，舞蹈胥庆。然而不知者犹谓："无讼者无事于听讼。"及乎两造在庭，左右榜掠。所不伏者，至其前，片言折之，情见语屈。为官不目一捶箠，吏民畏之如严父兄。不得已，将莅于刑，退而属诸副。里正卯酉不啻唯诺乡同，旦暮罔识叫嚣。公廨闭绝，如隐陋巷。私门请谒，如避仇敌。不怒而威，不察而明。哗者蜎缩，豪者鼠伏。路府上其牍曰："此木八剌之所成也。"帅垣重其委曰："此木八剌之所往。"台察过其地曰："此木八剌之所治也。"所谓心悦诚服者，夫岂声音笑貌所能致之哉？涵濡士类，不敢以色。朔望春秋，殿谒必恭。垂满之岁，适丁贡士。讲经论史，公退儒徒。问难辨析，靡逊缝掖。庶几登扬，不负劝送。凡此数者，有一于此，已足称美，孰有{聚}[众]善兼备如我奉化州达鲁花赤木八剌奉议者乎？士民咸欲植碑黉宇，腾诸弦诵，谓嚚伯杜门息交，持论不颇，又尝为文辞，俾连属成章。复从而歌之，曰：

> "澄清一道，澄清于人；澄清一州，澄清于身。人教则易，身教则难。我无其实，名于何安？民之秉彝，罔闻南北。四端不备，四体狼藉。我具恻隐，莅罚不忍。我具羞恶，临财是惧。我具{恭敬}[辞让]，和衷无诤；我具是非，听讼无私。人得其一，谓已私淑；我欲其四，学且不足。同寮思之，思其恂恂；众吏思之，思其肫肫；多士思之，思其循循；百姓思之，思其亲亲。我无表暴，他人焉知？我清我畏，人知何为？人自有知，人自有思。大夫勿欺，大夫勿辞。"延祐元年十一月(1314 年 12 月)记。（《全元文》卷六九六。 据以校嘉靖《奉化县图志》卷十一《碑文志》下）

‖ **实保齐**（昔宝赤），延祐二年(1315)二月，以承务郎任奉化达鲁花赤。

延祐《四明志》卷三《职官考·奉化州·达噜噶齐》："实保齐，承务郎，延祐二年二月到任。"《宋元四明六志校勘记》作："昔宝赤。"光绪《奉化县志》卷十六《职官表》上："昔宝赤，承务郎，延祐二年任。"《奉化市志·政府》1994 年版同。

《钦定辽金元三史国语解·元史语解》卷五《地理》："实保齐，养禽鸟人也。卷三十五作'昔宝赤'，驿名。"

‖ **呼图克岱尔**（忽都答儿），延祐三年(1316)三月，以奉训大夫任奉化达鲁花赤。

延祐《四明志》卷三《职官考·奉化州·达噜噶齐》："呼图克岱尔，奉训大夫，延祐三年三月到任。"《宋元四明六志校勘记》作"忽都答儿"。光绪《奉

化县志》卷十六《职官表》上："忽都答儿，奉训大夫，延祐三年任。"《奉化市志·政府》1994 年版同。

实巴尔（沙邦），延祐六年（1319）十月，以武德将军任奉化达鲁花赤。

雍正《江西通志》卷十九："龙泉县署，元至元三十一年（1294）达噜噶齐实巴尔、县尹李逊重修。"或系奉化任者之同一人。

延祐《四明志》卷三《职官考·奉化州·达噜噶齐》："实巴尔，武德将军，延祐六年十月到任。"至正《四明续志》卷二《职官·奉化州·达鲁花赤》："沙邦，武德将军，延祐六年十月之任。"《宋元四明六志校勘记》同。光绪《奉化县志》卷十六《职官表》上作："沙邦，武德将军，延祐六年任。"《奉化市志·政府》1994 年版同。至正《四明续志》卷七《学校·奉化州儒学》，延祐七年六月己酉朔（1320 年 7 月 7 日）邓文原撰《奉化州学记》有："州长贰协赞于成者，达鲁花赤沙邦、同知殷真、州判许迪吉"云云。

亦黑迷失不花，至治二年（1322）十一月，以武德将军任奉化达鲁花赤。

至正《四明续志》卷二《职官·奉化州·达鲁花赤》："亦黑迷失不花，武德将军，至治二年十一月之任。"光绪《奉化县志》卷十六《职官表》上、《奉化市志·政府》1994 年版作：至治二年任。

普寿，泰定元年（1324）八月，以承务郎任奉化达鲁花赤。

至正《四明续志》卷二《职官·奉化州·达鲁花赤》："普寿，承务郎，泰定元年八月之任。"光绪《奉化县志》卷十六《职官表》上、《奉化市志·政府》1994 年版除未著录月份外，余同。

| **伯颜**，泰定四年十二月（1328年1月），以武德将军任奉化达鲁花赤。

　　至正《四明续志》卷二《职官·奉化州·达鲁花赤》："伯颜，武德将军，泰定四年十二月之任。"光绪《奉化县志》卷十六《职官表》上、《奉化市志·政府》1994年版除未著录月份外，余同。

| **忽林沙**（忽都沙），泰定四年十二月（1328年1月），以忠翊校尉任奉化达鲁花赤。

　　至正《四明续志》卷二《职官·奉化州·达鲁花赤》："忽林沙，忠翊校尉，泰定四年十二月之任。"光绪《奉化县志》卷十六《职官表》上、《奉化市志·政府》1994年版均作"忽都沙"。前者注曰："《至正志》《嘉靖志》'都'作'林'。"
　　《钦定辽金元三史国语解·钦定元史语解》卷十六《人名》："呼达沙，满洲语贸易也。卷三十四作'忽都沙'。"

| **也敦不花**，至顺元年（1330）十一月，以武节将军任奉化达鲁花赤。

　　至正《四明续志》卷二《职官·奉化州·达鲁花赤》："也敦不花，武节将军，至顺元年十一月之任。"光绪《奉化县志》卷十六《职官表》上、《奉化市志·政府》1994年版除未著录月份外，余同。

| **昔剌不花**，元统元年（1333）十月，以忠翊校尉任奉化达鲁花赤。

　　至正《四明续志》卷二《职官·奉化州·达鲁花赤》："昔剌不花，忠翊校尉，元统元年十月之任。"光绪《奉化县志》卷十六《职官表》上、《奉化市志·政府》1994年版除未著录月份外，余同。

伯颜，至元四年（1338）二月，以忠翊校尉任奉化达鲁花赤。在任奉省命设常平仓。

至正《四明续志》卷二《职官·奉化州·达鲁花赤》："伯颜，忠翊校尉，至元四年二月之任。"光绪《奉化县志》卷十六《职官表》上、《奉化市志·政府》1994 年版除未著录月份外，余同。光绪《奉化县志》卷二《建置》上："常平仓，元至正元年（1341）九月，奉省札遵旨设立。谷贱则增价以籴，贵则减价以粜，随宜以济其民……"后任也先不花在十月上任，则应是在伯颜任内设立。

也先不花，至正元年（1341）十月，以承事郎任奉化达鲁花赤。在任重修城隍庙。

至正《四明续志》卷二《职官·奉化州·达鲁花赤》："也先不花，承事郎，至正元年十月之任。"光绪《奉化县志》卷十六《职官表》上、《奉化市志·政府》1994 年版除未著录月份外，余同。至正《四明续志》卷九《祠祀·城隍·奉化州》："至元二十六年，令李天益重建。至治元年马知州重修，后圮。邑长也先不花见事修营。"

延祐《四明志》卷三《职官考·鄞县·达鲁花赤》有："也先不花。"则尝任鄞县达鲁花赤，但任期未知。

奉化州知州

┃**周仲厚**，顺德人，进士，元贞元年（1295），以奉训大夫知奉化州。尝建谯楼，置漏以警晨昏。

光绪《奉化县志》卷十六《职官表》上："周仲厚，奉训大夫，顺德人，进士。建谯楼。卒于官，葬胡家塘山。子孙家于谯楼东。"《奉化市志·政府》1994年版著录略同。谯楼，即宣明楼。雍正《浙江通志》卷四十三："宣明楼，嘉靖《奉化县志》：'为县之外门，始于宋令娄绍聘。元知州周仲厚为石台，置漏以警晨昏。'"

┃**布呼丹**（宝合丁），大德十年（1306），以承直郎任奉化州达鲁花赤。

┃**李炳**，元贞二年正月初一日（1296年2月5日）至大德二年十二月初一日（1299年1月4日），以奉议大夫知奉化州。任内重建文公书院（龙津书院）。

延祐《四明志》卷三《职官考·奉化州·知州》："李炳，奉议大夫元贞二年正月初一日到任，大德二年十二月初一日得代。"光绪《奉化县志》卷十六《职官表》上、《奉化市志·政府》1994年版除未著录月、日并官阶作"奉训大夫"外，余同。光绪《奉化县志》卷九《学校》下："龙津书院，一名龙津馆，县东四里。宋乾道中，朱文公奉使至此。士人留延问道，遂立书院，寻迁庙学东偏。元至元十八年改扁文公书院，既亦废弛。元贞中达鲁花赤等兴复于宝化山之阳，延任松乡为之师。"（元）任士林撰有《重建文公书院记》。该《记》曰："先是，前朝请大夫赵公崇煮有志改筑，卒不就。橄下日，其犹子必摹图宝鹿山以进，其婿前太学博士陈先生著规示之。于是州达嚕噶齐察罕、知州事李侯炳，与其贰星侯棨、李侯居安议允，协其属臧君涓、郑君元均赞甚力，以工给其役，以吏董其事。木石之费，一不以侵官士。又明年，祠宇成，奉遗

像行舍菜事。"

重建文公书院记

（元）任士林

尚论先王之制，党庠术序，远矣。唐诏天下置郡县学，厥后四书院之名特闻。宋庆历、熙宁，学校寖盛，处士之庐遂废。逮徽国朱文公始复白鹿洞之旧，祀孔子如开元《礼》。寻创竹林精舍，升曾子、子思以配孔子，以周、程、张、邵、司马、李延平七先生从祀。于是即诸儒讲道之地以立书院者益众。文公既没，凡所居之乡，所任之邦，莫不师尊之，以求讲其学，故书院为尤盛。其徒不事月书季考，所习皆穷理尽性之蕴；其官在郡博士之上；其廪官给之田，或好义而多赀者请自给。世祖皇帝混一〔区〕[寰]宇，郡县学益崇且侈愿以力创书院者，有司弗夺其志。部使者加察详焉，行省设官以主之，其选视学正录。皇上嗣大历服，播告中外，勉励日加。明年，置各省提举，以敦教事。永嘉陈君友龙以朝廷首选，实来江浙。始至，起士林于家，俾复文公书院于奉化之阳。士林载拜承命，奉公牒以白诸州，州刺史而下翕然曰："请如牒。"昔文公提举浙东常平日，循行台、温郡，泊舟奉化之龙津。长吏率诸生请讲书于学宫。景定初，橘洲姚公希得建海闻，敬斋谢公昌元方坐幕府出筹画，前进士李君潚、舒君泌、童君幼该请立书院于津之左，聚徒读书。其下榜曰"龙津书院"。寻迁庙学东偏。至元十八年改扁"文公书院"，山长李之皓、王镒主之。既亦废弛。先是，前朝请大夫赵公崇煮有志改筑，卒不就。檄下日，〔其〕犹子必摹图宝〔鹿〕[麓]山以进，其婿前太学博士陈先生著规示之。于是州达噜噶齐察罕，知州事李侯炳，与其贰呈侯粲、李侯居安议允，协其属臧君涓、郑君元均赞甚力，以工给其役，以吏董其事。木石之赀，一不以侵官士。又明年，祠宇成，奉遗像行舍菜事。凡受学士林而志于立者，咸愿为之徒，乡人士亦乐以义廪三之一为之赡。州若府状其实于所部于省，斯其成矣。噫嘻！夫子之道，散在六经，纲领在四书。千载之下，说益支，道益远。

子朱子者出，诸儒之论始定。今天下一家，学者无科举之累，取朱子之书而读之，君臣父子之纲，身心家国之目，体用兼该，本末一致。其不为世道深系乎？余不得为朱子徒也，余私淑诸人也，今而后获〔与〕二三子周旋矩范之下，讵可不知其所自邪？或曰："州刺史之功。"刺史不有，曰："是惟陈君之力。"陈君力足以任斯文之寄而不屈于贰，道足以起学者之慕，而不间于欲，故创置书院凡九所，复升润宜兴隶学之田万八千亩，皆事之著者，予不得概书之云。（《松乡集》卷一。 据嘉靖《奉化县图志》卷十《碑文志》上著录本校）

王珪，大德二年十二月初二日（1299 年 1 月 5 日）至六年三月十二日（1302 年 4 月 10 日），以奉训大夫知奉化州。

延祐《四明志》卷三《职官考·奉化州·知州》："王珪，奉训大夫，大德二年十二月初二日到任，六年三月十二日得代。"光绪《奉化县志》卷十六《职官表》上、《奉化市志·政府》1994 年版除未著录月、日外，余同。光绪《奉化县志》卷八《学校》上："大德五年，令王珪复修。"

州学兴筑记

（元）戴表元

古之齐民，一名为儒，则其人所以自待，与官府所以待之，皆异。至于学校，虽有常居，而发政、出师、养老、习射、献馘、听狱之类，无不在焉。然方其盛也，有优礼以乞其一言；俗之既衰，乃或欲毁之而杜其议政；俗之益衰，上下始专守夫子遗言以为法。故有庙以严鬼神，而有学以明礼乐。吾奉化犹为县也，庙学栋宇，几〔为〕〔以〕兵废。襄贡丁公济来为尹兴之。县既升为州，相距〔不〕〔未〕十年，而垣藩不修，卫防旷空，荆芜被之，蹊隧生焉。某郡王公某来为守,悒然叹曰:"兹非吾职乎?"即与同寮议兴之,计其役,赋板栽,均丈仞,章逢乐输,胥徒欢从。不累旬,百堵齐立。于是增绘像,施蔽帷。鼓箧之堂,嵩呼之殿,风雩之亭,童衿之舍,缺完仆兴,罅补茅塞。闯游有禁,观眺有节,偃憩有适,瞻展有敬。重扃穹屏,修衢清浸。于于相仍,云行星辉。噫乎美哉!州之耆老遂相与〔燕〕[喜]乐,而谋勒文以颂公之贤,著公之惠。余自龆龀实尝从父兄居游庠序间,见魁儒巨公无虑百数,皆修衣冠,隆阀阅。岁时燕毛序,坐谈古今,久近文献,亦或雌黄当世人物。孩稺辈立听不倦,归必充然有得。以余之愚,至今犹能缕缕记忆本末如昨日也。每课试,县大夫亲命题,第赏格,慈爱教,督如子弟。及以事相见,酬答如客。于时风淳气厚,上下情义周〔洽〕[浃],与前所称古俗殊为未远。顾茕然眉颜,亦复苍皓,犹幸及身为贤侯之氓,狃见庙学之兴,而咏歌德化之成[熟],良可自庆。因为摭实纪载如右,而并缀所闻见一二,以励吾党亦务谨重修饬,以称官府见厚之意云。大德五年岁在辛丑冬十一月望(1301 年 12 月 15 日)。(《剡源文集》卷一。 据嘉靖《奉化县图志》卷十《碑文志》上著录本校)

奉化州新修学记

(元)任士林

奉化,唐开元中析鄞所置县也,今升为州。学宫,政化之本,是宜广多士而新之,有司固未暇也。大德三年(1299)秋七月,肃政廉访副使高公伯元始易今扁。明年夏六月,佥事王公焕行郡,诸生相与谒。事毕,坐彝训堂上,举凡学之事,废宜兴,圮宜修,唯所画。知州事王侯珪唯而退。明日,学正赵与权录赵进德,以佥事公之命,请于王侯珪。侯曰:"诺。"环宫之墙,百堵皆作,丈二百有奇,广仞之半,高如广之度而三之。雄固杰立,覆饰如飞。殿堂门庑之壮,栋楠之挠折者,易治之。瓦盖砖级之隆剥者,丹白之漫漶不鲜者,明饬咸理。自夫子像以至四公十哲、群弟诸儒,冠冕之饰,衣裳之采,与夫牺象、簠簋、俎豆之制,严好洁新无遗缺。自宋宝元、宣和、绍兴、庆元以来,且创且修,至于今而始备,允亦壮矣!于是王侯进诸生而言曰:"若等知优游弦歌之所自乎?朝廷既右文治,尊若道,复若家,选若人之秀者而官之,亦隆且至矣。然他日之仕者而泯,老者而没,壮者而衰,故学无常师,而文无定业,为勉励者不既劳乎?吾闻宋庆历时,正议楼公郁一出为乡里师,而人辄化之,不惟环佩簪笏之盛遂至比屋,而舍乡之泽,天未忍绝之也。古道如新,有正议公者不少,而江海客食之士贵耶?"诸生悚而屏。遂命之为记。(《松乡集》卷一)

陈忠,大德六年二月十三日(1302年3月12日)至七年十月十五日(1303年11月24日),以奉训大夫知奉化州。

延祐《四明志》卷三《职官考·奉化州·知州》:"陈忠,奉训大夫,大德六年二月十三日到任,七年十月十五日得代。"光绪《奉化县志》卷十六《职官表》上、《奉化市志·政府》1994年版除未著录月、日外,余同。

于巴延(于伯颜),字九思,蓟丘人。大德七年十二月初七日(1304年1月14日)至至大二年四月十二日(1309年5月21日),以奉直大夫知奉化州。

延祐《四明志》卷二《职官考·奉化州·知州》:"于巴延,奉直大夫,大德七年十二月初七日到任,至大二年四月十二日得代。"光绪《奉化县志》卷十六《职官表》上、《奉化市志·政府》1994年版除未著录月、日并名字作"于伯颜"以及籍贯作"蓟邱"外,余同。光绪《奉化县志》卷十八《名宦》:"于伯颜,字九思,蓟邱人,大德七年守是州。专以忠厚,文雅廉慈,抚柔兴弱,消沮嚣兢。一年笞榜轻,再年符移清,三年科徭平。逋流还归,凋瘵完复。民甚德之。已而饥饿疠疫,天灾荐作,日夜谋所以拯之。官廪有给,邻饷有劝,野劫有禁,道殣有葬。至于力不可施,则降贷减征,恳吁于上,得请乃已。民庆更生。(《剡源集》,参《嘉靖志》)"

知州于伯颜去思碑记

（元）戴表元

奉化之为州，山疏而水迅。疏，故土居者清勤力业而少余赀；迅，故仕游者侥{侊}〔恍〕外顾而无留心。盐、丝、蔬、米、埏{冶}〔治〕、果、植、器、畜之饶不通于四方，而衣冠文墨，阎阅意气之交，异时常与形势相为长雄。故其民，亦或号为难治。大德癸卯（七年，1303）冬，蓟丘于侯以九卿世家来为守。专用忠厚，文雅廉慈，抚柔兴弱，销沮嚣竞。一年笞榜轻，再年符移清，三年科{摇}〔徭〕平。逋流还乡，凋瘵完复。吾与黎民渐渐知为生乐矣。秩满久不得去，而天灾作于浙东，饥饿疠疫，死者相枕。侯日夜与其同寮谋所以拯之，官廪有给，邻饷有劝，野劫有禁，道殣有葬。至于力不可施，则以降贷减征，恳吁于上，蒙麾犯怒，必得请乃已。迄于今，荒墟废垄间，犹有谈笑炊耕以齿人数者，皆侯之惠及州民。既更生，益孚侯诚，熟侯教，呻吟按摩，动相闻知，亦与恬然，若安居其乡而忘去者。今人常称近民官为父母。父母之于子，寒也，常恐无以覆之；饿也，常恐无以哺之；危病也，常恐无以护之。比其既成立也，有礼驭之，有过恕之，然后父母愈严而子愈亲。若于侯之于吾州，安能使人不亲而怀之乎？怀之不已，爰发于言；言之可传，必载之碑。系之以诗曰：

> 维明有附庸，负海西南。名张实枵，民不胜堪。孰返其逋？有侯氏于。郁郁舒舒，清言雅趣。亦既构宇，乃疆乃理。天降饥荒，夺其乳哺。茸墟作家，续骸为人。呻吟笑歌，繄侯之仁。侯性无怒，侯躯无欲。驱攘疾疠，扶导饘粥。民曰侯止，侯毋我遗。侯曰勿止，我非尔私。凡人有心，以已为则。无穷之瞻，系此{贞}〔乐〕石。（《剡源文集》卷二十。据嘉靖《奉化县图志》卷十一《碑文志》下著录本校）

元代达鲁花赤（达鲁噶齐）、县尹

裴继炎，至大二年四月十二日（1309年5月21日）至四年（1311），以奉训大夫知奉化州。

延祐《四明志》卷三《职官考·奉化州·知州》："裴继炎，奉训大夫，至大二年四月十二日到任，四年离任。"光绪《奉化县志》卷十六《职官表》上、《奉化市志·政府》1994年版除未著录月、日外，余同。

蒋瑾，镇江人，大德十年，知台州路黄岩州。皇庆元年（1312），以武德将军知奉化州。

《黄岩县志》（天一阁藏明万历七年刻本）卷四《职官志·县官》："蒋瑾，大德十年。"至顺《镇江志》卷十九《人材·仕进》："蒋瑾，镇江人，武略将军。台州路黄岩州知州，今徙居焉。"

光绪《奉化县志》卷十六《职官表》上："武德将军，皇庆元年任。"《奉化市志·政府》1994年版略同，但"元"字误作"六"。皇庆仅两年，"六"误也。"蒋瑾"，至正《四明续志》未著录。

宋节，燕京人，大德十一年（1307）为歙县尹。延祐元年十二月（1315年1月），以奉议大夫知奉化州。任内修学宫、置书籍。寻为行台监察御史。

弘治《徽州府志》卷四《职制·郡县官属》："宋节，燕京人。先为嵊县尹。亲丧，庐墓尽哀。大德十一年（1307）为歙尹，首务劝农、兴学。农有游惰者，从社长供，申籍充夫役，俟改悔，除名。捐俸倡修县庠，又谕父老遍立乡塾，训诲子弟，使知孝弟忠信。富民析税，诡立户名，规避差役，期一月首并，役赖以均。当新陈未接之际，禁戢上户，毋得征逋。民有犯伪钞公事，贪胥故纵摊指，旁扰非辜，节既鞫实，即揭犯人名榜示乡都，使良民免遭煽惑。公退,闭门读书,杜绝私谒。富民子殴死人,以其隶代引服。鞠正之。行缙请托,万方不从也。秩满迁奉化知州。寻为行台监察御史。"

延祐《四明志》卷三《职官考·奉化州·知州》:"宋节,奉议大夫延祐元年十二月到任。"光绪《奉化县志》卷十六《职官表》上:"奉议大夫,延祐元年任。修学宫。"光绪《奉化县志》卷八《学校》上:"延祐二年(1315),知州宋节重修。"至正《四明续志》卷七《学校·奉化州儒学》:"书籍,知州宋节任内置到《周易》《毛诗》《尚书》《周礼》《春秋》《四书》《韩柳文》《通鉴》《集韵》,通计壹佰伍拾叁册;活字板印到《大学衍义》一部,计二十册。"

马称德(一作:骥德),字致远,广平人。延祐六年十月初一日(1319 年 11 月 13 日),以奉议大夫知奉化州。政绩累累,书不胜书。摘其要者:以务本业,兴文治为宗旨。三年政绩:义仓之积至八千余石;荒田之垦至三十顷;桑以畦计者三千九百;杂木以株计者二百八十二万余。养士之田至一千一百五十四亩;租谷及山租钱等一千七百三十石六斗九升,米二十五石九斗六升。建尊经阁,选生员百名,礼宿儒授业解惑,月书季考,举乡饮礼,教养有规,外逮乡学六百余所;镂刻活书板至十万字,印刷《大学衍义》《奉化县志》等,为中国印刷术之发展留下重彩一笔。又扩建三皇殿。水利,则修珑琳碶等,疏通河道,修治陂堰。均赋役,并诡寄,核酒课,辨私贩,设惠民局。奉化,原存的人户诡寄,数计七万,经过清理,仅得二万,这就为均赋役奠定了基础;原先城郭残留乡镇遗制,村草数家,楼观荒圮,经过整理,丽谯郁起,成为阛阓,促进了经济发展。三年任满,邑人为立去思碑,祠诸西序。善政嘉绩,数百年之规划。

延祐《四明志》卷三《职官考·奉化州·知州》:"马称德,奉议大夫,延祐六年十月初一日到任。"至正《四明续志》卷八《学校·奉化州医学》:"三皇殿,在州学之北。延祐六年,知州马称德重建,殿堂、门庑、棂星门、四斋、垣坛咸一新之。郡人袁桷为记。"《记》见附文。延祐《四明志》卷十三《学校考·奉化州儒学》："延祐六年，知州马称德到任，复修建学宇，增广田土，计田六百四十三亩二角四十步，地三十二亩二角一十八步，山二千二百六十二亩一角四十四步。"至正《四明续志》卷七《学校·奉化州儒学》："知州马称德任内起造：书楼五间；六斋增建一十二间；祠堂六间；松亭三间；跨鳌桥。"又曰："延祐庚申（七年，1320），知州马称德盖尊经阁及讲堂，后轩、两庑、六斋、仓廒、庖湢咸备。"《学校·书板》："知州马称德任内置到活板十万字。"《学校·书籍》："知州宋节任内，置到字板印到《大学衍义》一部，计二十册。"《历史教育》2004年第11期刊文《元代出版史概述》："元代印书一般仍是采用刻版的办法，活字印刷是罕见的，元代后期，奉化（今浙江奉化）知州马称德曾用木活字印刷《大学衍义》。可惜的是以上所说两种木活字印本都没有保留下来。"至正《四明续志》卷七《学校·奉化州儒学》：元续置田土，"田贰拾贰亩壹角肆拾叁步；谷叁拾捌石伍斗伍升贰合伍勺；地壹拾肆亩贰角叁拾陆步半；小麦壹石叁斗；山伍拾亩；钞伍两（前知州马奉议续置田土）"。延祐《四明志》卷十三《学校考·奉化州儒学》："乐器，知州马奉议资遣儒人往苏杭收置，敦请乐师教习。"计有："编钟一十六口；编磬一十六片，备磬四片；琴一十张；瑟二床；笙四攒；凤箫二架；管篪共四枝；搏拊二个；柷一座；敔一个，并座；埙二个，备埙四个；钟磬绦三十六条；瑟朱弦五十条；琴弦五十条；搏拊绦二条；流苏绦四条；流苏绿油钹盖二十个；五色线二十两重；瑟十雁柱五十个；琴轸足一十副；钟磬架二座；龙头四个；羽孔鹊一十个；赢属羽属四个；瑟匣二个；钟磬匣八个；琴瑟卓六张；钟磬柷槌六件。"成化《四明郡志》卷四《闾里考·奉化》："嘉会桥，县治南。宋太平兴国八年建，宣和中令周因立亭于上，建炎间毁。元延祐七年（1320）知州马称德重建，今亭废桥存。"延祐《四明志》卷十五《祠祀考·神庙·奉化州》："城隍庙，在州西五十步。……延祐七年，知州马称德重修。"至正《四明续志》卷三《城邑·奉化州·公宇》："谯楼五间，在州治前。延祐六年（1319）知州马称德因旧址开拓重建，扁曰'宣明'，置铜壶、鼓角。江浙儒学副提举刘致记。至元三年毁，未建。""井亭，州治东有井，号茯苓泉，在听事之西。皇庆壬子监州木八剌创亭覆之，延祐庚申（七年，1320）知州马称德复构一亭，左右相峙。""义仓，在□□□□厅，屋三间，厫房十间，门楼一间，至治二年(1322)知州马奉议创建。"

有关水利工程，为碶者，至正《四明续志》卷四《河渠·奉化州》："进林碶，在州北三十六里(光绪志作：二十五里)。水源南出连山镇亭，北入于定海港，东接鄞县茅山鄞塘及本州奉化、长寿、金溪三乡河港，西至鄞县小溪大江。三方潮水所汇，立闸通潮，流衍灌溉。涝则开闸以疏之江，旱则闭闸以注诸田。上置土桥，通台温明越。岁久莫知创始，至今且一百四十余载未有能增修者。延祐六年知州马称德重修，增广。慈利州知州翁元臣记。"光绪《奉化县志》卷六《水利》："琏琳碶，县东北二十五里三十六都长寿乡。地当驿道，大江潮水所汇，立碶于此，为二县三乡所取济。上架石桥以便行旅。宋绍兴十五年(1145)，令刘廷直以邑人吴琳言修筑。元延祐六年，知州马称德又规水道、更筑，置田二十亩，俾土人掌之，以备修造。""海岛碶，县东二十里三十二都，潴奉化、连山、松林三乡之水，溉田三千余亩。元知州马称德尝修之。"至正《四明续志》卷四《河渠·奉化州》："胡芝碶，在州东二十里。水利溉注奉化、金溪两乡民田三千余亩。旧碶以年远冲漏，知州马称德首为修理，视昔有加。"光绪《奉化县志》卷六《水利》："孟婆碶，县北三十六都，元延祐七年知州马称德修，溉田三千余亩。"雍正《浙江通志》卷五十六："宣家堰，在县北三十五都，元知州马称德修。溉田三千余亩。""资国碶，在县东南三都，元至治元年知州马称德建。""考到碶，在县东三十二都，元知州马称德修。"为堰者，至正《四明续志》卷四《河渠·奉化州》："戚家溪堰，延祐七年，知州马称德因民请置。堰高三尺，石砌三层，横长三十丈，阔六尺。两傍用木桩石条甃砌，又于堰之上畔开河一条，横阔一丈五尺，长四十丈，深六尺。旧溪通流，凡遇水涝于堰上流溢，水浅流入堰河，沿溪灌十四都田五百余亩。堰下流至和尚堰，分为四派。一派流入第三都界，溉田八百余亩。三派流入胡芝碶等处，四散溉田三千余亩。余外流入长塘畈等河港，溉注第二都、三十二都田二万余亩。""广平堰，在州北一十里，旧有闸曰'斗门'。上接资国堰水，支流三派。下通郑家堰，灌溉田数千亩。延祐庚申(七年，1320)，知州马称德开浚新河，易闸为堰。向之闸水有限，晴则易涸。今则积水渊深，灌溉无穷。""资国堰，去州南五里，隶第三都。旧病浅狭，滋溉难周。至治元年

（1321）知州马称德察其利病，新其碶闸，水盛则置闸以遏其冲，水涸则去闸以导其流，民田沾丐者三都计三万八千余亩。""和尚堰，在十四都。旧有堰基，不曾修筑。延祐七年知州马称德因修考到等碶，并修完备防积水源。"光绪《奉化县志》卷六《水利》："斗门堰，县东北一都，旧为斗门闸，源自资国堰。元延祐七年，知州马称德改筑为堰，灌田数千亩。""郑家堰，县东北（《康乾志》作"县北"，误）一都，旧名郑家窨，水通资国堰，经新妇湖。元延祐七年，知州马称德改筑为堰，溉田数千亩。通舟楫于市河。""归家堰，县北三十六都，元知州马称德重修，溉长寿乡田三千余亩。""黄隶堰，县东三十一都，元知州马称德修筑，溉金溪乡田三千余亩。""横溪堰，县东三十一都，元延祐七年知州马称德修筑，溉金溪乡田三千余亩。"竣治河湖者，至正《四明续志》卷四《河渠·奉化州》："新河，州市旧有河，上通资国堰，下接郑家泾。沙莽堙塞，水无停潴，河之浅狭不及五六尺，仅如沟浍，耕者病焉。延祐七年知州马称德开浚，深广自市河达于北渡车耆等处，相悬六十里，置立堰埭三处，潴水灌溉田数十万亩，又通舟楫，以便商贾往来也。翰林学士袁桷记。"光绪《奉化县志》卷六《水利》："市河，县东南五里，即新河，又名新渠。唐县令陆明允导大溪水，由资国堰注市桥河，循三山为广平湖，下为斗门，通郑家泾，至沈家庄入县溪。元知州马称德开浚，潴水溉田数十万亩。又通舟楫以便往来。""万寿湖，县东四里，即新妇湖，又名放生湖。元至元丙子置，引资国堰水入湖。阔一十丈，长一里许，溉田三千余亩。延祐间知州马称德浚之。""广平湖，县东北五里，一名寺后湖。元至元丙子置，引资国堰水入湖，溉田二千余亩。知州马称德、李枢相继开浚。"等等。以上或因称名不同而造成重出，谨请识者指正。

马称德还引荐过人才。《万姓统谱》卷四十六："汪灏，字季夷；弟瀚，字幼海。奉化人。父懋卿，初与弟森卿同学，同贡，并因宋革不仕，杜门著书。灏、瀚授家学，治《易》《春秋》，躬耕孝养。灏从海阴陈嵩伯讲学，著有诗文，曰《蜡台稿》。灏先卒，瀚为知州。马称德荐于宪台，授衢州路学录，辞不赴。"故奉化百姓对马侯祠祀有加，光绪《奉化县志》卷十三《坛庙》下："琎琳祖庙（《乾隆志》作：进林庙），县北十二里（《乾隆志》作：三十里）南渡，祀元知州马称德,事详《名宦传》。嘉靖三十年重建。""珑琳南庙,县北二十里上下张,分祀马称德。光绪二十三年重修。""马公东庙,县北二十五里前江,分祀马称德。康熙间重修。光绪二十四年江忠庚重修。""马公西庙,县北二十五里(《乾隆志》作:县东北三十里)新桥下,分祀马称德,明时建。"卷十二《坛庙》上:"珑琳新庙,县东北二十五里孙家堰,俗呼打铁庙,分祀马称德。"卷十八《名宦》:"马称德,字致远,广平人,延祐六年知奉化州,明敏革奸,恺悌施政。务本业,兴文治。义仓之积至八千余石;荒田之垦至三十顷;桑以畦计者三千九百;杂木以株计者二百八十二万余。养士之田至一千一百五十四亩;租谷及山租钱等一千七百三十石六斗九升,米二十五石九斗六升。建尊经阁,选生员百名,礼宿儒授业解惑,月书季考;镂活书板至十万字;立乡学至六百余舍。又筑珑琳碶,疏通河道,修治陂堰。均赋役,并诡寄,核酒课,辨私贩,举乡饮礼,设惠民局。善政嘉绩,皆有数百年之规。三年任满,邑人为立去思碑,祠诸西序。"(可参下引黄先《知州奉议马公生祠记》、李洧孙《知州马称德去思碑记》、邓文原《建尊经阁增置学田记》)

《奉化市志·政府》1994 年版:"马称德,字致远,河北广平人。元延祐六年(1319)以奉议大夫任奉化知州。任内廉明勤政,尊崇孔道。建尊经阁、斋庑、仓库、厨房等百余楹,选生员百名入学,请宿儒授业。整顿学廪,革除积弊,出资倡率,增养士田至 1154 亩;划县学后之余地 10 亩,种植所入,悉充学职生员蔬盐之助;广立乡学 600 余所(一说 60 余所);镂刻活书板 10 万字。治北 30 里之珑琳碶(今南浦乡北),系潮汛所汇之处,通宁、绍、台、温驿道之上,百余年来,屡修屡圮。1320 年农历十月,称德兴工重建,翌年四月告竣,疏通河渠 60 余里,陂堰无不修治,使旱涝无虑,商旅称便。民立祠颂德。元初,城内民多零星村居,草莽连片,将暮便愁虎狼。称德募民拓基,建屋 1200 余间,烟火互接,商贾争趋,民乐其业,州治为之一盛。又教民垦荒 13 顷,植桑 3900 畦,种树 282 万余株。整户籍,调赋役,核酒税,饬盐政,胥吏差役无敢勒索受贿。办惠民局以利贫民医治。义仓积粮 8000 余石,以备荒年赈饥。1323 年(至治三年)民立《去思碑》云:'马侯三年之政,固数百年之规也。'"

元代达鲁花赤(达鲁噶齐)、县尹

111

知州奉议马公生祠记

(元)黄先

延祐六年十月一日(1319年11月13日),知州马侯来牧是州。下车首谒学宫,释荣讫事,顾而言曰:"圣朝以文恢国,尊崇孔道,敦奖儒雅,甚盛节也。宫墙湫隘,不称炳灵,何以塞明诏?用新其制,以侈前观,我其曷敢坠厥志?"越莅事之明日,席未温,询耆艾后彝训堂。芰薜草芥,审曲面势,辇梓庀工。业建尊经阁,置书板,辟斋庑,创仓库、庖湢逾且百楹,直灵星门,浚泮池,周广几二百武。伐石梁其上,天光倒影,遥联炳炫。筑垣墙以谨干隩,过者罔不祗肃。较载石之缺画,筹储粮之虚实,若烛照龟卜,私属厌计者惧不复肆,是用丰于养士。事既周而志益坚。劝儒人助田三百亩有奇,择良师授子弟业,亲释训义,课殿最,期有成。庠音序诵,达于四境。以今准古,行乡饮酒礼。熏醇导龢,恢宏美化。约岁损赢,置大成乐绘二丁。豆笾簠簋,冠佩章甫,莫不新设。天之所启,无倦其烦。州之秀民髦士交胥庆曰:"自邑升州,人才涣散。苟且而处,卤莽而学。积久成蠹,视如传舍。今教养有方,纲纪有伦,繄谁赐也?"因究夫文翁以文学牖夫蜀人之耳目,翕然化易。相如、扬雄,彬彬辈出。百世而下,读其书者,竦然兴起。侯宠嘉斯文,伟哉,盛矣!殆将期是邦人才之盛,犹蜀汉也。祠诸西序,绘像尊事,用示不忘。虽然侯固不假像为也。思古之显显令名者,施惠渗漉人心,仅若毫发,自有感其不释然于怀,岂规规责目前之报而彰其施也哉?吁!像之设,诚足以垂名训,劝来者。异时羽仪天朝,鸣佩执玉,进退百官,以惠于一州者,推而及之天下,其事业光明俊伟,流诸史策,不其休哉?《诗》不云乎?"蔽芾甘棠,勿翦勿伐,召伯所茇。"吾夫子存诸《诗》不为无劝。使目接心,惟形于歌咏,不能自已。惟其有之,是以似之,侯其有焉。群士请纪侯之实。先职教也,辞不获。侯广平人,名称德,字致远,阶奉议大夫。明敏革奸,恺悌施政。疏河以利舟楫。筑堰以膏稻粱,鸠工以广民居,定籍以均赋役,殆不一书,采诸歌谣,并载乐石云。至治元年四月吉日(1321 年 4 月 28 日),奉化州儒学正黄先撰并书,中奉大夫浙东道宣慰使元帅赵慧篆额。(光绪《奉化县志》卷三十五《金石》)

知州马称德去思碑记

（元）李洧孙

广平马侯称德,字致远,作州于庆元之奉化,兴利补弊,无一事不就正。三载,代者至。州人士相与言曰:"马侯之｛来｝[表]吾州也,廉明勤强,杜私谒而布公道,凤夜所究心者,惟好民所好,恶民所恶,犹父母于其子。今父母之去,如之何勿思?"

吾观于乡,则义仓之积至八千余石,荒田之垦至十三顷,桑以畦计者三千九百,杂木以株计者二百八十二万余。非侯以务本业为急者能若是乎! 游于泮,则宫墙炳焕,尊经阁之伟,大成乐之备,养士田增置千二百石,活书板镂至十万字。教养有规,外逮乡学六百余所,非侯以兴文治为先者能若是乎! 相其水利,则进林碶乃三乡田土数千顷之所仰。经百四十年,石崩木腐。鸠工再筑,三月而碶成,号为奇功。疏通古河道六十余里,凡陂堰无不修治,旱涝无忧,农旅俱便。非侯能以佚道使民者乎! 其郭则乡也村草数家,今为阛阓;乡也楼观荒圮,今丽谯郁起非侯能使陋邦为壮观乎! 诡寄户旧七万,今归并仅二万。砧基既立,赋役遂均。核实酒课,而愆民无抑配之苦;挨证税粮,而里胥无闭纳之患。孰不思侯理财之有道乎! 辨盐徒妄指而平民安,断稍水抢夺而横民惧。平反冤抑,剖决淹滞。片言以折,而犴狱常空。孰不思侯听讼之有法乎! 革安保户,而把持者屏息;抑豪富户,而货殖者易虑;设法禁断私贩,而窃盗者亦歛迹。孰不思侯禁令之严乎! 疾恶如仇,闻善如慕,而民俗归厚。父母在而不敢析爨,没而不敢停丧。无鬻先人冢地者,无溺新生儿女者,男无侮长上,而女无怠妇功者,孰不思侯教化之功乎! 举乡饮之礼,观者如堵,而人知有礼乐;敦同寮之谊,而没乎官所者,虽

元代达鲁花赤（达鲁噶齐）、县尹

万里之遥，亦资送其骨殖与其孤寡而达其家。孰不思侯之能行古道乎！三皇殿，则易湫隘而亢爽；惠民局，则就州创置而贫民病困咸便医疗。孰不思侯有跻民寿域之心乎！思其用心之勤既如此，思其成功之难又如彼。思之不置，而又求记于余，以昭其思于无穷。

余谓侯之善政嘉绩，皆余耳目所睹，记者何幸，获因是以发其好懿之良心？抑余闻有功德于民而为民所思者，莫如召公《甘棠》之诗，一则曰"勿翦勿伐"，三则曰"勿翦勿拜"，此季武子所以曰"敢不封殖此树，以无忘角弓"，遂赋《甘棠》也。厥后苏文忠公因赋《万松亭》，亦有"殷勤莫忘角弓诗"之句。夫马侯三年之政，固数百年之规也。州人士徒思云乎哉，敢记之以告于来者。至治三年记。（乾隆《奉化县志》卷十二《艺文志》上；《全元文》卷三七六第150、151页。 据以校嘉靖《奉化县图志》卷十一《碑文志》下。 嘉靖本"勿伐"作"勿败"，误，此其二则也。）

奉化州三皇庙碑

（元）袁桷

马侯为州，急先崇儒。建尊经阁成，作而曰："学无田，曷足养士？"表圭田租励之。于是乡之儒合言："兹实吾党耻。乡校日毁，《青衿》赋焉。馆粲有加，士子知教，盍助田以成侯志？"侯复曰："先贤遗则，惠养存殁，规岂敢湮废？"正籍端本，耻格贪戢。于是始言曰："噫！世祖皇帝行仁肇邦，万世永宪。今获守兹土，疾疹不治，黎民何辜？"乃建三皇殿。〔初，殿〕在废观址，后徙寺旁，庳隘弗称。询图考初，厥地爽亢，遂广土而兴之。百柱翼成，万瓦鳞比。厚者〔致〕〔劝〕泉，力者输役。官不出赋，而岿然光尊。耆老赞企，愿纪其建立以彰侯绩。抑尝闻庖牺阐极，人居其中。灵根湛纯，万化是生。坎离致用，穷夫阴阳之机，寿夭不齐，彼实戕窃。维大圣忧之，树艺五谷，辅之以医药，刚柔燥湿，各施诸用，神农之功也。因其厚生，迄于伤生，以悯以原，为之经问，教之以知惧，使各尽性命之道，则夫黄帝之功讵少矣哉！三圣炳著，尊祀肇唐。皇甫谧之论,合于医说,道不虚矣。为作乐章,俾歌以祀之,表侯于无穷。侯名骥德,字致远,官奉议大夫。明爽干饬,吏民畏而爱焉。是役也,州之官达鲁花赤沙邦武德、同知州事殷贞忠翊、判官许迪吉咸佐之,乡老皇甫简董役讫成。前门九楹,廊庑斋序二十八楹,讲堂五楹,礼器备充。围缭丹垩,咸曰美哉。歌曰:

判鸿蒙,精一中;八方圆,握以通。稽圣作,逆不逢。神之游,云霓从。嗟彭殇,曷恣纵。简差差,指厥踪。玄钥启,人乔松。煌煌大圣万世功。(以光绪《奉化县志》本校《清容居士集》卷二十五)

天昭昭,日月星;变化周,纯粹精。木石土金荡至灵,飞走食物各受令。一日屡苏,民乃修龄。览九州{岛岛}云泠泠,是州秀淑守著能。牲具肥,酒齐馨。

日出作,晦晏息。守厥故,常民用。不极何颠{愤}[偾]自伤,纵恣作慝帝有忧。笔载籍,目视毫厘脉寸尺,智者惊。保厥德,云龙之耀香无迹,祀靡斁,千万亿。(以上二首,以光绪《奉化县志》本校延祐《四明志》卷十四《学校考》下。 全文据嘉靖《奉化县志》卷十一《碑文志》下校。)

奉化州医学

(元)袁桷

古者有医师掌医之政令,凡民之疾病者,使分而治之。今州县各有学,得非此意欤?延祐元年(1314),达噜噶齐茂巴尔奉议就易洞真观废殿,修葺一新,设三皇像奉祀。延祐六年春,达噜噶齐呼图克岱尔奉训迁于岳林寺东馆驿故址,未完而代者至。是冬知州马奉议到任,相视殿宇基址湫隘卑陋,自惟圣朝春秋数祭,安可设于猥僻之所?于是首捐己俸及劝率近土医户出助,迁就州之东一百步赵氏故址,筑砌墙围,创立棂星门,起盖大殿,讲堂、廊庑等屋咸一新之,规模宏丽,不负尊崇。(延祐《四明志》卷十四《学校考》下)

奉化州学记

（元）邓文原

广平马侯致远守奉化之明年，以书来曰："奉化邑隶庆元，升州于元贞丙申（二年，1296）。溪山萦带，风物靓深，距治所二百［举］武为学。莅事之始，谒于〈庙〉庭，周视室堂，褊弊不葺，予惕焉。乃询诸耆艾，曰：'学故有田，岁输谷为石者四百。宋嘉定间，邑宰冯君季膺益以亩，入七百石有奇，名曰义廪，俾群居者无宿舂而乐鼓箧焉。自碑仆，籍去于贪猾，征为私藏，而赡士无赢储。尝直于有司而不果复也。'于是别抉隐〈陋〉［漏］，〈钻〉［钃〕鉏穴蠹，汰冗积羡，悉复其初。而又捐己餐钱，以表急义者，得田余三百亩。出入会计，严为式程，期永久勿坏。前是，御史宋君节来守是州，为买书具祭器，而庋置无所，乃今建尊经阁五间，即其南彝训堂之后。为敞轩五，以容多士。左右泮水为垣，而易行道于门外。若庖廪、湢庖，瓴筑、涂塈之工毕备。垦地余十亩在阁北，莳桑若麻苎，而规其赀，以给师及童冠者之羹菽。稍采儒，先教术，以帅厉之。凡吾为是者，非干誉也。幸先生识其成，且以儆夫士。"予为言曰：古之为士者，耕有恒产，学有定制，教有定业，非必珍羞腴肉以饫其腹，华堂广厦以适其体。至于考成之法，则又非词章呫毕，矜能衒藻之谓也。然而士皆殖德励行，竞趋于善而不自知。后世崇饰庙貌，俾学道者知所宗，丰其屋庐，优其廪稍，日肄月稽，择其艺精者举于有司，视古若甚周悉，而其才乃不逮，则亦教与学者俱有责焉耳。夫道莫先于经，先王之典，则万世之范防具在。诸子百氏书，则阐明乎此，而醇疵杂焉者也。从经则治，拂经则乱。历代隆污，则史臣笔之以为世监者也。士之蒙〈瞀〉［瞀〕庸琐者，既不通经，而负英特者，又多好异书之观，其为失则。均世有乐尊经之名而求其实者乎？朝廷设科以选士，而士不敢以进取累其心；建学以养士，而士则曰"吾岂志安饱者"？此士所以自重而教化所由兴在。《易》，鼎之象大亨，以养圣贤；而颐，自求口实，观其自养也。异时甬东多高门右族，接武卿相。势利声华，文学行义,其不朽者固有在学者。审此则可进于道。矧复尚友,古之人哉!今马侯之来奉化,首以兴学为务,庶几汉文翁意也。蜀子弟被文翁之化,能为其所难。奉化之士渐濡于诗书也久,顾不能为其易乎?而忍负马侯乎?侯名称德,为政未期月,而百废具兴。又复建三皇殿于故址。皆有关于风化之大,是宜为记。州长贰协赞于成者:达鲁花赤沙邦、同知殷真、州判许迪吉。将侯命谒予文者:范文亨、张与权。延祐七年六月己酉朔(1320年7月7日)记。(至正《四明续志》卷七《学校·奉化州儒学》。 嘉靖《奉化县图志》卷十一《碑文志》下题作《修学记》,据以校)

建尊经阁增置学田记

(元)邓文原

浙水东四明,学舍居天下二,而属治文风之盛,必以奉川为称首。时异事殊,士废学,悉趋时所尚。间有不随其所趋,则群聚而缩鼻。人不韦贤经,一切扫地于祝氏矣。天开文明,奎星炳焕。圣天子下诏设科举,以经明行修取士。士风翕然鼓舞。奉川籍学者皆欲以明经芥拾青紫,而未有主斯文者。广平马侯致远来牧是州,长官例提学校。侯语二三子:"学校之事,似缓而实急。其不在我也,若在我,则不可不学之问。夫士之作成,教与养而已。架上之书,廪中之粟,今其何如?"曰:"学有田,旧额四百石,冯令多福劝率乡儒置租至七百石,名曰义廪,见之于周丞勉所撰碑文。廪蓄乡豪学职辈暗图窃取,以周贫老婚葬为名立廪计,私收巧破,所谓周急者,曾不沾一毫。租失旧额,职此之由。士无所赡,弦歌声绝。问之则曰:'何必读书为?'"马侯闻之,愀然曰:"士不明经,何以应选?吾闻之柳子曰:'作于圣,故曰经;述于才,故曰文。'香山居士以文集置于释子之楼。文且有楼,经其可以无阁乎?"于是出己俸,倡募建尊经阁。闻者感动,倾帑助匠,计之〈功〉[工]力饶。春季作之,夏孟落之。溪山映带,市声不入。乃斲文木,乃架乃匰。定经南向,尊之也,史西而子集东,帙签毕具。扁"尊经阁",侯之子克敬大书,笔力健。杜子美夸其任勤笔阵，时年已十六七，克敬年且十二，见者称美，以涓期之。阁上奉先圣燕居。乃以前政宋御史节置到九经，韩柳文、子集等书，及今次刊到活字书板印成《大学衍义》等书庋其上。迁文公先生祠于左，建后轩五间，接盖廊屋一十八间，立仓廒五间于堂之西。拓殿东余地，亭于古松之下，扁曰"听松"，以为师生之游息。甃彻砖石，地如砥平。围筑垣墙，百堵皆作。迁行路于泮池之外，而池之中桥焉，"跨鳌"其扁也，通仪门，成泮宫以南通水故事。树以松柳，环列左右，规模整肃，灿然可观。乃穷学廪积弊，物色冯令置田之碑，得之，革去廪计栏，仆义廪之储，悉归于学。委学正黄先根挨旧额田粮，得隐谩租若干石，及改正义廪若干石。侯犹有饭不足之虑，复出己资，倡率儒人董淲等增助田若干亩，租谷若干石。至治二年夏，侯复以增置养士余粮，再置到田若干亩，租谷若干石。新旧通计田一千一百五十四亩，租谷及山租钱等计一千七百三十石六斗九升，米二十五石九斗六升余。有地山租钱、丝、麦等物见之砧基碑籍。又规措学后余地一十亩，桑苎其上，其利为学职生员薀盐之助。选生徒百名，立训导。大小学生员周岁行供、春秋二丁、学职俸给正支外，余皆撙节立规，尽有赢余。侯时诣学，使诸生执经，更相问难。礼宿儒腹经笥者授业解惑，月书季考，期必成效。二月既望，申明乡饮，佥举宾介，尊德尚齿，合七百余人会于泮宫。俎豆诜诜，衣冠济济，以陶成士君子之风。然又谓宫墙缺纪述，故不书。是役也，侯倡之，监州公力任之，佐贰诸君赞成之。学正黄先来杭征文为记。与侯相知非一日，故不牢让，因摭事实梗概书之石，俾以告夫后之人。至治二年（1322）立石。（光绪《奉化县志》卷八《学校》上。 据嘉靖《奉化县图志》卷十一《碑文志》下校）

新建义仓记

（元）沈湛

　　皇帝登宝位之三年，奉化知州马侯新作义仓成。凡为屋十楹，积谷若干石。侯之言曰："今各社义仓验其花名，留谷者率系下户，多田之家曾无毫发之助。官司既不核实，留者又多虚数。至于来春，指为给散文具而已。乃岁在丁未（大德十一年，1307），运厄阳九，沿都劝粜，吏弊纷然，复畏其欺，加之检覆。且民三日不食，则饥而死矣，讵能留喘息于须臾间哉？是可慨已。于是浙左之民转徙沟壑，所存无几。盖社仓名存实亡，官无规措之验也。"侯又谓达鲁花赤沙邦、同知殷贞、李恭，判官许迪吉、张英曰："为政之要，莫先恤荒。矧兹有州，地瘠民凉，用戒不虞，彰厥有常。"乃作新仓，厥基孔阳，率亩二升，廪有余粮。适苦雨，首为发棠，于以新文公之意，不汩没于里胥之手，复聚民之政，为凶岁之防。吁，远矣！父老曰："子学优登仕，盍为我记之？"乃歌曰：

　　昔文公兮作社仓，侯善继兮德有光。丰则输兮俭发棠，保无饥兮乐岁康。

侯广平人，名称德，字致远云。至治二年闰五月既望（1322 年 6 月 30 日）。（嘉靖《奉化县图志》卷十一《碑文志》下）

奉化州开河碑

（元）袁桷

奉化诸溪至龙潭毕会，汪洋衍汇，陂塘涧沟，合流赴资国〔埭〕，纡行凡六十里，始达于江。岁霖雨不时，溪江相迎，上下交射，漫流田堤，或漂民庐舍。昔之为政者惧焉，于是筑埭善〈坊〉〔防〕。潦至则泄，旱则潴以灌输。由资国埭注市桥，循三山为广平湖。凡言湖，通畎浍也。湖之下有斗门，必严其水。则至是通郑家淫。古有阴沟，或〈为〉〔谓〕淫沟，皆取以达水。今言淫名之省声之讹也。溪至是，循〈明〉〔名〕山稍，折为扬桥水，以折始善，行将达江。复限之为〈县门〉〔置闸〕，曰进林，曰常浦。又益限之以埭，曰车耆。提闸有程，则水旱不病。今之善吏治者，挈挈奉公。上不自保，政不能及此。广平马侯骥德至州，〔则〕曰："皇元升江南县为州，实租户口，户繁租瘠何以称绥惠？田畴芜秽，兹惟殿最首。吾视兹土，抑沟洫漫灭，以害吾民邪？"遂穷上源，首资国。耆老咸言："市桥达车耆有故河,往{宋}[岁]舟楫联络,今趋江以行,惊骇涛浪。商贾不赴,而市用益匮。浚广复旧,则民其有瘳。"遂遵市桥至陈桥,具畚锸,表深广,未及终日,而遗石断{绝}[纪],皆旧迹俨著。至何家埭,或曰:"是郡乘不登,积为豪民利。水至是当行,何障固焉?"于是{次}[决]堤仆石埭,复置卒守。水门亦如之。易资国埭为水{明}[门],别立小栅,以谨通塞。广平增斗门,志旧有赡卒,租亦{复}[如]之。{于是}昔之言纤行六十里,皆得舟行以达于江矣。史迁作《河渠书》,能吏所纪廑一二数。谢太傅守淮南,水利博济,则自方之以召伯。谢公伟功迄不废,马侯之政良近矣。乃系以诗,俾勿坠。诗曰:

　　闵闵汙莱,举{趾}[迹]厥艰。妇饁子任,火垦水芟。相彼高下,粤昔庞蕃。有堤相之,有泉养之。崩奔交来,设险以防。彼防弗亟,时其雨旸。谋于在野,集作会节。低昂疏储,究尔坠过。饕强{惢}[资]专,讫孰俾是罚。马侯自南,宣承皇风。相攸以图,鞠草茂丰。耆{父}[文]交谒,兹焉商功。千锸剖壤,颓堤赴壑。宛其遗基,白石凿凿。[爰]复[旧]常{弥坚},匪夸以丕作。泉流汤汤,阴泄阳潴。{江}[流]流马奔,惧而舒徐。千帆{萦纤}[蘽蘽],入于市区。河既复{址}[迹],侯斯庶止。嘉谷美穰,《甘棠》蘽蘽。维河之新,告来者勿替。[延祐庚申(七年,1320)记](《清容居士集》卷二十五。　据嘉靖《奉化县图志》卷十一《碑文志》下校改。　龚烈沸《宁波现存碑刻碑文所见录》2006年版曰"年份不详",此其未见嘉靖《奉化县图志》也。)

(按:《奉化州开河碑》有碑阴文"凡大工役必资僚属。长官某同知某判官某吏目某,实佥赞之。州民之耆长大家某等历考旧迹,且佐厥役。吏奉令曰某等董工庀程。州之南复有梁家滩、□碶、戚家溪,悉浚治之,足溉田万亩。开河绩最著,庸附碑右,以见侯政。小者亦若是。"此据《清容居士集》卷二十五著录,嘉靖《奉化县图志》卷十一《碑文志》下无碑阴文)

琏琳碶重修记

（元）翁元臣

　　昔苏东坡有言："陂湖河渠之类，久废复开，事关兴运。"盖指鸿隙陂、临平湖而言也。今四明奉化州，距州治可一舍，有所谓琏琳碶。水源南出连山镇亭，北至定海县入于海，东接鄞之茆山鄞塘，西入鄞县小溪大江。因三方潮汛所汇之地立碶闸，通潮入沟渠，河港流行散阔有百余里，灌溉奉化、长寿、金溪三乡，旁及鄞田数千顷。碶之功常见枯旱之时。桥于｛溪｝［碶］上，为驿道，抵台、温，通明、越。然不知碶创于何时。顷于草莽间得重修琏琳碶碑下半截，又于湍石间得上截之半。字画漫没，仿佛所载于前宋绍兴年间，刘廷直宰奉化，邑人吴琳言其事，且曰："今之琏琳碶如是"，则有碶旧矣。又如元祐中舒龙图《留题》，言两县三乡之所取济，为指常浦碶而言，又不知亦有琏琳碶否也。又参沈黄｛门｝［州］《修刘大河碶记》云："琏琳等碶，｛寅｝［实］相须焉。"有符舒公两县三乡之说。则前有此碶明矣，刘侯特修之也。近于石罅得一石匣，启之，乃藏佛经镇怪，上题云："淳熙元年（1174）再修，以鄞民不纳水利，而致迟缓。"乃知此时又复修矣。岁月经久，修而｛萌｝［荐］坏，颓败欹陷，乘桥者凛然，且不｛敢｝［堪］启闭，走泄水源，民病之。前之为政者，于至元庚寅（二十七年，1290）间亦尝整治，而碶底深险，惮于事势重大，苟且目前，搀扶鏊砌，无何而颓倾如昨。广平马侯致远来守是州，见之惕然，询谋经营。先将本州河渠碶闸稍有壅塞者疏之，接山溪活水，通江海泛潮，民皆便之。既以竣事，乃注意于此碶，筹画于中，退食不寐。命作坝以断江潮之来，旁疏水源入江，列水车数十，以去深不可出之水洞，见基底鼍鼋为害者，犁其穴而驱之江。侯喟然叹曰："是不难。龙门伊阙，可凿者排；胥江怒涛，一箭使退。"｛播｝［扫］往昔简陋之弊，筑而新之。乃计所用工力木石，则以本州｛岛｝［沾］水利户之上者，随力出备夫工；则又以田产户之次者，每五亩出夫一名；户之下者，一毫无扰。若夫鄞之沾水合助力者，以无相统摄，故一户不及。侯之度量，悉符石匣所载事迹。其有不敷者，人皆相与维持，乐助工食，择可劳而劳之，因所利而利之，遂成久远之事。此碶横亘五丈二尺，以直而干者柱其上有六，长一丈三尺有奇。甃堤以直其两旁，规模宏壮，行道之人不知其为险。俾谙水利者董其役。始于延祐庚申（七年，1320）十月，至治辛酉（元年，1321）四月碶成。其与刘廷直兴工于丙寅（绍兴十六年，1146）冬，阅五月乃成。今之月日与昔同，岂非事关兴运乎？江之浒，潮不得啮；河之滒，水潴而不泄。雨不至涝，旱不至涸；土粪而腴，岁熟而获；秋风南亩，稑穄连云，翳谁之力与？侯之德也。余客四明，经从碶上及三十余年，徒发一慨。一〔日〕〔旦〕成功于贤州牧。自非有大力量者，畴克臻此？民曰："碶兴，民之利；碶废，民之疾。今侯能除民病，兴民利，较之太守马臻创立镜湖之功，不在其下。"耆老竺大昌等谓余："予亦劝农者，侯力为农夫，用情如此，可不为之述其事以传不朽？大昌等当磨石以待。"于是乎书。至治新元四月记。（顺治《奉化县志》卷十一、光绪《奉化县志》卷六《水利》，今据嘉靖《奉化县图志》卷十一《碑文志》下本校）（按："阅五月"，嘉靖《奉化县图志》卷十一作"阅三月"，误，不取。）

李端荣，至治二年十月（1322 年 11 月），以奉议大夫任奉化知州。尝为州学置田近五十亩。

至正《四明续志》卷二《职官·奉化州·知州》："李端荣，奉议大夫至治二年十月之任。"光绪《奉化县志》卷十六《职官表》上作："李湍荣，奉议大夫，至治二年任。《府志》：湍作'端'。"《奉化市志·政府》1994 年版同。光绪《奉化县志》卷八《学校》上："至治三年（1323），知州李湍荣将本学钞置三十三都田四十九亩三十七步。"

苏忙古鯷（苏忙古），泰定二年三月（1325年4月），以奉训大夫任奉化知州。尝为州学置田四十七亩余。

至正《四明续志》卷二《职官·奉化州·知州》："苏忙古鯷，奉训大夫，泰定二年三月之任。"光绪《奉化县志》卷十六《职官表》上："苏忙古，奉训大夫，泰定二年任。（注）《府志》作'苏忙古鯷'。"《奉化市志·政府》1994年版除注文外，余同。光绪《奉化县志》卷八《学校》上："泰定四年（1327），知州苏忙古鯷将本学钞置三十二都田四十七亩一角四十步。"

李愗，泰定四年（1327）八月，以奉训大夫任奉化知州。至元二年、四年知海宁州。

至正《四明续志》卷二《职官·奉化州·知州》："李愗，奉训大夫，泰定四年八月之任。"光绪《奉化县志》卷十六《职官表》上、《奉化市志·政府》1994年版除略去月份外，余均同。

雍正《浙江通志》卷一百四十九："李愗，万历《杭州府志》：'至元四年知海宁州，修瓦石堰，重设车注之具，民皆利之。'"嘉靖《海宁县志》卷五《官制·知县》（中附知州）："李愗，至元四年，任知州。"卷六《儒学》："在县治东南三百步，宋绍兴五年县令刁廱建。至元丙子（二年，1336）知州李愗捐俸又重修焉。"

李塔失帖木儿，至顺三年（1332）三月，以奉训大夫知奉化州。

至正《四明续志》卷二《职官·奉化州·知州》："李塔失帖木儿，奉训大夫，至顺三年三月之任。"光绪《奉化县志》卷十六《职官表》上、《奉化市志·政府》1994年版除略去月份外，余均同。

宋梦鼎，字翔仲，号静斋，淳安人。明《春秋》，至顺元年登进士第，尝任建德推官，婺源州同知，转奉议大夫，知奉化州。

雍正《浙江通志》卷一百二十九：至顺元年庚子王文晕榜，"宋梦鼎，淳安人，知奉化州"。乾隆《淳安县志》卷十《人物志·文苑》："宋梦鼎，字翔仲，号静斋。与弟季武俱明《春秋》，当时以梦鼎、鲁渊、吴瞰、张复号'《春秋》四家'。梦鼎少侍父读书遂安山中，一日散步，忽闻神祠钟鸣，谓有扣者，至则寂然。归以告父。父曰：'汝后必贵。'梦鼎复诣祠曰：'吾果贵，钟宜复鸣。'既出，而复鸣者三。至顺元年登进士第，为婺源州同知，转奉议大夫，知奉化州。"雍正《浙江通志》卷二百四十："开国侯宋兴墓，《建德县志》：'元推官宋梦鼎表志之。'"

光绪《奉化县志》卷十六《职官表》上："宋梦鼎（补），淳安人，进士。见《浙志脞录》。至顺年间任。"《奉化市志·政府》1994年版同。

晋开国侯宋兴墓志

（元）宋梦鼎

宋氏得姓微子。秦汉以来，世居京兆，分布九域。晋因魏制，品量氏族，以宋氏为四海大姓，其来远矣。五胡之乱中原，士夫避地金陵。我弘农太守哲受愍帝诏，命琅琊王总揽万机，是为东晋元帝。我冀州刺史兴，统兵护龙，同时渡江。兄弟三人有大勋劳弘农公哲，封定国公；长弟抽，广州司马，封忠国公；次弟兴，封开国侯，食邑于睦。开国公村卒，葬苕溪之滨，赐建家庙，至今历历可考也。梦鼎适忝郡推官，访求公村宗党，相与谒远祖之墓于苕溪之浒，木刊石发葬焉，可为嗟悼。拜奠之余，用加封固，立石以表其阡曰"晋故冀州刺史西河郡公开国侯宋公之墓"，俾知崇本敬先之道不可废云。（民国八年《建德县志》卷六《建筑》，《全元文》卷一六四八第74、75页）

史端，元统三年（1335）三月，以奉训大夫知奉化州。

至正《四明续志》卷二《职官·奉化州·知州》："史端，奉训大夫，元统三年三月之任。"光绪《奉化县志》卷十六《职官表》上、《奉化市志·政府》1994年版除略去月份外，余均同。

高伯颜察儿，尝以承德郎任徽州判官。至元四年（1338）二月，以奉训大夫知奉化州。

弘治《徽州府志》卷四《职制》：判官"高伯颜察儿，承德郎"。

至正《四明续志》卷二《职官·奉化州·知州》："高伯颜察儿，奉训大夫，至元四年二月之任。"光绪《奉化县志》卷十六《职官表》上、《奉化市志·政府》1994年版除略去月份外，余均同。

郭忽都答儿，至正元年十二月（1342年1月），以奉训大夫知奉化州。

至正《四明续志》卷二《职官·奉化州·知州》："郭忽都答儿，奉训大夫，至正元年十二月之任。"光绪《奉化县志》卷十六《职官表》上除略去月份外，余同。《奉化市志·政府》1994年版著录亦同。然而至正辛巳十二月，略去月份的《奉化市志·政府》1994年版竟以"1341"夹注之，不知该年有闰五月，故该年的十二月初一已经是1342年1月8日。

周坤厚，至正七年（1347）六月在任，尝建谯楼。

嘉靖《奉化县图志》卷九《艺文志》有（明）陈协和《宣明楼记》，文曰："以今楼观之，建于元至正丁亥（1347）六月，知州周公坤厚始筑土为台，叠石障之，中空以通出入。楼三间，跨其上，而两厦翼焉。"

‖**奥林**(阿林)，至正八年(1346)在任杭州幕府。至正十三年(1353)，知奉化州。之后尝任御史。

    (元)苏天爵撰《滋溪文稿》卷三《江浙行省浚治杭州河渠记》："至正六年十月，江浙行中书省始命浚治杭州郡城河渠。明年二月卒事。宰臣慎于出令，僚吏勤于督工，庶民乐于趋役。于是河流环合，舟航经行，商旅由远而至，食货之价不翔，稚髦莫不皆喜，公私咸以为利矣。又明年冬，天爵承命参预省政幕府，奥林请纪其事于石。"

    成化《四明郡志》卷七《职官考·名宦》："奥林，西域人，端重寡言，好读书，能文章。至正癸巳(十三年，1353)知奉化州。下车即沐去癓胥溢卒，疏理宽滞诖误，田野绝逮捕迹。时岁荐饥，饿莩载路。请米得报，亟［倾］(据光绪《奉化县志》卷十八《名宦》本校补)官廪以济。及事有利害，欲行之，辄诣太府白，率听许。民获少安于艰难之秋者，皆其力也。"雍正《浙江通志》卷一百五十二引作：阿林。

    (清)阮元编《两浙金石志》卷十八《元加封忠佑庙神碑》，落款为"至正二十四年(1364)岁在甲辰六月十八日朝列大夫海道都奉胡仲瑛刊"，说明："……士元字彦章，鄞人，忠臣铺之孙也。自幼嗜学，郡守礼致为五经师。御史奥林荐授鄞学教谕，调西湖书院山长。参政危素荐为平江路儒学教授，道梗未上"云云。则奥林约在至正二十四年任职御史。

‖**舒庄**，字子临，奉化人。至正年间命知奉化，因方国珍僭号，隐居退避。

    雍正《浙江通志》卷一百九十："舒庄，嘉靖《宁波府志》：'字子临，奉化人。性介特，以名节自励。至正间仕浙东道都元帅府都事。改知奉化州，因方国珍僭号，隐居退避。后荐辟，竟辞不赴。'"(明)郑真《荥阳外史集》卷四十七《贞一居士传》："贞一居士，姓韩氏，名常，字惟善。明州人，世家定海县西。""公既逝，卜地东湖盛峰山之原，与陆氏合兆。缙绅之士若羽庭刘仁本，长汀舒庄为著之铭诗，大书勒诸磴道，扬名显亲，君子称焉。"则是当时名上。

李枢，字元中，河东隰州石楼人。至正二十年（1360）至二十二年（1362）知奉化州三年，擢为经历。在任尝修讲堂，甃泮桥，开市河，浚万寿湖、广平湖，修黄庄、双溪、松洋诸堰。

成化《四明郡志》卷七《职官考·名宦》："李枢，字元中，河东人，至正庚子（二十年，1360）知奉化州，以德道民，趣浮末者哀矜示辱。治狱，必正本清源。未尝或憾，少假声色。浚市河，实田亩。新尊经阁，修奉川驿。善政洋溢，时有麦秀两岐、迅雷震虎之应。民至今称之。"光绪《奉化县志》卷八《学校》上："至正中，知州李枢复修讲堂，甃泮桥。"卷六《水利》："市河，县东南五里，即新河，又名新渠。唐县令陆明允导大溪水，由资国堰注市桥河，循三山为广平湖，下为斗门，通陈家浘，至沈家庄入县溪。元知州马称德开浚，潴水溉田数十万亩。又通舟楫以便往来，后复湮塞。知州李枢复开之。""万寿湖，县东四里，即新妇湖，又名放生湖。元至元丙子置，引资国堰水入湖。阔一十丈，长一里许，溉田三千余亩。延祐间知州马称德浚之。至正二十年，知州李枢复开之。""广平湖，县东北五里，一名寺后湖。元至元丙子置，引资国堰水入湖，溉田二千余亩。知州马称德、李枢相继开浚。""黄庄堰，县东南十里，宋崇宁间置。元至正二十一年，知州事李枢更以石，横五丈，高一丈石柱六。""双溪堰，县南十五都，元至元二十一年，知州事李枢重修。""松洋堰，县南十八里，元至正二十一年，知州李枢修筑。溉十四都一图田。"

奉川驿记

（元）刘仁本

自版籍归职方氏，则凡朝贡会同，梯山航海重泽而进，衔命而奔趋者不

127

元代达鲁花赤（达鲁噶噶齐）、县尹

可以蓬累霜露,故寰居郡邑,修途通道,悉置驿。驿者,陆为之骑,川为之楫,步为之舁。为之导响,为之囊橐,为之馆厩刍秸,为之蒉席,菹肉湩醴。寒为之薰,燠为之沐。甚捷急者,为之接渐馈粮,率约如小行人积餐饔饩之类也。一介行李,间关跋涉,在旅如归,使乎其彻上下、际四方以达夫寄象狄鞮译之情乎。四明奉化州旧为县,县东偏五里有驿,始由唐刺史边绅创设,国朝因之,寻毁。至元二十八年令丁济复建,剡源先生戴表元纪石。元贞改历,县升州,谓非冲要,竟罢废弗置,信宿之使亦罕经涉。暨今至正乱起中原,道途遏绝,江浙分省署鄞郡,控瓯粤,制闽广,以藩辅东南。下而修职贡朝觐,上而宣号令锡赉予,皆取道鄞海以济往来,使者错侨僧房庐店,或假楯戍邸。官若吏迎候无定所,毗居附,氓尽逃匿山谷间。舆夫马丁无所从,出则贩卒途人厄于荷负,奔走道路,且柠食,至有就委沟壑,而使命稽滞,弗亟达,实有忧之。乃二十年夏知州李侯以剸治才略,膺选牧任。既至,即诣大府,令即下,俾给佣夫役钱,计里为直,适宁邑者三百六十文,趋鄞府者半之,民获少息。侯乃相旧址,图为新构。先是,州有没入官屋若干楹,撤之,增葺为馆舍。前列台门,中为厅堂,旁翼两庑,后治夹室。庖湢食寝之具,黝垩丹膳之饰,缭绕垣墉之甃,靡不完好。总题之曰"奉化驿"。以是年八月肇事,十有二月讫功。官无靡费,民弗告劳。又度驿东北故有河,达鄞江三十里,久湮弗治,募工疏瀹,浃月而成。潴深决驶,肩舆之程,一苇可航。遂白于省:徙慈溪车厩驿榷代济。于是南出受舆,北行解缆。水陆并进者,在呫嗫间矣。父老携状谒曰:"吾侯勤政有守,识机敏事,编摩凋瘵,牴牾触讳,补缀荒落,以成此举,厥惟艰哉?矧今厌乱思治,震惊詟服。纳欵献降,其怀徕之役,集事赴功,云委飚驰,络绎旁午。向非侯之预定,则将仓猝无措。民爰以堪命,我实德之,愿公为记。"今年夏,予尝以使事往乡邑,道经兹地。目击心悦,信父老之言匪佞,遂书以俾之。侯名枢,字元中,晋宁人,所历有声。至正二十一年十月初吉(1361年10月29日)记。(嘉靖《奉化县图志》卷十一《碑文志》下。 以本文题检《全元文篇名索引》,未见,或可补该文之缺)

重开新渠记

（元）杨彝

至正二十一年辛丑（1361）夏，河东李侯之知奉化，盖期月矣。州上下与大小民翕然以定，暴强詟息，柔弱获伸。侯时以公事诣会，或决旬经月，则民怅怅然如失所怙恃；比还，则相顾动色。于是知侯之得民心也深矣。民父老窃议，欲列侯之政绩，刊诸乐石。会五月，炎暑蒸溽，雨泽未应。侯切切为民忧之，祷于山川，夙夜靡宁。既六月，大雨频降，禾黍遍野，歌谣之声彻于四境。乃相与言曰："吾州固岩邑也，溪流迅悍，盈虚靡常，故旱干水溢，岁为我田之病。如新渠之开，侯为吾民之虑远矣。使如前日之旱，而工未就辟，则远渠之田焦槁久矣。雨虽后至，其能及乎？兹为利泽悠长，而不可无纪者，庸可缓乎？"乃来谒，拜而刻之。案州乘，南五里为资国埭，分大溪之水，别于支港，东流于市河，又纡行六十里而达于江。所溉民田三万七千余亩。而市河，即今所谓新渠是也，其来久矣。国朝至元丙子（十三年，1276）至延祐庚申（七年，1320）四十五年，渠自市桥以北湮塞。其故利知州广平马侯称德尝一浚之，集贤直学士袁公为记，可考也。自庚申至今又四十二年，渠之湮废益甚，而李侯复开之，其废兴岂有数耶？侯自始视政，询民之利病，而知渠之当治有不能已者，顾悯人之劳而重其费，久之而犹不忍为言。然民知其意，曰"是吾利也"则欢然向之。侯于是下令计徒庸，戒胥吏，无敢弗虔。而民亦乘农隙，率丁壮，分任土方，以相先后，操畚负畚，其来如云。疏去恶壤，洎于瓦砾。涂手胝足，不避艰苦。虑后惩前，功勤在昔。其广三丈至五丈，随地为断；其深二丈，视旧有加焉。由市桥至车者者三，皆重筑之。建以贞木，甓以密石，縻舟上下，可久无坏。为碶者二，曰进林，曰常浦，亦时察焉，以严其水则，而资国之源涤治为谨。由是坊庸以固，蓄泄有时。水路所道，循三山，历广平湖，下斗门，皆复其故，而滔滔安行以达于江矣。始事于春正月壬申，而毕于二月丁未，积功万五千有赢，而公家之费不豫焉。先是，使客之至也，州役民迳于北渡；节传相踵，民老弱交迹于道，盖不胜其困也。及兹舟楫往来，叫嚣不闻。然则是渠之开，不惟备沟洫，广灌溉，而通商惠民，达政教，省劳费，其为民利溥矣。且当庚申之役，侯之先公松江府君讳恭，时同知州事，实佐马侯以倡是画。而朝夕董事，其功为多，故公至是不忘先美，尤究心焉。传所谓善继人之志，善述人之事者，在侯有之。然余闻昔鸿隙之坏，黄鹄兴谣；邻旁遗利，四门见讥。抑水利之开塞，而生民之休戚系焉。任司牧之寄者，诚勤乎如是，李侯之绩其可遗乎？矧当寓县多故，师旅供亿，调发烦重，期会急促。侯能处以闲暇，无乏军兴，而核垦田，造驿舍，缮州治，兴募兵，皆序举。而于民也，呕煦抚摩，则惟恐伤之。故其德化所感，震雷殛虎，麦秀两岐，其可书者众矣。惟是重农事，兴大利，以绍前人之休。于斯渠也，有以见侯之志业，则垂后劝功，尤不可后也。故余不让而特书之。侯名枢，字元中，河东隰州石楼人。读书有文艺，所至以循良闻。其词曰：

泛泛新渠，其源其深。群山高远，会于龙潭。疏之决之，注于大溪。资国有埭，实导其支。支流汤汤，远赴于江。时污时湮，有坊有庸。灌我稻田，岁维有秋。有客戾止，泛泛其舟。日遵月征，伊谷为陵。监牧代至，曾莫我惩。穆穆李侯，追念若考。视瞻彷徨，咨而父老。曰岁庚中，予始有知。暨暨先烈，窳窳见之。孰云小子，克比遗美。而渠载湮，盍复其始。乃来烝徒，蠲其壅阏。涤源浚流，牧号有截。民亦乐止，讴歌蔽川。孔惠孔时，功加于前。维侯孝思，继世有光。维孝则忠，施于家邦。若时同寅，已骧厥事。观于我侯，诒尔后嗣。渠水泱泱，于江于海。我田岁丰，其流不改。不改维何？维德之长。兹不可泯，中心靡忘。（嘉靖《奉化县图志》卷十一《碑文志》下）

马元德(吉雅谟丁)，燕山人，进士，至正二十二年(1362)四月由定海令升奉化知州。在任尝营补经阁之未备。"寻调昌国，卒于官。"

《镇海县志·增设镇海区北仑区新志备稿》1994 年版第 200 页："至正十

七年任。"刘仁本撰《羽庭集》卷五《送马侯元德任奉化州序》："于奉化得李侯元中为守,于定海马侯元德为令。马侯世居燕山,登进士第,尝辟江南御史台掾。耿介廉慎,学道爱人,故得选为定海。其始至也,民疑之。侯能抑强扶弱,锄梗擿奸,均而征徭,宽而赋敛,周恤其隐。事有牵制,即躬白于省。故行不得弛,而止不得昵。一年而民信之,又一年而民颂之,三年而民惟恐其去,则日赴诉而愿留之。乃今年春,会宥府以幕职辟举李侯,州之为庶为士为农者,从其父老,趋诣省署,曰:'吾州昔轸凋敝,李侯苏之,而未尽复。侯今往矣,将孰为守? 愿得如马定海者,庶其抚我,毋俾我仇。'于是省议举马侯往摄者,从民欲也。"马元德定海之任,至刘仁本撰文之期为止,即"至正二十有二年夏"。

光绪《奉化县志》卷十六《职官表》上:"马元德(补),燕山人。进士,至正二十二年由定海令升奉化知州。见《镇海县志》引《羽庭集》。"嘉靖《宁波府志》卷二十五《名宦》:"吉雅谟丁,至正十七年举进士,授定海令。当方氏僭据,军卒骄横,剽掠村落。不避豪势,获其渠魁一人。格杀之,余众敛迹,民赖以安。时政赋烦苛,一以公平科办。民无重扰,升奉化州知州。寻调昌国,卒于官。"则在奉化任职日期相当短促。关于马元德之卒期,陈垣《励耘书屋丛刻》第1集《元西域人华文著术表》1982年版第131页:"鹤年从兄马元德卒于昌国州任,当其任昌国前,曾任奉化州。刘仁本《羽庭集》卷五有《送马侯元德任奉化州序》,为至正二十二年夏作,则元德之卒,至早亦当在至正廿三四年。"《羽庭集》卷六《奉化州儒学重修尊经阁记》有:"后四十年,为至正二十一年春三月,海飓大作而阁仆矣。越明年春二月,知州李侯枢进诸儒,谂旧址,议重建。乃构材鸠工,举胜其任,植以二十有四楹,周章盖覆,杰然突兀。计其崇八十尺有奇,广称是,深半之。虽规模仍旧,而宏丽视昔有加焉。扉垣户牖、板壁驰道、阑楯涂塈未底于就,会侯擢宥府幕职解组去。而州长马侯元德,以夏四月来莅事,尤惓惓学宫,顾前经阁有未备者,悉力营补。"则是是年四月任职。吉雅谟丁,《丁鹤年诗集》(《四明丛书》本)附录又作"吉雅斯摩迪音":"鹤年兄名吉雅斯摩迪音,字符德,至正间进士,任浙东佥都元帅。"《丁鹤年集提要》:"末附有鹤年长兄浙东金事都元帅吉雅摩迪音

（原作吉雅谟丁，今改正）诗九首"云云。《鹤年诗集》卷三《附录·题画竹为董文中赋》："雨过蛟龙起，风生翡翠寒。无人知苦节，落日下长安。"或能映现元末风雨飘摇，诗人恐将成遗民之心境。

按：光绪《奉化县志》卷十六《职官表》上补了一位"马元德"，而没有留意其后的"吉雅谟丁"，从而将一人裂而为两人。白寿彝主编《回族人物志》（上）1976 年版第 164 页："吉雅谟丁和爱理沙，都是丁鹤年之兄。吉雅谟丁字符德，亦称马元德，至正间进士，官至翰林应奉。《丁鹤年集·附录》有吉雅谟丁诗五首，爱理沙诗三首。《丁鹤年集》卷一、卷二，又各收吉雅谟丁诗一首，《元音》卷一二收吉雅谟丁诗二首。戴良《鄞游稿》卷八有《题马元德伯仲诗后》，称'二君之诗为足传'。所谓'伯'，指吉雅谟丁。所谓'仲'，指爱理沙。"则吉雅谟丁与马元德为同一人。光绪《奉化县志》之补，实为误补，致一人成为两人。《奉化市志·政府》1994 年版也从之而误。成化《四明郡志》卷七《职官考·名宦》："吉雅谟丁，至正十七年举进士，授定海令。当方氏僭据，军卒骄横，剽掠村落。丁不避豪势，获其渠魁一人，格杀之。余众敛迹，民赖以安。时政赋烦苛，一以公理科办，民无重扰。升奉化州知州。寻调昌国，卒于官。"由于丁鹤年穷困时尝依吉雅谟丁，在奉化、宁波以至浙东留下不少诗文，有过深刻的影响。故有关二位的姓氏诸问题也需要加以说明。《语言与文化》（注释本）2004 年版第 83—84 页："丁姓是元丁鹤年的后裔。元戴良《九灵山房集》有《高士传》，为丁鹤年作，原文说：'鹤年西域人也。曾祖阿老丁，祖苦思丁，父职马禄丁，又有从兄吉雅谟丁。'清俞樾《茶香室续钞》云：'鹤年不言何姓，而自曾祖以下，其名末一字皆丁字，不知何义，世遂以鹤年为丁姓，非也。国朝钱大昕《补元史艺文志》有丁鹤年《海巢集》一卷、《哀思集》一卷、《续集》一卷，亦误以鹤年为丁姓也。'按：'丁'是阿拉伯文 din 的对音，本义是'报应'。凡宗教皆持因果报应之说。故阿拉伯人称宗教 din。阿老丁是 Alā-ud-Din 的对音，译云'宗教的尊荣'；苦思丁是 Shams-ud-Din 的对音，译云'宗教的太阳'（元咸阳王赛典赤也名赡思丁）；职马禄丁是 Jamal-ud-Din 的对音，译云'宗教的完美'（至元四年撰进《万年历》的西域人札马鲁丁与此同名）；吉雅谟丁是 Diyam-ud-Din 的对音，译云'宗教的典型'。

鹤年业儒，汉化的程度很深，所以冠丁为姓。又马姓是由'马沙亦黑'缩减而成。马沙亦黑是阿拉伯文 Shaikh Marhmmad 的对音。Shaikh 译云'老人'，是阿拉伯人对于长者的尊称，英文写作 Sheik 或 Sheikh。阿拉伯人的尊称常常放在人名的前头，我国人感觉不便，所以将人名提前，而称作'马哈麻·沙亦黑'，更简称作'马沙亦黑'，于是马变成姓，沙亦黑变成名。西北和西南的回民大多姓马，就是这个原因。"

（清）王灏《御定佩文斋广群芳谱》卷八十五《竹谱》："（元）吉雅谟丁《画竹》：'雨过蛟龙起，风生翡翠寒。但存清白在，日日是平安。'"

送马侯元德任奉化州序

（元）刘仁本

鄞为东浙甲，郡驭二州四县之众。于今为难治者，在县惟定海，而州则奉化是也。两地界乎山海，犬牙错入。遭时艰虞，民与兵杂处，骁犷之徒乐占赤籍，得逞暴横，以凌轹蹂躏为事。善类无所容，则负逃，深匿山谷。而居斥卤者悉为马御海竖，怙势挟威，叱咤呵殿，孩视州邑。而托为侮御，奔走求能安田里出粟缕以事其上者，盖亦寡矣。朝廷重守令，必选得若人而往抚治之。于奉化得李侯元中为守，于定海马侯元德为令。马侯世居燕山，登进士第，尝辟江南御史台掾。耿介廉慎，学道爱人，故得选为定海。其始至也，民疑之。侯能抑强扶弱，锄梗摘奸，均而征徭，宽而赋敛，周恤其隐。事有牵制，即躬白于省，故行不得弛，而止不得昵。一年而民信之，又一年而民颂之，三年而民惟恐其去，则日赴诉而愿留之。乃今年春，会宥府以幕职辟举李侯，州之为庶为士为农者，从其父老，趋诣省署，曰："吾州昔轸凋敝，李侯苏之，而未尽复。侯今往矣，将孰为守？愿得如马定海者，庶其抚我，毋俾我仇。"于是省议举马侯往摄者，从民欲也。呜呼！古之贤哲不择地而仕，能与时而行，民吾民也，事吾事也，尽心焉而已，故有政绩之著。如龚遂治渤海，化佩刀剑者卖而买犊；邓攸为吴郡，去日，百姓数千人依舟不欲返。二君之

133

事,著在简册,吾今于马侯见之矣。且定海去奉化仅百里余,民相若也,俗相近也,土田赋敛相高下也,丝缕力役之征无甚相远也。矧侯之善政声闻又先入于民也,即其治定海者治奉化,将不必三载而功成考最,其所书者殆又不徒曰"抚字心劳,催科政拙"而已。若曰"吾治已足,吾誉已彰",而或怠于宦成者,非吾所敢知也。大夫士为歌诗且饯者若干人,推余综辞,辄书诸卷右云。至正二十有二年(1362)夏,天台刘仁本序。(《羽庭集》卷五)

奉化州儒学重修尊经阁记

(元)刘仁本

名阁以尊经,于以尊圣人之道也。道在六经,犹日星炳丽,蟠天地,亘古今。百姓由之而不知,圣贤传授而不泯。故即心为道,吐辞为经。经者,常也,日用彝伦之载籍是也。自六经既毁,圣贤不作,异端并起,处士横议。大道隐沦,不有表著而尊崇之,则不尊不信。不信,民弗从。此儒者之教行道必自尊经始也。尊经也者,尊斯道也,章句简册云乎哉。鄞之奉化州,旧为县,县有儒学,在东北隅半里许。既升州,延祐末,广平马侯称德来为守,拓廓之始,作尊经阁十六楹于论堂之后。后四十年,为至正二十一年春三月,海飓大作,而阁仆矣。越明年春二月,知州李侯枢进诸儒,谂旧址,议重建。乃构材鸠工,举胜其任,植以二十有四楹,周章盖覆,杰然突兀。计其崇八十尺有奇,广称是,深半之。虽规模仍旧,而宏丽视昔有加焉。扉垣户牖、板壁驰道、阑楯涂塈、未底于就,会侯擢宥府幕职解组去。而州长马侯元德,以夏四月来莅事,尤惓惓学宫,顾前经阁有未备者,悉力营补。于是始完。既落成,中设宣尼司寇像,旁为庋筒者四,藏旧所畜经书若干卷,暨诸子史百家文帙。阁底两挟室,右为徽国文公朱子祠,左则祀乡先生楼正议、舒文靖、王琅琊数公。此其梗概本末也。秋九月,诸儒介前上虞县学教谕陈子翚状来请记。噫嘻,经学不修,道之不明也久矣!道不明,则教日隳。惧其隳,则当有以振兴之者。我国家以明经取士,阐修齐治平之学,扶三纲五常之道,亦岂贤知者过之,愚不肖者不及也？礼乐将兴,迨未百年,而或奸究寇攘,傲扰天纪,祸起中原,枝蔓旁溢,斯道虽暂晦,然未尝不在民生日用彝伦间,顾上之人何如耳。今鄞,海一区,桓桓保障,诗书弦诵,顾然邹鲁。如二侯者,皆经学之士,故能当世变而尊崇道德,修明文事,以励人心。传曰："知所先后,则近道矣。"是尊经阁者,其中兴作极之基欤？而奉化于是乎可观政也已。书为记。（《羽庭集》卷六）

题马元德伯仲诗后

（元）戴良

元德骑鲸上天六七年矣,平生诗词流落人间者,六丁取之殆尽。独此三诗,犹为其弟鹤年所蓄。鹤年联之为卷,且追书和答之作,并题四韵于后。予得而观之,于是知二君之诗为足传矣。元德由进士起家,尝掾南台,宰定海,守奉化、昌国,皆有善政可纪。鹤年当武昌失守,奉母夫人避地镇江,母夫人下世,依元德居越。台省交荐其卓行,俱以禄不逮养,坚辞弗起。元德之政事,鹤年之高风,岂他人所可及哉？则其所作之在世,虽一诗律之微,亦宜传之永久而不废矣。昔东坡、子由伯仲名德盖天下,而后世以能诗称,予尝叹息之。然名德之重,故世珍其所作,盖理之固然。二君之诗盍亦以是论之。（《九灵山房集》卷二十二）

鹤年弟尽弃纨绮故习清心学道
特遗楮帐资其淡泊之好仍侑以诗

（元）吉雅谟丁

谁捣霜藤万杵匀,制成鹤帐隔尘氛。香生芦絮秋将老,梦熟梅花夜未分。枕上不迷巫峡雨,床头常对剡溪云。竹炉松火茶烟暖,一段清贞尽属君。（《御选宋金元明四朝诗·御选元诗》卷五十八。 诗有"剡溪"一词，则是撰在奉化任上。 诗题"资其（鹤年）淡泊"则是助弟在奉化暂时安居。 鹤年在甬东留下的诸多诗句，有元德之功也。）

秋过弟鹤年书馆夜话

（元）吉雅谟丁

弟兄惟我老，宗族有君知。万里尚为客，百年能几时？秋清妨熟寐，夜静话贞期。明日匆匆别，还生两地思。（《鹤年诗集》卷三附录）

李枢，因民请，复知奉化四年。

（明）金元素《知州李枢去思记》有："自为州既三载，行枢密院擢为经历，分治余姚。民思之如子失父，数请于省，得告复莅州政又四年。"则是又知奉化四年。该文开头说："前奉化知州李侯元中，既受代之四年，实大明皇帝即位之洪武元年也。"则是自洪武元年上推四年为去任之期，任期约在至正二十二年（1362）至二十五年（1365）。

知州李枢去思记

（明）金元素

前奉化知州李侯元中既受代之四年，实大明皇帝即位之洪武元年也。州士楼居安等以状来请，曰："奉化为明州属州，负山濒海。昔在僻壤，自前元作镇东藩，防卫海道，由是南北信使之往复，闽广信使之经从，州县常税之岁入，朝车夕航，倍蓰于昔。守是州者难其人，而河东李侯实为奉化凡再，考逾七年。其得民也深矣。侯之始至也，近地冯氏草窃，省院以兵弭之，流窜未复。侯仁爱恺悌，慰煦周至，民相告曰：'我州得慈父矣。'逋者四归，民赖以息。州旧有新河，实侯之先郡公为别驾时，替其长新垦，溉田五万亩，岁久淳塞。民父老请于侯，即农隙率众重开，以复水利，通舟楫。岁省驿夫递运之半，而农利倍之。范家河旧不通潮，旱易以涸。侯因民利，辟三十余里，溉田可四万。它堰闸悉为修治，岁恒有秋。州既当孔道，旧无驿置。侯请于省，徙慈溪车厩站，得户若干，给役于州；又验亩出钱佣夫，以补不足。置传舍通市凡若干楹，使至如归，民供无扰。侯以民情既孚，乃宣教化，崇儒术，劝义士之家重修孔子庙，建尊经阁以大其规。朔望谒奠，躬率士子，讲经堂上。凡文籍未备者，悉增补之；岁租侵负者，悉征入之。廪帑用饶，祀膳丰继。先是，民田版籍久不明，侯躬为履亩，画图给券，民有常经。徭赋不忒，感侯益深。自为州既三载，行枢密院擢为经历，分治余姚。民思之如子失父，数请于省，得告复莅州政又四年。化行人和，百废具举。于是嘉瓜生，瑞麦秀，颂声载道。省院以余姚为要冲地，非才不可治，遂迁用之，而民不得留矣。吾州当海道，扰攘之余，频岁多故，公私匮乏，重以供亿无常，赋敛有加，期会稍缓，动违军律。民之输上，宁有涯涘？向非李侯抚绥之有道，承上而接下，民将转挤于沟壑矣。今既去四年，而吾民得苟安于生理以复睹太平之盛世者，皆侯向日保全之力也，其何可忘邪？然非言无以发诸心之蕴，非刻无以永其心之思。愿求名笔，勒诸贞石，以示吾民不忘之于后也。"夫见思于当时者有矣，未闻有不忘于异代之日者也。孟轲氏有曰："善政不如善教之得民也。善政民畏之，善教民爱之。善政得民财，善教得民心。"李侯果何以得民心也如是哉？亦不过所欲与聚，所恶勿施而已。方今圣天子以武功定天下，以文德洽宇内，慎择贤守令，励精图治，如李侯之才必当扬历风纪，登庸庙堂，四海之民将均受其泽，则州民之所以仰望而沾濡其惠者，盖未艾也。余既重李侯之贤，又喜奉化之民感其德者能久而不忘，见其心之忠且厚也。既序其事，复系以诗，俾歌以自慰焉。若侯之通才雅量，世济其美，必当有嗣书者，兹不复赘。侯名枢，河东石楼人，元中其字。诗曰：

　　翼翼李侯，淑慎尔止。作我民牧，抚我州里。惠下以慈，奉上以礼。

温温其恭,恺悌君子。侯其莅止,邻壤桀骜。惟侯之依,不震不慑。以安我生,以复我业。供输有程,鞭棰不设。我菑我畬,侯其溉之。我堰我渠,侯启闭之。岁屡丰登,侯其赉之。侯德孔仁,室家戴之。邦有子弟,侯式来教。邦有耆艾,侯尊于校。庙祀有容,秩秩礼乐。弦歌洋洋,是则是效。大潘有命,侯其去矣。瞻望弗及,民其喟矣。侯去而思,思无斁矣。勒之坚珉,庶终誉矣。(嘉靖《奉化县图志》卷十一《碑文志》下)

明代县令

李溥，洪武元年（1368）任知州，尝迁社稷坛。

嘉靖《奉化县图志》卷七《职官题名志》："李溥，洪武元年任。"《奉化市志·政府》1994年版隶之元末。光绪《奉化县志》卷十二《坛庙》上："社稷坛，县北一里。旧在县南，宋元祐六年，令秦辨之徙县西南。……洪武初年知州李溥徙建今址。"文末按曰："《康乾志·社稷坛》谓'洪武三年知州李溥徙建今址。奉化改州为县在洪武二年。是年知县为刘敬舆，安有三年李溥复任知州？且李溥徙风云雷雨山川坛在洪武初年，则其徙社稷坛同在初年无疑。'"风云雷雨坛，县南一百二十步，旧风师坛在县东北，雷雨师坛在置社稷内，明洪武初知州李溥并迁今址。""邑厉坛，县东北五里伙飞庙左，明洪武初年知州李溥建。"

刘敬舆，鄞县人，洪武二年（1369）任知县。尝迁学圃。

《明史》卷四十四《地理志》："奉化（元奉化州，洪武二年降为县）。"

《奉化市志·政府》1994年版："刘敬舆，鄞县。洪武二年任。"嘉靖《奉化县图志》卷七《职官题名志》作：洪武三年（1370）任。光绪《奉化县志》卷八《学校》上："洪武三年，令刘敬舆、教谕臧彦和徙学圃于学之东。"

高仲达，洪武十四年（1381）任。尝增建察院署。

嘉靖《奉化县图志》卷七《职官题名志》："高仲达，洪武十四年。"康熙《宁波府志》卷九《秩官》、光绪《奉化县志》卷十六《职官表》上、《奉化市志·政府》1994年版同。光绪《奉化县志》卷二《建置》上《附废署·明察院》："在县东，旧为按察司分巡之所。旧志：'地本仓基。'又为县尉厅。洪武十二年分司县丞赵得顺建。十四年令高仲达增置。（成化《四明郡志》作：'增置外门廊庑。'）"

张逊，鄞县人，字叔谦，洪武年间任。永乐初任翁源令。

光绪《奉化县志》卷十六《职官表》上："鄞人，字叔谦，洪武间署奉化令，见《嘉靖志·遗事》。"《奉化市志·政府》1994年版作"洪武年间"。

嘉庆《翁源县新志》卷二《职官表·明》："永乐初，张逊（知县）。"

章彦淳，洪武十九年（1386）任。尝修县治，重建县学讲堂。

康熙《宁波府志》卷九《秩官》："章彦淳，洪武十九年任。"光绪《奉化县志》卷十六《职官表》上、《奉化市志·政府》1994年版同。光绪《奉化县志》卷二《建置》上：县治，"明洪武初圮，令章彦□（淳）、郭麟相继修复"。卷八《学校》上："洪武二十年（1387），飓风毁祝寿殿、尊经阁、朱文公祠、三先生祠、讲堂"等，"二十三年（1390），令章彦淳建讲堂"。

李绍宗，洪武二十一年（1388）任。二十四年（1391）四月，筑海堤四百四十丈，用工五千六百。

嘉靖《奉化县图志》卷七《职官题名志》："李绍宗，洪武二十一年任。"光绪《奉化县志》卷十六《职官表》上、《奉化市志·政府》1994年版同。

《明实录·太祖高皇帝实录》卷二百八：洪武二十四年四月"辛巳（二十二，1391年5月26日），修筑浙江宁海、奉化二县海堤成。宁海筑堤三千九百余丈，用工凡七万六千；奉化筑堤四百四十丈，用工凡五千六百〇"。

郭麟，定襄人，洪武三十一年（1398）至建文四年（1402）在任。任内尝修复县署并建县学会膳堂。后迁刑部主事，终开封府知府。

成化《四明郡志》卷七《职官考·名宦》："郭麟，定襄人。性明敏。初任监察御史，洪武三十一年（以监察御史左迁）知奉化县，以儒术饰吏事。慈和兼济，虽事机沓至，剖决如流。其葺县治、修学宫与夫承上字下，靡不适宜。莅政五年，迁刑部主事，终开封府知府，今闻有加焉。"光绪《奉化县志》卷十六《职官表》上、《奉化市志·政府》1994年版同。光绪《奉化县志》卷二《建置》上：县治，"明洪武初圮，令章彦□（淳）、郭麟相继修复"。卷八《学校》上："洪武二十年（1387），飓风毁祝寿殿、尊经阁、朱文公祠、三先生祠、讲堂"等，"三十一年，令郭麟建会膳堂"。

裴琚，字仲玉，邯郸人。永乐二年（1404）至十一年九月初一（1413年9月25日）在任。尝修复县治正厅，名为忠爱堂；修复县学祝寿殿、尊经阁、朱文公祠、三先生祠、讲堂等；奏筑沿海圩岸，不使潮汐坏田；导斗门、郑家堰河以通连山驿舟。为令于奉川十年。

康熙《宁波府志》卷九《秩官》："裴琚，永乐二年任。"光绪《奉化县志》卷十六《职官表》上、《奉化市志·政府》1994年版同。光绪《奉化县志》卷二《建置》上：县治，"永乐间令裴琚、成化中令曹澜等相继修复正厅三间，名为忠爱堂（原注：旧扁曰'勤政'，曰'公正'）"。卷八《学校》上："洪武二十年（1387），飓风毁祝寿殿、尊经阁、朱文公祠、三先生祠、讲堂"等，"永乐十一年，令裴琚修治之"。

陈协和《宣明楼记》有"县令邯郸裴公仲玉视之曰"云云。

《明实录·太宗文皇帝实录》卷八十九：永乐十一年七月"戊子（十一，1413年8月7日），浙江宁波府鄞、慈溪、奉化、定海、象山五县疫，民男女死者九千一百余口"。

登宣明楼

（明）裴琚

纷纷县事何时休，乘闲偶上宣明楼。十载勤劳念民瘼，一朝欢乐销我愁。东瞻扶桑日，晴光焖烂沧海头，波涛不惊鱼蟹盛，良田万顷欣有收；西攀天姥云，清荫远覆娥江流，弦歌绕巷盗贼息，牛羊满野桑麻稠。我非羊叔子，岂敢岘山亭上长遨游；我非欧阳公，岂敢酿泉池畔交觥筹。仰荷圣恩饱天禄，素琴一曲风和柔。只恐无才报明主，中心日夜怀惭羞。但愿时赐复时雨，男耕女织无征求。栏干六曲日临眺，共乐升平千万秋。（顺治《奉化县志》卷十四《艺文志》）

宣明楼记

（明）陈协和

谯楼之建旧矣，凡府州县仪门外，更设重门而立焉。盖所以壮威仪，备登览，置壶漏以定时刻，鸣鼓角以警晨昏也。奉化旧为州，谯楼扁曰"宣明楼"。先时之兴废，漫不可考。以今楼观之，建于元至正丁亥（1347）六月，知州周公坤厚始筑土为台，叠石障之，中空以通出入。楼三间，跨其上，而两厦翼焉。自至正丁亥至今圣天子永乐癸巳（十一年，1413），六十八年矣。昔之甍栋、檐宇、窗户、栏楯与夫上下四旁节棁之华，丹艧之饰，咸为风雨飘洒，虫蚁蠹蚀。两厦先以崩坠。正楼三间甍栋、檐宇剥落摧毁，窗户、栏楯十去七八，惟数楹颓然兀（按：当是"竦"字。下文替代之）立，下以巨木强扶之。仰漏日星，俯积瓦砾，威仪不称，登览不乐。司壶漏鼓角者无所安栖，往来于其下者有倾压之惧。县令邯郸裴公仲玉视之曰："此非吾之职乎？然民不可擅动，将若之何？"乃特捐己俸，以市材傛工，于是郡吏乐从之。既而有好善能成人之美者李无用率其徒出而替焉。民之有山者，助以木；有丁者，助以力；陶人助瓦；梓人助工。柱之攲立者，正之；崩坠者，补之。薨栋、檐宇剥落摧毁者，易之；窗户、栏楯去无存者，新之。上下四旁节税之华，丹雘之饰，雕斫涂塈焕然新，而奇伟宏丽加于往昔。谓威仪邑治，为之益肃；谓登览溪山，为之益胜。壶漏明准，鼓角清严。司之者各安其栖，往来于其下者欣欣然，咸曰："非吾县令裴公用心之勤，能若是耶？"工始于是年五月己卯（初一，1413年5月30日），讫于七月壬辰（十五，1413年8月11日）。公乃会县丞鄱阳李公善、主簿洛阳康公宁暨诸属官群吏及耆儒举酒而落之。以余仕而归老林泉，亦与在席。酒行，县丞李公属余曰："兹楼之役，县令裴公用心之勤，若是岂可以无记？愿有述。"余惟天下之事，由贤者而兴，愚者而废。废而复继兴之，可以无愧于前贤矣。裴公质直和易，恭勤周慎，敦尚儒术，敬老重贤。为令于奉川今十年，修孔子庙；奏筑沿海圩岸，不使潮汐坏田；导斗门、郑家堰河以通连山驿舟；与夫盐粮易钞，夏丝收麦等十余事；及天旱祷雨有应，褒善良，去奸慝。凡便民之政，靡能具述。昔宋张忠定公等守金陵，范延赏为殿直过之。忠定问："于途见何好官？"延赏对以："至萍乡县，见市肆整肃，夜闻更漏分明。邑宰张希颜，虽不识面，可以知其为好官也。"厥后忠定举而用之。况裴公重修其楼而兼有美政之多者乎？他日不惟有若忠定公者举之，朝廷必将考绩而升擢之也。余于县丞李公之言，不敢拒，遂书其实，以置之楼上。时永乐十一年岁在癸巳秋九月吉日（1413年9月25日）记。（嘉靖《奉化县图志》卷九《艺文志》）

重建泉溪大埠石桥记

（明）郑复言

奉化去县治北二十里，有地曰"泉溪"，接剡源、九溪、晦亭、雪窦、棠溪诸水而会为江，散漫四十余丈。古无桥，创自有宋治平四年，县令裴士尧记其事。由宋及元，屡修屡废，然皆成于木构。故洪水横流，易为漂析，行者病涉，而嗟悼兴焉。天启皇明肇造区宇，桥梁，道路，遍饬有司修治之。里之人民以大埠为邑北形胜之地，铜峤亘其南，英马群山镇其北，剡曲诸流出其下，鄞奉之所通济，新嵊之所往来，舟可以水浮，而陆行非桥何以济乎？相与白于官。邑侯裴君琚允其请，爰命僧人董其事，起工于永乐辛卯（九年，1411）之正月，前之木构者易之石。缘工费浩繁，弗克就绪，而僧人逃去。继以春潦秋霪，洪水汤汤，过者多被垫溺之害。里人戴先生邦彦，竺君大钱，皆庠士，及宣抚千兵竺君大总、乡彦孙君惟尧辈，各捐己资，盛召工役，以集厥事。里闬闻者莫不悦助工赀，遂落成于壬辰（永乐十年，1412）之九月，规模气象焕立雄壮。为埠者若干，视前修之功不啻十倍。由是往来于此者，若履坦途，靡不踊跃称快。邦彦辈谓："桥成而不刻石以志诸久，则后之兴者无由识其颠末。"适予守制家居，而邦彦与先君有同战棘闱之雅，予常以执友待之。一日，秉贽及门，索予为之记。予居衰绖，中心草草，焉敢操笔绘文以纪盛事乎？而邦彦之请益坚。姑为之说曰："昔子产以乘舆济人，孟子讥其不知为政；而诸葛之治蜀，桥梁，溷厕，无不修举。夫桥梁，所以利济天下者也，今诸君倡之，而邑侯裴君能成之，亦可谓知所先矣。异日作舟楫以济巨川者，非诸君其谁哉？古之君子虽身居困穷，以一夫不被其泽为己疚。宜诸君子之留心于此也。"吾喜夫人之不病于涉，而重戴先生之请也，为书其事，俾刻诸石云。时永乐十年龙集壬辰秋九月望后三日（1412 年 10 月 23 日）。（嘉靖《奉化县图志》卷十一《碑文志》下）

张宁，永乐十九年（1421）任。

嘉靖《奉化县图志》卷七《职官题名志》："张宁，永乐十九年。"光绪《奉化县志》卷十六《职官表》上、《奉化市志·政府》1994 年版同。

田南亩,永丰人,监生,永乐二十年(1422)任,二十一年(1423)卒于任上。

成化《四明郡志》卷七《职官考·名宦》:"田南亩,永丰人,由监生。永乐二十年任本县知县。性资宽厚,操行廉谨,刑罚不妄施,惟知以礼训人,民日就化。在任一年而卒。"嘉靖《奉化县图志》卷七《职官题名志》又曰:"卒,妻携二幼子自家来至,得见敛。棺不能还,火之而去。至今人亦情悽然。成化间,邑人严该通判吉安,问其家,为之表门,存恤其后云。"康熙《宁波府志》卷九《秩官》:"田南亩,永乐二十年任。"光绪《奉化县志》卷十六《职官表》上、《奉化市志·政府》1994年版同。雍正《江西通志》卷七十七:"田南亩,永丰人。永乐乡举,知奉化。性资宽厚,操行廉谨,刑罚不妄施,惟以礼训人。遘疾且殆,父老入视,言不及他,惟问'汝有麦食否?'念民如此。卒于官。(《浙江名宦志》)"

王璟,霸州人,岁荐,永乐二十年(1422)任。

《霸州志》(天一阁藏明嘉靖刻本)卷七《人物志·岁荐》:"王璟,任奉化知县。"康熙《宁波府志》卷九《秩官》:"王璟,永乐二十年。"光绪《奉化县志》卷十六《职官表》上作:永乐年间任。《奉化市志·政府》1994年版作:永乐二十年任。

杨杞材,金山人,举人,洪熙元年(1425)任。

光绪《金山县志》卷四《选举》下:"杨杞材,洪武年举人材科。"卷十三《名迹志》下:"兴贤坊、拔秀坊,在卫城。永乐年为杨杞材立。"

嘉靖《奉化县图志》卷七《职官题名志》:"杨杞材,上海人,由人材,洪熙元年任。立县前三关石柱,自题其额,中曰'宣化',左曰'新民',右曰'止善'。"康熙《宁波府志》卷九《秩官》:"杨杞才,洪熙元年任。""材"作"才"。光绪《奉化县志》卷十六《职官表》上、《奉化市志·政府》1994年版同。

杨森，松江人，举人，洪熙元年(1425)任。

《松江府志》(嘉庆二十二年明伦堂刻本)卷四十五《选举表》二《明举人表》：永乐十八年庚子科，"杨森，奉化县知县"。

康熙《宁波府志》卷九《秩官》："杨森，洪熙任。"按：洪熙仅一年。光绪《奉化县志》卷十六《职官表》上、《奉化市志·政府》1994年版均作：上海人，洪熙元年任，监生。

李子琪，浮梁人，监生，宣德五年(1430)任。

康熙《宁波府志》卷九《秩官》："李子琪，浮梁人，宣德五年任。"光绪《奉化县志》卷十六《职官表》上作：浮梁人，监生，宣德年间任。三月以事去。《奉化市志·政府》1994年版作"宣德五年"任，无"三月以事去"。

周铨，字仲衡，江西玉山人。由进士授丹徒令。宣德六年(1431)至正统二年(1437)在任。尝重筑周公堤；修县学大成殿及两庑、戟门，迁明伦堂；建接官亭；重修城隍庙、灵济泉龙祠等。正统二年七月乙未，以理刑考称，任监察御史；正统十二年八月己巳，为四川道布政司右参议；景泰三年(1452)正月己未，升为陕西按察使；天顺二年五月初一(1458年6月11日)，以陕西按察使致仕。

成化《四明郡志》卷七《职官考·名宦》："周铨，玉山人。由进士授丹徒令，宣德六年改知奉化。性廉洁。除苛抑强，兴贤厚俗，百废具举。在任六年，召为监察御史。累官至四川布政司右参议，陕西按察司按察使。"光绪《奉化县志》卷十八《名宦》："周铨，字仲衡，江西玉山人。由进士授丹徒令，宣德六年改知奉化。公勤廉谨，察问民情，除苛抑强，流民归服。尤重名教，加意风化，每询忠孝节义，悉力表章。兴贤厚俗，百废具举。在任六年，召为监察御史。去之日，自造船至张家湾，给船夫门隶路费，命驾还，系迎恩亭下，民称其处曰'还舟渚'。累官至陕西按察使。"卷六《水利》："周公堤，在栗树、长汀二塘之内。先是，长汀水易冲决，为堤于塘内以捍之。明宣德八年，水复为害。令周铨重筑之，夹堤植柳以憩行者。民德之，称周公堤。"卷八《学校》上："洪武二十年(1387)，飓风毁祝寿殿、尊经阁、朱文公祠、三先生祠、讲堂"等，"宣德中，令周铨修大成殿及两庑、戟门。迁明伦堂，广其规制。创东西二楼，曰'光风霁月'，曰'鸢飞鱼跃'。旁设二斋，东曰'尊贤'，西曰'育才'。又于斋后增号舍，为诸生藏修之所。"卷二《建置》上："接官亭，在庆登桥东，旧北五里，名迎恩亭。正统间令周铨建架楼，绀以垣，设门守之。"卷十二《坛庙》上："城隍庙，洪武二十年风雨圮，宣德间令周铨、县丞黄宁修复之。"卷十三《坛庙》下："灵济泉龙祠，县西南一里，宋令周因构亭奉祀。后圮。明宣德中令周铨复建。"

《明实录·英宗睿皇帝实录》卷三十二：正统二年七月"乙未，擢知县胡监、王子伦、张斌、周铨，俱为监察御史，以理刑考称也"。卷一百十四：正统九年(1444)三月壬戌"召还监察御史周铨，以俟他岁。从之。"万历《四川总志》卷三《秩官·参议》："周铨，玉山人，进士，正统十一年(1446)任右。"《明实录·英宗睿皇帝实录》卷一百五十七：正统十二年八月"己巳升浙江道监察御史周铨为四川道布政司右参议，专理边储，以九载任满考称也"。卷二百十二：景泰三年(1452)正月"己未，升四川右参议周铨为陕西按察使"。卷二百九十一：天顺二年五月丁亥朔(1458年6月11日)，"陕西按察司按察使周铨以老疾乞致仕，从之"。

儒学重修记

(明)陈山

奉化为浙东望邑，素号诗书礼义之区。固其风气之美，亦其学校之教有以启之也。盖自唐开元中立孔子庙,(而学)则建于宋。至景祐中,秘书丞于房令于此,相旧学校狭隘,撤石夫人庙为之。宣和间,令周因徙今址。厥后屡敝屡修。庆元初,令宋晋之倡,邑士汪伋、汪份兄弟者又大而新之。及元贞间,升县为州,遂为州学。迨我朝,复为县学。永乐纪元之初,予承乏兴教于是,尝欲葺其敝,适被召纂修中秘而弗果,迄今三十年矣。兹宣德壬子(七年,1432)冬,吾友[封中书舍人]宋君原亮以书命其子礼部主事琰致予曰:"奉化县庙学颓圮殆尽。宣德庚戌(五年,1430)冬,玉山周侯铨来令兹土,既庙谒,顾瞻而叹曰:'学宫,首教化之地,敝陋如是,顾可以道民而善俗乎? 斯吾之责矣。'即捐己资,积俸钱,市材鸠工,躬督以兴事。值监察御史曹君习古侍亲家,居与其一智,力而玉成之。于是教谕康勉及邑士之好义者翕然乐助之。经始于宣德辛亥(六年,1431)十月,首缮大成殿,尽以贞材代朽腐,以密覆易疏漏。剥落于其下者,则除而坚甓之;漫漶于其中者,则饰而丹漆之。明伦堂旧逼殿垂,隘陋弗称,遂撤之,徙后数十步而重创之,岌然高爽宏丽,翼以二楼:左曰'光风霁月',右曰'鸢飞鱼跃'。前则列以'育才'与'兴贤'二斋,以至廊宇庖厨。为屋以楹计者四十有五。构儒学之门,甃泮沼之堤。学宫之制始焕然一新,而规模又宏远矣。乃落成于明年五月,侯乃进诸生而言曰:'朝廷设学校,所以兴教化而育材致用也。吾今创理之者,岂徒为观美之具而已哉? 要当与诸士子讲明所以正心修身、事君治民之道。为子必孝,为臣必忠,为弟必悌,为夫妇必诚,为朋友必信,庶几吾之责有以少尽,而诸士之所学不苟为虚器矣。其相与勉之毋怠。'此吾周侯所以修学之意也。愿记诸石,以告后之来者。呜呼!"古之善为治者,必建学以崇教化。教化之大,莫切君臣、父子、兄弟、夫妇、朋友五品之伦也。是以尧舜禹、汤文武所以善天下,率本于此。故孔子明之而以善万世也。诚以五品之伦明,则六经之道著矣。六经之道著,则唐、虞、三代之治,将不在尧舜禹、汤文武,而在当今之世矣。今周令之修学而以是为教,前谓深知所本者欤? 逮见奉川之人被其教,诗书礼义之盛愈隆于往昔,由学校而登科第为名臣者,又必皆能操忠节,致功业,垂声迈烈,为邦家之光。是则惠于其将来者,宁有既乎? 令字仲衡,简重精敏,由进士,凡三为令尹,为政一以儒术。其廉介之操、忠厚之行见知

于人，故咸称其"虽古贤令亦莫过之"云。（嘉靖《奉化县图志》卷十《碑文志》上。 光绪《奉化县志》节略颇多）

知县周公铨传跋

（明）左赞

玉山周仲衡先生，登李骐榜进士，于先公为同年，历官中外，清望茂绩，无愧古人。奉化汪廷言为作《去思传》，纪事详核，非过情之论也。（嘉靖《奉化县图志》卷十一《碑文志》下。 汪廷言《知县周公铨去思传》待查）

龚敬善，邵武人，监生，正统三年（1438）任。劝民出谷备荒，通得十余万石，实常平仓。为立义门，镌出谷者之姓名。

乾隆《福建通志》卷四十《选举》八《明贡生·邵武县学》："龚敬善，奉化知县。"康熙《宁波府志》卷九《秩官》："龚敬善，邵武人，监生，正统三年任。"光绪《奉化县志》卷十六《职官表》上、《奉化市志·政府》1994 年版同。光绪《奉化县志》卷二《建置》上："常平仓，元至正元年（1341）九月，奉省札遵旨设立。……明正统间，令龚敬善劝民出谷备荒，通得十余万石，输之于官。为立义门，镌出谷者之姓名。祭酒陈敬宗记之。是时受敕旌为义民者若〔而〕〔干〕人，自后续输银谷冠带旌门复若干人，内义民三十五人，冠带四十人，旌门八人，立石六人。"(清)吴文江《忠义乡志》(1—2)1983 年版第 427 页："庄惟售，字克守，桐照司人。正统间朝廷下备凶之诏，邑令龚敬善劝民出粟至有二千石以上者，通得十余万石输于官，为立义门，镌姓名。"《中国地方志集成·乡镇志专辑(24)：忠义乡志》1992 年版第 274 页："东仓，在求村。明正统间县令龚敬善劝民出谷储以备荒。推选附近处家道殷实、平昔尚义者四人，申详以董其事。给守仓义官冠带。"

李琥,泰州人,监生,正统五年(1440)任。

《通州直隶州志》卷十《选举志》上《文选表》四(泰兴县):贡荐,"宣德十年乙卯(1435),李琥,浙江奉化县知县"。

康熙《宁波府志》卷九《秩官》:"李琥,泰州人,正统五年任。"光绪《奉化县志》卷十六《职官表》上、《奉化市志·政府》1994年版除增"监生"外,余同。

陈关,赣州人,监生,景泰五年(1454)任。

康熙《宁波府志》卷九《秩官》:"陈关,赣州人,监生。景泰六年任。"雍正《浙江通志》卷二百五十三:"《奉化志》,景泰甲戌(五年,1454)邑令陈关聘邑人汪纶修。"(参见徐绍先《弘治奉化县志序》,下附)此志不见《中国地方志综录》(增订本)1935年版著录,疑未传世。也因甲戌为景泰五年,故光绪《奉化县志》卷十六《职官表》上据以改。《奉化市志·政府》1994年版。

马毅,山西人,监生。天顺六年(1462)任。

康熙《宁波府志》卷九《秩官》:"马毅,山西人,监生。天顺六年任。"光绪《奉化县志》卷十六《职官表》上、《奉化市志·政府》1994年版同。

杨宪,阜城人,监生,天顺七年(1463)任。

康熙《宁波府志》卷九《秩官》:"杨宪,阜城人,监生。天顺七年任。"光绪《奉化县志》卷十六《职官表》上、《奉化市志·政府》1994年版同。

翟瑄(?—1501),字廷瑞,洛阳人,成化二年(1466)至六年(1470)任。任内修水利,躬劝课,平税则,抚逋逃,清狱讼,均赋役,优廪劝士,发奸摘隐。八年(1472)十月,任都察院问刑;二十年(1484)十二月为南京大理寺左寺丞;二十三年十二月二十五日(1487年12月29日)升为右佥都御史,巡抚山西兼提督雁门等关;弘治四年(1491)正月,为右副都御史理院事;六年三月,掌通政司事;九年(1496)闰三月为南京都察院右都御史;十三年六月为南京刑部尚书;十四年闰七月己卯(初三,1501年8月16日)卒。

嘉靖《奉化县图志》卷七《职官题名志》:"翟瑄,字廷瑞,河南洛阳人。成化二年以进士授奉化知县。到任首询民隐,凡有所兴革,必尽心为之。于是修水利,躬劝课,平税则,抚逋逃,优廪劝士,发奸摘伏。在县三四年,政孚化洽,事妥民安。具见黄隆《去思碑记》。又有汪纶《十事赞》曰:'劝农,水利,均麦,平税,祈雨,敬学,亲贤,习射,社学,乡饮。'六年以父丧去。累官都御史。"乾隆《江南通志》卷一百三十九《人物志·宦绩》一:"翟瑄,字廷瑞,南太医院籍,与弟瑛并有才名。瑄举天顺甲申(八年,1464)进士,知奉化,有善政;擢御史巡抚山西,有平贼功;晋左都御史,寻升刑部尚书。"

《明实录·宪宗纯皇帝实录》卷一百九:成化八年(1472)十月"戊辰选行人刘肃、林符于大节,知县……翟瑄、丘山于都察院问刑"。卷二百三十九:成化十九年(1483)四月丁亥"监察御史贺元忠巡按广西回京复命失仪,侍班御史翟瑄、周蕃不纠劾,都察院请各治其罪。上以元忠事体生疏,姑宥之,罚俸一月。瑄等亦皆宥之"。卷二百五十九:成化二十年(1484)十二月戊午"升翟瑄为南京大理寺左寺丞"。《明实录·孝宗敬皇帝实录》卷八:成化二十三年(1487)十二月"庚寅以明日将奉安孝穆皇太后神主于奉慈殿,上告奉先殿及宪宗纯皇帝几筵。上黑翼善冠、浅淡色袍服、黑犀带御奉天门,百官行奉慰礼。是后始鸣钟鼓,鸣鞭,文武百官奏事如常仪。敕礼部三法司:兹者新正在迩,万物咸亨,在京见任文武群臣除赃罪外,自成化二十三年十二月二十五日以前所犯罪名纪录在官者,悉与湔除,俾图自新。升巡抚四川南京大理寺左寺丞翟瑄为右佥都御史,巡抚山西兼提督雁门等关"。卷四十七:弘治四年(1491)正月"乙酉以大祀天地,上御奉天殿,誓戒文武群臣致斋三日。升巡抚山西都察院右佥都御史翟瑄为右副都御史理院事"。卷七十三:弘治六年(1493)三月己卯"都察院右副都御史翟瑄掌通政司事"。卷一百十一:弘治九年(1496)闰三月"乙亥升都察院右副都御史翟瑄为南京都察院右都御史"。卷一百六十三:弘治十三年(1500)六月甲午"升南京都察院右都御史翟瑄为南京刑部尚书"。卷一百七十六:弘治十四年闰七月己卯(初三,1501年8月16日)"南京刑部尚书翟瑄卒。瑄,字廷瑞,河南洛阳县人,世以医籍隶南京太医院。天顺八年进士,授浙江奉化县知县,历升监察御史,大理寺丞,都察院右佥都御史巡抚山西。擒叛贼王良等众欲以反闻。瑄不可坐累者,多得释。累升右都御史,上言恤刑诸事,多见嘉纳。寻升尚书,至是卒。赐祭葬,赠太子少保。瑄性和易,练达世故,不为物忤,遍历三法司,习于法比,故所至能举其职。子铨,亦举进士"。

知县翟公瑄去思记

(明)黄隆

初,奉邑之民疲于旧政也,思得循良吏以苏息之,若困途暑而望林薄,病渴而梦乞人以浆。俄而有童谣云:"凤兮锵锵,其羽有章。舍彼岐阳,来鸣我乡。岁在重光,下民其康。"明年丙戌(成化二年,1466),翟公果以进士来尹兹邑。首询民隐,而乃叹曰:"弊政若是,吾其可不尽心所事以安吾民耶?"于是修水利,躬劝课,田亩倍有收;平税则,抚逋逃,户口乃有增。惩一戒百,人知耻辱,则狱讼渐简;富贫核实,受事有差,则赋役适均。优廪复役,而生儒专其业;发奸摘隐,而盗贼敛其踪。四三年间,政孚化洽,事妥民安,视古中牟、密邑之治相伯仲。君子谓公为政有循良之风。六年庚寅(1470),公以忧去。时一邑之民,如失怙恃,故扶老携幼攀送路岐,恋恋不忍舍去。公去久,民乃思之而私相语曰:"田昔无收,惟公辟之;野昔有盗,惟公息之。公其去矣，如之何勿思？我有男女，公为育之；我有赋役，公为均之。公之去矣，如之何勿思？学校聿兴，人不健讼，孰非公惠我？乌得而勿思邪？"思之不置，而又私相议曰："与其没齿而思公，孰若纪其绩于永久，庶可表吾民无涯之思。"由是父老周浩等相率，征予为之记。夫上有所感，下有所应，此理势之必然者。古之人若召伯化行召南，故召人去思之颂，形诸《甘棠》。千百载下，景仰愈重，而叹咏之不已。公尹奉邑，当弊政之余，能尽心民事，俾民复得熙熙皞皞之乐。故民感之。而去后之思，殆犹召人之于召伯然，正可以验天理人心之公，古今固不异也。若公者，《诗》所谓"岂弟君子，民之父母"者欤？然则公之名其将永垂于宇宙间矣。是宜纪政表行，著之乐石，以为牧民者式。公名瑄，字廷瑞，洛阳人，今历官至御史大夫。蕲水徐侯，字继之，由进士尹兹邑。闻邑民征予纪，乃乐为捐俸镌石以副民之素愿云。弘治三年庚戌四月望（1490年6月4日）。（《嘉靖《奉化县图志》卷十一《碑文志》下）

尧卿，字廷辅，四川安岳人，进士。成化七年（1471）任，至十一年（1475）召为太仆寺丞。弘治六年（1493）在任铜仁知府。

雍正《四川通志》卷九《人物》："尧卿，字廷辅，安岳人，甘贫务学。登天顺己丑（干支有误）进士，知昭化县，有异政，擢太仆丞；知铜仁府，威著苗疆，黎民安堵。"《明实录·孝宗敬皇帝实录》卷七十一：弘治六年（1493）正月"癸巳，吏部奉旨疏上考退复留方面府州县等官共五十八员，内山东佥事王经、建宁知府刘玙、铜仁知府尧卿俱年老未满六十者……俱见任不谨罢软，并未及三年者。上曰：'各官既存留，宜俱用心治事，毋得再致人议。'"

康熙《宁波府志》卷九《秩官》："尧卿，安岳人，进士。成化七年任。"嘉靖《奉化县图志》卷七《职官题名志》："尧卿，四川安岳人，由进士，成化七年任。十一年召为太仆寺丞。行日，民不可留，侯不忍去，宿南渡，赋诗留别，赓和者成什。"

乾隆《贵州通志》卷二十："尧卿，安岳人，进士。成化间知府，以恬静为政，事上之礼甚简。尝曰：'剥民以求媚，吾不为也。'民有争讼，出数语直之立解，有刑措之风。"

曹澜，句容人，进士，成化十二年（1476）至二十一年（1485）八月在任。任内，尝修县治，正厅后为又新堂，凡三间；迁惠民药局于察院前；重修大成殿，迁戟门，增两庑，广明伦堂，增创东西号房；筑天宁塘。

康熙《宁波府志》卷九《秩官》："曹澜，句容人，进士。成化十二年任。"光绪《奉化县志》卷十六《职官表》上："成化十二年任。"卷十八《名宦》："曹澜，才能敏捷，应接如流。粮务悬算，铢两无遗。工匠指画，绳墨预定。阅人一面，历久不忘。增修学舍，务计久远。在任九年，升山东宁海州知州。（《嘉靖志》）"卷二《建置》上：县治，"永乐间令裴琚、成化中令曹澜等相继修复正厅三间，名为忠爱堂（原注：旧扁曰'勤政'，曰'公正'）"，"正厅后为又新堂，凡三间（原注：成化中，令曹澜修）"。卷三《建置》下："惠民药局，正统间县丞何子隆重建于告成寺后。成化间，令曹澜徙建察院前。"卷六《水利》："天宁塘，在长汀对岸。明成化间洪水冲决，县令曹澜命乡人筑之。"卷八《学校》上："成化二十三年（1487），令曹澜重修大成殿，迁戟门，增两庑，广明伦堂，增创东西号房。郡人陆瑜为之记。"按：据下文，"成化二十三年"应是"二十一年"，则曹侯成化二十一年秋仍在任。

重修儒学记

（明）陆瑜

古之王者，建国君民，教学为先，是则王化所施，必自学校始。今明天子在上，内而国都，外而郡县，莫不有学。皆所以育材明伦，兴化善俗。百十余年,儒教之美,沨沨乎比隆虞周;文风之盛,洋洋乎沾被海宇。《书》所谓"帝光天之下,至于海隅苍生,万邦黎献,共惟帝臣"者是也。猗欤盛哉!奉川为浙东名邑,滨海之隅,山川毓秀,文献传芳。民庶而富,俗敦而庞,固其风气之美,亦王化所洽也。此修学造士,令之首务,有自来矣。自唐开元间立先圣庙,逮宋历元,庙学合一,其制浸备。历年既久,圮毁不常。修复者几人?改创者几人?非不知所先也。有徒事观美者,甚至目为传舍者。其人之贤否,何如哉?然于先王谨庠序之教,国家崇儒道之心,概乎其莫究也。非知道君子,孰能之乎?宣德庚戌(五年,1430),令周侯铨持廉秉正,衣无纨绮,食不重味,兴学之念,切为己任。睹庙学之敝陋,躬督兴事。首缮大成殿,崇奉圣像,以严报祀。创明伦堂,礼延师儒,以勤讲议。翼以二楼,左曰"光风霁月",右曰"鸢飞鱼跃",于以廓游息之怀,于以明道体之妙。前列"育才"、"兴贤"二斋。至于廊序庖厨、门墙泮沼,渐次完整,内外焕然。迹虽烦于兴作,而教无不寓焉。尝曰:"志士于道在天人,历万世犹一日。尧舜行此道,千载而上所以为唐虞;孔子明此道,千载而下可以为尧舜。布在方策,焕如日星。学者所宜用力,进进不已,由希贤而希圣,可也。胡愚而自昧,胡画而弗进,胡玩而苟安,甘流污下之归,贻儒者之耻,虽悔何追?"由是怠者惩,愚者警,勤者劝。固不仰侯之仁,颂侯之德,弥久而不忘。迨今五十余年,庙学倾圮,循至颓敝。人咸曰:"焉得令如周侯者乎?"成化丙申(十二年,1476),适曹侯以名进士来令之初,兴学之念甚于饥渴。因馔堂倾圮,且逼训导公廨,不便出入,鼎建于讲堂之后。凡三间,左右翼以耳室,暨庖湢之所倏尔一新。复计堂殿费巨,材用匪良不堪亟就。越再考,时和岁稔,事举民安。撙节冗费,针抽缕积。鸠工选材,大经营之。徙大成门于前六丈许,以广拜墀。重建明伦堂五间,以便陟降。左揖右让,从容中度。肄业之所狭隘,新增二十楹。殿宇斋庐旧覆俱坏,悉杇之坚密。创东南庑,增其楹各四间。庑后出入设以门,扁曰"义路"、曰"礼门"。肇工于成化甲辰(二十年,1484)冬,落成于次年乙巳(二十一年,1485)秋。民不病役,吏不知劳。运之于一心,收功于众力。其规模创制,高明闳爽,视昔有加。衿佩莘莘,缙绅交庆。侯可谓知道之君子欤?是秋八月,考绩入觐,民无老少,咨嗟道途,咸惜其去,如失所依。时教谕林君寔暨诸俊造送别于鄞江之浒。侯顾而言曰："修废举坠，以饰庙学，此吾之责少塞矣。读书明道，日新厥德，图(惟厥)成，士之学宁有既乎？盍益加淬砺，以期远大，不徒为乡邦光，吾亦与有闻焉。昔人有云：'士之立身行道，上不负天子，下不负所学。'斯言得矣，尚相与勉焉。"佥再拜曰："谨受教。"虑无以彰侯德，谒余有作。余老矣，尚能目睹其盛，遂不辞。用书其实，镌之贞珉，俾将来者知人心非不古，知王道非难行也。侯名澜，家世字行，备见乙未(成化十一年，1475)《登科录》。（嘉靖《奉化县图志》卷十《碑文志》上。 光绪《奉化县志》卷八《学校》上有删节）

景贤堂壁记

（明）佚名

奉化县学旧有乡贤三先生、四忠节祠，又有县令去思之祠。屋虽坏于风雨既久，而名则载于县志可考。三先生者，杨文元公简，舒文靖公璘，沈端宪公焕，皆宋时人。或位于朝，或教于乡，首道德文章，显著当时。没后赐谥，是有足为后人景慕而师法者也。四忠节，则曹孝先、吴从龙、郭德畅三人。在宋绍定时从将帅许国讨李全，力战而死于难；舒瀛亦同时在衢州西安县尉，御贼捐躯而死。宋相家铉翁撰《祠堂记》，并以忠节著称。是有足为战阵无勇、临难偷生者之劝，祠于乡校，不亦宜乎？前代县令之有祠者，不能尽复。近惟玉山周公铨修学之功绩甚大，炤灼见存；养民之惠爱甚多，思久弗替。况其公廉之节始终不变，至为御史，为按察使，皆九载致事归老矣，无以为家。是实又足为士君子取法，立心致身，从事于国之劝也。天顺初，教谕姑苏成君矩立公生祠，然不专一，未久即踣。公之牌位赘依土地，见者莫不愕然，咨嗟叹息。令曹侯知县事，政成余裕，修展庙学，更新戟门、讲堂、增构斋舍。继兴周公去后五十余年将坠之迹，而规制有大于前，功益茂哉。旧有参前亭，在戟门外，侯迁置于踣祠之址，未知所用。既而考绩入朝，适刑部主事宋旭景阳使还，即奉周公牌位奠安于此，视为绵蕞。曹侯令秩通满将去，诸生咸请并复三先生、四忠节列牌以安神位,增入本堂、剡源、松乡三先生之有著述可以配于前贤者,又县令周公因宋公晋之创始迁学新庙之功见存者,总名之曰"景贤堂"。侯即诺成之。饰其墙垣,固其扃钥。斯见毕具其一箦之遗功,完美修学之盛事。是用纪成于壁,以俟大手立碑者采焉。(顺治《奉化县志》卷十一《艺文志》)

刘宪,巩昌卫监生,成化间知奉化县。

乾隆《甘肃通志》卷三十四《人物》一:"刘宪,巩昌卫监生,成化间知奉化县。政平刑简,民皆悦服。"前令曹澜任至成化二十一年(1485)八月,之后未见新的记载,故刘宪之任,暂置于此。

徐绍先,字继之,蕲水人,进士,弘治元年(1488)任。在任七年,任内修复县治;主修弘治《奉化县志》十卷。正德中任铜仁知府。

嘉靖《奉化县图志》卷七《职官题名志》:"徐绍先,字继之,湖广蕲水人,由丁未进士,弘治元年任。力锄强梗,豪右迹迹。在任七年,升主事。"光绪《奉化县志》卷二《建置》上:县治,"永乐间令裴琚、成化中令曹澜等相继修复正厅三间,名为忠爱堂(原注:旧扁曰'勤政',曰'公正')。厅左为军器库,又左为幕厅,凡三间。右为仪仗库,又右为西厅,凡三间(原注:弘治二年令徐绍先修)"。光绪《奉化县志》卷四十《旧志叙录》:"弘治《奉化县志》十卷,(明)县令徐绍先主修,邑人汪纶纂。"雍正《浙江通志》卷二百五十三作:弘治壬子(五年,1492)修,明黄隆《知县翟公瑄去思记》文末言:"蕲水徐侯,字继之,由进士尹兹邑。闻邑民征予纪,乃乐为捐俸镌石以副民之素愿云。"则曾捐资助立翟瑄去思碑。

嘉庆《重修大清一统志》卷五百七《铜仁府·名宦·明》:"徐绍先,蕲水人,正德中知府。时镇筸苗乱,绍先缮城堡,备刍粟,治器械,募民间勇士,教以技击。苗闻,惮之不敢犯禁。"

弘治奉化县志序

（明）徐绍先

　　有一代之兴,必有一代之制。有一代之制,斯有一代之典。若《书》之《禹贡》,《礼》之《职方氏》,汉唐宋之《地理志》,国朝《大明一统志》,皆所以记载山川、人物、土产、贡赋,以成一代之盛典也。斯典具在,虽不出户庭,而宇内之虚实,郡邑之利病,皆在目中,可以权衡治化矣。有志于治者可不知所重哉! 弘治改元,余承上命来宰是邑。视篆之明年,适右参政昆山陆公行部至此,首问县志。余退而索府库,访学校,询父老,皆无有存之者。按永乐庚子(十八年,1420)、景泰甲戌(五年,1454)二次纂修之余,有司宜各有副本,不当泯灭如此。遂谒邑之耆儒汪师古先生访焉。先生盖尝用心于此者,乃出其晚年手抄私稿,谓闻见增益颇多,于前题为《县志续考》。余喜而遍阅之,见其群分类列,各有条理。于是币请搜检异同,编成十卷。尤虑抄录有限,则得之者少;久失其传,则劳而无功,今日之书,犹前日之无书也。于是捐俸命梓,以广其传,庶几士君子与后之治邑者,欲观奉川之风土人情、诗文记载,则一览而思过半矣。况有志治术者,亦可因之以资治理,而异时国志采辑又将有所考据,岂复文献之无征也哉! 信是,则区区忠勤之志不为虚饰,而师古先生之记载亦将垂之不朽矣。弘治五年岁壬子秋七月朔旦(1492年7月24日)蕲水徐绍先撰。（光绪《奉化县志》卷四十《旧志叙录》。据嘉靖《奉化县图志》卷九《艺文志》引本校）

千丈岩

（明）徐绍先

万丈悬崖玉练翻，大风隐隐逼人寒。不因巡牧来幽寺，那得乘间一度看？（嘉靖《奉化县图志》卷九《艺文志》）

求阑干六曲日临眺共乐升平千万秋·又

（明）徐绍先

鼓角声稀间扣钟，凭栏登览思从容。海光东接金峨日，山势西来石井龙。百里境图归眼底，八乡民瘼在胸中。碧天如洗星辰近，便欲飞凫上九重。（嘉靖《奉化县图志》卷九《艺文志》。 在顺治《奉化县志》卷十四《艺文志》题作《宣明楼》著录）

吴鹏，莆田人，进士，弘治七年（1494）任。

乾隆《福建通志》卷三十六《选举》四：弘治六年癸丑（1493）毛澄榜，"吴鹏，奉化知县"。

嘉靖《奉化县图志》卷七《职官题名志》："吴鹏，莆田人。由进士，弘治七年任。未几，以母丧去。"

陈富，黄冈人，举人，弘治十一年（1498）任。

康熙《湖广通志》卷三十四《人物》三：成化十六年庚子乡试，有"陈富，黄冈人，知县"。

嘉靖《奉化县图志》卷七《职官题名志》："陈富，黄冈人，由举人，弘治八年任。"光绪《奉化县志》卷十六《职官表》上："陈富，黄冈人，举人，弘治十一年任。"《奉化市志·政府》1994年版同。今从"十一年任"。

‖ **邹礼**，字以和，江宁人，举人，弘治二年（1489）任会稽县训导。十六年（1503）任。

乾隆《江南通志》卷一百二十六《选举志·举人》二：成化二十二年丙午科，有"邹礼，应天人"。康熙《会稽县志》卷十八《职官志·训导》："邹礼，弘治二年任。"

嘉靖《奉化县图志》卷七《职官题名志》："邹礼，字以和，江宁人，由举人。弘治十五年任。"康熙《宁波府志》卷九《秩官》："邹礼，江宁人，举人。弘治十六年任。"《奉化市志·政府》1994年版同。光绪《奉化县志》卷十六《职官表》上有"字以和"。

‖ **丘魁**，浦城人，举人，正德三年（1508）任。正德中，任咸宁知县。

嘉靖《奉化县图志》卷七《职官题名志》："丘魁，浦城人，由举人，正德三年任，母丧去。"康熙《宁波府志》卷九《秩官》："丘魁，浦城人，举人。正德三年任。"光绪《奉化县志》卷十六《职官表》上、《奉化市志·政府》1994年版同。

乾隆《福建通志》卷四十七《人物》三："丘魁，字文元，浦城人。弘治壬子举人，任奉化、咸宁二县。其在奉化，岁歉，请于朝，蠲民租。在咸宁，擒贺堪、廖章二贼。丁艰，补宜城，以忤当道解印。赋《归田二十咏》，自号景陶子。"

‖ **陶麟**，字仁夫，吴县人，进士，正德七年（1512）任，十年迁监察御史。后尝任南京河南道御史、福建按察司佥事等职。

嘉靖《奉化县图志》卷七《职官题名志》："陶麟，字仁夫，吴县人，由进士，正德七年任。十年召迁监察御史。"康熙《宁波府志》卷九《秩官》："陶麟，吴县人，进士。正德七年任。"光绪《奉化县志》卷十六《职官表》上增："字仁夫，召迁监察御史。"卷三《建置》下："惠政桥，嘉定四年，令冯多福以石甃两堤，下木楗乱石，以窒于底。成化中崩，正德七年，令陶麟令僧募建，上覆以屋。"

《苏州博物馆藏历代碑志》2012年版第217页："长洲口陶麟，明正德九年(1514)撰文《明怡菊薛君(正)墓志铭》。"则陶麟，是为一代名士。《明实录·世宗肃皇帝实录》卷十四：嘉靖元年五月"甲子，升南京河南道御史陶麟、直隶大名府同知王俊民俱为福建按察司佥事"。乾隆《福建通志》卷二十一《职官》二："陶麟，吴县人，正德间任。"

廖云翔，字鸣和，福建怀安人，由举人，正德十年(1515)任。后调吴川知县，致仕。

光绪《奉化县志》卷十六《职官表》上："正德十一年任。《府志》作：'十年任。'"前任以十年迁，故从府志。《奉化市志·政府》1994年版作："正德十一年任。"翔，康熙《宁波府志》卷九《秩官》作"祥"，误。卷九："廖云祥，怀安人，举人。正德十年任(有传)。"嘉靖《奉化县图志》卷七《职官题名志》："廖云翔，福建怀安人，由举人，正德十年知本县。持身廉介，不以家累自随。布衣脱粟，不慕华美。视民如子，不妄加刑罚。尝有贫民负官钱者，以其俸资代之，不责其偿。先是，县官谒镇守、市舶内臣者，以其贿赂其左右乃得通，及见，必多奉金币以赞。公曰：'宁使吾不得官而已矣。一钱尺帛，皆民脂也，宁忍剥吾民以博一见耶？'卒不可。后应朝，人有谓：'当多备行资以随。'公曰：'天下宁有饿死大朝官乎？'其介如此者，不可殚记。君子曰：'廖公可谓仁人也已。《诗》谓："恺悌君子，民之父母。"'史称："所居无赫赫名，去后常见

思。'廖公有焉。'后调〔虹川〕[吴川](据下引例校改),致仕。"乾隆《福建通志》卷四十三《人物》一:"廖云翔,字鸣和,怀安人。弘治壬子乡荐,正德中知奉化县,不以家累自随。视民如子,未尝妄鞭朴一人。有贫民负官钱者,出俸代偿之。先是,县谒镇守、市舶内臣,率以贿赂左右乃得通,及见,必多奉金币为贽。云翔不可,曰:'一钱、尺帛皆民脂也。'及入觐,或谓:'当多备行资遗京师要人。'云翔又不听。竟以挤调吴川,遂致仕归。贫居三十载卒,年九十有三。"

光绪《吴川县志》卷五《职官·宦绩传》:"廖云翔,福建怀安卫举人,正德十四年知吴川县,秉性诚悫,洁己爱民秋毫不染。在任六年,以疾致仕。民爱戴之,久而不忘。[案:怀安卫在今古田县。(《盛志》)]"

和徐绍先求阑干六曲日临眺共乐升平千万秋

(明)廖云翔

千门启晓动晨钟,俗务奔趋有悴容。慎勿自欺惭伯起,欲投高处托元龙。虚通四面八窗外,思入三光一照中。鼠雀角牙纷未了,庭阴日午自重重。(嘉靖《奉化县图志》卷九《艺文志》。此诗上题为徐绍先所撰,题作《求阑干六曲日临眺共乐升平千万秋·又》,其前或另有诗)

朱豹,字子文,号青冈,上海人。正德十三年(1518)至十五年(1520)任。任内修城隍庙,立县学石柱坊扁,创立社学。

光绪《奉化县志》卷十八《名宦》:"朱豹,字子文,上海人。正德十三年(1518),由进士任。严毅警慧,过目不忘。昧爽坐堂上,吏抱文案咨禀详审以行,惮其严明,无敢尝以私。凡争讼者,使两输其情,徐折以片言,俯首心服,无一人称冤者。先是,县中恶少三五成群,挟妓饮博,乃明宪禁,示通衢。

凡婚丧奢靡及俳优蛊惑妇女游嬉害礼伤教之习,皆严禁必罚。奸豪惴惴,莫敢不辑。平徭役,赈穷乏。流移复业,户口日增。又建社学于学宫之东。每月朔望诣学讲书,剖析义利,士皆感奋。择其尤十余人,朝夕课试,给之膏烛。周琏、刘汉、王钫等遂连捷,余复以学行闻。绝苞苴,杜请托。其服食器用,率取诸家;所食于官者,自薪水舆隶之外,无资焉。尝慨方胜、会通二碶湮圮日久,正德十五年朝觐归任,方锐意疏筑,以广灌溉,而徙知余姚矣。士民遮道挽留,作诗留别曰:'雪窦峰高眼正青,除书谁捧到山城? 频年菜色惭无补,一寸葵心喜自明。树影似怜征马瘦,江流不减野人情。秋风渡口重回首,惠政桥西雨未晴。'后升监察御史,转知府卒。(张邦奇《去思记》,参《嘉靖志》)"光绪《奉化县志》卷六《水利》附(明)王杏《浚龙津河记》,文曰:"龙津河,去县东二里许,与大江相接,县之西南诸川攸归焉,诚上游也。国初,堰坝修复,河流吞吐,人才、民俗、商货、农畴为一郡称首。天顺、成化以来,水分河窒,风物视昔亦少杀,而旧迹遗堠犹有存焉者。正德十二年(按:张邦奇《去思记》,应为十三年,此处疑误记),朱侯豹之任,巡郊问俗,相土度川,慨然曰:'邑之风气视兹河通塞、污隆系焉,可不急诸!'移申获允。甫谋经始,而侯以调剧去。"卷十二《坛庙》上:"城隍庙,正德十四年(1519)坏,令朱豹重修。"卷八《学校》上:"正德十四年,令朱豹立石柱坊,扁曰'泮宫'。"卷九《学校》下:社学,"明东社学在连山驿东。正德十四年,令朱豹易告成寺地创立"。

《续文献通考》卷一百九十二:"朱豹,《福州集》六卷。豹,字子文,上海人。正德进士,官福州府知府。"终福州知府。

《法华乡志》(民国铅印本)卷五《名臣》:"朱豹,字子文,号青冈。父曜,字叔阳,号玉洲。以岁贡授清江提举,愿悫端毅,时人比之陈太邱。弘治癸亥与修邑志,著《玉洲集》。豹举正德十二年进士,当除官,曜戒之曰:'我生平慕包孝肃之为人,若为官不持一研归,乃吾子也。'豹受命惟谨,所至有冰蘖声。令奉化,豪右懔懔奉法。振饬庠序,捐俸建社学。调知余姚,革里甲短解之弊,至今遵其法。两邑皆祀名宦。擢监察御史,益以直道自任,荐杨一清、伍文定。及召对,豹又密陈《灾异》《裨圣政十事》,言极剀切。奉敕清理江西军务。江西自宸濠变后,灾盗数起。豹至,发粟活数万人,释大辟囚三十余人。又尝请两京五品以上官各举郡守,举不称者坐之。语多忤时。迁守福州,闻父讣,即日徒跣行三十里,僚属士民送者遮道。豹性孝友,父存日未尝乘车;与昆季处,同食递衣,友爱无间。好施与,宗党多待以举火。著《福州集》六卷,崇祀乡贤。子察卿,录《文苑》。"

奉化县新建社学记

(明)余本

奉化旧无社学,自上海朱侯子文来莅是邑,悼民之〔罷〕[罷]也,周穷赈弱。于下车之始,即思兴起其迁善敏德之风。乃属其耆老士民,谓之曰:"惟学有造,乃基厥蒙,故家塾党庠遍于寰宇。我太祖高皇帝肇造区〔宇〕[夏]。亦惟是社学是急,遐僻罔遗。兹独阙焉,其何以发蒙起顽?只承德意,惟县治右有隙地,吾将建学焉,以倡吾民。"于是里老戴儒等以废圮申明亭旧址一所告。侯亟往相之,湫隘尘僻,非所也。复申谕于众曰:"有能倡义出地与官者,即以此地偿之。"惟时秀民王文锦慨然以民田六亩易告成寺地四亩以请。前临逵路,右联泮宫,公署列其左,塔亭枕其后。四方来学者,道里适均。侯周还谛视,允若厥心,遂白其情于当道。时金宪枭总理学政盛公及知宁波府事升应天府丞寇公咸题其议。事下,文锦复请于侯曰:"惟公有意于教化吾民,文锦其何有惜于财?请以义立学,以为吾民倡。"慷慨出赀,鸠工庀材。中构堂五楹,翼以左右厢各三间,周阿峻严,列楹齐同,门墙整肃,威仪克称。经始于正德己卯(十四年,1519)某月日,讫工于明年某月日。计工估值,费近百金,较其所易地价,盖不啻相去倍蓰也。既落成,侯来莅止,乃燕乃喜。乃义文锦,用录其功,上之郡侯。周公亦惟是尚义民是嘉,命延师启教。于是闻者风动,生徒云集,教化弘敷,诵声载道。士乐民舞,咸感德意,将刻石以纪无穷。适予以视学东广归四明,来请记。予惟朱侯以道倡斯民之德,文锦以义佐朱侯之良,上下协恭,式成圣化,其事皆可纪也。惟发蒙者不以时俗见自小,而克追古小学者之教,道民德义,养之廉耻,必使学于社者真可以为作圣之功夫。然后视斯举也,无所愧而予之言为不虚也。朱侯名豹,字子文,丁丑(正德十二年,1517)科进士。好学有志,以才能更绍兴之余姚。继之者合肥吴侯㮚,老成长者,其必能不改朱侯之志。正德十六年岁在辛巳春正月旦日(1521年2月7日)。(光绪《奉化县志》卷九《学校》下。 据之校嘉靖《奉化县图志》卷十《碑文志》上)

知奉化县朱侯去思记

(明)张邦奇

正德戊寅(十三年,1518)冬,上海朱侯以进士来知奉化。甫再期政平教兴,当道疏于朝,谓侯才优厥治,徙知余姚。既去,邑民思之。致仕教谕周君槐以文来请,将刻石以慰其思。惟奉化在东海之滨,土硗而僻,其民健争,而俗多鄙,素号难治。侯至,禁民于庭,训之勤俭,厉以赏罚。每日昧爽坐堂上,吏抱文案咨禀,公事必详审以行。吏惮其严明,莫得容其私。凡争讼者,使两输其情,徐折以片言,俯首心服,无一人称冤者。先时,县中恶少三五成群,挟妓饮博,资罄则相引为寇攘。侯既明宪禁,仍多方缉访,告示通衢。白是奸豪惴惴,莫或旁午。民徭役,则豫审户口上下之差,载之册籍,而轻重与之,无弗均者。凡诡寄虚悬,隐占洒派,一切蠹弊,渐刷殆尽。尤锄强梗,恤孤嫠,赈穷周乏,务竭其心。流移复业,户口日增。县旧无社学,侯捐俸营建于学宫之东,延师集徒,问闾风动。每月朔望诣庠校,讲解经书,剖析义利,士皆感奋。选其尤十余人,朝夕课试,给之膏烛,以励其志。已而周生琏、刘生汉、王生钫遂连举乡,余复以学行闻。凡昏丧奢靡,置酒作乐,及俳优蛊惑,妇女嬉游,害礼伤教之习,皆严禁必罚,俗用丕变。侯举动有则,虽当造次,无疾言遽色。绝苞苴,杜请托,服食器用,率取诸其家,所食于官者,自薪水舆皂之外,无资焉。时予以疾自湖湘请告归鄞。鄞,奉化邻邑。侯之政俗与民之思之也,得耳熟焉。尝窃念封建法废,惟汉为近古,慎选守令,久任以考其成功，当时循吏往往足称。后世朝拜夕更，远者才三四年。吏之治，民或至矫情，立旦夕名誉。苟得迁陟以去足矣，不复顾民之苦乐为经久计。民视长吏亦如过客，甚者怨憎祝诅若仇仇然，矧复有去而思者乎？若朱侯为令，动根诸心，不徒私一身为旦夕计。尝慨方胜、会通二碶湮圮日久，水利不通，民用艰食。庚辰（正德十五年，1520）之岁，朝觐归任，方锐意疏筑以广灌溉，而命下矣。推侯之心，邑其家，民其子也。天下岂有父母去，其子而弗思者邪？侯名豹，字子文，松江上海人，正德丁丑进士。治余姚如奉化。未几擢监察御史，清戎江西，所树立未涯云。系之诗曰：

在古哲王，宪天之仁。建国亲侯，维以为民。后世守令，于民最亲。厚下安宅，曰维得人。其人何如，仕匪为身。治官如家，维以事君。居靡赫赫，施也循循。明察乌惧，妪煦以恩。催科则拙，抚字恒勤。厥心允劳，厥图维久。泽深以遐，名垂不朽。时异古今，人罔先后。焉有婴儿，弗慕慈母？大洋之涯，危乎鲒埼。侯来莅止，曾不鄙夷。力稼崇文，训言恩恩。敬寡属妇，我政胡私。有莠于苗，是耕是耔。化如蜀郡，利比芍陂。所在民乐，所去民思。史策攸书，维侯嗣之。谷□善政，施于少府。美哉次公，卒登台辅。侯陟内台，风清区宇。厥系民思，岂惟兹土？兹侯发迹，泽专思苦。树碑黉宫，永配卓鲁。

嘉靖改元秋九月吉旦（元年，1522 年 9 月 20 日）。（嘉靖《奉化县图志》卷十一《碑文志》下）

吴栉，字彦材，合肥人，举人，正德十五年（1520）任。任内尝建明察院，环筑为墙，建大门未就而去。

康熙《宁波府志》卷九《秩官》："吴栉，合肥人，举人。正德十五年任。"《奉化市志·政府》1994 年版同。光绪《奉化县志》卷十六《职官表》上作"吴价"，增"字彦材"。光绪《奉化县志》卷二《建置》上："明察院在布政司右。嘉靖元年，令吴栉以浙东分巡无署，易告成寺地，环筑为墙，建大门未就而去。"

卷六《水利》附(明)王杏《浚龙津河记》,文曰:"龙津河,去县东二里许,与大江相接,县之西南诸川攸归焉,诚上游也。国初,堰坝修复,河流吞吐,人才、民俗、商货、农畴为一郡称首。天顺、成化以来,水分河窒,风物视昔亦少杀,而旧迹遗堙犹有存焉者。正德十二年(1517),朱侯豹之任,巡郊问俗,相土度川,慨然曰:'邑之风气视兹河通塞、污隆系焉,可不急诸!'移申获允。甫谋经始,而侯以调剧去。吴侯楒继之,托言修理,而志不在民,厥功用圮。以后惩噎废食,视若末务,而河之不可追复也,数十年于兹矣。"卷九《学校》下附(明)姚涞《奉化县社学记》有:"既而代者至,非朱侯志也。学徒散去,而庐舍日以颓圮。"

曾玉山,乐安人,举人,嘉靖二年(1523)任。四年任余杭令。

雍正《江西通志》卷五十四:正德二年丁卯乡试,有"曾玉山,乐安人"。

嘉靖《奉化县图志》卷七《职官题名志》:"曾玉山,江西乐安人,由举人,嘉靖二年任。"光绪《奉化县志》卷十六《职官表》上、《奉化市志·政府》1994年版同。

《余杭县志》(民国铅印本)卷二十《职官表》下:"嘉靖四年,(令)曾玉山,乐安,举人。"

喻江,字朝之,广西藤县人,举人,正德十二年(1517)知余杭县。嘉靖四年(1525)至六年(1527)任。任内为社学增创听乐、书算等堂。去任,民为立去思碑。

《余杭县志》卷二十一《名宦传》:"喻江,字朝之,广西藤县人。由举人,正德十二年知余杭县。性廉介,乐易爱人,至有利害关一邑则果于有为,毅然无所畏惮。平时则教养多方,小民以为易近。先是邑尝饥,荒野多旷土,江为之括正区亩,招集承佃民,岁得增米万余石。见塘坝圩陡被山水冲激者,时务修筑,以备旱涝,未尝少息。值亢旱,则必虔诚致祷,祷必应。而乡市淫祠不能为民御灾捍患者,悉毁之以为社学,教民间子弟。睹孔子庙庭渐埋,竭力修之。既而又见邑旧名宦十人、乡贤五人未有祠也,择学舍东偏特构二祠以祀之。盖余之名宦乡贤祠,自明初以来创之,自喻江始。由是一邑士庶聚观生敬,咸知向慕兴行焉。其遇民有争讼,使各以曲直自相解释,不欲穷讯,以抵于罪。民至有泣者曰:'公好让,而吾民好争,何以见长者?'其仁心感人如此。久之,江浙镇守毕珍倚兵威,檄州县减价贱籴,欲以党逆濠为积储计。江知之,独抗不奉檄,且密陈于当事,阴折其谋。珍计沮,民赖以不扰。织染浦府者,中官也,怙势久侵渔害及吾邑民。江廉得邑中奸猾诱至者,惩以法,祸以渐息。浦虽心怨江,欲有以中之,竟不得间也。旁邑长尤皆推服,江强力为九县最。治县八年,民以富厚,风俗淳朴。以母老屡乞归养,不允,更调知奉化。民不忍其去,遮道挽留者以万计。工部尚书临安俞琳碑以纪之。"

嘉靖《奉化县图志》卷七《职官题名志》:"喻江,字朝之,由举人知余杭。嘉靖四年调奉化,图书数箧以自随,妻子不入公廨。严毅俨恪,吏畏之若神明,奸猾舞文者皆屏迹不敢近。轻徭薄赋,清心省事,民皆乐业。旧镇守市舶司以和买土物为名,诛求甚急。至于往来行役之使需索夫马,公皆不与相见,亦一切禁不与。或有所饮宴馈遗,则捐俸资为之。时丙戌(五年,1526)大歉,公约己裕民,凡以辞相告讦者,辗转诲谕而遣之,自是无敢相讼者,盗贼亦屏息。在任三年,通前余杭为九载,以力不能考满归。士民惜之,为立去思碑云。"光绪《奉化县志》卷九《学校》下:社学,"明东社学在连山驿东。正德十四年(1519),令朱豹易告成寺地创立。嘉靖六年,令喻江增创听乐、书算等堂"。

奉化县社学记

(明)姚涞

　　皇明以武功宅天命,奄有〈区〉[夷]夏,乃恢儒右文,稽古建学,自京师及府州县,皆聚生儒而养之学。端轨物,树风声,一道德,考艺文,用还太平之治,炳焉与三代同风,犹虑古制未备。洪武八年(1375),复诏府州县,每五十家设社学[一]。盖仿州同乡党立学之法,所以为升俊育英之阶也。岁久教弛,正统初因台臣之请令天下各立社学,近岁几尽废矣,天子始敕有司复之。然为吏而不好儒,从政而不知教。虽明诏数下,未尽见其振举也。吾郡之属邑五,而奉化旧无社学。某年,上海朱侯子文令兹邑,首议置学,乃求民之可属者,得王文锦氏,使营度之。先是,邑无旷土,文锦以其私田易告成寺之地,凡为亩者四,而学始有基。官无余赀,文锦又出百金,以助公帑之所不给。为舍凡数十楹,而学始有庐。既成,朱侯为置经师一人,邦人之未冠者相率而[往讲礼焉]〈往学焉〉。既而代者至,非朱侯志也。学徒散去,而庐舍日以颓圮。嘉靖四年(1525)冬,苍梧喻侯朝之治奉化,厉冰蘖之操,复身〈敦〉[惇]教事,恒以社学为念,而督学万君汝信适下部檄于两浙。侯往相旧学,仍进文锦而属之,鸠工度材,择日以从,[厥功]视前规之未备者,尽撤而新之。讲学之堂有三:曰"听乐",曰"习礼",曰"书算句读"。养士之区有二:曰"东塾",曰"西塾"。至于门阃、垣墙,莫不焕然就绪。计其营缔之劳,自是年皋月(五日)至且月(六日),不逾时而役成。奉民莫不劝焉。既而喻侯去且七载,教事渐隳。海虞钱侯国用至,因其弛而张之,有弗协于乃心者,更而迁之,以淑奉子弟,且立显忠祠于其左,以风厉焉。夫此一社学也,前后二十年,以数贤侯之力而始克底绩。游是学者,亦乌可忘所自哉?夫陵节而施,教之禁也。童蒙不养,则修业无绪;乡校不兴,则入道无群。此教所由废也。斯学〈焉〉[也],求古人之意,承皇祖之法,纳民于善,使各成隽德,用意亦良厚矣。虽然饰胶庠,慕睢涣,今之教与学类忘本逐末,固有以学术为荃蹄,以学宫为刍狗,虽六学三雍之盛,亦谓其无所异于南箕北斗,有如邢邵所云者,而况于一社学之设乎? 然则斯学之立,亦惟求其实而已矣。教以实施,亦以实受。奉民其思所以无负于贤侯之志哉! 夫言受治于三代之后,而能以道教为先务,君子所乐称也。余故述建学之意,以为邦人之志者告焉。嘉靖十三年十月之吉(1534 年 10 月 18 日)。(光绪《奉化县志》卷九《学校》下,据嘉靖《奉化县图志》卷十本校。)

陈缟,字美中,郴州人。由乡举任泰和训导,嘉靖七年(1528)至十一年(1532)任奉化令。任内,修古方桥(常浦碶);创义冢;重修先师庙,创圣谟阁,敬一亭,名宦、乡贤二祠,西斋五间,棂星门外增置田四亩,又增置南社学。修城隍庙;访求遗迹,请祀靖难君子戴德彝于乡贤祠,并撰文祭之。擢监察御史,督两淮盐政。按贵州道卒。

光绪《湖南通志》卷一百七十三《人物志》十四《明》九:"陈缟,字美中,郴州人,由乡举任泰和训导。教人先德行,后文艺。士贫者,分俸助之。迁知奉化县,屡辨疑狱。擢监察御史,督两淮盐政,陈盐法十二事。出按贵州道卒。缟性孝友,所得俸悉均诸弟及兄之子,一无所私。(《旧志》)"卷二百五十四《艺文志》十《集部·别集类》:"《西昌北上稿》,郴州陈缟撰。(《州志》)"

嘉靖《奉化县图志》卷七《职官题名志》:"陈缟,字美中,湖广郴州人,由举人,嘉靖七年冬以江西泰和学训导升知本县。慈祥恺悌,力兴教化,始庙谒,顾瞻殿庑颓圮,慨然曰:'殿庑如是,何以妥圣灵乎?'即修先圣庙,创圣谟阁、御制亭。缮斋舍,立'名宦'、'乡贤'二祠。先是戴公德彝泯没既久,公乃访求申请,祀于'乡贤',为文以祭。士皆感激。旧乡饮酒礼,取应故事。公乃访求耆宿,亲拜请之。朔望诣学,必与诸生剖析大义。社学童生,亦使观礼焉,弦诵之声溢于闾里。复置桌凳、簿籍于学舍。每三六九日课试诸生,而赏罚之。有蒋氏者兄弟相援据告讦积二十年,公至其家,喻以大义,争遂息。县仓旧无储蓄,公乃修仓积谷至三四千石。增置社学一所于南坛左,以便童子之肆业者。置义冢一处,以惠死无葬地者。铺舍、邮亭,诸所修理,不烦于民。丁田册籍,查□漏审,户给田帖,以息弊。县中粮输各仓势要,规乾躬分□于粮长,公请革罢之。在任三年,清勤明俭,持以终始,粗衣粝食,蔽体充腹而已。后被召,升监察御史。"关于戴公德彝祠祀,(明)姚涞《显忠祠记》:"嘉靖戊子(七年,1528)奉川邑侯陈君缟至,涞为言公之忠,陈君始请于观风者而祠之学宫,犹未有专祀也。"参见"钱璠"条附录。光绪《奉化县志》卷三《建置》下:"古方桥,县北四十里,即古之常浦碶。潮冲碶坏,易之以梁。明成化间重修,建屋于上。嘉靖八年(1529),邑令陈缟复修。"卷六《水利》:"天宁塘,在长汀塘对岸。……嘉靖八年,复决,令陈缟复筑之。"卷九《学校》下:社学,"南社学,在山川坛左。嘉靖九年(1530),令陈缟以西南街童生就学东社不合便,相地得是址。置堂同东社"。卷二《建置》上:县治,"西南为狱禁,凡五间,狱禁北为存留、预备二仓〔原注:嘉靖甲午、乙未(十三、十四年,1534、1535)令陈缟、徐献忠建,在西廊〕"。卷三《建置》下:"义冢,县南二里,嘉靖中陈缟得田于宝化山西麓,凡死无葬地者,皆瘗于此。"卷十二《坛庙》上:"城隍庙,嘉靖十年,令陈缟又修。"卷八《学校》上:"嘉靖八年(1529),令陈缟重修先师庙,创圣谟阁、敬一亭、名宦乡贤二祠,西斋五间。棂星门外增置田四亩。凿池引水,环注泮宫。王应鹏为之记。"

《明实录·世宗肃皇帝实录》卷一百四十四:嘉靖十一年十一月丁未"选授……知县董珊、邓直卿、万夔、苏佑、陈缟、曹煜、王密为试御史"云云。卷一百六十九:嘉靖十一年十一月"甲申,户部覆两淮巡盐御史陈缟所陈盐法事宜:'一招流移。淮扬人户,多弃业逃,徒以兴贩为生。宜责成州县招徕安集,或假与牛、种,或免其通责,岁终籍所招复之数,以凭黜陟;一防漏灶。比来灶户贫者流亡,而富者又复买脱,大非原额。宜以版籍为定,但有灶求归民者,按籍详核,毋得辄与改易;一厚优恤。灶户各有盐课,而有司概以由役苦之,宜照先年事例,灶田不许派差徭。间有置买田地者,听其自输正赋,其有奸灶飞射诡寄等{毙}[弊],有司一体查究;一免荡税。荡地原无赋入,且淹没不常,非岁稔之区,其已入赋额者勿论,余悉任其开耕,俟三年后耕获有常,始开报起科;一严引期。各边报中之商,但有违限者,核其年月久近,罪坐如例,毋得概罚;一复食盐。淮扬所获私盐,许令各于本处鬻卖,如私盐之外,额引不及,照旧设立折盐铺户,于两批验所领买官盐,散各州县,以资日食。'从之"。

《明实录·世宗肃皇帝实录》卷八十五:嘉靖七年二月丁未(初五,1528年2月24日)"以灾伤免浙江宁波府鄞县、慈溪、奉化、定海、象山税粮有差"。卷一百二十七:嘉靖十年〔闰〕六月"乙丑(十二,1531年6月26日。按:闰六月无乙丑日,六月才有乙丑日),裁革鄞、慈溪、奉化、定海……六十九县各训导一员;鄞、慈溪、奉化、宁海十八县各河泊所官一员"。

修奉化县儒学记

(明)王应鹏

奉化,古才贤之地也,自令陈侯而才贤益懋矣。陈侯之令奉化也,称循良焉。夫以济时康物者,道本弘深;随世立名者,志存一切。是故五伯之烈,劣于三王而不齿,谓其无本也。我陈侯,学道君子也。夫其宏览载籍,仰师哲贤,探微索隐,味道嚅真。故能刊黜旧习,悟迪新生,流至教于泰和,振人文于兹土。夫兹土,人文之所,由来者尚矣:子文德重于师模,元质道宗乎濂洛,曾伯擅文章之誉,陈樫称著述之良,吴谕降而死节,袁卨体以愈亲,孙郐耻臣朱氏,蒋岘不讳良臣,此其大者也,其他鸿士硕夫,莫之枚举。故乡多式古之才,俗罕毗时之辈,大抵至德相沿,流风千古而不泯,其渐摩熏炙之效使然也。我陈侯因之,兴废举衰,设科程轨,通微指昧,拔滞显幽,厚养崇仪,奖勤激惰,一时衿佩之士思乐而感奋者,于今为盛,比昔有加。视俗吏之苟办文书者,日亦不暇,而况于教乎? 况于学乎? 伊昔衔命三辅,秉宪两河,所求乎良。有司者无论教学,即黉舍不能饬,庖廪不能继。有能继之饬之者,空谷之足音也,吾犹张之,而况于教乎? 况于学乎? 吾见陈侯之张也。陈侯之政称循良。循良者,王政之遗响也,本之天理而合之人心者也。是故其刑清,其讼平,其徭轻,其赋经,强者戢而弱者宁矣。兹岂非治教同揆,有是教,斯有是治者欤？乃若泮修之积，靡费靡劳，或故而新之，或不故而新之。屋者，坎者，庋者，器者，碣者，鲜不应规合矩，本质丽文，斯则鲁僖有颂，麟笔无经者也。陈侯之余事，略而志之碑阴。陈侯，郴人也，讳缟，字美中。成其美者，县博江沛、欧阳忠、陈俊。请记事者庠生刘淮等云。大明嘉靖十年辛卯秋九月（1531 年 10 月）谷旦。（嘉靖《奉化县图志》卷十《碑文志》上。光绪《奉化县志》卷八《学校》上删节较多）

钱璠，字国用，号竹梧，常熟人，举人。嘉靖十一年（1532）至十七年（1538）季秋任。任内创启圣祠三间于县学文会堂北。迁置社学，改惠民药局为楼，复塔山司，浚龙津河，改倪家堰等。主修嘉靖《奉化县图志》十二卷等。

康熙《宁波府志》卷九《秩官》："钱璠，常熟人，举人。嘉靖十二年任。（有传）"光绪《奉化县志》卷十六《职官表》上、《奉化市志·政府》1994 年版同。光绪《奉化县志》卷十八《名宦》："钱璠，字国用，常熟人，举人，嘉靖十二年令奉化。临民一以至诚，绝无炫饰。秋毫不取于民，虽自食之粟，必取给于家，仅资薪水于奉而已。在任六年，妻子未尝自随，士论洁之。留心民瘼，申减四明驿借支水马银三百六十八两，又申革象山县借拨弓兵六十七名，所省岁六百三十余金。倪家碶崩剥，捐俸修之。戴德彝死建文之难，未有表章，璠创为之祠，扁曰'显忠'，手制祀文，极激烈。又以《奉志》疏略、混淆，乃检查订正，去取精确。所著有《五经旁注》、《续古文会编》《诗韵释义》。（《嘉靖志》）"按：钱璠《重修奉化县图志后序》云"壬辰（嘉靖十一年，1532）季秋（九月），余承乏兹邑"，则以上所云"十二年"当改正。光绪《奉化县志》卷八《学校》上："嘉靖十二年（1533），令钱璠创启圣祠三间于文会堂北。"卷九《学校》下：社学，"明东社学在连山驿东。正德十四年（1519），令朱豹易告成寺地创立。……（嘉靖）十三年（1534），令钱璠改为连山驿，迁于稍东"。《学校》下（明）姚涞《奉化县社学记》有："既而喻侯去且七载，教事渐隳。海虞钱

奉化知县知州史料选辑

侯国用至,因其弛而张之,有弗协于乃心者,更而迁之以淑奉子弟,且立显忠祠于其左,以风厉焉。"雍正《浙江通志》卷八十八:"连山驿,《奉化县志》:'县东三百步。唐名剡源驿,在大溪东,宋毁。咸淳中叶梦鼎建奉川驿,元因之。明洪武十二年重建,改今名。嘉靖十三年,知县钱璠将告成寺地徙置社学于东偏,而改创为驿。今圮。康熙三十一年奉裁,归并奉化县。"光绪《奉化县志》卷十二《坛庙》上:"显忠祠,县治西官山下,祀明左拾遗戴德彝。旧在社学之左,嘉靖十三年令钱璠建,并置祀田十有三亩。""城隍庙,嘉靖十一年坏,令钱璠修之。"卷十三《坛庙》下:"嵩溪庙,县西五十五里亭下,祀明县令钱璠。光绪七年,拓址重建。"(有赵霈涛光绪二十三年撰《重建嵩溪庙碑记》)卷十三《坛庙》下:"隐潭龙祠,县西北六十里雪窦山侧。旧祠圮,明嘉靖十三年令钱璠重构。"卷二《建置》上《附废署·明察院》:"在县东,旧为按察司分巡之所。旧志:'地本仓基。'又为县尉厅。洪武十二年设奉定分司,县丞赵得顺建。十四年令高仲达增置。十五年改为按察分司。嘉靖间令钱璠建布政分司于学东,此地竟名察院。""明按察分司,在布政司右。嘉靖元年,令吴楻以浙东分巡无署,易告成寺地,环筑为墙,建大门未就而去。十三年令钱璠始创屋宇。""明布政分司,在县东一里,旧三皇庙。洪武初废,宣德十年县丞黄宁创建。嘉靖十四年署县事通判张源、令钱璠重修。""明塔山司署,在县东百里。(原注:嘉靖甲午[十三年,1534],令钱璠创复。)"光绪《奉化县志》卷三《建置》下:"惠民药局,正统间县丞何子隆重建于告成寺后。成化间,令曹澜徙建察院前。嘉靖中令钱璠改为楼,伺候上官时,假息于此,扁曰'枳栖'。"卷六《水利》:"龙津河,县东二里,即县溪,明嘉靖间令钱璠浚之。""倪家堰,县东北十里金钟墩西南。上为溪流,下为江潮。旧有碶障溪,使不入江。后为洪水所败,水尽注于江,而溪涸矣。明嘉靖十二年,令钱璠改筑为堰,使溪水入南渡河。"《中国地方志综录》(增订本)1935年版第151页:"嘉靖十四年《奉化县图志》十二卷,钱璠、倪复编,藏上海图书馆。"光绪《奉化县志》卷四十《旧志叙录》:"邑人谢滩编辑。"

　　钱璠主修嘉靖《奉化县图志》十二卷。此本,据《中国古籍善本书目》1992年版著录有北京图书馆(今国家图书馆)、上海图书馆藏本。后者今由奉化市方志办、文物所编印出版，提供了许多信息，有些内容是其他文献中看不到的。奉化二单位主管功劳不小。惜有几页页面不清。国家图书馆序9637号的另一藏本，不知好一些否，或可校核。（清）黄虞稷《千顷堂书目》卷八："钱璠《虞山书院志》。"《经学辞典》1993年版第531页："钱璠，明代经学家。嘉靖中举，任知县，著有《五经旁注》及《诗韵释义》《续古文会编》。"

浚龙津河记

（明）王杏

龙津河，去县东二里许，与大江相接，县之西南诸川攸归焉，诚上游也。国初，堰坝修复，河流吞吐，人才、民俗、商货、农畴为一郡称首。天顺、成化以来，水分河窒，风物视昔亦少杀，而旧迹遗〔埂〕〔墢〕犹有存焉者。正德十二年（1517），朱侯豹之任，巡郊问俗，相土度川，慨然曰："邑之风气视兹河通塞。污隆系焉，可不急诸！"移申获允。甫谋经始，而侯以调剧去。吴侯楫继之，托言修理，而志不在民，厥功用圮。以后惩噎废食，视若末务。而河之不可追复也，数十年于兹矣。嘉靖十三年（1534），钱侯璠下车，属耆访故，知是河之当急也。率于水浒而廉视之，则见河之故流瀗瀗已尔，河之故址廓廓已尔，壅而滞汇而沄者块焉坳焉已尔。侯毅然曰："河之塞也，其塞之者，蓁芥而墟，沙砾而蹊也；河之通也，其通之者，墟而港浍，蹊而泉流也。夺民可以济民，仁者亦为之，况因其故而利导焉者乎！"用是申上俞如，使民跃如。改倪家碶为堰，凿南渡芜塞，割民侵地，浚金钟等溪，筑乱作洋为同山土坝，方桥亦设坝。支流有防，而水由故道，盈则注，缩则停，涸则引潮之入，潦则任潦之出。是故，自新桥至长汀，达北渡，顺流而下，浩如也。时改建浙东道连山驿成，耆宦周君相辈〔谓"不可无言以传也"，〕请记于余，余以菲薄辞。逾月而兹河就绪，〔周君辈〕又以记请，余曰："是非修公廨类也，可以记矣。"廨舍之修，一时一事之便；兹役也，有五利焉，有三善焉。〔曰：何居？〕官之所役者民，民之所艰者，夫徒之苦，代马步以舟楫，而官不劳于催督，民得宴于息肩，其利一也。程迂而商贾[殆]困，有舟矣，朝登流而夕抵舍，自是行旅愿出于其途，而僻地渐成通衢，其利二也。长寿等乡被溉田数千顷，水旱无患，其利三也。洪流巨浸环据上游，而山川联襟带之美，其利四也。漾之以秋月，濯之以春涛，停蓄深而流布远，必将有异才出焉，以应溪山之灵，与兹流相澄霁，其利五也。[曰：敢问何谓善？曰：]昔之浚河也，以言；今之浚河也，以行。昔也，逾年而事不成；今也，期月而功即竣，非至断而能之乎？凡民可与乐成，难与虑始。河之始事也，民不以为难，盖投之以变通之会，而协之以众论之同，公焉已矣。拨夫以徭役，给饷以公帑，有不赡，捐俸助{也}[焉]，不加之以分外之扰，而循行慰劳，戒以勿亟，谒谒乎有如伤之视，则仁者之为也。断也，公也，仁也，是谓三善。三善者，善在侯者也。五利者，利在民者也。非善无利，利洽而善斯溥矣。非利曷善，善行而利斯永矣。信非廨舍之便于一时一事者比也，可以记矣。周君辈再拜而谢曰："尽之矣，请镌之石，以遗来者。"遂书以畀之，立石以为之记。（光绪《奉化县志》卷六《水利》。 据之校嘉靖《奉化县图志》卷十一《碑文志》下。 "商贾"，嘉靖本作"商贝"）

重修奉化县图志后序

（明）钱璠

奉化为邑肇于唐开元，而其有志也昉于宋之宝庆。讫于元之至元，则令丁君修之，皇庆则州达鲁花赤木八剌氏修之，延祐则州守马君修之。入我朝永乐、景泰间，凡再修，而弘治初则令徐君修之也。壬辰（嘉靖十一年，1532）季秋，余承乏兹邑，访旧志观之，将以考形势焉，究隆替焉，{弊}[辨]政教焉，审淳漓焉，稽休养焉，甄材廙焉。有以弘治志进者，则使复求诸宋元，而宝庆之志不可复得矣；至元、延祐志，虽仅得于民间，而多蠹残脱裂。永乐、景泰之所修，官无刻{本}。而一二抄本又为断简。其所可据者，惟弘治志已尔。则又见其叙次未伦，去取未协，立说多蔓，即欲因而修之。官府之簿书期会，田野之利害隐匿，犯虑萦怀，曾无虚夕。今年夏归自京师，谋所以终此志。复荏苒二三月，惕然兴曰："今复可后乎？"乃萃旧志，乃诹士与民，乃〔泊〕[稽]耆宿，凡可以备考观者，罔不悉具。于时择所以职而编纂，而校正，而采辑者，得其人如右。日长至，刻乃奏功。乃叹曰："志其如是乎？可以观，可以兴矣。是故观于[其]山川，而形势可考矣，观于[其]兴革，而隆替可究矣；观于[其]修举，而教化政事可〔弊〕[辨]矣；观于[其]风俗，而淳漓可审矣。观于[其]食货、徭役，而休养可稽矣。观于[其]人物、选举，而材愿可甄矣。其于临政也，亦有裨焉矣乎？问遗训而诹故实，有职于此土者，必有所不能外也。是故可以观，可以兴矣。虽然，斯志也，自罗浚作于宝庆，而三修于元，入我朝，修者亦三矣，今乃再修而刻以传。元志简则多漏，详则无体，永乐、景泰志亦多舛而不类，弘治志则于去取叙次立说之际又多病焉。夫其邑已八百年，而志之修殆五六刻，其修之难，既已如此，而志之失，或不能免于评焉。夫当时之自观，〔办〕[亦]罔不以为善，而今乃病之。君子观于今之志，亦办不知以为何如也。然其有裨理政之功，则岂可诬焉者哉！嘉靖十一年十一月吉旦(1532 年 11 月 27 日)海虞竹梧子钱璠识。（嘉靖《奉化县图志·后序》，以光绪《奉化县志》为底本，校嘉靖《奉化县图志》）

嘉靖奉化县图志后序

（明）丰坊

奉化尹钱侯国用，前工部东湖先生子也，于余有世讲之雅。为侯来县余二载，以其岂弟之德、清苦之操实临之。弗察察以明而讼者服；弗懔懔以威而梗者化；弗数数以役民而学校之政、碶津之利靡不修举，盖有古循吏风云。侯尝以县志湮阙，谒余谋之。余抱病，弗果赴。阅数月，侯乃以新志相示，则吾师东巢先生尝所草创者也。先生著述精博，其平生所业充栋，若《乐书钟律通解》《皇极经世通解》《正蒙发微》《琴录》《东巢漫录》《见闻栏楯》诸篇，皆足以发挥圣道，羽翼六经，有功于学者甚大。侯闻其贤，而以志委为先生。

所定凡例尤严于人物，微显阐幽，必究其实。弗拙于势利，有私谒者，先生拒弗与通，遂辞疾还鄞。侯虽再往起之，而先生念谒者，终不可化，竟焚草谢侯去。侯乃更命他士以成。余阅旧志，叙略文辞或未畅，分注详简或未立，人物、艺文去取或未当，释老之记载或太滥，他如夏黄公、崔广本居下黄之夏里，孙郃产于鄞，而概以为县人。今存传疑之义。惟县治诸图，则本先生意耳。粤自黄帝初建史官，有外史掌书，外令掌四方之志。《周官》因之，而职方氏掌天下之图，以掌天下之地。辩其邦国都鄙之人民，与其财用谷畜之数要，此志之原也。厥后司马迁之《河渠》，班固之《地理》《沟洫》，谯周之《三巴》，陆机之《洛阳》，顾野王之《舆地》，李吉甫之《郡县》，徐锴之《方舆》，王曾之《九域》，宋祁之《方物》，皆以史才为之，故修志者非具史笔不足以垂后。吾郡诸志，袁文清后难乎其能史矣。斯志凡例：坛庙、淅河、津梁、陂堰必利于民者书，宦迹之在民者书，贤人之言行有补于教者书，碑记、题咏之关于政者书。亦庶几哉有意于史乎？使其尽出先生，必有大可观者。然犹幸其总于侯也，是能例存其正而革旧之失，斯足以征为政之敏矣。余故嘉之，而序其后。乙未（嘉靖十四年，1535）季冬，前进士鄞丰坊书于西郊草堂。（嘉靖《奉化县图志·后序》）

嘉靖奉化县图志序

（明）姚镆

　　著矣；记户口，则登耗具矣；记学校、公署，则兴坠见矣。自是而物产，而坛壝，而桥梁，而祠庙，而宫观。〔自是〕而艺术，而仙释，而碑记，而吟咏之属，凡有系于一邑者，必采择而悉志之，示有征也。而尤谨于人物之登载。摭星宿，必先于羲娥；拾明珠，不使杂于鱼目。其间以道学名世，有若舒公文靖，以自得之学，为陆门高弟；忠义之士，既代有其人，入国朝，有若戴公德彝，死难于文庙渡江时，大节尤皎皎，与缙城方公并垂名于宇宙间；立言之士，有若戴公表元，在前元时著述满四方，号为文章大家。山川孕灵，钟此英

明代县令

杰，既皆大书特书，用为一邑之光，夫谁曰不然者？此外若名卿贤士大夫，凡以功绩显著者必书，以风节表见者必书，以廉洁著闻者必书，有一州一邑之惠政者必书[，力行古道、养高岩穴者必书]。皆以记贤也，表能也，尚操行，敦风化也。其沉潜义理、酣沃经史者必书，词藻卓绝、追踪古作者之域者必书。又皆以重儒术与文学也。下至匹夫匹妇以孝行节义称者必书。波颓风靡之余，亦又幸其有此特立，录以为世防也。大抵所载人物，率视舆论以为进退。其人苟贤矣，虽流离困顿，必表章之，不敢使之汩没而无闻，示公也。其人苟不肖矣，虽富贵赫奕，必显斥之，不敢使之附名于贤者之籍，亦以示公也。至若以子弟之故辄窜入其父兄，以朋友交誉之私辄阴予其所厚，皆世之所易犯者，而是志皆无之。其事确，其词核。简而不遗，详而有体。一展卷间，而数百年之文献具于是矣！信今传后，当无疑者。斯其所谓志乎？斯钱侯之所以有功于一邑乎？侯东吴世家，其为政一本于清约，而民自化。部使者屡旌之。政事之暇，乃能及此，亦可谓知所先务哉。嘉靖十四年岁次乙未秋九月既望（十六，1535年10月12日），赐进士出身资善大夫奉敕总督两广军务兼理巡抚都察院左都御史太子少保前兵工二部右侍郎致仕官奉诏起用慈溪东泉子姚镆书。（嘉靖《奉化县图志·序》）

嘉靖奉化县图志序

（明）谢瀫

　　竹梧先生来令吾奉化，以莅于政有余力焉，即览邑志，欲修之。今年夏，归自京师，乃延致儒硕，辟公馆。辱无似以编辑。俾入馆，先生盟曰："夫志之志也，贵直以传信尔矣。掩无以有则荒，矫约以多则曲，饰虚以实则诬。是故无入而无讳而有则信，无增而约娸而多则信，无饰而虚遗而实则信。亦惟博、惟核、惟公而已尔。夫是之谓'直而传信'焉。斯言也，神明实临之。"瀫进曰："夫志之志也，犹绘事乎？因物之形以绘之，而物{始}[斯]名焉。不依其形，则虽不绘山以川，绘草以木，绘人以物，然形色景象至于大愚，则人将指而名之曰某山、某川、某草木、某人物，其可得乎？夫志之志也，必如善绘者之妍媸任真而无所容其私，而后为直。而荒、而曲、而诬之庋，庶几可免也乎？"先生曰："免。"乃入馆。以搜辑，则不敢疏矣；以编摩，则不敢懈矣；以出入，则不敢私矣。"居五月而志成。先生乃币请东泉老先生之言弁诸首简。瀿得而盥诵之，悚然兴曰："博哉，其尽作者之法！核哉，其昭世之情矣乎！兹其为裨世教之文也已，邑志与有光焉。若曰以子弟之故而辄窜入其父兄，以朋友交誉之私而辄阴与其所厚。夫是二言，其诸荒与曲与诬之庋所起乎？夫若是，何以信天下也？"以质诸竹梧先生。先生曰："然。抑是志其可免是庋乎？"瀿曰："夫山川人物之显晦，以其人。邑之山川所登载者，不{为}[以]邑中形胜，则因得其人居之，与其所游咏。而江瑶柱，非东坡之传之，亦海错之琐琐者尔。至于人物，有可考者，可称述者，则载之；不实者，不足轻重者，不足关系者，则弃之。至于曰'窜入'，曰'阴与'，则自有世之{公论在。且以周宣王之贤而不能改其先人幽、厉之称，以桓司马、张燕公之当途而不能假史氏之笔，而况得而私之乎？"先生曰："如是，则庶几可免东泉老先生之言，而吾所谓三庋者亦可去矣夫。"瀿进曰："吾迪兹先生之教言，以求免于东泉老先生之所指，亦既蚤夜矣。古人所谓人祸天刑，则人与天实尸之，我何敢闻以坠先生之盟，以先速庋于东泉老先生之所指？"先生曰："可哉！"志成，因备述始终之故，以告诸览者。呜呼！其以为荒邪，曲邪，诬邪？嘉靖十一年(1532)十一月长}至日，后学谢瀿顿首拜书。（嘉靖《奉化县图志·序》。据光绪《奉化县志》卷四十《旧志叙录》校补）

嘉靖奉化县图志识

（明）谢瀿

惟六月十日，我竹梧先生重修邑志，鄞人倪子东巢受币来主编纂，吾师愧厓翁子主校正，而瀿尸采辑。迄于中秋，凡例、目录已付刻，而一二卷脱稿将半，倪子以疾辞归，尽束余稿以行。瀿亦让去。我竹梧先生凡再之鄞强倪,倪不果赴。九月朔,吾媿崖子与潆就馆。未几,媿崖子以修郡乘去。而考订去取,我竹梧先生实总裁之,至是志成。故前二卷皆题东巢倪复,而以后不敢诬载云。嘉靖乙未冬仲月望日(1535年12月9日),后学谢潆谨识。(嘉靖《奉化县图志》前附)

显忠祠记

(明)姚涞

国家当兴废之际,必有抗节秉志之士润鼎齿剑,视死如归,出于横流烈焰之中,以明委质无贰之义。若此者,非求知于天下后世也。顾天下赖名教以立,苟有其人为世道虑者,岂可执向背以为抑扬,据成败以为轻重,计祸福利害以为缓急予夺哉? 奉川戴公德彝之死难也,几百四十年,里人讳而不称者,夺于国威也。涞自入史馆,始知公之大节;访诸其邑人,类不能举其概;求之郡志,则逸而不传;惟《科贡考》仅列公名,而又失其实。按洪武二十七年(1394)及第之首则定海张公信,而其第三人则公也。公拜官编修侍讲,而中改御史及左拾遗者,则继世更定之制也。先皇之所简拔,嗣君之所录用,其文学风谊固已见推于当世矣。北兵南下,长江不守,公以身殉主,祸延宗党,此公死事之迹也。作郡志者不知公立朝大略尚存于国史,徒见南雍立石镌公之名,遂用其私臆,以赝乱真,置鄞人叶宗可于公之次,妄题其下曰"探花",而抑公于是科诸进士之末,是果何心哉? 痛乎忠义之易沦,而文献之不足征也! 嘉靖戊子(七年,1528),奉川邑侯陈君缟至,涞为言公之忠,陈君始请于观风者而祠之学宫,犹未有专祀也。越五载壬辰(十一年,1532),海虞钱君璠继宰是邑,涞复告之曰:"发潜显忠,守土责也。戴公之祠弗称,君盍图诸。"钱君作而言曰:"某为政,思以劝忠,善虽小,犹将张之以示风教,矧邑之嵩岱有如戴公者乎? 某之往也,政无先[于]此。"[君]下车进诸生而咨之,时则金谐。乃辟地于社学之左,为宇三楹,额曰"显忠",以祠公于中。岁甲午(十三年,1534)祠成,钱君率奉子弟,为文而酹之:

公之英灵,洋洋乎罔不慕焉,赫赫乎罔不肃焉,凄凄乎罔不怆焉。

钱君又惧岁祀无所给也,置田十又三亩,归之有司,以永血食于无穷。自儒流以至于樵夫牧竖,自故老以至于妇人稚子,始皆知诵公之忠烈,而重嘉钱君之善于表章也。夫文皇兴靖难之师,固非常情之所仰测,一时诸臣知齿刚舌柔之戒者,莫不达权通变,转危为安,保其荣禄,悔吝不及。独公乃若逆天命,拂人情,至于严诛而不悔,岂昧趋避于其间哉?盖公守经之士也,不可以语于绳墨之外,是故有所可,必有所不可;有所能,必有所不能。壬午(建文四年,1402)之死,固公之所谓可,而亦其自以为能者,又安得有他顾哉?非独公则然。昔者帝王之革命,仁济天下,英雄之用武,威震天下,宜无不服者,而一节之士顾欲与之校是非于危疑之间。士各有志,何世无之?卞随、务光之蹈稠水,若不悦于汤;而伯夷、叔齐之入首阳,若不悦于武。汤武之圣不亏,而四子之介不贬。揆道与义,各得所安,夫岂以相忤为病乎?吊伐如圣人,犹不免于守经之议,则王蠋、周苛、龚胜、孔融、尧君素、韩通诸臣之死,又何怪乎?且内难既平之后,若曹国公李景隆、历城侯盛庸、都指挥平安,初相仇,终相附,而卒不免于罪。洪熙之初下诏,释建文诸死事者之家属。昔人娶妇之喻:"在人者欲其从我,在我者欲其畀人。"夫恤往固所以劝来兹,非我祖宗之微意欤?此钱君立祠之义也。或曰:"奉川之有戴公,犹缑城之有方公也。"涞应之曰:"二公之死事同,而其所以当死则异。方公宠冠儒臣,凡兵筹国议,听其谋断。夫谋人之军,师败则死之;谋人之邦,邑危则亡之。方公任谋国之寄,而构难速亡,谁当执其咎者?所谓一不成,而万有余丧,非特义所当死,于势亦不得不死。戴公则不然,以旧君则可以死,以同姓则可以无死。使公而不死,则为胡为杨,为金,为黄,赎前愆而责后劳,亦无不可。顾公徒以君臣之经而死,非若出于迫与激者。此其处死之难,诚与方公差异,安可以均一死并论乎?"嗟乎!公躯糜矣,族已残矣,所不可夺者,独公之志耳。语有之:"石可破也,而不可夺坚;丹可磨也,而不可夺赤。"其公之谓欤?其公之谓欤!嘉靖十四年八月吉旦(1535年8月28日)。(嘉靖《奉化县图志》卷十一《碑文志》下。 光绪《奉化县志》略有出入)

省方亭记

(明)钱德洪

　　奉川四山罗延,岿然独中峙者,锦屏山也。盘旋井落之间,邑治负焉。余昔游天姆、华顶,尝道其境。环睹层峦叠嶠渺天际目,殊不可穷状。及一登锦屏之巅,不藉车舆陟涉,四顾之下,诸胜攒萃,坐可俯而有也。岁嘉靖丁酉(十六年,1537),县尹钱君竹梧报政之五年,民人泱和,政治休暇。每退食,则与邑中之贤达者与贤达之游寓邑中者,偕登锦屏,徘徊瞻眺,道论古今,咨诹政治得失。百姓喜公车出,老稚拥观临巷,壮者附趋后先,或争持酒醪铺果以辅欢剧。一日,与吾友俞子思斋、邑博翁子媿崖,酒酣而乐,顾二子曰:"是山当诸胜之萃,是巅又当兹山之萃。不有名亭,曷美嘉境?"乃命工柱石而亭之,请二子名。二子曰:"君出游而民乐,君游乐而治益进。是游非无事者,请以'省方'名亭如何?"君曰:"诺。"于是二子以书请予记其事。绪山子曰:古者天子巡行方岳,诸侯会朝燕□,凭轼结靷,车毂之声轧于道而民不称病。文王以民力为台池,召康矢歌者音于《卷阿》,禅裾谋政在野,子贱寄兴于琴,是何政治之暇且豫也?后世规规于缠缴之中,身劳于事,智竭于谋。然而略涉迹于山水观游,则百姓兢胥怨诅,执法者从而议其后矣。是何古今之不相及也?岂论治者未及其端耶?是故治天下者如治丝,绎其端毋撄其乱焉已矣。故古之善为治者,正其身而教存,顺其时而事存,因其俗而化存。绎其端也,故治常逸。吾闻竹梧之治奉川也,洁己以廉,示民之无欲也;惠下以勤,示民之无惓也;事上以正,示民之不援也;接士以礼,示民之有敬也。宜其治益久,政益暇。日岭、隐潭、雪窦诸名胜,踪迹所到,风物其存,下不以为病,上不以为疑。政最日闻于上,诵声交作于下,其庶几古之逸道者乎?是不可以无记。媿崖名桂,闽人。思斋名大本,与余同邑。俱已应聘南宫。竹梧名瑶,海虞人,其先与余俱出吴越武肃后云。(嘉靖《奉化县图志》卷十一《碑文志》下)

挹秀楼记

（明）俞大本

奉川钱侯莅邑年久，政通民和，百废具兴，间及山泽亦有创葺。去邑十里有山，为日岭，为夫人石，四周无依，挺挺壁立，上干层霄，下可宽二亩许，遐觌之若作人状，俗遂以名，下复为夫人祠尸之。然但以为里人祷祈祀祝之所，而英奇骚逸登兹祠者，不获挹见兹石之秀，则又不能无怅惘瞻跂之意。侯偕客至，则兴叹曰："此岂非邑人之阙典也与哉？"爰命工治材，为楼三间，辟之以窗，使人凭栏仰窥，而兹石秀状矗矗在目，因题为"挹秀楼"。时余适观厥成，侯即以记属。夫令尹有邑土，则一方之山川皆其主之，则夫摅灵呈秘、搜奇耀幽以公于民人者，固其职分之事。但惟志隘，则得失为重，或避作兴之嫌，而才力不给者，戴星竭膏，又且缠束于簿书期会之繁，夫何及此也？然则于兹举也，固足以征侯之志、之才，而亦以知侯之教民者深也。是故挹其中立可以不仆，然而民知强矣；挹其孤特可以不群，然而民知廉矣；挹其锐颖可以不厉，然而民知义矣。神道设教，此或其一端欤？然则兹楼也，又岂徒以资游观、从逸乐者乎哉？爰为志其实如右。若夫费捐禄资，役不妨农，则自侯之创葺皆然，不必书也。侯名璠，字国用，号竹梧，为苏之常熟人云。

（嘉靖《奉化县图志》卷十一《碑文志》下）

雪窦山

（明）钱璠

雪山风景信奇哉，宋主先曾入梦来。飞瀑千寻悬玉蟒，群峰万叠拥瑶台。含珠林废名犹在，锦镜池空水自回（池旧堙塞为田，今始修复）。可惜频年遭劫火，梵王宫殿半蒿莱。（《雪窦寺志》2011年版第453页。据嘉靖《奉化县图志》卷九《艺文志》校，补夹注）

封山礼定应塔

（明）钱璠

布袋依然在，天门下座通。石床香界定，宝塔法轮雄。一笑风尘外，千竿梵呗中。无生谁共语，可许问支公？（《中国佛寺史志汇刊》（第一辑）第15册《明州岳林寺志》，第125页）

登首岭柬同游

（明）钱璠

名山劳梦想，公暇偶同游。细雨祛残暑，清风报早秋。奇峰当面笋，曲涧抱村流。把酒登临罢，令人忆虎丘。（嘉靖《奉化县图志》卷九《艺文志》）

重建嵩溪庙碑记

（清）赵霈涛

嵩溪庙不知始自何时。案宝庆《四明志》载：剡源乡，管里一，村四。嵩溪里，其一三石村；其二小晦村，北宋时，单氏自东阳来居之。夫有村落，宜有神庙。盖唐宋剡源寺院森立，岂古佛有栖止之龛，而明神无凭依之地乎？有以知其不然矣。文献无存，难以臆断。其木主题曰"钱公之神"，无名字爵里，庙记阙如。相传公曾为邑令。考县志《名宦》有两钱公，一为宋康宪公讳亿，邑人祀于北山，于小晦无证；且非邑令，县志列之《名宦》，著书者之陋也。

一为明钱竹梧公讳璠,字国用。嘉靖癸巳履任,居官六年,忠诚廉洁,留心民瘼,善政不可枚举。第即其申减四明驿借支水马银、重修隐潭龙祠二端观之,小晦在四明之南,隐潭之下,意其时民苦赔累久矣。一旦公大为裁减,民之受其赐何如也?民苦旱干,公躬亲祭祷,重加修治,雨旸时若,岁卜有秋,民之受其赐又何如也?其享祀于兹土也,宜哉!不然,何以七乡不祀公,而剡源小晦单氏独祀公也?或曰:"然则何以姓而不名?"曰:"神之故。公之不名者,盖尊之也。"或又曰:"然则嘉靖以前奉何神乎?"曰:"显济庙英祐侯。见至正《续志》。"而嘉靖《府志》谓:"其神不知谁。"何况洪武礼仪:乡村每里立坛一所,祀五土五谷之神。《象山志》解之曰:"里社无坛,而乡各有庙,谓之当境。"是前此殆奉土谷神也。后见其庙已久,其神不灵,故改祀钱公欤。国朝来,屡圮屡修。光绪辛巳,村民单魁罡等见庙貌之不足以肃瞻视也,于是拓其基址,大其梁栋,高其墙垣,泽其丹膜,不一载而新庙落成。洵极一乡之壮观,而有以安神之灵,昭神之严矣。自兹以往,水旱无灾,疾疠不作,何莫非公之隐祐而默相之也?霄涛三石人也,距小晦十五里,同在帲幪之中。今年秋应单氏之聘,来修家乘,则见殿宇巍巍,迥异曩昔。瞻拜之余,愈仰声灵赫濯,行将如作宰时泽遍仁湖,岂独小晦一村而已哉?因志作庙之由,并为参证旧闻以讯来者。其同事诸人则另书左方。光绪丁酉(二十三年,1897。光绪《奉化县志》卷十三《坛庙》下"丁酉"前增"二十三年岁次")秋。(《剡源乡志》卷七《坛庙》。据光绪《奉化县志》卷十三《坛庙》下校,光绪本"秋"后增"分前五日赵霄涛撰")(按:嵩溪庙,在亭下,祀明邑侯钱公璠)

| **张源**,字清甫(一作:濂卿)。吴江赋溪人,举人,选宁波府通判,署慈溪、奉化二县。嘉靖十三年(1534)冬至十四年(1535)夏由通判署奉化。改判德安,调怀庆。

光绪《奉化县志》卷十六《职官表》上:"张源(补),吴江人,十三年由通判

署,见儒学文,又见戴澳《重建启圣宫记》。"《奉化市志·政府》1994 年版略同。光绪《奉化县志》卷八《学校》上（明）戴澳《重建启圣宫记》有："先是,吴江张公源创戟门,莆田林公士雅重建明伦堂,皆以郡别驾署篆。"同治《苏州府志》卷一百五《人物》三十二："张源,字濂卿,赋溪人。嘉靖元年领乡荐,选宁波府通判。署慈溪、奉化二县,并有声。而上官以私憾劾令调用,改判德安,调怀庆。时郑王府人与平民争讼,皆不直,而王欲专罪平民。源依律并罪王府人。王言繁,源曰：'王府人与平民皆朝廷人也,源为朝廷官,敢轻重视之乎?'乃不复言。又王府长史与推官争道,以告知府。知府曰：'长史五品,推官七品,推官当避长史。'源曰：'不然,此当以官衔论。长史居五品官衔,推官居四品官衔,长史当避推官。且以《周礼》推之,推官王臣也,长史,陪臣也。虽王于推官尚当礼焉,况长史乎?'知府以告长史,长史慑服。其尊朝廷类如此。及考满,遂归。世宗崩,遗诏至县。源方病卧,强起衰绖,徒跣稽颡号哭,如丧考妣,三日卒,年八十八。督学御史耿定向命祀之学宫。(《震泽县志》)"按：以钱璠任期而论,张源之任,应为钱璠赴京述职期间代理县政。

重修儒学戟门记

（明）王应鹏

君子之于天下也,苟见其事之当为者,初未尝以时之久暂为止作,亦未尝有居功专利之心,而相形于人己之间。夫人作之,我成之,仁人之心也。不以一朝之故,而图其永行吾义而已矣。吾于是深有取于张公焉。公倅吾宁有年,大抵以忠实之心行政,故民安而事集。甲午（嘉靖十三年,1534）冬,被台檄署事奉化。时奉令钱侯以述职去,邑中大饥,且淫水,民庐、官廨、陂田、人畜漂伤者何限? 公至,慨然曰："吾既以尸人而代庙人,吾敢以一息自委? 况钱侯之所以扶伤举废者,业已种种,去之日惟恐替,厥绪拳拳,吾宁忍坐视其坏也?"于是饬碶坝渠塘以行水,停不急之务,节无用之费,缓征薄敛,抱哺振恤,民用以苏。一日,顾学门而叹曰:"此门不修,何以妥圣灵、崇化本?"然度材经费,居常切衷,乃得废刹于班溪之山,彻而新之。君子以为辟邪崇正之功,两得之矣。且复以其奇者葺台司、府馆、谯楼、驿社之敝者,一时诸废改观。计经始之辰于迄功之期,才阅月耳。倏焉,安焉,民不见其有兴作之扰也。今夫兴作者,诲谤之府也,避难者容身之计也。非公素忠实,何以办此,则亦何能于人己、久暂之间无容心耶?门成,钱侯亦至止。公与钱侯落之。博士、诸生征予文以纪之。余惟一门之修,已悉二公之美。然而出入是门者,非诸贤不能也。故曰得其门者或寡矣。国朝以经术造士。盖六籍微旨,古圣传心之学也。近代学者昧此,往往攻文词以干仕进,甚者为奸深之言,文浅近之说。文体日坏,而至理日埋,所谓不得其门而入者也。不得其门与得其门者,其说何居?夫文者,心之声也。文体之未纯,心学之未讲也。故曰学问之道无他,求其放心而已矣。求心之要,今天子所赐"敬一"之训是已。此固张公、钱公之所以重冀于诸贤者也。张公名源,字清甫;钱公名璠,字国用,皆三吴闻人。大明嘉靖十四年岁在乙未夏仲月吉旦(1535 年 6 月 1 日)。(嘉靖《奉化县图志》卷十《碑文志》上)

‖ **纪穆**,永丰人,举人。嘉靖十七年(1538)任。

康熙《宁波府志》卷九《秩官》:"纪穆,永丰人,举人。嘉靖十七年任。"光绪《奉化县志》卷十六《职官表》上、《奉化市志·政府》1994 年版同。

‖ **徐献忠**(1493—1569),字伯臣,号长谷,华亭人,举人,嘉靖二十年(1541)任。任内尝为县学置田百亩以赡学。继陈缟建狱禁,凡五间,狱禁北为存留、预备二仓。谢政归,葺旧庐、治梅圃,读书其中。真草书法苏、赵。是为一代书法名家。

康熙《宁波府志》卷九《秩官》:"徐献忠,华亭人,举人。嘉靖二十年任。"

光绪《奉化县志》卷十六《职官表》上、《奉化市志·政府》1994年版同。光绪《奉化县志》卷十八《名宦》:"徐献忠,字伯臣,华亭人。嘉靖中由举人任奉化知县,约己惠民,政先厘弊。故人守宁波,用手版相临。笑曰:'若以我不能为陶彭泽耶?'即日弃官归。著书数百卷,卒,王世贞私谥'贞宪'。(钱谦益《历朝诗集小传》、《明史·文苑传》,参《康熙志》)"卷八《学校》上:"嘉靖辛丑(二十年,1541),令徐献忠置田百亩以赡学。"卷二《建置》上:县治,"西南为狱禁,凡五间,狱禁北为存留、预备二仓[原注:正统间县丞黄宁、弘治初令徐绍先相继修复。嘉靖甲午、乙未(十三、十四年,1534、1535)令陈缟、徐献忠建,在西廊]"。则徐献忠嘉靖十四年是否在任待证实。(明)王世贞《文林郎知奉化县事贞宪徐先生墓志铭》曰:"嘉靖己巳秋八月三日(二十四年,1545年9月8日),吴兴寓公、前奉化令长谷徐君捐馆舍,春秋七十有七。"《明史》卷二百八十七《文苑·文征明传附》:"徐献忠,字伯臣,嘉靖中举于乡,官奉化知县。著书数百卷。卒年七十七,王世贞私谥曰'贞宪'。"嘉庆《重修大清一统志》卷八十四《松江府·人物·明》:"徐献忠,华亭人,由乡举知奉化县。居二年,罢归。爱吴兴山水,遂徙居焉,时棹小艇扣舷吟弄。以天随元真自况。"

嘉庆《松江府志》卷七十二《艺文志》一《子部·谱录类》:"《水品》二卷,明徐献忠伯臣著。《四库全书存目》。"《艺文志》一《子部·杂家类》:"《山房九笈》《四明半政录》,明徐献忠伯臣著。"《艺文志》一《集部·总集类》:"《百家唐诗》一百卷,明徐献忠伯臣编。《四库全书存目》于《五十家唐诗提要》云:'考明徐献忠有《百家唐诗》一百卷。是编前无序目,或即献忠之本而佚其半欤?'"《艺文志》一《史部·地理类》:"《大地图衍义》《三江水利考》《吴兴掌故集》十七卷,明徐献忠伯臣著。《四库全书存目》。"《艺文志》一《集部·别集类》:"《长谷集》十五卷,明徐献忠伯臣著。按:是集赋一卷,诗三卷,文十一卷,列《四库全书存目》。"(清)倪涛撰《六艺之一录》卷三百六十九《历朝书谱》:"徐献忠,字伯臣,号长谷,华亭人。嘉靖乙酉举于乡,知奉化县。谢政归。葺旧庐,治梅圃,读书其中。真草书法苏、赵。(《松江志》)"

赠徐伯臣补奉化令

（明）何良俊

严程忽云届,将子临河桥。弱柳向微风,黄鸟时交交。感物伤余心,申尔以久要。虽有盈尊酒,何以永今朝。徘徊意不极,挥泪发长谣。（《御选宋金元明四朝诗·御选明诗》卷二十八。 何良俊,《明诗综》作: 何良傅）

送徐伯臣出令奉化

（明）陆深

徐卿家世更能文,新绾银章下五云。龙种拟看空冀北,牛刀聊复试鸡群。气横湖海神仙侣,坐拥江山锦绣纹。欲向风霜占大节,却从冰蘗树奇勋。（《俨山集·续集》卷六）

自小晦至西晦与曹新昌议民事

（明）徐献忠

行县淹朝雨,盘山转路迟。溪声连壑起,云气并峰移。候鸟催耕急,梯田贴石危。农官方在野,端为有年期。（《御选宋金元明四朝诗·御选明诗》卷五十九）

始访前奉化令徐征君（三首）

（明）王世贞

其　一

避世虽君事，高名可遂忘？未过徐穉宅，虚表郑公乡。萝径春从覆，蓬门日转长。还应却卤簿，小艇共沧浪。

其　二

彭泽不爱酒，江州无奉钱。远山将入供，残日佐谈玄。坐徒空庭暑，凉生高树蝉。指君东壁挂，借我北窗眠。

其　三

小筑城南地，诛茅苦未齐。还闻绿萝馆，幽托白云栖。别岫宽猿宿，空林恣鸟啼。无心隐大小，随意迹东西（君有精舍在山中，近始城居）。（《弇州四部稿》卷二十八）

文林郎知奉化县事贞宪徐先生墓志铭

（明）王世贞

嘉靖｝［隆庆］己巳秋八月三日（三年，1569 年 9 月 13 日），吴兴寓公、前奉化令长谷徐君捐馆舍，春秋七十有七。吴郡王世贞以左参政部吴兴，稍为经纪其丧。逾四月而迁晋桑。归里又三月，而其子文果以治命请曰："不肖敢为逝者徼惠一言。"谢不敏，则又曰："唯先子之获幸公也最晚，而最心念之，曰：'是公，吾所创见也。'既易箦，语不肖曰：'吾目待王公铭而瞑。'"余闻而悲之。按状，君讳献忠，字伯臣。其先世有判御药院者，从宋南渡至华亭，家焉。七传而为君父某公，娶某孺人，寔生君。君神识茂畅，性操并介。自其髫龀时，雅已慕竹素之事矣。稍长，属时义，即倾其作者。补博士弟子，试诸生间，褎然为举首。久之，荐应天。凡六上礼部不利。君既不获逞于时义，乃益务为搜猎稗官百氏外家之语，逸壁断戟，摩削亡昏旦。农圃医卜，支离覆逆；音声人伎，往往精探。其所缫造，虽专门名家，无以难之。而其为诗，自建安以下至大历，鲜有不窥薄。神情妙传，独在江左，与贞徽之际而已。文主尔雅，不离象质；赋颂碑志，取财东京。然至于论说兴革利害、物情时趣，有味乎言之也。华亭故推陆文裕先生博精于古，视君为丈人行。其扬抉风雅，下上今昔，耳语膝坐，忘其为吾汝也。君去礼部，为吏部选人，当得县令。人或谓："君少迟之一令，何足涸徐先生为？"君谢曰："令易及民耳，且也一第，亦何足涸徐先生？"竟得浙之奉化以去。奉化夷峻而城，蛇虺杂居，民俗陋而好讼，君不为斤斤三尺湿束之。节用、平税、蠲役、防水务，有以衽席其长老。稍推羡田学官为膏粥费。兴礼揖逊，彬如也。君所为植培，务在单赤以下。其政术好近民而远上，移牒条教饰儒而不必缘吏。以故良士大夫、草莽之臣，类能诵说之他不尽尔也。甫二岁，入计道彭城，有监司者以一笺笑授君致之京。君佯为不悟，抵京以一笺笑报。亡何，君坐殿罢矣。前君为诸生固已精堪舆家言，而会父府君殁，执君手曰："吾三世不益丁，得无于葬有所恨哉？是而责也。"君拜受教，则日夜偕所厚为堪舆者，相地数百里内，获吴兴之福山而葬焉。君又爱其山水清远，土风醇嘉。既罢，则斥置墓田，傍构丙舍，为终老计，不竟称华亭人矣。五柳双桐，偃蹇枝门，疏棂净几，奇书古文，间以金石三代之器，葛巾羽氅，徜徉其间。客至，则留小饮，听去。春容寂寥，随取而足。时命单舫渔童樵青于茗雪菰芦间，不复可踪迹也。故司空刘公、蒋公，司寇顾公诸大老为耆英之会于岘首，迫欲得君以重斯社。君不峻拒，一再往，后了不复恋。君燕闲之晷，肆于九经，作《春秋稽传录》《洪范或问》《大易心印》《四书本义分节》受钥伯阳，以破玄扃，作《参同契》；亥步心测，璞算神启，作《大地图衍义》《山房九笈》《三江水利考》；徇知郡将，冀酬山灵，作《吴兴掌故集》；探始中声，旁极正变，作《乐府原》《唐诗品》；朱邑既老，不忘桐乡，作《四明半政录》（"米"，《千顷堂书目》卷十作"平"）；其杂著诗文又数十卷行于世。君虽道在不朽，迹犹方内，而博探外典，遐想冲举。

每自谓:"刀圭投咽,羽翰立张,投金示报。"揖洪崖浮丘于玉京之上,葛稚川、陶隐居而下,所不论也。竟以访道不谐,邑邑成疾。委蜕之际,神识了然,岂所谓大道隔尘报身斯验者耶?君孝友天至,内行淳备。性不能画,而貌其吏部府君遗像如生。某孺人病革,欲有语不得。君跽请曰:"毋以仲季产未立耶?"趣推己所授遗之,且割橐中之半。而后喜可知也。呼仲季来:"微而兄,我不安死矣。"君娶陆氏,别室吕氏。生四子,为:文干、文核、文果、文樗。女六。孙男某。葬九霞山之阳,去其父墓若干里。按谥法:清白守节曰贞,博闻多能曰宪。不佞窃用二陶处士故事,志其大者,以为之谥曰"贞宪先生"。且为铭曰:

> 而始乎华亭,而令乎四明,而终乎吴兴。清白守节,博闻多能。曰宪且贞,请以易而名。庶几称为寓公,为乡先生。(《弇州四部稿》卷八十九)

祭故奉化令致仕徐公文

(明)王世贞

呜呼!古之豪杰于世有数奇,而不相值若避者,其幸而得之,则胶媲密而金逊利,然未有得之晚且难而失之蚤且易如公之与无似者也。公虽少年瘴山泽,中间为令辄自免,而以文章著名东南。即无似,亦窃海内声。然自公免令之日,而余以通籍于上京。余坐家难,罢青社,归海上,而公废著而游于吴兴。以故虽谬从卿大夫之末,其所慰而私淑者,翰墨之流懿,所趾而犹隔者,大雅之典刑。迨余强起越藩,从事兹郡,而始获用王江州故事,一执雁于寓公之庭。方握手而缱绻,若两毕其生平,凉飙为我来,流云为我停。当其扬风雅,核古始,派九流,陈三表,无似霍然,不敢以为愈。而至于操柱下之玄窍,综伯阳之秘旨,霏微若屑玉,潇洒如咽露者,非公言之听而孰听?公骤谓余有罗先生,百三十八年矣,书来见讯,以三山之契征表于瑞梦,而期炼药于玉阳之陉,顾刀圭之入口,当羽骨之立成。且将遗余以两丸,使获附于鸾鷟之尾。而余默笑而不应，然竟为公具人徒，饬舟楫，泛公于太湖，以候罗先生。寻闻其至，一日未见而病，病而亟归，归而遽以不起称矣。呜呼！讵意公之所谓梦者不在三山，而在两楹。余四十四而识公，公已七十有七龄（《辞源》1983年版：王世贞生于公元1526年。44岁，则在1569年。上推77年，即弘治六年癸丑。故王世贞之《文林郎知奉化县事贞宪徐先生墓志铭》之"嘉靖"，误，应是"隆庆"，经改）识公仅两月，笑语不获四，杯酒不获三，而遽溘然而就冥。慨徽音之莫嗣，伤逝轨之无凭。呜呼！痛哉！然视公之与罗先生，则已幸矣。公遗爱在邑，挂冠脱然，陶柴桑巾车之兴；五言长城，时自雕饰，宋左司昆明之境；临池逸笔，窈窕沈郁，褚河南《枯树》之遗；扁舟笤雪，浮空破奇，张志和《渔父》之咏。独其所深寄而自宽者，黄金一成，冲举非艰，盖将天彭大夫之长年，卑陶都水之一官。而终其身逐逐于炉鼎，而竟不仇其言。余送公谒罗先生，其二章之起语曰："闻君欲炼大还丹，与唱仙人行路难。空里云车骄欲堕，风前石髓健难餐。"毋乃谶耶？其不然耶？今更举之以唁公于九原，公无粲尔而破颜耶？抑为我凄然而长叹耶？（《弇州四部稿》卷一百五）

高廷忠，字允卿，长乐人，举人，嘉靖二十三年（1544）任。在任行惠民之政，当道优奖，民德之，为立生祠。县治东九十步之遗爱祠就是。后升江西临江府同知。

康熙《宁波府志》卷九《秩官》："高廷忠，长乐人，举人。嘉靖二十年（1541）任。"光绪《奉化县志》卷十六《职官表》上、《奉化市志·政府》1994年版作："嘉靖二十三年任。"光绪《奉化县志》卷十八《名宦》："高廷忠，长乐人，举人，嘉靖二十三年任。甫至，即划法之不便于民者十余条。每日五鼓起，至晡始息。不矫矫以沽名，惟顺人情土俗，而期于政行事集。不滥费，不苟取。有馈海错而潜置金其中者，即默返之，不扬于众。其贞以律己而容人之过，类如此。值夏大旱，忧恻不遑，乃屏盖素服，步祷于龙所。凡五日，雨遂如注,民以不饥。兢兢持守,六年如一日,当道优奖。民德之,为立生祠。后升江西临江府同知。(《嘉靖志》,参《康熙志》)"卷十二《坛庙》上:"遗爱祠,县治东九十步,祀明知县高廷忠。(《乾隆志》)"乾隆《福建通志》卷四十三《人物》一:"高廷忠,字允卿,长乐人。嘉靖乙酉乡荐,授奉化令。除法之不便民者十余条。每日戴星出入,不务钓名,惟顺人情,宜土俗,期于政行事集而已。性节俭,不苟取。有馈海错而潜置金其中者,默还之,不扬于众。值旱,屏盖步祷,大雨如注,民赖不饥。"

萧万斛,字时应,别号俟轩,太和人,举人。自望江学,嘉靖二十八年(1549)任奉化令。任内,因倭患,改建塔山巡检司,并创石城一座于湖头渡浒,抵御倭寇侵犯。又修县治,复建广平书院等。

康熙《宁波府志》卷九《秩官》:"萧万斛,太和人,举人。嘉靖二十八年任。"光绪《奉化县志》卷十八《名宦》:"萧万斛,字时应,江西太和人。嘉靖间自望江学迁奉化令。始莅政,革分例,定赋规,均徭役。一意徇民,不肯阿势。时多倭患,申改塔山巡检司,并建出海公馆,创石城一座于湖头渡浒,挈鲒埼、爵溪、铁场、塔山之兵,造哨船七只,联布司滨以给防御。时以文宗条约,明射礼,建射圃一所。岁冬,王师败绩于黄岩。奉邑无城,寇且旦夕至,亟申于上,捐常徭而均其役,乙卯(三十四年,1555)春正月至十二月而城成,延袤一千一十八丈有奇,仅发金万二千三百五十两。寇三至,不敢逼。又建又新堂,左耳房库,右兵器库。又建仪仗库。俱取诸赎金,不科里甲。任满给由,旋谢事归。万斛治邑有心计,能以术笼络其豪使之,常得其力,而性坚,不可以势力撼。方邑议筑城,部使欲稍广之,而万斛固缩之,期乎速成。无何寇至,而城已完,民赖以安,始服其识。性喜文,常集诸博士弟子员试艺。虽案积纷杂,而批阅文艺悉中窾郤。至乡会得隽皆尝所识拔者。其衡鉴精凿如此。(《康熙志》)"卷二《建置》上"城垣"引(明)张时彻《城垣碑记》:"依山为邑,不城不隍。自开国以来,盖百八十余年于兹矣。……嘉靖壬子

（三十一年，1552），倭寇蚁聚内侵，大掠于黄岩。自是破都攻邑，殆无虚日；远近播迁，弗适有居。而奉化，四封则故滨海也。县令萧君吁众而议曰：'夫令长之设，以为民也，民存与存，民亡与亡。今寇患孔亟，宵昼弗虞。郊鄙之民，犹得侦缓急，窜匿榛莽，丐一旦之命。维兹市廛，固笼中禽耳，且又贼所垂涎也。若顿兵四隅，鱼丽而进，即赀货、妇女可尽虏也。况甍栋鳞次，持一炬灼之，即瞬息烬矣。令兴寐所为惕。若不能挽强挺锐，与贼争尺寸之锋，计惟成城以守耳。汝众谓何？'诸士庶稽首曰：'非父母恩德不及此，敢不惟命？'萧君乃悉从父老而景相之……工肇于乙卯正月五日（三十四年，1555 年 1 月 27 日），迄于是年十二月六日（1556 年 1 月 17 日）。"《中国地方志集成·乡镇志专辑(24)：忠义乡志》1992 年版第 627 页：嘉靖三十一年，"汪较力挽强弩，尤精矢药，殳刃俱习。有司于军门赐以义士关防，知县萧万斛上于军门，赐义士关防。是年夏（《筹海图编》作'四月'），倭寇入奉化应家棚，较率民兵射毙十余人。贼创艾遁去，较亦被伤以亡。（《嘉靖志·汪较传》，参考《忠义乡志·人物·汪较传》）"。光绪《奉化县志》卷二《建置》上：县治，"亭前为仪门，左右为从屋各三间（原注：嘉靖二十六年，令萧万斛修）"。则萧万斛嘉靖二十六年（1547）已经在任？疑"二十六"系"三十六"之误。卷二《建置》上"正厅后为又新堂，凡三间（原注：成化中，令曹澜修。嘉靖三十六年令萧万斛又修）。"《附废署·明塔山司署》："在县东百里。［原注：嘉靖甲午（十三年，1534），令钱璠创复。三十三年，令萧万斛改建于湖头渡］。"卷十《兵制》有(明)袁大诚撰《新置湖头巡司碑记》，文曰："宋王荆公为鄞令，筑塘捍海，今犹凭之。侯湖头之设，保障益严，乃知荆公之业始于句东，萧侯之勋基于奉化，不亦旷百载而相媲美哉者。侯名万斛，字时应，江西泰和人。由乡进士任职已十年于兹。惠泽洽布，颂声交流，采民风者当自得之。嘉靖三十七年岁次戊午仲夏谷旦。（《康乾志》）"光绪《奉化县志》卷九《学校》下："广平书院，县东六里广平乡。文靖舒先生家塾，元改为书院。至正中毁。明嘉靖三十九年，知县萧万斛复建，在司马桥西北。"

城垣碑记

(明)张时彻

　　奉化县,故为鄞地,隶会稽郡。隋并鄞入句章,置鄞州。唐改鄮县,开元中析置奉化县,属明州,历代因之。元贞元初升为州,国朝洪武二年复改为县。去郡治八十里。为乡八,为区十有四,属都五十二,编户一百四十六里。东北界于鄞,南界宁海,西北界嵊县,又东南界于象山,西南界于{宁海}[新昌]。依山为邑,不城不隍。自开国以来,盖百八十余年于兹矣。值时方隆熙,刁斗不警。即有小偷,县官出片纸捕治之,无不帖伏于法。虽性易抵冒,好斗讼,然皆狃于耕桑,守在四境,斩关走圹之盗蔑如也。岁丰时和,则犬不夜吠,外户不扃。以故讦谟树画之吏非乏也,而未始议城事。嘉靖壬子(三十一年,1552),倭寇蚁聚内侵,大掠于黄[岩。自是破都攻邑,殆无虚日;远近播迁,弗适有居。而奉化四封,则故滨海也。县令萧君吁众而议曰:"夫令长之设,以为民也,民存与存,民亡与亡。今寇患孔亟,宵昼弗虞。郊鄙之民,犹得侦缓急,窜匿榛莽,丐一旦之命。维兹市廛,固笼中禽耳,且又贼所垂涎也。若顿兵四隅,鱼丽而进,即赀货、妇女可尽虏也。况甍栋鳞次,持一炬灼之,即瞬息烬矣。令兴寐所为惕。若不能挽强挺锐,与贼争尺寸之锋,计惟成城以守耳。汝众谓何?"诸士庶稽首曰:"非父母恩德不及此,敢不惟命?"萧君乃悉从父老而景相之,四面率以旧郭门为界,面皆置门,门有谯楼。横缩共一千一十八丈有奇,约费金一万二千三百五十两有奇,合用筑户三百七十三名。乃上其事于当道曰:"时诎举赢,自昔忌之。今郡邑多事,藏无殰蓄,罔所取财。若借征本邑常徭而均役其力,庶几说以使民者乎? 其科算程督,则不肖令身肩之,有所不恪,谴死无悔已。"乃得请于朝,筮日兴事,始末经费较若划一。君乃时时行作者而拊循之,众罔费力。工肇于乙卯正月五日(三十四年,1555 年 1 月 27 日),迄于是年十二月六日(1556 年 1 月 17 日)。雉堞连云,崇墉刺日,屹若金汤之固。由是贼凡三过其县,仰而睨之,旄旗戈戟遍于楼橹，辄辟易以走。蒸黎得保生聚，靡有荡析，凡皆成城之功也。诸士庶谓："邑之大事，不可无记。"而藤丞严君但请谒于余。余乃言曰："余尝诵古人言，而知圣人忧民之远也。其曰'守在四夷'，曰'在德不在险'，则力行仁义，宣明教化，于以殿邦保民，不啻足矣。而又曰'设险守国，重门御暴'，斯又何也？盖舞羽格苗，修文致雉，奚险之凭？然而复隍之虞，苞桑之戒，圣哲所为谆谆焉。要之，防水未决，保邦未危，其道则然耳。又况倭寇纵横，烽燧交错者乎！故求吏治于今日，惟防御为急，而催科听断不与焉。诸当道轸念时艰，萧君乃只承德意而作我长城，所谓能捍大患者，非耶？夫甘棠遗芾，岘山崇碑，恩德于民邈矣，且犹旦暮思之，而况保卫室家永永不替者乎！是孰能忘之？"斯举也，首议则监察林君应箕，定议则巡抚王公忬、胡公宗宪，监察赵君炳然，督课则参议许君东望，知府邱君玭、张君正和，而知县萧万斛则终始力任其事。其士民佐役者并列之。

　　碑阴铭曰："皇皇赤县，井井周衢。生斯聚斯，万民所都。夷寇蜂屯，宵]旦靡虞。谁其城之？监抚诸司。谁其司之？令尹大夫。伊何云役？都鄙蒸黎。如鷇斯抹，如妪斯煦。匪棘其欲，市也来趋。楼橹翼翼，崇墉屹如。[寇]用震骇，有疾其驱。草木弗薙，井灶弗墟。十百千祀，永奠厥居。其不然者，为醢为菹。孰是不鉴？孰是不思？金石可变，功德靡渝。谓予不信，视此丰碑。"嘉靖三十五年岁次丙辰春二月朔（1556 年 3 月 11 日）。（顺治《奉化县志》卷十一《艺文志》。 据光绪《奉化县志》卷二《建置》上校补。 所脱 800 字左右，疑复印脱页）

新建城碑记

（明）王交

　　奉化为吾郡南百五十里之县，阻越江山，渐出近东海，则要区也。镇亭、鲒埼志于《汉》史，地而未邑。析鄞治奉化肇于唐开元，邑而未城。嘉靖岁乙卯（三十四年，1555）自正月始城，至于十二月。为费一万二千三百五十余全，为役三百七十三户。为植二十尺，为围一千一十八丈有奇，为堞一千八百五十雉。为门四，重屋其上，曰迎恩，曰贞明，曰顺成，曰起凤。为隍东临龙溪，南襟灵济，北带文昌溪，而西负华山以固。屹然海上金汤，厥功懋哉。先是，疏献明允，则有侍御史林公应箕；申饬贞协，则有都御史王公忬、胡公宗宪，侍御史赵公炳然，视海孙公宏轼，莅守许公东望；程画恪共，则有郡大夫丘公玳、张公正和；若轸切民艰，预剥肤之忧，殽设险之义，而举不过赢，用不加赋以董成者，皆萧侯也。侯名万斛，字时应，别号侯轩。自泰和世家，江右造士，以治教名奉化者有年。故能孚通士民，以奠维域中。岛□入寇，起壬子（嘉靖三十一年，1552），郡无宁岁，民无帖席，独未有撄侯捍御之锋者。适城成，寇辄屡至，则固不可犯，凛凛囊橐，避去矣。版筑之集，惟见其利安全之休，昭在旦夕。奉人悦以忘劳，侯之恩深而怨泯，不亦宜乎？诸生乃皆拜手言诸其师曰："虑患戒事，无先时之动；戢防弭危，无后时之狭。非侯炳几善爱，其能有兹城哉！侯畏知慎独，而吏弊势猾一，莫之敢干。其养纯，其守定。吾奉人获承利泽于无穷者，盖有本也，曷能忘？"博士丘君行义、丁君崔、李君秀咸曰："然不睹河洛，孰思禹功？今侯有以不朽于若邑矣。欲垂诸石，将无待于言耶？"用是征辞于予。将事者王生棠、周生逢、沈生应鹗也。介请者太学周子庄也。谨再拜受而书之。诸所相厥成者具列左。（顺治《奉化县志》卷十一《艺文志》）

新置湖头巡司碑记

（明）袁大诚

我朝令甲沿海置卫所、镇兵，以耀威慑远。其关津阨隘，俱设巡司，以侦几摘伏。盖控百夷，固封守，制之良也。奉川无土著之兵，四封之外，益严巡守。其塔山、鲒埼，故设也；其湖头司，今奉川令萧侯所新建也。噫！兹侯之虑事，豫卫民切，若有戚于其中，而亟亟以图之者乎。夫奉，故东地也，始海上止闽盗潜行，邑治尚熙晏也。嘉靖己酉（二十八年，1549），侯下车辄瞿然曰:"《易》示其亡,《书》严有备。邑无城郭之固,岂王公设险之防乎?"先时递设倭铺一十四座,第守土者恬于亨嘉,俱曼澉视为一切。侯乃修圮振废,仍更置其不便瞭者,益选丁壮,制器械以守。遇警,则又发民兵以翼之。昔所资哨守者,悉雷动而螽举矣。壬子(三十一年,1552),倭突犯应家棚,侯督义士汪较率弩手数十人御之。贼多被矢伤遁去,较亦阵亡。侯又愕然以惧曰:"防扼未得其要,如贼之深入何?况夷心叵测,即一制胜,庸知下复炽乎?"遂周视海堧,惟湖头尤为当守。盖奉川三面阻山陆之固,惟东南则枕海焉,间海盗欲入奉川者,必自湖头。是湖头岂惟鄞与象山、宁海之要冲?实奉川腹心之所系。弛襟喉之防,而欲绥腹心之警,非策之全也。虽旧设有塔山巡司,距湖头凡十里许,在今日诚无济缓急。乃建议迁于湖头,挈内各司兵咸造十桨飞船,并力以守。邑内司曰鲒埼、塔山,各造舟二,挈兵八十六名:分居之;丽象山曰爵溪,造舟一,居兵二十二名;丽宁海曰铁场,造舟二,分居兵八十六名:统以塔山司官,咸舣舟于湖头之涯。以探之,则远不蔽;以守之,则近不疏;以剿捕,而犄角之。则出之从容,不病于溃乱而无制矣。又议建出海公署一所,中堂,东西两房以居官,两楹各一十二间以宿兵。置石城一座,惟南面设门,上置更楼,以警晨昏之节。木工之费约七十余金,其城则取力于海滨之民。计定,乃疏决于都御史思质王公,巡按御史赵公,海道副使同野李公,分守参议许公,分巡佥事北坡余公。咸嘉可之。以甲寅(三十三年,1554)二月始工。时县幕莆田方望督海务,遂以视工。越七月报成焉。夫时然后动,则力舒而财不縻;信而后劳,将民日子来而乐观厥成。岂惟奉川弭东南之忧,即象、宁二县亦恃有安枕之庇。由是滨海士庶获适寝处,谓侯之功不可以无纪。国子生汪荐请言于余,因作而叹曰:"兹非侯之所树不朽者乎?侯夙负不群,乃今展采,错事俱务,为瑰玮卓绝之行。廉足以贞俗;仁足以止暴;静足以镇浮;断足以熙载;明足以晰微;义足以植善。诸所擘画,视义可否,即抵捂訾毁,俱不暇恤。盖稽谋煜雪,虑切民艰,直以康济天下为己任。矧规为防邑,讵肯恝然?昔见莅于明者,借寇以除害,卒贻门庭之忧;按兵以纵逋,驯致金陵之扰。与侯不大径庭哉?宋王荆公为鄞令,筑塘捍海,今犹凭之。侯湖头之设,保障益严。乃知荆公之业始于句东,萧侯之勋基于奉化，不亦旷数百载而相媲美者哉？"侯名万斛，字时应，江西泰和人。由乡进士任职，已十年于兹。惠泽洽布，颂声交流，采民风者当自得之。余复将考绩明庭，亮膺异数。因系以铭曰：

天子守在，四□赫然。烹倭不逞，遗乱常黩。货媿彼伊，优解巡艟。消兵上游，倭始骀奔。侯惟念止，设险扼亢，势不但已。爰相爰度，湖头之阳。有屹其城，有翼其堂。爵溪铁场，鲒埼塔山。简徒命舟，戎备日闲。率作奋庸，并力以守。□用骇訾，敢窥其右？奉川宁象，穆彼皇风。弗震弗惊，伊谁之功？聚拓之守，相翔之诛。以逮挢虔，徒然睅盱。岂惟攘□，肃清阛阓。外内四封，允侯之赉。维兹士庶，食德靡涯。勒之贞珉，永昭孔怀。嘉靖三十七年岁次戊午仲夏谷旦（1558 年 5 月 18 日）。（顺治《奉化县志》卷十一本《艺文志》。 原文作者名未著录，今据雍正《浙江通志》卷二百五十六"《新置湖头巡司碑记》，光绪《奉化县志》卷十《兵制》节本：'嘉靖三十七年仲夏袁大诚撰'"补）

又新堂记

(明)项守礼

侯轩萧侯令吾邑之八年，政熙民和，百废具举，既乃振邑治后堂之圮而新之。材石砖甓之类捐自俸资，力征于民。经始于仲秋，落成于孟冬，凡四阅月而大工竣。扁其堂曰"又新"，朝夕退食于兹。莲幕方子征记于减峰子。减峰子升其堂而视之，见形势严整，栋宇轩翔。中为燕食所，左以贮钱帛，右以宝圣驾。乃叹曰："兹堂之制又一新矣。"侯作而曰："'又新'之义，如斯而已乎？愿乞一言，以为燕食规。"减峰子曰："善哉，侯之问也。夫君子之仕也，上以事君，曰'忠'而已矣；下以临民，曰'爱'而已矣。是忠与爱也，非自外至也，天命之性也，吾心之德也。虚灵不昧，涂人至于圣人一也。体之于己，谓之'明德'；施之于人，谓之'新民'。特在不为旧染所污而已矣。旧染不污,则清明常在,厥躬而忠君爱民之念时出而无滞,日新而不穷。古之人兢兢业业,克勤克俭,不迩不殖,亦临亦保,率是道也。此'又新'之规也。我侯其进于是矣乎?侯江右英杰也。其心,忠君爱民之心也;其所学,明德新民之学也。出而令吾邑也,政之弊者更之,民之强者锄之,历久而弗懈,吏民莫不日仰其焕然一新也。及其退食于兹堂也,其心翼翼然,惟恐其不及也。左顾钱帛之藏而叹曰:'是朘民膏脂以实之也。吾之出纳也非一日矣,得无有滥用以污吾之爱者乎?'右仰圣驾之藏而叹曰:'是明天子之法像所在也。吾之瞻拜也非一日矣,得无有倦勤以污吾之忠者乎?'推是心也,是无终食之间违忠与爱也。立则参前,在舆则倚衡,而施之政事之间,炳炳乎精明之流行,而'意必固我'之私不得以浣之。由是而无倦焉。性定而德立,恒久而不已,以之裁成天地之辅相,万物胥此焉。措之是之,谓无负明德新民之实学,而所谓'又新'者,将无待于堂而得之矣。邑之人士仰侯之成功文章,譬诸入明堂清庙之中,见其重门层阁千圆万方、华采炫耀而不知所以创。造之者,规矩之外无他术也。我侯'又新'之学,其操规矩以出方圆者乎?使嗣是而令者,居斯堂也,将必竦然动心,爱护而时缉之。'又新'之功永永不坠,又孰有出于我侯规矩之外者乎?"侯拜而谢曰:"命之矣。敢不佩服,以为燕食规。"爰记其事于石,以赞屋漏,以诏来者。侯名万斛,字时应,别号俟轩,吉之泰和人,登嘉靖庚戌(二十九年,1550)进士。时嘉靖三十六年丁巳孟冬吉旦(1557年10月22日)。(光绪《奉化县志》卷二《建置》上。 标题过录者拟)

杨旦,字明甫,休宁人,举人,嘉靖三十八年(1559)任。任内尝筑天宁、长沙二堤,修缮县治。四十三年任杭州水利通判。

乾隆《江南通志》卷一百二十八《选举志·举人》四:嘉靖二十八年己酉科,有"杨旦,休宁人"。

康熙《宁波府志》卷九《秩官》:"杨旦,休宁人,举人。嘉靖三十八年任。"

光绪《奉化县志》卷十六《职官表》上、《奉化市志·政府》1994年版同。光绪《奉化县志》卷二《建置》上：县治，"永乐间令裴琚、成化中令曹澜等相继修复正厅三间，名为忠爱堂（原注：旧扁曰'勤政'，曰'公正'）。厅左为军器库，又左为幕厅，凡三间。右为仪仗库，又右为西厅，凡三间（原注：弘治二年令徐绍先修，后嘉靖三十九年令杨旦复饰）"。乾隆《江南通志》卷一百四十七《人物志·宦绩》九："杨旦，字明甫，休宁人，嘉靖举人。知奉化县，筑天宁、长沙二堤，民利之。通判杭州，革织例金三千缗。转青州，疏河运，三月成功，致仕归。"所云"天宁"、"长沙"二堤，光绪《奉化县志》卷六《水利》未见记载。所录有"沙塘"、"长汀塘"，称谓疑有误。杨旦之筑此二堤事迹，光绪《奉化县志》脱落，当予以补上。

民国《杭州府志》卷一百《职官》二《府属·明·水利通判》（按嘉靖三十五年增设唐西水利通判一员今据《唐西景物略》补列）："杨旦，休宁人，嘉靖四十三年任。"杨旦等在杭州运河施工中颇有成绩，《大运河经济带》1997年版第215页："为了提高工作效率，降低人力、物力的消耗，刘天和在施工组织管理上采用了一整套行之有效的方法。当时随同刘天和治河的官员杨旦和邵元吉对此做过很好的概括：'计工以定役，故为力甚简；视徭役之成数以调役，史胥无所容其奸，故民不扰；顾值惟计工不计日，故为费甚省；画地分工，完即遣散，故人自为力；庐舍、饮食、器具、医药、劳勉周至，故民不知劳。'"

李惟寅，字懋之，延平人，举人。嘉靖三十八年任进贤县学教谕，与纂《进贤县志》。嘉靖四十二年（1563）任。

乾隆《福建通志》卷四十《选举》八《明贡生·将乐县学》："李惟寅，奉化知县。"雍正《江西通志》卷十七：进贤县儒学，"初在县东南二里，宋崇宁三年设县建……嘉靖四十一年知县程光甸重修，李惟寅记"。《江西方志通考》（上）1998年版第88页："嘉靖《进贤县志》，程光甸修，李惟寅纂。……李惟寅，字懋之，福建将乐人，岁贡。嘉靖三十八年任进贤县学教谕。四十二年升浙江奉化知县。"

光绪《奉化县志》卷十六《职官表》上："李惟寅,延平人,举人,嘉靖年间任。"序萧万斛后,高应旸前。《奉化市志·政府》1994年版同。按照雍正《江西通志》之记载,光绪《奉化县志》卷十六序次应做必要调整。

┃傅良谏,江西临川人,嘉靖四十五年(1566)任。万历十年十一月由重庆知府升为广东分巡按察司副使;三十一年在任济宁道副使。

雍正《江西通志》卷五十四:嘉靖四十三年甲子乡试,有"傅良谏,临川人"。

康熙《宁波府志》卷九《秩官》:"傅良谏,嘉靖四十五年任。"光绪《奉化县志》卷十六《职官表》上、《奉化市志·政府》1994年版同。

《明实录·神宗显皇帝实录》卷一百三十:万历十年十一月庚午"升四川重庆知府傅良谏为广东副使"。道光《广东通志》卷二十七《职官表》十八:按察司副使"傅良谏,江西临川人,进士,(万历)十二年任"。道光《琼州府志》卷二十三《职官志》一《文职》上:分巡按察司副使"傅良谏,江西临川人,进士。(万历)十二年任"。《御选明臣奏议》卷三十四《议开泇河疏》(万历三十一年)(李化龙):"刘昌庄至万家庄,计长八十一里,内除韩庄等处二十里六分旧渠免挑外,该全挑新河一十六里,浚旧河四十四里四分,建闸一座,滚水灞一座,筑堤二十七里,该夏镇郎中梅守,相济宁道副使傅良谏督率兖州府运河同知汪兆龙、清军同知刘师朱,滕县知县张鹏翼,峄县知县凌志魁管理","其单县帮修……聘济宁道副使傅良谏督率……管理"云云。

┃高应旸,字贞所,广西宜山人,琼子。嘉靖壬子(三十一年,1552)举人,任浙江龙游教谕。隆庆三年(1569)在任,修天宁塘。

雍正《广西通志》卷七十三《选举》:"高应旸,宜山人。琼子,奉化知县。"

光绪《奉化县志》卷十六《职官表》上："高应旸,广西人,举人,嘉靖年间任。"序李惟寅后,杨旦前。《奉化市志·政府》1994 年版同。

(清)汪森《粤西诗载·粤西文载》卷七十一："高应旸,字贞所,宜山人。嘉靖壬子(壬子,三十一年,1552)举人,任浙江龙游教谕,课士有贤声。升奉化知县,剔奸摘伏如神,丰采严峻,人不敢干以私,后以艰归。所著有《青鸟山人集》。"

雍正《浙江通志》卷五十六："天宁塘,一作'善塘',在长汀塘对岸。宋待制仇念率乡民,自岳林至金钟墩,筑七百余丈。明成化间洪水冲决,知县曹澜筑之。嘉靖八年决,知县陈缟复筑。隆庆三年,知县高应旸修,令主簿罗良侪补砌。"据此载,高应旸尝于隆庆三年修天宁塘,则是时应该在任。高氏尝修天宁塘(又称"善塘")之记载,未见于光绪《奉化县志》之《水利·天宁塘》《坛庙·善塘庙》等章节记载,当补。

《明实录·穆宗庄皇帝实录》卷三十八:隆庆三年十月丙午(初六,1569年 11 月 14 日),"以水灾,免浙江……鄞、慈溪、奉化、定海、象山……等县存留钱粮"。

周光镐,字国雍(《象山县志》字作:国祚),号耿西,潮阳人。隆庆六年(1572)由宁波推官摄篆。任内迁建显忠祠。从铨部郎守顺庆,升四川副使,转参政,迁陕西按察使,擢金都御史,抚宁夏,入为大理寺卿。著有《征南纪事》,《明农山堂汇草》《出峡草》《正俗会约》《武经考注》《兵政集训》等。

光绪《奉化县志》卷十六《职官表》上:"周光镐(补),见颜鲸《重修显忠祠记》,六年由宁波推官摄篆。又见《慈溪县志》,其冬摄象山县事。"《天一阁明州碑林集录》2008 年版第 133 页《宁波府题名记·推官》:"周光镐,字国雍,潮阳人,由进士隆庆六年任。"光绪《奉化县志》卷十二《坛庙》上:"显忠祠,县治西官山下,祀明左拾遗戴德彝。旧在社学之左,嘉靖十三年令钱璠建,并置祀田十有三亩。隆庆六年,节推周光镐改建今址,复置田二十余亩。"卷十二《坛庙》上附颜鲸撰《重建显忠祠记》有:"隆庆六年,宁波节推潮阳周光镐来摄邑宰。首询废状,惕然伤之。顾谓群属曰:'桐乡俎豆,犹胜子孙。兹邦先遗谊绝百代,而衰窳若是,伊谁责邪?'亟闻诸郡伯。番禺王君原相敦尚风节,为具状请于巡台江右虹峰谢公,公曰:'诏书下郡国,首恤靖难之臣。拾遗之烈,与天台埒。是圣天子之所怀也。光照休德,可不是务乎?'命特建新祠,署其额曰'乾坤正气'。"

康熙《宁波府志》卷十《名宦传》:"周光镐,隆庆六年授推官,署象山事,首谒学宫,询典籍残缺,即捐俸购贮于学舍。时命驾巡省阡陌,廉知山税病民,诧曰:'如此硗瘠,而令岁输奔命,畴甚堪乎?'遂白之两台,立减山荡税额千余两。民乐更生,至今咸受其赐。"乾隆《潮州府志》卷二十八《人物》上《名臣·明》:"周光镐,潮阳人,字国雍,号耿西。隆庆辛未进士,授宁波推官,有声,从铨部郎守顺庆。万历丙戌(十四年,1586),西南不靖,邛筰陆梁中丞徐固知其能,疏请监军。光镐轻骑飞渡,传呼所至,贼众惊匿。抵越嶲,部署诸军,三路并进,所向无前,直捣贼巢,擒获贼酋安守。大小三十余战,斩首四千有奇。"《明实录·神宗显皇帝实录》卷二百九十一:万历二十三年十一月"丙申,升都察院右佥都御史周光镐为大理寺卿"。《明实录·熹宗悊皇帝实录》卷二十九:天启二年十二月"己卯,予原任漕运临淮侯李邦镇、大理寺卿周光镐各祭葬如例。"

(清)朱彝尊辑《明诗综》卷五十六:"光镐,字国雍,一字耿西。朝(潮)阳人,隆庆辛未进士,除宁波推官。升南户部主事,改吏部,历郎中。出知顺庆府,升四川副使,转参政。迁陕西按察使,擢佥都御史。抚宁夏,入为大理寺卿。有《明农山堂汇草》。"《千顷堂书目》卷五:"周光镐《征南纪事》一卷。"卷二十五:"周光镐《明农山堂汇草》。字国雍,一字耿西,潮阳人,大理寺卿。文三十四卷,诗十五卷。"光绪《潮阳县志》卷二十二《艺文》下还有"《出峡草》《正俗会约》《武经考注》《兵政集训》"等。

重建显忠祠记

（明）颜鲸

矣！孤臣遭邦不造，抗迅雷赫电之威，蹈死若平直，以身担千古之纲常，而不暇计宇宙之消息。此心之天定也。时移事改，烟空水寒，无复知商容之间，荡阴埋骨之乡。而学士大夫衔命按节，乃能检寻遗传，悼痛忠魂，表章恐后。盖销沉于峻威厉禁之久，而无意相遭，一旦掀揭于百九十余载之下，岂非性天感触，超日月而行空，旷浩劫而长存者耶？噫嘻，嗟乎悲哉！文皇靖难之兵，其扫□烬未清之运，接高帝父子中绝之统。天之所命，谁能违之？而当时临命仗节，振响乾坤，自方、黄、齐、练兵之外，殆溢百人。复有行道不污如雪庵僧、河西佣之类，悉数未易更仆哉。吾所闻乎，何其多而烈也！在死难诸贤，天台方正学为最著，其被祸亦最惨。戴拾遗之死，实与同焉。拾遗名德彝，奉化人，登洪武甲戌榜一甲第二名（按前引姚涞《显忠祠记》，第三名）。始官翰林编修侍讲，后改左拾遗，则国初之制也。□考其考抗志坚贞，折骸摧骨，神气不变，则泰山可断，一身俱胆；九族为赤，求成一是，则白日可寒。故君何在？饮血重泉，肮脏流风，廉顽立懦，则可贯紫霄之长虹，制沧海之颓波，精游八表，不可磨也。嘉靖壬辰，尝立祠于社。卑垣薄栌，风霜摇落；鼯鼠游啸，流潦四集。牧童乞子跳嗥偃息于其间。甚非所以昭明德之祀，示褒劝于人心也。隆庆六年（1572），宁波节推潮阳周光镐来摄邑宰。首询废状，恻然伤之，顾谓群属曰："桐乡俎豆，犹胜子孙，兹邢先遗谊绝百代，而褒崇若是，伊谁责邪？"亟闻诸郡，郡伯番隅王君原相敦尚风节，褒中吊古，尤切兴废之□，为具状请于巡台江右虬峰谢公。公曰："诏书下郡国，首恤靖难之臣。拾遗之烈，与天台埒，是圣天子之所怀也。光昭休德，可不是务乎？"命特建新祠，署其额曰"乾坤正气"。周公共命惟谨。爰卜官山之阳，捐俸庀材，专官董役。堂寝门垣，并时丕作，庙貌聿新。复取费寺田二十余亩，以供香火烝尝之需。而邑令胡子潜秉彝同念，克□厥美。诚百年之旷典，万民所允若也。予谓砥柱碣石，无损于江海之深；回日返风，无亏于天地之大。故唐尧不能夺箕颖之高，武王不能遏夷齐之谏。有成祖靖难之师，不可无方、戴、齐、黄、景、练、铁、姚公之节。有畴昔剑利斧诛之禁，不可无今日开天霁日广高厚之恩。古今一气，万物一身。事固有以悖而相成者，道岂二乎哉？成祖尝曰："使练子宁，若在，朕方用之。"大哉王言！此今日戴公之祠所由立云。奉化邑博姜桂芳始白其事，而邑彦王元仁与有劳焉。（顺治《奉化县志》卷十二《艺文志》。 据光绪《奉化县志》卷十二《坛庙》上校补）

▎**胡潜**，无锡人，举人，嘉靖四十三年（1564）任仙居教谕。万历元年（1573）任。

万历《仙居县志》卷八《官属·儒学教谕》："胡潜，举人，无锡人，嘉靖四十三年任。"民国《台州府志》卷十四《职官表》六：嘉靖四十三年在任，"胡潜，教谕，无锡举人，升奉化知县"。

康熙《宁波府志》卷九《秩官》："胡潜，无锡人，举人。万历元年任。"光绪《奉化县志》卷十六《职官表》上、《奉化市志·政府》1994年版同。

▎**刘时可**，字志孔，广东高明人，举人，授南京徽州黟县教谕。万历四年（1576）任。改惠州府教授及镇江府教授，迁楚府纪善。著有《梁湖集》《群书拔萃》《分门玉屑》。

道光《广东通志》卷三十三《职官表》二十四：万历元年癸酉乡试，有"刘时可，高要人，知县"。

康熙《宁波府志》卷九《秩官》："刘时可。万历四年任。"

光绪《奉化县志》卷十六《职官表》上、《奉化市志·政府》1994年版同。光绪《高明县志》卷十三《列传》一："刘时可，字志孔，登隆庆庚午贤书，授南京徽州黟县教谕，温雅和平，造就有方，每立规条，必以身先之于诸生，赘馈一无所计。祀黟县名宦，升浙江奉化尹，改惠州府教授及镇江府教授，迁楚府纪善。著有《梁湖集》《群书拔萃》《分门玉屑》，藏于家。"

▌黄廷竹，万历年间任。

康熙《宁波府志》卷九《秩官》："黄廷竹，万历年间任。"光绪《奉化县志》卷十六《职官表》上、《奉化市志·政府》1994 年版同。

▌梅一科，宣城人，万历七年知武康县，九年在任。万历年间任奉化令。

乾隆《江南通志》卷一百二十八《选举志·举人》四：嘉靖三十七年戊午科，有"梅一科，宣城人"。《徐朔方集》第 4 卷《晚明曲家年谱》1993 年版第135 页："据《湖州府志》卷六，族兄梅一科，万历七年以举人任武康知县，明年得替。"《武康县志》(四、五)1983 年版第 1413 页："青云塔……隆庆间知县金九皋倡始，万历九年知县梅一科告成。"按前引，梅一科万历仍在任武康知县，则至早在万历九年以后任奉化知县。康熙《宁波府志》卷九《秩官》："梅一科，万历年间任。"光绪《奉化县志》卷十六《职官表》上、《奉化市志·政府》1994 年版同。

《四库全书总目提要》卷五十九《史部》十五《传记类》(存目一)："《二梅公年谱》二卷(两淮盐政采进本)：《梅询年谱》一卷，宋淳熙中陈天麟撰；《梅尧臣年谱》一卷，元至元中张师曾撰。二人皆籍宣城，与梅氏为同里也。明万历中，梅一科合而刻之。"

▌詹沂，字浴之，号鲁泉，宣城人，隆庆辛未进士。万历年间任，十一年(1583)自奉化知县升礼部主事，未任。十五年复除。十七年三月辛酉由主客司员外郎改光禄寺丞。十八年五月辛丑朔，升为南京尚宝司卿。十九年十二月壬寅，任南京大理寺右寺丞。二十四年九月，在任南京太常寺少卿。三十一年任升右副都御史，协理院事。十二月丁酉，升都察院左副都御史。三十三年正月戊戌，以考察自陈，乞罢。三十五年四月癸巳朔，乞休。不允。三十六年十月戊辰，再疏恳归，章下吏部。三十七年九月癸卯，封印自去。上优许之。明大臣挂冠自沂始。归里后，以"洁身"名其堂，把自己的俸禄分给族人。年八十三卒。有《洁身堂稿》。

康熙《宁波府志》卷九《秩官》："詹沂，万历年间任。"光绪《奉化县志》卷十六《职官表》上、《奉化市志·政府》1994年版同。雍正《浙江通志》卷一百五十二："詹沂，《奉化县志》：'号鲁泉，宣城人，万历中以进士为给事中，左迁奉化令。视士民如子。岁旱，躬祷郊外，雨大至。连三日，祷皆雨，环城十里皆足。八乡之未雨者远诣县庭，号呼以请。沂曰：'我当复出。'于是每日大雨如前，八乡沾足。"

《礼部志稿》卷四十三："詹沂，直隶宣城人，辛未进士。万历十一年由奉化知县升，未任。十五年复除，升本司员外。""詹沂，见下，万历十七年由本司主事任（员外郎），改光禄寺丞，至都察院左副都御史"。《明实录·神宗显皇帝实录》卷二百九：万历十七年三月辛酉，"改礼部主客司员外郎詹沂为光禄寺寺丞"。卷二百二十三："万历十八年五月辛丑朔，升光禄寺寺丞詹沂为南京尚宝司卿"。卷二百四十三：万历十九年十二月"壬寅，以南京尚宝司卿詹沂任南京大理寺右寺丞"。《读礼通考》卷九十三："万历二十四年九月，南京太常寺卿杨时乔、少卿詹沂等上言"云云。《太常续考》卷七："詹沂，直隶宣城人，隆庆辛未进士，万历三十一年任。升右副都御史，协理院事。"《明实录·神宗显皇帝实录》卷三百九十一：万历三十一年十二月丁酉，"詹沂升都察院左副都御史"。卷四百五：万历三十三年正月"戊戌，都察院左副都御史詹沂、左佥都御史赵士登各以考察自陈，乞罢。敕用心协赞，不必辞"。卷四百三十二："万历三十五年四月癸巳朔，左副都御史詹沂乞休。不允。"卷四百五十：万历三十六年九月"庚寅，礼科给事中周永春言：'滇抚妄杀冒功，按臣周懋相不以白简胪列，溺职欺君，不可一日留于地方，乃左副都御史詹沂曲徇人情，惮于更差，报君之心已灰，纳贿之门如市，尚可俨然豸绣之上哉？'

不报"。卷四百五十一：万历三十六年十月"戊辰，都察院左副都御史詹沂再疏恳归，章下吏部"。

乾隆《江南通志》卷一百四十八《人物志·宦绩》十："詹沂，字浴之（《大清一统志》卷八十一作"裕之"），宣城人。隆庆进士，授新建知县，擢给事中。宰臣张居正夺情议起，南省臣具疏乞留，沂独不署名。历升左副都御史。会勘妖书狱，力止株连。咸宁令满朝荐以事忤珰，被收。沂固请得释。楚藩之变，陈善后事宜：'凡亲王违制，抚按皆得以白简从事，乞增入敕内。'从之。尝值除夕，上谓左右曰：'此时廷臣受外觐官书帕，开宴打闹。惟副都詹沂清寂可念。'累疏乞归，不可。遂解组，出国门候命。上优许之。明大臣挂冠自沂始。"《回族人物志》（上）2000 年版第 588—589 页："詹沂，字浴之，号鲁泉，安徽宣城人。隆庆五年（1571）进士。授新建县知县。有惠政，征拜给事中。因事得罪张居正，被调往山东任副使。后来朝廷议裁冗员，詹沂在被裁减之列，回归故里。詹沂后来被起用奉化知县，转祠部员外郎，又迁光禄丞，历任南尚宝、太常、太仆卿，曾代理应天府尹事。应天府每年所产之**丝**售价数万缗，官府例取十分之一，而詹沂却分文不受。不久，詹沂调升都察院任左副都御史。这时，发生了勘平'妖书狱'，他极力反对株连。咸宁县令满朝荐因为做事不慎，得罪了宦官，被逮入狱。詹沂据理说情，得以释放。有一年的除夕，皇上对左右侍臣说：'此时廷臣受外觐官书帖，开宴打闹。惟侍郎杨时乔、李廷机，副都詹沂三人清寂可念。'于是数次召三人答对，并赐给羊酒锭币。后来，詹沂数次上疏要求辞职归乡，朝廷不许。詹沂便解下绶带，把印信送至朝中，等候御旨。皇上觉得詹沂心诚，便准许他辞职归乡，于是有'洁身忘义'之旨。明代大臣还没有挂冠求罢的朝官，詹沂是第一人。詹沂归里后，以'洁身'名其堂，把自己的俸禄分给族人。年八十三岁卒。朝廷封赠左都御史。著有《洁身堂稿》。"

《千顷堂书目》卷二十五："詹沂，《洁身堂存稿》，六卷。"

乔万里，字鹏翼，号弦所，松江人，隆庆丁卯（元年，1567）举人，内江教谕。万历十三年（1585）任。任内与学博子陈世杰、魏存仁重建明伦堂。擢河南通判，终杭州府同知。

嘉庆《松江府志》卷五十三《古今人传》五《明》："乔万里，字鹏翼，华亭人，登隆庆元年乡荐。知奉化县，廉以持己，勤以恤民，尤重学校。明伦堂圮，力新之。逋税者，令渐次输纳。民有讼，必先劝谕，往往释忿去。擢河南通判，终杭州府同知。（《浙江通志》）"光绪《重修华亭县志》卷十七《人物》六《备考》："乔万里，字鹏翼，隆庆元年，举人，知奉化县。廉己恤民，逋税者，令渐次输纳。民有讼，必先劝谕，往往释忿去。终杭州府同知。"

康熙《宁波府志》卷九《秩官》："乔万里，松江人。万历十三年任。"光绪《奉化县志》卷十六《职官表》上、《奉化市志·政府》1994 年版同。光绪《奉化县志》卷十八《名宦》："乔万里，号弦所，松江人，举人。万历间任。廉以持己，勤以恤民，尤重学校。明伦堂圮，即力新之。其于逋负，令渐次输纳。负罪者至庭，必哀矜而遣之。擢怀庆府别驾。司成戴愚斋述其德政。（《康熙志》）"光绪《奉化县志》卷八《学校》上："万历戊子（十六年，1588）大风雨，明伦堂圮，邑令乔万里同学博子陈世杰、魏存仁重建之。戴洵为之记。"

雍正《河南通志》卷三十二《职官》三《各府知府·怀庆府》："乔万里，江南华亭人，举人。"

明伦堂重建记

（明）戴洵

国家建学，教士之堂皆曰"明伦"。吾邑学之有是堂，旧矣。万历戊子（十六年，1588），大风雨，堂尽圮，令君华亭乔侯惧教之不行也，士之无所归也，民不知所向方也，岁方歉，不敢以时诎举赢为解，悉力重建之。首事于某月，及某月讫功。学博士贵州陈君世杰、合浦魏君存仁、嘉兴张君灿谒予为记。予思"明伦"之说何昉乎。《孟子》曰："舜使契为司徒，教以人伦。"又曰："学则三代共之，皆所以明人伦也。人伦明于上，小民亲于下。"是"明伦"者，自尧舜三代以来所以设教之具也。盖人之所以为人者，在伦。人之所以为伦者，在明；而人伦之所以明者，则亲之是也。人生天地间，相生为父子，相偶为夫妇，相次为兄弟，相资为朋友，相制为君臣：其名分不可易矣，是之谓伦。然必父慈子孝，乃成父子；夫正妇顺，乃成夫妇；兄友弟恭，乃成兄弟；朋规友诲，乃成朋友；君仁臣敬，乃成君臣：其事理不可混矣，是之谓明。夫以吾一人之身而为父子、夫妇、兄弟、朋友、君臣之所属，以父子、夫妇、兄弟、朋友、君臣之异人而皆属吾一人之身，则分之为五伦，而合之实一体也。可得疏乎？不可得疏乎？庸得不亲乎？故明者，人伦之理；亲者，人伦之心；明之者，亲之之功；亲之者，明之之实。惟亲则油然爱，欢然合，家无乖违，国无倾夺。人之所以为人而异于禽兽也，自形骸分。尔我隔而百姓不亲，不亲则不逊，不逊即天合父子、兄弟犹且不相顾焉，而况人合如夫妇者乎？又况如朋友、如君臣益疏益远者乎？然父子、兄弟居于家，夫妇处于室，君臣立于朝，其游斯学、登斯堂者，独朋友耳。朋友于五伦称最疏，而谓五伦皆明于是者，岂直资讲说、广论辩哉？盖五伦之实皆具焉。是故师坐于上，而群弟子皆奔走于其下，则事使之理；师食于上，而群弟子皆供具于其下，则色养之诚；师授业于上，而群弟子皆序进于其下，则齿让之敬；师讲道于上，而群弟子皆信习于其下，则倡随之感。是故登斯堂者，虽谓之居家庭之近可焉；虽谓之处闺门之邃，可焉；虽谓之履朝著之严，可焉。若乃弥文饰而由衷寡信，陈义高而率履多越，则朋而不心，面朋耳；友而不心，面友耳。势且疑，且忌，且相倾夺。其于一伦未明矣，而况五伦乎哉？故曰明于一伦者，即五伦无殊心；亲于一伦者，即五伦无悖行。盖举一朋友而君臣、父子、兄弟、夫妇从之矣。故曰国家建学为首善之地者，言自朋友始也。故曰明者联疏以为亲，昧者悖亲以为疏。人之所以邪正，俗之所以淳漓，国家之所以治乱，世运之所以兴衰，其皆此伦之由乎？登斯堂，达斯义，则必不以形骸为利害，必不以尔我为是非；必欲以兆人为一体，必欲以四海为一家；必当以一身任天下之安危，必当以一己系一世之隆替。何者？亲之也。不然者，一堂之上，泛若道路，藐若秦越，戾若仇仇，而其居于家、处于室、立于朝者，皆可知矣。其能自远于禽兽者几希。呜呼！有伦则人，紊伦则兽；明则成伦，昧则成紊；亲则成明，睽则成昧。一念之萌，毫厘之介，其可不戒哉？余自受谒来，抱疾者数年，不克执笔。今始得为之记，庶观者有所警而知亲，毋曰："朋友，徒四方之人也。"已时三君皆已去。今博士则永宁谢君尧诰、秀水姚君舜聪、安吉张君师载，令君则无锡朱君万龄。实命工刻之石。（光绪《奉化县志》卷八《学校》上。 标题过录者拟）

陆鹤鸣，旗手卫籍，万历十八年(1590)任。

同治《上江两县志》卷十四《谱·科贡》："陆鹤鸣，旗手卫籍，官奉化知县。"康熙《宁波府志》卷九《秩官》："陆鹤鸣，万历十八年任。"光绪《奉化县志》卷十六《职官表》上增"贡生"。《奉化市志·政府》1994年版同。

朱万龄，无锡人，万历十六年(1588)任祁阳县知县，二十年(1592)任奉化令。

乾隆《江南通志》卷一百二十九《选举志·举人》五：万历元年癸酉科，有"朱万龄，无锡人"。《祁阳县志》1993年版第361页《祁阳县唐至清代县官名录》："朱万龄，无锡，万历十六年任。"《祁阳文史资料》第23辑《祁阳县卫生志》2008年版第311页："明万历十七年(1589)，县城居民因患疟者众，老者高烧憩息于榻，少者裸身枕藉于道，既饥又病，甚为悲惨。祁阳知县朱万龄（无锡人）知情后，开积仓，施粥哺饥，给药疗疾，得救者日以千计。"

康熙《宁波府志》卷九《秩官》："朱万龄，无锡人。万历二十年任。"光绪《奉化县志》卷十六《职官表》上、《奉化市志·政府》1994年版同。

樊毂,字中舆,江西进贤人,由举人任江南绩溪县教谕,旋署县事。万历二十四年(1596)至二十九年(1601)任。任内移筑奉化城。擢知陕西庆阳府。

光绪《南昌县志》卷三十二《人物志》三:"樊毂,字中舆,渐岭人。由举人任江南绩溪县教谕,旋署县事。值岁欠,出银赈之,恶吏胥高下其手,乃设极贫、次贫二式,称式与之,吏胥遂无纤毫利,俸满升浙江奉化知县。邑号难治。毂询疾苦,革弊政,治绩一新,擢知陕西庆阳府。"

康熙《宁波府志》卷九《秩官》:"樊毂,进贤人。万历二十四年任。"光绪《奉化县志》卷十六《职官表》上、《奉化市志·政府》1994 年版同。雍正《浙江通志》卷二十三:"嘉靖《宁波府志》:'奉化城,后据锦屏,前依玉几,左临大泽,右傍凤山。距郡南八十里。高一丈四尺,址广一丈三尺,面广一丈,周回一千一十八丈,延袤七里。辟四门,东曰"迎恩",西曰"顺成",南曰"贞明",北曰"起凤"。门各有楼。穴水门于西,为上水门;于东,为下水门。城之上有雉堞一千六十五。外自东南临龙溪,以西为文昌溪,北底陵谷,俱不设壕。奉化故未有城,嘉靖壬子(三十一年,1552),知县萧万斛始城之。'《奉化县志》:'万历间城多火灾,知县樊毂因民之请,移筑山下。'"光绪《奉化县志》卷十五《寺观》下:"普济庵(《康乾志》作:西溪庵),县南五里(《康乾志》作:八里)西溪。明万历间僧允空建。咸丰十一年毁于粤匪。同治四年僧云松修复。(《康乾志》,参采访)"卷十八《名宦》:"樊毂,江西人,举人,万历二十五年任,以慈和拊循为事。邑旧绳陋甲,岁致羡余数百金。严法芟革,镌石垂后。催科限期取足,不俟鞭挞。邑苦驿传供亿,力为裁减,民困始苏。居恒立意宽大,简厚不欲多事。及所当为,则又奋图恐后。沈谋卓识,声色不露,而大事大狱,默干而徐致之。听讼剖决如神,勿责其赎。治盗必破离其党,开以自新。作兴文学,时引青衿子弟,设俎豆,陈经术,旁及艺文,讲贯不辍。在任六年,以资晋贰常州郡。毂资貌玉立,温夷寡言笑。居官俭素,一篑一斝不资于民。去邑之日,垂橐萧然。民谣士诵诗歌成帙,为刊《去思碑》于衢。(《康熙志》,参屠隆《去思碑记》)"

免税碑记

（明）陈良训

奉邑南十里许，有普济庵者在西溪浒，北通宁绍，南极台温，自往来之名公巨卿以至旅商缁释靡不率由于此，盖所称要津者焉。窃西溪四面皆水，广函数百寻，而其源出自镇亭山，洪波怒涛。罔有宁日，且菰芦阴蔽，往往山君出没，暴客纵横，所由皇华之使、服贾之徒莫可栖止。故遇而伤者相藉也。万历二十〈一〉〔四〕年，江右樊公为邑尹，每至送迎于其处，即从事数十人，介介如孤身独往，咸有病疾之戚焉，曰："此间险阴，即瞿塘、剑阁莫得而过焉。"于是捐俸为资，会集诸里老，纠僧性承，翦荆棘，决沙石，填土架梁，不三年而成衡祇园。然后远近往来者或憩息于斯，或饮食于斯，咸获即安。其地遂鲜害人之险，以是因缘，度无量众。公曰："是谓之济人要津。"然人众食寡，无土田之赡，鲜伊蒲之资。僧乃垦辟以为囿，非以自养，而以养人。其功诚不可思议矣。嗣后，邑令屡屡以回涨报，欲入所税于官。而公等俱不允，且曰："保境安人，僧之功也，奚以税？"阅数岁，余亦承乏兹土，于是寂瑞惧纳税之犹夫初也，悉具本末呜呼之余。余曰："物之兴废成败，不可得而知也。昔者荒草沙滩，霜露之所蒙翳，狐兔之所丛生。是时岂知有普济庵耶？废兴成毁相寻于不已，则庵之复为荒草沙滩尚不可知也。尝观前代国史，若汉唐之白马滩，其名普济寺者成净土，计其一时之盛，宏杰诡丽，坚固而不可动者，奚特百倍于斯而已哉。然而数世之后无复存者，既已化为禾黍之亩矣。而况于此欤？且税随地转，地随僧转，僧随庵转。或一旦洪水冲激，东崩西圮，庵且不保，地复何有？僧必望望然去之。倘奇于此而升科，其害更甚于豺狼与夫劫夺者也，岂徒无心济人欤？"于是立碑以杜滥觞。僧并里递等泐文于石。余因退而为之记。（光绪《奉化县志》卷十五《寺观》下。任期据康熙《宁波府志》卷九《秩官》校改。）

奉令樊侯去思碑记

(明) 屠隆

　　大海喷薄汇注甬江,分流蜿蜒八十里而为奉川。奉阻山枕海,多瓯脱不毛,俗犷而民贫。路通会稽,与东瓯错壤,时有邮繻传符之累,以此益困不堪治。往者旱潦岁祲,征输日烦,而贪残长吏娄朘渔之,逋负迁徙,至虚落无人烟。侯之来莅奉也,召见吏民,尽得恫苦状,慨然曰:"兹殆病邑,元气受伤,仅留喘息。徐报澉之,乃可理也。"于是划文法,弛桁杨,一以慈和拊循为事。邑旧绳陋甲,岁致羡费数百金。吏胥因缘为奸。侯严法芟革八条,镌石以约:凡在官,不得蹑前例桥索所羡余。邑不重困,岁办自平。田衰赋外,立三限为期,以限受输。致盈而不取溢,操纵不资胥役,磨对不失锋针。凤蠹尽厘,刑不设而赋辏。故课额屡登,逾于它工催科者。奉故事隶驿传,若供亿不继,侯具请使者免编革存银若干两,诸司亦不能以格绳之。俗好讼,往往借师舞文,祈必胜。侯破□寡听,渐化于省;即掊决,片语中窾,咸折服以去于小嗛。略施梐楚,或会三老平讨,不责赎而豪猾惕。侯神明,恒若负霜雪矣。县治以壮,堞形崩峁,兆在炎历,按之尤验。侯改建以御毕方,而境不闻于思之役。治盗奸首魁,宥尤误。廉得真者,必务破离其党,与穷其窟,而野不苦蕉萃之警。月旦□□轨训,使里颂而入式之,旌其淑若而抶其荡佚。又时引青衿子弟,设俎豆,陈经术,傍及秋文,靡不翕然趋风化来俗习。若载铸而制科,蒸蒸鹊起特盛,皆侯久道化也。至于筑金钟之塔,而一邑之形胜若增;新灵济之祠,而数千顷之灌溉永赖,尤侯之遗泽垂之永永者。侯之言曰:"吾六载于县署,有未蹈之迹,而未尝于士庶怀速化之心。"盖尝过侯之稚门,穆如也,若无人;入侯之讼庭,阒如也,若无事;即侯之室,湛如也,若冰壶之澄;间又览侯之泽宫,邠邠如也,若缁帷之序。岂□古循良吏哉?今天下课吏治者以持法深刻为能,□□之长奉之而□加察,故赋额拟于蔥时,镘赎拟于足□,期会薄书拟于建咸,钩钜束湿拟于树异,自谓踔绝可□,方彼循良,而不知病以益病，于国家元气滋伤也。□□心不贰，敷政不苛，韬才不用，以阴福其□赤，而□□忘其名。视今之所为踔绝可喜者，得失固相万哉！侯樊毂，江西之进贤人，貌哲玉立，温柔寡言笑，居官俭素，□□□罙不资于民。去邑之日，垂橐萧然，即吾明无□□□□者。辛丑比吏，侯当六载奏最，铨部以郎曹请□□□以资晋贰常州郡。当侯之入计也，民有谣，士有诵，荐绅先生有诗歌，亦足记所思也。阅一年，而邑之士民复诠次篇章，汇而成书，意必得文章家慎许可者记其事，与太史公、班、范《循吏传》并志不朽。余读其书，事甚核，而直记其无可疑者，一采于田更市儿之谣。夫亦以荐绅先生与多士之篇章不如田更市儿之真也。以是伐石而亭之五父之衢，则余记之所托，以俟后者哉。万历三十年岁在壬寅夏六月之吉（1602年7月19日），赐进士第礼部仪制清吏司主事四明屠隆撰文。（顺治《奉化县志》卷十三《艺文志》）

黄应明，字公兆，东莞人，举人，万历二十九年（1601）任。仕终汉阳别驾。

康熙《宁波府志》卷九《秩官》："黄应明，东莞人。万历二十九年任。（有传）"光绪《奉化县志》卷十六《职官表》上、《奉化市志·政府》1994年版增出身"举人"，余同。光绪《奉化县志》卷十八《名宦》："黄应明，东莞人，举人，任奉化。甫至邑，出《谕俗》十五章，劝民从化。村无怒吏，户无负租。讼至立决，吏胥无从索一钱，持半日粮即得平反，时有'黄半升'之谣。邻邑权贵以觖法事嘱，必峻拒之。为所阴中，竟以调去。仕终汉阳别驾。（《康熙志》）"

宣统《东莞县志》卷五十九《人物略》六："黄应明，字公兆，邑人，万历七年举人。（阮《通志》）授新喻教谕，升浙江奉化令。（张《志》）甫至邑，出《谕俗》十五章，劝民从化。狱至立折，吏胥无从索一钱，持半日粮即得平反，时有'黄半升'之谣。邻邑权贵以觖法事嘱，峻拒之，为所阴中。（《浙江通志》）调福建诏安，后升知州。（张《志》）仕终汉阳别驾。（阮《通志》）"

陈文焻，号少儒，临川人，举人，万历二十九年（1601）任云和令。三十二年（1604）任奉化令。升德州知州，终大理知府。

同治《云和县志》卷十《职官·文职》：万历知县"陈文焻，号少儒，临川人，举人，二十九年任。《旧志》：壬寅年任，壬寅为万历三十年。考万历《续处州府志·地理门》载淘沙一案，文焻已于二十九年莅任矣。今正"。后任：丁以聪，三十二年任。

康熙《宁波府志》卷九《秩官》："陈文焻，临川人。万历二十二年任。"光绪《奉化县志》卷十六《职官表》上、《奉化市志·政府》1994年版除"二十二年"作"三十二年"外，余同。光绪《奉化县志》卷十八《名宦》："陈文焻，临川人，万历三十二年，由云和尹调奉化。察奸摘伏，烛事如神。待编户以慈惠，御胥吏以严明。两造至庭，片言立决。时邑有舞文者，肆黠有年，为搜其党，穷治之，邑事顿清，升德州知州。（《康熙志》）"

雍正《江西通志》卷五十五：万历十三年乙酉乡试，"陈文焻，临川人，大理知府。"大理知府，当是陈文焻之最后职务。

汪应岳，举人，万历三十五年（1607）任奉化令。任内重建县学。

乾隆《江南通志》卷一百二十九《选举志·举人》五：万历四年丙子科，有"汪应岳，宿松人"。《桐庐县志》1991年版第467页："汪应岳，宿松，万历二十九年。"《宿松县志》1990年版第730页："汪应岳，明万历年间，贡生。浙江绍兴同知。"

康熙《宁波府志》卷九《秩官》："江应岳，桐城人，举人。万历二十五年任。"光绪《奉化县志》卷十六《职官表》上、《奉化市志·政府》1994年版除"江"作"汪"、"二十五年"作"三十五年"外，余同。光绪《奉化县志》卷八《学校》上："文庙毁于火，令汪应岳重建。"

戚同文，德庆人，万历三十八年（1610）任。

光绪《德庆州志》卷十《选举志第二·科目志》：万历朝"戚同文，奉化知县"。

康熙《宁波府志》卷九《秩官》："戚同文，贡生。万历三十八年任。"光绪《奉化县志》卷十六《职官表上》、《奉化市志·政府》1994年版同。

朱德孚，尝任南康训导，万历间以定海县簿，署任。

《赣文化通典·方志卷》2013年版第143页："万历《德安县志》八卷，刘锺修，朱德孚等纂。刘锺，浙江乌程人，岁贡，万历四年知德安县事。朱德孚，邑人，万历四年拔贡。"同治《南康府志》卷十二《职官·文职》：训导"朱德孚，德安人"。或非同一人，暂存以备考。

光绪《奉化县志》卷十六《职官表》上："朱德孚（补），有传。"无年份，姑附此。《奉化市志·政府》1994年版著录，序孙嗣先后，蒋应昌前，曰："万历间任，云南人。"光绪《奉化县志》卷十八《名宦》："朱德孚，云南人，万历间以明经任定海县簿。居官清白，定海令顾宗孟重之，荐署奉化篆。谕民以体认天理为要。返定日，行李萧然。两役人舁一筐馈，令启视，乃笋也，笑而受之。（《镇海志》）"

陈维鼎，江西进贤人，万历间尝任福建推官，万历三十九年（1611）任奉化令。调山东沂水县。终南京工部主事。

康熙《宁波府志》卷九《秩官》："陈维鼎，万历三十九年任。"光绪《奉化县志》卷十六《职官表》上、《奉化市志·政府》1994年版增"进士，江西进贤人"，余同。光绪《奉化县志》卷十八《名宦》："陈维鼎，进贤人，进士，万历三十九年任，以文事饬吏治，专精下帷对士子谈文，而邑事无不就理，一年调山东沂水县。（《康熙志》）"《天一阁明州碑林集录》2008年版有《宁波府置府县各学田记》，第151页：万历四十年岁次壬子孟冬日立石，"一、查奉化县安岩寺僧告争田地三百八亩九分零，除扣田上钱粮外，每租一石，折银二钱三分，内派分府学田一百五十亩，该折租银三十四两五钱；奉化学田一百五十八亩，该折租银三十六两三钱四分"时任知县为陈维鼎。

乾隆《福建通志》卷二十五《职官》六："陈维鼎，南昌人（以上俱万历间任）。"雍正《江西通志》卷五十五：万历三十八年庚戌韩敬榜，"陈维鼎，南昌人，南京工部主事"。"南京工部主事"当是其最后职务。

罗廷光，江西人，举人，万历四十一年（1613）任。后尝任句容县知县、石屏州知州。

康熙《宁波府志》卷九《秩官》："罗廷光，江西人，举人。万历四十一年任。"光绪《奉化县志》卷十六《职官表》上增："有政声，丁艰去。"

《第一福地茅山道院》2013年版第65页："关于茅山华阳洞灵官选授方式，清《茅山志》没有详细记述。1998年7月，茅山元符宫在修建老君广场时，推土机在施工现场，今露天老子像神台东侧推出一块石碑，题《应天府句容县为申明》……碑末署名'万历四十六年（1618）岁次戊午闰四月吉旦，句容县知县罗廷光，华阳洞正灵官周友河、副灵官潘玄栌'。"雍正《云南通志》卷十五："十公祠，在石屏州城东门外，祀明知州陈仲晦、曾所能、萧廷对、江埔、罗廷光……"若二者为同一人，或可得知其任奉化令以后之宦迹。

吴正宗，直隶人，举人，万历四十二年（1614）在任奉化令，卒于任上。

康熙《宁波府志》卷九《秩官》："吴正宗，举人。万历四十二年任。"光绪《奉化县志》卷十六《职官表》上："吴正宗，直隶人，举人，万历四十二年任，卒于官。"

赖愈秀,崇义人,选贡。万历四十二年(1614)在任遂溪县丞,修筑上癸二堤,加新堤四百三十六丈,修旧堤二千七百八十丈。同年升奉化知县。任内开万家河,造太平桥,创北渡公馆,修学宫及诸公署。在任未久而去。民建龙源庙祀之。

道光《遂溪县志》卷二《水利》:"万历四十二年,遂溪县丞赖愈秀申详,修筑上癸二堤,加新堤四百三十六丈,修旧堤二千七百八十丈。"卷七《职官·吏员》:县丞"(万历)赖愈秀,崇义选贡,升奉化知县"。

康熙《宁波府志》卷九《秩官》:"赖愈秀,安义人。万历四十二年任。"光绪《奉化县志》卷十六《职官表》上、《奉化市志·政府》1994年版同。光绪《奉化县志》卷十八《名宦》:"赖愈秀,安义人,由选贡任。识度通敏,才尤练达。与人宽而自严,作事整而自暇。开万家河,造太平桥,创北渡公馆,修学宫及诸公署。事皆精办,不动声色。在任未久而去。(《康熙志》)"安义在江西北,崇义在江西南。今从其家乡之志。光绪《奉化县志》卷十三《坛庙》下:"龙源庙,县西南二十五里印家坑,祀明知县赖愈秀。"卷三《建置》下:"古方桥,县北四十里,即古之常浦碶。潮冲碶坏,易之以梁……万历间桥毁,邑令赖愈秀、邑人邬鸣雷捐资修,更名太平桥。"卷六《水利》:"万家河,县北十里,通大江,溉田四百余顷。岁久淤塞。明万历丙辰(四十四年,1616),县令赖愈秀同乡绅宋宗周重开。""万家河",雍正《浙江通志》卷五十六引作"范家河"。

孙嗣先,广西宣化人,举人,万历四十六年(1618)任。

雍正《广西通志》卷七十四《选举》:万历三十七年己酉科,"孙嗣先,宣化人,奉化知县"。

康熙《宁波府志》卷九《秩官》:"孙嗣先,广西人,举人。万历四十六年任。"光绪《奉化县志》卷十六《职官表》上、《奉化市志·政府》1994年版同。

蒋应昌，成都人，举人，天启二年（1622）任。任内为息民争，分风墩庙为三。崇祯四年在任合水令，被神一魁军俘虏。后首领孙继业等投降时放回。

雍正《四川通志》卷三十六《选举·举人》："……蒋应昌（上俱成都府人）。"

康熙《宁波府志》卷九《秩官》："蒋应昌，四川人，举人。天启二年任。"光绪《奉化县志》卷十六《职官表》上、《奉化市志·政府》1994年版同。光绪《奉化县志》卷十三《坛庙》下："风墩庙，县北二十五里浦口，神姓宋名嗣宗，唐末令奉化。事详《名宦传》。宋建炎间，金阿里蒲卢侵明州。车驾幸海埼头之厄，恍见群岛间赤帜万计，贼惊溃。帝得如温州。是夕，帝梦神戎服来谒，自称扈从至此。封丽泽侯，敕有司致祭。明天启间祠民争祭，角讼，县令蒋应昌分三庙以息其争。至今有上、中、下三风墩庙。上风墩庙在名山，下风墩庙在下妙山，而浦口则为中风墩庙。"

《资治通鉴续纪》（四）2013年版第2969页：崇祯四年毅宗"二月，壬子，神一魁围庆阳，分兵陷合水，执知县蒋应昌"。《明实录·毅宗烈皇帝实录》卷四：崇祯四年（1631）三月"癸未，贼首孙继业、茹成名等六十余人来降，还合水知县蒋应昌并保安县印。杨鹤受之，令固原知州国日强于城楼上奉御座，贼跪拜，呼万岁；因宣圣谕，同往关将军庙，令设誓；谕各解散归伍，否则归农。自此群盗视总督如儿戏。其众数万人皆瓣发，杨鹤遂给票，令各还乡"。

刘道生，瓯宁人，举人，天启五年（1625）任。后任琼州知州。

康熙《宁波府志》卷九《秩官》："刘道生，瓯宁人，举人。天启五年任。"光绪《奉化县志》卷十六《职官表》上、《奉化市志·政府》1994年版同。

道光《琼州府志》卷二十三《职官志》一:知州"刘道生,福建瓯宁人……(俱崇祯年任)"。

林士雅,莆田人,选贡,崇祯二年(1629)以通判署任。任内尝修明伦堂。

康熙《宁波府志》卷九《秩官》:"林士雅,莆田人,选贡,天启五年(1625)任。"光绪《奉化县志》卷十六《职官表》上:"林士雅,莆田人,崇祯二年,由通判署,见儒学文,又见戴澳《重建启新圣宫记》。"戴澳《重建启圣宫记》有:"先是,吴江张公源创戟门,莆田林公士雅重建明伦堂,皆以郡别驾署篆。"林侯尝重建明伦堂,时以通判署县令。雍正《浙江通志》卷二十七:"《奉化县志》:'万历中,庙毁,令汪应岳重建。崇祯己巳(二年,1629),明伦堂圮,通判林士雅、令吴之锦修。'《宁波府志》:'崇祯十二年署令通判蒋中超修。'"

吴之锦,荆门人,举人,崇祯三年(1630)任。任内尝修明伦堂。

康熙《湖广通志》卷三十五《人物》四:万历四十三年乙卯乡试,"吴之锦,荆门人"。《荆门直隶州志》2012年版第289页:"万历四十三年乙卯科,吴之锦,奉化知县。"
康熙《宁波府志》卷九《秩官》:"吴之锦,荆门人,举人。崇祯初任。"光绪《奉化县志》卷十六《职官表》上、《奉化市志·政府》1994年版作"崇祯三年"任。光绪《奉化县志》卷八《学校》上:"崇祯二年己巳(1629),明伦堂圮,通判林士雅、令吴之锦修之。"

蒋中超,全州人,恩贡,崇祯六年(1633)任宁波通判。任上尝署任奉化县令,重建县学启圣宫。

雍正《广西通志》卷七十四《选举》:天启元年辛酉科,"蒋中超,全州人,宁波通判"。

康熙《宁波府志》卷九《秩官》："蒋中超,通判,全州人,恩贡,崇祯六年任。"光绪《奉化县志》卷十六《职官表》上："广西全州人,由通判署。见戴澳《重建启圣宫记》。《记》作于七年七月,则中超署任当在七年以前。"《奉化市志·政府》1994年版作"崇祯年间"。光绪《奉化县志》卷八《学校》上:崇祯"十二年己卯(1639),启圣祠圮,圣殿,两庑,戟门,名宦、乡贤各祠俱坏,署令通判蒋中超修葺一新"。《奉化市志·政府》1994年版作:"蒋中超,广西全州。崇祯年间,由通判调署。"

重建启圣宫记

(明)戴澳

《周礼》辨五物九等,制天下之地征,以作民职,以敛财赋,即因五物施十有二教,以联师儒,以保息万民。盖民必知教,而后知地贡之为民职也。今郡御史第知急赋敛以便考成,夫征及缝掖,搜括豆登。遑问党有庠,术有序,为化民易俗之地乎;遑知教有业,息有居,为建国君民之本乎。用是民之观德不习于环桥,而士之精神不聚于鼓箧,铤而走险,嚚而罔上,皆教化不先而专急赋敛以驱之也。今上故重邦计,尤重邦教,顷特谕部院,咨嗟于董率乖方,培养无术,至欲遵祖制,兴社学以养蒙育德,敷教储材。夫且欲兴社学,而郡邑之学奈何令宫墙不完,芹藻失色?此甚非明主意也。而悠悠者徒委于经费不载额征,右文无当考课。则先河后海之意,岂至今日遂不可问乎?郡蒋公之署吾奉也,其初视学,遍瞩废状,即慨然以重新自任,不谓代庖可卸也;旧逋新征,牒催如雨,不谓功令靡及也;岁额加派,只塞怒呼,不谓动支无抵也。亟出俸镪,力行终始,而且清漏储于抚军,而且搜积负于公产,而且胥度必悉,而且省督必亲。不逾月启圣宫成。基增高,制增广,鞠草十余年而后,乃今瞻展有地矣。翼宫左右者,名宦、乡贤两祠,皆不因故址也。至门堂、廊庑,无处不载瓦砾,则无处不颂橐鼓,虽未即观成,有待后来之同志,而谋所以安先贤之贤，使色笑不辱于荒榛，跻济不夷于委巷者，制皆鸠定而工已并营矣。盖奉学自开元肇建以来，几废几兴，未有废等于墟、修侔于创如今日者。况参罚上迫，丝谷下穷，惴惴焉虞以官殉。乃能不怯于需费最巨，不窘于褒费最纤。宁损己，毋腋下；宁缓征，毋稽工。偏当疮肉驱煎之日，特存薪樵追琢之心。天子尊祖兴学一谕，不至诏书挂壁，独公耳。令郡国吏尽若而人，社塾之教比屋可存，剑犊之风指顾可变，何至壁水无灵，潢池有浪，所在见告，重烦庙堂之忧哉？然则急催科而后化导，甚非所以奉扬德意，而养贤及民，以保息为赋敛，公真仰契圣明之盛心矣。先是，吴江张公源创戟门，莆田林公士雅重建明伦堂，皆以郡别驾署篆。公初佐郡，檄署吾奉，学之废坏什倍畴昔，公之拮据亦什倍两公，吾庠偏檄署篆之赐，且出题与之选，而公尤后劲耳。是举也，学博张君拱翼、程君其惠实矢公赞决；署学孝廉鲍君经济以计偕后至，实毕议佐成；诸生周如金等协勤清干，共襄盛美：例得记之碑阴，以明从公于迈之意。公讳中超，粤西全州人。廉平之政种种，侔古循吏，兹特记其兴学一事。余于公为年家，而不敢以年家而有阿也。崇祯七年（1634）七月日。（光绪《奉化县志》卷八《学校》上）

李鳌元，婺源人，举人，尝任河南温县知县。崇祯七年（1634）任。

乾隆《江南通志》卷一百三十《选举志·举人》六：万历三十七年己酉科，有"李鳌元，婺源人"。尝任河南温县知县。雍正《河南通志》卷三十四《职官》五《怀庆府属知县·温县》："李鳌元，江南徽州人，举人，崇祯时任。"

康熙《宁波府志》卷九《秩官》："李鳌先，婺源人，举人。崇祯七年任。"光绪《奉化县志》卷十六《职官表》上："李鳌元，举人，崇祯七年任。（《府志》作：李鳌先）"《奉化市志·政府》1994年版同。

邹铨,建宁人,举人。崇祯十二年(1639)任。

乾隆《福建通志》卷三十八《选举》八:天启四年乡试,兴化府有"邹铨,奉化知县"。

康熙《宁波府志》卷九《秩官》:"邹铨,建宁人,举人。崇祯十二年任。"光绪《奉化县志》卷十六《职官表》上、《奉化市志·政府》1994年版同。

胡梦泰,字(一作:号)友蠡,铅山人,进士。崇祯十二年(1639)至十五年十一月十日(1642年12月1日)在任。任内,学宫圮坏,给费以新之。捐建舒文靖、戴拾遗祠,置田若干亩以祀。民请于上,为立碑以志政绩。吏部会廷臣举天下贤能有司十人,梦泰与焉,行取入都。帝以畿辅州县残破,欲得廉能者治之,诸行取者悉出补,梦泰得唐县。南明隆武帝时奉使旋里。清军至,梦泰倾家募士守广信,殉城。

康熙《宁波府志》卷九《秩官》:"胡梦泰,铅山人。崇祯十三年任。"光绪《奉化县志》卷十六《职官表》上、《奉化市志·政府》1994年版除任期作"十二年"外,余同。光绪《奉化县志》卷十八《名宦》:"胡梦泰,号友蠡,江西铅山人,崇祯十年进士,以文章名世。其治奉务持宽大,而遇事详慎,才甚敏决。睹学宫圮坏,给费以新之。劝地方输粟备荒,平其值以给民。裁起征、水次、堆垛诸费,设置预备额金二百八十两,运户获苏。籍田丁矢公慎,奸吏无敢舞文。陟值米贵,传警多讹,民志思乱。取其黠者立毙之,众志遂定。邑环山多盗,严为缉捕,得辄毙之杖下,盗贼衰止。其初至任也,尝为文以誓城隍曰:'神亦天子臣也,惟县令为亲民,亲之中又有亲焉。旦夕宅民心胆中,与一日之堂上有间。以故守兹土莅兹民,神、泰是僚;处至阴以目治阳,神不啻泰上司焉。今且与神约:使泰者饮万血以自枝荫,党情劫法,侧有卧虎以啮舐余。是上负天子,下负百姓,中负初志也,罪莫大于欺负神。克殛予。俾后之为泰者知冥冥者不可以弥缝售誉,自矜全策;使神者如梦如酗,岁灾时祲,物怪人妖频兴,俾一方之百姓讹惊莩偃。百姓有过,谴在泰躬。神其怙泰而祟国,戮民与？屠与？朋与？血食此一方与？食血此一方与！谁府辜功,泰亦得鸣鼓而攻,诉诸上帝。呜呼,惟明有泰,惟幽有神,尔师尔友,牖予之灵梦。'泰敦尚理学名节,捐建舒文靖、戴拾遗祠,置田若干亩以祀。民请于上,为立碑以志政绩。(《康熙志》,参邵辅忠《碑记》)"卷十三《坛庙》下:"镇亭龙神祠,县西南八十五里镇亭山麓。宋嘉定间封'显济龙王',岁用六月十八日致祭。崇祯十四年,令胡梦泰修。"胡梦泰撰有《镇亭龙神记》,落款作"崇祯十四年岁次辛巳秋七月吉记"。卷十二《坛庙》上:"舒文靖公祠,县治泮东,祀宋儒舒璘。旧在乡校,宋令胡逸驾建。明崇祯间改建今址。(《康乾志》,参《絜斋集》及胡梦泰《记》)"按:《絜斋集》系袁甫父亲袁燮所撰,误;此处应为袁甫之《蒙斋集》。卷十二《坛庙》上:"显忠祠,县治西官山下,祀明左拾遗戴德彝。旧在社学之左,嘉靖十三年令钱璠建,并置祀田十有三亩。隆庆六年,节推周光镐改建今址,复置田二十余亩。崇祯间,令胡梦泰增置六亩。"卷二《建置》上:"崇祯间,令胡梦泰皆加葺治。"雍正《浙江通志》卷三十五:"惠政桥,成化《四明郡志》:'县东北四里,旧名"善胜",又名"通剡"。宋乾德间建,大观间架木为梁,覆以瓦屋,易今名。'……万历间屋毁,崇祯间邑令胡梦泰捐俸募修。"

光绪《唐县志》卷六《职官志·治绩》:"胡梦泰,字友蘷,铅山,进士,崇祯十五年任。"《明史》卷二百七十八《詹兆恒传附胡梦泰》:"胡梦泰,字友蘷,广信铅山人。崇祯十年进士,除奉化知县。邑人戴澳官顺天府丞,怙势不输赋,梦泰捕治其子。其子走京师诉澳,令劾去梦泰。澳念州民不当劾长吏,而劫于其子,姑出一疏,言天下不治由守令贪污,以阴诋梦泰。及得旨,令指实。其子即欲讦梦泰,而澳念梦泰无可劾,乃以嘉兴推官文德翼、平遥知县王凝命实之。给事中沈迅为两人诉枉,发澳隐情。澳下诏狱,除名。梦泰声益起。十六年夏,吏部会廷臣举天下贤能有司十人,梦泰与焉。行取入都。帝以畿辅州县残破,欲得廉能者治之,诸行取者悉出补,梦泰得唐县。京师陷,南归。唐王时,授兵科给事中,奉使旋里。顺治三年,大兵逼城下,梦泰倾家募士,与巡抚周定仍等守城。围数月,城破,夫妇俱缢死。"雍正《江西通志》卷一百一:"胡梦泰妻李氏,铅山人。梦泰仕,欲殉国难,与李诀曰:'见我玉戒指至,即尔归期也。'后使持玉戒指至,李即饮药卧床,呼诸子嘱以后事。子妇惊骇痛哭,罗拜床下,捧药求解。李曰:'汝父原约三日相会,今已七日,望我久矣,莫我阻也。'遂殒。"乾隆时通谥"节愍"诸臣中有胡梦泰。《钦定胜朝殉节诸臣录》卷七:"兵科给事中胡梦泰,铅山人,唐王时奉使旋里。大兵至,梦泰倾家募士守广信,城破,夫妇俱缢死。(见《明史》及《辑览》)"

《赣文化通志》2004 年版第 501 页:"铅山胡梦泰《读史书后》一卷。"《江西古今书目》1996 年版第 254 页:"《弱焚园诗草》,铅山胡梦泰撰"。

镇亭龙神记

(明)胡梦泰

雨自有师,天不可问;叩而应,莫若龙。龙,水物也,云从者也。今四月,奉之肃弗若,令独忧之;越在辰,秋雨极备,稼亡三之一,督督者可济臻耶?率其属谒城隍之神祷焉。为坛于西方,南面,浃长。弗应。令怵而作曰:"何辜奉之民?民辜,在令。令无状,负且乘,峨峨进贤冠何当免之?"又率其属步而祷。移朔,又弗应。杏委矣,莒萃矣,以其时,则过矣。污耶,则竭瓯,娄则竭,则拆。穜不稂,稑弗克播。农荷耒仰天而里可若何?佥曰:"奉有潭,神龙之都,曰'镇亭',盍祷诸?"令曰:"可哉。"卜夏五之八日壬午吉。潭去治五由旬,笋将而往。将至,下望潭,趋虔叩谒如仪,默而祷诸:邀神之灵,雨我奉田。请创神榱桷,饬几筵焉。是夕宿潭下,忽睒天矣。或梦青龙降,以告令。不信。癸未晨起趋祷。报"真虚空"见,俗谓"虚空",神也。视潭有它焉。水它也,非"真虚空"也。缘里之猾者恐疲令,兼畏自疲,捕水中它,寂置诸潭,如自潭见者。它以水名,有舌而不以螫,故可捕也。它初投潭,围围焉,少则悠然逝矣。复投之上流,流稍咽,它复绝流而去。闻之里人,故态也:先令之祷,甫至即得,匪今斯今,皆胥袖中物耳。兹沿故事行。从祷者望雨急,乃发其奸,索而得之猾胥之腋间,请鞭之。令曰:"宥之。罚同令叩潭下，期必示见真相乃已。"日浸浸过中，神以鱼服见，纡纡从石缝中出。其质它，其色青，叶趾离之所告，字之曰"青竹"。青竹之螫烈，人弗敢近；今弭弭服，可狎而扰也。握而纳诸陶家缶中。度日已昃，弗及治，仍宿潭下。甲申，角吹迎而归，云油然从。甫反治，雨沛然下。众喜可知也。穜勃然兴之，稑未播者竭蹶而趋之。骤而济，毋乃不给于耕？越一日，又雨。二之日，三之日，连澍而雨，喜更可知也。自是阅三伏，或五日雨，或十日雨。奉乃有秋，非神之惠与？令出囊，中装十千，为整饬扫除资，付里胥将事焉。事将竣，乞令一言记之。令祷而应，则偶然耳。神之休无疆，沨沨乎已成涂碑，何记之有？然更有祷龙以不制，为神魃之虐也，蝗之灾也，几遍于东南。氓之茹草食木也，尤剧于西北。惟神以云从，出泰山，合肤寸，不崇朝而遍天下魃可雨驱，蝗可雨杀，草茹木食之子遗腹可雨果。神为天子福生民，安社稷，功被四表，皆力所优。毋徒是区区黑子之奉，谋即奉也，遂徼神福焉；毋徒是董董者今秋之奉谋，谋及今耳。不足记。记之以昭神功，使后之人毋忘神今日，更知神之为天子福苍生、安社稷、被四表之功，实肇于奉之今日。用是觊缕其详，以告后之令奉者。今令为谁？铅山胡梦泰也。崇祯十四年岁次辛巳七月吉(1641 年 8 月 7 日)记。（光绪《奉化县志》卷十三《坛庙》下。《宁波现存碑刻碑文所见录》2006 年版第 94 页作"卷十二"）

舒文靖先生祠记

（明）胡梦泰

朱陆于异处求同，后人于同中分异。言水者譬焉，或曰"水性自流"，或曰"导之使流"。若曰水不自流，能令昆仑之土填东海之坏乎？若曰水不胥导，则禹之功凿矣。《大学》言明新必以至善为归，《中庸》言天性必由修道而入。《学》《庸》有异旨哉！文靖先生亲承朱陆之诲，一以贯之。故其言曰："吾非一蹴而入其域也。刻苦磨厉，改过迁善，日新有功，亦可以弗畔云尔。"又曰："敝床疏席，总是佳趣；栉风沐雨，反为美境。"非有自得于其天而能然乎？自儒修之坠地，致异教之滔天，毛角邹鲁，肺腑乾竺，总由见吾道之不精，因慑于彼说之大别。譬之败家儿将祖父产业鬻弃殆尽，乃乞食于其奴，岂不哀哉？予小子泰，每思穷知行、内外合一之旨，会散趋归，因体达用，挽乘驶于既倒，扶西轮而再中，窃有志焉，而未逮也。不幸生而晚，不获从诸大儒游，与闻性道之说；犹幸幼而生于鹅湖之乡，则当日朱陆四先生辨论同异之地也。壮而筮仕，宰于奉川，则又文靖先生之里也。忆天启间蚕人腐阳，阉儿产如蛊，朝野无正气，士大夫丧良心。一时硕果，独恃东林讲学诸君子与之敌。故诸君子之受祸最惨。记泰此时为诸生，伏枕在床，闻而哭之。未几而诏天下毁书院矣。未几而珰祠巍然并大成殿矣。时诏下，吾铅鹅湖书院当事者重多士争之力，得不毁。此亦见先儒义旨沈酣浸濡于士心之效也。圣天子即位之初，声色不动，巨寇就歼，奸党骨陨。于是尊崇六经，表章先哲，十有五年于此，儒教大明。乃知立天地犹夫立代也，道学之传，实为不迁之宗，恒续之。似虽欲毁之，谁得而毁之？虽欲绝之，谁得而绝之也哉？四明有四君子，若杨，若沈，若袁，而先生最称笃信。先生之祠，旧有广平书院，盖家塾也。予思祠之于县，以大先生之教。乃与舒姓之子裕议。时则有若眉及一奎者，慨然欲捐资力肩其事。若其南、其昌、其丰、其才，乘骐可道者，愿共襄其成。时则有若复及其逢者，则以宗谱争，惧窜系也。予笑而谓之曰："是又欲于先生之门而朱之陆之也。百川学海，皆归于海。即非先生之支，有能光大先生之训，延续先生之志者，先生宁不引而内之也哉？而今而后，予将与诸子共期尊德性而道问学，致良知而务实行。学以明性，则知天下莫精于斯，而邪淫黜矣；行以致知，则知天下莫一于斯，而依附退矣。如此而后，拜于先生之祠下始无愧。"信是祠益不可以已。爰是卜地于黉宫之东，旧废公址也。予捐俸四十金，为庀材鸠工之费。议甫定，而余以入觐行，乃先为之记而去。时则崇祯壬午岁又十一月之十日（十五年，1642 年 12 月 1 日）也。（光绪《奉化县志》卷十二《坛庙》上））

吊戴拾遗歌

（明）胡梦泰

一龙乘云一龙陨，从龙之义安在哉？宁随骧龙血天地，讵忍攀上凌云台。呜呼靖难北风劲，上下同云惨莫开。族方戮戴鲜遗骨，忠魂一团无雌胚。此是我明真汉子，生生不死元气回。我今祭公动声哀，哀声振于冬月雷。遥遥南阙公魂来，见公临锯之欢腮。（光绪《奉化县志》卷十二《坛庙》上）

隐　潭

（明）胡梦泰

潭中何所隐，有龙能致雨。帝命佐司农，麟甲皆禾黍。（《剡源乡志》卷三《川类》）

游三隐潭

（明）胡梦泰

其　一

不须更问津，此地堪避秦。争个青山隔，红尘与白尘。再饮千丈岩，青虹浴潭水。吞虹耿横盘，渴乳雌龙髓。三游兴益豪，童冠清歌发。杂以泉雨声，听喧如听讷。

其　二

潭中何所隐，有灵腋林举。帝命佐司农，麟甲皆禾黍。（《奉化市土地志》1999 年版第 183 页 ）

明代县令

233

千丈岩瀑布

（明）胡梦泰

乱溅阴崖如飘絮，里老争言为瀑布。争絮争布不争寒，呼余为父将母误。抑山灵哀此一方，切脂锯骨代桃僵。我试拾之不成粒，如农种粟无春粮。

雪窦之名殊未然，雪清窦浊胡相悬。或言乾坤一大窦，子实居中胡夤缘。此论从来费口舌，入我者贼出者灭。七窍凿破盘古心，一片光明不可涅。（《奉化市土地志》1999年版第183页）

奉邑侯胡公德政碑记

（明）邵辅忠

郡治率江浒而岸为奉川，北走而遵海为蛟川。蛟距奉，盖百有余里，乃沛然德教溢我，海上犹朝发夕暨也，则惟璧水胡侯之治奉踔烁哉。侯名梦泰，姓胡氏，信川铅山人，丁丑（崇祯十年，1637）进士，初筮奉川令。奉在秦汉隶鄞地。开元间建邑，曰厥民性直而乐奉王化，爰署厥名，名介五提之中。邑称岩，乃今濒海，时警寇氛矣。俗猾而健兢守胜，谤谗于上。柔者缱顿，刚者刃缺。遒公家惟正供虽善，催科者告拙。岁比不登，困皆磬悬。间里愁菜色矣。士守楛管，惟上之所标响之，而谪于室，窒于渊，雪立无门，□□并作矣。侯下车辄曰：国侨有言，如畜有畔，急图其律令，我縻谁亭平是。于是首释菜先师庙。睇黉舍鞠，彼□□博士就居民间，喟焉给赀，鸠工选材，不日岂乎，飞□□若干楹。晋博士弟子员狸首鹄焉，俾敦礼义之旧蠋。□月授饩，期日集社，衡文刚□，作人云汉，赓颂未已也。□省门东虹梁，砥驶为文脉攸系，侯鼎创之日，大起□□，起韩代而济溺云。至发摘不事钩钜，巨奸斯脱，勾摄不及间。一切逞鼠牙雀角者庭伏，片言狱折，众咸□□□，无敢憾。若懦衿阽，奸手久坐肺石中，盆覆莫控。巫曰："□上台冤立湔。识者谓于门增高茸庾，帟之额圮者新之。核粟廑赢十石耳，侯积至九倍有奇，仍创预备仓仿为积聚计。顾八乡之否，仰给县围，输粟孔艰，支亦未称便。恭遵新令，敕有司鼓劝地方绅户输助报数，钦颁《保民全书》，内储粟二款，亲莅乡召富户予镪，从便宜籴敛，克犰备异警大祲，石画犁然。且旧谷没，新升尚赊，衿寠鲜克糊口，则平其直以给，尤为欢寒士颜。籍一邑之丁田为定，侯矢公矢慎，胥吏罔敢肆挟。凡输于公，瞷瞷毋屑奇羡。佐曹奉核海储，例取起征、水次、堆垛诸费遂减。驺从撤既，共躬行稽察，运户获苏。设置预备额金二百八十两，勿涸那，正赋额赖勿坠。征子衿赋于学，诸奸影射户衿者顿寝。旧制，复衿庸调，迩屡格不行，侯曲加优免，惓惓惠养倍挚，犹未已也。奉城庫且圮，筑令增竣费，条折及无碍者若干缗，余杂百费多方樽斥，若出诸鬼输神运也者，毫不厉民。民怀远图险固矣。戎器攸除，募乡之勇敢者，示之步伐，止齐古地水容民良法，不是过乱绳之理，龚之平渤海乎。淫刹之毁，狄之按江南乎；甘澍之祷，戴之卧西京乎。揆侯邕绩，更仆未能悉也。余□侯经术闳深，纸贵左赋，意独侯文学饰治，今竟宰有土以经世务，洁若冰，朗若鉴，敏若丸，平若衡，煦若春。偃德风乎，方夏可也，何况海壖邻壤。昔者国侨为郑{植}〔殖〕田畴、诲子弟三年，舆人诵之。侯且抱牍上天官考三年最矣。然则以口碑何似石言也，请耀厥碑于奉潭之上。崇祯壬午岁七月既望日（十五年，1642 年 8 月 11日）。（顺治《奉化县志》卷十三《艺文志》。 按：《左传注疏》卷四：三十年"舆人……及三年，又诵之曰：'我有子弟，子产诲之；我有田畴，子产殖之。'"但底本残有"木"字偏旁，故作如是校改。）

| **陈国训**，字御屏，晋宁人，尝任陵水县知县。崇祯十六年（1643）任奉化令，半年卸任。

雍正《云南通志》卷二十中：癸酉科中式四十七名，"陈国训，晋宁人，知

县"。道光《琼州府志》卷二十三《职官志》一：陵水县知县"陈国训，云南举人，崇祯年任"。雍正《云南通志》卷二十一之二："陈国训，字御屏，晋宁人。崇祯癸酉（六年，1633）举人，知奉化县，值贼胡乘龙作乱，国训集乡兵严守，募壮士，斩获贼首，五日平之。御史陈良谟为作颂纪功。"

康熙《宁波府志》卷九《秩官》："陈国训，云南人，举人。崇祯十五年任。"光绪《奉化县志》卷十六《职官表》上："崇祯十六年任。案旧志：《秩官》作'十五年'，《本传》作'十六年'，互异，今从《本传》。"卷十八《名宦》："陈国训，云南，举人，崇祯癸未任。诚朴慈和，民怀其德。奸人胡成龙踞雪窦倡乱，时承平久，民不知兵，闻变惊惶。国训搬饷调兵，率民守御。民感其诚，并力死守。有为贼内应者，惮不敢发，旋亦就擒，戮于城上。贼既平，当事忌其功，以才力不及檄调。民罢市五日，父老数千拥至郡城乞留，至有刎颈于监司前者。在奉仅半载。去之日，行李萧然。（《康熙志》)"

顾之俊，长洲人，进士。崇祯十六年（1643）任。

《同里志（两种）》2011 年版第 236 页："崇祯中，顾之俊、朱鹤龄等十五人结兰社，每月一会课。陈元龙与吴载颖更番具膳为主人，果茗酒肴，备极丰腆。又尝招冯孟韶品箫唱曲以侑之，夜分而散，邑中传为盛事。"同治《苏州府志》卷六十《选举》二："崇祯十六年癸未杨廷鉴榜，长洲顾之俊，仲容，奉化知县。"

康熙《宁波府志》卷九《秩官》："顾之俊，长洲人。崇祯十六年任。"光绪《奉化县志》卷十六《职官表》上、《奉化市志·政府》1994 年版同。在明季清初，尝为雪窦寺之恢复出力，《雪窦寺志》2011 年版第 18 页："清顺治元年（1644）正月，四明乡绅、孝廉、居士痛惜雪窦祖庭堕废，发起复寺归田之请。众人'推荐祁彪佳、冯元扬、徐之垣等，孝廉陆符、万泰、张廷宾等，凡三十二人，请于县。三月，子衿五十二人亦请。前事者，虽得批答，犹将移其址；虽归其田，猾悉据不归；故当请。且非标举石奇师为主领，田与址具不得复旧也。'(清《雪窦寺志》)于是乡绅、孝廉公议,派员赴天台景星岩敦请石奇禅师:'希慈云早驾,以慰众瞻。不独山灵增重,抑且广法轮于靡尽矣!'在众乡绅和雪窦旧众四请之下,石奇禅师不忍晋唐以来千年古刹香火荡然不存,遂应允来寺。奉化县知县顾之俊约其言,上具文书。里递徐八、蒋吴暨缙绅孝秀,赴省再求。不久,海道刘批答:'既有高僧住持,准照旧恢复,寺产悉归法堂,赡粮应役,其余为丛林赡众用。'"《鲒埼亭集》卷七《明故兵部尚书兼东阁大学士赠太保吏部尚书谥忠介钱公神道第二碑铭》:"知慈溪县王玉藻,知定海县朱懋华,知奉化县顾之俊,新授知鄞县袁州佐,知象山县姜圻,皆以兵饷来会。宁守乏人,以通判罗梦章行守事,而太常庄公元辰助登陴焉。"《鲒埼亭诗集》卷九《五令君诗》序曰:"乙丙之间,甬勾百六,生民莫保残喘。犹幸五令君者皆仁人也。五令君:曰职方兼知鄞县济人秋水袁侯州佐;曰兵科兼知慈溪县扬人螺山王侯玉藻;曰职方兼知定海县南陵弋江朱侯懋华;曰御史兼知奉化县吴人虚谷顾侯之俊;曰职方兼知象山县莱人如圃姜侯圻。王、朱、顾皆甲申以前所授官,《图经》尚存其姓氏;袁、姜则出东江之版授,遂无知之者。是岂部民之所可恝然已耶?乃各系以诗。"其四:"瓜里仗声援,同仇首剡源。崎岖岭峤魂,未忘兹弹丸。(虚谷从亡入闽,闽亡入粤,间关尽瘁而死)"《同里志(两种)》2011 年版第 237 页:"前明三百年,科第终于崇祯癸未,邑人成进士者得八人焉。明亡,王景亮死节于闽,顾之俊死于肇庆,庞霖、孙志儒、赵庚、钮应斗并以全节终。"

┃姜愃,崇祯十七年(1644)任。

乾隆《湖广通志》卷三十五:崇祯十三年己卯(1639)乡试,"姜愃,武昌人"。

光绪《奉化县志》卷十八《名宦》:"姜愃,湖广黄冈人,崇祯末。时事日非,群效纵恣,镇将悍兵索饷横行。愃强毅有干,民赖以宁。(《康熙志·秩官》)"

清代知县

蔡周辅，字亦愚，山东滋阳（今兖州）人，顺治三年（1646）任。任内尝塞县城旧南门，移东四十余丈，又增筑瓮城。

《山东省科考名录汇编·清代》（上）2005年版第303页："蔡周辅，字亦愚，顺治年恩贡。官浙江奉化县知县。"是为山东滋阳人。

康熙《宁波府志》卷九《秩官》："蔡周辅，山东人。顺治三年任。"光绪《奉化县志》卷十六《职官表》上、《奉化市志·政府》1994年版同。光绪《奉化县志》卷十《兵制》："奉邑自顺治三年六月始隶版图。"雍正《浙江通志》卷二十三："嘉靖《宁波府志》：'奉化城，后据锦屏，前依玉几，左临大泽，右傍凤山。距郡南八十里。高一丈四尺，址广一丈三尺，面广一丈，周回一千一十八丈，延袤七里。辟四门，东曰"迎恩"，西曰"顺成"，南曰"贞明"，北曰"起凤"。门各有楼。穴水门于西，为上水门；于东，为下水门。城之上有雉堞一千六十五。外自东南临龙溪，以西为文昌溪，北底陵谷，俱不设壕。奉化故未有城，嘉靖壬子（三十一年，1552），知县萧万斛始城之。'《奉化县志》：'万历间城多火灾，知县樊毅因民之请，移筑山下。城南门，麓县治正南。国朝顺治初（光绪《奉化县志》卷二《建置》上作：四年），知县蔡周辅塞旧南门，移东四十余丈，又增筑瓮城。'"

吴道凝，字子远，一字至之，号虚来，休宁人，初任山东长清知县。顺治六年（1649）任奉化知县。

乾隆《江南通志》卷一百二十四《选举志·进士》六：顺治丁亥（四年，1647）科吕宫榜，有"吴道凝，桐城人"。

康熙《宁波府志》卷九《秩官》："吴道凝，休宁人。顺治六年任。"光绪《奉化县志》卷十六《职官表》上、《奉化市志·政府》1994年版同。

《桐城明清诗选》2011年版第60页："吴道凝，字子远，号虚来，清顺治四年（1647）进士，初任山东长清知县，改浙江奉化县。长于诗赋、古文，善草书。著有《大指斋诗集》。"《清人诗文集总目提要》(上)2001年版第116页："《大指斋集》十二卷,吴道凝撰。道凝字子远,一字至之,号虚来,安徽桐城人。顺治四年进士,历官山东长清、浙江奉化知县。此集家刻本,《续修四库提要》著录。潘江《龙眠风雅》录其诗六十一首,谓'转徙以乘,其集不可复得,己酉录未刊诗数十首亦归乌有,仅从《遇江集》及旧钞本采若干篇'。其集在康熙初年已属稀见,今亦不知流落何处。"

夏时正,辽东人,顺治七年(1650)任。十一年(1654)任安东县知县。

康熙《宁波府志》卷九《秩官》:"夏时正,辽东人。顺治七年任。"光绪《奉化县志》卷十六《职官表》上、《奉化市志·政府》1994年版同。

乾隆《江南通志》卷一百八《职官志·文职》十:安东县知县,"夏时正,奉天人,顺治十一年任"。

王奂,号(一作字)千峰,南陵人,顺治九年(1652)八月至十六年(1659)任。任内尝为庆登桥砌台覆屋。增筑县城雉堞,浚青锦塘。修顺治《奉化县志》。以丁内艰去任。康熙九年任河间府知府。后累迁山东盐法道。

康熙《宁波府志》卷九《秩官》:"王奂,南陵人。顺治九年任。"顺治《奉化县志》卷六《名宦志》作:"九年八月任。""己亥(十六年,1659)秋,公忽以内艰去任,市民攀辕无术,咸悼惜之。"光绪《奉化县志》卷十六《职官表》上、《奉化市志·政府》1994年版同。光绪《奉化县志》卷十八《名宦》:"王奂,号千峰,江南南陵人。学有经术,精心计。以选贡,顺治九年任。始至,清积胥之干没者,纲纪肃然。讼牒如林,日谳四五事,必当其情。设立纲簿,详载里甲田地、山荡、丁口细数。按则科粮,一清弊窦;以稽完欠,了如指掌。上之司部,颁其法于各邑,为治行第一。奉邑区里百四十有九,地亩盈缩至相倍蓰。十一年值均里之令,奂力正之。或以军不分户为言者,弗听。有巨猾从司臬批

牒,兼数里阡陌,峻拒之。通算以三千五百亩置里,役无偏怗,为奉邑永赖。时大兵平舟山,军需孔亟,督造战船,运木深山,役徒千百,躬亲抚率,无不力办。城堞倾阙,缓急无恃,提督田雄主议增筑,奂派各户段为十柱,功竣而民不病。十四年,山寇猖獗,严责保甲搜获真贼,讯实即毙,不以上报。萑苻遂清。又讲艺兴学,邑之名儒多出其门。筑后溪塘捍水,立碑纪之。以丁内艰去任。后累迁山东盐法道。(《康熙志》,参《乾隆府志》)"卷三《建置》下:"庆登桥,顺治十年,令王奂砌石为台,覆以屋。"卷六《水利》:"青锦塘,在青锦山下,迤东至分水口,横控沙塘,障叶家溪之水,南由庆登桥出方胜碶,北由分水口出科甲桥,为宋县令谢凤古迹。国朝顺治十年县令王奂,康熙十年县令郑愫,乾隆二十三年县令陈滋增筑之。(《康乾志》)"卷二《建置》上:"城垣,顺治戊戌(十五年,1658),令王奂增筑雉堞,厚二尺,高四尺。扁城之东门曰'太乙',西曰'金嶂',南曰'熏时',北曰'拱极'。"顺治十八年《奉化县志》十六卷,王奂修,项斯勤纂,光绪《奉化县志》卷四十《旧志叙录》:"顺治《奉化县志》,县令王奂主修,邑人项斯勤纂,宋启灵、项彭仲、舒纯甫、梁令吹分辑。"该志成于顺治十八年(1661),现藏国家图书馆、上海图书馆。

《清实录·世祖章皇帝实录》卷七十六:顺治十年六月丙午(1653 年 7 月 6 日),"免浙江鄞、慈溪、奉化、定海、象山等县八年(1651)分,水灾通赋"。

雍正《畿辅通志》卷六十《职官》:"王奂,南陵人,拔贡,康熙九年任。"光绪《重修天津府志》卷四十《宦绩》二:"王奂,江南南陵人,河间知府。念庆邑荒瘠,橄催独缓,遇有灾伤,力请蠲恤,民赖苏息。(《庆云县志》)"

表微吟

—— 为文学王时可撰

(清)王奂

大清壬辰(顺治九年,1652)之仲秋,王斯奉川为野谋。土俗民情几鼎沸,中赖理学柱波流。鼓箧释菜靡辍岁,日星炳耀无纤幽。马头忽见儒生哭，哭展凄其愁一幅。感慨遭逢彼此殊，隐德穷魂终尘伏。倾储为我细申明，风雨萧萧满林竹。诉云彼育方八龄，有弟四岁更伶仃。父忽病侵辞瓮牖，母以无依别竹扃。赖有长伯且贫子，唯事东西马帐经。左提右挈无或倦，才供衣食旋书卷。伯分而兼母分勤，你之严分师之善。顺则慈和拂则惩，景星庆云夹雷电。孤苦茕茕只此躯，奈何犹子若玉珠。君不见，古来皆骨肉，煮豆燃其繁有徒。谁似老穷肶爱笃，邓攸天道古今无。既哭而起起不私，泪湿青山染紫芝。凉飙渐沥肌肤廔，川岳松楸压雨低。少顷霞晴千丈白，光辉笼罩万年彝。言竟横鞭握手道，尔其扪心勿再告。归而读书捷飞黄，足为九原图一报。俯思君子表其微，我咏俚言俟纶诰。□父延天年，为君故伯配高贤，为君旦暮陈豆笾，为君刻列大儒前。安得遭逢彼此偏，岂有朝辉拥暮烟？（顺治《奉化县志》卷十六"为文学王时可撰"原在"邑令王奂"后，作夹注文）

顺治奉化县志序

（清）王奂

运会之盛衰，风化致之也；风化之隆替，因革成之也。因循易而修举难。酌乎时所宜为，合于情所欲为，于以动兴，观于人心，留考俟于今古，庸非长民者责与？余以壬辰（顺治九年，1652）令剡上，入境式庐，萧飒之况凄焉在目。溯畴昔之繁昌，抚今兹之络绎，殚思竭虑，不遑食息。亟为增墉浚堑，裹〈粮〉[餱]秣驷，易鸣琴而驰骑者七年，而未晏也。戎马之际欲咨邑乘考焉，湮阙罔稽。计其岁时，已百有二十余载旷厥修矣。呜呼！沧桑之变，今古之感，达人以为转睫间事，而昧者如入暗室索所藏，茫如耳。将晓然可以质古而俟后，兴利而振弊，舍所记载，奚从哉？抑何以时至事起而因势以导之耶？顾余日烦鞅掌，不获时亲[不律]纂修〈之事〉。爰造请项君〈正〉叔[子]领厥事。项君以博洽渊邃之才，当为诸生时，殚心史学久矣。宦楚归田，居今稽古，仍一介士，益搜罗各郡邑志与诸名人传集。凡奉之古迹芳猷散寄焉者，胥采掇之，以补旧志之略，而增益百二十余年所未备，复不欲凭臆自裁[也]，偕宋君启灵、项子彭仲、舒子纯甫、梁子令吹，分厥任而〈襄〉[勷]厥成焉。由是《奉志》灿然一新，形胜著而气运可稽，疆域晰而侵越可杜，户籍悉而徭役可清，科名彰而来学可启，节孝垂而风纪可厉。后之视今，亦犹今之视昔。然[则]钦昔贤之遗政，而得神化宜民之术；仰前修之懿美，而得兴起景行之方。于以翼盛治，而复昌隆之运，不视斯编为鼓吹乎哉。[时顺治己亥蕤宾月之吉旦(1659年6月20日)，]南陵王奂序。（光绪《奉化县志》卷四十《旧志叙录》。 据顺治《奉化县志》前附校改）

奉邑侯王公德政碑记

（清）史大成

奉偏东陬，古剡土地。处山海之夿，俗敦蕃而性□朴。地饶鱼盐，五方民走奇赢者加骜。又多海患，旰弁共隶，催科之急，加以军兴旁午，最称难理。南陵王侯握篆三载，而政成矣。诸士民咸慕之至，以为心泐口诵无当也，而欲征其事于石，以造余，为更仆数之。诸文学曰："不腆敝邑，操觚而贺战胜有年矣。侯曰：'士气以盈，吾惧其荡。不可无以振肃之。'爰帅博士课德艺，月试而岁较焉。故甲午之宾兴者，据有积薪之势，非我侯甄陶之力与？"乡三老偕孝弟力田者曰："邑患逋赋，每饱于奸胥揽户之橐，数百年于兹。侯分里分甲，家给簿正，按亩收贡，完额者人得执簿自达。勾卒无扰村落间，民大喜。会届编审，剂盈缩于沟塍，敷登耗于户口，尽祛诡匿隐占之弊。豪有力者，茕无告者，各安积著，民益大喜。往岁不稔，夏大雩，仿桑林灌坛故事。又为民平籴，为散公庾，为移粟旁郡，为□糜穷乡。吾侪小人更食，德天地莫知所报者。"介胄□负橐鞬来前曰："吾驰击骑射之旅也，吾艨艟舴艋之列校也。帐下鼓缶，野外吹螺，实惟侯釜钟之赐。顷山鬼□于波臣艘遍南海，去邑不五六舍，旧经恩赦诸无良又潜与通，几满郊野。侯密廉得之。一日间，因巡海之役卒擒其尤，并剪羽翼十数辈，余遂胆落。反危为安，实惟侯帷幄之筹云。"同师、里师曰："侯佐饔飧，皆葵藿物，价同市司，且立售，未尝下一橛，以厨馔异盦簋也。"委人、遗人曰："侯出内钱谷，智不伤皦，慈不伤滥，老膺弗如矣。"其南冠而絷者曰："侯讯囚多不反，两造质庭，一剖曲直而止。非惟绝蔑，全亦无例罚，即得情乎？思宥之三，即丽辟乎？上帝神明必鉴其独。盖阴德应后裔人哉。"其庶人在官者曰："侯治用轻重典，法咫令咫，莫或躁促也。宣露肝膈，与邑百姓相见，勿令群邪项饮，膏唇拭舌。书史抱牍供事，率五百导引尔。又侯拜命饮冰，介洁名世，耻以美锱侑鳞鸿，赎锾代羔雁。即岁时乞牵，不能实筐篚。而余闻之督府中丞、藩臬大僚泊郡国守相曰："廉吏不当尔耶。至其秉质正直，与平民平易，不啻如子，从无疾言遽色。而奉有最狡最健险者，皆一见夺魂，不敢犯，亦不敢欺。淳淳古道，匪今可行，而其化也，反捷于今。"童叟被德，异口同声，镌骨铢心。非直咏歌间也。此洵间世一人哉！余与侯缔知遇久，兹者备员载笔，采茸舆诵，上诸御座，职所应耳。指日屏风姓氏而召之，行将襄赞宸猷，霖雨天下，奚仅泽汜奉川已哉！勒诸贞珉，用垂不朽，且为后守是土者型云。公讳奂，字千峰。顺治乙未季冬之吉（十二年，1655年12月28日）。（顺治《奉化县志》卷十三《艺文志》）

孙成名，南宫人，顺治十七年（1660）任，卒于任上。任内有续成顺治《奉化县志》之功。

康熙《宁波府志》卷九《秩官》："孙成名，南宫人。顺治年间任。"光绪《奉化县志》卷十六《职官表》上："南宫人，顺治十七年任，卒于官。"孙成名《重修奉化县志叙》落款作"恒山"人。恒缺末笔，疑为避讳。《奉化市志·政府》1994年版未云"卒于官"，余同。《奉化市志》1994年版"附录"："清顺治《奉化县志》，1659年（顺治十六年）知县王奂（南陵人）始修，知县孙成名续成。奉化项斯勤纂，宋启灵、项彭仲、舒纯甫、梁令吹分辑。1661年刊本，16卷，首1卷。北京图书馆藏，上海图书馆有志书胶卷。"

《清实录·圣祖仁皇帝实录》卷三：顺治十八年六月"乙酉(初八,1661年7月3日),浙江总督赵国祚疏言:'科臣姚延启条奏:"沿海之地,应照边俸升转。"今台属之临海、黄岩、太平、宁海,温属之永嘉、乐清、平阳、瑞安,宁属之鄞县、奉化、定海、象山,俱作边俸。其三郡之道府厅各员,请一体照边俸升转。'从之"。(参见"乾隆三十二年八月己卯"条)

重修奉化县志叙

(清)孙成名

夫自扶舆既广,区域攸分。采风之义各殊,遵路之道惟一。要以修政齐教,同民出治,则列国有史,郡邑有志,固稽图者所必先焉。第世以代殊,道因俗易。诚虑旧籍既湮,成宪沦失,不有纪载,何以示后? 而谭记籍于倥偬之时,稽文教于戎马之际,似非亟务,奚费苦心? 然而征文献者每修举于板荡之余,收图籍者尝得力于烬芜之后,良以失此不图,后将何据? 然则启坠彰新,翼政扶化,斯非长民者之责欤? 奉之有志,始于宝庆、至元,历景泰、弘治,而大备于嘉靖。然自嘉靖乙未(十四年,1535)至今,凡百有二十七年于此矣。其间风俗有盛衰,人事有兴替,政务有详略,沿革有先后,本末次第已不可稽,自此以往又将何极? 前事为师,后事为鉴,通变不倦,固自有神化宜民之妙术乎? 前令南陵千峰王君从羽书络绎中构造雕龙之业,檄招名俊,属以操觚。编集方新,旌旗已动。自王去后,事亦旋止。而猥以樗姿谬司承乏,廑怀绩锦,实切愚衷,但以荷插易荒畴,拙既甘于抱瓮,执鞭当孔道,苦谦念其捉襟。兹者幸承诸君子刻志励修,力图终始,爰俾不佞勉就镌厕。一时之胜会既成,千秋之得失可电,于以质先俟后,或有稽焉。是役也,经始于己亥(顺治十六年,1659)春仲,竣刻于辛丑(顺治十八年,1661)季秋。可以知成事之维艰,而兴作之良不易矣。刻成,爰次其事以弁其端。顺治辛丑岁孟冬,奉化县令恒山孙成名谨识撰。(顺治《奉化县志》前附)

锺有闻，字禹音，沈阳人，荫生，康熙二年（1663）任。六年（1667）任武平县知县。十二年（1673）任郏县县令。十九年（1680）任太仓州知州。

康熙《宁波府志》卷九《秩官》："锺有闻，顺治年间任。"光绪《奉化县志》卷十六《职官表》上同。《奉化市志·政府》1994年版除"锺"作"钟"外，余同。光绪《奉化县志》卷六《水利》："倪家堰，县东北十里金钟墩西南。上为溪流，下为江潮。旧有碶障溪，使不入江。后为洪水所败，水尽注于江，而溪涸矣。明嘉靖十二年（1533），令钱璠改筑为堰，使溪水入南渡河。中废，康熙三年知县锺有闻筑之，邑人宋禹志董其事，经岁告成。"卷十八《名宦》："锺有闻，字禹音，辽东沈阳人。康熙二年（1663）任。年少，有胆气，以扶弱抑强为己任，豪强敛迹。有调防山东兵千人，挈其孥驻奉城，军民杂处，欺前令孱弱，放责举质，子逾于母，横行城市。有闻，力裁抑之，悍兵夺气。倪家碶扼水溉田，久圮失利。乃重筑为堰，得学博何国琦协力鸠工。堰既成，仿佛鄞之它山。又议筑大獭、茄子、常浦三堰，而失上官意，摘带征旧通劾之解任，邑人惜之。（《康熙志》，参《曹府志》）"

乾隆《福建通志》卷二十七《职官》八《武平县·知县》："锺有闻，铁岭人，荫生，康熙六年任。"雍正《河南通志》卷三十七《职官》八《河南府属知县·郏县》："锺有闻，奉天铁岭卫人，荫生。康熙十二年任。"乾隆《江南通志》卷一百八《职官志·文职》十：太仓州，"知州，锺有闻，铁岭人，荫生。康熙十九年任。"

张奎胤，邯郸人，康熙四年（1665）任。五年（1666），延僧行纯重建惠政桥。

康熙《宁波府志》卷九《秩官》："张奎胤，邯郸人。顺治年间任。"序锺有闻前。雍正《浙江通志》卷三十五引作"张奎引"，为避雍正讳。光绪《奉化县志》卷十六《职官表》上："张奎引，直隶人，康熙四年任。"《奉化市志·政府》1994年版同。光绪《奉化县志》卷三《建置》下：惠政桥，"国朝康熙五年

（1666），令张奎胤延僧行纯重建"。

《清实录·圣祖仁皇帝实录》卷二十四：康熙六年十月己卯（初八，1667年11月23日），"免浙江奉化等十六县、台州一卫本年分旱蝗额赋有差"。

郑愫，字丹岳，号苍岩，龙岩人，进士，康熙十年（1671）任。任内筑青锦塘溉田；重建县治忠爱堂；建赵公祠，祀浙闽总督赵廷臣。

乾隆《福建通志》卷四十一《选举》九：顺治十八年（辛丑）陈常夏榜，"龙岩州郑素，奉化知县"。《龙岩州志》1987年版第282页"循吏"："郑愫，字丹岳，龙岩人。顺治庚子举人，辛丑进士，知奉化县。"

康熙《宁波府志》卷九《秩官》："郑愫，福建人，进士。康熙十年任。"光绪《奉化县志》卷十八《名宦》："郑愫，号苍岩，龙岩人，顺治十八年进士，康熙八年任。性仁俭，貌清癯，持身端谨。时用兵后，田地荒芜者，愫为详请于巡抚，范成谟亲勘得实，题蠲若干亩，民甚德之。又筑后溪塘溉田，捐俸建厅，事皆可纪。（《康熙志》，参《曹府志》）"卷二《建置》上："康熙间忠爱堂圮，令郑愫重建，扁曰'亲民'。"卷八《学校》上："康熙十二年，知府邱业、知县郑愫重修大成殿，未竣。"卷六《水利》："青锦塘，在青锦山下，迤东至分水口横控沙塘，障叶家溪之水，南由庆登桥出方胖碶，北由分水口出科甲桥，为宋县令谢凤古迹。国朝顺治十年县令王奂，康熙十年县令郑愫，乾隆二十三年县令陈滋增筑之。（《康乾志》）"卷十三《坛庙》下："赵公祠，县南六十里栅墟岭北，祀浙闽总督赵廷臣。康熙八年，廷臣以巡海卒于连山驿。知县郑愫立庙祀之。"

《上海图书馆地方志目录》1979年版第327页："《龙岩县志》十卷，（清）江藻修，郑愫等纂。胶卷复制清康熙二十八年（1689）刻本。"

同周玉光至岳林寺

（清）郑愫

白业高僧得，青莲法雨遥。官闲能话旧，寺古记前朝。花气流双袂，钟声到一瓢。重来磐石上，趺坐万缘消。（《弥勒道场岳林寺》2011年版第78页）

曹鼎臣，字抡生，无锡人，举人。康熙十二年（1673）任。任内御新嵊巨寇有功，改县城城址。十六年（1677）升中书科去任。

康熙《宁波府志》卷九《秩官》："曹鼎臣，无锡人，举人。康熙十二年任。"雍正《浙江通志》卷二十三："《奉化县志》:'万历间城多火灾，知县樊毂因民之请，移筑山下。城南门，县治正南。国朝顺治初，知县蔡周辅塞旧南门，移东四十余丈，又增筑瓮城。戊戌（十五年，1658）知县王奂增雉堞，厚二尺，高四尺，名城之东门曰'太乙'，西曰'金嶂'，南曰'熏时'，北曰'拱极'。康熙十二年，知县曹鼎臣改今址，仍旧制也。'"光绪《奉化县志》卷十八《名宦》："曹鼎臣，字抡生，无锡人，康熙十二年任。十三年闽寇踞黄岩，大兵聚赤城二载，挽输陆绎，道出奉郊，率以二釜致一石。鼎臣扪循均派，民不重困。新嵊巨寇胡双奇、龚万里等聚众大岚山，蔓延奉界。鼎臣修旗置械，点选丁壮，兴立团练。时有毛家兵者，乡练中最悍，深结之，誓师约束，军声丕振。贼众叠犯大堰、亭下、白岩等处，率练众击败之。乃建策会剿，备申贝子，檄调七邑之师，刻期取齐。鼎臣调前队扎雪窦，左翼扎公棠，右翼扎汪家村，自率二千人为后队扎过水埠。获谍者，知贼将夜袭营，设伏歼之。贼众饥，由雪窦走新昌，道出火焰岭，练兵伏岭左右，大败之，追杀八十里。次日追贼至沈家岩，傍午及于新昌之东村，贼众乞降，斩龚万里，走胡双奇。大岚以平，民居无扰,士民歌诗诵之。八月初旬,洋艘数百自鹿颈经奉之大溪堰直抵江窑,掠宁海,破象山,官民多被掳。独奉以靖寇先声,未尝一旅逼城下。治奉四载,羽书络绎,日无宁居,心力俱瘁。十六年升中书科去任。(宋汤建《荡寇记》,参《康熙志》)"

蔡毓秀,号一斋,锦州人,监生,康熙十六年(1677)任。任内接续郑愫重修大成殿、柏香岩祷雨等,为一时美谈。在任六载,以丁内艰去。二十四年任崞县令,后擢山西永宁州牧,善政尤多。

康熙《宁波府志》卷九《秩官》:"蔡毓秀,锦州人,监生。康熙十六年任。"雍正《宁波府志》卷十六《秩官·奉化县知县》作"蔡毓周",误。《钦定盛京通志》卷七十八:"蔡毓秀,奉天人,隶正白旗汉军。康熙十六年知浙之奉化县。值岁暮,乡民以逋课治狱者数十人,悉放还家,约以新正完课。民感泣,如约。邑有盗魁二人,行劫横州里。毓秀擒磔于市,积匪敛迹。请免运众役兵米,民累得苏,舆诵德之。"光绪《奉化县志》卷十八《名宦》:"蔡毓秀,号一斋,奉天锦县人,康熙十六年任。新旧交代,搜核驳盘,率多留难。毓秀至任,册对一清,辄优其礼,饯其行。同列称为长者。岁暮,乡人以逋课滞狱者数十人,悉放宁家,约以新正完课。民感泣,率如约课,未尝亏。次年夏,有盗魁项高生、袁寿生行劫州里,擒二人,磔于狱,群盗敛形。十八年旱,祷于柏香岩,甘霖立霈,士民歌诗志异,立碑记之。捐俸置田五亩于法海寺,岁以七月十四日设供龙神。学宫破坏,与学博陈澍、徐日敞、任元撰多方措置,修葺一新。事见编修陈锡嘏《碑记》。二十年,编审户册,秉公独断,遵令甲以区儒民,自城隅内外暨八乡,儒而里者凡十有三,民而里者凡十有七,寺产系名刹而自运者五,输资建县署而免杂徭者四,余皆役于公,与齐民埒。邻邑寄庄之在奉者,亦役于公,如齐民,而户籍有稽,丁产不乱,徭役以均。其法之良,从前所未有也。在任六载,以丁内艰去。(俞廷瑞编审《碑记》,参《康熙志》)"卷八《学校》上:"康熙十二年,知府邱业、知县郑愫重修大成殿,未竣。

越五年,令蔡毓秀同学博陈澍、诸生孙翼清等助资竣工。"卷五《山川》下:"柏香岩观音井,县东南十五里福泉山前。崇崖壁立,径绝行人。潭旁如井,阔不盈丈。康熙己未(十八年,1679),邑令蔡毓秀祈雨有应,立碑置田。岁以七月十四日设供。"

雍正《山西通志》卷八十二《职官》十:"蔡毓秀,奉天锦县人,荫监。康熙二十四年任(崞县令)","擢山西永宁州牧","雍正元年祀乡贤"。雍正《畿辅通志》卷七十四《人物》:"蔡毓秀,昌黎人。初任浙江奉化令,修学宫,造战船,平徭役,清户口,不以丝毫累民。时檄奉民运粮至象山给兵,毓秀以奉邑地瘠民贫,力详请免,奉民德之。擢山西永宁州牧,善政尤多。毓秀性纯孝,父殁于军,以随征不获守艰,痛哭累日;母卒,庐墓九载。雍正元年祀乡贤。"

重修奉化儒学记

(清)史大成

奉邑山川蟠郁,蔚然奥区,人物钟灵,会于黉序。唐开元间建文庙于封山之麓,面玉几之秀峰,坐锦屏之文库。宋令于房毁石夫人庙以广之,始立学宫。其徙今址,则治平中之裴士尧也。既而增创讲堂、经阁、瓮池、驾桥、射圃、门庑焕然大观者,宋元诸公敦厉风教之绩也。盖职司百里,师表万民,惟是礼乐诗书之地,为治行报最称首。文教聿兴,奉之名人硕士,不啻冠四明,甲两浙矣。迨后累圮累修,代有贤宰。至明崇祯乙亥(八年,1635),别驾蒋公中超经营葺理,起废址为崇墉,栽松植柏,望之森如,每为采风者心赏。奉学壮丽,首六庠焉。迄今四十余年,久而圮敝。时复山海告惊,羽檄军储,长民者鞅掌戎马之间,遑问杏坛鞠草耶?爰是山川减色,而奎壁科名亦少逊矣。己未(康熙十八年,1679)之冬,令君进博士弟子员谓:"宫墙,四明之望,安可任其飘飖风雨。"但前此学宫举事,有宿镪可发,漏逋可搜,一启钥而数百金具耳;今则公私之帑悬磬,经始之日,一无所恃。及鸠工集材,自春徂夏,两庑仪门,聿然可观。又未几而大成殿增葺,俎豆辉煌。凡费镪四百有奇。费用之艰十倍于昔，而成功侔于前人，非身任学道，爱人如蜀郡文翁者而能是哉！其主是事而出两袖之清风，得百二十金为倡者，邑侯三韩蔡公也；其始终玉成而括苴蒨之囊，敦勉庀工者，广文武林陈君也；其捐金而收九仞之功者，桐乡任君也；其辟道修垣，出资整理泮桥者，西安徐君也；其发锟为大成丹艧先声者，光禄宋君也；其晨夕省成，专力干办者，子衿孙子翼清也；其协力劝襄，袞多士之助者，董事诸生二十余人也。落成，请文于余。余曰："蔡侯于百务维艰之际，为斯盛举，诚光耀后先，俾剡中鲤湖龙溪诸胜，增东壁之辉，而文运用以丕振。非止治状称最，其名业亦垂不朽矣。"（《康乾志》）（光绪《奉化县志》卷八《学校》上）

柏香岩灵雨记

（清）蔡毓秀

奉邑土瘠，《禹贡》："扬州，九等。"无物产珍错，无贵贾操奇赢，行四方，滨海鱼蛤又禁戒不取；所藉供赋税，衣食妇子，惟禾稼是望。冬春戒种举趾，五月新谷，无他祈也。乡有八。东北江界三乡，潮汐上下，灌溉可滋；余则傍山倚海，堆石堰水，桔槔莫施，雨旬日不降，篝车失望耳。岁在己未（十八年，1679），为上御宇之十八年，余治奉三载，幸境无伏莽，两岁丰登，人民乐育。乃今六月上旬雨后，暨秋七夕屯膏，三禾尽槁，万姓旁皇。不敢宁处，牒神步祷。越十有三日乙巳，进邑之父老曰："及今不雨，弗获有秋矣。古者救灾索鬼神，境内神灵可为民请命者以告。"于是庠士孙子懋简进曰："柏香岩龙，四月四日雷电雨雹降法海浮屠，往请必应。"余曰："往哉。"洁诚孔凤。丙午昧爽，帅士民先造法海，问道登山。其乡老皆言："柏香岩樵采无路，人迹不到。公非习阴平鸟道者，宜望拜山麓，遣吏斋牒上请。往时令君皆然也。"余曰："否否！为朝廷司百里，水旱之灾，责莫可委。不躬不亲，欲以格九渊神龙，将谁欺乎？"爰是摄衣蹑屦，杖策而前。时琨儿从掖余以行，绅士、僧俗踵者数十人。初行，翦荆棘、斩丛莽几二里许。小憩岩下。复行，则垒石欹侧，赤日上曛，冽泉下溜。再憩石边，人皆赤面流汗，气息恹喘。有土人效五丁开道者反，而摇手曰："重崖壁立，非人所经，似近实远，殆不可上。"余弗阻，奋身前行，举膝齐颈，攀藤附木，或挽或推，至柏香岩下，不复人间。下视，众山俯于地矣。潭不盈丈，而悬巨嶂中，劈石罅注，水才涓滴，湫溢下流，则潆洄十余里，水深无几，蓄片岩石，鳞鱼数枚蹲踞不动，殊无灵异也。率众拜谒，投词于潭，梵咒并宣，祝曰："吾艰辛至此，为民所请，龙有神功致雨，生我一方民，凡梨园乐部例奉神者，一无靳。"言未已，向之下伏者，浮爪碧波，举而出水，若蠕蠕然。众讶其灵，拥之而下，日正午矣。法海自牧上人迎余曰："自来令君未有躬至岩下者。公贵胄平生，乘坚策肥而劳勚若此，龙之昭昭应如响耳。"时万里晴霄，当空烈日。须臾回视，岩巅一线烟光，倏忽遍山甘霖如注。有众急迎以行，随车之雨已周阡陌及城郭矣。噫嘻！龙果能为雨耶？能为雨则前此涤涤山川，自夏徂秋不洒瓶中一滴耶？如不能，而今肤寸而合出诸岩际者，即鞭夷陵阴石曷能捷应呼吸耶？众咸推功于余，余不敢居，仍归柏香。柏香奇峭长兴，赤云白云鼓动布泽，其粒我民而裕正供于亿万年，匪今斯今也。邑中诸公歌诗志异，因镌之石，以贻山灵。（光绪《奉化县志》卷五《山川》下）

张启贵，三韩人，康熙二十二年（1683）三月任。任内为赵公祠核其租、增置田，辑修康熙《奉化县志》十四卷。

康熙《奉化县志序》落款有"文林郎知奉化县事三韩张启贵序"，则是三韩人。康熙《宁波府志》卷九《秩官》作"辽东人"、《奉化市志·政府》1994年版作"辽宁"人。光绪《奉化县志》卷十三《坛庙》下："赵公祠，县南六十里桥墟岭北，祀浙闽总督赵廷臣。康熙八年，廷臣以巡海卒于连山驿。知县郑懔立庙祀之。……二十三年，令张起贵核其租花增置田。""启"作"起"。《中国地方志综录》（增订本）1935年版第152页："康熙二十五年《奉化县志》十四卷，张起贵、孙懋赏编，藏北京图书馆。"光绪《奉化县志》卷四十《旧志叙录》：

"康熙《奉化县志》十四卷,知县张启贵、施则曾先后辑修,与其事者:邑人刘鸿声、孙懋赏、孙士价、舒顺方也。"

康熙奉化县志序

(清)张启贵

古者輶轩出使,采摭风谣,有心时事者,置递望以悉丰歉雨旸。时日虽细必书,所考以得失、预补救也。于司牧者有责焉,则记事表年,政教所颁,都鄙所著,人事之变更,天运之盛衰,或岁一见焉,或世一见焉。珥笔者职其实以竢考订,非止传作者之长,亦以昭时政之善也。余自季春承乏刽中,甫阅四月,邑之山川、土物未遑披览,因革之宜、赋役之籍与夫前贤故实、土物人文之可资法者方欲咨访而讲求焉,而适有朝命檄取邑乘以成会典,诚旷世事也。爰进邑之荐绅子衿而商之。盖奉志自己亥(顺治十六年,1659)南陵王君辑之,至辛丑(十八年,1661)而成于恒山孙君。缘旷代既远,旧简多残,询之遗老,质之稗官传闻异辞,幽贞多漏。得诸名儒,置局搦管,专力纂修,阅三载而成编,若斯之难且慎也。迄今又二十二春秋矣,其间若阡量归户,遣界蹻荒,户口之升降,土宇之更移,以及台瓯告警,山海弄兵,大岚荡寇之勋,赤城递运之绩,与夫官廨学宫,沿海设堠,又前此数百年所未有之事,叠见于二十二年之间,固当从大书特书之例者矣。则汇前业而增辑之。括始终之数,陈得失之林,搜载籍而公取舍,是有赖于诸君子矣。然前此故实得之传闻,而今诸君子皆耳而目之者,不致存夏五之缺与鱼豕之误。则是役也,历年浅而更事多,睹记详而成书易,缵而成之,信称实录矣。予从而搜轶征献,闻所未闻。披图而绣错者,如身履也;按籍而沿革者,如指掌也。揽风俗而桑麻在目,记土宜而珍错胪陈也。边围武备,周阴雨绸缪之计;文坛宫庙,悉弦歌礼乐之风。名宦之流征不远,乡贤之勋烈犹存。以至贞妇幽人,孤踪标映;仙灵释部,异绩争传。予资而以政学焉,庶或免于固陋之讥哉。阅月而志成,一以副上命史馆之旁求,一以绍前贤而踵事增华,所以全文献而备参考云尔。康熙癸亥孟秋之吉(二十二年,1683 年 8 月 22 日),文林郎知奉化县事三韩张启贵序。（光绪《奉化县志》卷四十《旧志叙录》）

┃ 施则曾,字雄迁,号省园,无锡人,举人。康熙十五年(1676),任全椒县教谕。二十四年(1685)六月至三十年(1691)任奉化令。任内尝捐俸刊印康熙《奉化县志》,捐金建义学于学东,地方水利、公廨次第修筑。

《安徽全椒县志》卷九《职官志·职官表》：教谕"施则曾,江苏无锡人,举人,(康熙)十五年"。

光绪《奉化县志》卷十六《职官表》上："施则曾,康熙二十四年任。"《奉化市志·政府》1994 年版作"施鼎曾",误。盖"鼎",原文加立刀；该字简作"则"。故省立刀者,误也。光绪《奉化县志》卷十八《名宦》："施则曾,字雄迁,号省园,无锡人,康熙二十四年以举人令奉化。在任数年,政治民和。赴讼约三日听断,催科令民自封投。前令张启贵倡修县志,稿垂成,为捐俸刊之。地方水利、公廨,次第修筑。性尤好学师古,既留意学校,岁时增饰,复捐金建义学于学东。讲堂、书舍,崇厂轩豁,可弦可咏,公余辄往课肄业生而鼓舞之。律己甚廉,恒于署内佣奴艺蔬以自给。尝曰：'吾家数世皆清白吏,肯携俸入为子孙计哉？'盖岂弟作人,有古文翁风。以考最去,邑人尸祝之。(《乾隆志》,参《无锡县志》)"卷四十《旧志叙录》有施君之序,落款曰："康熙丙寅清和月上浣之吉(二十五年,1686 年 4 月 23 日),文林郎知奉化县事锡山施则曾撰。"雍正《浙江通志》卷二十三："(康熙)二十三年夏,南城门灾,各门楼俱圮。二十五年,知县施则曾重建四门,修筑雉堞。"光绪《奉化县志》卷十五《寺观》下："太平禅寺,县南四十里太平塘。地处要冲,常多虎患。顺治初僧满足募资建庵,遂成坦道。宋之铉有《记》。康熙二十七年(1688)县令施则曾改为寺。(《康乾志》,参采访)"卷九《学校》下："锦溪书院,在黉宫东。始名义学,康熙三十年,令施则曾建。"

佛塔亭碑记

（清）施则曾

　　四明奉邑，山川挺秀，名蓝最多。去城北里许，亘有弥勒佛道场。余案牍之暇往瞻礼焉，见殿宇塔亭辉霞耀日，焕然一新。所称明州三佛地，此其一也。及阅旧志："梁贞明间有僧飞锡岳林，人莫识其姓氏。常以杖荷一布袋游行化度，自号长汀子。出入市廛，绝烦恼相，人皆呼为欢喜布袋和尚。将寂时，亲往封山沈姓，化袈裟片地为埋龛所。沈慨然许之。葬后屡发异光，且多灵验，人始信为弥勒化身。有司上其事于朝，赐额'定应大师隐身宝塔'。"其由来旧矣，历千余年，兴废变更不一而足，明末颓圮尤剧。幸国朝顺治戊子岁（五年，1648），住僧三笋立愿修葺。乃诛茅辟土，鼎建外殿并左右两厢，次第而举。至康熙初年又遭兵燹，口弃有不忍言者。奉邑缙绅同里中父老公延三笋法嗣如畅整顿之。然求其内外井井，复还旧观，未易得也。值今如畅之徒性闻字耳圆者，念祖父未了功德，悉力肩荷。自丁巳（康熙十六年，1677）创始，历今二十余载，殚精极神，不辞劳瘁。诸凡葺其旧，廓其新，约费千余金。前此殿塔摇落者，今则巍焕竿丽矣；前此佛像尘污者，今则庄严辉映矣。且募置斋僧田地百亩有奇，柴山三十余亩，立籍自运，匪特僧众有所资赡，抑且粮役毫无他累矣。美哉行僧，区区慈愿发于方寸间，能使果满功成而封山名刹，佛火祖灯灿然独存。佥云性闻道行高卓，无负檀那，无忝祖火，为法祖增光，孰知地灵人杰，非藉如来威光默佑，曷克至是哉？兹奉钦召内升，指日解任，恐胜因美举湮没罔闻，爰会同士庶勒石以垂不朽，俾后之守是塔者咸知所自焉。是为记。康熙三十年岁次辛未孟秋月吉旦（七月初一，1691 年 7 月 25 日）。（光绪《奉化县志》卷十五《寺观》下）

奉川新立义学记

（清）张星耀

圣天子御宇，治致升平，诞敷文教，命天下府州县修建学宫。又首新太学，以为四方观型。其时余忝直承明，见天下之奏庠序落成者无虚日，而且义学、社学，窃心庆幸，以为郁郁乎右文之盛矣。戊辰（康熙二十七年，1688）冬，余出守四明，稽察郡邑两庠翚飞轮奂，而又有月湖书院为义学，因分俸延师以训迪寒畯子弟，遂以此意作率属邑。乃奉化令施君告余曰："往者奉川代有闻人，如舒文靖之理学，戴拾遗之孤忠，陈司空、宋长史之节概，楼宣献、王恭简之事业，皆师表群伦，彪炳天壤，光儒林而昭史册。其他懿行彰闻为人称道勿绝者，复指不胜屈，何盛也若此欤？考当时泽宫之外，别有书院、社学，其于教育人材为尤切。今某仿而行之，相择善地，得废圃于泽宫之东，建义学焉，不费民财，不烦民力，经营备办，胥出己资，越两岁而始成。"若施君者可谓有志师古教化斯民者矣。施君又言其制：后有阁五楹，两厢夹之。厢各有舍，每间可坐二人。其前为讲堂，三间七楹，崇敞轩豁，户牖槛疏，俱极坚致。东行又有方塘临砌，碧梧新植，可弦可咏。其具馆饩、备膏火、资缮修者，有旧存学田二十亩余，又增置田二十亩，岁取其租以供用。而士之下帷其中者，可以诵读不缀矣。且施君雅博古而又善制举义，每于自公之暇，数逞课业而鼓舞之。遇试士辄屏竿牍，搜索真才。丁卯（康熙二十六年，1687），分校浙闱，所拔皆知名士。至其律己甚廉，恒于署内隙地佣奴艺蔬以自给，上府则出钱赁小舟，从役数人，轻装萧然，道途无有知而属目也。其政事理，凡赴讼者，约三日内自诣听断，至则立决放释。其催科，令民自封投，不少染指耗羡。委摄鄞篆，在同城，知之甚悉，足以定其居官梗概矣。今方以循卓膺两台剡荐，召为谏臣。于其濒行，诸生孙冢辈恐斯学久而废坠也，公呈请详，并乞余言勒石。余嘉施君好学师古，有志于道，符余夙昔庆幸之心，遂不辞而援笔以记之。康熙三十年岁在辛未闰七月谷旦（1691年8月24日）。（《乾隆志》）（光绪《奉化县志》卷九《学校》下）

义学记

(清)刘鸿声

　　古者乡三物教万民,敦俗宣化,莫重于教。顾教有其地,党庠州序是也;教有其人,州长闾师乡良人是也;教有其时,春夏《诗》《书》秋冬《礼》《乐》是也。是故郡国既有学矣,里塾乡校设以广修业之区,盖无地非学,无人非学也。今天子雅重儒术,诏郡邑有司兴举义学,所以风励天下也。吾奉旧有社学,明正德中朱令君豹建于告成寺左,为东学;嘉靖中陈令君缟,复建于山川坛左,为西学。是时人文蔚兴,乡会题名连镳而起。时异世迁,盛迹久湮。我邑侯施公莅奉六载,政平人和,风俗丕变。以迩年贤书零落,思所以振起之,与广文桐乡任君、分水濮君商榷创举义学,进声等十人爰究爰度,择址于黉宫之东,辟基构宇,为鼓箧育才之地。经始于己巳(康熙二十八年,1689)腊月,首建讲堂三楹,层楼五间,翼以东西廊房二十舍,仪门向震,面新岭笔峰,下瞰小池,植花竹芙蕖,夹道缤纷。又南二十余武为外门,当泮宫舒公祠之中。栋宇峻起,规模壮丽。奉学门左,不知始自何年,设梓潼帝像,于祀典弗协,今迁供楼上,增以彩绘神座、几筵,瞻礼更肃。迄辛未(三十年,1691)春仲告厥成。凡费锾亦百有奇,皆出侯囊中,平时浣衣菲食之余也。自侯治奉,操懔冰霜,罚锾不取,羡余无存,工费既繁,全无顾惜。登楼四望,畅然满意。夫司土而留心地方水利、公廨,倡议经营,亦足称述矣。何有倾入橐之赀,建旷世之业乎?侯曰:"吾家数世皆清白吏,不尚封殖。与我携俸入所赢,归为子孙计,何如留奉为崇文吁俊地哉?"金谓学名"义",捐金鸠工,"义"名不虚矣。工既竣,延鸿儒为山长,饩以官廪。负笈相从者,远近云集。诸后进执经问难,操艺就正,皆得领采斤郢削。且居邻文庙,童子肄业其中,每上丁、释菜,朔望行礼,使观效于拜跪揖让之仪,习闻乎讲经读法之训。行于乡,则入孝出弟之事,升于朝廷,则经国诚民之业,造小子即以励成人,此侯上宣朝廷德意,下隆蒙养圣功,洵千秋盛举也。又为计久远,捐置田五十亩,岁取其租以充延师饔飧之助,虑诚周至矣。适奉旨举邑令卓异,中丞张公廉侯治行第一,以考最特闻,旦夕以锋车召,将大其经纶,以宣化万方。兹举与锦屏、玉几并峙刻曲焉。异时斯文日茂,科名如昔正嘉间,可忘今日恺悌作人之至意哉?侯名则曾,号省园,无锡人,丙午(康熙五年,1666)乡进士。时康熙三十年二月上旬谷旦(1691 年 2 月 28 日)。(《康熙志》)(光绪《奉化县志》卷九《学校》下)

康熙奉化县志序

(清)施则曾

邑有志,昭其信也。《奉志》昉于宋之宝庆间,历元明二代经屡辑,至我朝前令千峰王君广集众思,记载极博,岁辛丑(顺治十八年,1661)恒山孙君继起而竣厥事,迄于今,越二十余年矣。或谓前有成书,为时未久,山川景物规制厘然,后之人可无烦踵事增华也。顾风会之升降,每昨是而今非。因革之时宜,亦日新而月异。近多阙略,后恐传讹,职斯士者之责也。乙丑(二十四年,1685)夏杪,余来令剡溪,甫阅月,奉宪檄刊邑志。予以初视事,无以应。且念志既成,将以备本朝会典,所关复甚巨,益皇然莫知所折衷。邑之士大夫偕胶序诸名宿交相谓余曰:"纂修志局,前侯张公实始基之,延某某辈搜轶事,征文献,三载来损益参稽,汇稿成帙,剖厥尚有待也。"亟取而披览之,井疆、户口、习俗、土宜,或前与后之有同揆,或沿与革不无异轨。按籍绘图,历历指掌,夫志以纪事为可信,毋为可疑;存其名,必核其实;搜罗宜富,表章务严;叙前代之事或略,纪本朝之事宜详。忆予备员博士时,窃奉两江首宪延访礼聘,纂省通志,懔懔乎功令之是遵,而采核增删毋敢遗,亦毋敢滥。盖取舍是非,无不从邑乘中翻阅论定。呜呼,志綦重矣!稿成,诸君子请质于予,予以筮仕之年,见闻未悉,何敢凭臆己见,惟于抚字催科、缮葺城垣之暇,为之点次,较正勉力。倡先捐俸,登诸梨枣,爰进诸生孙子懋简冢辈,俾董其任,不数月而告竣。猗欤休哉!凡此二十余年间,灿然大备。阙略传讹之憾，吾知免夫是志也。三韩张君经其始，名硕绅儒集其成，问载笔编纂者，则刘君鸿声、孙君懋赏也，分辑校订者，则孙君士价、舒子顺方也。既详且慎，复简而该，其庶几三代之直道尚存于今日乎？维时乐观厥成者，学博任君元撰、濮君有玫，邑丞王君凤翼，邑尉张成，塔山巡司徐廷佐，连山传吏沈贞，共事兹土，例得并书。康熙丙寅清和月上浣之吉（二十五年，1686年4月23日），文林郎知奉化县事锡山施则曾撰。（光绪《奉化县志》卷四十《旧志叙录》）

岳林寺志序

（清）施则曾

剡上以弹丸小邑，僻处海隅。其俗俭陋而民淳，无锦绣珠玉之饰，无泉刀枲布鱼盐之饶，无园林陂池台榭为燕乐之所，无琳宫贝宇极金碧庄严之观。正如子瞻在儋州时，大率皆无耳。予才识闇浅，窃幸兹土僻简，可安吾拙。两年来，公庭阒寂，吏抱文牍判纸尾外，无他事。然亦鹿鹿无宁时。闻雪窦山水奇秀，为东南绝胜，思一登其巅，而未有暇也。东郊外距城三里，有岳林寺，长吏迎春讲社，岁一至再至焉。予见其殿阁嵯峨，左右禅房历历备具。虽恓愊无华，而花竹畅茂，差可游息。顾谓诸父老曰："此奉邑之所绝无者，而何以有是哉？"或告之曰："是唐大中时敕建布袋老人显化处。鞠为茂草久矣，近庀材而更新之。惟和尚楷庵是赖。"楷公曰："山衲何功之有？实藉云间诸檀那广种福果，前邑侯曹公护持之力居多。"予不觉瞿然曰："是何言之谦而避之深也？凡物之成坏有数，而兴废在人。若非道力超群，法缘幅凑，曷由致是？"越一年丁卯（康熙二十六年，1687），楷庵手一编示予曰："岳林旧无志书。今寺已落成，法鼓复振，恐湮没无考，不得有传于后，是以璧城志之。"请予文弁其首。予曰："可哉，子之远虑也！今上振兴文教，命诸儒臣纂辑《一统志》，海内名山、古刹俱搜采编入。岳林，弥勒道场，为四明法窟，则寺志诚不可少。况予同乡贤士大夫好善乐施，前辈曹公教养元元，共成不朽盛事。楷庵经营有年，手口卒茶，诚孚遐迩，非衲子时辈所可及。则昔日所无，不妨为今之所有。是皆不可以不记也。"于是乎书。锡山施则曾省园氏题。[施则曾印（白文朱印）、省园（朱文白印）]（《中国佛寺史志汇刊》（第一辑）第15册（110·111）《明州岳林寺志》1980年版，第7—12页）

秋日过楷庵指南轩

（清）施则曾

山淡明秋色，乘闲到梵林。落花闻说法，疏雨见禅心。墙拂梧阴乱，窗合云影深。三酸堪续画，竹院且行吟。（《中国佛寺史志汇刊》（第一辑）第15册（110·111）《明州岳林寺志》1980年版，第132页）

指南轩同施大尹楷和尚茶话

（清）顾岱

尘情佛土两归空，永日南轩一笑中。学士参禅无色相，远公挥麈起清风。庭前柏子枝还绿，户外茶声火正红。莫道虎溪今仅事，会看狮座据高崧。（《中国佛寺史志汇刊》（第一辑）第15册（110·111）《明州岳林寺志》1980年版，第132页）

曾文寿，监利人，举人，康熙三十年（1691）任。

康熙《湖广通志》卷三十六《人物》五：康熙二年癸卯乡试，"曾文寿，监利人，知县"。

光绪《奉化县志》卷十六《职官表》上："曾文寿，湖广人，康熙三十年任。"

《奉化市志·政府》1994 年版增"举人"出身，余同。

熊昭应，字晖音（一作：朗伯），福建永定人，举人。康熙三十二年（1693）任，忧归。服阕，补常山县。卒于任上。两地均有政声，入《名宦留祀册》。

乾隆《永定县志》（福建省地方志编纂委员会整理）2012 年版第 324 页："熊昭应，字晖音，由县学廪生，以《诗经》中式，康熙二十年辛酉郑元超榜五十三名。任奉化、常山两县知县。"道光《永定县志》2012 年版第 428 页："熊昭应，字朗伯，御史兴麟子也，举人。先知浙江奉化县，忧归。服阕，补常山县，铲宿弊，抑强豪，伸雪沉。又于常治东北三里建万缘塔，收瘗枯骨。卒于官。两邑俱祀名宦。子光炜，自有传。"

光绪《奉化县志》卷十六《职官表》上："熊照应，福建人，举人，康熙三十二年任。"《奉化市志·政府》1994 年版同。按："照"应该作"昭"。雍正《浙江通志》卷一百五十五："熊昭应，《名宦留祀册》：'永定人，康熙四十三年由举人知常山县。性甘澹泊，事持大体。宣讲圣谕，修学宫课士，劝农耕作。钱粮自封投柜，行户现给价值。断狱哀矜，勘荒请赈。奖善良而锄奸蠹。民皆德之。'"

张廷相，辽东人，监生，康熙三十五年（1696）任。

光绪《奉化县志》卷十六《职官表》上："张廷相，辽东人，监生，康熙三十五年任。"《奉化市志·政府》1994 年版同。

彭祖训，字佩荪，湖广澧州人，举人，康熙四十一年（1702）在任。校定授梓《剡川诗钞》。

光绪《湖南通志》卷一百九十九《人物志》四十《国朝》二十五："彭祖训，字佩荪，康熙辛酉举人。其舅氏以事逮系长沙，祖训上连珠十则，代诉于巡抚,得释。官郧西教谕。十二年勤训课,虽五尺童子皆得执经于侧,卓异。擢知奉化县,亦以勤课著声。(《旧志》)""彭英,字圣育,州庠生。吴逆之变,大兵驻澧,供亿莫堪。英上书当事,言痛哭者八,乞哀者十,分其责于岳郡诸县,乃减军需之半,民困少苏。辛酉举人彭祖训,其子也。(《州志》)"

光绪《奉化县志》卷十六《职官表》上:"彭祖训,湖广人,举人,康熙四十一年任。"《奉化市志·政府》1994年版同。《奉化建筑探胜》2012年版第24页:"封山寺内尚存比较有价值的文物是嵌在大殿右前壁的一块石碑,系清代康熙年间奉化县令彭祖训、县丞何钟所立,题为《敕赐定应大师碑铭》,记述布袋和尚事状颇详,是市内现存唯一的有关布袋和尚的金石资料。"民国刻本《佛山忠义乡志》卷十四《人物志》三:"周尚彩,字尔章,塘头周人。母病危,百药莫效,尚彩割股以奉,乃愈。康熙四十一年知县彭祖训为给'孝行可风'额。"

光绪《湖南通志》卷二百五十七《艺文志》十三《集部·别集类》:"《燕游草》《集苏诗》《海上吟》《拙存斋诗文》,澧州彭祖训撰。(《州志》)"《湖南省地方志概览》1991年版第105页:"清康熙二十三年(1684),知州朱士华延聘龚遇逞、彭祖训续修《澧州志》,共四卷。"《伏跗室藏书目录》2003年版第484页:"《剡川诗钞》十二卷,《续编》十二卷,《补编》二卷,(清)彭祖训、(清)舒顺方等辑。民国四年(1915)钧和公司铅印本,五册。"

剡川诗钞序言

(清)彭祖训

天子诏直省卓举诸员,赐引见。辛巳(康熙四十年,1701)九月,训叨随班末,奏对乾清宫,授剡牧。窃自喜剡中理学名区,选先儒遗风渐渍者久,其民勤俭质朴,其士务实学,地僻而事简,得考献征文,及诸名下作笔墨缘。所最心折者,舒子后村,董子奇玉,皆嗜古博闻,以明经课授里闾。虽公事不一,至长吏庭,顾独不予弃。先时录《剡川明诗》见寄,叹得未曾有。但宋世剡川名儒，如楼子文不答介甫书，赵庇民、童持之俱从龟山游，著述无传；舒元质文靖仅存朱晦翁、杨敬仲、袁和叔往复诸尺牍，而诗章阙如。吕晚村于黄梨洲处觅楼《攻媿集》，又于万祖绳属钞天一阁中戴《剡源集》，未之传播也。前年予始得任《松乡集》旧本，而陈《本堂集》最多，渺未见只字，是用耿耿。适昨春过访后村，询宋先正诸集，后村语予："留心于此几三十年矣。乙酉（康熙四十四年，1705）岁暮，七十初度，及门周言远、陈殷书、傅石来辈金谋制锦，辞不获。因谓诸君：'能合赀刊里中耆旧诗，不愈于寿酒千觞乎？'手钞凡十数易，今始有成书。"予急索流览，自汉唐迄元明，名儒林列，不觉狂喜。惊异从何处集此全璧？则董子奇玉搜购之力居多。予因慨然曰："表章先正，以风厉来兹，司牧者之责也。其敢惮劳不以垂久远？"襄在郧旧识宛陵刘天如者工剞劂，今适来剡，因校定授梓。为类六，为卷十二，凡得诗九百六十二首，后村一一系以小传。而剡中文献灿然明备矣。始事于丁亥（四十六年，1707）八月，未及半，值予解组，而天如从予寓义塾，啖疏茹苦，一力独勤，昏晨无少间，阅戊子（四十七年，1708）九月工成。嗟乎！此皆从来未经刊行之书，间有刊者，与断烟荒草相散轶，谁过而问之？乃舒董二子多方购求，出之于蠹蚀鼠余及废版残碣、扇头壁间、山衲经麓、田媪织筐中，诚费尽苦心哉！说诗者往往谓宋不如唐。予观理学，惟宋为盛。当文公往台温时，泊舟龙津，长吏率诸生听讲，且过访文靖，与语竟日，至今为佳话。又亭山邬氏初祖，延吕东莱教二子成进士，正学相承，仁义忠孝之旨讲贯最深，发而为诗，温柔敦厚，得风人之遗，以拟三唐，醇王杂霸，当有辨之者。沿及有明，节烈风韵，洋洋洒洒，皆足昭垂天壤。即隐逸者流，具有黄公、林处士之风。山海如故，模楷长存。予幸牧斯土，观厥成而去，可不谓奇遘欤？所愿览斯集者，诵其诗，如见其人，必得乎其所用心，则先儒心传，犹在三江五岭锦岩宝麓间。薰德而善良，闻风而兴起，从此益明圣道，以砥柱运会，翼赞郅隆，则予所重望于剡川之后起者矣。时康熙四十七年戊子菊月之廿日（1708年10月2日），前奉化知县楚澧彭祖训撰。（五民按：原本序后有小方印两方：上篆曰"祖训之印"，下篆曰"涤东"。均白文。今重印，不复摹刻，故附记之）。

（1915年12月27日宁波钧和公司印《剡川诗钞》前附）

剡川诗钞跋

(清)孙锵

　　右《剡川诗钞》，原刻凡一十二卷。计邑中文献，历汉唐宋元明及清初诸先哲诗略具于此矣。其书之封面则题为"楼攻媿、陈本堂、戴剡源、任松乡先生诗"，又云："剡上前后诸诗人附。"殆以四先生为大家，其诸诗人皆在附庸之列也。窃以为诗本性情，人各自有其面目，亦各自有其时会，有不得爱古而薄今者耳。且楼先生自其高祖正议公已徙于鄞，《奉化县志》不列人物，非如林和靖隐于孤山，《宋史》称为钱塘人，集中有将归四明诸作之比矣。其中分类有讲学、修文、显名、隐逸等名目，不无可商。今此次排印只就原本翻出，无所庸其更改。惟原本樊绂、樊伯执二名附在简末，今按其时代羼入原本，闺阁诸诗列在第十二卷首，今改附第十一卷之末，为为小异耳。锵初见此书时，年不过三十耳，念舒先生以七十生日醵赀刊书，极所美慕，若果假有其年，亦当依仿为之。今处此桑海之交，举目疮痍，大有苕华之感，不及今早为设法，正恐长逝之恨无穷耳。爰商事同江五民先生采辑近代诸人诗录为续编，克日付印，而因念此书选刻于前清康熙年间，至嘉庆丁丑(二十二年，1817)，又经舒氏继述堂重雕。今溯嘉庆已逾百年，上溯康熙且逾二百余年，而邑中老幼儒士不惟康熙本无从之见，即嘉庆本亦丛残不全，少有见之者矣。近时铅印之法比刻本较简捷，先印此册，以公同好，固所以表章邑中文献，亦以慰书儒所快睹耳。俞曲园先生有言：古人之书直传，今人之书横传。直传者，如藏之名山，传之其人是也；横传者，及身付印，流传海内，俾同时人家有其书，则必有数本流传于后。此亦时势为之耳。锵又以为赠等善书，未免惠而多费，若印而待价，又恐乡僻无闻，因就鄙人六十贱辰，撰有《敛财小启》，凡蒙惠有银圆者，概以新书酬之。比之书贾预约虽有差别，而欲其书之多所流传则一也。校印既竣，爰述鄙见如此。世有好事如区区者，窃敢自任为导师矣。乙卯(民国四年，1915)冬至前七日，孙锵玉叟甫呵冻跋于武林旅

次。（1915年12月27日宁波钧和公司印《剡川诗钞》前附）

重印剡川诗钞跋

（民国）江五民

《剡川诗钞》有续集之辑，玉叟乃以舒董二先生元钞付之摆印，先河后海，令将来阅续编者无探求星宿之劳，甚盛举也。元钞所辑者百十有六家，其尤著者如楼攻媿、戴剡源、林和靖皆有集行世；陈本堂、任松乡以及邬齐云之《浮槎阁》诸集，或刊或补，近亦幸见全书之数先生者，或不藉是钞以传。至若《杜曲集》仅见孤本，《蕉窗集》只备家藏，此外百余家虽各有集而流落人间者，殆阒寂如《广陵散》，非得是钞汇而存之，尚安有片言只字接乎吾人之耳目者？而是钞初刊于康熙戊子，重镌于嘉庆丁丑（按：如今所见本疑是重印，非重镌，以封面题作重镌字样，姑仍之），距今适百年。传本无多，不久又虑湮灭。然则重印之举，系乎舒董二先生苦心者小，其系乎百余家诗人之显晦者大也。夫诗之道尊矣，必如彭楚澧原序规规于气节理学，未免言之近迂。然诗本性情，古今通论，未有性情不深厚莹沏而可与言诗者。吾奉朴陋陋塞，闇然无华，发而为诗，或不为嗜奇好异者所喜。顾吾尝记元末杜清碧隐居武夷，崇尚古学。有蓝仁、蓝智昆季者往师之，授以任松乡诗法，遂一意为诗，卓然名家，论诗者至相推重。乌呼！松乡诗足法矣。足法者仅松乡而已乎？顾读诗者何如耳。摆印既竣，玉叟嘱识数语，为书之如此。中华民国四年后小雪七日，江五民跋。（1915年12月27日宁波钧和公司印《剡川诗钞》前附）

剡川诗钞提要

王学泰

《剡川诗钞》,地方诗总集。十二卷。(清)舒顺方、董彦琦编纂。舒顺方字象坤,一字后村,浙江奉化人。康熙三十一年(1692)岁贡生,官宁海训导,能诗,有《龙津唱和集》。董彦琦字韦躬,一字奇玉,贡生,与舒顺方等结诗社唱和,亦奉化人。"剡川"指浙江奉化县,因剡溪从县西流过,故名。此集收录奉化历代文人诗,起自北宋林逋(其中汉代黄公、唐末布袋和尚皆属子虚乌有之人),终于清初。全书录诗九百二十六首(彭祖训《序》作"九百六十二首"),为当时奉化知县彭祖训选定,作者一百一十六人。分为四大类:(一)讲学诸公诗,楼钥十六首,陈著一百二十首,戴表元九十首,任士林三十首。凡四卷。此四人选诗最多,为全书主体,故封面又题"楼攻媿、陈本堂、戴剡源、任松乡诗"。(二)修文诸公诗,共五十四人,凡四卷,以戴良才(十五首)、赵胜(十八首)、邬诠明(十七首)、周立木(十七首)、戴昆樀(二十二首)、戴石臣(十六首)等选诗最多。(三)显名诸公诗,共二十七人,凡二卷,以应履平(十四首)、王子沂(十三首)、王杏(十五首)、戴洵(十六首)、戴澳(十九首)等选诗最多。(四)隐逸诸公诗,共十四人,一卷,以林逋(十四首)、李国标(十首)、周志宁(三十二首)选诗最多。闺中三人附隐逸后。另有方外一卷。此编以"讲学诸公诗"作为主体,表明编选崇奉理学之意。书前有奉化知县彭祖训序,讲明编纂刊刻经过,并揭示编纂宗旨:"所〈讲〉[愿]览〈其〉[斯]集者,诵其诗,如见其人,必求得乎其所用心。则先儒心传,犹在三江五岭锦岩宝麓间,薰德而善良,闻风而兴起,从此益明圣道,以砥柱运会,翼赞郅隆。则予所重望于剡川之后起者矣。"(见彭序)有舒顺方、董彦琦《征刻剡川诗钞小引》。此编初刻于康熙四十七年(1708),嘉庆丁丑(1817)有重刊本。常见者有1915年宁波钧和公司铅印本。(《中国诗学大辞典》1999年版第819—820页。 标题引者拟)

▎**雷声**，开封人，举人，康熙四十二年（1703）任。按：雷声任期与彭祖训相重，应在四十六年、四十七年。

光绪《奉化县志》卷十六《职官表》上："雷声，开封人，举人，康熙四十{二}［六］年任。"《奉化市志·政府》1994 年版同。

▎**韩维藩**，辽东人，监生，康熙四十八年（1709）至五十一年（1712）在任。任内捐修惠政桥。

光绪《奉化县志》卷十六《职官表》上："韩维藩，辽东人，监生，康熙四十八年任。"《奉化市志·政府》1994 年版同。光绪《奉化县志》卷十二《坛庙》上："善应龙潭祠，县东二十里名山前，俗呼名山龙王堂。康熙四十八年邑令韩维藩祷雨有应，赠'灵驱魃'额。后毁，光绪二十四年重建。"卷三《建置》下："惠政桥，康熙五年（1666），令张奎胤延僧行纯重建。五十一年又圮，令韩维藩捐修"。

▎**黄霖**，辽东人，监生，康熙五十九年（1720）任。任内浚倪家堰工，为先农坛建立坛宇，建忠义、节孝祠，仪门。后因雪窦寺命案免职。

光绪《奉化县志》卷十六《职官表》上："黄霖，辽东人，监生，康熙五十九年任。"《奉化市志·政府》1994 年版作"黄霖"，误。光绪《奉化县志》卷六《水利》："倪家堰，县东北十里金钟墩西南。上为溪流，下为江潮。旧有碶障溪，使不入江。后为洪水所败，水尽注于江，而溪涸矣。明嘉靖十二年（1533），令钱璠改筑为堰，使溪水入南渡河。……岁久洪水屡决左畔，沙岸崩啮，积渐成河。雍正二年总制觉罗满公身历其地，饬县修葺，令黄霖力任其事而竣。（《康乾志》，参采访）"卷三《建置》下："西溪桥，县南七里，跨西溪上。初架木，水涨辄坏。邑人孙若思捐资易以石板，复置田若干亩为修葺计，往来

便之。"黄霳为撰《西溪桥记略》。光绪《奉化县志》卷二《建置》上:"雍正三年
(1725),令黄霳建仪门。"如:雍正《浙江通志》卷二百二十:"赵公祠,在县南
六十里祀国朝总督赵廷臣,康熙八年命使巡海。公与之借,由台至宁卒于马
家岙,士民立庙于驿南;忠义、节孝祠,二祠俱在县学东偏双司基。国朝雍正
五年(1727)知县黄霳奉文建。""先农坛,在东郊三都一图,距城五里。国朝
雍正五年知县黄霳奉文建立坛宇,并置粘田四亩九分。"《世宗宪皇帝上谕内
阁》卷四十六《雍正四年七月·上谕三十九道》:"初二……今浙江奉化县雪
窦寺住持慧岸等烧死不法僧人本盛一案,其造意之慧岸,举火之自修,俱已
监毙矣,该抚又将为从之慈云、子林拟绞具奏。是以数命而抵偿一命,殊非
情理,朕实不忍。该县知县黄霳始初承审迟延,又监毙二命,其中必有勒索
不遂情由。著将黄霳解任,交与该抚严加审讯,务得监毙僧人实情。李卫如
不能明白此案,朕另遣京堂确审。况具奏案,内之慈云、可一既供未曾受戒,
李卫必欲指定为戒僧,亦属深刻,慈云、子林俱著即行释放。"据此并魏大德
在任的事迹日期,下文二例有关黄霳事迹日期恐误。或拟建在前,而建成在
后欤?

　　《清实录·世宗宪皇帝实录》卷三十七:雍正三年十月"癸未(十九,1725
年11月19日),增浙江省各学取进文童额数。……奉化、新昌、嵊县、天台、
永康、常山、瑞安、平阳等八县,向系中学,升为大学,各取进二十名"。

西溪桥记略

(清)黄霳

　　治南五里许有西溪渡,系驿站大路,溪流湍急,时或瀑涨惊涛,渡筏不无
倾侧之危,因改渡而为桥。康熙辛未(三十年,1691),地之士民乐输共建,竟
成巨观,而释氏海云实共襄厥事焉。乃岁未一遇,而桥又冲塌。海云知其不
可久,遂置田九亩零为桥田,每岁租税与工食令仔肩乃事者收领,以为岁时
修葺费,庶免褰裳揭衣之累。勒之石,以垂永久。雍正甲辰(二年,1724)仲

春月记。（光绪《奉化县志》卷三《建置》下）

魏大德，顺天府宛平县人，捐贡。康熙五十二年十二月，任赵州隆平县儒学训导，雍正四年（1726）任奉化令。任内重修县学大成殿及两庑，又捐资修太平桥。雍正七年任仁和县知县。

    《清代官员履历档案全编》第 10 册第 273 页："臣魏大德，顺天府宛平县人，年三十八岁，由增生捐贡，于康熙五十二年十二月内选授直隶赵州隆平县儒学训导，于康熙五十三年十月内到任，于雍正四年七月内离任，历俸十一年七个月，经本省督臣验看保送赴部改补主簿，今奉旨引见。钦惟我皇上德建中和，功弘参赞……臣伏思天下之大，无一民不关圣心，而臣子之对百姓，当念此黄童白叟皆圣天子所忧勤惕厉而鞠育之者也，可轻视之乎？几务之烦，无一事不劳圣虑，而臣子之理庶政，当念此大纲细目皆圣天子所周详曲折而筹划之者也，可漫理之乎？官无论大小，有一官，即有一官应效之猷；地无论烦简，在一处，即有一处应尽之职。不得滋扰多端以生事，亦不得姑息从俗以自逸；不得邀名干誉以冀升迁，更不得树党营私以援声势。此乃臣之居心立志，一一勉为效力于将来者也。总之，臣有何能可以图报称？惟期治民而。百计以求民之皆安，可以少宽圣怀，即可以少报圣恩也。臣有何才可以奏功勋？惟期办事。而百计以求事之皆理，可以少省圣心，即可以少答圣眷也。是臣只有时时刻刻思思念念无处不仰体皇上高厚之恩，则或少生懈惰之志，少葛苟且之心。不但天鉴可畏，抑且寤寐难安耳。"

    光绪《奉化县志》卷十六《职官表》上："魏大德，宛平人，贡生，雍正四年任。"《奉化市志·政府》1994 年版同。光绪《奉化县志》卷三《建置》下："古方桥，县北四十里，即古之常浦碶。潮冲碶坏，易之以梁……万历间桥毁，邑令赖愈秀、邑人邬鸣雷捐资修，更名太平桥。国朝雍正四年左垛坏，屋亦渐敝，邑令魏大德再修（民间捐资不少）……经始于雍正四年，落成于雍正七年。"卷八《学校》上："雍正元年（1723），庙为飓风所坏。邑令魏大德、王纬学博陆鹤、周兆馨,诸生董正球等劝助重修大成殿及两庑。"

《世宗宪皇帝朱批谕旨》卷一百七十四之四:"雍正五年六月二十七日浙江巡抚(臣)李卫谨奏:'御批逐一指示无不确当。即现在诸府之中渐觉勤慎者不乏其人。惟年来新任各县,内止有鄞县杨懿、奉化县魏大德才堪办事,钱塘县秦炘初到生疏,今已熟练,且立心学好,竟能称职,其余勉力支持者多。(臣)督率各属尽心整顿,昔日刁疲之邑目前颇有改观。'"

《世宗宪皇帝朱批谕旨》卷二百五上:"雍正七年二月初一日浙江布政使(臣)高斌谨奏:'……(臣)已题请实授知县秀水知县魏大德,已将题升温州知府之杭捕同知秦炘员缺。'"但魏大德卸任交接遇到一些麻烦,《明清台湾档案汇编》第 2 辑第 12 册《清雍正六年八月至七年九月》:"为严交代之察核事。查得户部咨称,浙江总督管巡抚事李卫,以署奉化县调任知县魏大德任内经手钱粮饬查交代一案,因接署县事候补通判段垣明未几卸事,接任奉化县知县王纬到任两月限满,据王令详,尚未交清,但魏大德不即按款移交,迟延之咎实在旧令,将交代迟延前署奉化县事秀水县升任知县魏大德等咨参,移咨吏部议等因前来。除接署县事候补通判段垣明,该抚既称未几卸事,接任奉化县知县王纬又称系旧任魏大德不即按款移交,均应照例免议外,应将交代迟延前署奉化县事今升杭州府同知魏大德照例于现任内罚俸一年,督催不力之宁波府知府已升宁台道孙诏照例于升任内罚俸六个月,查孙诏有记录二次,应销去记录一次,免其罚俸。"民国《杭州府志》卷一百二《职官》四《仁和县·国朝·知县》:"魏大德",任期无记载,其前任雍正七年任。

王纬,字象文,镶黄旗汉军,举人。雍正六年(1728)由绍兴通判调任。任内修筑县城,并建城楼、永济仓等,又重修广济桥、孔庙。丁忧卸任。乾隆四年知钱塘县。十六年知如皋县,又知崇明县。

光绪《奉化县志》卷十六《职官表》上:"王纬,辽东人,举人,雍正六年任。"《奉化市志·政府》1994 年版增注曰:"由绍兴通判调署。"光绪《奉化县志》卷六《水利》："斗门堰,县东北一都。旧为斗门闸,源自资国堰。元延祐七年,知州马称德改筑为堰,溉田数千亩。国朝雍正二年,舒、陈二姓争水讦讼,历黄(霂)、魏(大德)、王(纬)三邑令勘议申宪,改筑石坝二洞,分流灌溉,俾各姓均沾水利。坝于六年筑成。"卷二《建置》上:"雍正七年(1729)知县王纬奉文修筑,并建城楼。""永济仓,在县东三百步连山驿基。雍正七年令王纬建,四十六间。""常平仓,元至正元年(1341)九月,奉省札遵旨设立。……国朝雍正九年(1731),令王纬建仓在县署东。"卷三《建置》下:广济桥,"雍正九年,令王纬重修。有《记》。"卷八《学校》上:"雍正元年,庙为飓风所坏。……九年,分巡宁绍台道孙诏率守、令重修。"卷十二《坛庙》上:"社稷坛,县北一里。旧在县南,宋元祐六年,令秦辨之徙县西南。……洪武初年知州李溥徙建今址。国朝雍正十年(1732),令王纬修坛。"《清代吏治史料·官员铨选史料》卷29第17092页:"总督浙江等处地方军务兼理粮饷管理巡抚事务,兵部右侍郎兼都察院右副都御史加二级驻扎杭州(臣)程元章谨题为遵旨议奏事……查有原任直隶冀州知州林绪光于雍正九年经前任督臣李卫奏请留浙委用。奉旨:林绪光人明白老成,亦著委用。钦遵在案。臣因奉化县知县王纬丁忧员缺,即委林绪光暂行署理。"

《清实录·高宗纯皇帝实录》卷四十三:乾隆二年五月丙辰(二十九,1737年6月26日),"'拖欠各项钱粮册'内:……原任知县王纬,原任知县伍泽荣二案等官员举人十二员名,银一千二百两有奇,米三百石有奇,豆一百九十八石有奇。均非侵贪之项,应请一并宽免'。从之"。民国《杭州府志》卷一百二十二《名宦》七《国朝》:"王纬,字象文,镶黄旗汉军,举人。乾隆四年知钱塘县,视事七载。民来堂下,问所疾苦,使得尽语。于岁征划除无艺,不令一胥呼扰,众德之。辛酉甲子之秋,江涛冲涌,保固塘岸,常不遑食。余杭南湖受天目万山之水,隘不能潴,塘塍四决,灌上下乡田庐,纬乘小艇勘灾,雨被面,衣尽濡,与农民语泥淖中,散籽予赈,竭尽心力。以讦误左转去。(桑调元撰《去思碑》)"卷一百三《职官》五《仁和县·国朝·知县》:"王纬,奉天人,举人,乾隆十一年(1746)任。"《江苏·如皋县志》卷十二《秩官》:乾隆十六年,"王纬,镶黄旗人,举人"。《崇明县志》(民国十九年刻本)卷十《职官志·名宦》一:"王纬,字象文,汉军镶黄旗,举人。乾隆十六年知县事,廉洁持法,驭吏特严。先是,盗魁陆寿、黄有义等系秀水狱,诬牵邑之良民,被逮破家者甚众。纬却其牒,申明大吏,得无枉滥。又修筑济民墩,以避潮灾,民立去思碑。"

重修儒学记

(清)孙诏

圣天子御极,追封五代圣王,额锡"生民未有",重道尊师,亘古莫加。余五年奉命来守四明,按行属邑,至剡川,士风颇醇,而学舍久圮,惕然思所以振兴之,加意激厉,间或因事劝惩,借其力以整齐学舍,殿宇、讲堂、斋庑、门墙,以次营建,修废举兴,悉以属其邑令及学博相度。经始以来,士心愈奋。六年(1728),余承恩观察浙东,恭逢皇上特遣大臣肇建阙里大成殿,上梁之日,卿云灿烂中天,神化无方,不疾自速。而剡川学宫之建即以告成,丹艧黝垩,中外焕然。邑令请书其事于石。余惟是举虽始于余,而沿制增美实郡守曹公继之,暨王邑令经营,陆周两学博董事,剡川绅士等相继竭诚称力捐助,人心翕然,聿成巍焕。皆圣天子德化沾濡渝浃肌髓,大宪留神文教,比户兴贤,膺斯士者幸逢其盛,修学宣化,夫亦何足纪?惟是圣德崇隆,万古常新,而宫墙缘饰,岁月易旧,所望莅斯土者知斯举之匪易,无俟其既壤而修之,庶不辜立学宏模,而又因学宫之修,以明学校之教,俾剡人登斯堂,如睹车服礼器,由文章识其性道,出则羽仪于皇国,处则砥柱乎中流,家崇礼让,户习诗书,讵不伟哉!夫奉扬圣化,奖勤劳,嘉义捐,余之责也,爰为记。(光绪《奉化县志》卷八《学校》上)

林绪光(1680—?),字广业,号凤溪,又号余斋,福建闽县人,举人。康熙五十九年(1720)知平湖,浚县学泮池、盐运河等。雍正二年(1724)知冀州。十年(1732)以绍兴通判摄奉化县事。十一年四月改管理海宁县事。后升东海防同知、乍浦同知,选云南永北知府。

乾隆《福建通志》卷四十一《选举》九:康熙三十八年(1699)张远榜,"林绪光,文英子,冀州知州"。雍正《浙江通志》卷二十六:平湖儒学,"康熙三十八年,知县王玮修。五十九年(1720),知县林绪光、绅士胡瞻等浚泮池,围以石栏"。卷五十四:平湖县盐运河,"康熙六十一年知县林绪光捐俸重浚";新开河,"在运盐河东,自新仓闸桥起至旧衙计十二里……康熙六十一年知县林绪光重浚"。雍正《畿辅通志》卷六十《职官》:冀州知州,"林绪光,闽县人,举人,雍正二年(1724)任"。雍正《浙江通志》卷二十三:"雍正二年知县林绪光详请开浚城河。东水门久经湮塞,因疏东门玉带河并开水门,居民便之。"《世宗宪皇帝朱批谕旨》卷一百七十四之十三:"雍正九年四月初二日,浙江总督管巡抚事在任守制(臣)李卫谨奏……又原任冀州革职知州林绪光,系前任平湖县内亏空调回,拟罪;又原任桐乡县知县捐升主事同知革职金泰,因前任署秀水县内亏空,拟罪。两员除已完外,俱在浙监追未清挪移民欠银两,今皆蒙恩旨豁免,饬将林绪光宽释,金泰解部杖责发落。但二员年力富强,明白历练。林绪光前在任时颇有颂声。"

光绪《奉化县志》卷十八《名宦》:"林绪光,莆田人,雍正十年由绍兴通判摄邑事。严约胥役,尊礼誉髦。岁方歉,民有迫于饥寒聚众抢夺者,阖邑汹汹。乃计捕首祸,置之法,余俱遣去,请发常平仓谷,益以倡输,为粥以食饿者,民庆更生。(《乾隆志》)"

《清代吏治史料·目录1》2004年版第519页:"请令林绪光管理海宁县事并准奉化县知县王纬在任守制。雍正十一年四月十八日浙江总督程元章。"《清代吏治史料·官员铨选史料》卷29第17092页:"总督浙江等处地方军务兼理粮饷管理巡抚事务兵部右侍郎兼都察院右副都御史加二级驻扎杭州(臣)程元章谨题为遵旨议奏事……查有原任直隶冀州知州林绪光于雍正九年(1732)经前任督臣李卫奏请留浙委用。奉旨：林绪光人明白老成，亦著委用。钦遵在案。臣因奉化县知县王纬丁忧员缺，即委林绪光暂行署理。该员为人明白，办事勤敏，以之管理海宁县事，洵属相宜。至所遗奉化县系沿海要缺，例应题□。(臣)于属员中拣选，一时难得其人。查王纬任事奉化县三载，熟悉海疆，仰恳圣恩准其在任守制，实与地方有益。倘蒙俞允，照例给假治丧，事竣仍赴奉邑任事。兹据布政使王弦等会详请题前来，理合一含辛茹苦题明候旨。"《清代吏治史料·官员铨选史料》卷29第17092页："雍正十一年三月十九日题，四月十八日奉旨：'林绪光等著照该督所请，行该部知道。"《海塘录》卷十七："查海宁县境内东西两塘廿里亭、戴家石桥二汛内前东海防同知林绪光等经筑鱼鳞石塘，共工长一百七十七丈七尺。"《浙江省海宁州志稿》(1—11)1983年版第3173页："林绪光，字凤溪，福建闽县人，康熙己卯举人，雍正癸丑(十一年，1733)由平湖知县调海宁。绪光善治剧，一日能断决数十事，案无留牍，遇疑狱剖析如神，讼者莫敢欺。迁东海防同知。邑中称近世吏才必以林为冠。"民国《杭州府志》卷一百三《职官》五《仁和县·国朝·知县》："林绪光，雍正十一年(1733)任"。《清代吏治史料·目录2》2004年版第640页："报海宁县知县林绪光丁忧请在任守制，雍正十二年正月二十九日浙江总督程元章。"民国《杭州府志》卷一百一《职官》三《府属》三《国朝·同知》："林绪光，闽县人，举人，乾隆元年(1736)由海宁知县任。"卷七十三《恤政》四："国朝建普安塔，计地八亩有奇，普同寺僧主瘗敛。顺治十三年知县秦嘉系拓地漏泽园侧营葬。故官雍正十一年知县林绪光建，同归塔二座收贮遗骨，邑人张思谊复建一塔于北郭塔旁，僧庵收瘗，为记勒石。"卷十二《祠祀》四《海宁州》："文昌宫在长安镇，乾隆元年知县林绪光创建。"《福州人名志》2007年版第295页："林绪光，字广业，祖籍闽县，林文英长子。清康熙三十八年(1699)中举，任蕲水、平湖知县，升冀州知州，后升乍浦同知，选永北知府。为人精明强干，兴利除弊，所至有政声，培养人才，提拔学子，士林重之。因服丧归乡，服满再出谒选，卒于途。"民国《杭州府志》卷一百二十二《名宦》七："林绪光，字凤溪，福建闽县人，康熙三十八年举人。雍正十一年由平湖调知海宁。善治剧，一日能断决数十事，案无留牍，遇疑狱剖析如神，讼者莫敢欺。迁东海防同知。（《海宁县志》）"《清代官员履历档案全编》第1册1997年版第513页："林绪光，福建人，年六十三岁，由举人，现任浙江同知。乾隆十一年七月内引见，奉旨补授云南永北府知府。""丁忧服满。"夹注："人中平，似有心者，然器局小，只可知府而已。"

《清人诗文集总目提要》（上）2001年版第480页："《余斋存稿》一卷，林绪光撰。绪光生于康熙十九年（1680），卒年不详。字广业，号凤溪，又号余斋，福建闽县人。康熙三十八年举人，官至云南永平知府。乾隆初奉委采办万年古木于福建，历凡四次。此集前有陈邦彦、赵青藜、杭世骏序，诗止于乾隆十年，后有门人陆培跋，乾隆十一年刻，复旦大学图书馆藏。《甲子初度后登山志感》诗：'尘世纷华易今古，弹指浮生六十五。'两载后即刻此集。杭序谓'吾师称师海内者逾四十年'，然今存仅此一册。《怀古》诗八首，分别简记范承谟、李光地、陈瑸、李卫，嵇曾筠等事迹。民国《闽侯县志》卷四十七载，又著《闽中杂咏》，今未见传。"《中国古籍总目·史部2》2009年版第741页："《治平录》（林绪光）二十三卷，清俞锡龄辑。清康熙间刻本，中科院（藏）。"《永胜文史资料选辑》（第3辑）1991年版第250页："《永北府志》，卷帙未详，（清）林绪光修，乾隆十二年（1747）成书，抄稿未刊，未见传世。《云南通志·艺文志》称：'《永北府志》，乾隆十二年知府事林绪光得残编四册，精为润色，未刊。'"

‖王纬，雍正十一年（1733）四月十八日，准其治丧后在任守制。

《清代吏治史料·目录1》2004年版第519页："请令林绪光管理海宁县事并准奉化县知县王纬在任守制。雍正十一年四月十八日浙江总督程元章。"《清代吏治史料·官员铨选史料》卷29第17092页："雍正十一年三月十九日题，四月十八日奉旨：'林绪光等著照该督所请，行该部知道。'"

‖**傅楠**（1697—？），镶黄旗汉军人，由监生捐州同，又捐通判即用。雍正十二年（1734）任。乾隆二年（1737）题署萧山知县，四年七月实授，十月调补鄞县知县。九年十月升甘肃宁州知州。

光绪《奉化县志》卷十六《职官表》上："傅枏（补），雍正十二年任。"《奉化市志·政府》1994 年版作"傅柟"。枏、柟，即"楠"。

《清代官员履历档案全编》第 16 册（索引误作第 18 册）1997 年版第 265 页："奴才傅楠，镶黄旗汉军傅廷辉佐领下人，年四十九岁，由监生捐州同，又捐通判即用。雍正九年五月内拣选引见，命往浙江差遣委用。乾隆二年十一月题署萧山知县，乾隆四年七月实授，本年十月调补鄞县知县，海疆三年俸满。乾隆九年十月分签升甘肃宁州知州缺。敬缮履历，呈御览。谨奏。乾隆十年十月二十七日。"按《鄞县志·政务》1996 年版第 935 页：傅楠，"原任甬东巡检，五年升知县"。则在任鄞县知县前曾任甬东巡检。

‖**何体仁**，山东人，副贡，知诸暨。乾隆元年（1736）知奉化县。任内择地改建关圣殿。调黄岩，丁徐太夫人忧。起复，发江南办铜山赈。补虹县知县，后调定远。

《诸暨行政管理志》1992 年版中有《三国（吴）至清时期县级职官名录》，山东（人），第 217 页："何体仁，雍正八年任（知县）。"

光绪《奉化县志》卷十六《职官表》上："何体仁，山东人，副贡，乾隆元年任。"《奉化市志·政府》1994 年版同。光绪《奉化县志》卷十二《坛庙》上："关圣殿（《乾隆志》作：关帝庙），旧在县治西凤山凭虚阁，王姓私建。乾隆元年，令何体仁择建治东双司故址。"

民国《台州府志》卷十三《职官表》五：乾隆三年，黄岩县知县"何体仁，山东人，副贡"。（清）俞正燮《癸巳存稿》卷十五《何端简父子事述》节录：（何端简有）公子四，体仁、秉义、崇礼、蕴智。体仁字西铭，性恬淡。年四十三，始举雍正四年乡试副榜。八年,既葬端简公,入都谢恩,即授浙江诸暨县知县。县人傅阿男者,淫狡而肆,持官吏短长,为一方害。体仁穷治,决遣之,民大悦。诸暨仓谷积弊,储不实,具揭言之。上官怒,调於潜。久之,调奉化。奉化沿海,盗多不治。体仁兴修水利,因以得近海舟楫来往。盗所从逃窜之路,以保甲弭盗古法最有验,编察得其窝线,清其源,令保甲轮直更,乡保统之,使捕役分任村屯,捕头统之。调黄岩,丁徐太夫人忧。起复,发江南办铜山赈。补虹县知县,县当宿州灵壁下流,十载九溺。其西北皆水地,泛滥西南为害。乃开河西南,泄其水,治稻田。制屎机贻民,兴木棉利。最后调定远,筑西水石坝,卫民田舍。以耳疾乞老归里。体仁凡六任县令,奉家教,一果一菜不敢妄取。廉俸所积,于意气之发、地方公事,所捐亦豪,往自喜。在定远时,驿丞某年老矣,马瘦储空,当揭参而不忍也,使巡检协治其事,冀以渐而复。上官骤察之,丞革职,不得归。体仁置酒召之,计公私所亏,为具印文,清官项,办装送之归。体仁终己无余财,教子孙耕读外,不使逐他嗜好。所历无奇行,而士民思之。自号长元,人称长元先生,年七十九卒。

路觐(1696—?),宜兴人,进士,乾隆元年任遂昌县令。三年(1738)任奉化令。后又任安徽泗州天长县知县、云南楚雄府广通县知县等。

《遂昌县志》第 664 页:"路觐,宜兴人,乾隆元年任。"

光绪《奉化县志》卷十六《职官表》上:"路觐,宜兴人,进士,乾隆三年任。"《奉化市志·政府》1994 年版同。

《清代官员履历档案全编》第 16 册(索引误作第 18 册)1997 年版第 593 页:"九卿验看,拟改教职知县路觐等履历贰本:臣路觐,系江苏常州府宜兴县进士,年五十三岁,原任安徽泗州天长县知县,服满赴补签掣得云南楚雄府广通县知县缺。敬缮履历,恭呈御览。谨奏。乾隆十三年十一月二十七日。"

《清实录·高宗纯皇帝实录》卷五十六:乾隆二年十一月癸亥(初十,

1737年12月30日),"大学士管浙江总督嵇曾筠疏报:奉化、宁海二县,开垦额田八千五十一亩"。卷七十五:乾隆三年八月戊戌(初六,1738年9月19日),"大学士管理浙江总督事务嵇曾筠疏报:上虞、奉化、太平、象山、定海……等十五县,乾隆二年分,垦复荒缺田地九十四顷三十四亩有奇"。

李从龙(1703—1760),字彦臣,号德庵,山西太原府太原县人。雍正八年进士,十一年十二月署永平府乐亭县知县。十二年五月署深州饶阳县知县,十一月二十一日署正定府阜平知县。乾隆三年,任金华府浦江县知县。五年(1740)任奉化县知县。任内禁垦仁湖,重修城隍庙等。后任户部主事、会试对读官、省誊录官。

《清代官员履历档案全编》第15册1997年版第666页:"李从龙,山西太原府太原县人,年三十六岁,雍正八年进士。原署直隶阜平县知县。因回避祖籍五百里,赴部另补。今掣得浙江金华府浦江县知县缺。"第668页:"臣李从龙,山西太原府太原县人,年三十六岁,雍正八年庚戌科进士。本年派往直隶学习,于十一年十二月内署永平府乐亭县知县,十二年正月二十四日离任。于五月内署深州饶阳县知县,十一月十四日离任,于二十一日题署正定府阜平县知县。于乾隆二年九月二十因回避祖籍五百里,赴部另补。今掣得浙江金华府浦江县知县缺。敬缮履历恭呈御览,谨奏。乾隆三年八月初一日。"光绪《浦江县志》卷七《志人物》第二《宦迹·国朝知县》:"李从龙,字彦臣,山西太原人,进士。乾隆三年任。兴学校,课农桑,吏治有儒者气象。到任首务观风,甲乙定则,捐俸为笔资有差,又书扇以赠。自后月至学宫课士,终日忘反。或诸生请为程序,辄兴酣落笔而就。时与学师叶上下其议论,多士竦听焉。岁旱,设斋坛大智寺,出宿月余,屏酒肉,步祷不避炎热,雨乃时行,年仍大有。绅士竞为诗歌以纪,裒然成集,谓其一诚所感也。书法出自天才,迥异临摹家,而能动中绳墨。庚申(乾隆五年,1740)调奉化,方出署,求书络绎,悉挥毫应之。临行,攀辕者塞路。寻升吏部主事。"卷十五《杂

志》第一《义产·育婴堂义产》："乾隆四年知县李从龙捐置贰亩柒分伍厘（十六都保牛车头）。"

光绪《奉化县志》卷十六《职官表》上作"乾隆五年任"，《奉化市志·政府》1994 年版作"乾隆四年（1739）"任。光绪《奉化县志》卷十八《名宦》："李从龙，字彦臣，太原人，以进士令浦江，有善政。乾隆四年（1739）调奉化。甫下车，询有不便于民者，厘革之。植善锄奸，恩威并济。听讼决以片言，狱无留滞。履亩课农，令深其沟浍，固其堤防。次年患旱，则步祷于龙湫，复岭崇冈，攀藤附葛，竟得雨，岁获有秋。境有虎患，为文牒之城隍，虎皆远遁。尤雅意育才，季试月课，每规以性理之学。三年以考最升户部清吏司。（《乾隆志》）"卷二《建置》上："康熙间忠爱堂圮，令郑愫重建，扁曰'亲民'。乾隆六年（1741），令李从龙重修，又新之，更名'翼翼堂'。"卷六《水利》："仁湖，县东北十里展屏山后。广四五里，受响岭峧诸水，深或四五尺。东南西三面环山，北面自宋绍兴间筑塘置闸，溉长寿等乡田千余亩。国朝乾隆初塘坏，居民垦湖为田。七年（1742），县令李从龙出示禁止。监生柳益球等勒碑塘下亭，鸠工修筑。光绪十三年，张如生张翊周、柳维宏等捐资增筑，计塘阔二丈有奇。"（清）龚廷玉《保护仁湖告示》："国朝乾隆年间，塘坏殊甚，贪徒争垦塘田，屡经监生柳益球等呈控，蒙邑尊从龙（注：李从龙，清乾隆四年任奉化知县）批示永禁开垦在案。"（参见"龚廷玉"条）光绪《奉化县志》卷十三《坛庙》下："响岩庙，县南四十里鸣雁。神姓田名玹。……邑令李从龙有《记》。"卷十二《坛庙》上：城隍庙，"乾隆八年，令李从龙重修"。陈于蕃《重修城隍庙碑记》有"岁之庚申（乾隆五年，1740）仲秋……奉调令奉邑"，则是五年任。

《晋阳文史资料》（第 3 辑）2000 年版第 190—191 页《晋祠三进士与现堡》："李从龙，字彦臣，号德庵，雍正八年（1730）以三甲第 39 名考取进士。少英特，性纯雅，好学不倦，文有奇气，文章奇丽，著有《培根堂文集》。在阜平、浦江、奉化等任知县，后任户部主事、会试对读官、省誊录官。为官清廉，恩威并用，兴利除弊，野多颂声，除恶去奸，用法严厉，一生所余，清风两袖。培植文教，英俊为之蔚起，浦江县千余人赴省保留不得，妇女皆焚香拜送'李青天'。后告老还乡，囊无余资，晚年益窘，卒于乾隆二十五年，享年五十八岁。李氏为晋祠八大老住户（张王李赵、郭贾杜康）之一，元末由陇西迁来晋祠南堡，明末清初为兴旺时期，名门望族，英才辈出。先生的太高祖李希孟为明朝隆庆元年举人，曾祖李中馥（号风石）为天启四年举人，与傅山先生关系密切，叔祖奇、章两人为傅山胞弟之女婿，姑母为杨二酉先生之母。李氏在清朝中后期逐渐衰落，房院坐落在南堡中段路西，后失火而毁。"

《清实录·高宗纯皇帝实录》卷一百七十三：乾隆七年八月乙巳（十九，1742年9月17日），"浙江巡抚常安疏报：'乾隆六年分，奉化、镇海、象山……八县，垦复荒缺田地、山荡一十九顷有奇；招回人五十一丁。'"

重修城隍庙碑记

（清）陈于蕃

天子命分疆职守，任牧民之责，而能宣明德化，予惠元元，废者修，隳者举，俾风俗丕变者，惟古所称循良之吏为然。奉化环山濒海，俗凋民俭，食于耕，无能通货殖于四方，小有旱潦，则户多逋赋，自昔号称难理。岁之庚申（乾隆五年，1740）仲秋，浦江尹李侯束发奏捷南宫，乃学道君子也，才优厥治，奉命调令奉邑。下车之日，斋宿城隍祠，见梁柱倾圮，榱桷朽坏，愀然有动于怀而印诸心焉。于是询邑有不便于民者，即厘革之，奸强帖柔，隐绌发舒，而兆人以宁。季试月课，规以性理之学，以探微索隐，味道濡真，士习端而文风振。听讼片言摘隐，谕之以理，而矜心悉化，讼牒以希。履亩课农，最以深其沟浍，固其堤防，务本力足，而野无堕民。夏雨愆期，斋戒朝宿，露顶草履，步祷于数十里远之龙湫，虽复岭崇岗，攀藤附葛而上，躬自虔祝，而大雨随降，奉独得岁焉。境有虎患，为文牒之城隍，不宿昼而潜踪远遁，患遂以绝。是皆我侯秉正直中和之德，一本之至诚，有以格之也。治政三年，民之以稼则硕，以植则茂。昔之山崖沙石之区，多化而为稌邑之土，不可胜取矣。民业有经，公无负租，熙熙然咸安于畎亩衣食，乐生送死而无叫嚣之虑矣。侯乃集邑之耆年士民而谓之曰："城隍为一邑保障斯民者，庙为神所凭依，岂可任其剥落,将有风雨飘摇之患耶？余铭心久矣,其修葺之宜亟。"爰进梓人,营之度之,土木金石之需,财用千金,慨捐清俸首倡。又选里老廉而干者董其事,征工就功,完旧益新。自六月季夏兴始,至季秋九月正殿告成,廊庑门庭亦次第修举,轮奂翚飞,焕然改观矣。盖侯之律己严,持心恕,廉足以砥俗,仁足以摩抚疲瘵,治奉而岁数丰稔,因民之余,然后有作。治人事神,可谓备至矣,非古所称循良之吏欤？兹大中丞举卓异首荐,行将献替阙廷,霖济天下,尤非吾奉之士民所得而私者矣。咸称颂侯之功德,勒于庙石,同祀千秋于不朽。侯讳从龙,字彦臣,庚戌(雍正八年,1730)科进士,山西太原人。时乾隆癸亥十月谷旦记。（光绪《奉化县志》卷十二《坛庙》上）

何昇,罗田人,举人,乾隆八年(1743)任。十二年任象山令。十五年任仁和令。十六年九月,以仁和知县署理事同知。

光绪《奉化县志》卷十六《职官表》上:"何昇(补),见前隍山张配义扁。案:前令李从龙重修城隍庙在乾隆八年,则何昇令奉化当在八年之后。"《奉化市志·政府》1994年版作"乾隆八年"任。

《象山县志》1988年版第412页《职官续表》:"何昇,乾隆十二年任。"民国《杭州府志》卷一百二《职官》四《仁和县·国朝·知县》:"何昇,罗田人,举人,乾隆十五年任。"卷一百一《职官》三《府属》三《国朝·同知》:"何昇,乾隆十六年九月,以仁和知县署。"

龙云斐(1693—?),字思瞻,号莲峰,湖北蕲水人。乾隆元年进士,五年任河南卫辉府延津县知县。同年任浦江县知县。十年(1745)任奉化令。十九年(1754)在任浑源知州,创立恒麓书院。

《清代官员履历档案全编》第15册1997年版第777页:"龙云斐,湖北黄州府蕲水县人,年四十八岁,乾隆元年进士。奉旨以知县即用,今掣得河南卫辉府延津县知县缺。"第 792 页:龙云斐,"年四十八岁,乾隆元年进士,引见奉旨以知县即用,今掣签得河南卫辉府延津县知县缺。呈御览。谨奏。乾隆五年五月三十日"。光绪《浦江县志》卷七《志人物》第二《秩官·历官表》:"龙云斐,字思瞻,湖北蕲水人,进士,(乾隆)五年任。"卷十二《志食货》第二《院堂(义产附)》:"乾隆六年,知县龙云斐置义地三亩,亦在东山背。"

光绪《奉化县志》卷十六《职官表》上:"龙云斐(有传),乾隆十年任。"《奉化市志·政府》1994 年版增"进士"。光绪《奉化县志》卷十八《名宦》:"龙云斐,号莲峰,黄州人。乾隆十年莅任,即黜宿蠹数人,阖邑称快。治讼明允,偶有失误,辄重澉之。尝曰:'无心之失,而有意遂之,必遭天谴。'性好文,不时接见能文之士,而莫能干以私。在任七年,升浑源知州。行李萧然,所载惟图书而已。(《乾隆志》)"

《清实录·高宗纯皇帝实录》卷二百五十五:乾隆十年十二月丁巳(二十,1746 年 1 月 11 日),"工部议准闽浙总督马尔泰等覆奏:'查明浙属……沿海近海之平湖、鄞县、慈溪、奉化、镇海、象山……等十一县城垣紧要,应即修理。'从之"。卷三百一:乾隆十二年十月丁丑(二十,1747 年 11 月 22 日),"赈恤浙江海宁、海盐、平湖、鄞县、慈溪、奉化、镇海、象山、定海、余姚等十一县风潮等灾"。卷三百五十一:乾隆十四年十月甲午(十九,1749 年 10 月 28 日),"赈贷浙江……鄞县、慈溪、奉化、镇海、象山、定海……等二十二州县厅……本年水灾民灶"。

《栗毓美与河帅墓》2007 年版第 12 页《栗公为恒麓书院捐资》:"最早的恒麓书院.原位于浑源城内州治东,清乾隆十九年(1754)浑源知州龙云斐创立。"

邹廷献,沧州人,举人,乾隆八年(1743)十月任仙居县知县。十五年(1750)正月任奉化令。编有《易经备旨》七卷。

光绪《重修天津府志》卷十七《选举》二:"康熙五十三年甲午科举人:邹

廷献,沧州。"民国《台州府志》卷十三《职官表》五:仙居县令,乾隆"八年,邹廷献,长芦人,举人,十月任。性仁厚,请谒不行。十五年正月调奉化"。

光绪《奉化县志》卷十六《职官表》上:"邹廷献,沧州人,举人,乾隆十五年任。"《奉化市志·政府》1994 年版同。

《清实录·高宗纯皇帝实录》卷三百九十六:乾隆十六年八月甲午(初一,1751 年 9 月 19 日),"赈贷浙江海宁……鄞县、慈溪、奉化、镇海、象山、定海……五十七州县,并缓征本年地丁场课、新旧漕粮"。《清实录·乾隆实录》卷四百五:乾隆十六年(1756)十二月辛亥(十九,1752 年 2 月 3 日),"赈贷浙江鄞县、慈溪、奉化、镇海、象山、定海、余姚等四十六州县……本年旱虫灾民灶"。

《易学书目》1993 年版第 89 页:"《易经备旨》七卷,(清)邹圣脉辑,(清)邹廷献编。清嘉庆刻本,6 册(1 函)。"

谢祖庚(1713—?),字韫辉,常熟人,举人。十四年(1749)任云和县知县。乾隆十七年(1752)任奉化令。

《中国书院史资料》(中)1998 年版第 1042 页:"谢祖庚,字韫辉,常熟人,乾隆戊午举人。"《清代官员履历档案全编》第 16 册第 530 页:"臣谢祖庚,江苏苏州府常熟县,举人,年三十六岁,遵新江例,加捐知县,不论双单月即用。敬缮履历,恭呈御览。谨奏。乾隆十三年六月二十八日。"第 604 页:"臣谢祖庚,江苏苏州府常熟县,举人,年三十七岁,新江捐知县,双单月即用。乾隆十三年八月分签掣甘肃平凉府灵台县知县。具呈亲老奏明,以近地之缺改补。今签补浙江处州府云和县知县缺。敬缮履历,恭呈御览。谨奏。乾隆十四年正月二十八日。"同治《云和县志》卷十《职官·文职》:"谢祖庚,常熟人,举人,十三年任。"同治《苏州府志》卷六十五《选举》七:常熟"谢祖庚,允辉,顺天中式,奉化知县"。

光绪《奉化县志》卷十六《职官表》上:"谢祖庚,常熟人,举人,乾隆十七年任。"《奉化市志·政府》1994 年版同。

《清实录·高宗纯皇帝实录》卷四百十三：乾隆十七年四月庚戌（十九，1752 年 7 月 31 日），"蠲缓浙江乾隆十六年分原报、续报旱灾之……鄞县、慈溪、奉化、镇海、象山、定海、余姚等六十六州县……额赋有差"。卷五百四十二：乾隆二十二年七月甲辰"谕：今春南巡接驾废员内酌量情罪较轻者，加恩分别赏给职衔，用广行庆施惠之典。所有……谢祖庚……等五十五员，俱著照伊原衔降一级，赏给顶带"。

孙宸辅，青州人，监生，乾隆十一年（1746）任富阳县知县，十八年（1753）任奉化令。

民国《杭州府志》卷一百四《职官》六《富阳县·国朝·知县》："孙宸辅，益都人，乾隆十一年任。"

光绪《奉化县志》卷十六《职官表》上："孙宸辅，青州人，监生，乾隆十八年署任。"《奉化市志·政府》1994 年版作："孙辅，青州人。"脱"宸"。

陈滋，字畏卿，号小搏，江苏武进人。乾隆十九年（1754）至二十五年（1760）在任。任内增建永济仓二十间，重修锦溪书院、宣明楼、灵济泉龙祠。二十三年（1758），增筑龙潭塘、青锦塘。

光绪《奉化县志》卷十六《职官表》上："陈滋，武进人，监生，乾隆十九年任。"《奉化市志·政府》1994 年版同。光绪《奉化县志》卷二《建置》上："永济仓，在县东三百步连山驿基。雍正七年（1729）令王纬建，四十六间。乾隆二十年（1755），令陈滋详请增建二十间。（《乾隆志》）""常平仓，元至正元年（1341）九月，奉省札遵旨设立。……国朝雍正九年（1731），令王纬建仓在县署东。乾隆二十年，令陈滋增建二十间。（《乾隆志》）"卷九《学校》下："锦溪书院，在黉宫东。始名义学，康熙三十年令施则曾建。……乾隆二十一年

（1756），令陈滋重修，前增闱门，后置寝舍。观察长沙罗公因邑有锦溪，榜其门曰'锦溪书院'。郡守史公尚廉有记。"光绪《奉化县志》卷六《水利》："龙潭塘，县东南五里，乾隆间令陈滋修筑。""青锦塘，在青锦山下，迤东至分水口，横控沙塘，障叶家溪之水，南由庆登桥出方胜碶，北由分水口出科甲桥，为宋县令谢凤古迹。国朝顺治十年县令王奂，康熙十年令郑懍，乾隆二十三年县令陈滋增筑之。（《康乾志》）"卷十三《坛庙》下："灵济泉龙祠，县西南一里，宋令周因构亭奉祀。后圮。明宣德中令周铨复建，又圮。国朝乾隆二十三年令陈滋重建。岁用六月初十日致祭。（《康乾志》）"卷二《建置》上："（乾隆）二十五年（1760），令陈滋重修宣明楼。"《清人诗文集总目提要》（上）2001年版第541页："陈滋《蓉湖草堂存稿》一卷。陈滋撰。滋字长卿，号小搏，江苏武进人。此集光绪三年刻，中国国家图书馆藏西谛书。又辑入《大亭山馆丛书》，光绪十年刻，南京图书馆藏。"

重修护城溪河记略

（清）史尚廉

　　岁在柔兆困敦（丙子，乾隆二十一年，1756），予守明州。明年按属邑至奉化，第见环城三隅皆溪流泠泠，岸沙弥望。邑大尹陈君滋谓予曰："此护城溪河也，源发于县西北之日岭，纳功节、雪岙、华顶诸山水，注叶家碶，达分水口，一南流庆登桥，汇方胜碶入大溪；一北流科甲桥，达范家河。五代宋元嘉间邑令谢公凤浚溪建碶，凡桥闸堤塘类皆次第经营，涝有泄，旱有潴，溉田五千顷有奇。嗣后修浚者，宋绍熙中陈君耆寿，元至元中丁君济。自明迄今，历久不治。山水暴涨，沙砾随横潦下，壅塞成陆，水失故道，北城适当其冲，霖雨决旬，则决堤啮城，荡庐沈灶。偶亢阳，则流绝土坼，田石禾枯。向号为膏壤，今积为荒丘矣。"予曰："三农九谷，水泉是资。顾使其旱涝无备，伊谁责欤？昔魏文侯时，发民凿十二渠，引漳水灌田，民有难色。西门豹曰：'今虽患苦，百年后当必有思吾者。'其后渠成，民卒利赖之，是岂可恤微劳忽远筹也？"于是偕陈君沿溪审视，度材经费，博询耆绅父老。邑人咸喜，愿致其力，近者助工，远者输料，伙钱二千四百余缗。诹日授方，畚锸云集。浚河自方胜碶起至分水口一百二十二丈，分水口绕北至科甲桥八十二丈，又绕西至叶家碶止一千三百二十一丈，补筑青锦塘至凤翼尖樟潭两岸石磡共一千四百七十余丈。经始于乾隆二十三年孟冬，阅一岁而告竣。港既深泓，堤亦隆固，溃泛无虑，旱干有资，水泽美，土田腴，斯诚百世之利也。（光绪《奉化县志》卷六《水利》）

辛钝，任期待考。

光绪《奉化县志》卷十二《坛庙》上："辛令庙，县东北四十里方桥，祀县令辛钝。钝为令，善兴水利，民立祠祀之。（《乾隆志》，参采访）"此庙未见顺治十八年本《奉化县志》著录。据光绪《奉化县志》记载，见《乾隆志》。考《乾隆志》刊于乾隆三十八年，疑在顺治十八年至乾隆三十八年这段时期内任职。待考。

万世荣（1714—？），贵州贵阳府人，举人。乾隆十八年（1753）十二月任龙游县令。二十九年（1764）任奉化令，卒于官。任内捐俸参与重建崇圣祠，修大成殿，浚深泮池。

《清代官员履历档案全编》第17册1997年版第377页："万世荣，贵州贵阳府人，年四十一岁，雍正十年举人，候选知县。乾隆十八年十二月分签掣浙江衢州府龙游县知县缺。敬缮履历，恭呈御览。谨奏。乾隆十九年正月二十七日。"《浙江畲族民间文献资料总目提要》2012年版第113页《碑刻·毋许索累畲民藉公索诈碑》："清乾隆二十一年（1756）十月，浙江龙游县颁刻的禁止索累畲民的石碑。县令万世荣撰文，书刻佚名。碑文记叙畲民蓝玉芬等向县衙呈词称：畲民累遭地保索累之苦，且'前有两吁天鉴，毋庸再赘'，但禁而不止,再次'祈请出示杜禁勒碑'。县衙特立此碑,明令'嗣后毋许索累畲民藉公索诈',如敢故违,以凭究办不饶。此碑是研究浙西畲民受欺压状况和官方态度的重要实物证据。石碑原立龙游县庙下乡经堂村大路旁,今藏龙游县博物馆,临摹稿存丽水学院畲族文化研究所。一面有字,青灰石,楷书阴刻。碑面 160 × 65 厘米,面刻 120×50 厘米,9 行 32 字。碑额略大,横刻,署名'万世荣',附刻'恩蒙邑侯示禁爱勒石以识'11 个字,碑文竖刻,凡 235 字;后刻立碑年月。部分字迹较模糊。"

光绪《奉化县志》卷十六《职官表》上:"万世荣,贵筑人,举人,乾隆二十九年任,卒于官。"《奉化市志·政府》1994 年版同。光绪《奉化县志》卷八《学校》上:"(乾隆)二十七年(1762),大风摧崇圣祠,又大成殿梁柱朽坏,学博汪文濠……劝捐,重建崇圣祠,修大成殿,浚深泮池,令万世荣、陈九霄、署丞张福敏捐俸襄其成。"

毋许索累畲民藉公索诈碑

(清)万世荣

为谨据下情仰祈上鉴恳赏示禁以杜将来事。据蓝玉芬等具呈前来词称:"身等祖授化治,悔处山陬,而固苦凄其之状,前有两吁天鉴,毋庸再赘矣。但上年所被地保索累情事,蒙宪重究,本拟遵示直指,奈必牵制,且事属已犯,恐违天心。堪怜身等鲁鱼不辨,世务难明,惟是深虑将来。为此,祈请出示杜禁勒碑,则身等感沾惠露沐仁休。"据此,合行示禁该邑地保畲民人等知悉:嗣后毋许索累畲民藉公索诈,如敢故违,仰该畲民即赴县指名具禀,以凭究办不饶。勿违,特示。乾隆二十一年十月。(碑存龙游县庙下乡靖林寺村)(《衢州市志》1994 年版第 1374 页)

陈九霄，字紫峰，武陵人，乾隆三年（1738）举人，二十七年（1762）在任武康知县。三十年（1765）任奉化令。任内修东西曹房，各二十间。三十二年闰七月任余姚令。

光绪《湖南通志》卷一百九十二《人物志》三十三《国朝》十八："陈九霄，字紫峰，乾隆戊午（三年，1738）举人，知武康。邑有荒坪数十里，多逋赋，白大吏请减额税。迁余姚。时左道律严，有武弁阴使人于施氏神主旁注奉左道字，欲置之死。九霄廉知之，遍白大府会鞫之，事得白。（《府志》）"《德清游子文化》2008 年版有《重建孟郊祠始末》一文，第 9 页："'贞曜先生祠'又名'东野先生祠'、'孟郊祠'，后因乾隆年间改祠为寺，且寺前有戏台雕梁画栋建造精美，周围花团锦簇，俗称'花坛庙'。据道光《武康县志》载，'贞曜先生祠'为'南宋景定（1260—1264）间，天台国材创建'。国材成德出任武康知县后，得进士舒岳祥祖传家藏孟郊遗像而建祠，以此奉祀孟郊。元代至正十六年（1356）毁于兵燹。清乾隆十一年（1746），武康知县刘守成迁至乌回寺前重建。二十七年（1762），武康知县陈九霄迁回原址，改祠为寺，设置山门，后又复改为祠。"

光绪《奉化县志》卷十六《职官表》上："陈九霄，武陵人，举人，乾隆三十年任。"《奉化市志·政府》1994 年版同。光绪《奉化县志》卷二《建置》上："乾隆三十二年（1767），令陈九霄修东西曹房，各二十间。"卷三《建置》下："古方桥，县北四十里，即古之常浦碶。潮冲碶坏，易之以梁……万历间桥毁，邑令赖愈秀、邑人邬鸣雷捐资修，更名太平桥。国朝雍正四年左垛坏，屋亦渐敝，邑令魏大德再修（民间捐资不少）……经始于雍正四年，落成于雍正七年。乾隆三十五年（1770），邑令陈九霄卸平桥，改建五洞环形，高数丈。马氏世昇业埼董其事。"宁波民间有一副对联："方桥圆洞五个眼，直街横弄九道弯。"上联说的就是奉化方桥，下联说的是原镇明路西边的九曲巷。

《雍乾时期地方官缺史料（下）》（《历史档案》1993 年第 1 期，第 18—19页）："'如蒙俞允，所有现任余姚县知县多泽厚系由宣平简缺调任余姚中缺，今余姚改为繁缺,应请以多泽厚调补奉化县中缺。现任奉化县知县陈九霄系由武康县中缺调任海疆,三年俸满,即应升用。查陈九霄才具较多泽厚稍优,应即以陈九霄调补余姚县繁缺,人地均属相宜。臣等为地方起见,谨合词恭折会奏,是否当,伏乞圣鉴训示。谨奏。'乾隆三十二年闰七月二十七日奉朱批:该部议奏。钦此。"

曹膏,字恩雨,号腴,汶上人,进士。乾隆三十二年(1767)冬至三十七年(1772)冬任,主修乾隆《奉化县志》。

《清朝进士题名录》(上)2007年版第539页:乾隆二十二年丁丑(1757)科,"曹膏,山东兖州府汶上县人"。

光绪《奉化县志》卷十六《职官表》上:"曹膏,汶上人,进士,乾隆三十二年任,修《县志》。"《奉化市志·政府》1994年版略同。曹膏《乾隆奉化县志序》有"余丁亥(乾隆三十二年,1767)冬甫莅任"。光绪《奉化县志》卷三《建置》下:太平桥(古方桥),"乾隆三十五年,邑令陈九霄卸平桥改建五洞环形,高数丈。马氏世昇业埼董其事"。乾隆三十五年,陈令卸任已久,这时之县令应该是曹膏。故《奉化建筑探胜》2012年版径以曹膏论述,第233页:"清乾隆三十五年(1770),县令曹膏,当地人马世昇、刘德裕发起重修,将原来的平桥改为石结构五洞环桥,更名为'太平新桥',桥上题有'四明第一桥'。桥南、北两块建有桥亭。"光绪《奉化县志》卷四十《旧志叙录》收杨镳撰于乾隆二十八年癸巳的《奉化县志序》,有"癸巳初夏,余莅任奉邑"之语,又云"主修于前任曹公,付梓于摄篆唐公"。《中国名镇大典:山东》1995年版第461页:"曹膏,生卒年不详。字恩雨,号腴,梁宝寺镇曹垓人。清乾隆辛酉(1741)科举人,丁丑(1757)科进士。历任文林郎,浙江宁波府奉化县知县。著有《四书文稿》《诗韵诗》行世。"光绪《奉化县志》卷三十四《艺文》有"知县曹膏《仕奉诗草》"。

《清实录·高宗纯皇帝实录》卷七百九十三:乾隆三十二年八月己卯(二

十,1767年10月10日),"吏部议准:'……又宁波府属之慈溪、奉化二县,向俱列为海疆要缺,在外调补,三年俸满即降。但该二县不过一隅滨海,并无紧要口岸,迥非各属海疆可比。请将余姚县一缺改为繁疲难兼三要缺,在外拣选调补。其慈溪、奉化二缺,应请改去海疆字样。慈溪作为要缺,在外调补;奉化作为中缺,归部铨选。'从之"。

乾隆奉化县志序

(清)潘恂

　　戊子(三十三年,1768)秋,余奉命分巡甬上,适奉化令曹膏君来谒,述所职事,并孜孜以纂修邑志为请。余谓:"志即史之余也,所以劝惩风化,辅成国家之治,非侈观听也。子固兼史氏之三长,其亟图之,余适观厥成焉。"曹君辟席而起曰:"奉邑自康熙丙寅(二十五年,1686)刊修之后,迄今八十余年,字版漫漶,字缺不可考,文断不可读。使谓续修之举姑待后人,将后人复待后人,几何不致文献之无征,坐令考古者欷歔之不置也。余非恃才,惟自任教养斯民之责,必求所以安辑斯民者。爰于簿书之暇,考陈编,咨故老,凡风俗之盛衰,人民之臧否,典礼章程之沿革,择之精,语之详,信而不诬,直而不阿,此私心之所素期者矣。"余闻而嘉之:嘉其能考订旧章,以抚柔此民也;嘉其能勇于任吏,又能慎以将之也。于戏!昔之尹斯土者不一,其阘茸无能者无论矣,间有勤勉奉公号称能吏,簿书、期会之外,无闻焉前言往行,听其久湮。迹其所为,平日之涂饰耳目苟且旦夕间者,可胜道哉?阅二载,余调任浙西,曹君以其所修邑乘征序于余。余披阅数过,见其分门别类,缕析条分。水利有志,养民之政兴矣;学校有志,教民之典隆矣。志风俗而著其盛衰;志人民而别其臧否;志典礼章程而居今稽古,溯委寻源。考古者手是编,有以数一邑之典;宰邑者手是编,有以得为政之要。于以劝惩风化而辅成国家之治,亦奚难哉?是为序。乾隆庚寅(三十五年,1770)仲冬,前任宁绍台道潘恂序。(光绪《奉化县志》卷四十《旧志叙录》)

乾隆奉化县志序

（清）徐昆

乾隆辛卯（三十六年，1771）秋，余奉简命守宁郡。下车以来，即思所以整齐纪纲，修举百度，夙夜兢兢而未遑也。适奉化令曹君以新修邑志告成请序。余阅之而喜且嘉曹君之勤也。郡邑之有志，权舆于《尚书·禹贡》，《周官·职方》详著于小行人之职，其万民之利害为一书，其礼俗、政事、教治、刑禁之顺逆为一书，每国辨异之，以反命于王，以周知天下之故，此郡国志之所托始乎？宁郡领县六，奉化居郡之西南，延袤二百七十有五里，与台之回浦接壤，固两郡往来衡要地也。官斯土者，因地制宜，必先考其建置、沿革、山川、风俗、人物、土产、户口、赋役以及历代宦绩之所著而损益之，后乃布政优优，可大可久。不有志书，其曷从考证乎？邑旧志修于康熙年间，迄今八十余载，简编残缺，有无征之惧。东鲁曹君以名进士宰是邦，毅然以修葺为己任。簿书余闲，日与皖桐陈生讨论旧典，参互考订，钱塘汪学博又为之正讹补缺，以次成书，总十有四卷。若网在纲，有条而不紊，可不谓勤与？余维邑之有志，犹国之有史也。一切典章制度、农商食货之经，罔不备载，至于道德文章、忠孝节义可泣可歌，事关名教者，详加搜罗，以为后人观法。如是谓一邑之志，即一邑之史也可。今阅其书，例仿《通考》，每一卷标一目，下更以类相附，举其大不遗其小，详所重不忽所轻，能令枕山襟海之区情形了然在目，在昔之贤人君子，近来之土俗人情无不一览而知也，讵不快哉！是书成，将上以备国家辀轩之采择，下以定奉邑弈世之章程。曹君一手之勤，嘉惠于地方者不少矣。是为序。乾隆壬辰中秋（三十七年，1772 年 9 月 11 日），知宁波府事徐昆撰。（光绪《奉化县志》卷四十《旧志叙录》）

乾隆奉化县志序

（清）曹膏

　　士君子服古入官，一旦驱车而来，邑之土地、人民、政事未暇周知，惟恃邑志一书足资考证。故作志之事，似缓而实急，似易而实难。余丁亥（乾隆三十二年，1767）冬甫莅任，聚邑之父老而谘焉。其地东南濒海，西北环山，土疏泉泄，以潴蓄为命，岁入不给，则贩籴为艰。民藉耕织以生，率敦朴尚义，昔贤诗书礼义之泽犹有存者。余闻而识之，将以考古今之沿革，风俗之盛衰，名贤硕宦之嘉言善政而遵循焉。乃检阅旧志，简断编残，莫辨亥豕。盖自锡山施公刊修之后，迄今八十余载矣。余心虑之志之作亦乌容稍缓哉。夫作志亦甚难矣。事无征而不信，而博取则难精；言无文而不行，而务饰则寡当。虽一邑之务不外土地、人民、政事，而土地之绥安，人民之贤否，政事之修废以及前言往行可以资考质而昭劝惩者，皆择之宜精，语之宜详，惟其实而不惟其华，取其严而不取其滥，传其信而不传其疑。此才、学、识三者实兼资焉。余不敏，宁敢以短绠临深，取讥学海，然竟畏难而视为不急之务？无论未载志乘者岁遭难稽，即已载邑乘者亦残蠹莫考。后有好古之士，征洽之吏执取而资焉。庸于簿书之暇，访之耆老，衷诸舆论，按之乘载，日与皖桐陈子商榷讨论，华者实之，滥者严之，疑者信之。积之年余，荟萃成编。犹恐采访之未周，考核之未精，罣漏失实，贻讥大雅，复设局于锦溪书院，偕学校师生参互考订，俾其尽美尽善。而订讹补缺，则学博汪君之力多焉。是役也，博览载籍，广搜见闻，而总折衷于嘉靖谢君之志。志土地而思所以安靖之，志人民而思所以教养之，志政事而思所以整饬而敷布之，余有志焉，而未之逮。而作志之举则不容以不急，而亦不敢以为难者，此也。言多朴陋，事实有征，此余区区自信之心，未审有当于高明之君子否耶？乾隆壬辰孟冬之吉（三十七年十月初一，1772 年 10 月 26 日），知奉化县事古中都曹膏撰。

　　（光绪《奉化县志》卷四十《旧志叙录》）

乾隆奉化县志解题

刁美林

《奉化县志》十四卷,首一卷,清乾隆三十八年刻本。

清曹膏、唐宇霖修,陈琦纂。曹膏,山东汶上人。清乾隆年间任奉化县知县。唐宇霖,安徽含山人。署奉化知县。陈琦,安徽桐城人,安庆府学廪生。

奉化之志自宋宝庆始,历有纂修。清顺治十六年知县王奂、孙成名曾修成十六卷。曹膏任奉化县知县后,念邑志自康熙二十五年锡山施则曾刊修之后,八十余年未有续修,"字版漫漶,事缺不可考,文断不可读。使谓续修之举姑待后人,将后人复待后人,几何不致文献之无征,坐令考古者欷歔之不置也"。遂"于簿书之暇,考陈编,咨故老","衷诸舆论,按之乘载……华者实之,滥者严之,疑者信之","博览载籍,广搜见闻",并"日与皖桐陈生(琦)讨论旧典,参互考订"。后"复设局于锦溪书院,偕学校师生参互考订,俾其尽美尽善"。教谕汪文濠"又为之正讹补缺"。积之年余,"以次成书,总十有四卷"。署奉化县事唐宇霖莅任后,以其未付剞劂,"因复取而雠校之以付梓"。

是志编次,卷首奉化知县曹膏序、分巡杭嘉湖海防道前任宁绍台道潘恂序、宁波知府徐昆序、署奉化县事唐宇霖序、知县杨镳序,十九则凡例,图,目录,姓氏;卷一地舆志(星野、沿革、疆域、乡都、风俗);卷二山川志(山类、水类、龙湫);卷三水利志(河、湖、堰、塘、堤、碶、闸);卷四建置志(城垣、县治、街市、巡墩、公署、桥梁);卷五学校志(儒学、社学、书院、乡饮礼附);卷六版籍志(户口、田赋、存留、起运、盐政、物产);卷七祠祀志(坛庙、寺观);卷八职官志(令、丞、司、尉);卷九名宦志(唐、宋、元、明、国朝);卷十选举志(乡贡、进士、各贡、荐举、府史);卷十一人物志(理学、忠义、孝友、宦业、文学、武略、义行、隐逸、列女、流寓、藩戚、封赠、优老、艺术、方外);卷十二至卷十三艺文志(附著述);卷十四古迹志(附宅里、坊表、坟墓),杂志(禨祥、纪遗、逸事)。

是役也,"主修于前任曹公(膏),付梓于摄纂唐公(宇霂)"。其内容"折衷于嘉靖谢君(瀣)之志","凡风俗之盛衰,人民之臧否,典礼章程之沿革,择之精,语之详,信而不诬,直而不阿……分门别类,缕析条分"。分巡杭嘉湖海防道前任宁绍台道潘恂序曰:"水利有志,养民之政兴矣;学校有志,教民之典隆矣。志风俗而著其盛衰,志人民而别其臧否,志典礼章程而居今稽古,溯委寻源。考古者手是编有以数一邑之典,宰邑者手是编有以得为政之要,于以劝惩风化而辅成国家之治。"宁波知府徐昆序是志曰:"若网在纲,有条而不紊……其书力仿《通考》,每一卷标一目,下更以类相附,举其大不遗其小,详所重不忽所轻,能令枕山襟海之区情形了然在目,在昔之贤人君子,近来之土俗人情无不一览而知也。"

此志简明扼要,不繁不约,体例严谨,为县志之佳者。凡例有云:"坛庙秩祀所关,圣朝重农贵谷,诏各省州县于社稷坛外并设先农坛,印官秉耒耕耤以劝农事,急民务也。谨先书坛墠,其余祠庙以次附焉。"并对长期以来陆陇其"不载寺观"的观点提出异议:"方外附于人物志中,坛墠、寺观载于祠祀志中,各从其类也","旧志附灾祥于僧道志中,今另类归杂志。"

是志纂修姓氏列奉化知县曹膏、唐宇霂为主修,安庆府学廪生陈琦为编纂,儒学教谕汪文濠为校正,儒学训导姚文星为同订,巡检孙维德、典史顾锡圭为监造,邑士陈绍敬、周滋培等九人为分校。(《故宫博物院藏清代珍本方志解题》2013 年版第 114—115 页)

唐宇霂,含山人,监生,乾隆三十七年(1772)冬摄纂。

光绪《奉化县志》卷十六《职官表》上:"唐宇霂,含山人,监生,乾隆三十七年署任。"《奉化市志·政府》1994 年版同。光绪《奉化县志》卷四十《旧志叙录》收唐宇霂撰于乾隆壬辰(三十七年,1772)仲冬之《奉化县志序》,云"余自壬辰冬摄纂兹土"。

乾隆奉化县志序

（清）唐宇霮

剡中山疏而川泄，民庶而习刚。抚字者欲留心于政治，而邑志一书尤不可一日废也。盖览胜披图，则形势可考；兴利除弊，则沿革可稽。核户口，登田赋，载风俗，则丰耗有书；纪职官，录选举，列人物，则浇漓足劝。旁及物产、艺文、禨祥、逸事，例皆得备网罗，用资考证。是邑志固足为勤政之助，宁第矜掌故，示博雅已耶？自唐开元中改古鄞地为奉化，附山滨海，民皆务垦辟而乐诗书。里表黄公之遗，岭隐右军之迹，文靖以理学传，拾遗以忠节著。洵乎人杰地灵，卓卓千古矣。顾施志自康熙丙寅迄今八十余载，编次残缺漫漶，多不可考。且我朝渐仁摩义，生息涵濡，此八十年来，版户之殷饶，俗尚之淳美，当必骎骎焉其更有进。剡古鄞为浙东首善之区，民物敦庞，人文蔚起，复古之治不难见于今也，则是志又乌容任其残漫不备哉？前邑令曹君留心考古，于簿书之暇，尝延都人士与询政俗，考兴废，访遗迹，别土宜，慨然以补葺旧志为任，欲重锓板以传信。设局锦溪书院，与皖桐陈君、学博汪君录遗正舛，勒成全编。较旧志为加详，并严去取之例，庶几无繁芜寡要、华瞻失实之讥。余自壬辰（三十七年，1772）冬摄篆兹土，与曹君为新旧交，获睹是书，以其未付剞劂，尚待余之竟其事也。余既乐观其成，因复取而雠校之以付梓，并识其缘起于简端，是为序。乾隆壬辰（三十七年，1772）仲冬，署奉化县事含山唐宇霮撰。（光绪《奉化县志》卷四十《旧志叙录》）

杨镰，南城人，乾隆三十八年（1773）四月任。

光绪《奉化县志》卷十六《职官表》上："杨镰，南城人，乾隆三十八年任。自乾隆三十八年至同治元年，两经兵燹，县册俱毁，职官无从稽查，仅据闻见采人。"《奉化市志·政府》1994年版增加了"举人"出身。光绪《奉化县志》卷四十《旧志叙录》收杨镳撰于乾隆三十八年六月的《奉化县志序》,有"癸巳初夏,余莅任奉邑"之语,又云"主修前任曹公,付梓于摄篆唐公"。

《白鹭洲书院史话》2008年版第235页:"《集唐寄怀鹭州》(杨镳)。'杨镳,江西南城人,生平不详。'"当是与任奉化县令者为同一人。

乾隆奉化县志序

(清)杨镳

癸巳(乾隆三十八年,1773)初夏,余莅任奉邑。视事数日,见其民习勤而崇俭,俗犹近古,惟恃气好斗,致以肤受,诉于庭者往往而有。余谓是禀气使然欤,何风气之竞也? 则汲汲然使得所考证,于以审处而驯扰之。时奉志方受剞劂,工未竣,且披图而览其大略焉。按邑延袤二百七十余里,地势滨海附山,燥湿相半,土则疏而川易泄。生是间者,信乎其禀气之殊也。《周礼》云:"山林之民毛而方,川泽之民黑而津。又曰:"以阳礼教让,则民不争;以礼乐教和,则民不乖。然则民气不能不囿于地,而民俗又不能不移于化,亦视司牧者之善为治耳。我国家重熙累治,仁渐义摩,涵濡于斯民者百余年,薄海内外咸乐太平而相与雍穆。一二愚民挟私仇以角小勇,皆为盛世所不容,是用小惩而大诫也,亦固其所然。惟是束缚驰骤之,则无由生其和顺,转以激成愤怒,如愚民之观感何,如朝廷之委任何? 夫刚以柔克,猛与宽济,观奉邑之风土,而所以化民成俗者,有他道耶? 抑余闻之:衣食者,礼义之原;孝弟者,仁让之本。今起视邑中,其男女无不可以耕桑,则养有攸寄;其父兄无不当以爱敬,则教为易施。又其秀而良者,既无难泽以诗书而作其文章节义之气。即其为工与商者,皆可使勤手足而免于游荡非为之事,给财用而杜其欺陵攘夺之门。是必其乐业也,然后能守分也,志相安而气自下,虽诱之争,而有弗愿也。余惟图治于其本原者而已。兹且邑志垂成,原得从簿书之暇,进而稽土地,核风俗,历考政事之有可观者,斟酌而损益焉。盖斯举也，主修于前任曹公，付梓于摄篆唐公，其纂订始末，余可不赘。惟余宰兹土，适董其成，则凡度土宜而制为养，审风俗而设之教，及一切废兴因革缓急轻重之故，所得监于志以立政用，期便乎民而后即安者，皆余事也，亦余志也，遂书以识诸简。乾隆三十八年癸巳季夏，知奉化县事盱江杨镰撰。（光绪《奉化县志》卷四十《旧志叙录》）

┃陈士纯，乾隆四十七年（1782）在任。五十七年任广昌令。

　　光绪《奉化县志》卷十六《职官表》上："陈士纯，署任见后洋庙四十七年扁。"《奉化市志·政府》1994 年版同。序杨镰后，令狐逨前。

　　《广昌文史资料》（第 3 辑）1991 年版第 44 页："入清以后，广昌书院教育一蹶不振。……一所是盱源书院，故址在旧县城东隅外莲花庵左。乾隆五十七年（1792），邑人李思任捐助地基。知县陈士纯以兴贤育才为守土之责，偕同明经饶文涛（今甘竹饶家堡人）和合邑士绅等集资创建，历三载而竣工。"

┃令狐逨（1745—？），山西蒲州府猗氏县人。乾隆五十二年三月二十七日（1787 年 5 月 14 日）至五十六年（1791）在任。

　　《清朝进士题名录》（上）2007 年版第 608 页：乾隆四十年乙未（1775）科，"令狐逨，山西蒲州府猗氏县人"。《清代官员履历档案全编》第 22 册 1997 年版第 167 页："臣令狐逨，山西蒲州府猗氏县人，年四十三岁。乾隆四十年候选知县。五十一年十二月分轮班拟备。敬缮履历，恭呈御览。谨奏。乾隆五十二年正月（阙）日。"

　　《清代官员履历档案全编》第 22 册 1997 年版第 185 页："……今掣得浙江宁波府奉化县知县缺。"第 188 页："……今签掣浙江宁波府奉化县知县缺，敬缮履历恭呈御览，谨奏。乾隆五十二年三月二十七日（1787 年 5 月 14

日)。"光绪《奉化县志》卷十六《职官表》上:"令狐逵,见西溪陈祠五十六年扁,又见喜还堂铭。"序陈士纯后,张廷兰前。

汪长龄,字西庭,号学山,行八。山东济南府历城县人,进士。原任四川秀山县知县,起服赴补。乾隆五十六年(1791)任奉化令。又任江山、惠来、番禺等县知县,升万州知州。旋归,感疾卒,年七十一。

《清代朱卷集成》(3)1992 年版第 399、402 页:"汪长龄,字西庭,号学山,行八。乾隆己巳年六月二十五日(十四年,1749 年 8 月 7 日)子时生,山东济南府历城县廪膳生,系民籍,习《诗经》。乾隆四十六年(1781)五月戊寅进士。"父居敬,丁酉经魁,濮州学正。"生卒年月与"档案全编"有出入,兹从后者。《清实录·高宗纯皇帝实录》卷一千一百三十:乾隆四十六年五月戊寅,"新科进士……俱著分部学习,张曾埁、汪长龄……俱著以知县即用,余俱著归班铨选"。《秀山县志》2001 年版第 409 页:"乾隆四十七年,汪长龄,山东历城,进士。"

《清代官员履历档案全编》第 22 册 1997 年版第 608 页:"臣汪长龄,山东济南府历城县进士,年三十九岁。原任四川秀山县知县,起服赴补。今掣得浙江宁波府奉化县知县缺。敬缮履历,恭呈御览。谨奏。乾隆五十六年七月二十五日(1791 年 8 月 24 日)。"光绪《奉化县志》卷十六《职官表》上作:"道光四年任,见《文聚堂碑记》。"《奉化市志·政府》1994 年版同。但考汪长龄《文聚堂始建记》,落款作"嘉庆四年(1799)",又曰"余任事有年",则其上任应在嘉庆四年前。

《济南历代墓志铭》2002 年版第 262—263 页《皇清例授文林郎、知河南郾城县事季封杨公墓志铭》(卒于乾隆四十八年):"赐进士出身,四川直隶西阳州秀山县知县加三级,纪录三次,受业汪长龄顿首拜篆盖。""篆盖者汪长龄(1749—1819),字西庭,号学山。汪铺之弟。乾隆三十六年(公元 1771 年)进士。仕历秀山、奉化、江山、惠来、番禺等县知县,升万州知州。旋归,感疾卒,年七十一。"《清代官员履历档案全编》第 25 册 1997 年版第 17 页:"汪长龄,山东济南府历城县进士,年六十一岁。原任浙江江山县,卓异未升。服满赴补。今签掣广东潮州府惠来县知县缺。"第 19 页:"臣汪长龄,山东济南府历城县进士,年六十一岁。原任浙江江山县,卓异候升。服满赴补。今签掣广东潮州府惠来县知县缺。敬缮履历,恭呈御览。谨奏。嘉庆十八年七月二十六日。"光绪《广州府志》卷二十五《职官表》九:典史"汪长龄,山东历城人,进士。(嘉庆)二十年任"。道光《琼州府志》(第 1 册)2006 年版第 332—333 页:"(万州)州儒学……(嘉庆)二十三年,飓风倾坏,知州汪长龄、卫千总朱拱扬捐修。"道光《琼州府志》卷七《建置》上《学校·万州》:"国朝康熙六年,学正屈骃建两庑,戟门,名宦、乡贤各祠。八年建启圣祠、明伦堂及宫墙。乾隆二十八年,知州廖佑龄、学正彭云际倡率绅士重修。(《萧志》)嘉庆九年岁贡杨士霖等呈请修葺,规制大备。二十三年飓风倾坏,知州汪长龄、卫千总朱拱扬捐修。"卷八《建置》下《坛庙·万州》:"文昌阁,在书院内,乾隆五十一年改建讲堂为阁,嘉庆二十四年知州汪长龄捐置后底溪岐加漏田二丘,岁收租银为香火费。"《广东方志考略》1988 年版第 169 页:"嘉庆二十四年,邑令历城进士汪长龄延杨士锦纂修州志。以应阮元修《广东通志》征取州志之命。是志是志草,未刻。"

张廷兰,陕西人,嘉庆六年(1801)在任。

光绪《奉化县志》卷十六《职官表》上:"张廷兰,嘉庆元年任。见马龙坑龙亭匾。"《奉化市志·政府》1994 年版略去依据以外,余略同。所任日期夹在汪长龄任内中间,而未见汪氏再任之记录,故把张廷兰之任职暂置于汪长龄之后,有待新的资料充实。疑是"六"近"元"而误。汪长龄之《文聚堂始建记》落款作"嘉庆四年(1799)春三月",则张廷兰应在其后任奉化县令。

‖ **赵宜馨**，江西广昌人，号（一作：字）达庵，嘉庆七年（1802）任。任内修关圣殿。八年冬署任浦江县。二十三年（1818）九月在任平阳。道光十八年（1838）又在任平阳。

光绪《奉化县志》卷十六《职官表》上："嘉庆七年任，见孙事伦《重修关圣殿记》。"卷十二《坛庙》上："关圣殿（《乾隆志》作：关帝庙），旧在县治西凤山凭虚阁，王姓私建。乾隆元年，令何体仁择建治东双司故址。……嘉庆七年，令赵宜馨修"。

光绪《浦江县志》卷七《志人物》第二《秩官·历官表》："赵宜馨，江西广昌人，号达庵，（嘉庆）八年（1803）冬署任。"卷四《志建置》第一《学校·书院》："嘉庆八年，经义堂因风雨倾圮，知县赵宜馨创议重建，以去任不果。"卷十三《志典礼》第一《坛壝·祠庙》："乾隆二十七年，知县何子祥重建新阁于书院大门内，移祀文昌。（何侯有《记》，见书院门）嘉庆九年（1804），坍坏东西两面，知县赵宜馨捐俸修葺。"《清嘉庆朝刑科题本社会史料辑刊》（第2册）2008年版收《浙江平阳县客民江学庸因争割稻谷肇衅致使颜如武等落水身死案》（嘉庆二十三年九月），第1017页："据平阳县知县赵宜馨招呈，嘉庆二十三年（1818）九月二十九日……"《温州历代碑刻二集》（下）2006年版第1095—1096页："《奉各宪勒碑》（赵宜馨）：特授浙江温州府平阳县正堂加五级纪录十次赵为出示晓谕事：案奉本府宪高批发水陆寺住持僧绍法呈称：缘上年瑞民薛元福等与平民林光水等控争水涂一案，道光二年（1822）十一月三十日……"该书附注曰："赵宜馨，字达庵，道光十八年任平阳知县。"

‖ **胡培**，嘉庆五年（1800）在任会稽知县。八年（1803）至十二年（1807）任奉化令。任内重修广济桥，并撰记。十六年任仁和知县。

康熙《会稽县志》卷一《疆域志·津梁》："太平第一桥，吴融锺氏祠前；东太平桥，单家埭；中太平桥，单家埭庙侧；西太平桥，埭头村。并在县东北二

十五里七都，绅士锺行信同弟飞鸿捐资鸠众，里人王士高募开石衢五里许，联络四桥，既成，命曰'四太平'。嘉庆五年正月，知县胡培给额，曰：'翕心利济。'按：此条系嘉庆间人羼入。"《扬州学派年谱合刊》（下）2008 年版第 380 页：（嘉庆）"五年庚申二月……疏略云：'臣于上年十一月十五日到任……署会稽县知县胡培、上虞县知县詹锡龄协同拿获顾大及、船户屠章友、水手徐阿七，仁和县知县戴廷沐拿获谢阿飞、宕头阿二、何佳奇，萧山县知县李廷兰、千总朱谦拿获陈武康、华阿四。'"

　　光绪《奉化县志》卷十六《职官表》上："胡培，嘉庆八年任。见《广济桥记》，胡培所作也。"卷三《建置》下："广济桥，俗名南渡桥。……乾隆三十七年（1772）、嘉庆十二年（1807）皆重修。邑令胡培有《记》。"《宁波地名诗》2007 年版第 509 页："南浦……据清胡培《重修广济桥记》载：自宋以前惟以舟渡，故其地名'南渡'。"《中国古船与吴越古桥》2000 年版第 275 页："奉化广济桥，俗名'南渡桥'，跨奉化江。宋建隆二年（961），僧人师悟以堆土搁板为桥，后邑人徐覃建时易以木墩。绍圣四年（1097），主簿李肃主持重建，后圮。绍熙元年（1190）邑人修职郎汪汲捐资重建。以石砌两岸，立石柱，架木架，覆屋其上。元至元年间（1335—1340）主簿卢振龙重修，在南北两块造石亭。桥虽屡圮屡修，仍保持宋代台墩木桥原貌。现为四孔木梁桥，每孔 18 根梁。全长 43 米、宽 6.7 米，桥面架屋 12 间，两侧护栏高 1.3 米，内设木凳供行人歇足。桥亭设碑石五块，两块为《重修广济桥记》，两块是《琉璃胜会碑》，记述了里人张立文等集资点燃琉璃灯事宜。另一块是清嘉庆年间（1796—1820），县令胡培《勒石永禁》碑，碑刻禁止桥上堆放器物、禁止牵牛、禁止工作造器、禁止造火煮饭、禁止侵损桥屋。"

　　民国《杭州府志》卷一百三《职官》五《仁和县·国朝·知县》："胡培，嘉庆十六年任。"卷一百一《职官》三《府属》三《国朝·同知》："胡培，丹徒人，嘉庆十八年三月，以海宁知州署（理事同知）。"文楚《绩溪龙川胡氏宗族探访录》（载《江淮文史》2000 年第 3 期）："紫金胡氏是生活在绩溪县城的一宗学问世家。……尤其是清朝乾、嘉、道年间，胡廷玑、胡清焘、胡匡衷、胡秉虔、胡培祖孙五代，攻研《周易》、《诗经》、《春秋》、'三礼'（《周礼》《仪礼》《礼记》),学富五车,著述丰盛,成果独到。尤其对'三礼'的诠释考证训诂方面,堪称为'三礼胡学'。"

彭(某),嘉庆十二年(1807)在任。

光绪《奉化县志》卷十六《职官表》上:"彭(名佚),十二年修瑞峰塔,见《泮西严谱序》。"《奉化建筑探胜》2012 年版第 205 页:"瑞峰塔始建于唐咸通五年(864)。现存之塔,是清嘉庆十二年(1807),由知县彭公(名佚)募款重建。江口清水庵《寿峰塔碑》上刻有:'城南南山向有瑞峰塔,与此对峙,嘉庆间大尹彭公募建之。'1987 年被列为奉化市级文物保护单位。"

吴椿堂,嘉庆年间任。

光绪《奉化县志》卷十六《职官表》上:"吴椿堂,嘉庆间任。"《奉化市志·政府》1994 年版作"吴春堂",余同。

庄时功,嘉庆十七年(1812)任。

光绪《奉化县志》卷十六《职官表》上:"庄时功,嘉庆十七年任。见《南街庄谱》。"

吴裕中,字衣谷,福建南安人,举人,嘉庆十七年(1812)署任。二十二年(1817),任天台县知县。道光元年(1821)署永嘉县知县。

光绪《奉化县志》卷十六《职官表》上:"吴裕中,字衣谷,福建南安人,举人,嘉庆十七年署任,十八年二月卸事。"《奉化市志·政府》1994 年版同。

民国《台州府志》卷十三《职官表》五:"嘉庆二十二年天台县知县,吴裕

中,字衣谷,南安人,举人,九月罢。"民国《景宁县续志》卷十六《艺文志》下:
"《高演任祠公燕》(知事吴裕中,福建建阳):'济济英才序一堂,欣看桃李总
成行(时任族来会者明经二,廪膳生九,附生三十余人)。漫言耕凿人情古,
尤见诗书世泽长。俎豆适当轮奂美,簪裾如带藻芹香。到来莫道催科俗,樽
酒论文快举觞。'"《东瓯逸事汇录》2006年版第248页"吴明府试士"注:"检
光绪《永嘉县志·职官表》:又有吴裕中,道光元年署知县。"

▎**梁伟业**(补),亳县人,举人,於潜县知县。嘉庆八年(1803)署余杭令。十三
年(1808)任象山令。十八年(1813)任奉化令。同年改慈溪令。二十年
(1815)任临安令。

《光绪亳州志 民国亳县志略》1998年版第304页:"梁伟业,嘉庆六年辛
酉科,官浙江於潜县知县。"民国《杭州府志》卷一百四《职官》六《余杭县·国
朝·知县》:"梁伟业,亳州人,嘉庆八年署。"《象山县志》1988年版第413页:
"梁伟业,直隶拔贡,嘉庆十三年任。"

　　未见光绪《奉化县志》卷十六《职官表》上、《奉化市志·政府》1994年版
著录。《清嘉庆朝刑科题本社会史料辑刊》(第1册)2008年版收《浙江奉化
县民竺芷涓等殴伤无服族侄致死案》(嘉庆十八年八月 地保 遗产 私盐 雇
工),第248页有"兵部侍郎·兼都察院右副都御史·巡抚浙江等处地方·提
督军务臣李奕畴谨题,为报明事。据署按察使事·温处道韩克均详,据宁波
府知府刘重麟详,据奉化县知县刘种桃招呈,准前属县梁伟业移交,内开"云
云。则此案是前任梁伟业移交之案,故补于刘种桃前。

　　《慈溪县志》1992年版第701页:"梁伟业,嘉庆十八年任,安徽亳州人。"
《临安县志》1992年版第512页:"梁伟业,亳州,嘉庆二十年。"

　　《中国美术家人名辞典·补遗一编》2007年版第462页:"梁伟业,嶻子。
由拔贡官於潜知县。亦善书。(《安徽通志》)"

刘种桃,江西彭泽人,拔贡。嘉庆十一年八月,在任庆元县令。十四年七月署黄岩知县。十九年五月二十四日(1814 年 7 月 11 日)在任奉化县令。二十年题乡宾匾。

《金华县志》1992 年版第 441 页:"刘种桃,江西彭泽,拔贡,嘉庆十七年任。"同治《九江府志》卷三十《乡举》下:"刘种桃,拔贡,廷试钦取。任浙江奉化知县,历署宁波府通判、庆元、黄岩、泰顺、金华、永康县事。甲子科同考官。著有《浙游草》。有传。"

《大济:三朝文化浙南进士村》2009 年版第 185 页略曰:"庆元县学宫左边立有节孝祠。清世宗雍正五年(1727),庆元知事李飞鲲奉文建立于学宫坊门之外……清仁宗嘉庆十年(1805),州判姚鸾提议迁至县衙后面,建祠立祀;嘉庆十一年(1806)闰六月开工,八月底竣工。……竣工之后,县令刘种桃撰有《节孝祠记》。"则嘉庆十一年八月,刘种桃已在任庆元县令。民国《台州府志》卷十三《职官表》五:黄岩知县,嘉庆"十四年,刘种桃,彭泽人,七月署"。

《清嘉庆朝刑科题本社会史料辑刊》(第 1 册)2008 年版收《浙江奉化县民竺芷涓等殴伤无服族侄致死案》(嘉庆十八年八月 地保遗产 私盐 雇工),第 248—249 页:"兵部侍郎·兼都察院右副都御史·巡抚浙江等处地方·提督军务臣李奕畴谨题,为报明事。据署按察使事·温处道韩克均详,据宁波府知府刘重麟详,据奉化县知县刘种桃招呈,准前属县梁伟业移交,内开:嘉庆十八年八月二十九日,据地保竺胜学禀报,竺顾氏投称:八月二十九日早,伊夫竺诚烈与竺保智雇与竺元助赴地割麻,竺陈氏亦雇竺芷涓等往彼争割,以至互殴,伊夫被竺芷涓殴伤身死"云云。落款日期为"嘉庆十九年五月二十四日(1814 年 7 月 11 日)"。按:此例有几条信息,其一,现任县令为刘种桃;其二,其前任县令为梁伟业;其三,两令交接此案在嘉庆十九年五月二十四日前。光绪《奉化县志》卷十六《职官表》上:"刘中道,见嘉庆二十年乡宾匾,又见封山佛塔这匾署'刘种桃'名,疑是一人。"序吴裕中后,赵广培前。

暂定嘉庆十九年任。《奉化市志·政府》1994 年版作："刘中道,嘉庆年间,载二十年乡宾匾。"

《清实录·仁宗睿皇帝实录》卷二百九十九:嘉庆十九年十一月辛卯(初四,1814 年 12 月 15 日),"户部议准:调任浙江巡抚陈预疏报:'富阳、安吉、奉化、象山、新昌、定海、东阳六县开垦沙地二百八十顷三十二亩有奇。照例升科。'从之"。

‖ **赵广培**(1770—?),山东登州府海阳县人,监生。嘉庆二十一年(1816)任。

光绪《奉化县志》卷十六《职官表》上:"赵广培,嘉庆二十一年任。"《奉化市志·政府》1994 年版同。《清代官员履历档案全编》第 25 册 1997 年版第 63 页:"臣赵广培,山东登州府海阳县监生,年四十五岁。续增土方例捐知县即用,今签掣浙江宁波府奉化县知县缺,敬缮履历恭呈御览,谨奏。嘉庆十九年三月二十八日。"

‖ **吕璜**(1777—1838),字礼北,号月沧,晚号南国老民。广西永福人,嘉庆十六年进士。初任庆元。二十三年(1818)四月任。为育婴堂请得备公银千两,购田三十八亩有奇,岁租七千六百余斤,乳粮得以无乏。二十五年(1820)兼摄镇海。调山阴。道光二年任钱塘令。四年二月任杭州府理事同知。晚年辞官从文,定居桂林。道光十四年(1834)为榕湖经舍(经古书院)山长。次年任秀峰书院山长。

《清实录·仁宗睿皇帝实录》卷二百四十三:"嘉庆十六年辛未五月戊寅朔,引见新科进士……吕璜……"《中国名联辞典》1990 年版第 7 页《题大堂》(吕璜):"我也曾为冤枉,痛入心来,敢糊涂忘了当日;汝不必逞机谋,争个胜去,看终究害着自家。""题解:清代古文家吕璜,曾因冤案入狱 15 年,平反后,出任庆元县知县。上任后写下此联悬于大堂。"

光绪《奉化县志》卷十六《职官表》上："吕璜（有传），嘉庆二十三年任。"卷十八《名宦》："吕璜，字礼北，号月沧，广西永福人，嘉庆十四年进士。初任庆元。二十三年四月抵任奉化。博学能文，以廉平著称。曾于二堂署楹联曰：'民心即在吾心，信不易乎，敬尔公，先慎尔独；国事常如家事，力所能勉，持其平，还酌其通。'前教谕孙熊创建育婴堂，吕璜为请于巡道陈中孚拨备公银千两，购田三十八亩有奇，岁租七千六百余斤，乳粮得以无乏。二十四年八月入闱分校，二十五年调署镇海……著有《月沧文集》八卷。（参《月沧文存》，王先谦《古文辞类纂姓氏略》）"卷三《建置》下："育婴堂，县学东。嘉庆二十一年教谕孙熊、训导许世芳捐俸购民田一亩，倡建瓦屋七间，又劝捐民田二十三亩，民涂十二亩，洋银一百三十圆，钱一百七十千，银三十两。二十五年巡道陈中孚以中丞金溪杨公前捐廉为备公银者千两畀，知县吕璜购田三十八亩有奇。"

民国《杭州府志》卷一百二《职官》四《钱塘县·国朝·知县》："吕璜，道光二年任。"卷一百一《职官》三《府属》三《国朝·同知》："吕璜，道光四年二月任（理事同知）。"卷一百二十二《名宦》七《国朝》："吕璜，字礼北，广西永福人。嘉庆十六年进士，以知县分发浙江，历宰庆元、奉化，兼摄镇海。调山阴，复移钱塘，擢西塘同知。在官七年，所断千余狱，无能翻异者。莅钱塘时，巡抚帅承瀛倚重之，奏牍中有不可行者，约同官争之力则削去。有武举徐某，夺民妻，又以伪券评民财，莫敢诉者。璜侦知之，械徐呼被害者使面质以实陈，遂置于法。在西塘时，檄勘余杭南湖，乘小舟溯洄数日，询父老，得其实手疏不可开之故以复，役遂寝，民称便焉。（梁章钜撰《墓志》）"

《清实录·宣宗成皇帝实录》卷九十：道光五年十月庚辰"又谕：程含章奏参因奸谋杀要案，承审各员错误，请革职一折。浙江德清县民妇徐倪氏谋勒徐蔡氏身死一案，原审、复审各官未能究出实情，实属有乖职守。所有初检之湖州府知府方士淦、乌程县知县杨德恒、归安县知县马伯乐，复检之杭州府知府任兰祐，坐补湖州府知府赵学辙、东防同知吕荣、西防同知吕璜，俱著革职，交王鼎、程含章督同臬司祁□提齐人证严审，毋稍徇纵"。

《岭南文化百科全书》2006年版第535页："吕璜（1777—1838），清代文学家、教育家。字礼北,号月沧,晚号南国老民。广西永福人。25岁中举人。清嘉庆十六年(1811)进士。曾任浙江庆元(今龙泉)、奉化、山阴(今绍兴)、钱塘(今杭州)等知县。以廉能、善断案见称。常说:'民心即在吾心','以民忧为己忧'(《清史》列传卷七十二)。晚年辞官从文,定居桂林。道光十四年(1834)被聘为榕湖经舍(经古书院)山长。次年任秀峰书院山长。'以经学、古学课诸生',并传授桐城派文学理论,将桐城派文学思想传入广西,是岭西桐城派文学的开拓者,有'一代经师'之称。主张'作文立志要高','文章自当从艰难入手,却不可有艰涩之态','先品行而后文艺'。其文举凡论辩、序跋、书说、赠序、碑志、杂纪、传状……均符合'桐城义法',成为'粤西五大家'之首。学者郑献甫评其文'遒练而无冗语,淳厚而无鄙词,实得古文家正法'。在秀峰书院讲堂写有楹联:'先有本而后有文,读三代两汉之书,养其根,俟其实;舍希贤莫由希圣,守先正大儒之说,尊所闻,行所知。'(陈海波等编《中国书院楹联》,广州文化出版社)著有《月沧文集》《月沧诗集》《月沧文抄》《年谱》《初月楼古绪论》等。"

《清实录·仁宗睿皇帝实录》卷三百四十九:嘉庆二十三年十一月乙未(初一,1818年11月28日),"户部议准前任浙江巡抚杨護疏报:'……奉化、象山、乐清七县开垦地一百四十九顷十五亩有奇,照例升科。'从之"。

‖ **乐韶**,嘉庆年间任。

光绪《奉化县志》卷十六《职官表》上:"乐韶,见澄清周祠二十四年扁。"《奉化市志·政府》1994年版同。

杨国翰，字丹山，云南云州人，嘉庆二十五年，进士。道光元年（1821）任奉化令。任内为育婴堂劝捐田共七百二十二亩一分二厘一毫；又兴复广平书院。三年任诸暨县。同年，复任奉化令。

　　光绪《奉化县志》卷十六《职官表》上："杨国翰（有传），道光元年任。"卷十八《名宦》："杨国翰，字丹山，昆明人，进士，道光元年知奉化。甫入境，见农田侨宿具，问之，对以瓜芋菜蔬夜或被窃，故侨宿以守之，则召地保训之曰：'农夫终日劬苦，若夜间又露宿，不得安寝，是重苦也。自今农田被窃者，惟余是偿。'饬尽撤宿具归之，地方肃然。下车后崇奖儒学，访广平书院遗址废为梵院，大骇，为捐俸额，使亟改之。邑中育婴堂创自教谕孙熊，国翰乃扩大之，倡捐廉泉，亲至八乡劝捐民田千余亩，厘订旧规，收育益广。三年调署鄞县。《留别》诗有'假如心血可为乳，不惜一腔分众婴。忍使呱呱多失养，方欣幼幼有同情'之句。性仁恕，勤恤民隐，而遇事有执持，虽大府世家，无敢干以私者。（《鄞志》，参采访）"卷三《建置》下："育婴堂，县学东。……道光元年，知县杨国翰亲赴八乡劝捐，计捐田共七百二十二亩一分二厘一毫。"卷九《学校》下："广平书院，国朝道光二年（1822），知县杨国翰兴复之，又为之记。"《杨国翰诗文选集》2002年版附《杨国翰生平大事年表》，略录于下："1787年（乾隆五十二年，丁未），一岁，二月，生于云南云州大勐麻（今云南大寨乡梨园村）。父本源，字林青。原籍江西抚州府临川县，乾隆三十五年（1770）游于云州大勐麻，经商。母徐氏。1806年（嘉庆十一年，丙寅），二十岁，由秀才进为禀生。1820年（嘉庆二十五年，庚辰），三十四岁，赐同进士出身。1821年（道光元年，辛巳），知奉化县。1822年（道光二年，壬午），三十六岁，在奉化知县任上；……上任诸暨知县。1823年（道光三年，癸未），三十七岁，在诸暨知县任上；……受命复任奉化知县。1824年（道光四年，甲申），三十八岁，任海盐知县。1828年（道光八年，戊子），四十二岁，任仁和（今杭州市下城区）知县。1829年（道光九年，己丑），四十三岁，任海昌（今海宁）知县。1830年（道光十年，庚寅），四十四岁，复任仁和知县，旋晋升温台玉环饷捕分府加三级。1833年(道光十三年,癸巳),四十七岁,六月,死于云州大勐麻家中。"

《海宁州志稿》卷二十四《职官》下:"道光九年,杨国翰,字丹山,云州人。嘉庆庚辰进士,仁和知县升。捐俸钱五百千为安澜书院膏火资。升玉环同知。"

兴复广平书院记

(清)杨国翰

四明四先生以舒文靖公为第一,闻道始于张宣公,事陆文安公最久,讲磨诹辩,融会贯通,实周旋朱文公、吕成公之间。致家人书曰:"敝床疏席,总是佳趣;栉风沐雨,反为美境。"其于孔颜乐处既得之矣。虽位不称德,而教行于乡,天下后世闻风起慕,过里生敬,称广平先生者,咸知有广平书院云。余初履奉,即求所谓广平书院,无能言之者。访诸先生故里与其后人,有诸生逵与鸿文者抱宗谱进曰:"广平书院久庵矣。先世欲兴复,未能,赍志以终,笔之谱,望诸后人。缘土风佛像供僧崇奉已久,一旦议去,匪惟不能,且不敢。今公修举废坠,力能主持,则受赐无既。"余决意兴复。询舒氏庵有二,集其众,理晓之,刻期迁佛像及僧于前庵。楹檐一焕,讲席重开。两厢楼屋,四周墙垣,俱加整葺。子弟彬彬,修息肄业,恒于斯。岁时舍菜先生,先生之后若某某者,割田若干亩为膏火,余亦捐俸助之。一再经过,绿水湾环,树木秀荫,高山景行,穆然意远。是举也,先生之后人可谓不惑于异端,不挠于异议者矣。慨自佛氏之教流入中国,浸淫濡染,牢不可破,往往据名胜,集徒众,兢衣钵,虽贤者亦执迷不悟,喜其说之高而附会其间。讵知清净寂灭,毫无裨益。甚而占吾儒之庠塾为虚空之道场,使先辈流风遗迹尽归澌灭。言之可痛已!一旦人其人,庐其居,火其书,不可谓非韩昌黎快心事也。今而后,入斯塾者,当志先生之志,学先生之学,以诚正为根基,孝弟为践履,民物为仔肩,笃实躬行,务期有得,处则为善士,出则为名臣。善乎先生答朱子有言:"属之重则爱之厚,爱之厚则望之全。负后学既全之望,凡施为措置,当以圣贤事业自期待,固不可毫厘之差,为世所惜。"子孙继此志,绳此武,世世勿替,文靖为有后矣。若沈,若杨,若袁三先生,其家亦有书院否,子孙能保守不为僧庵否,皆未可知也。广平书院之废,当在有明之季,父老绝未传闻;其兴复也,在道光二年(1822)之春三月。余既睹其成,乐记其事。(光绪《奉化县志》卷九《学校》下)

杨绍霆,字春声,号龙池,云南太和人,道光二年进士,道光三年(1823)任。

《清实录·宣宗成皇帝实录》卷三十三:道光二年四月戊申,"引见新科进士……杨绍霆……俱著交吏部掣签,分发各省,以知县即用"。

光绪《奉化县志》卷十六《职官表》上:"杨绍霆(有传),道光三年任。"卷十八《名宦》:"杨绍霆,号龙池,云南太和人,道光二年进士,三年任奉化。尝谓人曰:'吾于浙省同辈中欲法宣祥亭之严猛,吕月沧之慈爱,邓云阶之勇敢,徐吕樵之平稳。'盖数人皆浙吏之有声望者。抵任后勤恤民隐,事必躬亲。尤重儒术,捐俸倡修锦溪书院,增订月课程规,与邑中名宿周一峰、孙竹湾赋诗倡酬相器重。所著《味苍雪斋诗选》中有《仁湖草》者,皆记仕奉时也。萧山汤相国(金钊)谓:'其义正,其思深,其气劲,其音直以廉,其辞质以恳。能以实心行实政。'其推重如此。绍霆承国翰之后,于育婴堂事尤悉心经理,厘剔利弊,亘定每月望日放给乳粮,全活甚众。其他政声亦与国翰相若,故时有'老杨'、'少杨'之目。任事期年,调任江山,再调乌程。殁于任。(《味苍雪斋诗序》,参采访)"

《清实录·宣宗成皇帝实录》卷一百五十五:道光九年四月甲戌"以捐修浙江江山县城工,知县杨绍霆下部议叙"。卷二百十七:道光十二年八月辛巳"以经理灾务周妥,予浙江知县杨绍霆等加衔升补有差"。

《大理古今诗人要事录》(下)2007年版第675页:"杨绍霆,字春声,号龙池,大理人。道光壬午(二年,1822)恩科进士。官浙江奉化、江山、乌程县令。著有《南来草》《仁湖草》《须江草》《菰城草》《浔水联吟》等诗集,均辑入《味苍雪斋诗钞》中,计12卷,吕承恩辑。"

仁湖草自序

（清）杨绍霆

　　士林中自古传人,莫不有诗。或不仅以诗传,或仅以诗传,要未有疏慵谫陋得附于风雅之列者。今人自幼读书,文则制艺,诗则试帖,凡所专务,{兴}[与]时下近,去古人远。求其学问经术蕴酿深醇者,难之比掇巍科,入词馆。从容扬抡,卒有成就,以登大雅之林者,固不可量。至如一得科名,即{鹰}[膺]民社,冲繁疲难之交,鞠谋听断之下,倥偬万状,底蕴毕形,风尘吏得免于俗,难矣!余承乏斯邑,在吕君月沧、杨君丹山之后,方步趋之不暇,何风雅之能为?之任诸绝句率尔口号,初无当于钟吕。至雪窦寺、柏香岩以及育婴堂、锦溪诸事见之歌咏,忽忽已逾半年。"言之无文,行而不远。"不谓瓜代,乃期一变为赋诗赠答之境也。抑又思之,人各有遇,思各有境。是故随时纪事,不必燕许手笔也;随事命题,不必汉魏乐府也。率吾真而出,{远}[达]吾意而止,亦各有当而已。适因交盘,留滞甬东间,检行箧得若干首,始终仁湖事,一览而尽,心窃少之。过萧山,质之敦甫夫子,谓:"音直以廉,辞质以悫。是尚可{兴}[与]言政。"姑摭而存之,聊以当日行录云。（《情系大理·历代白族作家丛书:杨绍霆卷》2006年版第38页。据光绪《奉化县志》卷三十四《艺文》附（清）汤金钊《知县杨绍霆味苍仁湖草序》引文校改）

云南村

(清)杨绍霆

我自云南来,莅此云南村。眼前耕读者,犹是吾弟昆。作官非作客,所至与民亲。久之情谊浃,无非一家人。胡为官与民,视犹越与秦。(《情系大理·历代白族作家丛书:杨绍霆卷》2006年版第44页)(按:云南村位于奉化县西岙源乡)

布袋和尚

(清)杨绍霆

布袋私何物,长年笑不止。岂无悲悯念,藏在肚皮里。不见佛慈悲,只见佛欢喜。贞明至于今,殿宇几成毁。(《情系大理·历代白族作家丛书:杨绍霆卷》2006年版第45页)

育婴堂放粮

(清)杨绍霆

邑有丹山仰凤凰,德晖常聚彩云乡。万家生佛推前令,百里婴孩育此堂。劝善舌端莲并吐,捐田纸上默犹香。我来普愿居民富,无复啼饥待放粮。(《情系大理·历代白族作家丛书:杨绍霆卷》第2006年版46页)

柏香岩龙湫祷雨归宿城隍庙二首

（清）杨绍霆

一

珠宫不占海茫茫，飞上巉岩喷柏香。吐气已成云赤白，为霖应遍稻青黄。致身雷雨凭鳞甲，造福生灵有肺肠。莫道山林无责备，翻教众目盼商羊。

二

父母难呼况彼苍，哀求只合赴城隍。洞知民隐三椽殿，代达天庭一瓣香。有验定如胥吏请，无年端索鬼神偿。万家崇奉缘何事，敢是屯膏不降康。（《情系大理·历代白族作家丛书：杨绍霆卷》2006年版第47页）

妙高台

（清）杨绍霆

平平征素履，忽上妙高台。咳唾由天落，攀跻自己来。四围青霭合，下界白云开。猛虎曾经伏，应无哭者哀。（《情系大理·历代白族作家丛书：杨绍霆卷》2006年版第49页）

千丈岩

（清）杨绍霆

陡视岩前竹，低微细草同。世人贪选胜，造物不言工。举步几忘险，回

头总是空。藐躬才七尺,千丈漫争雄。（《情系大理·历代白族作家丛书:杨绍霆卷》2006 年版第 50 页）

归自雪窦寺

（清）杨绍霆

雪窦似从天上去,炎蒸且向日中还。云头聚墨忽惊雨,溪口唤船初出山。一路稻香官署近,几时花落讼庭间。林泉清韵昨宵事,总与琴堂隔一关。（《情系大理·历代白族作家丛书:杨绍霆卷》2006 年版第 51 页）

制艺试帖二则演前韵示锦溪书院肄业诸生

（清）杨绍霆

一

文章有决抡魁元,解人可索言不烦。一题自有一题母,痛痒无关莫下手。时文繁衍似儿孙,古文胎息祖父尊。骨节通灵见力量,可笑肠枯与腹胀。玉尺金针度法门,制题命脉追题魂。千羊之皮一狐腋,先看文理后色泽。陈陈剿袭皮毛温,我愿诸生洗病根。

二

古诗敦厚如春元,降至试帖征引烦。云旗得势降王母,欲捕麒麟难赤手。典贵清庙陈彝尊,转圆长剑舞公孙。拔山扛鼎见力量,挂腹撑肠化痞胀。自然龙象开法门,其光熊熊气魂魂。不然臭比野狐腋,言不雅驯色不泽。诸生欲效八叉温,文选三唐为柢根。（《情系大理·历代白族作家丛书:杨绍霆卷》2006 年版第 53 页）

次周生仿园韵

（清）杨绍霆

剟溪犹是洱河滨，一视同人无旧新。酸气未离穷措大，别肠又断小阳春。我墉每恨穿留鼠，公唾难期畏若神（云汉蒋公知大理府，民为之语曰："不畏公棰，但畏公唾。"来诗谬以相许，故云）。相勗不需援往哲，眼前诅祝有斯民。（《情系大理·历代白族作家丛书：杨绍霆卷》2006 年版第 61 页）

杨国翰，道光三年（1823）复任。

参见道光元年杨国翰条。《杨国翰诗文选集》2002 年版附《杨国翰生平大事年表》："1822 年（道光二年，壬午），三十六岁，在奉化知县任上；……上任诸暨知县。1823 年（道光三年，癸未），三十七岁，在诸暨知县任上；……受命复任奉化知县。"光绪《奉化县志》卷九《学校》下杨国翰《云村书屋记》："壬午（道光二年，1822）春，予以公事下乡，至湖澜，见其规抚，深为嘉许。其时孙生瀛家书屋正在经始，所谓推类而扩充之者，其在是欤？越一载，予自诸暨复任，生来谒，言新建家塾竣事，业已延师主讲，嘱予为文记之。""未几以调署鄞县，匆匆忘之。今春生复到署来促余文"，落款为"时道光四年莪宾月之望"。则应在道光三年复任，当年调鄞县。

民国《鄞县通志·文献志》第 1211 页："字丹山，昆明人，进士。道光三年知鄞。梅墟石塘长 280 丈，积久坍陷，重筑之。"道光《澉水新志》卷九《人品门·名宦》："杨国翰，字丹山，云南云州人，进士。道光四年知（海盐）县事。甫莅任，严禁游赌及火葬。时澉城绅士议集赀置买义冢一区，申请于公，捐银二百两首倡资助，营办漏泽园。嗣得官山十亩，定界并给示勒石，以杜后人侵占。"《杭州府志》卷一百二《职官》四《海宁州·国朝·知县》："杨国翰，云南人,进士,道光九年任。"卷一百三《职官》五《仁和县·国朝·知县》:"杨国翰,道光九年,以仁和县署。"卷一百二十二《名宦》七《国朝》:"杨国翰,字丹山,云南云龙州人。嘉庆二十五年进士,道光九年以仁和知县署海宁知州。捐俸钱五百千为安澜书院膏火资。宦浙有年,所至多善政。后升玉环同知。(《海昌备志》)"

云村书屋记

(清)杨国翰

九曲称山水胜,发源于剡县,汇流于泉口,名人贤士,多生其间,洵为地灵人杰焉。然非造就有方,亦安必人材之数数觏耶?学校为人材之所出,自邑锦溪书院外,各乡俱立义学,其得之乎。余下车初,访文靖公广平书院遗址,则为梵院,不胜大骇,使亟改之,为并捐俸额,所以示奖劝也。夫先人有贻谋,而后人能守之,难;先人有贻谋,而后人能推类而扩充之,则尤难。泉口孙氏前有竹庄,今有湖澜书塾,皆贻谋也。壬午(道光二年,1822)春,予以公事下乡,至湖澜,见其规抚,深为嘉许。其时孙生瀛家书屋,正在经始所谓推类而扩充之者,其在是欤?越一载,予自诸暨复任,生来谒,言新建家塾竣事,业已延师主讲,嘱予为文记之。得悉斯屋之建本生祖之志而不果,赖生父泉、兄灿继述以成之耳。生祖讳春,别号云村,爰以额焉,俾后人顾名思之。其屋度基于金鼓岭,离泉口里许,背山面水,厥土燥刚,厥地幽静。敞立五楹,黝垩丹漆,举以法。外有余屋,园蔬百尔器备。置田三十余亩,山五十余亩,以为供膳、束修、考费并修葺之资。余惟此美举,亦胜境也。不禁抚掌叹曰:"昔范阳祖君大惧人材放失,为之营立义学。彼云村书屋诚深体此意也。"第以耳闻不如目见,须登堂一览。未几以调署鄞县,匆匆忘之。今春生复到署来促余文。余嘉其意之诚,难以不文辞,独未得亲至其地为憾。因援笔而为之记,以励后之人。时道光四年蕤宾月之望(1824 年 6 月 11 日)。

(光绪《奉化县志》卷九《学校》下)

▎**李汝霖**,聊城人,进士,道光五年(1825)任。十六年署临海知县。十八年二月在任嘉兴县知县。二十三年十一月在任宁波府知府。二十五年九月庚辰(二十二日,1845 年 10 月 22 日)因奉化突发聚众阻考事件时而告病规避,被查办。

光绪《奉化县志》卷十六《职官表》上:"李汝霖,进士,道光五年任。后升宁波知府,因增粮徇庇知县王济革职拿问。"

民国《台州府志》卷十三《职官表》五:"道光十六年,李汝霖,聊城人,进士署(临海知县)。"《清实录·宣宗成皇帝实录》卷三百六:道光十八年二月己巳,"谕内阁,乌尔恭额奏:浙江首进杭三等帮运弁等于临行时率听帮丁藉辞延缓。该县等并不禀催,押运官及该管府道又不力为催趱,以致开行日期反较上年为迟,请一并参处等语。所有兑开已过正月之杭三帮领运千总观音保,宁前帮领运守备吴琪,嘉兴县知县李汝霖,署秀水县知县熊兆麟,及督催不力之押运官试用通判颜其庶,嘉兴府知府王寿昌,护理粮道事台州府知府陈大溶,俱著交部照例分别议处"。卷三百九十九:道光二十三年十一月癸巳(二十五,1844 年 1 月 14 日),"义谕:昨有旨谕知耆英、刘韵珂、程楙采,令其早委明干大员督理浙江通商事务。兹据蒋文庆奏:'英夷领事罗啪呷于十月二十五日前抵定海,即日来至宁波商办通商事宜。经该护抚遵照该前抚等商派人员,令宁绍台道陈之骥、宁波府知府李汝霖前往经理。并因该道府向未与夷目谋面,派令已革道员鹿泽长协同办理'等语,览奏均悉。著即照议办理。仍著该督抚严伤该道府等实心经划,与夷目切实要约,严申禁令,并稽查偷漏,毋留罅隙为要。将此各谕令知之。"(则是时已经在任宁波知府。《宁波市志》1995 年版作"二十五年任",误。)卷四百二十一:道光二十五年九月庚辰(二十二,1845 年 10 月 22 日),"谕军机大臣等:梁宝常奏《匪徒聚众抗官现在调兵剿办情形》一折。浙江奉化县匪徒张名渊等,于该县考试时聚众阻闹,挟制完粮减价。经该道等前往弹压,辄敢抗拒官兵,形同叛逆,实属目无法纪。现经该抚饬委署臬司蔡琼带兵前往查办,并据提督詹功显选派参将百胜带兵前赴该处相机剿办。该县山海交错,难保该匪徒等不勾结他处贼匪,附合成群,藉图抢掳。自当厚集兵力,赶紧扑灭。著梁宝常带印,会同詹功显,星夜驰往查办。并准就近酌调得力镇将前往,以备差遣。务将为首各要犯张名渊等悉数擒获,毋许一名漏网。至该县王济,因何办理不善,激成事端;该府李汝霖,于有事之时遽尔告病,显有规避情事。并著确切查明,据实参办,毋稍徇隐。将此由四百里谕令知之"。卷四百二十五:道光二十六年正月丙寅(初十,1846 年 2 月 5 日),"谕内阁:梁宝常奏《缉获奉化县滋事首要各犯,提同前获各匪,审明确情,分别定拟》一折。此案已革奉化县知县王济,经征钱粮尚无浮勒情事,惟于刁徒聚众阻考未能妥速查办,已革宁波府知府李汝霖,业已起程前往查办,辄复因病折回。均难辞咎,业经革职,应毋庸议。前署奉化县知县缪梓,失察县书向粮户私索票钱,因此酿成巨案,著交部严加议处"。是时已经革职。这些都是后话。

重修积渎碶记略

（清）李汝霖

尝读《周官·稻人》:水之蓄止荡均舍写,各以潴防沟遂列浍之宜。《匠人》:为沟防,必因水地之势而漱之淫之,又必先以为式,而后可以傅众力。而知圣人于稼穑之道,制水为特重。后之贤士大夫,往往因宜疏导,明修利之备,增卑培薄,益之以木石,俾能彻壅通堙,股引派运,以广灌溉,而致良沃,一方之人,世享其利。鄞之西乡,自广德湖废后,水潦多虞,赖沿江诸碶以资钟泄。而风堋碶扼其要,盖水势地势均适其宜也。历岁既久,屡圮屡修。嘉庆二十五年,前观察陈公中孚率邑令郭君淳章,集绅士董而成之。计亩输谷,阅三岁而工竣,乡民便焉。去年秋,飓风坏碶石及两礅,无可堤,闸水骤泄。余与邑令闽叶君堃巫筹重修,适绅士具呈,以张君景豪董其事告。

张君督工匠量度之，以时当隆冬，工作难施，且巨石亦匪易购，复深虑妨束作，因权以大木塞碶门，使水勿再泄。而工金云碶柱击断，须尽起碶底，掘深七八尺，先施土木为塘以抗上下流，始能兴筑。厥工甚巨，费将千金，而修费尚不与焉。张君以为日久则恐妨农时，费巨则恐伤民力："疮痍未复，无以是重。为父老忧，某愿独任其事。"工匠土人，咸欣然叹服。乃用巨石由碶底实叠，于近江边将巨石凿直笋，相为关键，牢闸碶板，与各洞石柱相并，实为事半功倍。经始于三月，讫功于八月。不藉众力，独捐己赀，其轻财重义，卓然有古风，足以奖劝时俗，夫岂仅斯乡之永赖惠利已哉？叶君请记其事，余喜而为之书。时在道光甲辰岁（二十四年，1844）季冬月。（周道遵《甬上水利志》卷四）（积渎碶，又名下水碶，鄞县西南三十五里光同乡。 宋嘉定十七年重修。 参《敬止录》。 据宁波出版社2017年《宁波历代专志选刊》（一）（中国国家图书馆藏道光二十八年刻本）校。）

‖ 傅贤进，道光年间任。

光绪《奉化县志》卷十六《职官表》上："傅贤进，道光间任。"序李汝霖后，汤金策前。《奉化市志·政府》1994年版同。

‖ 汤金策，酉山，河南安阳人，举人。道光年间任奉化令。十二年任嵊县令，十六年任庆元县知县。二十年（1840），任宣平县令，修复大流堰；修《宣平县志》十八卷。二十三年任缙云令。咸丰十一年五月在任兰溪知县。后与太平军作战，以身殉职。同治五年七月戊午，追予祭葬、世职。

光绪《奉化县志》卷十六《职官表》上："汤金策，河南安阳人，举人，署任。见《浙江忠义录》。"序傅贤进后，浑寿春前。《奉化市志·政府》1994年版同。

《嵊县志》第662页："汤金策，河南人，道光十二年任。"后任：蒋嘉璋，道光十三年任。《浙江通史》第8卷《清代卷》（上）2006年版第110页："另据各县地方志记载,道光二十年(1840),浙南宣平县县令汤金策主持修复和新建塘堰共计 105 处。"《浙江地方志考录》1958 年版第 276 页:"《宣平县志》,一八卷,卷首一卷,清知县安阳汤金策修,宣平俞宗焕纂,道光二十年(1840)。北京图书馆藏有刊本。"该志有"道光二十年冬下澣,知县汤金策撰《序》"。《武义县志》1990 年版第 232 页:"大流堰,又名官堰,位于柳城镇西溪猪头潭下首,原为宣平县治饮用水之源。……清嘉庆五年(1800)被大水冲毁,后屡修屡圮,至道光二十年(1840),知县汤金策捐俸创导修复。"《缙云县志》1996 年版第 403 页:汤金策,安阳,"道光二十三年任"。后任亦二十三年任。咸丰十一年五月在任兰溪令。《清实录·文宗显皇帝实录》卷三百五十三:咸丰十一年五月"丁巳,谕内阁:瑞昌王有龄奏查明常山等各府县失事情形,及文武各员下落等语。此次婺源、德兴之贼窜陷常山、江山二县……署兰溪县知县汤金策、署武义县知县惠世昭,均著革职暂留署任,责令随同大军迅图克复。如不知愧奋,即著从严参办。其金华县知县吴瑞龙下落,并著查明办理"。《中原文化大典 人物典 人物表》2008 年版第 354 页:"汤金策(?—1861)酉山,安阳。清嘉庆二十三年举人,大挑一等,授知县,官浙江奉化、庆元、兰溪知县。咸丰十[一]年,与太平军作战,被击毙。(《中州先哲传》一七)。"《清实录·穆宗毅皇帝实录》卷一百八十:同治五年七月戊午,"追予浙江杭州殉难知县汤金策祭葬、世职"。

浑寿春,道光年间任。

光绪《奉化县志》卷十六《职官表》上:"浑寿春,道光间任。"序汤金策后,王克敬前。《奉化市志·政府》1994 年版同。

王克敬,晋江人,进士,道光年间任。

光绪《奉化县志》卷十六《职官表》上:"王克敬,晋江人,进士。见《忠义乡志》,显济庙道光七年《记》。"《奉化市志·政府》1994年版同。光绪《奉化县志》卷十二《坛庙》上:"显济庙,县东南四十五里茅屿。神姓王,名延浩。宋祥符间建,淳祐间重建,赐今额,封'灵惠昭祐普安敷庆侯',神妻封'协应灵懿效顺助庆夫人',尚书王应麟有《记》。国朝咸丰十年重新。光绪二十二年又修。(《至正续志》,参《忠义志》)。"

重修显济庙记

(清)王克敬

生封侯,死庙食,壮志也。不封侯而庙食,既庙食而封侯,德报也。奉化俗近古,浮屠、老子之宫而外无淫祠。生英殁灵,以德系民思,生不封侯,殁而庙食,因以封侯者,所在多有。邑东南六十里星屿之原,负山面海,有显济庙祀神,王其姓,延浩其名。邑志:宋宝祐元年赐额,累封"灵惠昭祐普安敷庆侯",有王应麟《记》。历元、明、国朝,庙貌常新。王、鲍两姓奉为香火院。王神之子姓鲍,其乡人也。邑志简质,仅叙神姓名、封额、作《记》人姓氏,而记文遗轶。嘉庆乙丑(十年,1805),阮中丞嗜古,搜里石不获。道光丙戌(六年,1826),克敬鄞奉罢官,将授教于乡,行有日矣。神二十七世孙邑学生王正纶请记以补深宁叟之轶。深宁,吾所敬也。神,宋人。深宁生宋季,为之记,必可记者。正纶又历叙神生前邑,居徒星屿,筑塘造路,殁后驱虎除蝗,助战救旱,因以赐额赐封。正纶仁厚长者,读书喜文章,言当不诬。顾以克敬文补轶。散失不足怪,克敬于神独自有感也:丈夫不见用于世,居乡称善人,乡人利赖之,殁祭于社,累著异受封,斯已奇矣;世远八百年,子姓祀之,乡人居庙下者奔走而俎豆之,即生封侯不过是。克敬谢无文重,正纶请碑吾文陷庙壁。文未必传,传未必久,令久而传也,千百年后,吾文传而深宁文出焉,深宁确而吾文非谀也;千百年后深宁文出而吾文轶焉,有深宁文而吾文可轶也;千百年后,碑不存文吾轶,深宁之文之轶,并求搜罗寻访者不可得,而神之功德在人,其自宋至今存者,必不以文之轶而竟不传也。闽越接壤,克敬归而辕辕奉化,瞻望神祠,与星屿人躬履某水某邱,神所肇造灵异,以所见证所闻,而信吾说之不谬。其或濡滞闽乡,徒托景仰。神于夜台之下见克敬所为文,当亦輾然,笑身后之传历八百年,尚有继深宁而作者。德报之说,与深宁共证之。是为记。道光七年岁次丁亥正月望日(1827年2月10日)。(光绪《奉化县志》卷十二《坛庙》上)

万(某),道光年间任。

光绪《奉化县志》卷十六《职官表》上:"万(名佚),见道光八年乡宾扁。"序王克敬后,李东育前。《奉化市志·政府》1994年版同。

李东育,郑州人,拔贡,道光五年知仙居。九年(1829)在任。任内率邑人胡镐、汪祖经等重修圣宫。十四年知嘉善县。

民国《台州府志》卷十三《职官表》五:"道光五年,李东育,郑州人,拔贡,十月署(仙居县知县)。"

光绪《奉化县志》卷十六《职官表》上:"李东育,中州人,道光九年任。见《学宫洒扫碑记》。"卷八《学校》上:"道光九年,监生董鸣电、其子雅轩助钱四百千文,以充洒扫之用。知县李东育为之记。""知县李东育率邑人胡镐、汪祖经等重修圣宫。"

《海盐县志》1992年版第581页:"道光十四年任知县,李东育,郑州人。"《嘉兴府志》卷二十五《仓储·嘉善县》:"社仓,道光四年知县党金衡、十四年李东育先后详修。"卢勇《吴镇〈竹谱图卷〉之考辨》(下)2013年版第750页:"清道光十年(1830)知县张如梧、李东育先后续修,距建县400年,距前志30年,简称《张志》。(《嘉善县志》)"

圣宫洒扫助田记

（清）李东育

圣宫之有洒扫职，所以致洁清，昭诚敬也。道光五年乙酉（1825），知府徐准六邑绅士黄定文等呈请，始谕备设。维时府、鄞、慈三学皆遵行，置有田亩，以给资费，而奉化尚阙如也。岁己丑（九年，1829），余当修葺圣宫，有绅士胡镐、汪祖经、俞镇之、周宏嗣、宋可堂、周佩、沈绥昌、徐祖荣等劝捐八乡，固海监生董鸣电捐钱三十千，复言其子童生雅轩方病故，垂殁时，将所得分银若干，又属令伊妻发卖妆奁，合钱四百千文，愿为异日充洒扫职之用以存。其父今将此钱缴送董事，即置买田亩。余深嘉其事非寻常乐善好施所可等论，又闻其平居孝弟，嗜诗书，而深惜其命之不永，遂申详各宪。于是提学李给予扁额曰"士林硕学"，抚宪刘给予扁额曰"敬昭黉宇"，并饬立碑，以垂永久。今圣宫修葺将竣，而洒扫职条款已举，余乐为序之。其规则、田亩列于后（略）。（光绪《奉化县志》卷八《学校》上。 标题过录者所拟）（按：李文，《宁波现存碑刻碑文所见录》2006 年版第 19 页，作："2006 年版清李东育撰《儒学置田记》，道光九年（1829），文见清光绪《奉化县志》卷八。"不误，若改作过录者所拟题，或更切。）

赖晋，字芝泉，四川梓潼人，附贡，道光年间任。二十年任慈溪令。二十三年十月调署镇海令。

光绪《奉化县志》卷十六《职官表》上："赖晋，字芝泉，四川梓潼人，附贡。"《奉化市志·政府》1994 年版同。

《慈溪县志》1992 年版第 702 页："赖晋，道光二十年任，四川梓潼人。"

《清实录·宣宗成皇帝实录》卷三百九十八：道光二十三年十月"辛亥，谕内

奉化知县知州史料选辑

阁:前据管通群奏'请以赖晋调署镇海县知县,当经降旨允准'。兹据吏部以该员题署桐庐县知县尚未咨报到任,并无俸次可计,不在例准声明之列奏明请旨。因思镇海县知县员缺紧要,前据该抚奏称该员年力壮盛,能耐劳苦。赖晋著准其调署镇海县知县,所有该抚等应得处分著加恩宽免。仍著刘韵珂、管通群随时察看,如不胜任,即行参奏。儗因保举在前,稍存回护,经朕别有访闻,惟该督抚是问"。

温廷显,道光十三年(1833)在任。

光绪《奉化县志》卷十六《职官表》上:"温(名佚),见西溪陈祠道光十三年扁。"《奉化市志·政府》1994年版作"温廷显",余同。

齐双进(1783—1839),字星舟,乐平人,道光六年以大挑出仕,历任浙江桐庐、义乌县令。十三年(1833)任奉化令,同年改任桐乡令,其后两次回任桐乡。十五年(1835)闰六月,因承办之塘工冲坏、荡开缺口,革职留任,勒令赔修完整。

光绪《奉化县志》卷十六《职官表》上:"齐双进,字星舟,道光十三年任。见《澄清周谱》。"《奉化市志·政府》1994年版略同。

《桐乡县志》1996年版第927页:"齐双进,乐平,道光十三年(1833)(任),举人;贺万年,道光十四年(1834),署;齐双进,道光十四年,回任;……齐双进,道光十七年,回任。"《乐平县志》1987年版第423页:"齐双进(1783—1839),字星舟,临港乡人。道光六年以大挑出仕,历任浙江桐庐、义乌、奉化、石门知县,皆有政声。他每到一地,大力兴办教育事业,兴修水利,发展生产。在石门任内,曾先后捐俸银一千余两购置公墓地,使贫民有安葬之所,又修筑海塘,置办义仓,创办学校,为人民做了大量好事。"不过也因海塘革职留任。《苕溪运河志》(下)2010年版第866页:"道光十五年(1835)闰六月……试用知县傅延焘和石门县知县齐双进承办之塘工冲坏、荡开缺口，均著革职留任，勒令赔修完整。"

刘广墄，道光十七年（1837）任。

光绪《奉化县志》卷十六《职官表》上："刘广墄，道光十七年任。见《金钟塔碑记》。"《奉化市志·政府》1994 年版略同。

蒋士麒，常熟人，道光十三年进士，十四年任金华令。十六年八月在任丽水令，捐修县城。十八年（1838）任奉化令。任内劝建校士馆。二十一年，父亲逝世，回乡守孝。又尝知仙居、象山、嵊县等县令。

《清实录·宣宗成皇帝实录》卷二百三十八：道光十三年六月癸卯，"引见新科进士……蒋士麒、苏元峨、张树本、翟宫槐、康孔昭，俱著交吏部掣签，分发各省，以知县即用"。光绪《金华县志》卷七《志人物》第三《官师表·知县》："道光十四年任，蒋士麒，字幼谷，湖北江陵，进士。"《清实录·宣宗成皇帝实录》卷二百八十七：道光十六年八月癸丑，"以捐修浙江丽水县城垣，予知县蒋士麒等议叙有差"。

光绪《奉化县志》卷十六《职官表》上："蒋士麒，湖南长沙人，进士，十八年任。创校士馆。"《奉化市志·政府》1994 年版略同。麒，光绪《奉化县志》卷二《建置》上作"祺"，曰："校士馆，县治东北。本察院旧址，道光十八年知县蒋士祺劝建。……计费二万余金……正厅祀蒋公……皆当时劝捐董建者。"

《张家港名贤》2008 年版第 233—234 页："蒋士麒，原名扬南，字幼谷，蒋陈锡的玄孙，今张家港市凤凰镇人。道光十三年（1833）进士，官至京城东城兵马司正指挥。……道光十三年（1833），蒋士麒在陕西参加乡试，回到常熟后，以江苏原籍考中进士。他历任浙江金华、仙居、象山、嵊县知县，并在浙江分校乡试。蒋士麒为官清廉，为人谨慎，但也很直爽，敢于有所为。在金华任职期间，适逢年成不好，发生了大饥荒，蒋士麒于是请求停止上交本地漕粮，有官吏和他争辩说，就连我们自己也不够吃了！蒋士麒说，我已经习惯吃粥了，你们可以到我家来吃稀饭！当时很多地方官吏视他为'痴官'，但他仍坚持原则，捐其所有，赈济穷困百姓。道光二十年（1840），蒋士麒调任奉化，时值鸦片战争爆发，英军来势凶猛，蒋士麒召集民众一起守卫奉化城池。这时候，他的父亲蒋坊已经90余岁，也乘着小车，前来帮助、安慰守城士兵和民众。这样，奉化城终于转危为安。第二年，蒋坊去世。蒋士麒回乡守孝。他为官多年，却不集私财，此时更是两手空空，甚至连回家乡常熟的旅费都拿不出。于是他只好暂时居住在以前一名下属的家里，熔锡为箔，卖锡箔赚钱积攒路费。曾经有一位高官想周济他一下，被他婉言谢绝。回乡守孝结束后，他借钱到北京，被选为兵马司正指挥，署东城指挥。后来又被派往湖南嘉禾县任知县，还没有出发，就在北京官邸去世。"据此文，则光绪《金华县志》称湖北江陵人，《奉化县志》称湖南长沙人，均误；其奉化任期也备考。

‖**王（某）**，道光年间任。

光绪《奉化县志》卷十六《职官表》上："王（名佚），见道光二十年乡宾匾。"序蒋士麒后，金某前。《奉化市志·政府》1994年版略同。

‖**金秀堃**，道光二十一年（1841）任。因英军入侵失守革职，发配新疆。

光绪《奉化县志》卷十六《职官表》上："金（名佚），道光二十一年任。"序王某后，李则广前。《奉化市志·政府》1994年版著录作："金绣坤，道光二十一年任。""堃"，同坤。《清实录》作"金秀堃"。光绪《奉化县志》卷十一《大事记》："道光二十一年九月己卯（二十八，1841年11月11日），英吉利陷奉化，

文武官员皆遁。未几退去。"《清实录·宣宗成皇帝实录》卷三百六十三：道光二十一年十二月癸巳，"谕军机大臣等：奕经等奏《英夷窜入奉化旋复退出》一折。宁波距奉化仅九十里，该知县既探有夷船南驶之信，豫将监犯提出另行管押并非意料所不及，何以尚令乡勇散处四乡，并不于冲要之处防御，直待夷船驶近北渡始行知会，以致该夷入城滋扰。现虽退出，而地方官及弁兵等或则闻风溃逃，或则投河遇救，习成故套，甚属可恨。著奕经等会同刘韵珂确切查明，严行惩办。奉化县知县金秀塈著先行摘去顶带，并将该县营员一并摘去顶带，均听候查讯，毋稍宽纵。……又另片奏：奉化县知县金秀塈所禀'监犯被抢'等语，情节支离，殊难凭信。著与前情一并查明严办。将此由五百里谕令知之"。卷三百八十四：道光二十二年十一月丁未，"吏部议驳已革扬威将军奕经奏《浙江奉化县知县金秀塈宽免处分》：'查该员守城失事，未便因其事后出力，遽予量减。应照例革职，交刑部议罪。至疏防被放监犯，应请饬下巡抚查取管狱官职名，一并送部核办。'寻刑部议奏：'金秀塈应照例拟斩监候，未获监犯由该抚缉获日另结。'从之"。卷四百八：道光二十四年八月乙未（1844 年 9 月 12 日），"免海疆失事案内浙江镇海营参将周维藩、宁波城守营都司李宗白、奉化县把总汪长清、鄞县知县王鼎勋、定海县知县舒恭受、余姚县知县彭崧年、奉化县知县金秀塈……命发往新疆效力赎罪"。

《清实录·宣宗成皇帝实录》卷三百七十五：道光二十二年六月壬辰（十五，1842 年 7 月 22 日），"蠲缓浙江定海、鄞、镇海、余姚、慈溪、奉化、象山……十二州县被夷滋扰灾区新旧额赋有差"。卷三百八十三：道光二十二年十月壬辰（十七，1842 年 11 月 19 日）"减免浙江慈溪、奉化、余姚……十八州县暨屯坐各卫被兵及邻近村庄新旧额赋。"

李则广（1799—？），字旷西，号天乙，晚号看云道人，甘肃巩昌府伏羌县人。进士，道光二十三年（1843）在任。咸丰元年（1851），任四川酉阳州彭水县知县。后尝任青神令。咸丰二年（1852）辞官返里，主讲陇右各书院，桃李遍陇坂。晚年名其斋曰"此山中"，取"只在此山中，云深不知处"之意。

光绪《奉化县志》卷十六《职官表》上:"李则广,甘肃人,进士。见赐福庙二十三年扁。"《奉化市志·政府》1994 年版略同。光绪《奉化县志》卷十三《坛庙》下:"锡福庙,县西南三里三溪。神姓刘,名三清。宋司徒兼太师,卒葬三溪。里人立庙祀之。元元贞二年(1296)(案:《乾隆志》作至正元年)旱,达鲁花赤察罕祷之,大雨。为文祭之。乾隆十四年修。知县李则广书额。"

《清代官员履历档案全编》第 25 册 1997 年版第 523 页:"臣李则广,甘肃巩昌府伏羌县进士,年五十三岁,前任浙江奉化县知县,服满候补,今签掣四川西阳州彭水县知县缺。敬缮履历,恭呈御览。谨奏。咸丰元年三月二十八日(1851 年 4 月 29 日)。"《彭水县志》1998 年版第 500 页:"李则广,甘肃伏羌,咸丰元年九月至二年十一月。"《甘谷史话》2008 年版第 65—68 页《李则广风流倜傥》:"李则广(1793—1861),字旷西,号天乙,晚号看云道人,县城北关谢家庄人。天资敏悟,秉性豪放,嬉笑怒骂皆成妙文。幼年家贫,读私塾时喜欢猜谜语,后随叔父去秦州书院猜中了陕甘学政所出的一条谜语。清道光八年(1828)陕甘乡试为亚元,主讲朱圉书院。道光十二年(1832)中进士,任浙江奉化知县,后任四川彭水、青神知县,勤政爱民,兴学育才。咸丰二年(1852)辞官返里,主讲陇右各书院,桃李遍陇坂。晚年名其斋曰'此山中',取'只在此山中,云深不知处'之意。常和老妪村叟攀谈终日。凡所著书,不轻易示人,殁后嗣子将遗稿装于棺内葬埋,因此著作多失传。后贾鸿逵以重金购得《读经书史笔记》若干卷,未刊行。李则广治学博精,擅长对联。其文独出心裁,绝无蹈袭雷同之弊,引用经典能化陈为新,变幻出奇。对联深蕴哲理,通俗易懂,典雅工整,富有风趣,乡人多珍藏。任奉化知县时,曾在大堂悬挂联云:'民未有不奉者,我将何以化之?'联嵌'奉化'二字,自然浑成。他在四川为官三任,曾为许多庵观寺院题词书写,为湖南岳阳戏楼书写的对联可谓千古绝唱,后被京剧艺术大师梅兰芳奉为座右铭,联曰:'看我非我,我看我,我亦非我;装谁像谁,谁装谁,谁就像谁。'另一戏台联云:'两根腿能行八百里,听炮鸣九响,狗窜猫跳,四城门任尔出进;一支笔横扫五千人,想文成七步,鸾翔凤翥,三元第舍我其谁?'慷慨豪迈,又是另一种风格。而中举后所作的门联,将'十年寒窗无人问,一载成名姓字香'的炎凉世态,写得淋漓尽致:'回忆去岁饥荒,四五六月间,米薪尽焦枯,贫无一寸铁,赊不出,借不出,虽有近友远亲,谁肯雪中送炭;侥幸今年科举,头二三场内,文章皆合式,中了五经魁,名也香,姓也香,不论张三李四,都来锦上添花。'为甘谷亮江寺财神殿作的对联更为有趣,联云:'只有几文钱,你也要,他也要,给谁是好;不作半点事,朝来拜,夕来拜,叫我为难。'李则广书法逸宕,超凡脱俗。《甘谷县志·艺文志》记述说:'清道光年间邑中善书者,首推李旷西先生,别开生面,自成一家。'他的墨迹流传很广,然多数已毁,存者视为稀珍。"生年,据《清代官员履历档案全编》第25册1997年版第523页,李则广自云"咸丰元年三月二十八日(1851年4月29日)"时年"五十三岁",则是生于嘉庆四年(1799)也。

缪梓(1807—1860),字南卿,江苏溧阳人,举人。道光二十一年(1841)任仙居令。二十三年(1843)任奉化知县,次年充乡试同考官。咸丰三年以总捕同知署杭州同知。五年(1855)三月戊子,以克复江苏上海县城出力,赏花翎。八年(1858)六月己巳,时任金衢严道,因江山、常山、开化等县失守,革职留任。十年(1860)二月,与太平军战于杭州,城破殉职,三月己卯,予祭葬、世职。七月乙卯恤典撤销,其子候选同知缪植礼也被革职。同治二年(1863)十月庚寅,赏还恤典。八年(1869)四月癸卯,追予祭葬,世职加等,并令于死事地方暨原籍建立专祠。十一年四月丁丑,追谥"武烈",交国史馆立传。

民国《台州府志》卷十三《职官表》五:署仙居县知县,道光"二十一年(1841),缪梓(有传)"。

光绪《奉化县志》卷十六《职官表》上:"缪梓,江苏溧阳人,举人,道光二十三年任。甲辰(二十四年,1844)充乡试同考官。因增粮滋事,坐失察,降调。"《奉化市志·政府》1994年版略同。

《清实录·宣宗成皇帝实录》卷四百二十五：道光二十六年正月丙寅（初十，1846年2月5日），"谕内阁：梁宝常奏《缉获奉化县滋事首要各犯提同前获各匪审明确情分别定拟》一折，此案已革奉化县知县王济，经征钱粮尚无浮勒情事，惟于刁徒聚众阻考未能妥速查办，已革宁波府知府李汝霖，业已起程前往查办，辄复因病折回。均难辞咎，业经革职，应毋庸议。前署奉化县知县缪梓，失察县书向粮户私索票钱，因此酿成巨案，著交部严加议处"。民国《杭州府志》卷一百一《职官》三《府属》三《国朝·同知》："缪梓，道光间任。""缪梓，咸丰三年以总捕同知署。"卷十八《公署》一《两浙江南盐运使司》："缪梓，江苏溧阳人，咸丰五年正月署任；九年七月再署任。"《清实录·文宗显皇帝实录》卷一百十七：咸丰四年正月己酉，"以浙江办理海运出力，布政使麟桂等交部优叙；知府缪梓等升叙有差"。卷一百六十三：咸丰五年三月戊子，"以克复江苏上海县城出力，赏……知府缪梓、同知李济川、知州段洪恩等花翎"。卷二百五十七：咸丰八年六月己巳，"又谕：晏端书奏《查明失守各郡县文职正印各员请分别惩办》一折。江西逆匪窜入浙江江山、常山、开化、遂昌、松阳、处州、缙云、永康、武义、云和、宣平、寿昌各府县。该地方各员并不婴城固守，以致失事。据该抚所请，分别革职、革留、免议均尚不足蔽辜。署遂昌县事郑崇暄……如系先期逃避。著即一并正法，以昭炯戒。至失守所属地方之温处道俞树风、金衢严道缪梓……均著革职留任。所请缪梓等四员免议之处，著不准行"。卷二百五十八：咸丰八年（1858）七月丙戌，"……金衢严道缪梓，均著仍遵前旨革职留任"。卷三百十：咸丰十年（1860）三月己卯，"予浙江省城殉难巡抚罗遵殿，署布政使王友端，道员缪梓祭葬、世职"。卷三百二十六：咸丰十年（1860）七月乙卯，"谕内阁：王有龄奏《请将已故道员恤典撤销并将带勇逃出省城之员严议》一折。本年二月间，逆匪窜扑杭州省城。前署浙江盐运使金衢严道缪梓，总办营务，偏执己见，创议株守，不肯派兵出城击贼，以致省垣被陷，实属咎无可逭。所有该故员已得恤典，著即行撤销。缪梓之子候选同知缪植礼，所带勇丁，先经内乱，城陷时该员复行逃出，著即行革职，以示惩儆"。《清实录·穆宗毅皇帝实录》卷一百十九：同治二年（1863）十月"庚寅，谕内阁：前因王有龄奏称：阵亡前署浙江盐运使金衢严道缪梓偏执己见，创议株守，以致省垣被陷，请将该故员恤典撤销。'业经奉旨允准。嗣据浙江举人赵之谦等以该故员于杭城失陷时遇害最惨，王有龄原参系属传闻之误，恳将该故员应得恤典开复。遣抱告赴都察院呈诉，当经降旨，交左宗棠查明具奏。兹据左宗棠奏称'查明该故员在浙服官多年，素称廉干。保守衢郡，尤著劳绩。杭城被围，两次派勇缒城斩贼，并无坚不出战之事。及城陷时，该故员犹登城拒战，身受多伤，遇害尤为惨烈。王有龄奏参撤销恤典，实属一时疏误。请将前得恤典给还'等语，缪梓著赏还恤典，以慰忠魂"。卷二百五十六：同治八年（1869）四月癸卯，"追予浙江杭州阵亡道员缪梓祭葬，世职加等。于死事地方暨原籍建立专祠。殉难守备孙遇龙等一并附祀"。卷三百三十二：同治十一年四月"丁丑，追予浙江杭州殉难道员缪梓谥'武烈'。交国史馆立传。民国《杭州府志》卷十一《祠祀》三："缪武烈公祠，在清泰门昭忠祠西，祀前署盐运使金衢严道谥武烈缪梓。咸丰八年粤贼大举犯浙，力解衢围。十年春杭州被围，城陷时首撄贼锋，督军血战，死事尤烈。同治八年巡抚李瀚章奏建，十一年祠成。附祀者：守备孙遇龙、五品功丁春汉。光绪三十一年布政使翁曾桂立石纪之。"卷一百二十一《名宦》六："缪梓，字南卿，溧阳人。道光八年举人，以大挑知县至浙，初署仙居县。境多盗，日坐堂皇，召吏胥发奸状，禽首恶置诸法，盗少息。调石门、奉化，皆有声。咸丰初，岁苦旱，漕艘尼不行，丰工又决，户部咨令南漕变价。浙抚黄宗汉以为忧，与议海运事。梓力任之，克期而举，擢署杭州府知府。六年春，粤贼自江西抚建窥浙境，浙抚何桂清檄梓赴衢州督防剿，贼遁去。补金衢严道。贼首石达开大举犯浙，陷江山。梓率亲军由常山归保衢城，与战城下，大破之。守九十一日，得江西援师至，既解围，余县次第克复。调署按察使盐运使。十年春，贼围杭州，城中无守兵。召募橄调止七千余人，城广三千七百余堞。值大雨浃旬，火器不得发。梓誓死守云居山，当贼冲，露宿城上，督弁依山治内。濠雨甚，工不得就，城陷。被贼斫十余处，犹屹立。断其右足，始仆。同治间追谥武烈。（《浙江忠义录》，参《新纂》）"《缪氏源流志》1999年版第145页："缪梓：清代江苏溧阳人，字南卿。少好学，为文宗周秦。道光举人，咸丰间累官金衢严道，署按察使。

洪杨军陷杭州，不屈死，谥武烈，有文集。生于嘉庆十二年丁卯(1807)，卒于咸丰庚申(1860)。”

王济，道光二十五年(1845)任，十月初八(11月7日)革职。

光绪《奉化县志》卷十六《职官表》上：“王济，道光二十五年任。额外加征革职拿问。”

《清实录·宣宗成皇帝实录》卷四百二十一：道光二十五年九月庚辰(二十二，1845年10月22日)，“谕军机大臣等：梁宝常奏《匪徒聚众抗官现在调兵剿办情形》一折。浙江奉化县匪徒张名渊等，于该县考试时聚众阻闹，挟制完粮减价。经该道等前往弹压，辄敢抗拒官兵，形同叛逆，实属目无法纪。现经该抚饬委署臬司蔡琼带兵前往查办，并据提督詹功显选派参将百胜带兵前赴该处相机剿办……务将为首各要犯张名渊等悉数拴获，毋许一名漏网。至该县王济，因何办理不善，激成事端；该府李汝霖，于有事之时遽尔告病，显有规避情事。并著确切查明，据实参办，毋稍徇隐。”卷四百二十二：道光二十五年十月丙申(初八，1845年11月7日)，“又谕：梁宝常奏《查明奉化县匪徒滋事缘由并现办情形》一折。奉化县匪徒张名渊等，因所控粮案未结，辄敢聚众阻考，殴辱委员，焚抢民舍。提督詹功显迅即拨兵，派令参将百胜、都司邓凤翔带领赴援，旋将匪徒击散，现在仓库监狱未动。该匪徒出城以后，各乡附和之徒渐次散去。惟唐岙、汪家村等庄尚聚多人，计图抗拒。经该抚调兵往剿，该匪徒等事起仓猝，势颇猖獗。该提督拨兵迅速，调度有方，百胜等奉派救援，奋勇前进，以致身受重伤，均属可嘉。詹功显、百胜、邓凤翔俱著交部从优议叙。其伤亡弁兵，著该抚查明，照例咨部议恤。该县知县王济，先因增加粮价，酿成京控；该府李汝霖，审讯此案辄复擅责生监，以致人心不服，又于有事之时遽尔告病，显有规避情事。李汝霖、王济均著即行革职拿问，交该抚严讯。宁绍台道陈之骥前往该处，不能弹压抚谕，因匪党众多，辄行避匿，实属懦怯无能。陈之骥著暂行革职。该抚惟当会同该提督督率将弁，将未散匪徒迅速扑灭，克日藏事。其著名匪犯张名渊、赵顺年等务须按名拿获，审明严办，以伸国法而净根株。"卷四百二十五：道光二十六年正月丙寅（初十，1846 年 2 月 5 日），"谕内阁：梁宝常奏《缉获奉化县滋事首要各犯提同前获各匪审明确情分别定拟》一折。此案已革奉化县知县王济，经征钱粮尚无浮勒情事，惟于刁徒聚众阻考未能妥速查办；已革宁波府知府李汝霖，业已起程前往查办，辄复因病折回。均难辞咎，业经革职，应毋庸议。前署奉化县知县缪梓，失察县书，向粮户私索票钱，因此酿成巨案，著交部严加议处"。

《清实录·宣宗成皇帝实录》卷四百三十六：道光二十六年（1846）十一月丙午，"蠲缓浙江奉化、象山、余姚……四十四县暨屯坐各卫被旱被水灾区新旧额赋有差"。

唐润，字雅亭，顺天大兴人，道光二十五年(1845)任。三十年任慈溪令。

光绪《奉化县志》卷十六《职官表》上："唐润，字雅亭，顺天大兴人，供事，道光二十五年，由杭州府经历调署。二十八年，调鄞县。"

《鄞县志》1996 年版："同年（二十八年）十一月离任。"《慈溪县志》1992年版第 702 页："唐润，道光三十年任，顺天大兴人。"

韩培乾，字健庵，直隶丰润人，拔贡，道光二十八年(1848)任。咸丰元年(1851)任慈溪令。

光绪《奉化县志》卷十六《职官表》上："韩培乾，字健庵，直隶丰润人，拔贡，道光二十八年任。"

《慈溪县志》1992 年版第 702 页："韩培乾，咸丰元年任，直隶丰润人。"

马培璋，咸丰元年(1851)代理知县。

光绪《奉化县志》卷十六《职官表》上："马培璋，代理。"

舒逵，咸丰二年(1852)在任。

光绪《奉化县志》卷十六《职官表》上："舒逵，咸丰二年任。"卷十一《大事记》："咸丰二年，县民讹传赦粮，聚众入城，知县舒逵走。新署县事丁昌国(谷)遣散之。"《奉化市志·政府》1994年版作"二年"任。

《清实录·文宗显皇帝实录》卷五十八：咸丰二年二月癸未(初二，1852年3月22日)，"又谕：常大淳奏《匪徒藉端聚众派兵拿办并请将办理不善之知县撤任》一折。浙江奉化县连山乡属地方匪徒，藉豁免民欠为词，妄思将已完银米递抵新赋，纠众毁坏该县衙署门壁，并抢去衣物银钱。又鄞县所属西南东南两乡匪徒，因图减完粮银价，聚众至府县两署，毁坏门壁及署内衣物，并勒给减价印示。鄞县所属姚家浦私枭，挟嫌拆毁盐商公所及该商住屋。似此匪徒藉端纠众，实属目无法纪，亟应严拿惩办，以儆刁顽。该抚现已饬委臬司孙毓溎、署运司庆廉、湖州协副将张蕙酌带弁兵，前往严拿各案匪犯。著即督饬派委各员分案查拿，断不准一名漏网，并现获之私枭案内匪犯张得富等十一名，一并交该抚亲提严审，按律拟办。鄞县知县冯翊、署奉化县知县舒逵办理不善，且恐另有纵容书差弊混浮索情事。冯翊、舒逵均著撤任，交该抚秉公查办"。卷五十八：咸丰二年四月己丑(初九，1852年5月27日)，"谕军机大臣等：常大淳奏《鄞县枭徒被拿抗拒致伤兵勇并带兵将领委员被围各情形》一折。前据该抚奏，奉化、鄞县两属乡民，藉豁抵欠，图减粮价，聚众滋事，并姚家浦枭徒乘机窃发。业经降旨，饬令分案查拿。兹据奏称，该二县绅耆纷纷呈称，以鄞县之东南乡，与奉化之埠头庄各匪滋事，伊等或因逼胁入城，或因他界附近，以致牵连。情愿督饬乡民跟寻捆送，或带领兵役拿犯，恳请暂免进兵。可见小民具有天良，尚知畏法……并当严查该二县知县冯翊、舒逵，如有故违定例、滥索浮收等情，即行严参惩办。……将此由四百里谕令知之”。卷六十三：咸丰二年六月辛巳，“谕军机大臣等：季芝昌奏，浙江鄞县、奉化县乡民因粮滋闹，鄞邑首犯已据乡民缚送，奉化亦获有从犯。应完粮赋，均照常输纳。惟东乡拒捕枭徒负嵎不服，经该督派委张从龙前往晓谕解散党与，自无须重兵围剿。该督已将前调官兵撤回归伍。傥该枭徒等于晓谕后仍不知感悟，必当加以兵力。现在椿寿署理巡抚，应如何调度之处仍著季芝昌会同该署抚酌量情形，相机妥办。能将首要各犯悉数捡获，自可解散胁从，不致酿成大患。将此各谕令知之”。

温因棠，咸丰二年(1852)二月代理知县。

光绪《奉化县志》卷十六《职官表》上：“温因棠，代理。”

丁昌谷(？—1860)，字隽人，金山人，监生。咸丰二年(1852)署任，六年七月回任石门令。咸丰十年二月二十七日，太平军陷杭州，时任巡检，殉职。

光绪《奉化县志》卷十六《职官表》上：“丁昌谷，字隽人，金山人，议叙，咸丰二年署任。”卷十一《大事记》：“咸丰二年，县民讹传赦粮，聚众入城，知县舒逵走。新署县事丁昌国(谷)遣散之。”

《桐乡文史资料》第7辑《桐乡县近百年记事(1840—1949)》1988年版第14、16页：咸丰四年甲寅五月，“原桐乡县知县由李溶继任；石门县知县为江苏监生丁昌谷”；咸丰六年七月，“太平军由丹阳下常州，攻破嘉兴。时原桐乡县知县为戴槃；石门县知县由丁昌谷回任”。按：“石门县知县为江苏监生丁昌谷”，则丁氏是为监生。《江浙豫皖太平天国史料选编》1983年版第30—31页：咸丰十年二月二十七日(1860年3月19日)，“贼由广德州窜安吉，道武康，直扑杭州省城。清波门暗掘地道，轰塌城垣三十余丈，贼众一拥而入，众寡不敌，省城失守。臬司段光清……巡检丁昌谷、从九顾以勋等皆殉难”。

则是时任巡检而殉职。

《清实录·文宗显皇帝实录》卷六十四：咸丰二年（1852）六月乙巳"免浙江……慈溪、奉化……四十八州县并杭州、严州、台州三卫被灾缓征银米"。卷一百十三：咸丰三年（1853）十一月壬戌"蠲缓浙江……慈溪、奉化……五十六州县被水、被风、被虫、被雹庄屯新旧正杂额赋有差。"

║ **刘国观**，字月樵，江西南丰人，监生，道光二十二年任建瓯令。咸丰元年十二月署任象山令。四年（1854）任奉化令。

《建瓯县志》卷八《职官》："刘国观，道光二十二年，建瓯令。"《象山县志》（民国十六年铅印本）卷五《职官表》："刘国观，咸丰元年十二月署任。南丰人，内阁供事。"

光绪《奉化县志》卷十六《职官表》上："刘国观，字月樵，江西南丰人，监生。案《定海志》：'十一年署定海。'其宰奉化当在十一年以前。"序赖晋后，温某前。《奉化市志·政府》1994 年版作"咸丰四年任"，序丁昌谷后，牟温典前。

《清实录·文宗显皇帝实录》卷一百二十五：咸丰四年（1854）三月戊辰，"浙江巡抚黄宗汉又奏逆匪窜陷安徽祁门防堵情形，并捡获奉化地方逆匪洪世贤"。又批："实堪嘉尚！洪逆一案出力人员，迅速查明保奏。"

║ **牟温典**，字秩如，山东栖霞人，举人，咸丰五年（1855）任。任内修大成殿，并升高旧制。六年署仁和令，旋改海宁。九年正月任金华令，是年秋改松阳令。十年任慈溪令。改松阳令。同治元年回任慈溪令。三年六月壬辰（二十三，1864 年 7 月 26 日）因失守松阳革职，免其治罪。留营效力，以观后效。

光绪《奉化县志》卷十六《职官表》上："牟温典，字秩如，山东栖霞人，举人。咸丰八年（1858）修大成殿。"《奉化市志·政府》1994 年版同，序刘国观

（四年任）后，严家丞（七年任）前。光绪《奉化县志》卷八《学校》上："咸丰八年，知县牟温典同邑人周序英等东借书院地，重修大成殿，升高旧制，己未（九年，1859）落成。"按："咸丰八年"修大成殿，疑误。应在六年。下文之二地任职，均在六年。且奉化之咸丰六年，有"刘国观再任"及"严家丞咸丰七年"之任。

民国《杭州府志》卷一百三《职官》五《仁和县·国朝·知县》："牟温典，栖霞人，举人，咸丰六年（1856）署。"《海宁市志》1995 年版第 766 页："咸丰六年，牟温典。"《咸丰同治两朝上谕档》（第 9 册）：咸丰九年正月十六日"金华府知府麟趾，同知孙梦桃、李檀、牟温典"云云。《松阳县志》卷十二有邑令牟温典撰《重建松阳县署记》："岁己未（咸丰九年，1859），予补授松阳，秋仲莅任。"《慈溪县志》1992 年版第 702 页："牟温典，咸丰十年任，山东栖霞人。"光绪《慈溪县志》卷五十五《纪事》："咸丰十一年，粤寇分道犯浙东。八日，陷绍兴。十月二十二日，陷余姚，慈溪西鄙与余姚接壤，烽火彻昼夜不息。二十三日，知县牟温典纵狱囚，负印航海去。邑人陆心兰当道光辛壬间尝英人间谍者，至是与诸暨贼何文庆交通，潜至余姚约师期，并纠合北乡沈鲁琴……同时窃发。二十四日，贼首范汝增陷奉化。"《左宗棠全集·奏稿3》2009 年版第 66 页《前保宋昭纶等各员恳恩仍准开复原官留浙补用片》（五月十八日）有"署鄞县事、寿昌县知县臧均之……署慈溪县事、补用同知、松阳县知县牟温典，代理山阴县事、云和县知县庄凤威等汇折奏保，请将该员等开复原官，仍留浙江补用，钦奉谕旨允准在案"语，下文："臣伏查杭城自咸丰十一年十一月间再陷，浙江全省倾覆，州县存者皆获咎之员。臣时以孤军入浙，无员差遣，访悉汪元祥、陶云升、臧均之、边厚庆、彭祖寿、牟温典、庄凤威、蒋凤祥实属廉能出众，官声素好，故留其随营差遣，或委采购军糈，或派筹捐济饷，或随同堵剿，俱黾勉相从，勤劬备至"云云。《太平天国资料》2013 年版收禀稿《同治元年闰八月廿二日禀曾国藩等》，第 151 页："委宁波知府林钧、前署慈溪县知县牟温典、候补县吴世荣、绅士鄞县增生童会，督率镇南鄞东团董李渭、沃庭训等练勇二千名，路路接应。旋据探报，方桥南渡之贼退回奉城，姜山夹村之贼并聚横溪石桥一带。"《慈溪县志》1992 年版第 702 页："牟温典，同治元年回任。"《清实录·穆宗毅皇帝实录》卷一百七：同治三年六月壬辰（二十三，1864 年 7 月 26 日），"……前署慈溪县事、补用同知、松阳县知县牟温典，前署嘉兴县事候补同知彭祖寿，均著即行革职，免其治罪，留营效力，以观后效"。

《中国古籍总目·史部 3》2009 年版第 1533 页："史 30921225，《道光二十年庚子恩科山东乡试朱卷》一卷，清牟温典撰，清道光间刻本，（藏）国图。"

《清实录·文宗显皇帝实录》卷一百八十五：咸丰五年（1855）十二月丁酉"蠲缓浙江……慈溪、奉化……六十二州县……被水、被旱、被潮新旧漕粮额赋有差"。

| **刘国观**，咸丰六年（1856）再任。十一年署定海同知。

光绪《奉化县志》卷十六《职官表》上："刘国观，咸丰六年再任。"

《定海县志》1994 年版第 702 页："东港《永禁勒石碑》：在洋岙乡小碶村东港碶旁。清咸丰十一年（1861）八月，厅同知刘国观立，碑文重申永禁废卖契田，擅开闸门放水捕鱼及小船出入等。"《左宗棠全集·奏稿 1》2009 年版第 396 页《遵保定海兵团在洋捕盗出力官绅片》（五月二十日）："再，同治元年夏秋间，宁波府定海厅岑港洋面有广东盗船蚁聚，伺劫商贾。经护定海镇总兵印务镇海营参将袁君荣、署定海厅同知刘国观督率官兵民团，与花旗国副将法尔师德等轮船会同剿捕，共毙盗匪七百余名，前经臣附片奏闻，并声明此次剿捕洋盗，弁勇民团尚为出力，可否择尤酌保。"《闽海吟——中国古代八千才女及其代表作》2012 年版第 562 页："刘韵，字绣琴，号赠梅，南丰人，同知刘国观女，知县黄家鼎室。有《红雨楼诗钞》'。"则刘国观尝任同知。

《清实录·文宗显皇帝实录》卷二百十六：咸丰六年（1856）十二月甲辰"蠲缓浙江慈溪、奉化……六十五州县……被水、被旱、被蝗、被潮庄屯本年额赋有差"。

严家丞，吴县人，咸丰七年（1857）任。九年任象山令。

光绪《奉化县志》卷十六《职官表》上："严家丞，光绪三年任。"《奉化市志·政府》1994 年版作："严家丞，咸丰七年任。"

民国《象山县志》卷五《职官表》："严家〔承〕〔丞〕，咸丰九年八月任，吴县举人。"《象山县志》1973 年版，第 1132 页《平浙纪略》："同治元年（1862），象山县知县严家丞及绅士李椿等密令陷贼之柯有解散胁从，一面集团请兵"云云。

《清实录·文宗显皇帝实录》卷二百四十二：咸丰七年（1857）十二月丙寅"蠲缓浙江……慈溪、奉化六十五州县……灾歉地方正耗银米及额征漕粮"。

吴芳惠，字瑶阶，江西南昌人，进士。咸丰四年，以进士知富阳。八年（1858）任奉化令，十年（1860）因欠解钱粮撤任。

民国《杭州府志》卷一百二十二《名宦》七："吴芳惠，字瑶阶，江西南昌人，咸丰四年以进士知富阳县。年少，不拘小节，时游苋浦饮酒赋诗，或尝讥之为人眇一目。善阅文，县试时终日坐堂皇，卷毕，缴而文亦阅竟，所选皆能文士。次年秋，水潦大降，芳惠登观山望禾稼尽淹，愤极投其冠于水，手为报灾文，请蠲赈，并施羽飞入杭。上官方急催科，召使易其文，执不可。怒曰：'汝不为头上计乎？'曰：'朝冠已送入水矣。'竟以此撤任去。（《富阳县志》）"

光绪《奉化县志》卷十六《职官表》上："吴芳惠，江西南昌人，进士，咸丰九年任。"《奉化市志·政府》1994 年版作"咸丰八年任"，余同。光绪《奉化县志》卷八《学校》上："知县吴芳惠同学博林镜、陆宝枢又修儒学署及诸堂阁。"《清实录·文宗显皇帝实录》卷三百八：咸丰十年二月甲寅（十九，1860 年 3 月 11 日），"浙江巡抚罗遵殿又奏：'查明欠解钱粮奉化县知县吴芳蕙，定海厅同知陈绳武。一并撤任。'批：'既已撤任，即应奏参。若必待查出弊端方参，恐启劣员玩愒之渐,并难保接委各员代为弥缝。著补折参奏,以儆效尤。'"

《清实录·文宗显皇帝实录》卷二百七十二:咸丰八年十二月庚申,"蠲缓浙江……慈溪、奉化、山阴……五十一州县被水、被旱、被风灾区……本年额赋有差"。卷二百八十七:咸丰九年七月"庚午,谕内阁:吏部奏《汇题本内夹签脱漏查明检举》一折。本年五月,吏部汇题本内浙江奉化、上虞、黄岩、镇海等县交代迟延四案。浙江按察使段光清,每案应罚俸三个月。该部司员等夹签脱落奉化、上虞二案,内阁未经票拟。兹据该部查明检举,所有段光清督催不力之奉化、上虞二案,著每案罚俸三个月。吏部承办司员,著查取职名,交都察院照例议处。内阁看本中书,著一并交部议处。"卷三百三:咸丰九年十二月甲寅,"蠲缓浙江……慈溪、奉化、山阴……六十五州县……被风、被雹地亩新旧钱漕额赋有差"。

屈永清(1817—1862),字皞如,号竹泉,河南南阳府裕州人,进士。咸丰七年任浦江令。十年(1860)至十一年(1861)十年任奉化令。

《清代朱卷集成》(20)1992年版第331页:"屈永清,字皞如,号竹泉,行一。嘉庆丁丑年正月初九日(二十二年,1817年2月24日)吉时生。河南南阳府裕州学廪膳生,民籍。"第334页:"乙未(道光十五年,1835)本省乡试中式,第十六名;会试中式,第一百六十名;覆试二等第五十八名;殿试第三甲第六十九名;朝考第三等第六十一名。钦点即用知县,签掣浙江。"光绪《浦江县志》卷七《志人物》第二《秩官·历官表》:"屈永清……河南人,进士,咸丰七年(1857)任。"卷七《志人物》第二《宦迹》:"屈永清,……七年至任。永清初应童子试,适吾浦周为澄官裕州,拔以冠多士。到任即谒祭其家庙,以报知遇。道光二十一年(1841),英法犯宁波,邻境多抢掠,浦不逞者效尤,岁杪连劫黄宅盐店、孝门桥张家。署县李仅以'饥民夺食'上闻。首犯漏网,由是刁风愈炽。二十六年冬,又劫抢四五家。富良重足立。及咸丰二年(1852)大旱,三年(1853)虫灾,发逆陷金陵,恶少纠千人为会,分南、北、中为三,动辄啸聚,以胁制富良。永清廉得情,置缿桶于堂,以受密诉,照访闻例惩办。莲花庵僧德龙在会中,永清往捕,用刑严诘,其伙党乃稍敛迹,无敢盟聚者。八年二月,粤匪势益炽,大吏檄郡县办团。永清谕城乡练民为团兵,而南会首某借办团为名,遂于三月八日率众入城,请官至武庙简阅。其党挟前憾,势汹汹,将犯上。城董与亲兵护官回署。众随入县门,持械狂喊。永清令发空炮慑之,亲兵冒烟而出枪,毙数人,始鸟兽散。其后诸会首皆死于法。当此之时,非永清勇决,浦人罹劫不待粤匪蹂躏矣。故公论多予之。"

光绪《奉化县志》卷十六《职官表》上:"屈永清,河南裕州人,进士,咸丰十年任,十一年十月卸事。居忠义乡码头。"

《清实录·文宗显皇帝实录》卷三百五十:咸丰十一年(1861)四月庚辰,"蠲缓浙江……慈溪、奉化……三十三县……被水、被旱地方新旧赋课有差"。

徐传冕,江西丰城人,进士,咸丰十一年十月十六日(1861年11月18日)接印。

光绪《奉化县志》卷十六《职官表》上:"徐传冕,江西丰城人,进士。咸丰十一年十月二十四日,粤匪陷奉化,弃城走。大吏以到任未及十日,予以免查办。"光绪《奉化县志》卷十一《大事记》:咸丰十一年十月己卯(二十四,1861年11月26日),"贼陷奉化,知县徐传冕走。伪主将范汝增,伪爵那天义吕林德拥众数万入县城,据之。传冕莅任甫三日,仓皇无措,挈其眷属走,匿民家"。按此,其莅任在十月二十一,但左宗棠奏稿称十月十六,暂从后者。《左宗棠全集·奏稿1》2009年版第131页:"奉化县知县徐传冕。查该员由部选到浙,于上年十月十六日(11月18日)接印,县城即于二十四日(11月26日)失守。该员到任未及十日,仓卒被陷,非意所及。人尚朴谨,堪以造就。现在宁波军营。"《清实录·穆宗毅皇帝实录》卷五十五:同治二年正月庚申(十三,1863年3月2日),"又谕:左宗棠奏《查明失守城池之情节可原各员开单恳请免罪留营》一折。咸丰十年、十一年间,贼匪窜扰浙省,署诸暨县知县许瑶光等失陷各城,例有应得之罪。惟据该抚声称各该员或到任未及数日,仓卒被陷;或平日官声素好,临时杀贼受伤;或事后随同收复城池。虽罪有应得,而情尚可原,与闻警先逃、弃城不守者究属有间。所有单开之补用知府、候补同知、署诸暨县、宁海县知县许瑶光,代理海宁州知州、海宁州州判宋昭纶,奉化县知县徐传冕,补用同知、代理平湖县知县汪元祥,升用同知、余姚县知县陶云升,均著革职,免其治罪,准其留营差委"。

戴明学,咸丰十一年(1861)十月至同治元年(1862)四月,太平军占领奉化时期,为监军。

光绪《奉化县志》卷十一《大事记》:咸丰十一年十月己卯(二十四,1861年11月26日),"贼陷奉化,知县徐传冕走"。12月9日,奉化建立农民政权,戴明学为监军,取代清知县;次年5月,太平军撤出县城后,戴遇难。

屈永清,同治元年(1862)四月再任,八月二十八日(1862年9月21日)以身殉职。

光绪《奉化县志》卷十六《职官表》上:"屈永清,同治元年四月署。八月粤匪再陷奉化,弃城走。"《奉化市志·政府》1994年版:"屈永清,同治元年四月再任。"(清)董沛《明州系年录》卷七:"同治元年四月丙寅(十四日,1862年5月12日)复奉化县。"光绪《奉化县志》卷十一《大事记》:同治元年四月"丁卯(十五,1862年5月13日),前署知县屈永清复署县事";八月"戊寅(二十八,1862年9月21日),贼陷奉化。屈永清走,贼追之,赴水死。"《奉化市志》1994年版第644页:1862年(同治元年)"9月18日,太平军李世贤部练业坤率军2万从新昌、嵊县攻陈公岭,击伤练首陈朝云,击毙清军百余人,清军残部逃往宁波。另一路太平军从泗洲堂、黄罕岭入县境,击溃清军,毙千总毛永泰、把总顾大义、外委吴福林等。姚克刚率数万太平军于9月21日攻破奉

化县城东、南二门,再克县城,知县屈永清弃城逃方桥.被太平军追急,投水而死"。《清实录·穆宗毅皇帝实录》卷四十六:同治元年(1862)十月庚寅(十一,1862年12月3日)"予浙江奉化殉难代理知县屈永清祭葬,世职加等"。

徐传冕,同治元年闰八月十八日(1862年10月11日)收复奉化县城,入主政事。二年(1863)九月,丁艰去。

光绪《奉化县志》卷十六《职官表》上:"徐传冕,同治元年闰八月复任。二年九月丁艰去。"《太平天国资料》2013年版收禀稿《同治元年闰八月廿二日禀曾国藩等》,第152页:"遂于十八日寅刻收复县城。我军亦有伤亡。救出难民男妇八百余人,询据同供前月二十八日城破,屈县官被贼砍伤身死,弃尸河内,众口一辞。现在鄞奉各乡贼踪已净,宁属一律肃清。接据该府县及各营员弁、各团局绅董禀报,均属相符。再,奉化克复,不可一日无官,已委正任奉化知县徐传冕暂行代理,筹办善后一切事宜。该令此次虽随同克复,究系应行查办之员。但查该员人极醇谨老成,上年到任未及十日城即被陷,情似可原,况目下悬缺待人,不得不权宜办理,合并陈明。"光绪《奉化县志》卷十一《大事记》:同治元年闰八月"戊戌(十八,1862年10月11日),中外诸军复奉化城,县肃清。……徐传冕入知县事,立善后局于育婴堂"。卷二《建置》上:县治,"咸丰十一年,粤匪陷城,而署多毁。同治初年,令徐传冕、康敬思相继修大堂(旧亲民堂)、川堂(旧又新堂)二堂,花厅,幕室"。《清实录·穆宗毅皇帝实录》卷五十五:同治二年正月庚申(十三,1863年3月2日),"又谕:左宗棠奏《查明失守城池之情节可原各员开单恳请免罪留营》一折。咸丰十年、十一年间,贼匪窜扰浙省,署诸暨县知县许瑶光等失陷各城,例有应得之罪。惟据该抚声称各该员或到任未及数日,仓卒被陷;或平日官声素好,临时杀贼受伤;或事后随同收复城池。虽罪有应得,而情尚可原,与闻警先逃、弃城不守者究属有间。所有单开之补用知府、候补同知、署

诸暨县、宁海县知县许瑶光,代理海宁州知州、海宁州州判宋昭纶,奉化县知县徐传冕,补用同知、代理平湖县知县汪元祥,升用同知、余姚县知县陶云升,均著革职,免其治罪,准其留营差委"。

《清实录·穆宗毅皇帝实录》卷七十一:同治二年(1863)六月癸卯"补铸浙江学政、盐运使、督粮道,台州、金华、严州等府知府,严州府同知,上虞、建德、昌化、慈溪、奉化、太平、宁海、淳安、寿昌、金华、汤溪等县知县……各关防印信条记,从巡抚左宗棠请也"。

王以庄,江苏东台人,同治二年(1863)九月代理知县,十月卸事。

光绪《奉化县志》卷十六《职官表》上:"王以庄,江苏东台人,供事二年九月代理,十月卸事。"

康敬思(1818—?),号兼山,顺天府涿州人,附贡生。咸丰九年(1859)任贵州平越州瓮安县知县。同治二年(1863)十月至三年(1864)九月在任。任内尝规范广平堰用水,修复县治等。

《清代官员履历档案全编》第26册1997年版第360页:"臣康敬思,顺天涿州附贡生,年四十二岁。遵筹饷例捐知县分缺先选用。今签掣贵州平越州瓮安县知县缺。敬缮履历,恭呈御览。谨奏。咸丰九年正月二十八日。"第507页:"臣康敬思,顺天府涿州附贡生,年四十六岁。由前任贵州瓮安县知县服满坐补,本年正月分签掣浙江宁波府奉化县知县缺。敬缮履历,恭呈御览。谨奏。同治二年二月二十八日。"光绪《奉化县志》卷十六《职官表》上:"康敬思(有传),二年十月到任,三年十月卸任。"卷十八《名宦》:"康敬思,号兼山,顺天涿州人,附贡生。同治二年十月抵任。时发匪初退,莠民习于恣肆,劫盗敲诈,公行无忌。敬思知治乱民必用重法,于是访积匪,重者立斩以徇,次亦笞之数千,地方藉以平靖。抵任之初,衙署俱毁,乃草创数十楹,整理一切。三年九月以病去。"卷二《建置》上:县治,"咸丰十一年,粤匪陷城，而署多毁。同治初年，令徐传冕、康敬思相继修大堂（旧亲民堂）、川堂（旧又新堂）二堂，花厅，幕室"。卷六《水利》："广平堰，县西南十里四都四图，即黄马潭，旧名普平港口，闸接镇亭之源，下注资国堰，溉田甚溥。元时乡人争水讦讼，县令丁济判定堰石尺寸，置闸开闭，酌田多寡，分水与之。同治间乡人复争水讦讼，县令康敬思诣勘广平堰地处高阜，流水湍急，一开直注难收，断定各管各堰，不许开放，永作规范，以杜后患。碑石在广平桥头"。卷十二《坛庙》上：城隍庙，"同治三年，重建正殿五间，续建大门三间，二门三间，翼以两厅各三间，廊屋各七间"。

孙憙，字欢伯，江苏吴县人，监生，同治三年（1864）十月至十一月任。六年署宁海知县。七年十月调黄岩。十二年调鄞县知县历东防同知，以事被劾罢，寻卒。

光绪《奉化县志》卷十六《职官表》上："孙憙，江苏吴县人，监生，同治三年十月到任，十一月卸事。"《奉化市志·政府》1994年版作"孙惠"，增："代理知县。"

民国《台州府志》卷九十八《名宦传》下："孙憙，字欢伯，吴县人。同治六年署宁海知县，勤于缉盗，曰：'盗风之盛，士气之衰也。'取邑士之秀者，优礼之。废法安寺为文正书院，增拨缑城书院谷六百余石，以为膏火费。明年十月调黄岩，益振厉奋发，以计擒奇田贼二百余人，连锄去奸民之为暴乡里者。凡寺僧之不法者，痛惩之，改其寺为书院，入其产为膏火。于是建九峰、灵石诸书院及城乡小义塾数十所，由是弦诵之声彻四境。又于九峰建名山阁，购藏经史百家书三万卷，俾诸生得博览。延名师，以朴学课之。士或赴会城学，必月致薪水费；其应礼部试者，必厚资以行。黄岩科举久衰，庚午榜发，邑士获隽者至九人，士风为之一振。县志自乾隆修后未赓续，前令曾元澄、陈宝善议重修，皆未竟。憙聘举人王菜纂成之。复捐俸刊宋杜范《清献集》，车若水《脚气集》，明方孝孺《逊志斋集》，国朝金诚《求古录礼说》，皆台先正所著书。县有五支河，自康熙间知县刘宽浚后，年久复淤，憙役夫浚之，水利获兴。意以浚河之役劳民，申请是后永免民徭役。时刘璈守台州，锐厉能任事，与意雅相合，有所请，无不立答，故意得行其志。意气壮才捷，事能立办，挥金无少吝；然优礼文士，而不肖者或因之滥进，且严刑重罚，有时不免扰民，人或以是少之。十二年，调鄞县知县。历东防同知，以事被劾罢，寻卒。黄岩人士思其功，建祠于九峰书院之东祀之。"卷四十八《水利略》上："浦口陡门，在西城河外。同治辛未，知县孙憙改建陡门。以上闸在西城。""殿桥陡门，在县东山下周。本旧回龙闸，同治己巳，知县孙憙改建陡门。""仙浦陡门，在县东仙浦下流。本仙浦新闸，同治己巳，知县孙憙改建陡门。""双龙陡门，在县东水管桥。本旧双龙闸，同治己巳，知县孙憙改建陡门。""平水庙陡门，在县东南六十五里塘甫头。同治九年，知县孙憙建，凡二洞以上陡门皆在县东南。""三才闸，在县东南五十五里下梁乡卷洞桥（此三才泾流注金清港之口，俗称陡门闸，为三才泾青龙浦蓄泄大关键。同治九年，知县孙憙建，凡三洞）。""双龙陡门（即旧双龙闸），在县东三港口东南水管桥。乾隆时知县刘世宁以蛟龙闸淤塞，故移建焉。……同治己巳，知县孙憙改建陡门（此闸为镇东、西山二乡出水要道，与陡门东仙浦诸闸均为东南农田水利最要关键）。""青龙闸，在迎熏门外。嘉庆时建，同治己巳，知县孙憙改作陡门。""殿桥闸（即旧回龙闸），在邑东八里山下周。康熙间白龙庙僧旭林、旭修募建。乾隆丙子，知县刘世宁修。其水自方山白龙唐家二墺流入澄江，旧时陡门一闸，日久水分二道，故添建以收旁注之河水，高阔各一丈三尺。同治己巳，知县孙憙改建陡门。"

郑锡潡，字东圃，贵州玉屏人，廪生。同治三年（1864）十一月至四年（1865）七月在任。任内因匪盗盘踞，毁大智禅寺。对乱后奉化之治理有一定成绩。十三年六月二十日署黄岩令。后因受令密查"杨乃武与小白菜"案含糊禀复而被革职。

光绪《奉化县志》卷十六《职官表》上："郑锡潡，同治三年十一月到任，四年七月卸事。"卷十八《名宦》："郑锡潒，贵州玉屏人，廪生。咸丰十一年从左文襄入浙，攻侍逆李世贤于开化县之高环，连破贼卡。同治元年文襄叙保出力文员，奏以郑锡潒胆气甚优，不避艰险，以知县留于浙江补用，并赏戴蓝翎。从攻遂安县，战于杨村，毙贼数千。回援衢州江山，攻花园港贼巢，皆有擒斩。同治三年十月，檄署奉化，承敬思之后，益遵其法，以除暴安良为己任。初，敬思在任日浅，诛惩莠民，不少假贷，而滨海之区犹有恃远为非者。乃访积恶不悛者数人，置之重典。民始知畏。锡潒长身有威，音吐宏亮。每遇命盗重件，躬往履勘，匹马先行，从役数人而已。或坐堂皇，声诘奸宄，雷震电瞩，闻者肃然。谚传'康三千，郑一万'，言其笞责匪徒之严有如此者。邑中长老相传：发匪之后，吾邑良民幸获安枕，皆康、郑二公之赐也。四年七月卸事。(《左文襄奏议》，参采访)"卷十五《寺观》下："大智禅寺，县西七十里。唐咸通十一年僧乾奉建，名大智庵，宋大中祥符二年改大智院，后改寺。国朝同治间窃贼潜居，县令郑锡潒毁之。("历志"，参《剡源志》)"

民国《台州府志》卷十三《职官表》五："同治十三年，郑锡潒，字东浦，玉屏人，廪生，六月署。"按：光绪《黄岩县志》卷十《职官志》一《令佐》：黄岩县知县，"郑锡潒，字东圃，贵州玉屏县廪生，同治十三年六月二十署。王佩文，光绪二年三月初九署"。则其黄岩知县之任约至光绪二年三月，故在编撰县志中列名，光绪《黄岩县志》元年乙亥至三年丁丑(1875—1877)续修姓氏，丰修："同知衔署黄岩县知县衡山陈钟英(槐庭)；同知衔署黄岩县知县玉屏郑锡潒(东圃)"等。后郑锡潒因卷入"杨乃武与葛毕氏(小白菜)"案被革职，惜哉。《清实录·德宗景皇帝实录》卷四十八：光绪三年二月壬寅(十六，1877年3月30日)，"谕内阁：前因给事中王书瑞奏'浙江覆讯民人葛品连身死一案意存瞻徇，特派胡瑞澜提讯。嗣据该侍郎仍照原拟具奏，经刑部以情节歧异议驳。旋据都察院奏浙江绅士汪树屏等联名呈控，降旨提交刑部审讯。经刑部提集人证，调取葛品连尸棺，验明实系因病身死，并非服毒。当将相验不实之知县刘锡彤革审。并据御史王昕奏承审大员任意瞻徇，复谕令刑部彻底根究。兹据该部审明，定拟具奏：此案已革余杭县知县刘锡彤，因误认尸毒，刑逼葛毕氏、杨乃武，妄供因奸谋毙葛品连，枉坐重罪，荒谬已极。

著照所拟,从重发往黑龙江效力赎罪,不准收赎。前杭州府知府陈鲁,于所属知县相验错误毫无觉察,并不究明确情,率行具详,实属玩视人命;宁波府知府边葆诚,嘉兴县知县罗子森,候补知县顾德恒、龚世潼承审此案,未能详细讯究,草率定案。候补知县郑锡澍,经巡抚派令密查案情,含糊禀复。均著照所拟革职。"

邓恩锡(1818—1879),字晋占,号梦史,江苏金匮人,监生。道光二十七年任龙泉丞。二十八年任慈溪丞,咸丰二年丁忧去。同治三年复任慈溪丞,四年(1865)七月至十月调署奉化令。光绪四年在任海宁州判。

《清代人物生卒年表》2005 年版第 92 页:"邓恩锡,嘉庆二十三年—光绪五年(1818—1879),字晋占,号梦史,江苏金匮人。(《锡山历朝书目考》12)"《龙泉县志》1975 年版第 395 页《官秩·县丞》:"邓恩锡,金匮人,监生。道光二十七年任。"《慈溪县志》卷十七《职官·县属》:"邓恩锡,道光二十八年任,咸丰二年丁忧去。"《慈溪县志·历任县官》:"邓恩锡,同治三年(1864)任,江苏无锡人。"

光绪《奉化县志》卷十六《职官表》上:"邓恩锡,江苏金匮人,监生,同治四年七月由慈溪县丞调署,十月卸事。"

《慈溪县志》卷二《建置·公署》:"丞署,在县治之东头门,道光二十九年,丞邓恩锡修葺廨宇,其正厅扁曰'不负斋'。咸丰十一年粤匪柝毁,同治五年邓锡恩重修。"《申报》1878 年 3 月 6 日《浙省抚辕事宜》:光绪四年二月"二十六日,海宁州判邓恩锡禀销"。1878 年 4 月 9 日《浙省抚辕事宜》:"二十六日,准补海宁州判邓恩锡禀销嘉湖措资假。"1878 年 12 月 18 日《浙省抚辕事宜》:"十一月十五日,海宁州判邓恩锡禀见销假,叩辞赴任。"

庄凤威(1824—?),字耀采,号巢阿,江苏武进人,监生,祖籍安徽。咸丰八年(1858)八月任云和令。九年调署武康。十年、十一年代理山阴县事,因被参短解地丁钱粮革职,后经左宗棠查实,保奏开复。同治四年(1865)十月至五年(1866)十月任奉化令。后尝任归安知县。

《清代官员履历档案全编》第 26 册 1997 年版第 275、277 页:"庄凤威,江苏,监生,祖籍安徽。年三十四岁。由筹饷双单不积知县,原选福建归化县知县,亲老题明改遣近省。今签掣浙江处州府云和县知县缺。敬缮履历,恭呈御览。咸丰七年十月二十八日。"同治《云和县志》卷十《职官·文职》:"庄凤威,字耀采,江苏武进人,监生。(咸丰)八年八月任,九年调署武康。"《左宗棠全集·奏稿1》2009 年版第 417—418 页《革员庄凤威并未短解钱粮请旨开复片》(六月十七日):"再,升用同知、前代理山阴县事、云和县知县庄凤威,前在山阴县任内,短解咸丰十年地丁钱粮,经前抚臣王有龄奏参革职,勒限征解在案。……臣查浙省二次失陷,案卷荡然,征解之数无可稽考。但就该革员庄凤威送到印收批回细加查核,该革员于十一年八月二十五日奉参以后,至九月十九日止,计四次续完地丁银五千三百七十五两,统核其在任征解银数,实计已完七分以上,均有印收可凭,并非捏饰。扣除办歉缓征并前任已完银两,未完核属无几。绍郡旋即失守,零尾无可催征,亦系实在情形。除该革员失守处分另行查办具奏外,其前抚臣王有龄奏参该员短解革职处分合无,仰恳皇上天恩俯准开复,以昭平允。除咨吏、户二部查照外,理合附片具奏,伏乞圣鉴训示。谨奏。议政王、军机大臣奉旨:庄凤威著准其开复革职处分。该部知道。钦此。"

光绪《奉化县志》卷十六《职官表》上:"庄凤威,武进人,监生,同治四年十月到任,五年十月卸事。"

《申报》1874 年 10 月 20 日《浙省抚辕事宜》:"(同治十三年)九月初二日,前归安县庄凤威自常州来浙禀到叩见。"

《中国书学史》2015 年版第 361 页:"庄凤威,字耀采,号巢阿,武进人,官归安知府。《清稗类钞》云：'巢阿书法道源虞欧，笃信谨守，曾不逾越尺寸；然其擘窠大字，及题榜诸作，则又不缚规绳，游行自如，醇而后肆，成功则一。生平临欧最多，貌拙神完，苍润欲滴，字外出力中藏精，真得信本的髓者矣。'"

姚徽典，湖南邵阳人，举人，同治五年（1866）十月署任，七年（1868）三月卸事。任内改交婴堂粮户归官捐款内，年清年款。十一年（1872）、十二年（1873）在任鄞县知县。十二年署钱塘县。光绪元年四月二十五日前调署山阴，三年二月二十一日前卸事。五年（1879）任於潜令，六年（1880）十月再任，八年二、三月间，丁外艰去。十二年四月初二日前去世。

　　光绪《奉化县志》卷十六《职官表》上："姚徽典，湖南邵阳人，举人，同治五年十月署任，七年三月卸事。"卷三《建置》下："育婴堂，县学东。……道光元年，知县杨国翰亲赴八乡劝捐，计捐田共七百二十二亩一分二厘一毫。道光二十三年，奉道宪札，将邑主每年捐廉解济郡育婴堂米折银八十六两四钱改归本邑婴堂济用。嗣经知县姚徽典交婴堂粮户改归官捐款内，年清年款。"

　　《天一阁碑帖目录汇编》2012年版第120页："养正义塾议款碑，同治十一年（1872），鄞县知县姚徽典告示并章程。楷书一页，额篆书。"《申报》1874年2月11日《十二年十一月十八日京报全录》："……署鄞县知县姚徽典讯供通报复审解臣。"民国《杭州府志》卷一百二《职官》四《钱塘县·国朝·知县》："姚徽典，邵阳人，举人，同治十二年（1873）署。"《西湖文献集成》第11册《民国史志西湖文献专辑》2004年版第65页："同治十三年，县令姚徽典补种（枫）百五株。"《申报》1875年6月12日《光绪元年四月二十五日京报全录》："杨昌濬片：再，署钱塘县知县姚徽典调署山阴，所遗员缺系省会要缺，应行酌量委署。查正任海盐县知县沉宝恒堪以委令署理。"1877年4月16日《浙省抚辕事宜》：光绪三年"二月二十一日，前署武康县吴后禀知闻讣，丁亲父忧。前署山阴县姚徽典卸事，回省禀到"。1878年9月16日《光绪四年八月初八日京报全录》："又，题浙江尽先令姚徽典准署於潜令，奉旨依议。钦此。"《海盐县志》1992 年版第 582 页:"光绪五年知县,姚徽典,江西(人);(后任)光绪八年知县,顾德恒。"民国《杭州府志》卷一百五《职官》七《於潜县》:"姚徽典,光绪五年(1879)任;纪朋陵,光绪六年署;姚徽典,光绪六年十月再任。"《申报》1882 年 4 月 18 日(光绪八年三月初一)《浙省抚辕抄》:二月二十五日,"辞赴任於潜县姚徽典差人禀知丁外艰"。1882 年 5 月 13 日(光绪八年三月二十六日)《浙省抚辕抄》:"二十日丁忧补用县成泉达叩辞回籍,前於潜县姚徽典交卸,回省禀到。"1882 年 6 月 5 日《光绪八年四月初八日京报全录》:"又,德清县知县汪昌在任病故,所遗要缺查有於潜县知县姚徽典堪以调署。"1882 年 6 月 18 日《光绪八年四月廿一日京报全录》:"光绪八年四月分缺单:浙江於潜,姚徽典,丁;顺天文安,张云霈,降。"1882 年 8 月 10 日《光绪八年六月十七日京报全录》:"陈士杰片:再,德清县知县汪昌病故遗缺,前经檄委於潜县知县姚徽典调署,奏明在案。兹查姚徽典未赴署任,丁忧。所有德清县一缺应即另行遴员署理。"1886 年 5 月 14 日《光绪十二年四月初二日京报全录》:"刘秉璋片:再,据稽核豁免总局布政使许应鑅详称,窃照豁免案内查出亏挪滥垫迭□延不清缴各员,内有已故知县姚徽典,系湖南邵阳县人,前在钱塘、於潜、鄞县、山阴、余姚等县任内,代垫公项并滥垫修堰等款,共银二万四千二十两。除由委员封提该员存浙生息银九千一百五十两作抵外,尚欠银一万四千八百七十两分文未缴。查姚徽典身故无子……臣查该员弟侄姚炳烁等既攫遗资,辄敢抗违不缴,实属貌玩相应,请旨将浙江试用批验大使姚炳烁先行革职。……饬令该地方官即将该二员家产赀财查封备抵,余依议。该部知道。钦此。"

赵连弼,江苏丹徒人,监生,咸丰年间尝知泰顺。同治二年九月知仙居。七年(1868)三月至九年(1870)二月任奉化令。

《泰顺县志》1998 年版第 464 页:知县"赵连弼"。无任职日期。序"咸丰八年署"的"刘曦"后,"咸丰九年署"的"顾镳"之前。故赵连弼的任职期约在咸丰八九年间。民国《台州府志》卷十三《职官表》五：仙居县知县，"同治二年，赵连弼，上元（江宁）人，监生，九月署。"

光绪《奉化县志》卷十六《职官表》上："赵连弼，江苏丹徒人，监生，同治七年三月到任，九年二月卸事。"

戴恩濬（？—1871），江西建昌人，监生。同治四为留浙补用知县，受马新贻命解送京饷。五年四月任太平令，六年建听审所。九年（1870）二月至三月任奉化令，十年（1871）三月病故。

《马新贻文案集录》2001年版第40页《筹解京饷以资要需折》（同治四年六月初五日）："凡在臣工极应先顾根本，何敢因浙省入不敷出稍存漠视？现于无可筹划之中，尽力并凑，由藩库筹动减平核减及应入拨各款银二万两，运粮二库各筹银一万五千两，共银五万两。本拟饬发委员留浙补用知县戴恩濬领解赴部投纳，惟现在东、直二省匪踪飘忽，饷鞘按站行走，既恐疏虞，绕越前进，又多迟滞，是以将此项银两仍由可靠银号汇兑赴京。责成委员戴恩浚携带汇票搭坐轮船航海入都，凭票兑交部库，以期妥速。"《温岭县志》1992年版第588页："戴恩浚，江西人，同治五年四月任。"《中国书院辞典》1996年版第63、73页："宗文书院，在浙江温岭。清道光二十七年（1847）学博金煦春、贡生赵训建于十七都横峰之阳。咸丰元年（1851）竣工。……同治六年（1867）知府刘璈、知县戴恩濬详定章程，刊示晓谕。"同年，"鹤鸣书院"也由这两位官员制定章程。民国《台州府志》卷五十《建置略》一："听审所，在仪门内东。同治六年知县戴恩濬建。"

光绪《奉化县志》卷十六《职官表》上："戴恩濬，江西建昌人，监生，同治九年二月署任，十年三月病故。"

嵩林（？—1878），汉军正红旗人，监生，同治十年（1871）三月以县丞代理，四月卸事。光绪四年病故。

光绪《奉化县志》卷十六《职官表》上："嵩林，同治十年三月以县丞代理。四月卸事。"同卷《职官·县丞》："嵩林，汉军正红旗人，监生，同治四年任。光绪四年病故。"

王嘉福，字东生，江苏溧阳人，监生，同治二年二月，任象山令。任内重建养济院，重修城隍庙，建判官祠。十年（1871）四月署任奉化令，十一年（1872）七月卸事。光绪四年九月二十六日，署仙居令。八年，在任兰溪，捐修县城。十年，因亏耗"除咨行各该员原籍，严密查抄备抵覆"。

《象山县志》卷五《职官表》："王嘉福，（同治）二年二月署任。溧阳，监生，有传。"卷二十一《名宦传》下："王嘉福，溧阳，监生，同治二年二月署知县。时当大乱之后，余孽尚横行，为闾里患。嘉福常微服行街市中，见有大发辫著脚袴，衣不上领，桀骜不驯者，即捕置牢狱。县人故有从匪者，号'八标兵'，为群不逞之徒。嘉福多执而杖杀之，善良者得庆更生焉，惜未二年去任。（采访，事实）"卷十《地治考目》："养济院，宋曰'居养'，元曰'孤老'，明洪武十四年（1381），诏改为'养济'，以处孤、贫、残、疾无依者。象山养济院，宋建中靖国元年（1101），以籍没民房改造。（《宝庆志》：居养院，以百姓缪贵户绝屋为之）……乾隆八年（1743）令张绣改建南门外。……道光九年（1829），院被火焚。先是，道光五年，大泥塘捏争涂田案，内拨有充公田一百亩，详明存典生息。令童立成将各年租息购料复建。（《道光志》）同治二年，令王嘉福重建。"卷十五《典礼考目》："城隍庙，《同治志稿》：'同治三年，令王嘉福重修，并于大门右捐建判官祠。住僧守福于正殿东募建观音堂。'"

光绪《奉化县志》卷十六《职官表》上："王嘉福，江苏溧阳人，监生，同治十年四月署任，十一年七月卸事。"（清）顾文彬《过云楼日记》卷4：同治十年五月廿一日，"奉化令王□□、宁波府俱来见"。据《奉化市志》1994年版第553页，则是王嘉福也。

光绪《仙居志》卷九《职官志》上："光绪四年，王嘉福，字东生，溧阳，监生，九月二十六日署。"后任：光绪六年二月二十五日任。《重修浙江通志稿（标点本）》第4册《建置考·名胜古迹考》2010年版第1959页："兰溪城，周二里三百余步。……光绪八年，知县王嘉福捐修。（光绪《兰溪县志》）"《申报》1884年6月17日（光绪十年五月）《本馆接奉电音》："前兰溪县知县已故知县王嘉福……交刘秉璋提讯，同各故员家属究追，分别是侵是挪，按律惩办。并咨行各该员原籍地方官，查封家产备抵，以重库款。余著照所议办理。该部知道。钦此。"1884年7月19日《光绪十年闰五月十九日京报全录》："头品顶戴浙江巡抚臣刘秉璋跪奏：为交代案内短欠银米延不清解各员请旨革职分别勒限追缴查抄备抵恭折仰祈圣鉴事。窃查……已故知县王嘉福兰溪任内，认解交案银七千两，又八年季钞正耗契牙等税银一百九十两零八……前署兰溪县已故知县王嘉福系江苏镇江府溧阳县人……前署兰溪县各县王嘉福……五员即行革职拿问提讯究追拟办，以示惩儆。除咨行各该员原籍，严密查抄备抵覆。"

王福祥，汉军正黄旗人，贡生，同治六年（1867）十月任於潜令。十一年（1872）七月至十三年（1874）九月任奉化令。任内重建监狱、典史署。后调萧山令。

民国《杭州府志》卷一百五《职官》七《於潜县》："王福祥，同治六年（1867）十月任。"

光绪《奉化县志》卷十六《职官表》上："王福祥，汉军正黄旗人，贡生，同治十一年七月到任，十三年九月卸事。"卷二《建置》上：县治，"咸丰十一年，粤匪陷城，衙署多毁。……（同治）十二年（1873），令王福祥禀建监狱、典史署"。《申报》1874年2月11日《十二年十一月十八日京报全录》："浙江巡抚臣杨昌浚跪奏：为监犯拒毙禁卒业经登时拿住讯明定拟恭折仰祈圣鉴事。照奉化县监犯计三图逃脱拒捕，斫伤禁卒宋云及同监犯吕小癸等三名一案，经臣奏请将典史朱廷贵即行革职，知县王福祥交部察议。奉朱批：著拟所请。该部知道。钦此。"1874年（同治十三年）9月30日《浙省知县调动》："接杭友（八月）十六日（1874年9月26日）来信，云浙中县缺大有调动……计所调者：萧山委奉化县王福祥调署；奉化，委候补县周祖升署理。"1874年11月11日《浙省抚辕事宜》："九月二十四日，奉化县王福祥禀知卸奉化县事，并奉藩宪委署萧山县事，来省禀到禀安。"1875年10月16日《浙省抚辕事宜》："九月初八日，……萧山县王福祥，署诸暨县姚复，俱禀到叩安。"

‖ **周祖升**，字子庄，江苏吴县人，监生。同治元年十月任嵊县令，任内重修监狱。八年，任宁海令。十三年（1874）九月至光绪三年（1877）七月任奉化令。任内出示永禁征粮新陈名目；集邑中英俊成立"桂林文社"；成监狱、典史署；修宣明楼等。光绪四年复任宁海令。七年任德清令。十二年八月十四日，赴湖州监修乌邑塘工。十四年七月代理仙居令，十月署。二十年复任宁海令。

《嵊县志》（民国二十四年铅印本）卷九《职官志》："周祖升，江苏人，同治元年十月任。"后任：同治二年九月署任。卷二《建置志》：监狱，"同治元年圮，知县周祖升罚锾重修（《同治志》）"。《宁海县志》1993年版第596页："周祖升，吴县人，同治六年任。"第708页："龙翔义塾，在长街。清同治间，知县周祖升以万缘、龙泉两庵改建。"第957页："同治《宁海志稿》，周祖升始修，王耀斌续修，邑人邬凯之、王以藩、叶含辉、叶得新同纂。周祖升、王耀斌先后于同治七年（1868）、十年任宁海知县，稿当成于此际。未刊。志稿见光绪《台州府志·经籍考》六著录。"民国《台州府志》卷十三《职官表》五：（同治）"八年。周祖升，字子庄，吴县人，监生"，任宁海令。按：周祖升此任，《宁海县志》1993年版作"六年""七年"，前后互异，而民国《台州府志》作"八年"，且著录孙熹"同治六年署","明年十月调黄岩"(见前"孙熹"条),故暂从八年之说。

《申报》1874年9月30日《浙省知县调动》:"接杭友(同治十三年八月)十六日来信云浙中县缺大有调动……计所调者:萧山,委奉化县王福祥调署;奉化,委候补县周祖升署理。"1874年10月5日《浙省抚辕事宜》:同治十三年"八月十六日,周祖升禀知奉藩署司委署奉化县事,禀谢"。1874年10月6日《浙省抚辕事宜》:同治十三年"八月十七日,署奉化县周,开化县徐,候县吴銮、姚学基、张文藻,俱禀安"。光绪《奉化县志》卷十六《职官表》上:"周祖升(有传),同治十三年任,光绪三年七月卸事。"卷十八《名宦》:"周祖升,号子庄,江苏吴县人,监生,同治十三年九月署任。听讼勤明,每讯一事,必曲达情理,熟谙利弊,人不能欺。邑中例征秋米,每石折收大钱四千文,旧以本年应征者为新米,迟至明年征收为陈米,陈米每石增收六百文,仓胥因之辄早停征为明年增收之计。祖升知其弊,出示永禁新陈名目,每石只准收大钱四千文,旧弊为之一革。尤爱重士子,集邑中英俊于署中为文会,号曰'桂林文社'。请训导富世郑、鄞举人姜显瑞评阅之,厚予奖赏,士风丕振。又改锦溪书院粮户捐廉入官,捐项内代纳,以厚膏火之资,为士林传诵。光绪三年卸事。"卷二《建置》上:县治,"咸丰十一年,粤匪陷城,衙署多毁。……(同治)十二年(1873),令王福祥禀建监狱、典史署。十三年(1874),令周祖升成之,又修宣明楼。光绪元年,又建西花厅。"卷三《建置》下:"阮家桥,北门外。桥南大杞树,令周祖升给示禁止戕伐。"卷六《水利》:"下水石堰,县东二十里,介陈、刘两姓间,蓄江家河之水以溉田。咸丰七年两姓有议,据光绪元年县令周祖升谕令堰高三尺五寸为度。"

《宁海县志》1993年版第596页:周祖升,"光绪四年(复任)"。民国《德清县新志》卷六《职官志·知县》:"周祖升,字子庄,江苏吴县人,监生,(光绪)七年署任。"卷三《建置志·县廨》:"治厅三间,即大堂中有暖阁,设公座印箱,以符体制。新知县到任接印,点卯,或决犯,或验尸回署,壮皂役循列排衙,偶一坐之。有额曰'庄敬',知县支恒椿题;又额'清慎勤',知县周祖升题。"《申报》1881年11月6日《光绪七年九月初三日京报全录》:"谭钟麟片:

再,据布政使德馨详,据署德清县知县周祖升等禀称……"1884 年 10 月 25 日《浙省抚辕抄》:光绪十年"九月初一日……周祖升服满来省禀到"。1886 年 9 月 19 日《浙省抚辕抄》:光绪十二年"八月十四日,周祖升禀见,辞赴湖州监修乌邑塘工"。民国《台州府志》卷十三《职官表》五:光绪十四年,"周祖升,字子庄,吴县人,监生。七月代理,十月署(仙居县知县)";二十年,周祖升,"复任(宁海县知县)(据光绪《宁海志稿》)"。《申报》1894 年 1 月 28 日《浙省官报》:光绪二十年一月"初七日……候补县周祖升禀知藩司委署宁海县缺,禀见叩"。1894 年 6 月 19 日《光绪二十年五月录》:"宁海县知县王瑞成病故,遗缺委试用班捐归候补知县周祖升署理。"

萧世楷(1821—?),号榘卿,四川叙州府富顺县人,举人。光绪三年(1877)七月任。任内改建县学圣门;办社谷,积谷一万九千二百五石五斗九升,手订《出纳章程》。五年(1879)八月丁忧卸任。

《清代官员履历档案全编》第 27 册 1997 年版第 326、328 页:"萧世楷,四川叙州府富顺县举人,年五十七岁。奉文截取,于光绪元年九月初五日验放,初六日覆奏。奉旨:'著以知县用,钦此。'遵筹饷例,捐本班备先选用。今签掣浙江宁波府奉化县知县缺。敬缮履历恭呈御览,谨奏。光绪三年三月二十八日(1877 年 5 月 11 日)。"《申报》1877 年 5 月 29 日《光绪三年三月二十五日京报全录》:"光绪三年三月分选单:……奉化萧世楷……"光绪《奉化县志》卷十八《职官表》上:"萧世楷(有传),光绪三年七月到任,五年八月卸事。"《奉化市志·政府》1994 年版同。光绪《奉化县志》卷八《学校》上:"(光绪)五年,知县萧世楷以形家言,改创圣门于巽方(东南)。"卷十二《坛庙》上:"雷山庙,县东南五十里半亭。神姓梁。旧名祖祠庙,光绪八年改,移'祖祠庙'额于旁,新署曰'雷山庙',知县萧世楷书额。(《忠义志》)"卷十八《名宦》:"萧世楷,号榘卿,四川富顺县人。道光庚子(二十年,1840)举人。光绪三年七月抵任。儒雅坦白,不设城府。承周祖升后,既招英俊为文会,

358

奉化知县知州史料选辑

复礼重耆宿望。虚怀延纳,或撰楹帖,手书以赠,笔力苍劲,用意敦厚。而惩办劣衿,则不少宽假。邑境多山,民食恒不给,奉抚宪梅札办社谷,乃劝谕八乡捐贮,各村共谷一万九千二百五石五斗九升,手订出纳章程,以资遵守。又慨邑志年久失修,邀耆儒定议重纂,卒以他事不果。五年八月以忧去。"卷二《建置》上:"社谷,光绪四年(1878)知县萧世楷奉抚院梅札劝办。积谷仿照江西省章程,官立社长、仓董,随图分储,并定出纳章程,详准照办(后附各图储存情况)。"《申报》1879 年 7 月 28 日《光绪五年五月二十七日京报全录》:"查有奉化县知县萧世楷,系四川富顺县举人,大挑二等,选授綦江县训导,截取以知县用,加捐本班尽先,选授浙江奉化县知县,光绪三年七月十一日到任。该员办事实心,不耽安逸,堪以调补金华县知县。所遗奉化县缺,即以李湘对调,俱属人缺相当,于吏治不无裨益,任内亦无已起展参之案。该二县均属两字选缺,今请互相调补,照例毋庸送部引见。据藩司任道镕、臬司增寿具详前来,臣覆查无异,谨会同闽浙总督臣何璟恭折具陈,伏乞皇太后、皇上圣鉴敕部核覆施。谨奏。军机大臣奉旨。吏部议奏。钦此。"按:这一对调计划没有实施。《申报》1879 年 12 月 17 日《光绪五年十月二十一日京报全录》:光绪五年十月,"浙江奉化萧世楷丁忧"。

《清实录·德宗景皇帝实录》卷七十八:光绪四年九月丙寅,"浙江巡抚梅启照奏:'奉化、宁海两处,先后有匪徒聚众毁卡,要求免厘。'得旨:'厘捐办理已久,何以此次奉化、宁海两处忽有求免厘捐,聚众毁卡之事?难保非别有启衅情节,著该抚确切查明。该委员等如有私添名目,格外需索等弊,即著从严参办。匪徒抢毁官卡,此风亦不可长。并著严拿滋事首犯,按律惩治。'"

禀准出纳章程

（清）萧世楷

一，建造仓屋需费甚巨，现将是项谷石在就近祠庙内拣择坚固房屋存储，但必须高铺地楣，修整门窗板壁，或仿照民间木柜储谷之法置造大柜，以免湿气蒸染。

一，现在仓董一二名，或三四名不等。如中有出外远行者，或托同事兼理，或另举妥人，均听其便。

一，是项仓谷每年春间如有穷苦农民缺少籽种，准其觅具五人互保写立借保各状，向仓董借领。如种田一亩者，准借谷二十斤。每人以二百斤为限。所借之谷，每石加息谷一斗，以十月底为限，本息并还。逾限不还，禀官究追，互保人分赔。

一，借谷之人及互保之人是否可靠，应否借给，均听仓董斟酌，不准硬借。借户姓名、谷物数，每年五月截止，由仓董开单报县。

一，仓谷如无人借领，准由仓董于青黄不接之时，查价酌粜。其钱由仓董领存，官不提用，仍俟秋后买补还仓。

一，仓谷无论借粜，均不得过半，以资蓄备。

一，仓谷粜出之后，如秋间价昂，准俟价平再买。未经买补以前，不准再粜，以备凶荒。

一，存仓陈谷，每年每石准支折耗谷三升，并准酌支晾晒辛工，统在所收息谷内支销。如无人借谷，即无息可收，所需折耗、辛工准在本谷内支销，或出陈易新，价有盈余，即在余价内支销。惟借后收还之谷及粜后买补之谷均属当年新谷，不得开支折耗。

一，仓谷存贮祠庙倘有损漏，应由祠庙公款修理，不得开支仓谷，以杜漏巵。

一，仓董之外，每乡另设总董一二名，以资稽察。

奉化知县知州史料选辑

360

一，仓董五年无过，由县给扁奖励。

一，是项仓谷为备荒而设，永归绅董经管，地方官永不提用，胥差永不经手。

一，大荒之年，本庄之谷即济本庄之贫，临时禀县请示办理。

一，是项仓谷既准酌支折耗及晾晒辛工，应令经手仓董劝殷富或祠庙众酌捐补苴。总期现在捐成之谷有增无减，以实仓储。（光绪《奉化县志》卷二《建置》上）

朱锡傅，顺天大兴人，监生，光绪五年（1879）八月代理奉化知县，十月卸事。后有任候补同知之记载。

光绪《奉化县志》卷十六《职官表》上："朱锡傅，顺天大兴人，监生，光绪五年八月代理，十月卸事。"《奉化市志·政府》1994年版同。

《申报》1883年8月14日《浙省抚辕抄》："初六日，朱锡傅服满，领咨来省禀到。"后尝任候补同知，见《中国诗学大辞典》1999年版第815—816页："《竹里诗萃》，地方诗总集。十六卷。清李道悠编纂。竹里，即竹田里，为浙江嘉兴里仁乡之一隅。嘉兴有四镇，竹里与梅里是其二，皆为诗人聚居之地。梅里早有诗集问世，因之竹里人亦有编纂本里诗集之尝试。如咸丰间徐同柏有《竹里诗存》、王逢辰有《竹里诗辑》，二稿皆未刊刻，最终毁于兵火。惟金汤孙《里仁乡诗综》钞本幸存于世。此书收六十余家。李氏客居竹里三十余年，又曾编《闻湖诗三钞》，感慨竹里文献零落，因而在金书基础上编纂此稿。……此书编讫于清光绪十八年（1892），光绪二十一年（1895）乡人集资刊刻，版存'蒋十咏庐'。前有嘉兴县学训导王震元、候补同知朱锡傅及编者三序，后有查辉之跋及《募刊竹里诗萃启》。"

罗信北，字镜塑，湖南湘乡人，附生。光绪元年十月二十日，以同知衔候补知县由籍来浙江省禀到。二年二月初一日，受委验收嘉湖丝绵差。四年十月十三日，接办营务处文案差。五年六月十七日，任分水令。光绪五年（1879）十月署任奉化令，六年（1880）十一月卸事。

《申报》1875年11月25日《浙省抚辕事宜》：光绪元年十月二十日，"同知衔候补知县罗信北由籍来省禀到"。1876年3月2日《浙省抚辕事宜》：光绪二年二月初一日，"补用县罗信北禀奉藩司委验收嘉湖丝绵差"。1876年4月1日《浙省抚辕事宜》：光绪二年三月，"补用县罗信北辞赴嘉兴验查丝绵差"。1877年1月27日《分发人员验看名单》：光绪二年十二月"劳绩出力〔指〕[诣]省分发……同知罗信北（湖南），浙江"。1877年12月14日《浙省抚辕事宜》：光绪三年十一月初二日，"补用县罗信北禀销疟疾假"。1878年11月15日《浙省抚辕事宜》：光绪四年十月十三日，"礼部奏准：补用县罗信北，委办营务处文案差，本日接办"。1879年8月11日《浙省抚辕事宜》：光绪五年六月十七日，"……罗信北，分水。俱禀知奉藩司委代理，叩谢"。《桐庐县志》1991年版第469页："罗信北，湘乡（人），光绪五年（1879）任。"

光绪《奉化县志》卷十六《职官表》上："罗信北，湖南湘乡人，附生，光绪五年十月署任，六年十一月卸事。"序朱锡傅后，纪朋陵前。《奉化市志·政府》1994年版作"监生"，余同。

纪朋陵（1826—?），字祝三，顺天府文安县人，廪贡。同治七年九月初十日到任直隶易州广昌县教谕，至十三年七月初十日，六年俸满。光绪五年（1879）十月任命奉化令，六年（1880）十一月到任奉化，八年（1882）八月卸事。

《涞源县志》1998年版第683页略曰："清《广昌县志》，光绪元年（1875）付印。全书共十六卷。总裁赵烈文，总纂刘荣，参正纪朋陵、辛元瑾、梁呈。"

则尝与修《广昌县志》。时任教谕。《李鸿章全集(18)：奏议十八》2008年版第104页《题为广昌县教谕纪朋陵俸满验看保荐事》(光绪三年二月二十五日)："该臣查得广昌县教谕纪朋陵，自同治七年九月初十日到任之日起，连闰扣至十三年七月初十日，初次六年俸满，例应验看甄别，由县、州、道、司递相验看，出考保荐前来。臣验得该教谕纪朋陵年强学富，吏治留心，堪以保荐。随经咨送学政臣验得该教谕学优才长，谙习吏治，堪以保荐。咨复到臣，核与定例相符。除履历事实清册送部外，谨会题请旨。"《清代官员履历档案全编》第27册1997年版第364页："纪朋陵，顺天文安县廪贡生，年五十三岁。由保举，知州衔。选缺后以应升之缺升用。现任直隶易州广昌县教谕，初次六年俸满。经直隶总督李鸿章等保举疏称：'该员年强学富，吏治留心，堪以保荐。'今给咨到部。光绪四年三月二十八日。"第429页："纪朋陵，顺天府文安县廪贡，年五十四岁。由保举，知州衔。直隶广昌县教谕六年俸满，保荐以知县用，遵例捐本班尽先选用。今签掣浙江宁波府奉化县知县缺。敬缮履历，恭呈御览。谨奏。光绪五年十月二十八日。"

光绪《奉化县志》卷十六《职官表》上："纪朋陵，顺天文安人，廪贡，光绪六年十一月到任，八年八月卸事。"序罗信北后，朱和韵前。《奉化市志·政府》1994年版同。

《申报》1882年10月24日《浙省抚辕抄》："光绪八年九月初六日，"正任奉化县纪朋陵交卸，来省禀到"。1884年5月1日(光绪十年四月初七)《浙省抚辕抄》：三月廿八日，"正任奉化县纪朋陵禀知藩司，丞署丽水县事，禀见禀谢"。《莲都历史文化丛书》2009年版第278页：莲都(即丽水县)历代主政，"光绪十年，纪朋陵；光绪十一年，宦楙和"。《申报》1884年7月18日《光绪十年闰五月十八日京报全录》："刘秉璋片：再，丽水县知县罗信北调省差委，遗缺现有应办要务，应行酌量委署。查有奉化县知县纪朋陵堪以调署。"1884年8月13日《光绪十年六月十六日京报全录》："头品顶戴浙江巡抚臣刘秉璋跪奏：为知县人地未宜拣员对调以资治理恭折具奏仰祈圣鉴事。窃知县为亲民之官，责任綦重，必须才称其缺，方能治理有效。查宁波府属之奉化县，虽系疲难中缺，而地近海滨，民俗强悍，且与台州接壤，盗匪出没其间,巡缉抚绥,殊为不易。实任奉化县知县纪朋陵,顺天文安县廪贡,由直隶广昌县教谕俸满,保荐以知县用,报捐本班尽先,□授浙江奉化县知县,光绪六年十一月二十五日到任。该员人颇朴诚,才非肆应于奉化县缺,人地不甚相宜,未便稍涉迁就。查有处州府丽水县知县罗信北,湖南湘乡县附监生,由历保分发省分补用知县,赴□引见,捐指浙江,领照到省,加捐分缺间前补用,准补丽水县知县,光绪七年八月二十七日到任。该员老成谙练,办事勤能,曾于光绪五年署班奉化县,措置得宜,以之调补是缺,实属人地相当。所遗丽水县缺,即以纪朋陵对调,亦堪称职。如此一转移间,于地方两有裨益。该二员各本任,均无降革,留任例有展参之案,与调补之例相符,系选缺互调,照例毋庸送部引见。据布政使德馨、署按察使丰绅泰会详前来,臣伏查无异,谨会同闽浙总督臣何璟恭折具奏,伏乞皇太后、皇上圣鉴,敕部核覆施行。谨奏。军机大臣奉旨:吏部议奏。钦此。"《清实录·德宗景实录》卷二百十六:光绪十一年九月"丙辰(二十一,1885 年 10 月 28 日),谕内阁:刘秉璋奏请将庸劣不职各员惩处等语……奉化县知县纪朋陵才欠敏决,不胜疲难之缺,均著开缺另补。"1885 年 10 月 29 日《本馆接奉电》:光绪十一年九月二十一日(1885 年 10 月 28 日),"奉上谕:刘秉璋奏请将庸劣不职各员分别惩处等语。奉化县知县纪朋陵才欠敏决,不胜疲难之缺,著开缺留省,以无字简缺另行补用。著照所议办理。该部知道。钦此"。《光绪宣统两朝上谕档》第 11 册《光绪十一年》1996 年版第 227 页:"光绪十一年九月二十一,内阁奉上谕:刘秉璋奏请将庸劣不职各员分别惩处等语。浙江……奉化县知县纪朋陵才欠敏决,不胜疲难之缺,著开缺留省,以无字简缺另行补用……著照所议办理。该部知道。钦此。"《文安县志译注》(上)1992 年版第 248 页:"纪朋陵,字祝三,廪贡生。咸丰癸丑科誊录,正黄旗教习,授广平县教谕,历任浙江奉化、於潜、丽水、庆元等县。屡宰剧邑,著有政声。"《清实录·德宗景实录》卷三百十九:光绪十八年(1892)十二月庚午,"以亏短交代,革已故浙江庆元县知县纪朋陵职,提属勒追"。

朱和韵，字伯诗，江苏上元人，附贡。光绪元年二月二十八日，交卸双林厘局回省销差。四年任瑞安令。又尝任濠河厘局，八年（1882）八月至十年（1884）正月任奉化令。

《申报》1875 年 4 月 12 日《浙省抚辕事宜》：光绪元年二月二十八日，"朱和韵交卸双林厘局，回省销差"。1876 年 1 月 20 日《浙省抚辕事宜》：光绪元年十二月十七日，"朱和韵禀奉军需总局委查山东江北艰民差，十六日夜子刻，瓦子巷地方居民瓦屋失火，当即救灭"。1876 年 9 月 8 日《探得浙省事宜》：光绪二年七月十三日，"补用县朱和韵余杭、富阳两县赈灾回省销差，并奉厘捐局委宁波船局差，即辞"。《申报》1877 年 12 月 4 日《浙省抚辕事宜》：二十一日，"朱和韵禀销宁波船货捐局差"。《瑞安市志》（下）2003 年版第1026 页："朱和韵，光绪四年（1878）任，字伯诗。"《申报》1880 年 6 月 15 日《浙省抚辕事宜》：光绪六年五月"初二日，候补知县朱和韵禀知枭委余杭安、吉公干学"。

《申报》1882 年 9 月 15 日《浙省抚辕抄》：光绪八年七月二十七日，"奉化县朱和韵交卸濠河厘局，回省禀见谢委"。光绪《奉化县志》卷十六《职官表》上："朱和韵，江苏上元人，附贡，光绪八年八月署任，十年正月卸事。"《奉化市志·政府》1994 年版同。光绪《奉化县志》卷二《建置》上：县治，"光绪九年（1883），大风，仪门及堂署、墙垣、监狱俱圮，令朱和韵建复"。《申报》1884 年 3 月 15 日《浙省抚辕抄》：光绪十年二月十一日，"前署奉化县朱和韵交卸，来省禀到"。1884 年 3 月 17 日《光绪十年二月十一日京报全录》："刘秉璋片：'再署奉化县知县朱和韵调省，遗缺现有应办要务，应行酌量委署。查有浦江县知县恩裕堪以调署。'知道了。钦此。"

恩裕(1829—?),字问之,号绰亭,镶黄旗人,举人。光绪二年五月以知州衔委用县到浙江省报到。三年任义乌令,四年八月署浦江县。七年七月十七日奉臬司礼调来省会审案件。十年(1884)正月署奉化令,十一年(1885)正月卸任,回任浦江令。十七年(1891)二月署兰溪令。

《清代朱卷集成》(103)1992 年版第 417 页:"恩裕,字问之,号绰亭,行一。道光戊子十二月三十日(八年,1829 年 2 月 3 日)吉时生,镶黄旗满洲全钰佐领下,优行增广生,充国史馆汉誊录。""咸丰乙卯科。"《申报》1876 年 5 月 25 日《浙省抚辕事宜》:光绪二年五月二十七日牌示,"知州衔委用县恩裕服满,来省禀到"。《义乌县志》1987 年版第 380 页:"恩裕,光绪三年(1877)任。"《申报》1878 年 9 月 25 日《浙省抚辕事宜》:光绪四年八月十九日,"题补浦江县恩裕禀知卸署义乌县事,回省禀到,禀并知奉藩司饬知题署浦江县知县,禀见叩谢"。1881 年 8 月 19 日《浙省抚辕抄》:光绪七年七月十七日,"浦江县恩裕奉臬司礼调来省会审案件,禀到"。

《申报》1884 年 3 月 5 日《光绪十年正月廿三日京报全录》:"又,浦江令恩裕署奉化令。奉旨:知道了。钦此。"光绪《奉化县志》卷十六《职官表》上:"恩裕(有传),光绪十年正月到任,十一年正月卸任。"《奉化市志·政府》1994 年版任期同。光绪《奉化县志》卷十八《名宦》:"恩裕,号绰亭,满洲镶黄旗人,咸丰己未举人,光绪十年署任。听讼严明,士民悦服。诉牒至庭,应时审判,狱无留滞,吏不容奸。旧俗抱女孩为媳,每肆凌虐,或致夭折。官率牵名义养,不重惩之。时有幼女被养姑毒虐濒死者,恩裕判其女别字,提其姑重责,枷号警众,陋俗一革。"卷二《建置》上:县治,"咸丰十一年,粤匪陷城,衙署多毁……(光绪)十年(1884),令恩裕建东西曹房"。《申报》1885 年 5 月 19 日《光绪十一年三月二十八日京报全录》:"刘秉璋片:……又,署奉化县知县正任浦江县恩裕饬回浦江本任。所遗奉化县员缺现有应办要务,亦应酌量委署。查有正任丽水县知县罗信北堪以调署。……伏乞圣鉴.谨奏。军机大臣奉旨:吏部知道。钦此。"

《兰溪市志》1988 年版第 442 页："恩裕，满族，光绪十七年（1891）二月署。"后任：光绪十九年任。

罗信北，光绪十一年（1885）正月再任，十一月卸任，调署乐清县。十二年（1886）十月调署平湖县。

光绪《奉化县志》卷十六《职官表》上："罗信北，十一年正月复任，十一月卸事。"《申报》1885 年 5 月 19 日《光绪十一年三月二十八日京报全录》："刘秉璋片：'再，鄞县知县朱庆镛，因保荐卓异送部引见，所遗员缺系海疆要缺，应行酌量委署。查有钱塘县知县程云俶堪以调署，递遗钱塘县知县系省会要缺，查有上虞县知县唐煦春堪以调署。又，署奉化县知县、正任浦江县恩裕饬回浦江本任。所遗奉化县员缺现有应办要务，亦应酌量委署。查有正任丽水县知县罗信北堪以调署。……伏乞圣鉴。谨奏。军机大臣奉旨：吏部知道。钦此。"1885 年 7 月 12 日《浙省抚辕抄》：光绪十一年五月二十四日，"署奉化县、正任丽水县罗信北差人来省禀谢饬知请调乐清县缺"。1885 年 11 月 28 日《浙省抚辕抄》：光绪十一年十月十二日（1885 年 11 月 18 日），"署奉化县罗信北专丁来省禀谢，饬知先行调署乐清县事"。

《乐清县志》2000 年版第 753 页："罗信北，湖南湘乡，光绪十二年（1886）卸事。"《平湖县志》1993 年版第 585 页："罗信北，光绪十二年十月，湖南湘乡，署理。"《申报》1886 年 9 月 10 日《浙省抚辕抄》：光绪十二年八月初七日（1886 年 9 月 4 日），"乐清县罗信北专丁来省，禀奉饬调署平湖县叩谢"。1886 年 11 月 15 日《浙省抚辕抄》：光绪十二年十月十一日，"调署平湖县罗信北交卸乐清县，来省禀到禀谢"。

《湘人著述表》（二）2010 年版第 698 页："罗信北，字镜塑，湘乡人。曾任乐清县知县。《求自立斋文稿》八卷，《诗稿》八卷，清光绪二十六年（1900）刻本。《公余拾唾》七卷，《联语》一卷，清光绪二十年（1894）刻本。《格言便览》六卷，《闺鉴撮要诗草》一卷，清光绪二十一年（1895）家刻本。《政易录》四卷,清光绪十八年(1892)刻本。"《娄底市志》1997 年版第 805 页:罗信北著作有《白鹭湾草堂诗存》《求自立斋文集》《公余拾唾》等。

陈世彦,号德庵,江苏吴县人,监生。同治八年(1869)五月二十六日以蓝翎盐提举衔、浙江补用县丞免补本班,以知县候补。光绪九年五月初六日任平湖厘局差。十一年(1885)五月二十二日,厘捐局委会办诸暨丝捐局务,服满回省,十一月任奉化令,十二年(1886)三月卸事。

《盛湖志四种》(上)2011 年版第 125 页:同治五年,"陈世彦,号德庵,监生,宗元从子。浙江候补知县"。《李鸿章全集(3):奏议三》2008 年版第 465 页《保案缮单错误更正片》(同治八年五月二十六日):"……蓝翎盐提举衔、浙江补用县丞陈世彦,应保免补本班,以知县仍发原省,归候补班补用,并赏换花翎"云云。《申报》1879 年 8 月 26 日《浙省抚辕事宜》:光绪五年七月初三日,"陈世彦禀谢记大功二次。"1879 年 10 月 19 日《浙省抚辕事宜》:"二十七日,陈世彦、黄道关、通判刘梓、林西壤、俞汇,俱禀知厘捐局委接□厘局差,禀见。"1883 年 6 月 16 日《浙省抚辕抄》:光绪九年五月初四日,"知县陈世彦,平湖;同知缪钰,菱湖;俱禀知厘捐局委厘差,禀见"。1883 年 6 月 16 日《浙省抚辕抄》:光绪九年五月"初六日,陈世彦禀见叩辞,赴平湖厘局差"。1885 年 6 月 11 日《浙省抚辕抄》:光绪十一年五月"二十二日,厘捐局委会办诸暨丝捐局务陈世彦服满,来省禀到"。

《申报》1885 年 12 月 22 日《浙省抚辕抄》:光绪十一年十月"初八日,署奉化县陈世彦由威坪交卸,回省禀谢"。光绪《奉化县志》卷十六《职官表》上:"陈世彦,江苏吴县人,监生,光绪十一年十一月署任,十二年三月卸事。"

邹文沅，江苏常熟人，监生。同治十三年八月十七日，以龙游提案回省禀到销差。光绪七年(1881)任慈溪令。十一年(1885)十二月任象山令。十二年(1886)三月以象山令兼摄奉化，四月卸任。十五年七月初七(1889 年 8 月 3日)，以抽收厘捐办理不善开缺降补。

《申报》1874 年 10 月 6 日《浙省抚辕事宜》：同治十三年八月十七日，"邹文沅龙游提案回省禀到销差"。1877 年 12 月 14 日《浙省抚辕事宜》：光绪三年十一月初一日，"邹文沅诸暨公干回省禀到"。1879 年 5 月 30 日《浙省抚辕事宜》："本月(光绪五年四月)初五日，……知县邹文沅百官厘局来省。"《慈溪县志》1992 年版第 703 页："邹文沅，光绪七年任(知县)，江苏常熟人。"《重修浙江通志稿》第四册《建置考·名胜古迹考》2010 年版第 1949 页："慈溪，明洪武初设戍海墙，有观海、龙山二卫所，故县未有城。嘉靖壬子(三十一年)倭掠内地，丙辰(三十五年)夏焚掠殆尽，始为之城……光绪八年，知县邹文沅与邑人冯祖宪，大加修浚。"《翁同龢日记》(第 4 卷)2012 年版第 1713页：光绪八年七月初六日(1882 年 8 月 19 日)，"署慈溪令邹文沅(芷汀)寄李泰《长编》、古篆《五经》、笔(二十)、墨(十定)、纸(二匣)、茶(四瓶)，正任慈溪萧桢带来。"民国《象山县志》1998 年版第 415 页："邹文沅，无锡监生，光绪十年十二月任(知县)。"

光绪《奉化县志》卷十六《职官表》上："邹文沅，江苏常熟人，监生，光绪十二年三月由象山县兼摄，四月卸事。"

民国《象山县志》1998 年版第 29 页："光绪十年(1884)，知县邹文沅重修北水门城垣，题'流泽孔长'四字。"第 864 页："吾邑盗风之炽，始于光绪甲申(十年，1884)、乙酉(十一年，1885)年间。是时东陈、丁岙、横弓岙等庄先后被盗，均有掳人勒赎之事。幸邑令邹文沅严于缉盗，稍见安静。"《申报》1885年 9 月 1 日《光绪十一年七月十五日京报全录》："刘秉璋片：再，正缮折间，据统带红单师船、署石浦营都司郑碧山禀报：四月初九日探得北岸土匪自戕害营官黄朋厚之后，官兵搜捕紧急，复又下海，乘船二只在洋游弋。该都司亲率师船及粉商船只,会同象山县巡船,跟纵力追至金添门外,合力兜剿,击沉小船一只,淹毙十余名,烧毙三名,割取首级,围住大船一只,生擒匪犯金永虎等十二名,救出难民一名,割取击毙首级三颗,搜获洋枪二十五杆刀枪三十余件,并药弹、铜帽等项。我勇弹伤三名。当将匪犯、首级、难民、器械带回石浦,会同象山县知县邹文沅讯。据盗首金永虎供认节次行劫并在临海北岸拒伤黄朋厚不讳。禀请核办前来。除批饬宁波府立提各犯严讯确供分别惩办外,理合附片陈明。伏乞圣鉴。谨奏。军机大臣奉旨:知道了。钦此。"民国《象山县志》1998年版第518页:"(光绪)十五年(1889)正月,知县邹文沅欲创办土药税捐,邀功超升。正月,详请于县西乡墙头出产土药盛处设立捐局,巡抚崧骏批准试办。"第803页:城隍庙"光绪十五年,令邹文沅及僧守福、汉琛同募修"。《清实录·德宗景皇帝实录》卷二百七十二:光绪十五年七月辛亥(初七,1889年8月3日),"以抽收厘捐办理不善,革浙江知县王宗丞职;象山县知县邹文沅开缺降补"。

孔广锺,字栽棠,江苏元和人,进士。光绪十年十一月初一日,接办艮山门丝捐。十一年,为浙江乡试同考官。十二年二月十六日(1886年3月21日)命知奉化。

《翁同龢日记》(第4卷)2012年版第1628页:光绪七年七月"初三日(7月28日)……门人孔广锺栽棠来见"。《近代中国史料丛刊续编》第79辑《明清进士题名录索引(1—6)》第2843页《光绪九年癸未(1883)科》:"孔广锺。"《清代朱卷集成》(48)1992年版第309、313页:"孔广锺",履历缺,试题为:《柔建人则四方归之怀诸侯则天下畏之》《又尚论古文之人,颂其诗,读其书,不知其人可乎?是以论其世也》(文略)。《申报》1883年10月15日《浙省抚辕抄》:光绪九年九月初六日,"即用县孔广锺由京签分来省,禀知请假数天"。1883年12月21日《(光绪九年十一月)浙江海运员董全单》,有"孔广锺"。《申报》1884年12月26日《浙省抚辕抄》:光绪十年十一月初一日,

"孔广锺禀知本日接办艮山门丝捐"。1885 年 8 月 12 日《浙闱调帘各员名单》,有"孔广锺……共四十四名"。1885 年 11 月 30 日《光绪十一年十月十五日京报全录》:"头品顶戴浙江巡抚臣刘秉璋跪奏:为浙省举行乡试需用房考实缺州县不敷调派兼用候补人员循例恭折奏:……即用知县孔广锺……"1885 年 12 月 22 日《浙省抚辕抄》:"十一月初六日,信差即用县王寿枬、孔广锺、陈其昌。"

《申报》1886 年 3 月 27 日《浙省抚辕抄》:光绪十二年二月十六日(1886 年 3 月 21 日),"即用县孔广锺禀知藩司饬知请补奉化县缺。叩谢"。1886 年 5 月 23 日《浙省抚辕抄》:光绪十二年四月十三日,"委署奉化县孔广锺禀谢"。《奉化市志·政府》1994 年版除锺作"钟"外,余同。

赵煦,湖南善化人,监生。同治五年(1866),在曾国荃帐下听差。光绪元年六月十一日,在署永康县。三年十一月二十八日,淳安令试署期满,准实授。五年(1879)十月在署汤溪令。七年(1891),调任武康令。八年(1892),调署乌程县。十三年(1887)五月以慈溪令兼摄奉化令,八月卸事。二十年(1894)在任南陵令。

《曾国荃全集》第 1 册《奏疏》2006 年版第 60 页《调员差遣片》(同治五年八月初十日):"再,臣国荃驻扎德安,筹办防剿事宜,所有办理营务、筹备支应、转运军饷事务殷繁,需员差遣。查有……浙江即补知县赵煦浙江即补知县袁垚龄等,均经臣札调随营听候差委,以资得力。"《申报》1875 年 7 月 21 日《浙省抚辕事宜》:光绪元年六月十一日,"署永康县赵煦因公晋省禀见"。1878 年 1 月 26 日《光绪三年十一月二十八日京报全录》:"又题浙江淳安令赵煦试署期满,准实授。奉旨:依议。钦此。"1880 年 1 月 27 日《光绪五年十一月二十四日京报全录》:"梅启照片:……据署汤溪县知县赵煦到郡密禀,访得该县距城六十里之大坑地方,山深林密,向乏土著人民,间有客民搭棚种地,去来靡定。近日忽有外来之王日中以茹素惑人,倡造妖诞不经之语,

刊刻伪印、旗单,聚众敛钱,以致讹言四起,纷然迁避。诚恐酿成巨患,请拨兵勇巡防等情。并据署金衢严道秦缃业转禀到臣,当经遴委候补总兵莫坤和督带洋枪营勇驰往弹压巡缉,并密饬该道府县,星速捕拿。去后,兹据该署县赵煦驰禀,自访查得实后,即会同汛弁兵勇并纠集乡团,分路布置,于十月十二日五更,齐抵大坑山。该匪出而抗拒。登时杀毙一名,拿获首犯王日中一名,又陈得幅、盛幅田二名,起出所刊伪印、旗帜,字句极为悖逆。并获伙党二十余名。各乡绅团坚请将要犯即行正法,俾遏乱萌而靖人心。提讯王日中等,俱供认约众举旗,商谋滋事属实。当将王日中、陈得幅、盛幅田三犯斩决,枭示以彰国法。"1881 年 8 月 29 日《光绪七年七月二十三日京报全录》:"谭锺麟奏:武康令李诗,淳安令赵煦对调。奉旨:吏部议奏。钦此。"1882 年 1 月 30 日《浙省抚辕抄》:光绪七年十二月初四日,"兵部员外郎陈锦黻亲拜辞,行赴都。调补武康县赵煦禀见,谢藩司饬知,赴任"。1883 年 1 月 26 日《光绪八年十二月初一日京报全录》:"陈士杰片:再,署乌程县知县贺允折饬回本任。所遗系属要缺,应行酌量委署。查有武康县知县赵煦堪以调署。据藩臬两司会详前来。除檄饬遵照外,谨会同闽浙总督臣何璟附片陈明,伏乞圣鉴。谨奏。军机大臣奉旨:知道了。钦此。"1886 年 5 月 31 日《光绪十二年四月十九日京报全录》:"安徽巡抚臣吴元炳跪奏:为审明拿获强盗杀人案犯按例分别定拟恭折仰祈圣鉴事。……所有协获邻境盗犯四名应叙职名,系署浙江湖州府乌程县事、正任武康县知县赵煦……谨奏。军机大臣奉旨:刑部速议,具奏。钦此。"

光绪《奉化县志》卷十六《职官表》上:"赵煦,湖南善化人,监生,光绪十三年五月由慈溪县兼摄,八月卸事。"《奉化市志·政府》1994 年版同。

《申报》1894 年 2 月 21 日《皖省官报》:光绪二十年正月初九日,"委办皖南土药税厘总卡、提调兼办芜湖洋务局、补用知府同知吴乃斌到获港厘卡,同知崇安到湾池厘卡,知县朱文蔚到江苏,候补遣杨兆钧到浙江,太平县黄家杰、铜陵县姚鹏翁、南陵县赵煦均到"。1894 年 7 月 26 日《光绪二十年六月十四日京报全录》:"头品顶戴安徽巡抚臣沈秉成跪奏:为安徽省续获自从会匪□明分别惩办恭折仰祈圣鉴事。窃查哥老会□在沿江各省勾结滋事,臣迭饬地方文武节次捕获多名，审明重办，祸端消弭……南陵县知县赵煦亦派差协□，始得就擒，解省收审"。

罗配章（1831—?），字书云，广东顺德人，光绪二年进士。四年十一月初六日，委办杨庙厘局差。十一月十二日，赴杨庙接办厘局差。六年四月十七日，交卸王店厘局。九年十月二十八日，销勘荒差。十二年十一月十二日，委双林厘卡群。十三年（1887）八月署任奉化令，十四（1888）年七月卸事。又任富阳令。

《清代人物生卒年表》2005 年版第 490 页："罗配章，字书云，广东顺德人。（据《光绪二年丙子恩科会试同年齿录》。"《申报》1876 年（光绪二年）5 月 26 日《殿试分甲·第二甲赐进士出身》："第一百五十一名：罗配章，广东顺德。"1878 年 12 月 7 日《浙省抚辕事宜》：光绪四年十一月初六日，"前署秀水县，徐宁郡船货捐；即用县罗配章，杨庙。俱禀知厘捐总局委办厘局差，叩谢"。1878 年 12 月 16 日《浙省抚辕事宜》：光绪四年十一月十二日，"罗配章禀辞，赴杨庙接办厘局差"。1880 年 5 月 1 日《浙省抚辕事宜》：光绪六年四月十七日，"即用县罗配章交卸王店厘局，回省禀到禀见"。1883 年 11 月 5 日《浙省抚辕抄》：光绪九年十月二十八日，"即用县罗配章，余、临二县俱销勘荒差"。1886 年 12 月 14 日《浙省抚辕抄》：光绪十二年十一月十一日，"黄恩禧禀奉准离奉化县丞交卸，来省禀到"；十二日，"即用县罗配章禀知牙厘局委双林厘卡群禀见叩"。1886 年 12 月 15 日《浙省抚辕抄》：光绪十二年十一月十五日，"即用县罗配章禀办赴双林厘局"。

光绪《奉化县志》卷十六《职官表》上："罗配章，广东顺德人，进士，光绪十三年八月署任，十四年七月卸事。"

《顺德县志》1993 年版第 1098 页："光绪，罗配章知浙江富阳县。"则又任富阳令，任期待考。

夏经镕，江西新建人，举人。同治六年(1867)参与编修《新建县志》，任分修。光绪三年(1877)十月十七日委屠甸寺厘局差，即辞。六年(1880)六月二十四日，委解宁绍三府义渡经费差。六年十一月二十七日，奉杭州府委赴富阳公干差。七年(1881)十月，丁母忧。十四年(1888)七月署任，十七年(1891)七月离任。任内建西花厅侧屋，又劝建财神殿、土地祠、三郎殿，重修栗树塘桥。

《江西省方志编纂志》2001版第 79—80 页：同治六年(1867)，"时江西巡抚刘坤一倡议重修《江西通志》，檄令各府、州、县重修方志，为通志提供史料。(新建县令)承霈奉命后，以县儒学教谕傅树楠及县儒学训导邓钟白二人为监修，并聘邑人夏廷楫、程修礼、程迪薇为议修，杜友棠、杨兆崧为纂修；陶茂棠、夏经镕、喻震孟、裘献功、涂孟裕、郭庆耘为分修……不数月而新志告成。"《申报》1877 年 11 月 28 日《浙省抚辕事宜》：光绪三年十月"十七日，大挑县夏经镕禀奉厘捐总局委屠甸寺厘局差，即辞"。1880 年 8 月 5 日《浙省抚辕事宜》：光绪六年六月二十四日，"大挑县夏经镕禀知，杭府委解宁绍三府义渡经费差"。1881 年 1 月 4 日《浙省抚辕事宜》：光绪六年十一月二十七日，"大挑县夏经镕禀知奉杭州府委赴富阳公干差，叩辞"。1881 年 12 月 4 日《浙省抚辕抄》：光绪七年十月初六日，"大挑县夏经镕禀知，初三日闻讣，丁母忧"。1886 年 8 月 24 日《浙省抚辕抄》：光绪十二年七月十七日，"大挑县夏经镕禀知藩司饬知查遂昌契税征数解数不符差"。

《申报》1887 年 11 月 9 日《浙省抚辕抄》：光绪十三年"九月十五日(1887 年 10 月 31 日)，大挑县夏经镕禀知藩司，饬知题署奉化县，叩谢"。光绪《奉化县志》卷十六《职官表》上："夏经镕，江西新建人，举人，光绪十四年七月署任，十七年七月调外帘去。"镕，《奉化市志·政府》1994 年版作"榕"，误。光绪《奉化县志》卷二《建置》上：县治，"咸丰十一年，粤匪陷城，衙署多毁。……光绪十五年(1889)，令夏经镕建西花厅侧屋，又劝建大堂西财神殿、仪门东土地祠、三郎殿"。卷三《建置》下："栗树塘桥，在周公堤。旧有环桥，屡修屡圮。……光绪十五年,令夏经镕以邑境水灾详,拨帑项,以工代赈,又按亩派捐,乃填筑故址,于稍南百步置田六亩,浚河造桥。董事戴明达助钱千贯云。"

《清实录·德宗景实录》卷二百七十九:光绪十五年(1889)十二月丁亥,"蠲缓浙江鄞、慈溪、镇海、象山……奉化……五十厅州县被水、被旱、被风、被潮暨沙淤坍没各地方本年额赋及旧欠银米有差"。卷二百九十二:光绪十六年(1890)十二月戊申,"蠲缓浙江……鄞、慈溪、奉化、镇海、象山、余姚……七十二厅州县……地漕银米有差"。

‖ **杨葆彝**(1835—1907),一作保彝,字佩瑗,号遯阿,别号大亭山人,室名大亭山馆,江苏阳湖人,监生。光绪十七年(1891)七月代理知县,十月卸事。

光绪《奉化县志》卷十六《职官表》上:"杨葆彝,江苏阳湖人,监生,光绪十七年七月代理,十月卸事。"下例的事发可能在报导以前,杨侯尝处置过的事情,日期是后来追记也。《奉化市志·唐至清县署》杨某为杨保彝。

《中国近现代人物名号大辞典:全编增订本》2005年版第385页:"杨葆彝(同治、光绪间),江苏阳湖(今常州)人。名一作保彝,字佩瑗,号遯阿,别号大亭山人,室名大亭山馆(辑有《大亭山馆丛书》,近二十种,光绪间刊)。初以县丞仕于浙江。工书,尤善画山水、人物、花卉,务为简淡,不求工丽,自饶韵致。浙抚杨昌濬见其画器之,遂入幕办文案〔按:杨昌濬自同治九年(1870)授浙抚,至光绪三年(1877)革职。后历官桐庐、海盐。著有《书艺知服》《画艺知服》。辑《毗陵杨氏诗存》五种,附编三种,计有《匪石山房诗钞》《南兰纪事诗钞》《白云楼诗钞·诗话》《逸斋诗钞》《抱璞山房诗钞》《络纬吟》《钱左才集》《春雨楼诗钞》等,均刊于上例丛书。"《清人别集总目》(上)2000年版第729页:"杨葆彝,《遯阿诗抄》4卷,《囊云词》1卷,民国二十二年大亭山馆铅印本(北图、上图、南图、北师大)。(附)杨葆彝(1835—1907),字佩瑗,号遯阿、大亭山人,阳湖人。以荫袭职,在浙历知诸县。(《清代毗陵名人小传》9)"《中国古农书考》1992年版第356页:"（清）杨葆彝撰《区田图说》一卷,光绪十年(1884)刊。杨氏跋文说:'《区田图说》附录各书者详略互见,今约举数例,其法已具,足以备荒。'书中举出了区田图及其图说数条。又在跋中说:'往者晋、豫奇荒,赤地千里,惜无以区田之法,从而救之者。余刊是编简而易行,冀有心人广为劝导。'收在杨保彝辑《大亭山馆丛书》第四册,光绪十年阳湖杨氏刊本(人文收藏)。"关于阳湖,《辞海·历史地名》:"阳湖,雍正二年(1724)分武进县置。因县东有阳湖得名。与武进县同治常州府城内。辖府治东南偏。1912年并入武进县。"

夏经镕,光绪十七年(1891)十月再任,十八年(1892)二月卸事。

光绪《奉化县志》卷十六《职官表》上:"夏经镕,光绪十七年回任,十八年二月卸事。"《清实录·德宗景皇帝实录》卷三百六:光绪十七年十二月丙午(十六,1892年1月15日),"又谕:崧骏奏《特参庸劣不职各员》一折。……奉化县知县夏经镕年力就衰,难膺民社。该二员文理尚优,均著以教职归部铨选。"

《清实录·德宗景皇帝实录》卷三百五:光绪十七年(1891)十二月丙申,"蠲缓浙江……鄞、慈溪、奉化、镇海、象山……六十四厅州县暨杭衢二所、杭严台州等卫灾歉坍淤田地丁漕租银暨各年旧欠原缓带征丁漕等项有差"。

何文耀,号朗珊,广东香山人,进士,光绪十八年(1892)二月任。任内续成同善局建设。十九年(1893)调庆元令。

《申报》1886年5月22日《丙戌科会试官板题名全录》有:"何文耀,广东香山。"

光绪《奉化县志》卷十六《职官表》上:"何文耀,号朗珊,广东香山人,进士,光绪十八年二月署任,十九年调庆元县。"卷三《建置》下:"同善局,县东节孝祠旁。……光绪十八年知县何文耀继成之,又以笠扇施贫民。有碑记其事。"卷五《山川》下:"柏香岩观音井,县东南十五里福泉山前。崇崖壁立,径绝行人。潭旁如井,阔不盈丈。康熙己未(十八年,1679),邑令蔡毓秀祈雨有应,立碑置田。岁以七月十四日设供。光绪壬辰(十八年,1892),令何文耀祷雨亦应。"

《庆元县志通讯》1988 年第 3 期第 14 页:"光绪二十二年(1896)七月,闽匪郑脚老率众犯境,知县何文耀率乡勇击走之。"《庆元县交通志》1993 年版第 232 页:"范昭时,二都南阳村人(现属张村乡)。……晚年好行善事,凡修桥筑路,无不解囊乐助。清光绪三十年(1904),曾捐银千两,独建村尾'亨利桥'(后改名保安桥),便利交通。得到庆元县知县何文耀赠'乐善知贫'、汤赞清赠'白衣名士'匾额,表彰他施粮济贫和捐资建桥的美德。"

《清实录·德宗景皇帝实录》卷三百十九:光绪十八年(1892)十二月辛酉,"蠲缓浙江……宁海、鄞、慈溪、奉化、镇海、象山……七十厅州县……被旱、被风、被潮、被虫及沙淤石积各地方新旧地漕杂课有差"。

黑式濂,顺天通州人,供事,光绪四年七月初七日,委署嘉兴县事。十二年十一月廿二(1886 年 12 月 17 日),因欠解钱粮被摘去顶戴。十六年(1890)正月任临安令。十九年(1893)正月至二十一年(1895)六月任奉化令。

《申报》1878 年 8 月 14 日《浙省抚辕事宜》:光绪四年七月初七日,"补用县黑式濂禀知奉藩司委署理嘉兴县事,禀安"。1883 年 5 月 8 日《浙省抚辕抄》:光绪九年三月二十五日,"知县黑式濂由籍起服,领咨来省禀到"。1883 年 12 月 25 日《浙省抚辕抄》:光绪九年十一月十九日,"知县黑式濂禀知"。《清实录·德宗景皇帝实录》卷二百三十五:光绪十二年十一月"辛亥(廿二,1886 年 12 月 17 日),谕内阁:卫荣光奏《查办豁免追提滥款请将逾限不缴各员分别参追》一折。……候补知县……黑式濂……均著摘去顶戴,勒限两个月完缴。"《申报》1886 年 12 月 19 日《本馆接奉电音》:"欠解一千两以下之候

补同知萧芳泽，候补知县王承祁、夏显均、黑式濂、徐干、周锐，丁忧知县冯德坤，改教知县黄兆知，均著摘去顶戴，勒限两个月完缴。余著照所议办理"。《临安县志》1992 年版第 513 页："黑式濂，北通州，光绪十六年（1890）正月任。"

光绪《奉化县志》卷十六《职官表》上："黑式濂，顺天通州人，供事，光绪十九年正月到任，二十一年六月卸事。"卷十一《大事记》："光绪二十一年五月己丑（十九，1895 年 6 月 11 日），知县黑式濂督兵至桐照，获王帼昌于栖凤，尤田鸡遁。"《清实录·德宗景皇帝实录》卷三百六十九：光绪二十一年闰五月"丁未（初七，1895 年 6 月 29 日），谕军机大臣等：有人奏《浙省盗风炽肆请饬认真搜捕》一折：'……内地如鄞县之小溪、横溪、大嵩，奉化之忠义、松林等处，皆成盗薮。……有盗首尤田鸡者，在奉化招集匪徒三四百人，白昼房掠，出入乘坐官轿。渔船出行，必须领其盗照方可开驶'等语。果如所奏，实为地方之害。著廖寿丰严饬文武员弁认真巡查，实力搜捕，以靖盗风。并将尤田鸡一名严拿务获，从严惩办"。按：《奉化市志》1994 年版有著录，尤田鸡于是年被捕。《申报》1895 年 9 月 16 日《光绪二十一年七月十八日（1895 年 9 月 6 日）京报全录》："自台州地方安谧，未尽匪踪窜匿□境，致宁波府之奉化县时有劫夺案件。尤田鸡一犯系宁海县人，以奉化为渊薮。离经该县知县黑式濂拿获匪犯张葆佩、陈方受、王国倡、金叶方、叶树材、杨小狗、王阿沅等数名，解府讯办。臣以该匪首未据报获，业将该县黑式濂撤任，另行委员接署，以资整饬。"1895 年 9 月 17 日《光绪二十一年七月二十日（1895 年 9 月 8 日）京报全录》："廖寿丰片：再，奉化县知县黑式濂撤任调省，所遗员缺查有止余县知县周炳麟堪以调署。据藩臬两司会详前来除檄饬遵照外，谨会同闽浙总督臣边宝泉附片具奏，伏乞圣鉴。谨奏。'奉朱批，吏部知道，钦此。"《清实录·德宗景皇帝实录》卷四百二：光绪二十三年三月"甲午（初五，1897 年 4 月 6 日），谕内阁：廖寿丰奏《特参衰庸不职各员》一折。浙江奉化县知县黑式濂，精力就衰，难膺民社。著原品休致。"

《清实录·德宗景皇帝实录》卷三百三十一：光绪十九年（1893）十二月丙寅，"蠲缓浙江……鄞、慈溪、奉化、镇海、象山、宁海……六十九厅州县暨杭、严、嘉、湖、台卫所被水、被旱地方漕粮银米有差"。卷三百五十七：光绪二十年(1894)十二月癸亥，"蠲缓浙江……余姚、上虞、鄞、慈溪、奉化、象山……七十厅州县暨杭、严、嘉、湖、台州等卫所荒坍及新垦田亩粮赋，并灾歉地方本年应征及历年原缓带征丁漕等项有差"。

周炳麟(1842—?)，字敬超，别字竹卿，广东南海人，举人。光绪八年(1882)二月，随赴越南都城顺化，与越南官员谈论战守议和情形，促成抗法。二十一年(1895)六月任奉化令。任内捐俸二百金，购经史子集共七十一种，贮之锦溪书院。二十二年(1896)复余姚县任。在余姚修光绪《余姚县志》二十七卷，卷首卷末各一卷；又修《福建·浦城周氏族谱》六卷，《公门惩劝录》一卷。

《清代朱卷集成》(113)1992 年版第 213 页："周炳麟，字敬超，别字竹卿，行一，又行二。道光壬寅年七月初八日(二十二年，1842 年 8 月 13 日)吉时生。系广东广州府南海县黄鼎司监生，民籍。"第 224 页："世居沙堤堡上沙坑乡，现住省城河南。"《清代通史》(第 3 卷)2006 年版第 828—829 页："光绪八年(1882)二月，法国以兵舰由西贡驶至海阳，将攻取东京，张树声以闻……景崧奉命即行，先谒李鸿章于天津，又谒曾国荃于广东，甚韪其议，派总兵黄国安、州判唐镜沅、南海县举人周炳麟改服充商，同行渡海，抵越南都城顺化，与越南官员谈论战守议和情形。"《余姚市志》1993 年版第 1122 页："光绪《余姚县志》27 卷，卷首卷末各 1 卷，清知县周炳麟(南海人)修，余姚邵友濂、会稽孙德祖等纂。始修于光绪十九年(1893)，二十五年成书，刊本，十六册。北京、天津、南京等图书馆、宁波天一阁均有藏本。又有民国二十四年(1935)铅印本。"

《申报》1895 年 9 月 17 日《光绪二十一年七月二十日(1895 年 9 月 8 日)京报全录》："廖寿丰片：再，奉化县知县黑式濂撤任调省，所遗员缺查有正余县知县周炳麟堪以调署。据藩臬两司会详前来。除檄饬遵照外，谨会同闽浙总督臣边宝泉附片具奏，伏乞圣鉴。谨奏。'奉朱批：吏部知道。钦此。"光绪《奉化县志》卷十六《职官表》上："周炳麟，广东南海人，举人，光绪二十一年六月署任，二十二年复余姚县任。"卷八《学校》上：书籍，"光绪二十二年，知县周炳麟捐俸二百金，购经史子集合共七十一种，贮之锦溪书院"。

《永嘉县志》（上）2003 年版第 855 页："周炳麟，清德宗光绪二十四年（1898）三月。"《清实录·德宗景皇帝实录》卷四百十九：光绪二十四年五月乙卯，"谕军机大臣等：有人奏'浙江温州、宁波两府，皆有聚众围署之事。由于土药捐总办候补道李宝章胶削为能，遇事苛虐。永嘉县有小民携土数两，为委员查获。该道属知县周炳麟严办，致毙杖下。民情大噪，几酿事变'等语。著廖寿丰确切查明，据实参奏。原片著钞给阅看，将此谕令知之。寻奏：'遵查李宝章被参各节，尚无其事。周炳麟业经另案奏参。此案并无刑毙人命之事，均请免予置议。'报闻。"卷四百二十九：光绪二十四年九月甲寅，"又谕：廖寿丰奏《刁民恃众抗官获犯讯办》一折。据称浙江宁波、绍兴、温州等府本年春夏之交，米价日昂，正议令各属筹办平粜，叠据该镇道等禀称：永嘉、鄞县各处奸民借口米贵，并因铺捐、土药捐，聚众哄闹，鸣锣罢市，毁坏县府、道署及土药局，复因抢米，经营兵弹压，有持械拒捕情事。刁民聚众抗官，此风断不可长。在场滋事首要各犯既据该抚饬属拿获，讯明惩办。其办理不善之各地方官，亦难辞咎。永嘉县知县周炳麟，嗜好甚深，身任地方，毫无布置。劝办铺捐委员试用从九品庄受采，逼勒催收，酿成重案。厘局委员试用通判郑廷骧，声名平常，罔恤商艰。均著一并革职。署鄞县知县刘裔祺，疏于防范。著交部议处，以示惩儆。"

《中国周姓名人》2006 年版第 269 页："《福建·浦城周氏族谱》六卷，藏地：福建图书馆。（清）周炳麟纂修，清光绪二十六年（1900）刻本，六册。"《清史稿艺术志拾遗》2000 年版第 892 页："《公门惩劝录》一卷，周炳麟撰，有福读书堂丛刻本。"

《清实录·德宗景皇帝实录》卷三百八十二：光绪二十一年（1895）十二月甲申，"蠲缓浙江……鄞、慈溪、奉化、镇海、象山、余姚……七十一厅州县……被旱、被风地亩新旧钱漕杂课并原缓银米有差"。

但懋祺，字志山，湖北蒲圻人，监生。光绪三年二月供事海运局。五年十一月任百官厘局。九年十月，委箸里厘局差。十八年（1892）任太平县令。二十二年（1896）正月署任奉化令，二十四年（1898）三月卸事。后尝任乌程知县、余姚令。

《申报》1877 年 4 月 17 日《浙省抚辕事宜》：光绪三年二月二十四日，"但懋祺禀奉海运局"。1877 年 7 月 20 日《浙省抚辕事宜》：光绪三年六月初二日牌示，"懋祺……知悉于六月初五日来辕听候"。1878 年 1 月 1 日《浙省抚辕事宜》：光绪三年十一月十七日，"但懋祺管解海运经费即辞赴津"。1879 年 12 月 25 日《浙省抚辕事宜》：光绪五年十一月初六日红示，"赴百官厘局但懋祺辞赴"。《申报》1882 年 10 月 21 日《浙省抚辕抄》：光绪八年九月初四日，"但懋祺销通局差，禀知由京验放，来省禀到"。1883 年 11 月 25 日《浙省抚辕抄》：光绪九年十月十八日，"但懋祺禀知厘捐局委箸里厘卡差，禀见叩谢"。1884 年 1 月 21 日《光绪九年十二月初六日京报全录：刘秉璋片：……但懋祺等六员均已试看一年期满……候补知县但懋祺办公奋勉，相应请旨留省，照例补用。"1885 年 10 月 13 日《浙省抚辕抄》：光绪十一年九月十九日，"但懋祺交卸箸里厘局，回省禀到"。《温岭县志通讯》1986 年第 2 期第 33 页：太平知县"但懋祺，湖北蒲圻，光绪十八年（1892）任"。

光绪《奉化县志》卷十六《职官表》上："但懋祺，湖北蒲圻人，监生，光绪二十二年正月署任，二十四年三月卸事。"卷七《户赋》："光绪二十三年（1897），通饬减浮。案内详，定银每两仍收钱二千二百二十文……每两仍折收钱二千二百二十文，遂为定额，但懋祺声称：'以后银价虽逐渐加增，而奉化不复丝毫加征，又称洋圆完纳系照城市之价加申一二十文，以期踊跃云。"

《清实录·德宗景皇帝实录》卷五百五十：光绪三十一年（1905）十月丙午，"乌程县知县但懋祺，性情浮躁，尚能办事，著开缺留省察看。"《山东图书馆学刊》2011 年第 1 期《清末阅报讲报活动对近代公共舆论空间的拓展》（苏全有、徐冬）："首先，为响应此时的'新政'，下层开明官吏对阅报讲报一事极

清代知县

381

具热情。浙江严州府分水县知县李续祜与绍兴府余姚县知县但懋祺,'晓得开风气是地方官责成',出钱捐廉,'定了不少白话报','不论城乡各镇,到处分送',并计划制定章程,延请教习,开蒙学堂来推动阅报讲报事业。"《申报》1920年9月21日《国内要闻·杭州快信》:"前总统府咨议但焘本日午车扶乃父但懋祺灵柩,由沪来杭,卜葬于西湖。政界备有路祭多处。"《湖北省志·人物志稿》(第1卷)1989年版第112页:"但焘(1881—1970),字植之。蒲圻但家村人,书香门第。其父但懋祺,字志山,官至浙江奉化、太平、余姚县知事。"

郭文翘,字瀛槎,合肥人,监生。光绪七年闰七月二十一日,接办迁善所差。八年八月初八日,禀销海运差。十一月十五日,委解户部经费差。十年五月二十八日,接办江干船局。闰五月初四日,委兼办凤山门外总巡差。二十年六月初二日,委长兴厘局差。二十四年(1898)三月署任奉化令。任内建广济局、关圣殿。二十五年升知海宁州,任内尝署仁和、钱塘二县。三十三年(1907)大计,被劾,照不谨例革职。

《申报》1881年4月29日《浙省抚辕事宜》:光绪七年三月二十五日牌示,"试用通判郭文翘……于本月廿九日,备带笔砚来辕听候本部院当堂开写履历。毋违。特示"。1881年9月20日《浙省抚辕抄》:光绪七年闰七月二十一日,"通判郭文翘禀知藩臬两司会委接办,迁善所差,叩谢"。1882年9月26日《浙省抚辕抄》:光绪八年八月初八日,"补用通判郭文翘禀销海运差"。1882年10月16日《浙省抚辕抄》:光绪八年八月二十五日,"通判史攸扬销迁善所差,郭文翘禀知藩臬二司委接办迁善所差"。1882年12月31日《浙省抚辕抄》:光绪八年十一月十五日,"通判郭文翘禀知粮道委解户部经费差"。1883年1月14日《浙省抚辕抄》:光绪八年十一月三十日,"通判郭文翘禀见,销迁善局差"。1883年12月19日《发封典当》:光绪九年十一月初十日,"郭文翘至塘栖"。1884年6月27日《浙省抚辕抄》:光绪十年五月二十八日，"郭文翘禀知本日接办江干船局"。1884年7月3日《浙省抚辕抄》：光绪十年闰五月初四日，"通判郭文翘禀知枭委兼办凤山门外总巡差"。1884年12月8日《浙省抚辕抄》：光绪十年十月十二日，"通判郭文翘禀知交卸江干船局差"。《中国地方志集成·浙江府县志辑》："光绪《永康县志》，十六卷，首一卷。(清)李汝为、郭文翘修，潘树棠等纂。"按：该志刊于光绪十八年(1892)，则郭文翘或于此时任永康令，待考。《申报》1894年7月5日《浙省官报》：光绪二十年六月初二日，"知州郭文翘禀知厘捐局委长兴厘局差，禀见叩谢"。

光绪《奉化县志》卷十六《职官表》上："郭文翘，安徽合肥人，监生，光绪二十四年三月署任，二十五年升海宁州。"卷二《建置》上：县治，"咸丰十一年，粤匪陷城，衙署多毁……光绪二十四年(1898)，令郭文翘劝建东曹房后关圣殿"。卷三《建置》下："广济局，亦名掩埋局。光绪二十五年，(1899)知县郭文翘奉札创办，捐廉银一百圆。签董事俞记昌等订章开办。"按：《奉化市志》1994年版《大事记》未载，在《民政·社会救济》部分仅提到"广济局"三字。《光绪朝朱批奏折》第102辑《工业 商业贸易 交通运输 工程》第39页：光绪二十五年正月，"……值该署县郭文翘拿办花会甚严，匪徒赌棍乘机煽惑，聚众抗阻。郭文翘会同汛弁前往弹压开导，该匪等辄敢恃众逞凶，拒伤弁勇，并失军械。该汛把总李殿恩旋因伤重殒命。……据该署县郭文翘以高木苗等假扮营勇在该县南乡勒诈抢掠，先后会营捕获匪党章亚幅、竺梦法等七名，匪首高木苗受伤逃逸，悬赏购缉。现在地方安谧。"

民国《杭州府志》卷一百三《职官》五《仁和县·国朝·知县》："郭文翘，合肥人，光绪二十五年(1899)补。"民国《海宁州志稿》卷二十四《职官》下：知州，"光绪二十六年(1900)，郭文翘，字瀛槎，合肥人，监生"。民国《杭州府志》卷一百二《职官》四《钱塘县·国朝·知县》："郭文翘，合肥人，光绪三十年署。"卷一百三《职官》五《仁和县·国朝·知县》："郭文翘，三十一年(1905)再任。"民国《海宁州志稿》卷二十四《职官》下：知州，"郭文翘，三十一年回任"。卷四十《杂志·兵寇》："光绪三十一年，巢湖匪麕集许村周王庙等处，四出劫掠。邑令郭文翘请兵剿之。"《政治官报》(6)《折奏类》第247页，光绪三十四年三月十六日第一百六十七号:"谨将浙江省光绪三十三年大计参劾。不法人员……海宁州知州郭文翘,纵任丁书,剥民肥己……以上四员均应照不谨例革职。"《政治官报》(10)《折奏类》第274页,光绪三十四年六月十七日第二百五十七号:"窃照杭州府海宁州知州郭文翘,大计参劾。光绪三十四年三月初二日奉旨,后五日行文,按照限减半计算扣,至四月初四日作为开缺日期。所遗员缺系繁疲难海疆应题要缺,例在外拣员请补。"

《清实录·德宗景皇帝实录》卷四百三十六:光绪二十四年(1898)十二月乙未,"蠲缓浙江……鄞、慈溪、奉化、镇海、象山、余姚……六十九厅州县暨杭、严嘉、湖、台州等被灾地方漕米钱粮有差"。

龚廷玉,顺天通州人,供事。光绪三年八月十七日委赴东防念汛石塘工程。五年二月初一,赴海运津局差。十月二十六日,委津局差。八年四月十七日,厘捐局委湖郡厘局管理联票差。十一年十月初八日,解京饷赴都。二十五年(1899)六月署任奉化令,二十六年十月卸任。任内建箴石亭,二十七年任西安县令。三十一年在任仁和令。

《申报》1877年10月2日《浙省抚辕事宜》:光绪三年八月十七日,"府经历余芳、龚廷玉俱禀知塘工总局札委赴东防念汛石塘工差,叩谢"。1879年3月3日《浙省抚辕事宜》:光绪五年二月初一日,"府经历龚廷玉、颜其庆俱辞赴海运津局差"。1879年12月15日《浙省抚辕事宜》:光绪五年十月二十六日,"府经历龚廷玉奉委津局差"。1882年6月9日《浙省抚辕抄》:光绪八年四月十七日,"府经历龚廷玉禀知,厘捐局委湖郡厘局管理联票差,叩辞"。1884年12月30日《苏省抚辕抄》:光绪十年十一月初八日,"府经历龚廷玉禀知"。1885年11月19日《浙省抚辕抄》:光绪十一年十月初八日,"府经历龚廷玉禀辞,解京饷赴都"。

光绪《奉化县志》卷十六《职官表》上:"龚廷玉,顺天通州人,供事,光绪二十五年六月署任,二十六年十月卸事。"卷二《建置》上:县治,"光绪二十五年(1899)，令龚廷玉建箴石亭"。

《衢县志》1992年版第363页："龚廷玉，光绪二十七年任。"后任：二十八年任。《清末教案》(第3册)1998年版第58—59页《署理浙江巡抚余联沅为西安县美教士尸骸已交耶稣堂收领事札洋务局文》(光绪二十七年三月二十日，1901年5月8日)："头品顶戴、署理浙江巡抚部院、节制水陆各镇兼管两浙盐政兼总理各国事务大臣余，札洋务局知悉。据署西安县知县龚廷玉禀称，窃照去年六月间九牧匪徒窜扰江常，蔓延西邑，以致洋人被害多命，城外遭难之美国黄教士等甚至尸无着落。卑职明查暗访，风闻黄教士同厨司毛姓由常山被匪徒追至西安所属之三山地方，戕害后将尸身移至三山附近山洞内藏匿。(外务部档)"民国《杭州府志》卷十七《学校》四《学堂·仁和县》："仁和初等小学堂，第一区。向在杭城欢乐巷，光绪三十三年移设瑞石亭右。原名仁和县初级小学堂。光绪三十一年，由仁和县龚廷玉将五所蒙养学堂归并，改为一所，附入仁和高等小学堂，光绪三十一年七月开学，开办经费均由仁和县捐廉项下动支。三十四年改今名。"

《清实录·德宗景皇帝实录》卷四百五十七：光绪二十五年(1899)十二月辛卯"蠲缓浙江……鄞、慈溪、奉化、镇海、象山、宁海……七十厅州县……被水、被风、被虫并沙淤石积田亩新旧地漕，其荒废未种田亩本年地漕分别全蠲或蠲征各半"。

保护仁湖告示

(清)龚廷玉

钦加同知衔补用总补府署理宁波府奉化县正堂加十级记录十二次龚。

为出示谕禁事。据一都一庄附贡生张翊周、监生张炘，三十九都一庄柳维宏、柳维茂、许傅光等呈称：县东北十里有仁湖，系积水官湖，为奉邑胜地，三面阻山，中环地五里。宋绍兴年间，筑塘潴水以溉田亩。国朝乾隆年间，塘坏殊甚，贪徒争垦塘田，屡经监生柳益球等呈控，蒙邑尊从龙(注：李从龙，清乾隆四年任奉化知县)批示,永禁开垦在案。旋即填筑以复旧规,重水利也。至光绪十三年,塘崩湖塞,旱潦交患,董事介宾张如松等捐资,增筑塘长八十余丈,阔二丈零,建东、中、西三石洞以资蓄泄。迩来稼穑斯土者屡庆丰稔,实由于此。不意今六月间,不肖辈勿事车庤,妄开石洞。先后公请出示勒石永禁等情到县。据此,批示外,合亟出示谕禁。为此,示仰该处诸民人等知晓。

尔等须知,筑增设闸所以资蓄泄而备旱潦。自示之后,不准在该湖塘内开垦种植,并不准将石洞妄行开挖。倘敢玩违,许该地绅耆指名禀县,定即提案严办,决不姑宽。各宜懔遵,切切。特示。

光绪二十五年十二月日给

注:仁湖,位于大桥镇北,广四五里。碑立塘下亭。(《奉化市土地志》1999年版第348—349页)

李前泮(1869—?),号思诚,湖南湘乡人。光绪十七年,指分江苏试用。十八年委署淮安府安东县令。十九年调署江宁府高淳令。二十年委署松江府青浦县令,二十一年交卸。二十三年题补金华府东阳令。二十六年(1900)十月调署宁波府奉化县。二十七年十月,回东阳县本任。二十八年调补绍兴府萧山县。大计,保荐卓异。三十一年,考核州县事实,列入优等。三十二年,调署湖州府归安令,又调杭州府新城令,又调金华府浦江令。三十三年调署台州府临海县知县。三十四年委署杭州府仁和县知县。二月调补温州府永嘉县知县。宣统二年(1910)任湖州知府。

《申报》1894年12月2日《苏省官报》:光绪二十年十月廿六日,"照得青蒲知县钱志澄保升开缺。查有试用知县李前泮堪以酌委署理"。1894年12月16日《苏省官报》:光绪二十年十二月,"委署青浦县李前泮辞赴"。1895年9月26日《苏省官报》:光绪二十一年八月二十四日,"知县李前泮禀知交卸署青浦县任事回省"。1895年11月16日《苏省官报》:光绪二十一年九月二十日，"李前泮禀知前在江宁筹饷局报捐改省浙江"。1895 年 12 月 5 日《江苏官报》：二十六日，"青浦县汪禀辞；知县林颐山由常州来；李前泮禀知会算青浦县交代清楚"。

　　光绪《奉化县志》卷十六《职官表》上："李前泮，光绪二十六年十月署任，二十七年十月卸事。"卷首《预修职名》："主修李前泮，总修张美翊。"卷十八《名宦·附编》："李前泮，号思诚，湖南湘乡人。李勇毅公续宜之孙。光绪二十六年十月，由东阳正任调署奉化。留心民事，百废具举。县东广平湖久淤，躬亲勘视，自陡鼍头至横河口，量计一千七百丈，估工疏浚，捐廉为倡。又自三星碶折而东，增广河道。工既竣，溉田数千亩焉。邑志屡议纂修，辄以费绌中止。乃拨公款千金，刻期采访。今新志得以告成者，实当时倡导之力也。庚子（光绪二十六年，1900）以后，学堂萌芽。始与邑人江回、严翼鋆议改锦溪书院为龙津书院，增拨平余钱四百千以资津贴。甫订章程，通详大府，适东阳士民吁禀金华府详饬复任，大府允之，乃以二十七年十月卸事。在任时，古方桥崩圮，其地系宁绍台三府通津，曾详府会勘，与邑绅议重修之，以去任不果。前泮听断明敏，绝无留滞。自士民以至吏胥，无不畏而爱之。其办事一以至诚，尤能甄别品类，不露圭角，故有举必成云。"并特附按语曰："李侯思诚，邑之名宦也。此次修志，侯为主修，例不登传。然侯虽留奉一载，而德政覃敷，为时传诵，爰谨摭事实，附之于后，以俾后之续修者补入焉。"卷三《建置》下："广济局，亦名掩埋局。光绪二十五年（1899）知县郭文翘奉札创办，捐廉银一百圆。签董事俞记昌等订章开办。二十七年（1901），知县李前泮详准岁提平余项下银八十圆，陆续捐置。孙文诒有《记》。"卷九《学校》下："锦溪书院，在黉宫东。始名义学，康熙三十年，令施则曾建。……光绪二十七年（1901），知县李前泮、董事严翼鋆等遵改龙津学堂。三十一年，改奉化中学堂。"《奉化建筑探胜》2012 年版第 233—234 页："光绪二十七年（1901）农历三月初五傍晚，雷电交加，大雨倾盆，奉化江上游洪水泛滥，而下游恰值春潮内涌，拱桥（方桥）中部被冲毁，至整座桥倒坍坠江，志载'桥坍声震数里'。桥塌后两岸行人隔绝，河道交通阻断。时奉化县令湖南湘乡人李前泮及继任者同乡沈寿铭均十分关注太平桥重修之事。向

清代知县

387

上奏报后,宁波知府发出《募捐奉化县方桥启》,发动地方百姓、官绅募捐。一时,奉化、鄞县两地人纷纷捐资、献策,热情高涨,连天津、上海甚至旅居日本的华侨也踊跃出资。"

《清代官员履历档案全编》第8册1997年版第122页:"李前泮,现年四十岁,系湖南湘乡县人,由承荫知县。于光绪十四年经吏部咨送国子监读书,期满注册候铨。十七年遵例报捐,指分江苏试用。三月引见,奉旨:著照例发往。四月到省。一年期满,甄别留省补用。江苏赈捐案内奖给同知升衔。南洋海防出力,经两江总督刘坤一奏保,俟补缺后以直隶州知州补用。十八年十一月奉旨:依议。是年委署淮安府安东县知县。十九年调署江宁府高淳县知县。二十年委署松江府青浦县知县。二十一年交卸,遵例改指浙江。二十三年题补金华府东阳县知县。二十三年海运案内保,俟补直隶州,后以知府用。八月初二日奉旨:依议。二十六年调署宁波府奉化县知县。二十七年仍回东阳县本任。二十八年报效昭信股票银两,奖叙花翎,调补绍兴府萧山县知县。是年大计,保荐卓异。三十一年考核州县事实,列入优等,详请给咨赴引。三十二年调署湖州府归安县知县,旋调署杭州府新城县知县。七月调署金华府浦江县知县。经浙江巡抚张曾敭奏保,奉上谕:著传旨嘉奖。三十三年调署台州府临海县知县。三十四年委署杭州府仁和县知县。二月调补温州府永嘉县知县。因大计卓异,经浙江巡抚冯汝骙给咨赴引,并奉饬知以忠勋后裔加考附奏。六月初五日奉旨:吏部知道。二十四日赴吏部验到,二十八日验看,七月十五日蒙钦派王大臣验放。十六日覆奏,奉旨著在任以知府补用。"《清实录·德宗景皇帝实录》卷五百六十四:光绪三十二年九月"癸丑,谕内阁。张曾敭奏《举劾属员》一折,浙江候补道叶寿松……萧山县知县李前泮,既据该抚胪举贤能,均著传旨嘉奖"。民国《杭州府志》卷一百二《职官》五《仁和县·国朝·知县》:"李前泮,湘乡人,光绪三十三年署。"《申报》1909年(宣统元年)4月1日《石门县禀陈官绅冲突情形(浙江)》:"现署仁和李前泮克日驰代,递遗仁和,札委沈惟贤大令承乏。"1909年8月25日《浙抚会勘象山军港四志(杭州)》:"业经札委候补知府李前泮正任仁和县。"1910年2月18日《杭垣大员纷更之原因(浙江)》:"一面

札饬杭府卓太守接署,遗缺以湖州府夏太守署理。湖府遗缺则以候补府李
前泮署理。"1910 年 2 月 21 日《改委杭属出品协会监理官(浙江)》:"驻杭出
品协会监理官李前泮太守,奉檄出守湖州。"1910 年 5 月 4 日《湖商创办锑矿
中止谈》(杭州):宣统二年三月,"湖属职商沈毓麟前年纠合同志查勘严州遂
安县岩场村锑矿苗旺质净……现闻该商以独力难支久持无益,业已呈请湖
府李前泮太守转详省宪,自愿将探照缴销"。1910 年 9 月 21 日第一张后幅
《议结泗安教堂被毁之电禀(杭州)》:"湖属长兴县合溪地方乡民因调查户口
酿成暴动,土匪乘机滋事,蔓延泗安、广德一带,波及天主、耶稣两教堂,已详
志前报。昨日李前泮太守会同周统领由泗安电禀杭抚,谓泗安被毁天主、耶
稣两教堂现均和平议结,请纾宪廑。"

　　《清实录·德宗景皇帝实录》卷四百七十八:光绪二十七年(1901)正月
己卯,"蠲缓浙江……鄞、慈溪、奉化、镇海、象山、余姚……三十九县……欠
收沙淤田亩新旧田粮漕米有差"。

沈寿铭,湖南湘乡,附贡。光绪十一年六月十二日自青田厘局,赴省禀知闻
讣丁父忧;六月二十六日,交卸青田厘局。二十七年(1901)十月署任奉化
令,二十八年(1902)十月卸任。

　　《申报》1885 年 7 月 30 日《浙省抚辕抄》:光绪十一年六月十二日,"沈寿
铭青田厘局来省禀知闻讣,丁父忧"。1885 年 8 月 11 日《浙省抚辕抄》:光绪
十一年六月二十六日,"丁忧通判沈寿铭禀知交卸青田厘局,回省禀到"。
1885 年 8 月 21 日《浙省抚辕抄》:光绪十一年七月初三日,"沈寿铭禀辞回籍
守制"。1886 年 6 月 14 日《江督辕门抄》:光绪十二年五月初六日,"浙江通
判沈寿铭见辞"。1888 年 8 月 6 日《浙省抚辕抄》:光绪十四年六月十九日,
"沈寿铭禀知臬司委织局帮审差"。
　　光绪《奉化县志》卷十六《职官表》上:"沈寿铭,湖南湘乡,附贡,光绪二
十七年十月署任,二十八年十月卸事。"《奉化建筑探胜》2012 年版第 233 页:

"光绪二十七年(1901)农历三月初五傍晚,雷电交加,大雨倾盆,奉化江上游洪水泛滥,而下游恰值春潮内涌,拱桥中部被冲毁,至整座方桥倒坍坠江,志载'桥坍声震数里'。时奉化县令湖南湘乡人李前泮及继任者同乡沈寿铭均十分关注太平桥重修之事。向上奏报后,宁波知府发出《募捐奉化县方桥启》,发动地方百姓、官绅募捐。"《光绪朝朱批奏折》第 108 辑《法律》1996 年版第 136 页:"前据署奉化县知县沈寿铭详报,民人陈绍云殴伤缌麻服弟陈肇礼身死,诣验获犯讯认一案,当经详办去后"云云,落款日期:"光绪二十八年十一月十二日。"

王汝贤,字宝庵(一作:舜臣),甘肃秦州人,举人。二十六年十一月,在任甘肃古浪县训导。二十八年(1902)十月任奉化令,三十二年(1906)六月卸事。任内改建县治,完善西学堂,并改凤麓学堂为高等小学。

光绪重修《通渭县新志》卷七《选举(杂官附)》:"光绪年恩贡,王汝贤,字宝庵"。《申报》1894 年 1 月 1 日《浙省官报》:光绪十九年十一月初九日,"……巡检王汝贤,俱由京验看,来省禀到"。《清实录·德宗景皇帝实录》卷四百七十五:光绪二十六年十一月壬申,"以品学兼优,予甘肃古浪县训导王汝贤、安化县训导刘兆庚奖叙"。

光绪《奉化县志》卷十六《职官表》上:"王汝贤,甘肃秦州人,举人,光绪二十八年十月到任,三十二年六月卸事。"卷二《建置》上:县治,"光绪二十九年(1903),令王汝贤以二堂地势低注,升高旧址,改建厅室,而移二堂于大堂后之川堂。三十年(1904),又于厅室之东建书室,厅室之西建厢房。三十一年(1905),改建川堂"。卷九《学校》下:"官立中学堂……三十一年,王汝贤申详,改今名,并以校士馆并入焉。""官立高等小学堂,治东二百步。初由养正堂义塾改为中西学堂。光绪二十九年董事凌康嗣等始移告成寺,改名凤麓学堂。三十二年,知县王汝贤申详,改为高等小学。"《申报》1906 年 5 月 19 日《奉化县学界之怪现状》:"甬属奉化县畸山学堂,经董夏禹钧创设该学堂时,曾嘱虞庠代募款项,虞慨然允之。嗣虞因本村各殷户创立湖山学堂一所,公推虞庠为经董,因之畸山学堂募捐一事不践前约。夏因是与虞挟嫌,遂设法纠集绅士多人,列名禀控府署,谓虞阻挠学堂。当由府尊喻庶三太守批饬奉化县王舜臣查究。旋虞得悉其事,不胜惊惶,亲赴列名禀首赵绅霈涛处探询,知禀内列名五十七人大半系夏捏名,虞即遄回。讵夏已知虞至赵绅处,遣人狙伏于途次。迨虞至徐家埠头地方,有吴康年、蒋才夥、夏宝春等多人突出,将虞拖打至溪口,缚悬一夜,次早扭送县署。王大令以夏禹钧野蛮举动,斥而不理,嗣令具禀,始将虞发押县学。现虞庠已具禀府县,呈请饬传禀内各绅到案质讯,以明虚实。大约此案一时未能即了也。"1906年8月13日《奉化县令易任》:"奉化县王舜臣大令汝贤禀详浙抚,力求交卸,已蒙允准,并委孙大令文诒署理奉化县篆。大令已由省抵甬,日内即当赴奉莅任接印视事。"

《光绪朝朱批奏折》第24辑第808页:光绪三十四年四月分调补"浦江县知县缺,查有正任奉化县知县王汝贤堪以委署"。《政治官报》(7)《折奏类》第16页:"又,准补浦江县知县署仁和县知县方象坤丁忧遗缺,查有现署浦江县调补永嘉县知县李前泮堪以调署。递遗浦江县知县缺,查有正任奉化县知县王汝贤堪以委署。"落款:"光绪三十四年四月十七日,奉朱批吏部知道,钦此。"《申报》1904年5月10日《甬郡官场纪事》:光绪三十年三月"奉化县王大令家骥,前因要犯越狱脱逃,经宁波府知府喻庶三太守申请上宪撤任,委员瓜代,不日即当交替矣"。按:考光绪《奉化县志》卷十六《职官表》上、《奉化市志·政府》1994年版,均未著录王家骥,且未提王汝贤任期曾有中断,此条孤例或为《申报》编发错误,暂附待考。

《清实录·德宗景皇帝实录》卷五百三十九:光绪三十年(1904)十二月甲寅,"浙江巡抚聂缉椝奏《查明浙省可裁并员缺》:……乌程、长兴、奉化县丞归县统理。……杭州、嘉兴、湖州、宁波、绍兴……十府,於潜……奉化、象山、嵊、新昌、宁海……三十五县复设教谕。……寻奏《拟裁各缺请饬查照政务处议覆直隶等省裁缺》各折及张之洞奏准成案,与各省一律办理。依议行。"卷五百五十五:光绪三十二年(1906)二月庚戌,"蠲缓浙江……鄞、慈溪、奉化、镇海、象山、余姚……七十二厅州县……水、旱、风、雨、虫、潮地方地漕银米"。

孙文诒(1863—?),字翼之,号燕秋,一号剑虹,上海人,进士。历充通运局发审兼总监兑、浙江学务处总文案兼总稽核。光绪三十二年(1906)六月任奉化令,十月卸事。又任临海等县知县,授镇海知县兼营务处提调、镇海县教谕。在任时,创设学校,举办警察及平民习艺所。宣统三年因疾乞休,杜门养疴,绝意仕进。中华民国政府成立后,浙江都督汤寿潜,江苏民政总长李锺珏迭次征召,皆以疾辞不赴。著有《八琅仙馆文集》《红珠馆诗词集》《劫红绿》等书。

《清实录·德宗景皇帝实录》卷三百四十:光绪二十年五月"丙戌,引见新科进士",有"孙文诒"。《清代朱卷集成》(123)1992年版第379页:举人"孙文诒,字翼之,号燕秋,一号剑虹,行三。同治癸亥三月廿四日(二年,1863年5月11日)吉时生,江苏上海县监生,国子监典簿衔,民籍。"

光绪《奉化县志》卷十六《职官表》上:"孙文诒,江苏上海人,进士,光绪三十二年六月署任,十月卸事。"《申报》1906年11月9日《县令对调》:"镇海县翁铁梅大令因与学界冲突,经上峰调授奉化县缺,遗缺以奉化县孙大令文诒调补。闻翁大令交卸镇篆时,由宁府喻庶三太守委洋广局委员王大令暂行兼办。"

《镇海县志》1994年版第203页《行政机构》:"孙文诒,光绪三十二年十一月任。"《宁波文史资料》第11辑《宁波光复前后》1991年版第88页,范爱侍《识时务的镇海知县爷》:"我的母亲顾秀贞于1904年随先父至镇海基督教堂襄助教务,在教堂内附设斐迪女校,为镇海最早的女校。镇海知县孙文诒拟在县署内筹设男女学校各一所。我母亲应聘前去主持女校工作。就读学生多为官绅富商子女。"《申报》1909年8月27日《城内·官事》:宣统元年七月二十日,"正任浙江镇海县知县孙文诒昨日到道拜谒"。1911年11月9日

《镇海军政分府成立》："镇海县城及招宝山炮台均于十六日为民军占领。是日上午先由郡城军政分府特派李君霞城至镇，会同教育会长金君鹿笙等，谋有以光复镇城。二君至，则军民争先欢迎，铺户民居立即遍悬白帜，伪令孙文诒早请病假，因即假县署为支部基址。下午邀集绅商军民各界，公推组织人员如下：陆军总长张载扬，水军总长冯英华，参谋股长金伟庠，民政股长李善祥，财政股长沈世京、朱忠煜，执法股长彭炳辰（监察）、杨廷蔚（审判）。至施行细则及办法，闻须与郡中分府接洽，以期收指臂之效云。"《时报》1911 年 11 月 26 日《宁波光复后记事》："前镇海县孙文诒亏空公款至五万元之多。现闻孙某浼同旅沪巨绅致函支部，一律豁免；并闻船捐局杨委员、渔团局颜委员亦挽求某君调处，减成清缴云。"（按：此则转引自《浙江辛亥革命史料集》第 7 卷《辛亥浙江光复》2013 年版第 400 页）

民国《上海县志》卷十五《人物》下："孙文诒，号燕秋。父士锡，慷慨好施与，性尤纯孝。文诒生而歧嶷，性复豪迈。明达时务，甲午中日战争、戊戌政变、庚子拳祸前后，各上《万言书》，皆洞中机要。光绪十七年举人，二十年进士，以知县用。历充通运局发审兼总监兑、浙江学务处总文案兼总稽核，历署浙江奉化、临海等县知县，授镇海知县兼营务处提调、镇海县教谕。在任时，创设学校，举办警察及平民习艺所，开地方风气之先。吏民歌功颂德，所至有声。宣统三年因疾乞休，杜门养疴，绝意仕进。民国成立后，浙江都督汤寿潜、江苏民政总长李锺珏迭次征召，皆以疾辞不赴。著有《八琅仙馆文集》《红珠馆诗词集》《劫红绿》等书。卒年六十二。"

翁长芬，字绍文，江苏江宁人，进士，尝任定海厅同知。光绪三十二年（1906）十月至十二月代理奉化知县。后以遗老居上海，曾撰《杜月笙家谱》。

《清实录·德宗景皇帝实录》卷五百十七：光绪二十九年闰五月辛卯，"引见新科进士"，有"翁长芬"。《定海历史名人传录》2008 年版第 286 页："翁长芬，光绪间厅同知（年无考）。"

光绪《奉化县志》卷十六《职官表》上:"翁长芬,江苏江宁人,进士,光绪三十二年十月代理,十二月丁艰去。"

《萧山县志》1991年版第97页:"翁长芬,江宁人,进士,宣统元年任。"后任:宣统三年任。《大清宣统政纪》卷三十六:宣统二年五月"丁卯,谕内阁:增韫奏《考察属员贤否分别举劾》一折。……署萧山县、永嘉县知县翁长芬……既据该抚胪陈政迹,均著传旨嘉奖。'"《承恩寺缘起碑板录》2011年版第61页,江宁翁长芬(绍文)《辛亥十二月二十六日独登扫叶楼》:"中原又见海生桑,老我登楼痛故乡。只觉半千僧永在,谁知四百寺俱亡。草香留集名难没,叶落辞根扫益伤。甘作遗民今视昔,家山归隐爱清凉。"《上海民俗》2002年版第130页"杜月笙家谱":"杜月笙建造家祠,首先要修一部家谱。可杜月笙的先祖素来贫寒,并无家谱可考。为修家谱,杜月笙在上海觅得清光绪癸卯科进士,曾任浙江奉化、萧山、定海等地知县,辛亥革命后定居沪上,以遗老身分鬻文卖字为业的翁长芬。翁长芬花了两三年时间博览地方志,竟强拉硬考地查考出杜月笙是晋代名将杜预之后,成了'武库世家'。杜家始迁祖系随宋室从黄河流域,辗转上海,止于川沙之高桥,竟写得上下衔接,煞有介事,得到杜月笙称赏。"

陈宗器,福建莆田人,举人,光绪九年十一月,在任池州府通判。三十二年(1906)十二月代理奉化知县,三十三年(1907)正月卸事。

《申报》1873年11月12日《福建乡试题名全录》有"陈宗器,莆(田人)"。1879年7月30日《上江委派闱差单》:光绪五年六月,"……通判陈宗器,以上二十九员均系在省候补正杂人员"。1884年1月1日《皖垣官报》:光绪九年十一月,"藩辕牌示:……安庆府同知毛俊臣、池州府通判陈宗器、盱眙县柯家瑔、贵池县范葆廉,均奉覆准补,饬赴新任本任"。1886年12月14日《江西官报》:"县丞陈宗器往鄱阳。"

光绪《奉化县志》卷十六《职官表》上:"陈宗器,福建莆田人,举人,光绪三十二年十二月代理，三十三年正月卸事。"

翁长森，字铁梅，江苏江宁人，附贡，光绪二十年二月初六日，赴海运差。补云和知县，调署安吉县。二十二年（1896）七月，署临海令。二十五年（1899）以云和令兼景宁。后又任宁海、镇海等县令。三十三年（1907）正月任奉化令，十月卸事。三十四年任杭州新城令。官至知府、江浙盐运使。所至提倡农业试验，设"棉花栽培奖"，农政颇著。著有《金陵金石图》一卷，参与辑成《金陵丛书》《石城七子诗钞》等。

    《申报》1882 年 10 月 19 日《接录苏电局桃坞同人经收元魁会第十一单》有：光绪八年九月，"翁长森，江宁附"。1894 年 3 月 28 日《浙江官报》：光绪二十年二月初六日，"翁长森通局、县丞曹鸿儒津局，俱禀辞，赴海运差"。1894 年 10 月 17 日《海运升迁》：光绪二十年九月，"浙江海运已竣，案内保准各员遂日诣抚院纷纷叩谢，计录如左：正任宁波府胡开缺，归道员用；候补府蔡增光补缺后，以道员用；南浔通判叶补缺后，以知府用；候补同知补缺后，以知府用。请补云和县翁长森补缺后，以同知直隶州用"。1895 年 5 月 5 日《光绪二十一年三月二十八日京报全录》："廖寿丰片：再，安吉县知县朵如正，现因人地未甚相宜，应即拣员调署，以资治理。兹查有准补云和县知县翁长森，年富才裕，明干才有为，堪以调署安吉县。"民国《台州府志》卷十三《职官表》五：光绪二十二年（1896），"翁长森，字铁楳，上元（唐上元二年改江宁县置）人，七月署临海知县。"民国《景宁县续志》卷四《职官志·令长》："翁长森，铁梅，江宁附贡。（光绪）二十五年（1899），由云和兼任。"《镇海县志》1994 年版第 203 页："翁长森，光绪三十二年任。"《申报》1906 年 11 月 9 日《县令对调》："镇海县翁铁梅大令因与学界冲突，经上峰调授奉化县缺，遗缺以奉化县孙大令文诒调补。闻翁大令交卸镇篆时，由宁府喻庶三太守委洋广局委员王大令暂行兼办。"

    光绪《奉化县志》卷十六《职官表》上："翁长森，江苏江宁人，附贡，光绪三十三年正月署任,十月卸事。"《东方杂志》1907 年第 3 期《地方自治汇志》:"浙江宁波府喻太守以朝廷锐意图强,预备立宪,地方自治不日将见实行,故于绅董进见时,每以试办自治为勖。奉化江绅迥因即纠集士绅公议办法,拟定名曰'奉化自治会'"。

民国《杭州府志》卷一百六《职官》八《新城县·国朝·知县》:"翁长森,江宁人,光绪三十四年(1908)任。"后任:宣统二年任。《20 世纪中华人物名字号辞典》2000 年版第 859 页:"翁长森(1857—1914),江苏江宁(今南京)人。曾任浙江安吉、临海、云和、宁海、镇海、奉化县知县。所至提倡农业试验,设棉花栽培奖,农政颇著。字:铁梅。"

《中国藏书家通典》2005 年版第 730 页:"翁长森,清末藏书家、农学家,字铁梅。江都(今江苏扬州)人,诸生。官安吉、云和知县,官至知府,江浙盐运使。在任云和知县时,见当地土瘠民贫,文化落后,乃购地百亩作农业试验场,引导农民种棉。又建课农别墅,专门传授农业知识,刊印《农业汇要》读本,散发四乡,推广科学。又作'津寄藏书楼',购置古今图书万卷,让诸位好学之辈借读。家藏图书甚多,尤留心乡邦文献收集,辑成《金陵丛书》《石城七子诗钞》等。"《南京通史·清代卷》2014 年版第 278 页:"《金陵金石图》1 卷,翁长森,光绪十一年上元翁长森刻本。"

《清实录·德宗景皇帝实录》卷五百七十一:光绪三十三年三月丙申,"蠲缓浙江……鄞、慈溪、奉化、镇海、象山、余姚七十三厅州县……灾歉、沙淤地方新旧漕赋有差"。

王兰芳,字仲香,山东寿光人,举人。光绪三十二年,尝任甬郡洋局。三十三年(1907)十月,任奉化令。任内续成光绪《奉化县志》。宣统三年任慈溪令。民国元年四月委任慈溪县民事长。

《申报》1906 年 4 月 16 日《局委撤差》(宁波):光绪三十二年"甬郡洋局委员彭大令现因案经夺。浙抚张筱帆中丞撤退,遗差委候补县王仲香大令兰芳接办”。

光绪《奉化县志》卷十六《职官表》上：“王兰芳，山东寿光人，举人，光绪三十三年十月署任。”《大清宣统政纪》卷五：光绪三十四年十二月“辛巳（三十，1909 年 1 月 21 日），谕内阁：增韫奏《甄别属员分别奖惩》一折……署奉化县试用知县王兰芳……既据该抚胪陈政绩，均著传旨嘉奖”。《申报》1909 年 3 月 18 日《奉化禀报开办统计》（浙江）：“奉化县前奉抚宪札饬州县衙门设立统计处，限期开办，当经该县王仲香大令以统计处于政俗习惯、地方官有密切之关系，亟宜筹办。随于本月初二日，在劝学所设立统计处，延派宁郡法政学堂毕业举人王绅菉轩专司编纂、管理文牍，遴选调查员。一切遵照奉颁细则认真办理，已通禀各宪，察核立案。”《胡适文集》卷 9《早年文存》第一编《时闻》第 581 页《奉化县苛征人税的骇闻》：“浙江奉化县官王兰芳，异想天开，近日想在通川小轮征收搭客之人口税，每客抽钱十文，借词为充该县警察的经费，现在已禀详甬道，想甬道是爱民如子的，谅此事必不会准，那王县官的昏庸无知，贪诈暴戾，这也可见一斑的了。（原载 1908 年 9 月 6 日《竞业旬报》第 26 期）”

《慈溪县志》1992 年版第 703 页：“王兰芳，宣统三年任。”《宁波文史资料》第 11 辑《宁波光复前后》1991 年版第 20 页：“1911 年 11 月 5 日，宁波宣告光复。6 日晚，同盟会人钱吟苇、钱吟蕾、胡良箴、冯汲蒙、魏陔香等人，奉宁波军政分府的命令，星夜讨论响应和光复慈溪的方法。会后，直入县衙，收缴清兵的枪械，并敦促知县王兰芳交出县印。7 日上午，胡美庾、陆羽光等从宁波赶到慈溪，手执白旗，沿途大喊‘革命军到了’。不及半小时，满城悬挂白旗，民众欢声如雷。接着，钱、胡诸先生召集各界民众，在明伦堂开会，公举杨敏曾（字逊斋）为民政部长，胡良箴办理总务，派王兰芳为执法官，组成临时机构，开始办理县政。”《申报》1912 年 5 月 1 日《慈溪迎会大风潮》：民国元年三月，“慈溪乡民赛会入城，于二十日、二十七两日先后毁署及焚毁民政科长胡君良箴家住宅……地方官之电禀：宁防常统领及慈邑王知事电浙都督云：都督钧鉴，本日慈西乱民假赛会入城，闯毁县署，碎裂国旗，并揭抢胡绅良箴家一空，比经知事会同统领审慎维持，得免蔓延。惟乱民野蛮性成,犹敢张惶思迁,刻已调队整备,随时相机剿办,以遏乱萌。谨先电闻,容再详陈。知事王兰芳、统领常荣清及分府叩。沁(二十七日)"。《慈溪县志》1992 年版第 690 页:"民事长,王兰芳,民国元年四月委任。"

《清实录·德宗景皇帝实录》卷五百八十八:光绪三十四年三月甲寅,"缓征浙江……鄞、慈溪、奉化、镇海、象山、余姚……七十四厅州县……被灾地方上年地漕有差"。

《申报》1909 年 4 月 22 日《来函·奉化孙振麒来函》:"前阅贵报二月二十日有浙省支提学饬札奉化县文云云,深讶其事实不符。后经查得去年劝学所调查表,除私塾外,奉化全县中小学堂合计八十二所,男学生二千四百七十六名,女学生一百七十七名。与札文所云小学九所、人数又少者,未免相去太远。至文内所云'湖山、□民两校及陶村、俞源等处地方殷富'云云。查邑中无此两校,并无此两村。疑贵报所暨札文,于'奉化'两字或有错误,否则省文不应谬误至此。此事关系全邑名誉,请将此函登报,以资更正。幸甚。"

光绪奉化县志序

(清)夏孙桐

当新旧绝续之交,政教纷杂,风俗殊变,社会斩斩,各持一说,蜂起错出于其间,骤未得所归宿。其有钩访散佚,搜辑文献,冀存国粹于什一者,鲜不以迂阔目笑之。宁郡地当海澨,文化之盛甲于浙东,巨儒鸿博照耀史乘。奉化去郡不百里,负山临海,沃衍宜农,溪湖之澄彻,岩壑之雄奇,其灵气盘薄郁积,笃生秀杰,虽处偏隅,颉颃都会。自科举既废,奉化学校风起云涌,为一郡冠,其颖异之士负笈海外,研究科学,出膺时用者颇不乏人。荟甲新知,糟粕古义,宜有然矣。乃续修邑志适于是时告成。溯自光绪壬寅、癸卯间,邑中士绅创议,搜集采访,阅七年而竣事,来乞一言弁首。披览循诵,其体例谨严,记载详核,固胜旧志。如舆图之测绘,人物之品题,实业改良与学校记述，实事求是，尤为他志所仅见。是固能通新旧之邮，极古今之变，为当世考镜所取资，不特一邑实录也。方闻之士每病中国乙部多类一家谱牒，民风习尚略而不详，方志为行政所本，浮文寡要尤无当焉。自东西载籍输入日彩，凡学必重历史，盖理有因仍，事有次第，非穷已往之得失，无以定将来之施措，于以蝉蜕腐秽，振迪新机，岂第存往事、备遗忘已哉？游心外域者，徒欲屏弃一切陈迹，转类籍谈之数典，为彼族所窃笑，抑亦通人之羞也。他邑或因建议修志，学子哗然骇怪，至于忿争寝罢。奉化士绅独能勤勤致力于此，存古证今，灿焉备著，为他日新政之助，可谓知本矣。孙桐摄郡越一载，未尝一至奉化地，山川之险易，物产之饶瘠，人才事变之繁杂，一开卷而得之，又守土者之幸也。光绪三十四年岁次戊申九月，前翰林院编修、湖州府知府署宁波府事江阴夏孙桐序。（光绪《奉化县志》前附）

光绪奉化县志序

（清）王兰芳

邑之有志，所以资治理也。不有志焉，一邑之土地、人民、政事未及周知，即一官之抚字、听讼、催科不能适当，其能有禅于政治乎？余于往冬摄奉化篆，下车数日，取旧志稽之，入国朝凡四纂修，自乾隆壬辰至今迄未赓续。今年春，叠奉朝命檄送邑乘，余虑无以应也，集邑中耆老而咨焉。佥曰："吾邑新志。辛丑之岁，湘南李公官斯土，案牍之余，殷然以纂修邑志为要务。集资设局，延宾分校，而克底于有成也。于兹七年矣。"余从刘君绍琮、严君翼鏊假而读之。图绘精墙，体例谨严，或存旧说，或出新裁，经营惨淡，具有深心，可谓极志乘之能事矣。顾自粤匪之变，烽火频仍，其间死忠殉义，与夫孝悌节烈，文章宿老，何遽逊夫他邑？重以拳乱初平，群雄眈伺，改良更法，力图自强，其有待乎搜罗补拾，大书而特书者更仆难数。奉邑濒海环山，士习民风敦古处，二三绅耆识见卓越，故风气之开，争先进步，即今诏停科举，广设学堂，凡诸新政，例须登载。不有人，焉亟起而续于后？使夫后之稽古者贻数典而忘之讥。服官者有无征不信之惧,非细故也。旧志纂修者,汶上曹公,吾乡先辈也。其言曰:"志土地而思所以靖安之,志人民而思所以教养之,志政事而思所以整饬而敷布之。"此邑乘之不及载而膺民社者所当奉为宝篆者也。曹公之任在乾隆壬辰(三十七年,1772),距今盖百余年所矣,仁湖掌故,锦溪文章,若与我齐鲁人士有后先默契焉者。然曹公是役实为首功,余则因人成事,第从诸君子后,乐观厥成而已。余之幸也。余滋愧矣。至夫仕籍、金石、物产,诸所增附者,皆考订商榷,例言具详,不复赘述云。光绪戊申季秋之吉(三十四年,1908 年 9 月 25 日),署奉化县事同邑王兰芳撰。(光绪《奉化县志》前附)

魏象书,陕西乾州人,举人。光绪二年襄助甘肃学政阅卷。三十一年任开化令,三十二年卸任。宣统元年(1909)八月署任奉化令。

《左宗棠全集·奏稿6》2006 年版第 491 页《甘肃学政抵任延请幕友襄校试卷折》(光绪二年八月初一日):"奏为甘肃学政抵任延请幕友襄校试卷,循例具陈,仰祈圣鉴事。窃臣接准甘肃学政臣许应骙咨报,于光绪二年六月初二日到任,视学甘肃,延请幕友四人帮同阅卷,并将姓名、籍贯、科分咨送,请为查照转奏前来。臣查学臣抵任视事日期,已由该学臣题报在案。所有咨开随带幕友四人:张泩,系陕西乾州人,同治壬戌兼补行甲子科举人;魏象书,系陕西乾州人,光绪乙亥科举人……"《开化县志》1988 年版第 414 页:知县,"光绪三十一年任,魏象书"。民国《衢县志》卷十六《碑碣志》一《学宫》,有《清光绪重修衢州府学碑记》,捐款落款有"开化县魏象书",日期:光绪三十有二年岁次丙午孟秋之月上浣谷旦(1906 年 8 月 20 日)。《申报》1906 年11 月 19 日《批查教职被控之虚实》(杭州):光绪三十二年十月,"浙衢开化县魏象书大令兹方因办学不善,被控撤任,而绅士金麟书等复又晋省投禀学务处,谓教职兼司校长贪婪腐败,求请查究"。民国《杭州府志》卷十三《祠祀》五:"关帝庙,一在拱极门内,一在青山镇。明万历三十七年知县黄鼎象建。

咸丰间毁,光绪间知县魏象书重修。"《申报》1909 年 5 月 30 日第二张《绍属著匪裘文高定谳》(杭州):宣统元年四月,"裘文高获案后迭经县委解讯,兹已定案。昨上各宪电云:杭州抚皋、营务处宪钧鉴,奉委会同嵊县查验匪首裘文高,传绅卞启运等十余人指认明确,实系裘文高正身。讯据供认屡犯'拒捕戕官'各重案不讳,除开折另文通禀外,请将裘文高就地正法。遵饬电禀,乞电示遵行。委员知县魏象书、葛泰林,嵊县知县施荣复同叩。抚院接电后即复电云:绍兴府萧太守密转送嵊县施令,委员魏令、葛令同鉴。微电悉获匪裘文高,既据绅民指认明确,实系正身,讯认屡犯拒捕戕官不讳,逆迹昭著,应准就地正法,仍录供补禀备查。院鱼(六日)印"。

《奉化市志·政府》1994 年版:"魏象书,宣统元年八月署任。"《政治官报·折奏类》宣统二年十一月十三日(1910 年 12 月 14 日)第 1125 号:"署奉化县知县知县魏象书因病请假,遗缺委候补知县魏桐署理。"《申报》1910 年 7 月 16 日(六月初十)《州县纷纷退职之电禀》(杭州):"浙省各州县陋规全裁,公费未定,水旱濒仍,解款重迭,竭蹶情形,繁简一辙,左支右绌,状况大难。如日内宁属之奉化,处属之庆元,均纷纷电禀,汇录如左:(奉化)杭州抚宪鉴,知县因病禀奉批准,另委魏令桐接署。迄已两月,尚未前来。知县病势日重,新政繁多,勉强支撑恐误大局,请饬魏令速赴新任,勿再延。奉化县魏象书江(初三)叩。"

《申报》1909 年 7 月 8 日《学务·奉化创设简字学堂》(宁波):"奉化劝学所西北隅有古社学一所,前数年并入高等小学,讲堂数楹,租为民居。顷由劝学所总董王君序宾婉商校董改办简字学堂,其经费一项,由本城义学向例酌给,乡试卷费年约百余金,全数拨充。众议允洽,现已移请县主示令。"

魏桐，光绪二十年二月二十日，赴津局差。宣统二年（1910）九月，署任奉化令，三年（1911）闰六月革职。

《申报》1894年4月15日《浙江官报》：光绪二十年二月二十日，"县丞魏桐俱禀辞，赴津局差"。1894年11月8日《钱江寒信》："武乡试于（光绪二十年）十月朔日开办……县丞魏桐均带领印臂从九费元鼎、府经田受衡巡检。"

《奉化市志·政府》1994年版："魏桐，宣统二年九月，署任。"《申报》1910年7月16日《州县纷纷退职之电禀》（杭州）："浙省各州县陋规全裁，公费未定，水旱濒仍，解款重迭，竭蹶情形，繁简一辙。左支右绌，状况大难。如日内宁属之奉化，处属之庆元，均纷纷电禀，汇录如左：（奉化）杭州抚宪鉴，知县因病禀奉批准，另委魏令桐接署。迄已两月，尚未前来。知县病势日重，新政繁多，勉强支撑恐误大局，请饬魏令速赴新任，勿再延。奉化县魏象书江（三日）叩。"《政治官报·折奏类》（1910年12月10日）：宣统二年十一月初九"署奉化县知县魏象书因病请假，遗缺委候补知县魏桐署理"。《大清宣统政纪》卷五十七：宣统三年闰六月"甲子（廿八，1911年8月22日），谕内阁：增韫奏《举劾属员》一折。……署奉化县补用知县魏桐，权柄下移，行同聋聩……均著即行革职"。

袁玉煊，安徽合肥县人，监生，尝任汤溪令、孝丰令。因交待亏短，光绪三十四年十月十七日，革职勒追。宣统三年（1911）七月任奉化令。九月光复，县令改称民事长。

《政治官报·折奏类》光绪三十四年四月十七日（1908年5月16日）第16页："又，汤溪县知县袁玉煊丁忧遗缺，查有候补知县徐绍章堪以委署。"《光绪朝朱批奏折》第85辑《财政》1996年版第550页："奏为知县亏短交案钱文延不完解请旨革藏勒追以重库项……查前任汤溪县知县袁玉煊交代，案内尚欠司库交案粮捐钱二千二百八十二千一百三十二文。节次藏催，已逾二参,未据完解,实属玩延。据布政使颜锺骥,据该管道府揭请奏参前来。奴才复核无异,相应请旨将正任汤溪县丁忧知县袁玉煊即行革职勒追。"落款日期:光绪三十四年十月十七日。《近代中国史料丛刊》第290辑《宣统三年冬季职官录》(一、二)《浙江·宁波府》1968年版第1021页:"孝丰县,知县袁玉煊,安徽合肥县人,监生。"

《奉化市志·政府》1994年版:"袁玉煊,宣统三年七月。"《宁波文史资料》第11辑《宁波光复前后》1991年版第21页:"奉化县同盟会会员以龙津学堂为中心,工作颇为活跃。龙津原为锦溪书院,由江迥主持,改组后,以'讲究新学,培养人才,挽救中国'为宗旨。聘庄嵩甫为学监。其时孙表卿正编纂《奉化县志》,参与筹备工作。江迥、王菉轩、王艺卿、周骏彦和孙表卿等,深受民主革命思想影响。当武昌起义消息传来,江迥等作好准备,筹划起义。奉化知县比较开明。宁波军政分府成立后,于11月7日派周骏彦去奉化,知县接受劝告,于11月8日奉化宣告光复。仍推原知县为奉化县军政支部主持人。参加军政支部的人员中有江迥、王菉轩、王艺卿、周骏彦和孙表卿等。其后宁波成立参议会,奉化派孙表卿为代表出席会议。孙常驻宁波,参与军政分府的议会工作。"《申报》1912年1月2日《清官尚思保存膻秽》:"前清奉化县令袁玉煊,出身左杂,仇视新政。此次省城光复,该邑'民事长'未奉谕派,由袁与劣绅等朋比为奸,假人民公举为名,遂自称为'民事长',于政事部颁给戳记搁置不用。遇有文告,辄自称'民政部长',钤用前清印信。嗣嫌名义不符,改镌'民政长'印,自由制用,并不呈报启用日期。官署内陈列'钦加四品'衔牌,前办棠吞饥民一案,依然翎顶辉皇,站堂呵殿,悖谬已极。本年浙属钱漕早奉都督宣示豁免,该民长辄敢蔑视政令,擅自征收,比差催科,急如星火,以致人民怨声载道,大动公愤。现已呈请都督府查办彻究矣。"

民国知事、县长

孙保，民国元年（1912）五月卸任。

《奉化市志·政府》1994年版："孙保，（卸任日期）1912年5月。"

陈锦波，民国元年（1912）六月至二年（1913）六月任奉化知事。八年至九年，任东山县知事。

《浙江方志》1989年第5期第46页：奉化县"陈锦波，1912年7月委任"。《奉化市志·政府》1994年版："陈锦波，1912年6月—1913年6月。"《申报》1912年11月4日《浙江现任知事一览表（宁属）》鄞县：沈祖郫。慈溪：金彭年。奉化：陈锦波。镇海：寿维仁。定海：金国书。象山：许德芬。南田：孙乃秦。余姚：陈国材。"《民初奉化地方自治史料集》2009年版第58页《参议会议决规定警察署杂费并应否支给公费案》："县议会议决警察署杂费活支之规定，与夫删除警长警官之公费，以及见习士之饭金不应列入报销册各等因，本会悉依原议通过，请知事转咨警署查照施行。中华民国元年十月参议会第六届常会。会长：陈锦波。参议员：吴康瑞、郑锡康、王思诚、沈一梅。"《申报》1912年12月8日《毁自治所》："奉化县知事陈锦波电禀浙都督云：奉邑莼湖村已解散之大同党员朴心意纠众行凶，私吸鸦片，两罪俱发，抗不到案。昨委司狱张咸藻率警往拿，胆敢纠集旧党数百人持械拒捕，司狱、法警均被殴。匪党遂乘势捣毁自治公所，声言并抄学堂。查该村驻扎防营立宜弹压，乃哨官梁文斌暗联一气，袖手旁观，纵匪骚扰，藐法已极，应请严惩，以肃军纪。除会同李管带严拿首要朴心意例办外，先电闻。奉化县知事陈锦波叩。支（四日）。"

《申报》1914年5月5日《第二届知事甄录试之名单》：有"陈锦波"等四百五十三名。《东山县志》1994年版第454页："陈锦波，山东，县知事，民国八年至九年。"《申报》1927年1月27日《蔡朴长浙后之浙政局》："浙江省长蔡朴，现以财政厅班底带赴省署……惟陈仪所委任之陈锦波等三十九人，除秘书周大封自行辞职外,仅留用秘书谢乃续、周清、王家锦、许与征。书记范宗岱等数人,其余一律裁撤。"

《中国地方志综录》1935年版第152页:"《奉化县补义志》,10卷,蒋尧裳纂修,民国元年剡曲草堂铅印本。"

楼祖禹,民国二年(1913)六月至十月代理奉化知事。十四年三月简任航空署原资。

《奉化市志·政府》1994年版:"楼祖禹,1913年6月—1913年10日,代理。"

《政府公报》民国十四年三月十一日:"临时执政指令第三百四十四号令。航空署署长何遂呈请,分别任免秘书,并留楼祖禹简任原资。此令。"

《重修浙江通志稿》(标点本)第9册《党会略·会议略·司法略·行政略》2010年版第5890页《(贰)浙江省难民染织工厂职员组织表》:"总务主任:楼祖禹。别号:愚亭。年龄:57。籍贯:永康。"不知同一人否,备考。

陶昌贤,民国二年(1913)十月至三年(1914)八月任奉化知事。

《奉化市志·政府》1994年版:"陶昌贤,1913年10月—1914年8月。"

《政府公报(1915年2月)》第50册第388页《内务部呈浙江奉化县知事陶昌贤积劳病故拟请照例给恤文并批令》:"为浙江奉化县知事陶昌贤积劳病故,拟照文官恤金令第十五条给恤,仰祈钧鉴事。窃准浙江巡按使屈映光咨陈,据奉化县公民等禀称,前奉化县知事陶昌贤自民国二年十月奉委到任,兴利除弊,舆论翕服,又以法昌寺破获乱党,赴机迅速。忧勤过甚,遂致积成痼疾。犹复力疾从公,亲理政务。曾于六月间胪举政积,禀陈在案。卸职旋杭,殁于旅舍。妇寡儿孤,言之恻然。公民等仰承遗爱,感不去怀,禀请给恤等情。经该巡按使查核属实,据情咨陈,请照文官因公致死例给恤前来。本部查该知事于民国二年十月间到任，在职经年，因公致疾，殁于旅舍，核与文官恤金令第十七条第二项因公致死不同，未便援照办理。拟照恤金令第十五条，查取该知事奉化县任内每月俸给数目，于其一月俸额范围内给以一次恤金。俟奉批允，再行咨行该省巡按使，并查取其遗族住址，钞录原案，转达政事堂铨叙局，照章核办。是否有当，谨乞大总统钧鉴训示施行，谨呈。批令：准如所拟给恤，交政事堂饬铨叙局查照。此批。大总统印。中华民国四年二月二十二日。"则是卸职后不久逝世的。

| 董增春，民国三年（1914）八月至五年（1916）八月任奉化知事。任内获五等金质单鹤章。八年任新登知事。

《奉化市志·政府》1994 年版："董增春，1914 年 8 月—1916 年 8 月。"

《袁世凯全集》第 29 卷 2013 年版第 666 页："《准任命胡镛等职务令》民国三年十二月三十一日：'应准以董增春为奉化县知事……大总统印。国务卿徐世昌。'"

《奉化档案精粹》2010 年版第 34 页："档案名称：民国四年奉化服装行业管理告示。形成时间：1915 年。档案数量：1 件。保存地点：奉化市档案馆。简要述评：奉化是红帮裁缝的发祥地，传承了几千年的中华服饰文化。《奉化服装行业管理告示》（尺寸 110cm×60cm）由民国四年（1915）十月十五日奉化县知事董增春签发的告示，反映的是当时奉化从事服装业人数众多，行业庞大，亟须设立公所和制订行规，故由各乡的服装业代表商议后呈请奉化县知事董增春发布的管理全县服装业的规则告示。它真实地反映了 20 世纪初奉化服装业的发展状况和行业管理中的若干主要做法。该档案已列入浙江省档案馆首批浙江档案文献遗产。"《近代中国史料丛刊续编》第 55 辑《大中华杂志》第 2 卷第 3—4 期 1978 年版第 26 页、第 742 页"据财政部奏核覆浙省验契征收得力人员照章拟请给予奖励等语"有"奉化县知事董增春"，"征解验契税均在一万元以上"，着"给予五等金质单鹤章，以昭激劝"（洪宪元年三月一日）。

《浙江方志》1990 年第 3 期第 51 页：新登（新城）县"董增春，1919 年 2 月 15 日任命"。

屠景曾，民国五年（1916）八月至六年（1917）九月，任奉化知事。

《奉化市志·政府》1994 年版："屠景增，1916 年 8 月—1917 年 9 月。""增"，《浙江方志》作"曾"。《浙江方志》1989 年第 5 期第 46 页：奉化县"屠景曾，1917 年 9 月调省"。《剡源乡志》二十四卷，首一卷，（清）赵霈涛撰。有民国五年屠景曾《重印剡源乡志序》。

《南京大屠杀史料集》第 41 册《中央机构财产损失调查》2007 年版第 73 页《财产损失报告表》（中华民国三十四年十二月一日）：（财产数量略，仅录落款）"服务处所与所任职务：国府参军处总务局科员。受损失者：屠景曾。填报者姓名：屠景曾。通信地址：国府参军处。盖章：屠景曾〔印〕。"

姜若，字参兰，号胎石，又号枕仙，别署证禅，丹阳人。民国四年三月至六年四月任安吉知事。六年（1917）九月至八年（1919）五月二十九日，任奉化知事。任内创办奉化县乙种商业学校。八年七月至九年四月任海盐知事。九年三月任鄞县知事。后又任嘉兴、绍兴县长。著有《胎石六十自述》《四依轩词存》等。

《安吉县志》1994 年版第 372 页："姜若，民国四年三月—六年四月。"

《浙江方志》1989 年第 5 期第 46 页：奉化县"姜若，1917 年 9 月署理，1919 年 5 月 29 日调离"。《奉化市志·政府》1994 年版同。《奉化教育志》2003 年版第 198 页：职业教育，"1919 年 6 月，县知事姜若提议在商会闾门（今大桥镇东岸路 135 号）创办奉化县乙种商业学校，县署拨款 1000 元，其余由商会负担。次年 3 月，校舍竣工，占地 420 平方米，建筑面积 750 平方米。9 月开学。首届招生 2 个班级，学生 50 余人，教职员 5 人。由王正廷等 8 位奉化籍在沪商界人士为主组成校董会,每人每年为学校出资 100 元,以解决常年办学经费"。

《海盐县志》1992 年版第 584 页:"知事姜若,江苏丹阳,民国八年七月至九年四月。"《政府公报(1920 年 1 月)》第 152 册第 421 页:"大总统令:据浙江省长齐耀珊呈考核现任各县知事成绩较优人员请分别奖叙等语","海盐县知事姜若,精明振作,任事实心……晋给五等嘉禾章","中华民国九年一月十七日(大总统指令第一百八十三号)"。《鄞县志·政务》1996 年版:"姜若,江苏丹阳人,一九二〇年三月二十四日任职。"《鄞东重镇咸祥》2008 年版第 97 页:"(大嵩桥)历经三百余载,至清光绪年间'跌倾栏敧,行者色危'……大嵩街村俞树才和咸祥横山赵祥友两位老人,奔走于上海、宁波、杭州、慈溪,募得一万八千银元。卒推慈溪费冕卿为首,会稽道尹黄庆澜、鄞县知事姜若等委托大嵩名绅桑曾三负责修葺。民国庚申(九年,1920)三月以二万八千金(银元)兴工,由宁波华兴营造公司承接造桥工程,历时四年,于癸亥(1923)冬竣工,共耗资五万余金。"《申报》1920 年 10 月 21 日《各方面之筹赈声》:"奉化水灾善后会。奉化旅沪同乡前夕在二马路太和园组织该县水灾善后会。到者鄞县知事(即前任奉化知事)姜证禅、宁波同乡会会长张让三等二十余人,由邬志豪主席,余华龙记录。先由杨藩卿报告灾况……次姜知事、邬志豪、陈益卿、张让三、赵晋卿、袁履登等相继讨论善后办法,均主标本兼治,惟宜先从劝募捐款,调查灾区为入手。于是姜首先捐二百元……"《宁波现存碑刻碑文所见录》2006 年版第 180 页:"民国姜若撰《鄞县知事永禁药鱼碑》,1921 年,文见《鄞县通志·文献志·碑碣》。民国姜若撰《鄞县知事永禁鱼荡碑》,1921 年,文见《鄞县通志·文献志·碑碣》。"《浙江文史资料》第 58 辑《浙江近代医卫名人》1995 年版第 240 页叙述宁波华美医院之筹建:"当时华美医院仅有房子一幢,坐落在北门外城脚下。楼上设男女病房,又设特别房间,楼下则是门诊室。每天,病人在门外排队候诊,原有院址显然不敷应用,亟思扩充新建。……当时任已继兰氏担任院长职务。兰、任两人先向地方长官及士绅禀呈这一计划,立即得到会稽道尹黄庆澜、鄞县县长姜若及士绅张让三以及各阶层代表人物的热烈赞助。"《申报》1923 年 11 月 4 日《五县联防议决续办三月》:"镇守使署定于十一月一日召集鄞、慈、奉、余、上等五县知事,会议大岚山游击队存废问题,已志本报。兹闻届时到者,有慈溪知事杨拱笏,余姚知事陈国材,上虞知事袁玉煊,奉化知事吴传球,鄞县知事姜若,镇署副官长邵槐庭及参谋戴惕若等,由邵副官长代表镇守使主席。金谓时届冬防,匪患未靖,势难裁撤。拟请镇守使备文呈请督办,准予续办三月,以资捍卫。"《鄞州水利志》2009 年版第 652 页:"民国十三年(1924),里人戚森卿募捐建梅墟涵洞。道尹黄庆澜、知事姜若邀集士绅募捐重修城北南塘。"《申报》1924 年 6 月 9 日《拍卖看守所之价格问题》:"鄞县地方检察厅长金兆銮、前知事姜证禅,以新监落成有日,旧监人犯移禁新监,将旧监改作看守所,拟以看守所房屋基地拍卖,得价充作新监建筑分房间之用,曾经会衔绘图估价.呈请高检厅察核在案。兹悉此案,金厅长及知事昨奉高检厅指令:'呈悉,(上略)前拟将现在看守所变价拍卖,以所得价银建筑新监分房监,事属可行。唯此次所估房屋基地价格仅银二千八百三十四元八角,为数未免过低。应照该县屋地现价情形,酌量增加,另呈察夺。除由厅转呈省长核示外,仰即遵照。此令,图存。'"《宁波词典》1992 年版第 298 页:"《天童寺续志》,释莲萍纂",有"刘承干、张美翊、黄庆澜、姜若、励振骧等五序"。《重修浙江通志稿》(标点本)第 4 册《建置考·名胜古迹考》第 2086—2087 页:"永镇祠,在鄞县北渡乡永镇塘(即狗颈塘)。祀清邑令周镐,光绪间,以巡道段光绪、吴引孙,郡守胡元洁,邑令徐翔墀,乡贤徐桂林、张恕、冯一桂、陆廷黻等袝祀。民国十八年复袝以道尹黄庆澜、朱文劭,知事姜若、江恢阅及浚治南中两塘河有功者,凡一百余人。嘉庆十年建,后毁,光绪间重建,民国十八年,邑绅张传保等重修。"《中华监察执纪执法大典》第 2 卷 2002 年版第 901 页"嘉兴县县长姜若等非法禁毙杨德甫案",事发在民国二十二年(1933)二月二日,后以"姜若、梁华均违背了公务员惩戒法的有关规定,经中央公务员惩戒委员会议决:姜若降一级改叙、梁华减月工资百分之十(时间六个月),并呈报国民政府批准"。又有绍兴县长之任,《钟山诗文集》2013 年版第 320 页:"张素(1877—1945),字挥孙,又字穆如,号婴公,江苏丹阳人。早年在沪编辑《南方日报》。南社社员。辛亥后应邀赴东北主《远东报》笔政,纂

《复州志略》。南社姜若出任绍兴县长,聘其佐理,得为《兰亭访碑图》广征题咏"云云。《镇江历史文化大辞典》(上)2013年版第151—152页:"《丹阳县续志》和《丹阳县志补遗》,1917年由丹阳县知事胡为和编修,孙国钧、姜瑞麟等人编纂,于1927年6月一并付印行世。……这次民国修志声势浩大,当时丹阳知名的乡绅名士几乎都参与其中。如协纂胡允恭,分纂姜若、朱渊、林懿均等。"《丹阳文史资料》第10辑《古邑史踪:丹阳历史文化专辑》1994年版第230页:"姜若,字参兰,号胎石,又号枕仙,别署证禅,与弟可生俱富文采,为士林名士。其遗著有《胎石六十自述》《四依轩词存》等。他所传世诗作今已少见,有一失题七律诗云:……(略,见下引)他从事地方行政多年,先后曾任丹阳、绍兴、武康、镇海、宁波、奉化和嘉兴等县县长。任中多以挚友张素为佐理。"按:引文中的"宁波"当是鄞县。所录一诗,应是离奉化任时所作。

失题七律

(民国)姜若

堤柳溪花暗复明,剡开如镜一般清。自愁未化三春雉,敢说迟闻四月莺。诗记丰碑舆论厚,檄移鲍浦客心惊。仁湖雪窦真山水,回首停鞭未忍行。(《丹阳文史资料》第10辑《古邑史踪:丹阳历史文化专辑》1994年版第230页)

袁玉煊,民国六年闰二月,署六仓场知事。七年三月至八年六月任上虞知事。八年(1919)五月二十九日至十一年(1922)九月十二日复任奉化知事。十一年七月至十二年四月任安吉知事。十二年五月至十五年二月再任上虞知事。

《慈溪文献集成》第1辑《余姚六仓志》(上)2004年版第200页:"袁玉

煊,安徽人,民国六年闰二月署(六仓场知事)。"后任"六年七月署"。《上虞县志》1990年版第536页:"袁玉煊,安徽合肥,民国七年三月至八年六月任知事。"第527页附"上虞青年团":"民国八年五月,县内青年钱子晋等人鉴于'今日政治之腐败,官僚之专横,盗匪之充斥',发起成立'上虞青年团筹备委员会',内设经济股、庶务股、征求股、文牍股,并议定3章12条团章,以'辅导青年德智体三育,期成健全之国民'为宗旨。同年七月,正式成立上虞青年团,团长钱子晋,举董事24人,入团者以学生、工商界青年为主。得到上虞县知事袁玉煊及上虞闻人经亨颐、王佐的赞助。曾开办夜校、讲学所,发动青年在县城丰惠镇城墙上栽桑。至20年代自行解体。"

《浙江方志》1989年第5期第46页:奉化县"袁玉煊,1919年5月29日,署理;1920年3月24日,任命;1922年7月28日,调离;1922年9月12日,卸任"。《奉化市志·政府》1994年版:"袁玉煊,1919年5月—1922年9月。"《申报》1920年3月29日《命令》:(民国九年三月)"又令:内务总长田文烈呈准浙江省长齐耀珊咨请,任命……袁玉煊为奉化县知事。均照准。此令"。《申报》1920年10月21日《各方面之筹振声》:"奉化水灾善后会。奉化旅沪同乡前夕在二马路太和园组织该县水灾善后会。到者鄞县知事(即前任奉化知事)姜证禅、宁波同乡会会长张让三等二十余人,由邬志豪主席,余华龙记录。先由杨藩卿报告灾况,略谓:'奉邑被灾二次,俱因山水暴发下流,沙石壅积,水不畅行所致。第一次在县南各乡,第二次在县北各乡。其时山陂水深丈余,旷地亦七八尺,急流奔湍,桥梁、房屋、田地冲坍者甚多,人民不及趋避而遭淹毙者,亦到处皆是。情形至惨。现则□壤变为沙地者数千亩,而沿河农田亦秋收绝望。转瞬冬令,卒岁堪虞,尚望诸同乡鼎力救'云云。次姜知事、邬志豪、陈益卿、张让三、赵晋卿、袁履登等相继讨论善后办法,均主标本兼治,惟宜先从劝募捐款,调查灾区为入手。于是姜首先捐二百元,在坐者才起。一时集有四千余元,如张云江一千元,何邀月五百元,何绍裕、何绍庭五百元,王才运二百元,邬志豪四百元,邬挺生、孙经培各二百元,孙梅堂、袁履登二百元,王儒堂、陈益卿、孙天孙各一百元,赵晋卿、江北溟、余惠民、毛茂林各五十元,邬焕文三十元,王廉方、俞国珍、林之翰各二十元,单槐庭、陈韵笙各十元。并闻奉化知事袁玉煊现正在省请拨公款,俟回申后尚须另开大会云。"1921 年 9 月 13 日《甬人筹振记》:"官绅设宴募捐。会稽道尹黄涵之、鄞县知事姜证禅、慈溪知事马国文、奉化知事袁玉煊暨宁属急振会会长陈南琴诸君,因筹募振捐来沪。阴历初十、十一两夜,会同朱葆三、虞洽卿、傅筱庵、谢蘅牕、李征五等十余人,在宁波旅沪同乡会叙餐室公宴旅沪各绅商。即于席间讨论办振计划,并募集捐款。至昨夜止,共募得三万五千元。"《奉化市民政志》1989 年版第 116 页,第二节"民国时期的救灾":"民国九年(1920)七、九月,两次暴雨成灾,溪口、莼湖、西坞、尚田地区遭灾严重,全县受灾农田 11526 亩。八月间,奉化萧王庙公民孙劳夫前因米价飞涨,贫民粘食维艰,特捐资洋 3000 元,作为该乡办理平粜之耗款。其时,会稽黄道尹曾拨急赈洋 2500 元;在沪同乡勉力凑款万余元。奉化知事袁玉煊因报灾迟延,遭沈省长指令记过两次,以示薄惩。次年四月,为接济两遭水灾又值青黄不接的灾民,奉化知事袁尧村(《经亨颐集》2011 年版第 507 页:'下午二时,至教育会。知事袁玉煊,字尧村,已先在。'袁尧村即袁玉煊也)特邀各士绅拟办平粜大米 15 万斤,呈道尹并转呈省长核示。"

《浙江方志》1990 年第 3 期第 52 页:安吉县"袁玉煊,1922 年 7 月 28 日,署理;1923 年 4 月 25 日,调离"。《安吉县志》1994 年版第 373 页:"袁玉煊,安徽庐州人,民国十一年七月至十二年四月;陈永熙,十一年八月,于袁玉煊未到任前代理(知事)。"《浙江方志》1989 年第 5 期第 44 页:上虞县"袁玉煊,1923 年 4 月 25 日,署理;1923 年 5 月 21 日,接任;1926 年 1 月 20 日,调省;1926 年 2 月 7 日,卸任"。《上虞县志》1990 年版第 536 页:"袁玉煊,民国十二年五月至十五年二月(复任知事)。"

致旅沪奉化同乡函

(民国)袁玉煊

　　　　径启者:查奉邑近年以来,灾祲迭告,民苦颠连。上年水灾,募捐办振,幸赖贵同乡诸公大力扶持，灾民得登衽席，感激莫名。方期上天默佑，从此岁稔时和，民安物阜，不意上月六日（即阴历六月十四日）夜，狂风暴雨，山洪暴发，剡源、忠义等乡又受巨灾，死伤二百余人，田庐漂没无算，堤崩塘决，路毁桥坍，比比皆是。最可愧者，马村人烟二百余户，房屋三百余间，仅存十分之二，几至全村覆没。而灾后生计困苦者，则以环潭、白壁及山僻各村为尤重。哀鸿遍野，待哺嗷嗷，满目疮痍，笔难尽状。业经电蒙会稽道尹准予拨款，购办苞萝、薯丝各五百石，先放急振，而善后一切，正待妥筹。玉煊自维凉德，未能上迓天和，挽回浩劫，良深内疚。现虽奉调孝丰，受代在即，然在职一日，当尽一日之心，只以绠短汲深，智浅能鲜，尚乞阁下垂念桑梓受灾奇重，广为设法劝募义振，俾灾黎得资救济，不致流离失所，则感荷大德于无既矣，专此布达，敬颂善祺，惟希霭照不一。弟袁玉煊谨启。（《申报》1922年9月3日第四张《来函》）

袁思古，字潜修，湖南湘潭人，民国九年署孝丰知事。十一年（1922）七月二十八日至十二年（1923）四月二日任奉化知事。十二年任德清知事。十六年正月，任乌镇统捐局长。十八年二月，试署临安县长。

《申报》1920年7月23日《杭州快信》："沈金鉴仍拟到任，前日派吴某来杭默察各方动静。浙省吏治日即窳败，省议员许祖谦，前日函致张师长载扬，请其转陈卢督力加整顿。卢遂据情商妥张代长延见属员，规定每星期一、三、五日由省署接见，二、四、六日由督署接见。昨午后五时仍以齐省长名议，将龙游、桐庐、泰顺、孝丰、松阳、上虞等六县知事，一律更调。另委袁思古署孝丰，赵祖寿署松阳，李锡畯署上虞。闻日内尚有大批要缺次第发表。"

《申报》1922年7月30日《奉化知事调换》："奉化知事袁玉煊与孝丰知事袁思古对调。"《浙江方志》1989年第5期第46页：奉化县"袁思古，1922年7月28日，署理；1922年9月12日，接任；1923年4月2日，调离"。《奉化市志·政府》1994年版："袁思古，1922年9月—1923年4月。"《奉化人民代表大会志》2003年版第549页"民国时期议政机构"，（一）议会："1922年5月10日至7月7日，举行3次通常会议，历时58天，出席议员11人，最多时14人，议决案25起。其中颇有影响的有：议会附设水利总局，编制疏浚河道溪流预算，函请华洋义赈会及宁属水利协进会补助款项；拟订村自治简章（后经全省各县议会联合会通过，在全省实施）；声讨县知事袁思古推翻议会议决案，获旅沪、甬同乡60余人声援，省府于次年4月将袁思古调离。"事情经过，《时事公报》接连发表《民意官力大决斗》《酝酿起伏之剡川潮》等文章，揭露袁思古以旧时县令行政方式，任意否决议会决定，终于引发舆议，袁因此被调离奉化。

民国《德清县新志》卷六《职官志·知县》："袁思古，字潜修，湖南湘潭人，（民国）十二年任。"卷三《建置志·坛庙》：关帝庙，"清咸丰间毁，地存。民国十四年知事袁思古建，复改关岳庙"。卷十《艺文志·寺庙碑》："《德清县关岳庙碑》，民国知事湘潭袁思古撰记，十四年立。"《申报》1927年2月5日《地方通信·湖州》："德清知事因病辞职，德清县知事袁思古以承办兵差，积劳致疾。现已呈省，恳请准予辞职，俾资调摄。但不识能否遵如所请。"1927年2月10日《地方通信·湖州》："慰留德清袁知事。德清县知事袁思古，前以积劳致疾，电省辞职。嗣奉覆电慰留，略谓：'时事方殷，厥职綦重，务望力疾从公，毋萌退志。所请遴员接替，应毋庸议。'"1928年2月17日《国内要闻二·杭州快信》：民国十七年二月"浙省政府第七十九次会议。经财政厅提出本省各地统捐局长应调省者十人：……改委……袁思古（乌镇）……接替。议决通过"。1928年2月20日《地方通信·湖州》："乌镇统捐局长易人：乌镇统捐局长徐宗彦奉令调省，遗缺更委袁思古接充（袁系前德清县知事），将于日内交替。"1929年12月6日《地方通信二·杭州》："省令更调县长。浙民政厅长朱家骅向省府会议提案：请将临安县长周庸枢免职，以袁思古试署。经议决通过。昨已分别令饬知照。"《浙江方志》1990年第3期第54页：临安县"袁思古，1929年11月26日，试署；1931年5月22日，免职"。

《湘人著述表》(2)2010 年版第 895 页:"袁思古,湘潭人。《学圃老人词稿》,收入《近代中国史料丛刊续编》第 204 册。"

参事会来函

(民国)袁思古

　　径启者:本月三十日接县署第二二号函开,顷据劝学所长孙毓麟呈称,据作新女校校长江舜玉面称,昨由参事会送来县议会议决案一件内开,培本蒙养园应即附设本校,以节经费。校长本无不赞成之理,无奈本校校舍狭窄,教室不多。若以第一教室作为蒙养园,此后第三、第一教室仅隔一间,声浪夹杂,教授为难,种种窒碍情形。务请详转县知事,准将培本蒙养园另择相当地点,以安置之等情前来。查该校校舍不敷所用,自是实情。为此备文呈请转告参事会,函商县议会准予变通办理,另择相当地点作为蒙养园,以重学务,实为德便等情前来。据此,查蒙养园园址一案,前经函知贵会转行县会查照,并请妥为筹备在案。兹据前情,相应备具公函,请贵会查照办理等由。准此,敝会共同讨论,认为该校长所称确系实情。乃蒙养园既经议决迁移,自不得不另择相当地点以安置之,则议案既可遵循,而该校教授亦不至为难。再三思维,惟有现在县议会议场充作该园场所尚属相宜,而原有之蒙养园即改为县议会议场亦属相合。倘有不敷之处,只得将习艺所所余房舍暂作县议会办公室之用。如此办法,则议会、教育双方均可顾全。是否可行,相应函请。

　　贵会查照见覆为荷。此致议会长庄。

县参事会长袁思古

　　(《民初奉化地方自治史料集》2009 年版第 144 页)

民意官力大决斗

（民国）佚名

……如提倡村自治案，于八月十日召集各区自治委员，在县公署商议办法；限期成立调整水利案，于八月一日召集水利议事会员，在县议会开会，公举局长设局办事；各高小学校设立校董案，如锦溪高等小学校，于七月二十二日召集董事，在该校内开会，推举司年董事，本年田租等案，由司年董事派收；蒙养园迁移案，由贵参事会派佐理员宋会鲁至作新女校雇工修茸。各庄案，是敝会依县自治法行使职权，似无不合。乃贵知事到任伊始，竟将敝会通过之预算案概不承认。又将前参事会长曾经复议现已执行之水利局、蒙养园，不应停止者则令停止，已迁移者，不令迁移。倒行逆施，滥用职权，虽专制时代之长官其专横未有□此者，真令人百思而不得其解。查敝会咨送议决案及预决案，为时已阅八十余日。县自治法虽无交复议之限期，然按照《临时约法》第二十三条，则规定十日，便可援为此拟。前参事会长岂不谙自治法者？敝会如果有侵权违法等情，甚可在此犹豫期间，依法定手续办理，讵肯贸然执行？今贵会长否认预算，否认议案，其如时间已过何？且不论时间之已过与否，敝会而真有侵越权限违昔法令也者，□按县自治法第四十五条办理之，犹可也。今贵会长不顾法理，不察事实，突将曾经复议已执行之水利局、蒙养园俨然撤销之。夫撤销为监督官署之权，贵会长行此职权，未识基于何法，应请迅赐明答复，以符法案。（下略）

又，《参事会复县议会函》：迳启者：顷准贵会函开，以敝会长不顾法理，不察事实，突将曾经复议现已执行之水利局、蒙养园俨然撤销，殊属误会。水利为当今之急务，即无贵会之议案，地方官吏亦应举行。惟创办之初，稍不谨慎，流弊滋多，且经费如何筹定、从何开支尚未呈准备案，何能即付执行？现拟提请付议，妥为划一办法，以免各自为政，贻害地方，并无撤销之明文。此误会者一也。蒙养园为教育基础，各县正在提倡筹备扩充。本邑未便反为编小范围，因一时而损失永远之利益。且该园由捐募而建设，修建之

奉化知县知州史料选辑

418

费,公家亦会补助。是地虽国有,而早已拨该园有案,乃忽责令迁移,归并女校,女校又复狭小,自身尚不敷用,两有不便,以致该园迄今尚未开学。贻误学童,谁尸其餐?知事一职,有管理教育行政之责,未便任其久悬,不得已令其就原有校舍从速开校,以免虚掷光阴。如谓前会长已经执行,遍查接管卷内,无此文稿;询之该园园长,亦未奉有该项公文。敝会长下车伊始,情形未熟,不得不以公文为根据。至于手续如何欠有完备之处,应请之前任,敝会长未便代为负责。此误会者二也。总之,行政有一定之统系,公文有一定之程序,法律有一定之规定,未便援引。此附。缺此数者,无所根据,贵会长不得不就事实。与法理而言,预算案与法令不符,现拟另行编送敝会复议。此外个案并经贵会复议者,敝会长自无撤销之权,必须请示监督,方为有效,无庸过虑。查贵会无质问之文,明敝会自无答复之必要。徒以谊属同舟,自应和衷共济,以免隔阂,为此破例。以后如有质问事件,恕不答复,并用声明。(下略)(《时事公报》1922年10月4日。 转引自《民初奉化地方自治史料集》2009年版第213—215页)

民意官力大决斗(二)

(民国)佚名

袁知事挽人转圜……双方面开谈判
各士绅函询究竟……开会共谋对付

奉化县袁知事袁思古,任意将县议会议决各案及预算案尽行推翻,所有县议会质问函,参事会复函,及庄议长等告父老书,均已详志四日本报。兹悉庄议长以该知事横施官力,摧残民意,是可忍孰不可忍,于前日由县启程,拟分赴道省,呼吁于道省两县联会,声罪致讨。经袁闻悉,自以违背法令,滥用职权,民怒难犯,急图转圜,亟电李忻齐管带,恳其挽住庄议长;一面假名晋道禀呈灾赈事宜,亲自来甬,多方恳托,由李管带留住庄议长。并邀同该邑旅甬士绅孙表卿、葛亦庭、江西溟等,与袁知事而开谈判,以期和平了结。

该邑旅沪士绅江北溟等十人,以阅报载,骇诧之至,公函庄议长询问究竟,经庄议长将经过情形及各案卷底稿件函复去后,闻地方民气至为激昂,行将开会集议,共谋对付之方法云。(《时事公报》1922年10月8日。 转引自《民初奉化地方自治史料集》2009年版第215—216页)

忠告县知事

(民国)江辅勤

去年秋,余暑假回里,值县知事袁玉煊奉令与孝丰县知事对调,邑民不以为然,向省长请愿收回成命,卒无效果。及新知事莅任,余则已晋京矣。课余关怀乡邦,辄为之感慨。以知事之贤否关系吾民利害甚大,因作此篇,用资忠告。顾一时见之者少,有违肆诸市朝之列。兹逢《新奉化》年刊出版,特附诸篇末,以供众览,思笔陈腐之诮,不敢辞焉。

(民国)十二(年)三(月)十(日)作者识

考我国吏治之坏,造端于前清季年。民国成立,方期改弦更张,力矫前弊;乃盱衡国中,竟大失吾人所望。仕途拥挤如蝇附膻,贿赂夤缘因以日进,钻营运动无空不入。当局者绝不为国求贤,为事择人,只以势利之厚薄,定位置之高下;其在职者,但见营私舞弊,违法殃民。虽有洁己奉公、勤勉职守者,然凤毛麟角,所见甚鲜。噫!吏治如此,欲求国利民福,其可得耶?故欲整饬纪纲,非从澄清吏治入手不可!

官吏之中,其与吾人最有密切关系者,莫县长若。汉宣帝诏敕云:"与我共治者,其二千石乎?"清高宗谕旨云:"亲民莫切于县令,欲政平讼理,非久任不可。"诚以县长贤也,则千万人蒙其麻;县长不肖也,则千万人食其祸。故汉制:凡二千石之有治绩者,必久其任,俾得为民兴利除弊,而民乃服其教化,敬爱之如父母然。此寇公一去,民所以有遮道之留也。今则不然,以官为传舍,月迁岁更,甚至五日京兆。赏罚不明,黜陟不公。尸位素餐,玩法害民者,益悍然而无所儆畏。富有学养,才足以堪任者,且颓然而不思奋兴。

只知搜刮民膏,迎逢当道,而于斯民之利害漠不关怀,此吾民之所以叹息痛恨而视之若仇敌也。他不具论,即以吾奉而言:民国十一年中,历任本邑知事,可屈指数也。陈陶董屠等过去之劣绩,不屑说耳。袁玉煊复任以来又经三载,其政绩如何? 夫人知之矣。袁氏天性仁慈,实一忠厚长者。惟优柔寡断,往往受人愚弄。对于行政上设施,虽颇有经验,然于司法事务,则茫无头绪,所有讼狱,概由前承讯员张某办理。张某初到奉邑,颇勤职守,乃日久玩生,惰气沉沉,对于讼案,有堆积经年不予判决者,有坐视犯罪匿不举发者,有胆徇情面执审大乖平恕者。人言籍籍,怨声载道,而袁氏不问不闻也。此其劣点之最著者也。虽然,袁氏之功有足为吾人纪念者,即办赈一事,是。近年灾情之重,为亘古所未有,山洪暴发,田庐为淹,哀鸿遍野,嗷嗷待哺。袁氏对此亦难安寝馈,下乡勘验,备尝艰苦,募款散赈,不遗余力。灾民感泣,阖邑称颂。此袁氏之功,昭昭在人耳目者也。今袁氏去矣! 又一袁氏由孝丰调署吾邑矣。新知事莅任日浅,吾人对之,自不能为推测的批评。有谓彼下车伊始,即不满人意,他日之政绩,未必胜任前任诸人。此种论据,吾人未敢深信。盖吾人正延颈举踵,望新知事之能淬励奋发而为吾邑前途造福者也!

奉化地处僻壤,户口繁庶,民智未尽开通,生计日形急迫。故非推广教育,无以开民智;非振兴实业,无以阜民生。余如严缉盗匪,禁遏赌博,整理财政,提倡公益,事事均待举办。知事职责所在,想能见诸实行。就中以讼案一端尤宜注意,盖吾人之生命、财产、名誉、自由系之。故言治者,皆以政平讼理为极则。孔子曰:"刑罚不中,则民无所措手足。"此之谓也。我国以一部分司法权委之于县知事,本与司法独立原则背驰,推其缘由,不过以一时人才、经费二项缺乏,故作此权宜之计,未可恃为久远之图。将来治具略张,终必以司法、行政分离为归宿。夫司法独立云者,为法官准据事实,实用法律,以为裁判,而一切干涉与请托无所施于其间,庶能收平允之效果。惟审理固经贵公平,裁判亦当迅速。盖一人讼累,举家忧惶,案牍少一日之稽留,即小民省一分之痛苦。此法部所以谆谆告诫,不啻三令五申,而刑事且立审限规则者也。总之,吾人对于县知事之希望,在能设身处地,开诚布公,化除私见，相与有成，有利于民者，必实心以兴之，有害于民者，必毅力以除之，荡瑕涤垢，咸与维新。奉化前途，庶有豸乎！（民国十一年十月十日，国立北京大学）（《新奉化》第一期。《民初奉化地方自治史料集》2009 年版第 253—257 页）

吴传球，江苏吴县人，优贡，民国三年八月二十九日，随四十二员分发浙江。九年，代理鄞县知事。十二年（1923）四月二日至十四年（1925）五月八日任奉化知事。任内获嘉奖。

《申报》1914 年 9 月 19 日《知事第一二试已揭晓》："特送：吴传球……共二百一十三名。"1914 年 9 月 27 日《第三届知事终场之正榜》："甲等：……吴传球……计共一百十六名试验平均满八十分以上。"1914 年 11 月 9 日《第三届考取知事分发之披露（续昨）》："分发浙江者：陆清翰、廖立元、吴传球……共四十二员。"《鄞州百年大事纪略（1911—2010）》2013 年版第 16 页：1920 年"1 月 26 日，吴传球代理鄞县知事，江苏吴县人"。

《浙江方志》1989 年第 5 期第 46 页：奉化县"吴传球，1923 年 4 月 2 日，署理；1924 年 12 月 15 日，回任；1925 年 5 月 8 日，调省"。《奉化市志·政府》1994 年版："吴传球，江苏人，1923 年 4 月—1925 年 5 月。"《申报》1923 年11 月 4 日《五县联防议决续办三月》："镇守使署定于十一月一日召集鄞、慈、奉、余、上等五县知事，会议大岚山游击队存废问题，已志本报。兹闻届时到者，有慈溪知事杨拱笏，余姚知事陈国材，上虞知事袁玉煊，奉化知事吴传球，鄞县知事姜若，镇署副官长邵槐庭及参谋戴惕若等，由邵副官长代表镇守使主席。佥谓时届冬防，匪患未靖，势难裁撤。拟请镇守使备文呈请督办，准予续办三月，以资捍卫。"1925 年 2 月 8 日《电请免调警备队》："甬属奉化县议会、参事会、商会、教育（会）、农会，一日联名电致夏省长免调警备队文云：顷闻驻奉警备队奉令抽调，填防镇海，曷胜惊惶。奉当新嵊之交，地处要冲，防地万难空虚，应请免予调拨，以安商民，无任盼祷。又，该县知事吴传球同日亦电呈夏省长云:省长钧鉴:驻奉警备队兵力本单,防地均关重要。兹闻奉命拔队,填驻镇海,奉防空虚,商民惶恐,乞免拔调,以维治安云。"1925年5月22日《嘉奖官绅》:"甬埠于去年十月间,党人乘机活动,以致时局纷纠,旋有第三师师长周凤岐来甬,与官绅协力图治,始得平定。事后,由周师长将当时在事出力人员汇案,呈请督署奖励,现已核准发表。官员方面:前临时司令部参谋主任吴葆森,记升上校秘书;副官吴焜,记大功一次;警备队第二区统带赵子和,管带周学濂,各记大功一次;保安队队长章燮,副官长柴镜蓉,队员洪梦奎、雷迅、杜文岳、黄履中,各记大功一次;鄞县知事江恢阅,记大功二次;嵊县知事吕耀铃,记大功一次;余姚县知事陈国材,宁海县知事李株,各传谕嘉奖;奉化县知事吴传球,慈溪县知事王施海,均给予奖章。"

《奉化人民代表大会志》2003年版第549页:"1926年4月16日至5月30日,副议长主持第七次通常会,出席议员9人,各界列席代表10余人。选出参事和候补参事各2人,并对上届县知事吴传球匿收短解县税一事立案追究,后将短解银洋915.1元如数移交参事会保管。"

‖ **葛尚冲**(1876年7月26日—?),字梅生,号益甫,江苏松江府上海县人,优贡。宣统元年,任松江上海开票监察员。历任吴县地方检察厅检察官,浙江瓯海道署、会稽道署科长。民国十二年,获五等嘉禾章。十三年(1924)七月在任宁属酒类捐费积欠分处长。十月二十九日至十二月十五日代理奉化知事。著有《宣统元年己酉科江苏优贡卷》一卷。

《清代朱卷集成》(374)第109页:"葛尚冲,字梅生,号益甫(号,一作字。疑误),行二。光绪丙子六月初六日(二年,1876年7月26日)吉时生,江苏松江府上海县学增广生,民籍(苏省法政学堂绅班最优等毕业)。""宣统己酉(元年1909)科中式优贡,第八名。""现居上海西门内刘公祠。"《申报》1909年3月8日第三张《各省筹办咨议局·初选举区成立》:江苏苏属(松江上海)

"开票监察员：……葛尚冲(等十六名)"。《政府公报·公文》(1923年2月24日第2498号)第197册第426页："以上四员曾受六等嘉禾章,拟请晋给五等嘉禾章。"四员中有葛尚冲。《申报》1924年7月6日《清理酒捐积欠分处成立》："宁属第四区烟酒事务所分局长张安泰,及委派宁属酒类捐费积欠分处长葛尚冲,前奉省令会办清理历年积欠酒捐费,限于七月一日以前实行办理。张、葛两委员爰于前日即将分处成立。除分别呈咨,并遵照办法将历年积欠积极清理外,昨又会衔分贴布告,俾各酒商周知矣。"《上海县续志》(民国七年刻本)卷十六《选举表上·贡生》："葛尚冲(己酉,字益甫,光绪戊子举人,士清子,字赓尧。府学日本弘文学院速成师范科毕业生,就职直隶州州判)。"民国《上海县志》卷十九《名位》："葛尚冲,见《续志》及《科第·优贡》,官治司法官,历任吴县地方检察厅检察官,浙江瓯海道署、会稽道署科长,简任职存记分,浙任用荐任职。"

《浙江方志》1989年第5期第46页:奉化县"葛尚冲,1924年10月29日,代理接任;1924年12月15日,卸任"。

《中国古籍总目·史部(3)》2009年版第1627页："史30922573,《宣统元年己酉科江苏优贡卷》一卷,(清)葛尚冲撰,清宣统间刻本,上海。"

沈秉诚,吴兴人,光绪十一年五月,在任军机。官派游学日本,法律科毕业,著有《统计学纲领》,宣统元年在日本东京出版。民国二年,由东台检察长调任江都地方检察厅长。民国四年为京师地方审判应推事。七年六月六日,受停职一年处分。十四年(1925)五月八日至十六年(1927)一月五日任奉化知事。

《申报》1885年7月14日《光绪十一年五月二十五日京报全录》："召见军机沈秉诚。"《清实录·大清宣统政纪》卷四十二:宣统二年九月辛丑朔,"学部考验游学毕业生,得旨。(有)……沈秉诚"。卷五十四:宣统三年五月乙巳,"引见廷试游学毕业生,得旨。(有)……沈秉诚"。《申报》1910年9月

奉化知县知州史料选辑

424

8 日第二张《学部考取东西洋游学毕业生名单》："日本法律科毕业生二百二十一名：……沈秉诚"。1910 年 10 月 6 日《上谕》："……沈秉诚……均著赏给商科举人。钦此。"1913 年 3 月 31 日《地方通信·扬州》："笪检察长预备交卸江都地方检察厅长，业经上峰调委东台检察长沈秉诚接任，定于四月一日接印。"1915 年 2 月 21 日《命令》："司法部呈请任命……沙产楷、吴汝让、李昌宪、朱养廉、刘得薰、沈秉诚为京师地方审判应推事。应照准。此令。"《政府公报·命令》第 128 册第 188 页："大总统训令第六十号，令司法总长朱深：据司法官惩戒委员会呈议决京师地方审判厅推事沈秉诚废弛职务停职交付惩戒一案，依司法官惩戒条例议决'沈秉诚应受停职一年处分'等语，沈秉诚著即依议停职，交司法部查照执行。此令。'大总统印'。中华民国七年六月六日。"

《浙江方志》1989 年第 5 期第 46 页：奉化县"沈秉诚，1925 年 5 月 8 日，署理"。《奉化市志·政府》1994 年版："沈秉诚，吴兴人，1925 年 5 月—1927年 1 月。"《奉化市革命文化史料选编》1992 年版第 5 页："1926 年 1 月，《新奉化》由于斗争的需要，由年刊改为月刊，王任叔任主编。刊物偏于政治斗争，文艺作品的篇幅占得不多。六月，风言反动当局要逮捕王任叔，王闻讯即离开奉化。七月，县知事沈秉诚以该刊宣传'赤化'为名，查封了该刊及各期余书。《新奉化》存在时间首尾四年，为推进奉化的新文化运动以及在反封建落后势力，鼓吹革命等方面，作了积极的贡献。"《宁波文史资料（第23 辑）：群星灿烂——现当代宁波籍名人》（上册）2003 年版收《春蚕到死丝方尽——新中国首任浙江省省长沙文汉》一文，第 139—140 页："1926 年夏，沙文汉商校毕业。大哥沙孟海托人为沙文汉在青岛明华银行觅得一职位，但是 18 岁的沙文汉却拒绝去银行工作。根据宁波党组织的指示，他回家乡接替二哥沙文求的工作，发动农民，组织农会，迎接北伐军。一时间，沙文求、沙文汉、沙文威兄弟三人先后在沙村从事农民运动。1926 年 11 月，中共宁波地委决定，在鄞东大咸乡与邻近的奉化忠义地区组建鄞奉区委（忠义部委），由卓兰芳任书记兼组织委员，沙文汉任宣传委员。由此，鄞县沙村与奉化松岙的农民运动便结合在一起。当时的鄞奉地区处在军阀孙传芳部的统治之下，当局在象山港翔鹤潭设盐务局和税关,强迫农民购买价格昂贵的官盐,老百姓怨声载道。12月间,鄞奉区委决定攻打翔鹤潭盐务局和税关。上万农民在卓兰芳和沙文汉的指挥下,打掉了税官盐警,缴枪14支。当时鄞东有的寺院住持就是大地主,他们剥削农民特别残酷,卓兰芳和沙文汉又领导农民封掉了宝庆寺等一批有和尚为非作歹的寺院,并没收其财产,分给周围无地的农民。为配合上海工人武装起义,鄞奉区委组织上千农民于1927年元旦冲进奉化县衙,吓得知事沈秉诚逃之夭夭,沙文汉也参与领导了这次运动。"《时事公报》1927年1月4日:"1月初,奉化知事沈秉诚'纵匪殃民,贪污纳贿,吸食鸦片',被奉化县国民党党部因扣留,发布公告。"《申报》1927年1月5日《宁波快信》:"奉化知事沈秉诚辞职,遗缺由前省署第二科科员陈亚春接充。"

《申报》1927年1月19日《联军抵甬后之甬政界·奉化知事更迭》:"(一)(略,见上引);(二)'省长钧鉴:豪党扰奉,沈知事被迫告退,会稽道尹暂委县警所长郑祖康代摄县篆。嗣董、段两司令大军莅止,乃郑祖康带印潜逃,以致主理乏人,幸由沈知事出而维持,地方得以安宁。伏乞钧长迅电沈知事,俯念生灵为重,循旧供职,以安民情。奉化县公民周理安等二万余人同叩。'"1927年4月12日《地方通信·奉化》:"协缉前知事沈秉诚。奉化前任知事沈秉诚在任时营私舞弊,侵占公款,业经省政务委员会审查确实。特令吴兴县将该前知事原籍财产抵偿,以重公款;一面饬各属遵照转饬所属,一体协缉,务获解究。"

《中国近代统计史》2006年版第12页:"宣统元年(1909),沈秉诚编写的《统计学纲领》在日本东京出版。沈秉诚是横山雅男的学生。该书是以横山雅男的讲义为蓝本写就的,分上下两卷,上卷为总论,包括统计学的历史,统计学之意义,统计学的研究方法,统计的法则,统计及统计学的分类,与统计学有关之诸学,统计机关等9章;下卷为分论,包括人口统计,道德统计,经济统计(农、工、商),国势统计(财政、军事),教育统计等5章。沈秉诚认为:'统计学者,搜集各种同样社会的现象,以说明此现象具如何形状,有如何关系者也。'《统计学纲领》的内容,与横山雅男的《统计讲义录》《统计通论》基本相同，只是在编次上有所归并、压缩而已。"

奉化县知事沈秉诚辞职函

(民国)沈秉诚

总司令、省长钧鉴：知事东日(一日)被民党聚众殴辱。警察所长郑祖康与党朋比为奸，冬日(二日)又将知事拘禁所内，敲诈洋六千余元，始释回署，然仍严密围守。知事呈准道尹辞职，道委该郑所长兼代，即于鱼日(六日)卸任。所有应行移交档案文件已逐项咨交清楚。讵寒日(十四日)党军败退，该郑所长即于夜间带同全所警察移印潜逃，秩序紊乱，衙署、局所及民间市肆抢毁一空，监犯亦乘机反狱逃逸。幸删夜(十五日)王团长率队莅境，城市稍安，知事亦得恢复自由。除详情另电呈明外，惟奉邑治安负责乏人，请速委员履任，以重地方。卸任奉化县知事沈秉诚叩。筱(十七日)。(《申报》1927 年 1 月 19 日《联军抵甬后之甬政界·奉化知事更迭》)

陈亚春，丹徒人，附生，民国三年三月任象山知事。四年，在任庶务科员。十年，在任嘉北茧捐委员。十六年(1927)一月代理奉化知事，未到任。十八年任龙游统捐局长，十九年辞职。

《象山县志》(上)2004 年版有《民国职官表》，第 301 页："陈亚春，三年三月任，丹徒人，附生。"《象山文史资料》第 3 辑《象山近百年史事胈录》1988 年版第 28 页："1914 年(民国三年，甲寅)春，新任宁属禁烟监察杨国斌与禁烟监督孙海波在下南乡长大湾查得烟苗数亩。闻田主姜鸿略为当地首富，乘机勒索，将姜拘捕至石浦，扬言将备文解县。永宁轮局司事某从中斡旋，贿银千余元了事。后事为知事陈亚春获知，向省举报，姜鸿略本人亦具状上诉。省府命会稽道尹查办，判处杨、孙二人 5 至 8 年徒刑。"《申报》1914 年 5 月 13 日《地方通信·杭州》:"象山陈知事报告捕匪情形电。都督、民政长、禁烟督办、禁烟总局长鉴：九日奉拿抗禁毁署匪首鲍谦等，被该匪率党数百人持械拒捕。防兵危急，当场格毙匪鲍宇卢一名，获鲍大清、鲍宇金二名，除另呈外，谨报。象山知事陈亚春叩。灰（十日）。"1915 年 9 月 27 日《地方通信·杭州》:"祭潮与观潮之浙杭消息。昨日（旧历八月十八）为潮神诞辰，官厅素有祭潮之举。财政厅长吴钫君、盐运使胡思义君、杭关监督张允言君及部派员等均于二十五日上午乘坐早车驰赴海宁，闻系奉屈使派祭潮神，并察看塘工。然据又一函则云：屈巡按使会同俞箫雨会办，已于昨日下午三句钟，乘特别快车前往长安换坐浅水兵轮，先往海宁观潮，继往海盐、平湖一带察勘塘工，共商修筑之法，并带主管科员王济组、庶务科员陈亚春等同往云。'"1921 年 6 月 5 日《地方通信·嘉兴》:"茧市萧条。嘉兴四乡蚕事本年收成不佳，统扯不过五成左右。而各茧商又以银根关系停止营业者，嘉属方面竟有十余家之多。即开秤各茧行，又恐亏蚀成本，定价极短，且收售时又异常挑剔。故乡民多不愿出售，折回缫丝。现各厂已停秤，所收鲜茧较往年为少。嘉北茧捐委员陈亚春以税收寥寥，比较短折。除将各茧厂所收鲜茧逐日呈报财政厅备查外，并将茧市萧条缘由，于昨日具呈财政厅察核矣。"

《申报》1927 年 1 月 5 日《宁波快信》:"奉化知事沈秉诚辞职，遗缺由前省署第二科科员陈亚春接充。"1927 年 4 月 12 日《协缉前知事沈秉诚》:"奉化前任知事沈秉诚，在任时营私舞弊，侵占公款，业经省政务委员会审查确实，特令吴兴县将该前知事原籍财产抵偿，以重公款，一面饬各属遵照，转饬所属一体协缉，务获解究。"《奉化市志·政府》1994 年版:"陈亚春，1927 年 1 月代理，未到任。"

《申报》1929 年 2 月 3 日《浙省财政人员大更动》:"浙省财政厅长钱新之，对于各局统捐，颇能认真整饬。近以各局比较，恒多短绌。业于省政府委员第二百零一次会议时，提出更调大批统捐局长。当经议决通过。兹探志于下：……龙游统捐局长陈瓒调省，委陈亚春充任。"1930 年 10 月 10 日《地方通信·杭州》:"龙游统捐局陈亚春辞职，则不另委派，所有局务并入兰溪局办理。"

郑祖康(1885—?),安徽黟县人,光绪二年七月任广东湖南道库大使。民国四年十月任同安知事。五年任长泰知事。七年十一月至八年任建瓯知事。十六年(1927)一月代理奉化知事,很快卸任。三月十四日至四月廿五日任兰溪知事。

《申报》1909年6月18日第三张《各省筹办咨议局·初选举重开票》:"永嘉县初选当选人缺额九名,于四月二十三日重行投票,二十六日开票。当选九名:……郑祖康……"1910年2月4日第二张后幅《学部奏译学馆乙级学生毕业请奖折(续)》:"……郑祖康,年二十六岁,安徽人。度支部候补主事。毕业平均分数六十三分二厘二毫。……郑祖康一名,原系度支部候补主事,拟请给举人出身,以原官归原衙门,尽先补用。"1910年3月29日《分科大学生之题名录(北京)》:"学部昨将分科大学取列各生揭晓,兹特照录榜示于左……商科二十三名:……郑祖康……"《政府公报·批令》:"……又,旅京安徽公学校长郑祖康,系安徽黟县人。由前清户部主事考入京师译学馆,毕业奏奖举人。历充科员及清理财政差使。复考入分科大学商科,肄业期满毕业,现充校长。该员精明干练,品学兼优,经验尤著。以上四员……以县知事归入第四届审察办理,俾各该员得展所长。……大总统印。中华民国四年三月二十六日。"《同安县志》(下)2000年版第856页:"知事,郑祖康,安徽人,民国四年十月任。"《漳州姓氏》(下)2007年版第2137页:长泰县"郑祖康,安徽黟县人,民国五年任"。《建瓯县志》1994年版第552页:"郑祖康,安徽人,民国七年十一月至八年。"

《奉化市志·政府》1994年版:"郑祖康,1927年1月—1月下旬代理。"《申报》1927年1月19日《联军抵甬后之甬政界·奉化知事更迭》:"(一)(略,见下引);(二)'省长钧鉴:豪党扰奉,沈知事被迫告退,会稽道尹暂委县警所长郑祖康代摄县篆。嗣董、段两司令大军莅止,乃郑祖康带印潜逃,以致主理乏人,幸由沈知事出而维持,地方得以安宁。伏乞钧长迅电沈知事,俯念生灵为重,循旧供职,以安民情。奉化县公民周理安等二万余人同叩。'"《申报》1927年4月12日《地方通信·奉化》:"协缉前知事沈秉诚。奉化前任知事沈秉诚在任时营私舞弊,侵占公款,业经省政务委员会审查确实。特令吴兴县将该前知事原籍财产抵偿,以重公款;一面饬各属遵照转饬所属,一体协缉,务获解究。"则郑代理之任期应截至 1 月 14 日。

《兰溪市志》1988 年版第 443 页:"县长郑祖康,民国十六年三月十四日至十六年四月廿五日。"

吴承露,安徽人,民国十六年(1927)一月任奉化知事,二月中旬弃职。

《申报》1927 年 1 月 24 日《蔡朴定今日接省篆》:"浙江省长蔡朴定二十三日下午由宁乘车回杭,派钱塘道尹陈翱先通知政务厅,定于二十四日接印视事。故昨日星期例假,省署全体职员照常办公。政务厅长傅德谦且因交卸在即,发表大批知事:於潜叶杏南离职,遗缺委庄承彝署理;奉化沈秉诚离职,遗缺委吴承露署理。"《奉化市志·政府》1994 年版:"吴承露,安徽人,1927 年 1 月—2 月中旬弃职。"

戴南村,奉化人,民国十六年(1927)二月至同月底代理奉化知事。

《奉化人民代表大会志》2003 年版第 549 页"民国时期议政机构",(一)议会:"1912 年(民国元年)废除道制,建立议会制。《浙江省自治章程》颁布。是年 3 月,奉化成立县议会,议长戴南村。1914 年 2 月袁世凯下令复设道尹,停办各省地方自治,县议会随之撤销。"《奉化市志》1994 年版第 800 页:"锦屏山位于大桥镇建成区西部,南麓有锦溪(即北溪)流过,故名。又称青锦山。……1915 年乡人戴南村等发起筹建宋家坪公园。1925 年为纪念孙中山,改建中山公园,相继建成中山纪念堂、中正图书馆等。"戴创办了凤麓学堂。《奉化文史资料》(第 2 辑)1985 年版第 55—56 页《辛亥革命志士周淡游》(有节略):"二十世纪初年,正当辛亥革命前夕,国内旧式蒙馆日趋没落,代之而起的是新式学堂. 当时,奉化城内先后出现了两个学堂,一个是以忠义乡的老绅士庄崧甫为代表,他们集合了一些留日的知识分子,首先创办了龙津学堂,聘请日本教员讲授新学;另一个是以城里官绅戴南村为代表,办起凤麓学堂,聘请张家瑞任校长(后张任北伐东征军秘书,另一秘书是俞国华之父俞作屏)。"《申报》1906 年 9 月 16 日《凤麓作为附属学堂》:"奉化县凤麓学堂前因各学生与堂董不洽,禀准当道另行公举,现已举定董事一人经理堂事。日前由教育会江绅迥,具禀宁府,请将凤麓学堂为教育会附属学堂,业已由喻庶三太守批准,谕令绅等遵办矣。"《奉化市第一中学建校九十周年纪念册》1992 年版第 1 页"校史":"1903 年(光绪二十九年),在告成寺原址创办了凤麓学堂,新建楼房五间。1905 年(光绪三十一年)7 月 5 日,龙津学堂师生抵制美货,抗议美帝虐待华工,迫害华侨。9 月,龙津学堂教员发起成立县教育会,址设城内明伦堂,江后村、严筱轩任正副会长。"《宁波词典》1992 年版第 257 页:"奉化市第一中学,浙江省重点中学之一,前身为 1901 年创办的'龙津学堂'。1905 年,与创办于 1903 年的'凤麓学堂'合并,改称'奉化中学堂'。1924 年改为'奉化县立初级中学',1943 年改为'奉化县立中学',1958 年改为'奉化县第一中学'。"戴还组织过"法治协会"。《宁波文史资料》(第 4 辑)1986 年版收《庄崧甫的一生》,第 36—37 页:"庄在奉化除办龙津学堂、忠义学堂以及水利工作等之外,值得一提的是创办奉化孤儿院和组织'剡社',出版《新奉化》刊物。奉化原来有城里大地主周钧棠(举人)、戴南村(半边举人)为首组织的'法治协会',代表奉化大地主阶级利益,左右县政,也是他们在本县参加县议会竞选时的资本。庄崧甫是乡下人,以当时的经济基础与社会地位相比较,和这些人合不拢,乃组织'剡社',与孙表卿等合作,这是一个代表中小地主阶级利益的集团。"《宁波市志》(中) 1995 年版第 902 页"电力工业":"奉化永明电灯公司,1926 年(5 月),由戴南村集资银圆 1 万元,购置25 马力柴油机和 20 千瓦发电机各 1 台,在大桥镇开办永明电灯公司。"

《奉化市志·政府》1994 年版:"戴南村,1927 年 2 月—2 月底代理。"

《申报》1927 年 10 月 25 日《奉化同乡会新职员就职记》:"又推戴南村为名誉董事。

王简廷，浙江金华人，民国十六年（1927）二月二十八日就职奉化县长，三月底卸任。

《申报》1927 年 3 月 6 日《宁波快信》："奉化新推县长王简廷已于二月二十八日就职。"《奉化市志》1994 年版第 556 页"1927—1949 年县长"："王简廷，浙江金华人，1927 年 3 月—1927 年 4 月。二十六军发给委任状。"《中共奉化历史：第 1 卷（1926—1949）》2002 年版第 17 页："（1927 年）3 月下旬，国民革命军东路军总指挥部委任王仲隅为奉化县政治监察委员，其职权在县长之上。县长王简廷于 3 月底被迫卸任。4 月 8 日，新任县长陆有章到奉，暂住大桥连山会馆，接受县党部政治计划、宣布政见后，11 日才进县政府就职。"

陆有章，民国十六年（1927）四月十八日就职奉化县长，七月二十九日辞职。

《浙江方志》1989 年第 5 期第 46 页：奉化县"陆有章，1927 年 7 月 29 日，辞职"。《奉化市志·政府》1994 年版："陆有章，1927 年 4 月—1927 年 7 月 29 日辞职。"《中共奉化历史：第 1 卷（1926—1949）》2002 年版第 17 页："（1927 年）3 月下旬，国民革命军东路军总指挥部委任王仲隅为奉化县政治监察委员，其职权在县长之上。县长王简廷于 3 月底被迫卸任。4 月 8 日，新任县长陆有章到奉，暂住大桥连山会馆，接受县党部政治计划、宣布政见后，11 日才进县政府就职。"《申报》1927 年 3 月 27 日《地方通信·杭州》："浙省政府存记人员录。浙江省政务委员会因各县县长及警察所长急需更委或撤换，对于新介绍之人员特加审查。截至现在止，已经审查合格者，计县长九十名。"有"陆有章"。《宁波民国日报》1927 年 6 月 2 日第 2 版："奉化自筹募军费八万，本仅得四万，陆县长决定赴沪募集。"《申报》1927 年 6 月 11 日《地方通信·杭州》："浙江现任县长姓名录。浙江自改政以来，全省县长都

已改委。兹将最近调查所得披露于后：……奉化：陆有章……"《竺扬纪念文集》2011 年版第 69 页："关于郑苗带领农民进城请愿的事，众说纷纭。实际情况是：为了'二五减租'，郑苗与本村（郑家塔）地主洪依仁闹翻了，双方各不相让。于是郑苗带了长寿区各村农民协会会员进城（竺家去了几十个农民），直闹到县衙门。洪依仁也笼络邻村地主并控制了少数受蒙蔽的农民进城。结果，双方在县衙门前打了起来，郑苗和竺家农民竺阿根都受了伤。经过斗争，当时的奉化县政府县长陆有章（陆章甫，1927 年 4 月 8 日到职，同年 8 月 2 日辞职。《奉化市志·政府》1994 年版作"7 月 29 日"）表态，实行了'二五减租'，郑苗一方取得了胜利。这次农民进城总共只几百人。可是，有的人把这件事与 1927 年元旦郑苗带领长寿区农民进城打县知事沈秉诚那件事混淆在一起了。（刊登于 1987 年 7 月 20 日《奉化党史资料》第四期）"《中共奉化历史：第 1 卷（1926—1949）》2002 年版第 54 页："7 月底，国民党县长陆有章因病辞职，实行'二五减租'的布告没有发下去。"

徐之圭，浙江江山人，民国十六年（1927）七月二十九日至十一月任奉化县长。十七年四月任东阳县长。十二月二十二日，任诸暨县长。十九年十月任衢县县长。二十五年三月二日，任南京市政府土地局科长。三月十一日任浙江永嘉地方法院书记官。五月十七日，任南京市政设计委员会设计委员。

《申报》1927 年 7 月 29 日《国内要闻二·杭州快信》："省政府委任王访渔为嘉兴县长、徐之圭为奉化县长。"《浙江方志》1989 年第 5 期第 47 页：奉化县"徐之圭，1927 年 7 月 29 日，署理；1927 年 11 月，免职"。《奉化市志·政府》1994 年版同。《中共奉化历史：第 1 卷（1926—1949）》2002 年版第 54 页："7 月底，国民党县长陆有章因病辞职，实行二五减租的布告没有发下去。新任县长徐之圭到职后，对减租之事也感到相当棘手，难以定夺，便向省政府请示。"

《东阳市志》1993 年版第 564 页:县长"徐之圭,浙江江山,民国十七年任"。《浙江民政月刊》1928 年第 9 期第 5 页:"东阳,徐之圭,江山,民国十七年四月廿三日。"《浙江建设月刊》1928 年第 18、19 期第 82 页:《中华民国国民政府浙江省政府建设厅公函》第□号:民国十七年十月"前准贵会函开,以据东阳县指导委员会呈,为县长徐之圭不遵章组织佃业理事局,一味延逶等情,请查照饬县组织成立并希见复等由,准此。"《申报》1928 年 11 月 23 日《浙省政府会议》:"戊辰社二十二日杭州电:浙省政府一八零次会议,出席委员张人杰、程振钧、蒋伯诚、周骏彦、何辑五,列席杨子毅、徐懋来、刘大白,主席张人杰。议决案摘要如下:……(五)诸暨县长曾则生辞职照准,遗缺以东阳县长徐之圭调署。"《诸暨行政管理志》1992 年版第 220 页:县长"徐之圭,浙江江山,1928 年 12 月—1930 年 7 月"。《浙江民政月刊》1929 年第 19 期第 4 页:"《诸暨县十八年三月份政治工作报告》县长徐之圭。"《申报》1929 年 10 月 9 日《行政院第四十次会议》:"今日(八日)上午十时,行政院四十次会议,出席谭延闿、王伯群、王正廷、宋子文,列席郑洪年、樊象离、马叙伦、朱绥光、曾养甫、连声海、陈绍宽、胡毓威、吕苾筹、陈融,主席谭延闿。(甲)报告事项:……(五)决议浙省各试署县长。计……诸暨县徐之圭……三十五员,均呈请政府任命。"《浙江建设月刊》1929 年第 25 期第 144 页:"浙江省政府民政厅指令第二二五七五号,令诸暨县县长徐之圭呈一件呈送《九月份政治工作报告书表由》云。落款为"中华民国十八年十一月十八日"(余略)。《申报》1930 年 4 月 28 日《地方通信·杭州》:"暨匪击溃,将窜富阳。浙省府据诸暨县长徐之圭报称三都地方发现土匪四百余名,夺械劫掠。现已由保安六团陈营开到击溃。惟恐窜往富阳等处,故昨又电令驻平湖第三团派队驰往防剿。"1930 年 8 月 1 日《地方通信·杭州》:"省政府更委四县县长。浙省府委员兼民政厅长朱家骅氏于第三二五次省委会议提出诸暨县长徐之圭迭请辞职,应予照准。遗缺拟以谢荫民试署。"《行政院公报》第一百七十九号,第 1 页:"国民政府令(十九年八月十八日):行政院院长谭延闿呈,据浙江省政府主席张人杰呈称:……徐之圭等均另候任用,特免本职,应照准。此令。"《浙江建设月刊》1930 年第 36 期第 303 页:"民国十九年十月十七日,衢

县冯世模调於潜,徐之圭继任。"《浙江民政月刊》1931年第42、43期第6页:
"县长既为一县之主,就不能擅离职守,否则将受相应处分。……1931年5
月25日民政厅训令云:衢县县长徐之圭因有要公面陈,请给假赴杭,但省厅
以现值'清乡'时期,未予批准。该县长却未奉复电即已动身。'查县长因事
请假,须先呈奉核准,方得离职。……(该县长行动)实属违背功令,惟念该
县长实系因有急要公务面陈,姑予从宽记过一次。'"(转引自《国民政府时期
浙江县政研究》2012年版第110—111页)《申报》1931年7月20日《地方通
信·衢县》:"新旧县长交替。衢县县长徐之圭经浙省府会议议决调省,遗缺
由吴伯匡代理。"1934年9月23日《全浙救灾会执监会昨推定职员》:"执监
会议。首次执监会议计……徐之圭等六十余人。"《中华民国国民政府公报》
(105),第18页:"国民政府令(二十五年三月二日):行政院院长蒋中正呈,据
南京市市长马超俊呈请任命赵剑光、徐之圭为南京市政府土地局科长,应照
准。此命。"《司法公报》第103号《部令》第7页:"任命徐之圭为浙江永嘉地
方法院书记官。此令。二十五年三月十一日。"《申报》1936年5月17日《京
市市政设计委会委员业已聘定》:"(南京)京市市政设计委员会定二十三日
养开首次会议,设计委员已聘定者为……徐之圭……"《政治周报》第1期至
第14期全订本第266页:徐之圭名入上海伪国民党全国代表大会之经过与
舆论反响。待考。

徐祖燕,民国十六年(1927)十一月至十七年七月任奉化县长。三十二年七
月七日,荐任为撤废治外法权事务局科长兼在民事司办理第一科长事务。
三十三年一月二十五日,为物资统制审议委员会简任专员。

《浙江方志》1989年第5期第47页:奉化县"徐祖燕,1927年11月,署
理;1927年12月1日,接事;1928年7月,调省"。《奉化市志·政府》1994
年版:"徐祖燕,1927年11月—1928年7月。"《申报》1928年3月31日《两
县长兼省道特派员》:"浙江省政府于本月二十三日举行十三次会议报告,据

省道局呈，决议照准，委任奉化、鄞县两县县长兼省道特派员，不另给夫马费，各该县附设收用土地事务所，各项费用，并令撙节开支。"1928年4月30日《国内要闻二·奉化莼湖匪劫之善后》："浙江奉化莼湖镇于本月十一日，被大帮土匪放火行劫，全镇焚毁，状极惨楚，损失不赀。省防军司令官蒋伯诚亲赴奉化、宁波一带视察，已于日昨回省报告，谓：'奉化土匪已被击散，现正在搜剿中。奉驻一营，以二连常驻，一连游击驻甬，慈溪一连。加派宪兵一排驻甬。善后方法，分治标、治本两种。治标：筹办保卫团，以资防御。治本：筹备乡村自治，以清匪源。'兹录省政府令省防军司令部文如后。'民政厅呈，据奉化县县长徐祖燕文代电称，真日（十一日）傍晚，据县警察所长姜宸典报称，午后三时，莼湖地方，突有土匪百余人，执有快枪及大刀，为首一人手持舡旗，乘驻莼防军开赴桐照一带剿匪，地方空虚，冲入该处市镇，及驻莼省防军连部与警察分所，同时放火抢劫。全镇焚毁，被灾商店、民居约计四五百家，连部守营之哨兵及伙夫亦均有死伤。该处分所警察只有十人，既无堪用之枪械，亦复众寡不敌，无力抵御，现有数人只身逃回等情。县长得报，即派警探四名，星夜驰往，探查匪踪；一面会商驻奉省防军韦营长，先行调兵扼守要隘，加意警备。嗣据探报，该处土匪向以桐照、栖凤等处沿海船只为巢穴，此次因驻莼防军赴桐照，遂由栖凤吴家埠乘虚而入。初仅五六十，迨到莼湖，连合游手，人数加增，约计有一百余人。放火抢劫后，向南奔而去。在莼湖镇约计一点多钟。现在该处居民四散，而匪踪仍出没无常，沿途大都山径，往来咸具戒心等语。查奉邑兵力单薄，东南沿海，接连象山港，其间岛屿荒凉，土匪横行，迭经陈明形势，恳请添军防剿在案。现在匪势如是猖獗，苟非调军痛剿，则地方永无宁日。除会同驻军督饬警团加意防范，并分电呈报外，理合电呈鉴核。拟请电调驻温军队添驻奉邑，并先会同水警，两路夹击，以绝匪踪，而安地方等情。据此，查该县桐照、栖凤等处，盗匪如此猖獗。就近水陆警队，平日所司何事？竟任其纠众盘踞，酿成此次莼湖全镇地方之劫掠，殊出意外。兵警所以卫民，事前不能防闲，临时无以抵御，其将何以对人民而副责任？现在事后补苴，尤关紧要。除令饬该县长赶将该镇各户受害详情查明，呈报核办外，合亟令仰该司令部，迅即督饬驻防该县及就近各地水陆警军,严侦匪踪,合围痛剿,捣其巢穴,务绝根株,以免匪胆愈大,别处再遭蹂躏。至该县长所请添驻防军一节,并仰酌核办理,具报备查。此令。'"1928年5月17日《本埠新闻·奉化匪灾放赈记》:"昨闻宁波旅沪同乡会董事陈忠皋君云,前由该会特派为放赈委员,偕同奉化县长徐祖燕、警察所长姜宸典,亲往奉化莼湖、吴家埠、舍莼三镇灾区实地调查。计男女灾民达有数万之众,房屋焚毁,一无完存。灾民流离失所,日则觅食郊外,夜则多宿空厕、山洞等处。饥饿惨毙,遍地皆是。悲苦之状,惨不忍睹。近虽有政府及同乡会酌情拨款就地放赈。然灾区广大,灾民众多,即能稍延残命,而死者暴骨于野,生者栖巢于穴,区区赈款仍难,无裨于事。惟据陈委员来申宣传云,意欲分别函恳本埠各大慈善家解囊捐款外,再为烦邀各报馆登载事实,宣布海内,以欲请热心慈善事业者有所慨助,俾得集腋成裘,多多益善,为赈救该大宗流离失所之灾民而成善举云。"《宁波市志》(下)1995年版第2556页:"1928年(民国十七年)《外婆碶碑记》,奉化市广济桥碑亭,县长徐祖燕立,正书。"《浙江民政月刊》1928年第8期第6页:浙江省政府委员会会议摘要(第一百二十二次至一百三十二次),"(三)朱委员兼民政厅长提议:奉化县县长徐祖燕调省,遗缺拟以赵子和接充,并请审查资格。议决:通过"。

《国民政府公报》第五一四号(民国三十二年七月二十三日)第12页:"本部:撤废治外法权事务局科长兼在民事司办理第一科长事务徐祖燕,荐任,七月七日。"第五四八号(民国三十二年十月十日)第16页:"一六、司法行政部罗部长提:拟请任命徐祖燕为本部参事案。决议:通过。"第五九二号(民国三十三年一月二十五日)第27页:"十三、物资统制审议委员会兼委员长呈:本会简任专员金铭呈请辞职,拟请免职;并拟请任命徐祖燕为本会简任专员。决议:通过。"

《浙江农民武装暴动》1996年版第248—250页《中共浙江省委关于奉化暴动的经过给中央的报告》(1928年1月19日)略曰:省委在1927年12月12日根据奉忠义区负责同志□□之报告说:该处农民遭受压迫甚烈,可以暴动。到22日(又)接□□报告,要求暴动,并定于1928年1月3日开会决定暴动时期及行动大纲。但此时奉化暴动之事遍传宁波城中,适1月1日宁波西乡、东乡均有土匪骚动,宁波反动派遂派兵至东乡芦浦进剿。结果,破获我机关两处,捕去区委委员 1 人及农民 10 人。于 1 月 10 日晚开会,即晚到马头去缴军队械,但都不敢出。乃于 1 月 11 日下午发动,在该地□□烧田契,即向其他各村汇合。此 23 人的队伍沿途只增加 9 人,到晚 10 时抵松岙,即负责同志如□□等也已散去,原因是在此日下午忽然议决停止暴动而又未通知各处。湖头渡已有一队起来,松岙并不知道。省委在 16 日会议(□□到会),由□□报告经过。除该处工作仍照 14 日原议外,对事件之错误与教训及负责人处分,也有决议。认定此次奉化暴动主要的错误完全因为是军事投机的企图,是英雄主义的、盲动的,所以有此结果。再者,1 月 11 日□□等忽然决议停止暴动,且无善后计划,是临阵脱逃,是严重的错误。

赵子和,字龙山,安徽人,民国十年八月八日,晋给四等嘉禾章。十三年六月在任宁绍二区警备队统带。十七年(1928)七月至十八年(1929)一月任奉化县长。同年二月任内河水警局长,十九年十二月辞职。

《申报》1921 年 8 月 8 日《命令》:"又令:吴敦义,赵子和,陈南恭均晋给四等嘉禾章。此令。"1924 年 6 月 13 日《驻石陆军调防新嵊》:"宁绍二区警备队统带赵子和昨电镇守使署文云:奉省长征月电开,密感代电计达,驻石第五营即调驻新、嵊二县,原有防地即由三区第八营填防,即将该防区划归三区直接管辖。"1925 年 5 月 22 日《嘉奖官绅》:"甬埠于去年十月间,党人乘机活动,以致时局纷纠,旋有第三师师长周凤岐来甬,与官绅协力图治,始得平定。事后,由周师长将当时在事出力人员汇案,呈请督署奖励,现已核准发表。官员方面:前临时司令部参谋主任吴葆森,记升上校秘书;副官吴焜,记大功一次;警备队第二区统带赵子和,管带周学濂,各记大功一次;保安队队长章燮,副官柴镜蓉,队员洪梦奎、雷迅、杜文岳、黄履中,各记大功一次;鄞县知事江恢阅,记大功二次;嵊县知事吕耀钤,记大功一次;余姚县知事陈国材,宁海县知事李洙,各传谕嘉奖;奉化县知事吴传球,慈溪县知事王施海,均给予奖章;前百官警佐张文郁,记大功一次;前五夫警佐孔道源,记大功一次。绅商方面:前甬总商会长孔馥初,副会长袁端甫,暨特别会董翁仰青、边熊、徐方来,均给予奖章。"

《浙江方志》1989 年第 5 期第 47 页:奉化县"赵子和,1928 年 7 月任;1929 年 1 月 28 日调离"。《奉化市志·政府》1994 年版同。《申报》1928 年 6 月 24 日《地方通信·奉化》:"新县长不日履新。新任奉化县长赵子和,字龙山,(安徽人)偕建设科长火仕邦赴奉,不日即可正式接事。"1929 年 1 月 25 日《国内要闻二·浙省第三组县长会议》:"浙省抽调县长第三组会议业于(二十三日)上午正式开幕。计到县长:泰顺唐天森,奉化赵子和(由民治科长王翰代表)。"1929 年 1 月 30 日《浙省政府更委大批县局长》:"浙省政府最近对于各县县长及局长等颇多更动。兹探志如下:内河水上警察局长孙星环,自省府议决调省,遗缺以奉化县长赵子和接充;递遗奉化县长职缺,以考取县长朱懋祺调充。"

《申报》1929 年 2 月 26 日《地方通信·湖州》:"分派商轮剿匪。内河水警局长赵子和以嘉湖绑票劫案迭出,非迅速兜剿不为功,故每队遣派轮船一艘调用,除原有共和各巡舰外,租赁商轮派用。"1929 年 3 月 22 日《地方通信·平湖》:"水警局防护茧市。内河水上警察局局长赵子和以现在冬防虽过,而茧市将届,水上防务,殊属重要。除派去年租得之小轮分头巡梭外。并将本局所有之巡舰着手修理,更拟于下星期内出巡嘉湖各地。"1930 年 2 月 16 日《国内要电二·太湖区域肃清匪氛办法》:"(南京)内部以苏浙毗连之太湖区域盗匪猖獗,特令该两省推派代表来京,会商肃清办法。现苏省已派张中立,浙省派胡正斌、赵子和等代表来京。十五下午,在内部会商办法。结果:决在该区内设立太湖区域绥靖处,专负剿灭该地土匪之责,并令附近所驻各军警,于任何时间,悉听其指挥调遣。其经费及内部组织,由该两代表拟具办法后,于十七开会时提出讨论。(十五日专电)"1930 年 12 月 21 日《地方通信·杭州》:"省府委水陆警局长。浙江内河水警局长赵子和呈请省府辞职,业经省府会议议决,遗缺委由现任江北剿匪游击司令刘祖汉接充。"

《西坞街道志》2010年版第236页："中共亭山支部——西坞第三支部（1927年10月—1927年11月），书记：董康祥（1927年10月—1927年11月）、邬烈富（1927年11月）。"《申报》1928年8月11日《奉化捕获共党》："去年通缉之共党董康祥……拿获。"《奉化市志·大事记》第17页未著录。

朱懋祺，安徽人，民国十七年浙省县长考试笔试录取。十八年（1929）一月至十九年（1930）八月任奉化县长。任内修建汀河村、白杜村、松岙村等处河塘工程。十九年八月试署分水县长；二十年五月调省。

《申报》1928年4月23日《浙省县长警官考试近讯》："浙省县长考试笔试录取者四十人，于二十一日举行口试，及格者二十八人。"其中有朱懋祺。1928年5月14日《浙考取县长将分组出发考察》："浙省考取县长已于十日下午三时在民政厅给发证书，不日即须分赴各县考察行政状况。闻此次调查区域，以考取人数分为四组，分往指定部分，按表调查。现共规定四区四组。……第二区会稽道属：第二组，沈奇、朱懋祺……"1928年5月19日《浙省县长考察团过沪》："浙江省政府此次考取县长三十二人，分四组派往各县考察。……其考察会稽道属之第二组沈奇、朱懋祺、吴宗焘、吴镕、张玉麟、赵玱、刘健、鲍思信等八人，昨日由杭来沪，拟于今日乘轮赴甬。据鲍君思信语人云：此行规定考察宁波、定海、临海、天台、新昌、绍兴等六县，预计路程十四天，考察期间一月，须一月半后回杭。考察事项：一、县政府组织实况；二、县政府处理行政实况；三、县财政及关于征收之组织暨办理实况；四、县警政及其署所岗位之组织支配暨办理实况；五、城镇乡保卫团之组织及办理实况；六、地方法院及兼理司法之县政府关于司法办理实况；七、县监狱实况；八、县区公款之管理机关及管理实况；九、县政府地方公立机关实况（如习艺所、苗圃等）；十、城镇乡地方实况；十一、道路实况；十二、水上交通实况；十三、公共卫生实况；十四、教育及教职员暨教育经费实况；十五、农业及农人实况；十六、工业及工人实况；十七、商业及商人实况；十八、社会事业实况(包含积谷仓、育婴堂、同善堂、清节堂、救火会,施粥、施材等会,各项公益慈善事业);十九、民众团体之组织及办理实况;二十、人民生活及生计实况。将来每人须以考察所得作成报告,连同日记,缴呈省政府。每组并须作一总报告。待四组皆考察竣事,原议本须再往日本考察,现因发生济南问题,此事恐作罢论,届时或改赴菲律宾考察。倘能筹得款子,希望至欧美考察云。"1928年5月24日《浙江考取县长本省县政调查团过沪》:"二四两组过沪。第二组张玉麟、鲍思信、朱懋祺、沈奇、赵玱等八人昨日到。"1928年5月25日《考取县长来甬调查》:"浙江省政府考取县长调查团第二组昨日由杭来甬,计到者有张玉麟、赵玱、沈奇、朱懋祺、刘健、鲍思信、吴镕、吴宗熹等八人,寓江北岸新新旅社。上午略事休息,下午即分赴市县政府、法院、看守所、公务局等处调查,颇为详尽。闻张等在甬约有六日之勾留,即须转赴定海考察。"1928年5月30日《宁波·县长调查团分头考察》:"宁波前日到有县长调查团第二组朱懋祺等。昨日上午齐赴各行政机关、工场、学校、孤儿院、育婴堂及各级党部等处参观,颇称满意。"1928年6月21日《地方通信·天台》:"考取县长第二组调查团消息。浙江省政府考取县长第二组调查团鲍君等于五日由定海乘舟山轮至海门调查,七日乘小轮至临海调查,十日至天台,寓县党部,十一、十二两日在城内各机关,如县政府、警察厅、商会、总工会、中医施诊局等处调查,十三日起,则至四乡调查农业及造林状况。闻该组拟于十七日赴新昌调查。"

《国民政府公报》(32)第298号第274页《国民政府令》:"行政院院长谭延闿呈,据浙江省政府主席张人杰呈,请任命……朱懋祺为浙江奉化县县长。"《浙江方志》1989年第5期第47页:奉化县"朱懋祺,1929年1月28日,试署;1929年2月7日,到任;1930年8月26日,调离"。《奉化市志·政府》1994年版:"朱懋祺,安徽人,1929年1月—1930年8月。"《浙江民政月刊》1929年第21期《县政报告摘录》:县长姓名及就职年月日,"朱懋祺,十八年二月十七日就职";电政,"城外大桥里奉化电气公司现为扩充营业起见,添置马力。城内均已放光,并设路灯多盏。装置等费用向各号及各住户募集";塘工,"汀河村、白杜村、松岙村等处河塘业已先后动工,约五月间即可完工"。《申报》1929年3月7日《国内要闻·杭州快信》："奉化县长朱懋祺以该县同善社房屋宽大,经各法团公议没收标卖,定额一万二千。"1930年6月18日《奉监狱逃脱要犯十一名》："奉化新任监狱员洪某,久未到差,曾由朱县长暂委保卫团孙总队长兼代,适因该团防务吃紧,致有本月十三午后逃脱要犯十一名之巨案发生。兹将逃犯姓名列下:沈洪琴、王洪文、王老三、洪桂友、冯东伏、陈少三、蒋阿潮、陈云来、沈明寿、林正芳、何月甫。闻该犯等均系判处无期徒刑及一等有期徒刑,蒋阿潮、何月甫已逃脱三次。沈明寿、林正芳业在中途追获,洪桂友在西圃岭地方格毙。查当日监中看守,仅有朱桂林、李全二名。闻此次朱桂林颇有嫌疑。当众犯逃脱时,有他犯宋阿小告诸朱桂林,谓某犯等业向某处墙角掘洞潜逃等语,乃朱置若罔闻迨复告李全,再经李全报告县队长派兵分头追缉,已越一时许矣。"1930年9月6日《浙省更调大批县长》："浙省政府最近发表更调大批县长,兹录如下:……分水县长安先华免职,调奉化县长朱懋祺试署;递遗之缺,以天台县县长章骏试署。"1930年9月13日《奉化囚犯反狱骇闻》："奉化县监狱于昨日(十日)下午五时许,由已判无期徒刑之杀人犯管荣镜与盗犯蔡癫杜、吴周忠、吴荣生等四人,煽动狱犯百余人,突然反狱。事前该犯等乘狱内看守不防,潜用菜刀、柴爿、酒瓶、瓷器等物作为武器,撞破狱门,一拥而出。狱内看守等猝不及防,致被脱逃至六十八名之多。警察陆乃武、看守陈海杰二人被殴伤甚重。嗣驻县政府门侧之保卫团闻警,立即派团丁多名前往兜捕,当场格毙逃犯一名,又一名从监狱后门逃出至三地下,亦被保卫团格毙,又前偷窃萧王庙孙表卿家之窃犯孙锦泰弹中左腿。结果仅兜获逃犯王良华、李继堂、夏阿毛三名,余均远飏无踪。县长朱懋祺以管狱员洪锦旗溺职致酿此祸,当将其发押。所有受伤警察陆乃武等则已送县立医院医治。"1930年10月24日《宁波·奉化新县长到任》："奉化新任县长章骏奉委后,于十九日先派会计、庶务二员来奉接洽,本人于二十日上午由杭到奉,即至县府接收。前县长朱懋祺交卸后,即日离奉。"

《浙江方志》1989年第6期第46页:分水县"朱懋祺,1930年8月26日,试署;1931年5月15日,调省"。《浙江省政府公报》1936年第2818期第9

页:"海宁县政府秘书朱懋祺,业已离职,应予免职。此令。"后文有日期:第11083号,二十五年十二月八日;第11099号,二十五年十二月九日。

奉化县十八年二月份政治工作报告

（民国）朱懋祺

一、设立民众意见箱。县政之敷布,在在攸关以民众。故政令之行,最忌与民意相隔阂。一或隔阂,则奉行便不力,否则亦阳奉阴违。况一人之才力有限,地方兴革事宜尤须征求所见,以收集思广益之效。县长特设置意见箱于县城通衢,冀求民隐。凡地方人民条陈意见,遇有可以参考或采用者,则皆抉择设法办理。

一、设立民众谈话会。训政伊始,民众一方亟须训练。县长为亲民之官,尤须与民众相接近,则训政庶可以实施。兹拟布告设立民众谈话会,纯以领导民众实施训政为宗旨,其科目拟定党义浅说、科学演讲、名人演讲,并附以县政报告,使一般民众均有党义及科学之常识,并明了县政设施之情形。演讲人员,由县长、警察所长及县政职员任之,每逢星期日下午二时至四时,在县政。

一、建筑小采场。奉邑街□狭小,采□林立,县长莅任伊始,对于筹建小采场事宜进行,不遗余力。现已择定县政府前面空地作为场址,估计工料费三百余元,所需经费拟在建设经费下开支。业经建设委员会决议通过,定于四月一日可以兴工建筑。

一、调查荒山荒地。调查荒山荒地事宜,业经赵前县长两请各区公款公产委员会查明具复,但时阅数月,无一查复者。县长莅任后,即令行各村村长切实查复,现已调查完竣,列表呈报矣。（《浙江民政月刊·县政报告摘录》1929年10月19日,第6—7页）

章骏（1894—?），字君畴，江苏吴县人。尝任吴县临时行政委员会委员。民国十九年八月至二十一年（1932）五月任奉化县长。二十三年六月任如皋县长。二十四年十二月至二十七年四月任盐城县长。后沦为汉奸，历任伪工商部丝茧运销管理局局长，伪实业部特种商品运销管理局局长，伪实业部驻沪办事处副处长、处长等职。三十三年十二月二十三日，汪伪最高国防会议第六十一次会议，任命为七名全国经委委员之一。

《苏州史志资料选辑》第6辑1986年版第26页"筹设苏州市之经过"："1927年7月1日，苏州市政筹备处成立。其组成如下：主任：王纳善，吴县县长。……社会科长（原为卫生教育科）：章骏，34岁，前吴县临时行政委员会委员。"《浙江民政月刊·省府会议摘录》第105页《浙江省政府委员会第三百十九次会议摘录》（三）："朱委员兼民政厅长提议：拟请将代理天台县长章骏改为试署案。议决：通过。"《浙江民政月刊·县政报告摘录》1930年第29期第265页："《天台县政府十九年一月份政治工作报告》，县长章骏。"《申报》1930年7月15日《杭州快信》："天台县长章骏贪污渎职，迭次被控。民政厅已派员彻查。"

《浙江方志》1989年第5期第47页：奉化县"章骏，1930年8月26日，试署"。《奉化市志·政府》1994年版："章骏，江苏吴县，1930年8月—1932年5月。"《申报》1930年9月6日《浙省更调大批县长》："浙省政府最近发表更调大批县长。兹录如下：……分水县长安先华免职，调奉化县长朱懋祺试署；递遗之缺，以天台县县长章骏试署。"《申报》1930年10月24日《宁波·奉化新县长到任》："奉化新任县长章骏奉委后，于十九日先派会计、庶务二员来奉接洽，本人于二十日上午由杭到奉，即至县府接收。前县长朱懋祺交卸后，即日离奉。"《奉化市志·政府》1994年版"1927—1949县长"表中交接日期为"8月"，或误。《申报》1931年1月28日《宁波》："股匪逼境，请兵痛剿。奉化县长章骏昨据探报谓：'有三股土匪将逼入奉境，大肆滋扰。'该县据报后，除严为防范外，昨特电省府请兵痛剿。"《中华民国国民政府公报

(60)》,第 383 页《国民政府指令》第 1028 号,二十一年七月三十日(一作:二十九日):"令:行政院呈,据内政部呈,为浙江奉化县县长章骏另有任用,请予免职,遗缺请以现任新登县县长李涵夫调充等情,转呈。明令任免,由呈。件均悉。李涵夫、章骏二员已有明令照准分别任免矣。仰即转饬知照。此令。履历存。主席林森,行政院院长汪兆铭,内政部部长黄绍竑。"

《申报》1934 年 6 月 6 日《苏省政府常会议案》(镇江):"苏省府五日开会议,议决:一、太仓县长洪寿琛调省,委汪宝瑄代理;如皋县长林立山调省,委章骏代理。"《如皋县志》1995 年版第 508 页:"章骏,江苏吴县人,县长,1934 年(民国二十三年)6 月任。"第 229 页《蚕桑·栽桑》:"1934 年,县长章骏提倡隙地栽桑,无偿发给民间湖桑苗 1.98 万株,派农业推广所指导员专门指导。"《如皋文史》第 7 辑 1992 年版收《忆如皋炳勋国音速记研究社》,第 67—68 页:"1935 年,国民党政府推行保甲制度。如皋县先在如城区的八镇一乡搞改编保甲的宣传。速记研究社获得县长章骏、保甲编查委员徐寄芝的同意,在各乡镇召开大会时,让速记研究社的严凌霄去作记录,借以实践所学速记技能。章骏讲话吴音较重,不易记,但当他要严凌霄复读用速记法记下的讲话内容时,章骏听了点头,给予好评。"《国民政府公报·令》第 6 页第 2236 号:国民政府命二十五年(1936)十二月二十三日"代理行政院院长孔祥熙呈,攘内政部部长蒋作宾呈,为署江苏如皋县县长章骏……应照准。此令"。《盐城县志》(初稿)(第 1 卷)1985 年版第 200 页:"章骏,县长。1935 年 12 月—1938 年 4 月。吴县人,因日寇侵犯,县政府迁东夏庄,去职。"章骏后沦为汉奸。《周佛海日记全编(上编)》2003 年版第 521 页,一九四一年五月二十八日日记中"章骏"下附注:"章骏,字君畴。曾任苏州公安局长,江苏如皋、盐城等县县长,时任伪工商部丝茧运销管理局局长。"一九四一年八月二十四日日记中"章骏"附注:"章骏,时任伪实业部特种商品运销管理局局长。"《近代上海金融组织研究》2007 年版第 372 页:"1943 年 4 月 4 日,汪伪实业部部长梅思平、伪中储行检查金融事务处张谷如、伪上海经济局长王志刚、伪保险监理局长孙祖基、伪实业部驻沪办事处副处长章骏及伪工部局刑事特高课人员至联准会调查各行庄票据款项收付情形,查阅了各行庄自

民国知事、县长

1943 年 3 月 15 日起至 4 月 1 日止的收付帐目。"《国民政府公报》第 551 第 20 页：民国三十二年十月十八日，"二○、实业部梅部长提：本部简任……驻沪办事处处长章骏……拟请各免本职。决议：通过。"第 613 号，民国三十三年三月十三日：《附录·行政院第一九五次会议录》(民国三十三年二月二十八日)任免事项："一八、内政部梅部长提：本部参事郭曾琛、警政司司长章骏呈请辞职……决议：通过。"《上海文史资料存稿汇编·社会法制(12)》2001年版第 266 页收章骏《汪伪时期的所谓禁烟工作》，第 266 页："我在 1944 年 4 月底起，曾参加过汪伪组织的内政部禁烟工作 5 个多月，从事鸦片公卖部分工作。"《中日关系五十年大事记(1932—1982)(第三卷：1942—1945)》2006 年版第 249 页："1944 年 12 月 23 日，……汪伪最高国防会议第六十一次会议，任命赵尊岳为中政会委员、国防会议秘书长，叶先圻为监察使，汪曾武为监察委员，沈尔昌、徐季敦、陈次博、谢恪、孙鸣岐、章骏、洪渚为全国经委委员。"

李涵夫(1893—1938)，名蕴，字卓如，号涵夫。缙云县壶镇区浣溪乡宫前村人。民国二十年四月任新登县长。五月至二十年八月任富阳县长。二十一年(1932)五月至二十二年(1933)八月任奉化县长。二十二年十月至二十七年三月，任宁海县长。

《国民政府公报》1932 年洛字第 4 期第 2 页："国民政府令，二十一年四月一日，行政院院长汪兆铭呈，据兼署内政部部长汪兆铭呈，请任命……李涵夫为浙江新登县县长……应照准。此令。"《浙江方志》1990 年第 3 期第 51页：新登县"李涵夫，1931 年 4 月 26 日，代理"。《富阳县志》1993 年版第 598页："县长李涵夫，民国二十年五月—二十一年四月。"

《中华民国国民政府公报》(60)第 383 页《国民政府指令》第 1028 号，二十一年七月三十日(一作：二十九日)："令：行政院呈，据内政部呈，为浙江奉化县县长章骏另有任用，请予免职，遗缺请以现任新登县县长李涵夫调充等情,转呈。明令任免,由呈。件均悉。李涵夫、章骏二员已有明令照准分别任免矣。仰即转饬知照。此令。履历存。主席林森,行政院院长汪兆铭,内政部部长黄绍竑。"《浙江方志》1989年第5期第47页:奉化县"李涵夫,1933年8月15日,调离"。《奉化市志·政府》1994年版:"李涵夫,浙江缙云人,1932年5月—1933年8月。"

《宁海县志》1993年第599页:"李涵夫,浙江缙云(人),(民国)二十二年十月—二十七年三月,死于车祸。"

《缙云文史资料》(第3辑)1988年版第34—35页叙李涵夫事迹,略曰:"李涵夫,缙云县壶镇区浣溪乡宫前村人,名蕴,字卓如,'涵夫'其号也。光绪癸巳年七月廿九日(1893年9月9日)戌时生,民国二十六年(1937,《宁海县志》作"二十七年"。)去世,享年四十五岁。……涵夫五云完小毕业后,继入保定陆军军官学校。毕业后,历任国民革命军总司令部参谋,第二十六军政治部总务科长,陆海空军总司令部上校参谋。后调任浙江省新登县长、奉化县长、宁海县长。在宁海蝉联二任。不幸因自学开车,车覆失事,亡于宁海县西田。涵夫为官时短,而政绩斐然。……热心教育:每年资助本村广智初级小学银洋五十元,当时能购买白米一千二百余斤。"逝世日期,应以《浙江方志》为准。《浙江方志》1990年第1期第61页:宁海县"李涵夫,1938年9月13日,因公出缺",即上文所说"车覆失事,亡于宁海县西田"。《宁海楹联集成》2011年版第122页:"《挽李涵夫》(任筱云):嫉恶如仇,岂能尽迎人意;盖棺论定,毕竟毋负我宁。"

胡鼎仁,浙江临安人,尝任永嘉县县长,于民国十六年免职。十七年任浙政府秘书处农工科科员。民国二十一年五月十七日代理宁海县县长,二十二年八月十五日调离。在宁海,"强迫索捐,违法滥押,伪造文书,徇私故纵,庇护士劣,逼成命案一案经审查成立。中惩会议决胡降二级改叙"。二十二年(1933)八月十五日任奉化县长,二十四年(1935)七月二十三日调离。二十四年八月二十五日至二十六年十一月五日任象山县县长。

《申报》1927年6月9日《杭州短简》："温州第十中学校长蔡梦生,因'共产'嫌疑,被警局看管。嗣移县署,于三十一申时,乘隙越墙脱逃。永嘉县长胡鼎仁免职查办。马民政厅长委温州警察局长叶林森代理永嘉县长。"按:胡是否有意纵之,有待新的材料。《申报》1928年2月17日《浙政府秘书处暂设农工科》："浙江省政府本拟设农工厅,后因他种关系,暂不设厅,而附设农工科于建设厅中。嗣因建设厅政务繁多不及兼顾,拟改隶民政厅。经民政厅提出组织办法,由省政府会议议决,命秘书处将该组织大纲酌加修改,而改隶于秘书处,所有科长、科员已分别委定:科长王超凡,科员胡鼎仁……"《浙江方志》1990年第1期第61页:宁海县"胡鼎仁,1932年5月17日,代理;1933年8月15日,调离。"

《浙江方志》1989年第5期第47页:奉化县"胡鼎仁,1933年8月15日,任;1935年7月23日,调离"。《奉化市志·政府》1994年版:"胡鼎仁,浙江临安人,1933年8月—1935年7月。"《上海宁波日报》1933年11月12日第1版《奉县长胡鼎仁拟就施政状况报告》:"奉县长胡鼎仁氏,此次闻蒋委员长旋奉,对于莅奉十个月施政状况作成报告,预备见时面呈鉴核。"1933年12月4日《奉县府改组县仓管理委员会 扩充委员名额 每区加推一人 新聘宋汉生等十一人为委员》;《奉化冬防联办处成立 县长自兼主任》:"奉化县政府遵照二区保安分处冬防会议决议,组织冬防联合办事,业于一日正式成立,以县长兼任主任,公安局长兼任副主任。"1934年7月2日第2版《奉县长胡鼎仁补行宣誓礼》:"奉化县县长胡鼎仁,于十五日上午九时,在县政府大礼堂举行补行宣誓。"

《象山县志》1998年版第420页:"胡鼎仁,浙江临安人,1935年8月25日—1937年11月5日。"《申报》1936年1月12日《象匪周小生股投诚》:"象山周小生股匪,为患地方已久,虽经军警兜剿,无如此剿彼窜,迄难歼灭根株。去年十二月间,该股匪首周小生悔悟前非,欲向象山县政府投诚,请由附近乡镇长前往接洽,当经象山县政府呈省保安司令部核准。嗣因保证问题尚未办妥,事遂中辍。现该县县长胡鼎仁为消弭匪患起见,定十二日亲赴象西,或派员前往,与该地乡镇长洽商其事。此后象西匪患或可无形消灭也。"1936年7月27日《象山县长被控》(宁波):"象山县长胡鼎仁,秘书朱文伯,第三科长郭耀后,士绅冯一心、孔宪斌、张在熙等,因禁烟处罚,及大麦塘赎票侵占人造丝奖金等案,被人向闽浙监察使署呈控。该署已于日前特派陈某到象彻查,向各当事人及各关系方面探查真相,并至县抽查案卷后,即返省复命。(廿三日)"1936年11月20日《中惩会惩戒两县长》:"(南京)监委李梦庚先后弹劾前任浙宁海县长、现任浙奉化县长胡鼎仁强迫索捐,违法滥押,伪造文书,徇私故纵,庇护土劣,逼成命案一案。经审查成立。中惩会议决:胡降二级改叙。(十九日中央社电)"《中华民国国民政府公报(117)》第144页《中央公务员惩戒委员会议决书》(鉴字第三九二号,二十五年):"被付惩戒人胡鼎仁,前任浙江宁海县县长,现任浙江奉化县县长。男,年四十六岁,浙江临安人,住浙江奉化县政府。右被付惩戒人因强迫索捐,违法滥押,伪造文书,徇私故纵,庇护土劣,逼成命案等情,案经监察院移付惩戒。本会议决如左,主文:胡鼎仁降二级改叙。事实:(略)。"《申报》1937年6月11日《象县长侵占处罚》:"象山县长胡鼎仁前因侵占走私案赏金九百余元,被告发人童阿才探悉,向专员公署控告,经发交定海地方法院审讯,判处罚金五百元。胡不服,上诉。经高三分院迭次传讯,业已审结,仍判处罚金八百元。"

李学仁(1893—?),别号且知,浙江临海人。浙江陆军小学堂、南京陆军第四预备学校毕业。1919年3月保定军校毕业。民国二十年,任荣成县县长,因刘珍年排挤而弃职。二十一年任宁波防守司令部参谋。二十二年十二月十日任象山县县长。二十四年(1935)七月十三日,任奉化县长,二十五年(1936)二月四日,调任青田。二十八年三月,授陆军步兵上校军衔。

《荣成市志》1999年版第679页:"李学仁,1931年任,浙江临海人。"第736—737页第二节"国民党荣成县党组织的主要活动":"黄逢源主持的县党部,做了一些有益于社会,有益于人民的事,也引起某些人的怨恨。被驱逐的财政局长曲廷桢、凤山小学校长姚筱珊,联合地方封建势力进省告状。韩复榘下令免去张裕良县长、黄逢源党部特派员、蔡仪真师范讲习所所长职务,派李学仁为县长。李学仁纳党务为政府管辖,直至党部取消。"《申报》1932 年 9 月 18 日《命令·国民政府十六日令》:"又令,代理行政院长宋子文呈,据军政部长何应钦呈,请任命牟思补为宁波防守司令部秘书,孙廷郦、李学仁、王振燧、王乐坡为宁波防守司令部参谋……应照准。此令。"1932 年 10 月 7 日《韩(复榘)电蒋何等暴刘年珍罪状》:"刘师长珍年,以前种种尤多委曲求全之处,溯自十九年七月间……沿海十余县县长任免,悉出己意。间有由省府遴委者……悉被拒绝。荣成县长李学仁非其推荐,百般折辱,不得已而弃职来省。"《上海宁波日报》1933 年 12 月 4 日《张周汶调任平湖县 李学仁日内履新》:"象山县县长张周汶经省府委员会议决议,升调平湖县长,所遗象山县长职务,改委李学仁代理。"《象山县志》1998 年版第 420 页:"李学仁,浙江临海人,1933 年 12 月 10 日—1935 年 8 月 25 日。"(与《浙江方志》1989 年第 5 期载任奉化县职日期不协)《申报》1934 年 1 月 1 日《宁波·筑路工人入城暴动》:"象山象西国防路筑路工人不下五六百人,大半系直、鲁籍及江北人,素性粗鲁,举动蛮横。沿路村庄予取予求,滋扰不堪,民怨沸腾。讵至昨日(二十九日)下午三时,该路工人五六十人,为向包头沈某索取工资,手持木棍,蜂拥至该县城内县前街林宅(因包头沈某住林宅内),搜觅沈某。入夜,路工忽增至三百余人,声势汹汹,意图暴动。沈某闻警,早已逃避、一面请求县长李学仁援救。时街上各店铺纷纷闭门罢市。李县长以情势严重,即派督察长率领常备队全体出发,将该项路工驱至东郊东殿庙内包围,以防意外,并派队兵把守四城门,彻夜巡哨。同时商团亦全体出发,驻守各商铺门前,人心始稍安定。李县长以此次工人鼓噪,原因在工资问题,即黉夜传集各包头商榷善后,并结算工资,以便悉数发给工人,早日遣散,免致事态扩大。"《上海宁波日报》1934 年 12 月 9 日第 2 版《象山新县长李学仁继长象山》。

　　《浙江方志》1989 年第 5 期第 47 页:奉化县"李学仁,1935 年 7 月 23 日,任;1936 年 2 月 4 日,调离"。《奉化市志·政府》1994 年版:"李学仁,浙江临海,1935 年 7 月—1936 年 2 月。"《时事公报》1936 年 3 月 10 日第 1 版《卸任奉化县长李学仁启事》:"学仁自去秋调奉,荏苒半载,愧无建树。兹又奉调青田,承地方各界馈赠纪念品多珍,复劳祖饯郊送,益增惭歉。频行匆促,未克一一走辞,用特登报鸣谢。"

《保定军校将帅录》2006 年版第 309 页:"李学仁(1893—?)保定陆军军官学校第六期步兵科毕业,别号且知,浙江临海人。浙江陆军小学堂、南京陆军第四预备学校毕业。1919 年 3 月保定军校毕业。1939 年 3 月授陆军步兵上校军衔。"

李涵夫,民国二十五年(1936)二月再委奉化县长,不就,仍留任宁海。二十四年十月二十三日,陪同蒋介石一行 8 人,视察宁海中学。

《奉化市志·政府》1994 年版:"李涵夫,1936 年 2 月—3 月(复任)。"但根据下面两则史料,并参李学仁、曹钟麟条,李涵夫未接受此任命,仍留任宁海。《时事公报》1936 年 2 月 28 日第 2 版《李涵夫不就奉县长将调省另候用》:"宁海县长李涵夫,自奉省令调任奉化后,以前在奉化任内颇感办事棘手,日前曾赴杭向黄主席面辞。黄主席以该县长才具优异,办事干练。当面予以慰留,谕即遵令赴调。闻李县长返县后辞意甚决,一再递呈请辞。兹省府知其隐衷,将予调省。遗缺另行派员。且省已内定民政厅某科员之说确否待证。"《浙江省政府公报》1936 年第 2576 期第 3 页:"奉化县长李涵夫拟仍留宁海原任,拟任曹锺麟代理奉化县长,请公决案。决议,通过。"《时事公报》1936 年 3 月 10 日第二张第 1 版《卸任奉化县曹钟麟昨日接事》:"奉浙江省政府秘字第八四四号令开,本政府第八○○次会议议决,现调奉化县县长李涵夫仍留宁海原任,所遗奉化县县长缺,以曹钟麟代理。遵于三月九日接印视事。"

《名人与宁海》2013 年版第 80 页:"1935 年 10 月 23 日下午,蒋介石一行 8 人,在当时的宁海县长李涵夫陪同下,到宁海中学视察。"《申报》1936 年 12 月 30 日《囚犯越狱惨剧》:"宁海县监狱押有盗犯等百余名,各钉镣铐,防范甚为严密。讵二十七日晨一时许,该犯等突然同时越狱,一路由后墙拆洞而出,一路直破监门,再从屋上跳下,其所带镣铐均系先期秘密锉断脱去。时当月明之夜,县长李涵夫闻讯,即单衣起床,持枪率警围捕,并下令紧急处置,当场击毙逃犯十六名,伏尸附近途中,厥状甚惨。"《高风传宁海:沈向权同志纪念文集》2007 年版收竺济法《宁海人不忘沈老》,第 146 页:"2000 年,笔者曾对宁海历史上留下惠政及个别不作为的历代县令作过一番梳理。从五代时期的陈长官到民国时期的李涵夫,共选择了 11 位县令,以'宁海历代县令录'为题,在《宁海报》上连载。……整治卫生传佳话的民国李涵夫,都名留宁海青史,为后人所怀念。"

▌**曹锺麟**,河北清苑人,民国二十年八月高等考试普通行政人员考试第十五名。二十二年春,任南京内政部民政司科长,派为古物南迁押运专员。尝任中国考政学会候补监事。二十五年(1936)三月至二十六年(1937)一月任奉化县长。二十七年十一月至二十八年六月任临海县县长。二十九年秋,任浙江省政府秘书,曾代表浙江省政府主席黄绍竑到奉化县溪口镇寻找被日寇飞机轰炸失踪的毛夫人,后找到其遗体。三十七年十二月代理天津市民政局局长。1949 年 1 月天津解放,被俘,作为战犯羁押,后于 1959 年 12 月 4 日特赦。曾撰写《重访奉化》《溪口蒋母墓,孤坟待儿归》和《奉化庐待祭归》等文章,先后在香港《大公报》《文汇报》登载,并在美国华侨报纸和电台上发表。锺,或简化作"钟"。

《申报》1931 年 8 月 11 日《高等考试举行揭闱礼》:"高等考试普通行政人员考试及格者:最优等一名,第一名朱雷章。……第十五名曹锺麟……"《文物天地》1987 年第 6 期《古物南迁记》(曹钟麟):"1933 年春,我任职南京内政部,担任该部民政司科长时,因结婚自南京来到北京,正在蜜月期间,忽然接到南京内政部命令,派我为古物南迁押运专员,并寄来封条多线备用。"《中华民国史档案资料汇编》第 5 辑第 1 编《文化(二)》1994 年版第 803 页"中国考政学会简史"："本会于二十三年七月间,由朱雷章等发起,迭开发起人会议,推定朱雷章、李学灯、蒋天擎、侯绍文、黄问歧等五人负责筹备,呈请中央党部核准,于同年九月间发给许可证。……当经通过会章,选举理监事。计侯绍文、李学灯、周邦道、蒋天擎、黄问歧、朱雷章、朱大昌等七人当选理事,郭莲峰、徐家齐、王万钟、赵家黼、杨泽章等五人当选候补理事,李飞鹏、薛铨曾、师连舫、曹种文、陈曼若等五人当选监事,禹振声、伍极中、曹钟麟等三人当选为候补监事,并经分呈中央党部及内政教育两部核准备案。本会于以成立。"

《浙江省政府公报》1936年第2576期第3页："奉化县长李涵夫拟仍留宁海原任,拟任曹锺麟代理奉化县长,请公决案。决议,通过。"《时事公报》1936年3月10日第二张第1版《卸任奉化县曹钟麟昨日接事》："奉浙江省政府秘字第八四四号令开,本政府第八〇〇次会议议决,现调奉化县县长李涵夫仍留宁海原任,所遗奉化县县长缺,以曹钟麟代理。遵于三月九日接印视事。"《奉化市志·政府》1994年版："曹钟麟,河北人,1936年3月—1937年1月。"《申报》1936年12月4日《奉县长出巡遇匪》："奉化县长曹钟麟三十日偕同属员管仲仪及警士两名,乘奉海路汽车至方门视察沿海一带,晚在冷西坑过宿。翌日赴下陈等处检阅,至鲒埼过宿。再往吴家埠、莼湖两处。不料行至茅池附近突遇一匪,衣服华丽。县长见其形迹可疑,喝令停步。该匪双手探囊。县长知为匪徒无疑,立刻抽出手枪朝天开放,同时属员及两警亦各举木壳向匪瞄准。匪见势不敌,乃飞步逃逸。曹等追至茅池,匪已无踪,见一人在田中施肥料,一人在路旁砍柴,当向询问,两人言语支吾。因匪由此经过为曹所目击,该二人难免有包庇匪徒之嫌,当令团队解县讯究。"

《文史资料选辑》(第136辑)第96页"国民党各派系对高考人员的争夺"："(1)黄埔系。作为黄埔系核心组织的复兴社早在1936年就开始向高考人员发展组织……有的是在工作中被争取,例如在黄绍竑任浙江省主席时期充任奉化县长、反动有功的曹钟麟,被提拔为蓝衣社的高级骨干。"

《临海县志》1989年版第214页《临海县历任县长知事简表》："曹钟麟,河北清苑人,(民国)二十七年十一月至二十八年六月。"《浙江百年大事记》1985年版第273页:一九三八年"十一月,省府更调县长:临海县长李乃常调乐清,曹钟麟代理临海县长"。《浙江方志》1990 年第 1 期第 57 页:临海县县长"曹钟麟,1939 年 5 月 20 日,调离"。《天津文史资料选辑》(第 38 辑)1987 年版收曹钟麟撰《我和蒋经国的一段往来》,第 146—148 页:"抗战前我曾一度担任奉化县县长,听到过当地人民对蒋经国的一些看法。抗战期间,我和蒋经国有过一些接触,对他的情况又有了一些直接的了解……1940 年秋,我在浙江省政府担任秘书时,曾代表浙江省政府主席黄绍竑到奉化县溪口镇寻找被日寇飞机轰炸失踪的毛夫人。不久从挖掘的瓦砾中发现了尸体。这时蒋经国正在赣南,闻讯后星夜赶回奉化奔丧,见到他母亲被炸后的惨状,恸哭不止,深深为她的不幸的一生而饮恨。这也是蒋经国和宋美龄难以融洽的一个家庭原因。"《天津市档案馆指南》1996 年版第 100 页:"天津市民政局设局长 1 人,由冯步洲担任。1948 年 12 月 24 日,局长一职由曹钟麟代理。1949 年 1 月天津解放,该局被天津市军管会接管。"《国民党首要战犯改造秘档》2013 年版第二十一章"战犯分七批特赦出狱":1959 年 12 月 4 日特赦出狱三十三名战犯名单中有"曹钟麟,国民党天津市民政局长"。

《天津通志·政协民主党派志》2000 年版第 369 页:"1978 年,原国民党奉化县县长、民革党员曹钟麟撰写的《重访奉化》《溪口蒋母墓,孤坟待儿归》和《奉化庐待祭归》先后在香港《大公报》《文汇报》登载,并在美国华侨报纸和电台发表。"

林德玺,广西人,交大毕业。曾任天津特别市党部委员、交通部军政局局长。民国二十六年(1937)一月五日任奉化县长,二十七年(1938)三月十五日调省。任内万斯同祠、墓落成。出版《建修万季野先生祠墓纪念刊》。西泠印社拍卖有限公司在网页上公布梁寒操(1899—1975)《为杨曜东作书法》附有林德玺书法一幅,注曰:"林德玺(现代),字召宣,号鹤园,工诗文。"或是同一人。待考。

《申报》1929 年 3 月 12 日《津市党部选定赴京代表》:"(天津)警备司令

部特别党部十一日下午三时选举执特委员,高景扬、钱振荣、贺迪新、孙子均、林德玺当选执委,李善基当选监委。(十一日下午九钟)"1930 年 3 月 13日《军事倥偬之津沽》:"警备司令部派秘书林德玺等二人,赴津浦路驻津办事处,监视一切。"

　　《浙江方志》1989 年第 5 期第 47 页:奉化县"林德玺,1938 年 3 月 15 日,调省"。《奉化市志·政府》1994 年版:"林德玺,广西人。1937 年 1 月—1938年 3 月。"《时事公报》1937 年 1 月 7 日第 2 版《奉化县长到府接事》:"新任奉化县长林德玺,业于五日到县接印视事。记者于是日午后投刺谒见,由秘书刘炳传接见。记者询以林氏治奉之方针,承刘秘书见告云:'治奉方针,俟熟悉地方情形后,当酌量兴革,惟以"教养"二字为原则'云云。闻县府重要职员名单如下:秘书兼第一科科长刘炳传(新委),第二科科长冯世恩(新委),第三科科长项信昭(蝉联),第四科科长朱文瑞(蝉联),第五科科长程廷倬(蝉联)。又闻林县长原籍广西,毕业于交大。曾任天津特别市党部委员。前在江西追随蒋委员长'剿匪'时,任交通部军政局局长云。"《中共奉化历史:第 1 卷(1926—1949)》2002 年版第 79—80 页第一节"抗日救亡运动的兴起":"一、宣传和募捐:1937 年 8 月,奉化初中三年级学生傅赛英(苏艺)与周秀慧、江涛清、杜昆玉、周菊秀、胡跃珠等 10 余名同学,率先成立'抗日后援会'(8 月 18 日,与国民党县政府组建的县抗日后援会合并后,改为县抗日自卫委员会),开展抗日宣传和募捐。他们自编抗日话剧,先在大桥新桥头戏院义演,然后扩展到舒家、长汀等村宣传,并向县长林德玺募得现金 10 元,向县政府各室课长每人募得 5 元至 10 元。"《近代中国》(第 16 辑)2006 年版第365 页:一九三八年二月十三日星期日,"晚刻聿茂兄在博物馆寓邸宴诸友,有野鸽及奉化乡味,谈颇畅。席次自陆无悉(元同)、钱元龙、顾文渊、徐心孚(尔信)诸人外,有奉化吴晨山君,甚健谈,状奉化乡情甚悉。渠谓奉邑以读书明理者多外出任事,留本地者多忠厚怯懦,每为下流横恣者所侮弄。近有曾以附匪被通缉之莠民某,竟以游击自标榜,向县长胁枪,县长林德玺庸驽无能,竟任为壮丁总队长,支巨薪。"据《时事公报》1936 年 7 月 9 日《省府加委各县长兼训练壮丁总队长》,则此职应该是县长兼任的。故前说未必可信。《申报》1937年3月29日《万季野祠墓落成》："浙先贤四明万季野先生，以布衣参史局，独立完成《明史稿》，其学问风义，久为儒林典范。墓在奉化莼湖岙，祭扫久疏。奉化人庄崧甫、蒋梦卿等，特发起修建，除将墓道修治一新外，并重建万祠于其旁，购祀田以永祭扫，四月初落成。现定四月一日上午举行祠墓落成典礼。"

林德玺出版有《建修万季野先生祠墓纪念刊》，内收蒋中正撰《建修万季野先生祠墓纪念刊·弁言》；陈训正撰《万季野先生墓堂之碑》；张寿镛先生、蔡和铿分别撰《万季野先生祠堂记》；冯贞群撰《祭万季野先生文》；张传保撰《建修万季野先生祠胡同墓记》。（国家图书馆分馆编《中华历史人物别传集》(30)2003年版第557、562页，线装书局，2003）

《尹仲容先生纪念集》1979年版第94页："林德玺（题挽联）：'建国待筹经济策，光华遽失栋梁才。'"考尹仲容，《湖南古今人物辞典》2013年版第821页："尹仲容（1903—1963），……1949年自沪去台北。"林德玺所撰的挽联，时在1963年，林应该也在台湾。西泠印社拍卖有限公司在网页上公布梁寒操(1899—1975)《为杨曜东作书法》，附有林德玺书法一幅，注曰："林德玺（现代），字召宣，号鹤园，工诗文。"或是同一人。待考。

▎**王崇熙**(1902—?)，字缉纯，安东海龙（今吉林梅河口）人。中央大学毕业，中央训练团党政班、革命实践研究院结业，曾留学日本。初在国民革命军总司令部、总政治部及第四军政治部工作。后在北方交通局从事中国国民党秘密党务工作。1928年春任哈尔滨特别市党部党务特派员，曾任安东省一中、四中及安东省特别区铁路机专等校教师。1933年任军队及安徽省、宁夏省等党部执行委员、书记长，1936年任职浙江省政府，视察吴兴。1938年3月15日—1938年10月10日任奉化县令。1939年调中央训练团党政班第一期受训，第二期留班任训导；同年任中国国民党中央调查统计局本部局长室专员。1940年调任研究室专员。后任中央党部及团部专员，考核北方六省党团业务，1943年转任西安市工务局长、市政府顾问。1945年初代理辽宁省财政厅厅长，并兼任辽宁省公营事业管理委员会副主任委员。又任东北房地产管理局处长,东北保安司令部高级顾问。1948 年当选第一届"国民大会"代表。去台湾后,曾在革命实践研究院受训。后任教于东吴大学,著有《民生主义政治与制度》一书。(节录自《中国国民党百年人物全书》(上)2005 年版第 223 页)

《申报》1936 年 7 月 3 日《烟案集中审理》:"第二区所辖无锡、吴县、武进、宜兴、常熟、江阴、太仓、吴江八县烟案,统由区保安司令部委派烟案审理员分驻各县办公。兹为统一事权,便利办公起见,特令以上各县政府、原驻县府之烟案审理员调驻区保安司令部办公。凡本区各县之烟毒案件,自七月一日起,一律径解区司令部审理。原驻无锡县府之军法官何秉周暨书记员等,均于昨日迁至区部。其余各县亦将于日内调回,集中审理。又,区经理处已奉省令组织成立,委王子佩为区经理处主任,王崇熙为视察,专管本区各县保安队经费、枪械等各事项。"1936 年 8 月 4 日《无锡·视察中心民校》:"……王崇熙赴武澄两县。"《湖州市志》(下)1999 年版第 1544 页:"县长王崇熙,1937 年 10 月—1938 年 3 月。"第 1696—1697 页"吴兴县抗日游击大队":"民国二十六年(1937)11 月 21 日,共产党员王文林、彭林两人到湖州,与在吴兴县西乡潘店村小学任教的郎玉麟在西乡组建'流亡抗日工作团'。11 月 24 日,日军侵占湖州,'流亡抗日工作团'撤到安吉梅溪镇与吴兴县长王崇熙相遇,王崇熙要郎招收一批学生,打吴兴县府的旗号,进行军政训练。以'流亡抗日工作团'为基础,在梅溪镇办起 40 余名青年参加的'抗日训练班'。郎玉麟由王文林、彭林介绍加入中国共产党。"《湖州文史》(第 4 辑)1985 年版第 132 页:"王崇熙,一九三七年接任。同年七月,抗日战争全面爆发,湖州于同年十一月二十四日沦陷。王崇熙在湖州被日军占领前一星期,即十一月十六日至二十日左右,他率县政府残部,会同湖州的专员公署,向安吉梅溪、递铺、孝丰一带撤退。不久,县政府瓦解,人员遣散,吴兴全县处于无政府状态。"

《浙江方志》1989 年第 5 期第 47 页:奉化县"王崇熙,1938 年 3 月 15 日,任；1938 年 10 月 10 日，调离"。《奉化市志·政府》1994 年版："王崇熙，安东海龙（今吉林梅河口）（人），1938 年 3 月—1938 年 10 月。"《民国高端群像》2006 年版第 212 页：蒋经国"多次回乡探亲。1938 年暑期，全县小学校长教师五六百人在武岭学校集训，笔者也参与。正值他回乡，县长兼班主任王崇熙请他前来讲话。那年他 29 岁，风华正茂，结实的中等身材，整齐的中山装，由县长王崇熙陪同进入大礼堂登上讲台。他站着讲话，县长陪站一旁，讲话内容多不复记，唯在讲到惩办贪官污吏时，拳击讲桌，情词激昂，全体学员凝神静听，精神为之振奋。其情景今犹历历在目"。《中共奉化历史：第 1 卷（1926—1949）》2002 年版第 91 页：1928 年 9 月，"县文化工作队还利用倾向抗日的县长王崇熙与县党部负责人之间的矛盾，在溪口召开了群众大会，揭露县公安局长贪污一事。大会由沈修璇主持。按规定每到晚上 10 时，溪口发电厂即停止发电，应邀参加大会的县长王崇熙，为了让大会自始至终开好，要电厂延长发电时间至深夜 12 点钟。搞得一些支持县公安局长的县党部官员十分尴尬"。《竺扬纪念文集》2011 年版第 115 页："（1938 年）10 月，国民党县政府与县党部之间的矛盾激化，倾向抗日的县长王崇熙被迫离职。"

《杭州抗战纪实》1995 年版收《行署派员视察游击区各县并在於举办战区工训班》，第 325 页："（於潜通讯）浙西行署为培养辖区各县青年干部，推进战时县政，发动抗战力量，实行政治进攻起见，特在於潜某处举办浙江省战区工作人员训练班。由黄主席兼任班本部主任，行署政务处长王力航兼任教育长，行署政务处第二科科长王崇熙兼任训导组长，刘子润任总务组长。现正筹备竣事，业已正式开课。共有学员一百余人，皆由战区及沦陷区各县县政府保送，训练期间定为两个月，训练完毕后，即分派战区及游击各县工作云。"（原载《东南日报》1939 年 2 月 18 日第 3 版）"《中华民国史档案资料汇编》第 5 辑第 2 编《政治（三）》：中华民国二十九年九月二十一日的一件文档中，落款"东北青年学会常务理事"，七名理事中有"王崇熙"，时任中央调查统计局专员。

《二十世纪中国人物传记资料索引》第 1 册 2010 年版第 167 页："王崇熙《八十自述》，《政治评论》1981 年 39 卷 9 期。"

何扬烈(1888—?),字仲伟,湖南醴陵人,湖南法训所毕业。民国六年一月至九月任岳阳县知事。十八年,当选为上海湖南同乡会执行委员,旋被推为常务委员。十九年九月,在任龙南县县长。二十三年六月至十一月任浙江省政府秘书。二十三年十月二十日代理临安县县长,二十六年五月十一日辞职。二十七年五月十日代理义乌县县长,十月十日调离。二十七年(1938)十月十日代理奉化县长,至二十八年(1939)十一月八日调离。三十年任龙南县县长。又尝在福建省政府主席刘建绪(同乡)帐下任秘书等职。据其儿孙从台湾来奉化寻访父亲遗迹看,何扬烈随蒋军败退台湾。著《湖天吟稿》一卷。

《岳阳百年大事记(1840—1949)》1992 年版第 501 页:"何扬烈,知事,湖南长沙人,湖南法训所出身,1917 年 1 月—1917 年 9 月。"《申报》1929 年 5 月 9 日《湖南同乡会昨开改选大会》:"湖南旅沪同乡昨在沪西新民大学开改选大会,到同乡数百人。……选举结果:聂芸台、张尧卿、林支宇、杨玉泉、刘梯崖、何扬烈等当选为执行委员。"1929 年 5 月 21 日《湖南同乡会消息》:"湖南旅沪同乡会新选执监委员,前日在爱多亚路普益公筹备处就职,比即推定张尧卿、欧阳玉泉、周耕莘、刘梯崖、何扬烈为常务委员。"《国民政府公报(81)》第 219 页《国民政府指令》(第一二三八号,二十三年六月十五日):"令:行政院呈,据浙江省政府呈,为秘书李余另有任用,请予免职,遗缺请以何扬烈继任,转呈。明令任免,由呈。悉。此案据文官处转呈,准铨叙。部函复:何扬烈一员,审查合格,应予实授,拟予照叙荐任六级俸等情,应予照准。……计:令发何扬烈证明文件十四件。主席。林森、行政院院长:汪兆铭。"1934 年 11 月 7 日《行政院决设中央农村服务讲习所》:"(三)浙江省政府鲁主席呈:本府秘书何扬烈另有任用,遗缺拟以顾寿充任案,通过。"《国民政府公报(87)》第 260 页《国民政府令》(二十三年十二月十四日):"行政院院长汪兆铭呈,据浙江省政府主席鲁涤平呈,称浙江省政府秘书何扬烈另有任用,请免本职。应照准。此令。"《国民政府公报(89)》第 26 页《国民政府令》(二十四年一月二十一日）："行政院院长汪兆铭呈，据内政部呈，称浙江省临安县县长尹征尧呈请辞职，请免本职。应照准。此令。""行政院院长汪兆铭呈，请任命何扬烈试署浙江临安县县长。应照准。此令。主席：林森。行政院院长：汪兆铭。内政部部长：甘乃光。"《浙江方志》1990 年第 3 期第 54 页：临安县"何扬烈，1934 年 10 月 20 日，代理；1937 年 5 月 11 日，辞职"。《土青全集》1939 年版第 327 页《临安县政府通知奉令准作旌功粮函》，落款："县长何扬烈启。民国廿五年七月廿四日。"第 328 页《临安钱王祠管理一览表》，落款："县长何扬烈启。民国廿五年十一月十二日。"《浙江方志》1990 年第 2 期第 32 页：义乌县"何扬烈，1938 年 5 月 10 日，代理；1938 年 10 月 10 日，调离"。《义乌县志》1987 年版第 382 页："县长，何扬烈，仲伟，湖南长沙人。民国 27 年 7 月任。"后任：同年 9 月上任。《义乌文史资料》（第 1 辑）1984 年版第 19 页："一九三七年十二月杭州沦陷，义中从稠城一度迁到殿口商。次年，我接任校长。当时吴山民继何扬烈任义乌县长，政工队长由共产党员吴璋担任，义乌的抗日救亡气氛热烈。"

《浙江方志》1989 年第 5 期第 47 页：奉化县"何扬烈，1938 年 10 月 10 日，代理；1939 年 11 月 8 日，另有任用"。《奉化市志·政府》1994 年版："何扬烈，湖南长沙人，1938 年 10 月—1939 年 11 月。"《国民政府公报（139）》第 277—278 页《国民政府令》（二十八年四月十日）："行政院院长孔祥熙呈，据内政部部长何键呈，请将署浙江奉化县县长曹锺麟免职，应照准，此令。"《竺扬纪念文集》2011 年版第 115 页："（1938 年）10 月，国民党县政府与县党部之间的矛盾激化，倾向抗日的县长王崇熙被迫离职。新任县长何扬烈与县党部书记长汪坚心相互勾结，加强了对政工队的控制，先是拉队长陈冠商参加国民党组织遭到拒绝，接着又把叶青编写的一批反共小册子发到政工队，要政工队按此内容宣传并分发到各区乡，结果该批小册子全被政工队烧毁。汪、何以'破坏抗战'的罪名要逮捕队长陈冠商。我们县工委便将陈冠商调离县政工队。由曹赤鸿接任政工队党支部书记。不久，曹赤鸿的身份也有所暴露，也于 1939 年 2 月离队。此后，胡济宁、杨志清、余忠源等先后担任过该队党支部书记。"《国民政府公报（150）》第 166 页《国民政府令》（二十九年五月十五日）："行政院院长蒋中正呈，据内政部部长周锺嶽呈，为署浙江奉化县县长何扬烈另有任用，请免本职，应照准。此令。"《国民政府公报(176)》第 140 页《国民政府令》(三十二年二月十九日)："行政院院长蒋中正呈，据内政部部长周锺嶽呈，为署江西龙南县县长郭师培另有任用，署江西宁县县长吴景呈请辞职，均请免本职。应照准。此令。""行政院院长蒋中正呈，据内政部部长周锺嶽呈，请任命何扬烈署江西龙南县县长。应照准。此令。"《龙南县志》1994 年版第 642 页："《新龙南报》：民国三十年九月将原《龙南日报》改名《新龙南报》进行复刊。县长何扬烈兼发行人，国民党县党部书记陈芹香任社长。社址设县府秘书室。时值蒋经国主政赣南，推行'一县一报'运动，龙南恢复县报，曾得专署嘉奖。何扬烈除亲自审稿校阅外，又以'龙吟'的笔名撰写文章，登载于副刊。何扬烈要求县府职员每星期写 1 篇作品交他审确，择优登载。"《鼓山艺文志》2001 年版第 408 页："何扬烈(1888—？)，字仲伟，湖南醴陵人，民国时，任浙江奉化县长。刘建绪主闽，任为省政府秘书。"《延平文史资料(南平文史资料)》(第 5 辑)1985 年版第 38页《原国民党南平专员公署保安营第一连起义经过》："一九四九年春，中国人民解放军渡江南下，势如破竹，取得节节胜利。在人民解放军第二野战军进入福建，先遣部队已经迫近南平的形势下，原国民党南平专员公署专员兼保安司令何扬烈借病离延。五月初，南平专员公署撤往尤溪县，同时前往的有保安司令部副司令刘涤民，第二科科长邓珂珉等人。"《奉化不平凡"十一五"》2011 年版第 217 页："1994 年 3 月 15 日，台湾曾于 1938 年 10 月至 1939年 11 月任奉化县县长的何扬烈先生的儿子何南史偕夫人及子女 4 人自台来奉。市政协副主席陈菊月等接待，并陪同客人到原奉化县衙门所在地和总理纪念堂、溪口风景区等地参观游览。"则何或随蒋军败退台湾。

  《湘人著述表(一)》2010 年版第 507 页："何扬烈，字仲伟，长沙人。湖南法训所毕业，曾任义乌、奉化县长。《湖天吟稿》一卷，1915 年铅印本。"何氏有关县政问题的文章，除下引 2 篇外，还有刊在《新福建》第 9 卷第 2 期的《县机构与财政》。

县政实际问题

——总理纪念周报告

民国二十五年七月二十八日　（民国）何扬烈

主席,各位同志:

今天主席要我来讲县政的问题。这个问题,范围很广泛,涵义又很复杂,不是短时期所能讲得彻底清楚的。兄弟虽然做过县政工作十多年,可是自己很惭愧,觉得对国家,对民众,没有多大的贡献,谈到这个问题,好的材料,可以供给各位。今天只能把个人经验所得,作一个抽象的报告:

吾人在举国一致抗战的热烈情绪中,来谈县政问题,觉得无限兴奋与慨喟。因为现在的战争,不限于疆场,必集中人力、财力、物力,以及思想、精神,在同一目标下,对准敌人方向,积极奋斗,才可得到最后胜利。顾如何而后可使全国人力、财力、物力,以及思想、精神,在同一目标下,对准敌人方向,积极奋斗,而无怯懦、散漫、濡滞、背离之患则视国家政治良否为断。我国以县为政治单位,全国人力、财力、物力,以及思想、精神,能否集中以应抗战之需,主持县政的县长,实负有指导策动的责任。县长贤,必能深入民众,抓住民众,迅速完成其任务。县长能尽力推行兵役,则兵卒不难补充;能尽力增加生产,则粮食不虞缺乏,资源不虞枯竭;他如组织民众,编练保甲,区分任务,完成地方自治,一旦敌至,坚壁清野,县自为战,其力量之庞大,必远胜于正规军。然征诸现今事实,县之力量,仍嫌脆弱。平时人力、财力、物力之接济,常忧困乏;思想、精神之统一,或未臻强固。此固县长人选或未尽然适当使然,而其最大主因,则有下述三点:

一、制度:自元设中书行省,地方之权遂集中于省。县之官吏,因省遥执县政之故,无由尽量发展其权能。近虽有调整县政机构,提高县长职权之议,而积习省沿,改革非易,缚手欲其疾走,束翼欲其高飞,事实上殆不可能。

二、区域:一县辖境,大者数百里,小者百余里。鄂之属县辖八百里,有房八百之称,县政府常有鞭长莫及之虞。曩在临安,人口较少,保甲长一见即能举其名,民众亦多相识。嗣治湖北之京山,及义乌、奉化,地广民稠,全县保甲长尚不能普遍认辨,遑论民众。因此指导不甚灵便,县政推行,常感阻滞。

三、人材:各县干部缺乏,纵有贤明长吏指导于上,而佐理不得其人,狡黠者往往习为规避,庸懦者又不免畏葸泄沓,其能以实心任实事,殆不多见。至于畏劳苦,图逸乐,尤为一般通病。能穿草鞋,戴箬笠,徒步百里,辨明而兴,午夜不息者,更不可多得。乡镇保甲,为下层行政机构。乡镇保甲长人选,大都滥竽充数,良懦者不肯任职,劣者凭借地位,扰民蠹国,无所不用其极。凡此种种,皆足使县政蒙不良之影响。征之历史,县制以秦汉时为最完善,地方行政干部人员,亦以秦汉为最盛。其时万户以上为令,减万户为长,足征辖地之狭。令、长下设丞、尉,等于今之区长。十里一亭,亭有亭长;十亭为乡,乡有三老,有秩,等于今之乡镇保甲长,而皆为有给职。又有啬夫、游徼,等于今之区指导员、乡镇事务员、保干事、区队长、副区长,其职掌听讼、收税、禁盗,各有专司。一县之中,官备法详。虽三老、啬夫之卑,亦能自举其职。其时干部人才最著者,尉陀起自县尉,刘季起自亭长,凭借地方武力,与海内豪杰,共起驱秦。爰延为外黄乡啬夫,仁化大行,民但知啬夫,不知郡县。朱邑自舒桐乡啬夫,官至司农,死葬桐乡,谓:"后世子孙奉尝我,不如桐乡民。"新城三老董公,遮说汉王为义帝发丧,而遂以收天下。过壶关三老茂,上书明戾太子之冤,史册美之。广汉太守陈宠任功曹王奂、主簿镡显,汝南太守宗资任功曹范滂,南阳太守成瑨任功曹岑旺,皆有显著成绩,名达京师。功曹、主簿,其地位等于今之县政府秘书、科长。由是观之,地方行政干部人员,不可妄自菲薄,宜效法古贤,卓然有以自立。政府方面,亦应尽提携鼓励之力,使人尽其才,以利政府之推行。(《浙江省地方行政干部训练团团刊》1940年第3期第33—34页)

再论政府的病态

(民国)何扬烈

一、封当前危难,有挨延幸免的心理,只图熬过难关,而无改造环境,冲破难关的决心。反之,又或躁急凌跞,不能认社会客观的环境,为有条理有步骤的前进。

二、动而不行,只图应付一时的需要,时过境迁,又复束之高阁,不能有恒度的前进。

三、一部分工作人员,不能以苦干的精神,弥补物质条件、经济条件的缺陷,往往困踬于财政支绌,办事棘手的状况下,而未由自拔。又不能以身作则,以合理的行动领导民众,吸烟、吃酒、赌牌、享乐、游荡、懒惰,形成整个的官僚化,致违反新生活及国民精神总动员的事件,时有所闻。何能博取民众的同情与信仰?

以上各点,在浙省县政进程中,尚不多见。著浙省普通状况,正向好的方面进展,最近三年中,进步尤速,与他省比较,可称先进。

至于县政工作的中心,则有下述各点:

一、粗驯民众,阐提"三民主义",使民众思想正确,精神振奋,在总裁领导之下,一致动员,参加抗战,以寇至不逃不降为唯一目标。

二、运用保甲力量,排除中层遮障,使政府与民众,切联系,吸收优秀分子,发动核心作用。同时探取繁殖方式,建树广大的外围组织。

三、了解民众的痛苦与需要,指示解除痛苦与满足需要之途径,做到与民众共甘苦,共患难,共生死。

四、努力建国工作,做到衣、食、住、行,自给自足。其首要事项略述如下:(一)食,增加粮食生产,厉行管制。(二)衣,多种棉麻,提倡手工织布。(三)住,奖励造林,增加建筑料,并改良镇建筑方法,减少空袭危害。厉行战时户口异动管理,签订战时保甲规约,发给住民证,以适应今日之需要。

（四）行，发展后方交通，多筑人力车路，普设运输机关，使物产流通，并管制交通工具，以备战时需要。普设盘查所，以查奸宄。

为连续上述各项任务起见：一、县政府职权，应集中强化。二、凡战时不甚需要之数事务者，暂不推进，集中人力、财力、物力，为急要之设施。三、加紧训练县各级行政人员，使能称职。

最后就管见所及，对现今县政问题，有三个要求：第一，要使县政工作人员的生活与民众一致；第二，要使民众的意志与政府一致；第三，县政工作的实施要与法令一致。（《浙江省地方行政干部训练团团刊》1940年第3期第33页）

钟诗杰，民国二十三十月二十六日在建德成立新桐水利参事会，钟诗杰任主任。二十八年十一月八日代理奉化知事。但在同年同月仍在分水县任县长。1946年8月5日任浙江省第十一区行政督察专员兼保安司令。1947年6月18日任浙江省第五区行政督察专员，1949年1月免职。（《中国国民党百年人物全书》（下）2005年版第1754页）

《浙江方志》1989年第5期第47页：奉化县"钟诗杰，1939年11月8日，代理；1939年11月21日，仍留任分水县长"。《奉化市志·政府》1994年版："钟诗杰，1939年11月代理，未到任。"

《杭州文史丛编：政治军事卷（上）》2002年版第596页：1939年3月17日，周恩来同志自皖南抵金华；19日启程前往天目山浙西行署；20日上午，周恩来同志一行自淳安方向到达原分水县属的小京口（现属桐庐县东辉乡）。小京口，国民党分水县县长钟诗杰在此建造了一幢六开间幽雅别致的淳分招待所。周恩来同志一行在淳分招待所小憩并进午餐，下午到达分水县城武盛镇。保安由钟诗杰承担。

《中国地方志基督教史料辑要》2010年版第398页："《分水县志续集》，钟诗杰修，臧承瑄纂，民国三十一年铅印本。"

俞隐民，浙江新昌人，民国二十一年在任镇海炮台总台长。二十四年任镇海要塞司令。二十八年任宁波戒严稽查处处长。二十八年（1939）十二月四日代理奉化县长，三十一年（1942）一月卸任。

《申报》1932年9月11日《军部特派员视察炮台》："军政部派徐镇相、江元方二员来镇视察各炮台，计议兴修。徐、江两员业于昨日上午莅镇，总台部派员在埠迎接，午膳后当由总台长俞隐民、副台长郑超及俞副官等陪同视察威远、安远等炮台，今日视察江南各炮台。"《镇海县志》1994年版第253页："镇海要塞司令俞隐民，1935年（民国24年）任。"《申报》1939年2月5日《甬江货物进出口订颁补充办法·戒严检查处已成立》："宁波戒严稽查处自经宁波防守司令部、国军第××师、六区保安司令部、宁波警察局、鄞县县政府等五机关共同组织，经呈奉第×集团军总司令部核准，归宁波防守司令部负责指挥。顷由郭司令委俞隐民为处长，马振中为副处长，于二月一日正式成立。前鄞县城防指挥部军警联合稽查队同时奉令撤销，该队副队长傅建南调回交通处服务。"

《浙江方志》1989年第5期47页：奉化县"俞隐民，1939年12月4日代理"。《奉化市志·政府》1994年版："俞隐民，浙江新昌人，1939年12月—1942年1月。"《中华民国国民政府公报》(150)第166页《国民政府令》二十九年五月十五日："行政院院长蒋中正呈，据内政部部长周锺嶽呈，请任命俞隐民署浙江奉化县县长，应照准。此命。"《宁波文史资料》第18辑《梦幻尘影录（下部）》第221—222页："1941年4月，宁波、奉化相继沦陷，我们与奉化县政府等党政机关先后撤退至连山乡箭岭下，县长俞隐民顿萌退志，委我为县府主任秘书暂代县长职务，自己想回到新昌县原籍养病。我深以为不可，辞去主任秘书职务，主动提出愿到较前线的柏坑地方创办奉化中学，以收容沦陷区不愿受奴化教育而逃出来的青年学生。俞亦打消辞意，支持我的工作。于是妇女会、地方法院等随我至柏坑办公，沦陷区政府稍稍建立信心，而奉化中学的声誉更是鹊起。"

▌朱炳熙(1899—?),浙江青田人,曾入宁波工业专门学校修业两年。1924年春由张洮辰(浙军旅长)及凌昭(浙江省临时党部特派员)保荐投考黄埔陆军军官学校。同年5月到广州,入黄埔陆军军官学校第一期第二队学习。毕业后参加第一、二次东征和北伐战争。历任国民革命军第一旅警卫连排长,国民革命军总司令部警卫团连长,中央宪兵团连长,宪兵司令部警备大队长,军事委员会委员长侍从室警卫处副处长。抗日战争爆发后,任宪兵第六团团长,军事委员会总办公厅警卫室主任,国民政府主席及总统府军务局警卫处处长。民国十六年七月十七日,任镇江第六军十九师政治训练处主任。二十年九月二十四日,任浙江省保安队特别党部筹备委员。三十一年(1942)一月至三十五年(1946)七月任奉化县长。三十六年一月七日授陆军少将衔。1949年到台湾。(参考《中国国民党百年人物全书》(上)2005年版,第632页)在任奉化期间的三十一年八月到十一月,由马炜代理。而《宁波人周报》1946年第2期作:"奉化县长朱炳熙以'另候任用'而由周灵钧代理。"

《申报》1927年7月18日《公电》:"镇江第六军十九师政训处电。各报馆钧鉴:顷奉国民革命军总司令部政治训练部委令第一号内开,委朱炳熙为第六军第十九师政治训练处主任等因,奉此谨遵,于七月十七日在镇江本训练处宣誓就职(誓词略)。"1931年9月25日《中常会决议四全大会展期·圈定浙省党部执监委员》:"中央执行委员会二十四日上午八时举行第一六一次常务会议……决议案如下:……(四)派竺鸣涛、王治岐、朱炳熙、沈国成、倪正彦、傅知行、包介山为浙江省保安队特别党部筹备委员。"《国民革命军师史总揽(一)》2008年版第40页:"独立旅(1931年1月编入),旅长李伯华。第2团,团长朱炳熙。"

《浙江方志》1989年第5期第47页:奉化县"朱炳熙,1946年6月20日,另有任用"。《奉化市志·政府》1994年版:"朱炳熙,浙江青田人,1942年1月—1946年7月。"《中华民国国民政府公报》(180)第5页《国民政府令》三十二年七月十七日:"行政院院长蒋中正呈,据内政部部长周锺嶽呈,为署浙江奉化县县长俞隐民另候任用,请免本职。应照准。此令。""行政院院长蒋中正呈,据内政部部长周锺嶽呈,请任命朱炳熙署浙江奉化县县长。应照准。此令。"《宁波文史资料》第 14 辑《宁波新闻出版谈往录》1993 年版第 153—154 页,毛翼虎《解放前宁波的通讯社》:"奉化春秋通讯社。1941 年夏宁波失守后,俞济民辗转到了宁海冠庄,办了'新潮通讯社',主要报道他所管的鄞县县政府、宁波警察总队等的活动。那时奉化县政府也迁到箭岭下,而后柏坑。当时我在柏坑主持奉化中学。有一天,县长朱炳熙对我说:'奉化县政府的工作,最好也设法报道出去。'我说:'要有自己的通讯社,才可以向外发稿。'他就说:'对,办通讯社的事就交给你了。'这样我就着手筹备。1944 年 10 月,春秋通讯社宣告成立。社长毛觉吾(是我哥哥,他在宁海城关鄞县联中任教,事先未征得他同意),并请俞济民为名誉董事长,县长朱炳熙为董事长。这样的背景既可靠,经费又有着落。主编为周声玉。人员的工资为县府科员一级。采编的稿件向《东南日报》《浙江日报》《宁波日报》等报纸寄发。它在奉化沦陷期间,对反映奉化沦陷区情况及奉化县的工作,起过一定作用。"

┃**马炜,**1942 年 8 月—1942 年 11 月代理。

《奉化市志·政府》1994 年版:"马炜,1942 年 8 月—1942 年 11 月代理。"《鄞县抗日武装:人民抗日斗争文集》2002 年版第 63 页:"约(1942 年)6 月下旬,我(寿文魁)找建岙小学校长江圣泗(兼支部书记),由他再次写信派炊事员江庆贤去奉化石门,邀请毛尹来建岙商谈团结抗日之事。毛尹是石门村'青年抗日志愿队'队长,为保护家乡安全,自觉组织有志青年与土匪单孝升部多次战斗,保护了石门一带群众的安宁,但却引起奉化顽固派县长马炜妒忌,对毛尹组织群众为人民除害,反而歧视,竟以调防为名,缴去'青年抗日志愿队'的全部武器。"

杨梵清，奉化沦陷期间，任伪县长（1943 年 5 月至 1945 年 8 月）。1945 年 9 月 22 日被捕，判处有期徒刑十五年，剥夺公权十年。

浙江省档案馆藏黄绍竑《五十回忆》："1941 年 4 月 23 日，奉化沦陷。"宁波市档案馆藏《敌伪档案·浙东行政公报》（编号 32-2 目，民国 31 年 7、8、9 月）："1942 年 7 月 17 日，浙东行政长官沈尔乔委派：曹天龙为本署书记，袁端甫为浙东地区乡镇联合会会长，周明为慈溪县乡镇联合会会长，杨梵清为奉化县乡镇联合会会长，谢兴如为镇海县乡镇联合会会长，李辰身为余姚县乡镇联合会会长，郑期平为象山县乡镇联合会会长，蔡时俊代理本公署科员。"《敌伪档案卷宗·浙东第一次县地方会议》（21 宗 196 目）："（1942 年）9 月 8 日，日伪浙东第一次县地方会议召开。《浙东地区第一次县地方行政会议议事录》第一号：民国三十一年九月八日上午十一时起。出席者：浙东行政乡署行政长官沈尔乔，参事宋复，秘书李培英、夏郁林，民政科长李炳彝，财政科长张言如，教育科长钱力生，建设科长姜骢（一作：飘），警务科长刘友华。鄞县乡镇联合会会长：袁端甫。余姚：劳乃心。镇海：谢兴如。慈溪：周明。奉化：杨梵清。象山：郑期平。列席：宁波特务机关泉机关长，龟个森辅佐官，山本主任，石川主任，松永联络官。山崎部队：藤井中尉。宁波宪兵队：稻田曹长。鄞县高桥联络官，慈溪仓田联络官，镇海幸松顾问，奉化飞田联络官。浙东盐务管理局：朱鹤舫，宁属税务处长：徐兆良。"《浙东行政公署强化县政正式成立五县政府》："浙东行政公署为强化县政，经将所属镇海、奉化、慈溪、象山、上虞五县，于三月一日先行改组为县政府，鄞县乡联会同时改组为整理鄞县县政专员公署，余姚县奉令办理清乡，改为特别区公署，新昌、嵊县仍沿用乡镇联合会名义，代行县政职务。兹悉，改组县政府之各县县长，业经该署分别令委谢兴如为镇海县代理县长、杨梵清代理奉化县县长、姜骢代理慈溪县县长、郑期平代理象山县县长、刘仲和代理上虞县县长云。（原载 1943 年 3 月 4 日《浙江日报》）"但是《奉化市志》1994 年版第 558 页记载略有差异，过录如下："1941 年 4 月 23 日，日军侵占县城，奉东、奉北

地区大部沦陷。不久,日军联络部组织成立县'维持会',张宏海、严彭龄任正、副会长。是年冬,改称县'乡镇自治联合会',沿国民党县政府机构设置,在原县政府办公。自治联合会听命于日军司令部,负责安排日军驻地,支派岗哨、挑夫,筹办军需物资等事务。1943年5月,汪伪县政府成立,杨梵清(又名杨藩卿)任伪县长,设秘书、民政、财政、建设、教育5科及税务分处、警察局、保安大队和政治保卫局等机构,成立工会、农会、妇女会等团体。基层设5区21乡(镇)公所,村推行保甲制。1944年5月成立保甲指导室,伪警察局长兼主任,管理'良民证'。保安大队配合税务分处征收田赋。大桥镇设战地服务公司(又称合作社)和商会。县城小路街及西溪成立'青风庄',妓女20余人供日军淫乐。1945年8月,抗日战争胜利,汪伪政府随之垮台。"《中共奉化历史:第1卷(1926—1949)》2002年版第157页"奉北工委和办事处":"1945年8月15日,日本政府宣布无条件投降。18日下午2时,日军撤出奉化县城去宁波。19日,国民党奉化县党部和县政府从里山柏坑迁回县城。22日,逮捕了汪伪县长杨梵清。"《申报》1946年2月24日《伪县长判刑十五年》(奉化):"邑人杨梵清,在本县沦陷期内充任本县县长,通谍敌首,图谋反抗本国。经浙高院第四分院判处有期徒刑十五年,褫夺公权十年。"

周灵钧,安徽来安人。中央政治学校毕业。民国二十二年至二十四年,任兰溪实验县民政科长,户籍室主任。编撰有《户籍概论》。在兰溪还编撰出版了《积谷计划》。在湖南、四川、浙江各省民政厅先后任专员、视察、秘书各职。民国二十九年至三十五年,任蒋经国主任秘书。民国三十五年(1946)七月至三十八年(1949)四月任奉化县长。三十八年四月十七日任二区专员,浙东行署主任。之后随蒋国民党军队去台湾,授中将衔。

《兰溪文史资料》(第3辑)1986年版第20页《兰溪实验县的整顿户籍和清理地籍》(郑德森):"民国二十二年,兰溪改制为实验县,县长胡次威曾整顿户籍和清理地籍。……胡下乡了解各区以前办理户籍的情况,发觉全县户籍混乱和户口数据失实。为此,胡即设置了县户籍室,指派中央政治学校毕业生周灵钧为主任,朱扬声为事务员,负责整顿全县户籍工作。并设计了小型的清查户口表式,人口出生年月换算,年满周岁对照表格,拟定各乡镇人事变动登记表式。"

《浙江方志》1989 年第 5 期第 47 页:奉化县"周灵钧,1946 年 6 月 20 日,代理。"《奉化市志·政府》1994 年版:"周灵钧,安徽来安人,1946 年 7 月—1949 年 4 月。"《宁波日报》1946 年 7 月 15 日第 3 版《奉化新任县长周灵钧过甬赴任,定明日举行新旧交替》:"奉化新任县长周灵钧氏,业于昨晨由沪搭□抵甬,今日赴奉,定明日(即十六日)与朱县长举行交接典礼。周氏系安徽省人,毕业于中央政治学校。民国二十四年间,曾任浙江兰溪实验县民政科长。嗣在湖南、四川、浙江各省民政厅先后任专员、视察、秘书各职。于民国二十九年,在江西省第四区蒋专员经国任内,担任主任秘书凡六年。"1946 年 8 月 2 日第 5 版《奉县长周灵钧向专员报告施政》:"奉化县长周灵钧昨日由奉化来甬,晋谒六区俞专员,报告县政一切设施,并赴江北岸清泉坊晋谒俞前部长。"《时事公报》1946 年 11 月 17 日第 5 版《周灵钧实干苦干 县长亲自载砂石;严禁赌博 毫不徇情》:"奉化县县长周灵钧自莅任后,夙兴夜寐,悉心求治。下车伊始,即严厉禁止烟毒、赌博。又尝虚心察访,纠正民情。风闻所属侦缉队长某,性好赌博,日前被周县长亲自捉获,即令在县前草场芸草,罚充劳役。又方桥某土豪,亦因赌博,罚充同样劳役。虽有权势者为之说项,均不徇情。又,周县长为兴修体育场,每晨足着草鞋,同工人拉载砂石一次,从无间断。"1948 年 7 月 19 日第 3 版《奉化县长周灵钧巡视北区灾情》:"奉化县长周灵钧鉴于该县此次台风过境,溪流泛滥,田禾深受影响,除已派农推所主任吴永苌分赴各乡视察调查外,复于昨日由城出发,至江前萧王庙、畸泉、溪口镇巡察,对各该乡镇受灾严重,深表关切。今晨复由溪口偕同张秘书、王中队长等前往剡复、剡明等乡巡视。闻对四明山附近各处防务,并指示驻军加强警备云。"《宁波文史资料》第 18 辑《梦幻尘影录》第 222 页:"1945 年抗日战争胜利,学校和奉化县级各机关团体搬回奉化县城。我将学校安排整顿以后决心辞职,遂于 1946 年 1 月将校长职务交校务主任吴炯接替,自己则回到宁波重操律师职业。以后因奉化派系斗争甚烈,他们要我去兼县参议会的副议长,以资缓冲。而这时奉化县长已由蒋经国的主任秘书周灵钧充任,他和参议会会长胡次乾对国民党奉化县党部书记长王××不满,王××受此压力,向省党部提出辞职。""回到宁波城区后,我初设事务所于碶闸街'奉化旅甬同乡会'内,后移至碶闸街一一五号,并延揽大学同班同学钟乃可为帮办律师。这时奉化的县长、黄埔一期生朱炳熙调走,由蒋经国任赣州政督察专员时的主任秘书周灵钧接任。周系安徽人,毕业于中央政法学校,甚得蒋经国的信任。他八面玲珑,除了从赣州专署里带来一部分基本队伍外,要我们地方推荐能担任教育科长等职务的人选。我其时实际上已离开奉化,不问奉化事务,但因为还有《奉化日报》社长、奉化县教育会会长等头衔挂着,所以,时不时地有事情过来,使我难以安心于律师工作。为此我将《奉化日报》社长和奉化县教育会会长的名义一并交给胡开瑜担任。"《中国共产党奉化历史大事记(1919—1978)》1997 年版第 54 页:"1947 年 6 月,抗日时期在上虞曾任国民党部队副支队长的张正邦(奉化北街人),与中共中央上海分局派驻浙东帮助工作的顾德欢(张瑞昌,后任浙东临委书记)取得联系,顾同意张以合法身份去白区搞第二武装。几经周折,奉化县民众自卫总队成立,总队长由国民党县长周灵钧兼,副总队长张正邦,下属常备大队先组建一个中队,108 人。又组建各区、乡自卫武装。"

《宁波日报》1949 年 4 月 10 日第 3 版《周灵钧过甬 今日晋省》:"新任二区专员周灵钧,奉省府周主席电召,于昨日下午六时乘专车自奉化来甬,当晚下塌大同旅馆。随行者有奉化县训练所教育长林伯雄,奉化县政府指导员楼智辉等,定今日赴省。记者闻讯,当趋访周氏。据谈:此次晋省,系奉周主席电召,在省约有十余日之逗留。至何时至二区专署接事,因奉化新任县长未经发表,故一时尚难确定。"《宁波晨报》1949 年 4 月 17 日第 3 版《二区专署新旧交接周灵钧昨视事 奉新县长范魁书定五一视事》:"……前任专员吴求剑于当日上午由杭州赶返,亲自移交,新任专员周灵钧,亦于下午四时亦由奉乘专车莅姚履新。……奉县府新任县长范魁书,现暂住溪口,闻定五月一日办理交接。"《宁波文史资料》第 18 辑《梦幻尘影录》第 101—102 页：
"我回甬后，在家里深居简出……第二批来看我的人是周灵钧和范魁书。前
已所说，周灵钧原是蒋经国任江西赣州专员时的主任秘书，抗战胜利后，因
蒋经国的关系当上了奉化县县长。范魁书也是跟随蒋经国的骨干，曾任蒋
经国创办的《青年日报》社社长。因此，我对于他们的到来有些警惕，我说因
为有些家务要处理，所以迟些去台湾，等处理好家务就要去台湾的。周灵钧
却若无其事地说：'听到你回家了，我是把范县长来介绍给你的，希望得到你
的支持。'原来周灵钧已升任了宁波地区行政督察专员，范魁书接替了奉化
县长的位置。后来，他们离开大陆去了台湾。"《新编浙江百年大事记
(1840—1949)》1990 年版第 398 页：1949 年 4 月"26 日，省政府决定设立三
个行署：浙东行署设在宁波，由二区专员周灵钧任主任；浙南行署设在永嘉，
由五区专员周琦任主任；浙西行署设在於潜，由九区专员谭乃大任主任。杭
嘉湖地区有李延年兵团部署，最高指挥机构设在杭州"。《台湾皖籍人物》
2001 年版第 386 页：获(伪)小将以上军衔之中将有"周灵钧"。

　　《民国时期总书目(1911—1949)：社会科学(总类部分)》1995 年版第
259—260 页："《户籍概论》(四川省训练团讲义)，周灵钧编。1940 年出版，
56 页，36 开。介绍户籍的意义、范围，以及户籍行政组织、户口调查、户口异
动登记、户口统计等。有引言。"在兰溪还编撰出版了《积谷计划》。

　　《口述历史的理论与实务：来自海峡两岸的探讨》2007 年版第 101 页：
"目前，史政编译室已出版有俞大维、胡琏、俞济时、顾祝同、黄杰、于豪章、陶
希圣、周灵钧等访问记录 6 种。"

范魁书，字占元，河北宁晋人。1912 年 8 月 5 日生。毕业于北京朝阳大学
法律系、国防研究院，中央训练团党政班、革命实践研究院结业。曾任赣南
行政督察专员公署别动总队指导员，江西第四区行政区督察专员公署科长、
保安司令部军法官、保安警备总队政工室主任。1940 年 5 月任动员委员会
秘书。1942 年任浙赣湘皖四省盐务督运专员办事处秘书。次年调任重庆三
青团中央干校筹备会秘书、组长、总务处副处长。后任青年军编练总监部政

民
国
知
事
、
县
长

治部组长,青年军第二〇八师政治部主任,陆军第八十七军政工处处长。1948 年任国防部"勘建总队"大队长。1949 年任奉化县长。著有《死刑废止论》《戒严法概论》《我国军事略论》等。(《中国国民党百年人物全书》(下)第1477 页)

《民国高级将领列传》(第四集)1989 年版第 501 页:"蒋经国抓的第四件事是干部。在赣州赤珠岭开办了'三青团江西支团干部训练班',自任班主任。……不久,他又开办了'新赣南经济建设干部训练班',自兼主任,由专员公署科长范魁书负实际责任,先后训练了数百人。

《宁波日报》1949 年 4 月 10 日第 3 版《奉化县长遗缺由范魁书接充》:"奉化县长周灵钧自省令升调二区专员后,遗缺省府内定委派长江部队政工处处长范魁书充任。长江部队政工处处长一职,由王茂山接充。"《宁波晨报》1949 年 4 月 17 日《二区专署新旧交接周灵钧昨视事奉新县长范魁书定五一视事》:"前任专员吴求剑,于当日上午由杭州赶返,亲自移交;新任专员周灵钧,亦于下午四时,亦由奉乘专车莅姚履新。奉县府新任县长范魁书,现暂住溪口,闻定五月一日办理交接。《宁波日报》1949 年 4 月 29 日第 3 版《奉化县长范魁书偕员赴奉履新》:"奉化县长范魁书定今日上午赴奉履新,并偕新任主任秘书□道诒(前长江部队政工处第一科长)暨秘书胡秀同行云。"《奉化市志·政府》1994 年版:"范魁书,1949 年 4 月 1 日—1949 年5 月。"

《中共宁波党史大事记(1919—1949)》1991 年版第 233－234 页:"1949 年 5 月 25 日,零时许,人民解放军 65 师 195 团和 64 师 190 团分路进入市中心,宁波解放。指战员和衣露宿街旁。上午,中等学校师生 2000 余人集会游行,欢庆解放。同日,奉化解放。"

附　录

奉化历代知县知州名录

　　奉化于唐开元二十六年（738）置县，设县署，历宋、元、明、清、民国。旧志记载，唐县令11人；宋县令78人；元县达鲁花赤9人，县尹8人，州达鲁花赤16人，知州22人；明县令77人；清知县128人；民国县知事、县长38人。共计395人。①

　　唐代，奉化为上县，职官有：县令（从六品），掌一县行政；丞（从八品），佐治县事；主簿（正九品），掌管文书、簿籍及印鉴等；尉（从九品）2人，掌管军事和治安。另录事2人，司户、司法、仓督2人，典狱（管理刑罚及监狱事务）10人，问事（杖笞罪犯的狱卒）4人，白直（随从）10人，市令（管理市场）1人。学职有经学博士、助教各1人。县以下行乡里制，乡有耆长，副以弓手、壮丁，捕捉盗贼。里有里正，副以户长、乡书手，课督赋税。

唐代（五代）奉化县令

姓　　名	籍　贯	上任年份		附　注
陆明允	吴郡	808	元和三年	
赵　察	大梁	817	元和十二年	
成公佐		819	元和十四年六月在任	
牧大器				任年无考
赵　定		823前后	长庆年间	赵察之弟
李宗申		865	咸通六年	
周罗山		868前后	约咸通九年	
厉铎皇	河北范阳	903前后		兼摄象山
郑　准		904	天祐元年	
宋嗣宗	河北南和县	907	天祐四年在任	
王文序	江苏丹阳		五代	

---

　　①　元代知州复任1人，清代知县复任7人，民国县长复任1人。复任不重计。

宋建隆元年(960)，奉化列望县，职官除未设县丞，其他均与前朝同。县令(从八品)，多京、朝、幕官知县事，有成兵则兼兵马都监或监押。乾道年间，定以三年为任。962年设尉(从九品)，学职有学长、学谕、教谕和直学。开宝三年(970)设主簿(从九品)。熙宁四年(1071)"令户二万以上增置丞一员"(《宋史·职官志》)，遂设丞(从八品)。

1069年县以下行保甲法，设保长、正副都保正。元丰年间，废都保，复乡里。

宋代奉化县令

	姓　名	籍　贯	上任年份		附　注
北宋	萧世显	江苏沛县	1018	天禧二年	
	于　房	山西定襄	1037	景祐四年	
	王　泌		1052	皇祐四年	
	郏修辅	浙江吴兴	1054	至和元年	
	裴士尧		1066	治平三年	
	盛穆仲		1081	元丰四年	
	向宗谔		1084	元丰七年	
	蒋师颜	浙江天台	1082	元丰五年	
	樊忧		1077—1085	元丰年间	
	秦辨之		1091	元祐六年	
	钱　益		1087—1093	元祐年间	
	周　池	浙江永嘉	1096	绍圣三年	
	陈　绍		1094—1097	绍圣年间	
	黄　特	浙江嵊州	1107	大观元年	
	沈时升	浙江雪川	1107—1110	大观年间	
	苏之孟		1110	大观四年	未赴
	周　因	浙江永嘉	1117	政和七年	周池之子
南宋	杜绾	浙江会稽	1127—1130	建炎年间	
	赵于昭		1131	绍兴元年	

	姓　名	籍　贯	上任年份		附　注
南宋	荣　彝	河南澶州	1139	绍兴九年	左承议郎
	张汝楫		1142	绍兴十二年	左奉议郎
	刘清臣		1145	绍兴十五年	右奉议郎
	秦泰初		1146	绍兴十六年	
	汤　穆		1149	绍兴十九年	左朝请郎
	黄韶中	浙江上虞	1152	绍兴二十二年	左承议郎
	向士俊		1155	绍兴二十五年	右宣教郎
	刘士宠		1158	绍兴二十八年	左奉议郎
	朱　窠		1161	绍兴三十一年	右奉议郎
	李邦宪		1163	隆兴元年	右奉议郎
	向士迈		1166	乾道二年	右通直郎
	郭忠顺	福建浦城	1168	乾道四年	右通直郎
	谢　峻		1171	乾道七年	右承议郎
	魏庭珙		1173	乾道八年	右奉议郎
	蔡　撰		1174	淳熙元年	右通直郎
	赵希仁	浙江嘉兴	1175	淳熙二年	宣教郎
	叶仲翔	浙江温州	1177	淳熙四年	奉议郎
	苏　祁		1180	淳熙七年	通直郎
	郭德麟	福建浦城	1182	淳熙九年	通直郎
	张　燧	浙江永嘉	1185	淳熙十二年	宣教郎
	傅伯益		1188	淳熙十五年	宣教郎
	胡　恭		1190	绍熙元年	
	宋晋之	浙江永嘉	1196	庆元二年	
	蔡　几		1198	庆元三年	
	赵汝杰		1199	庆元五年	通直郎
	钱光祖	浙江临海	1201	嘉泰元年	奉议郎
	赵彦绾		1204	嘉泰四年	奉议郎
	陈梅叟	浙江永嘉	1207	开禧三年	宣教郎
	冯多福	江苏无锡	1211	嘉定四年	奉议郎
	孙显懿		1214	嘉定七年	宣教郎
	黄　庞	浙江新昌	1217	嘉定十年	宣教郎
	赵希观		1220	嘉定十三年	通直郎
	赵　约		1223	嘉定十六年	奉议郎
	陈元晋	江西崇仁	1225	宝庆元年	宣教郎

	姓 名	籍 贯	上任年份		附 注
南宋	娄绍聘		1226	宝庆二年	宣议郎
	赵峨夫		1228—1233	绍定年间	
	沈昌言		1228—1233	绍定年间	
	赵时燮		1228—1233	绍定年间	
	胡逸驾	江西新建	1228—1233	绍定年间	
	王 畴		1228—1233	绍定年间	
	徐桂臣		1228—1233	绍定年间	
	程端升	河南新安	1228—1233	绍定年间	
	赵汝璠		1228—1233	绍定年间	
	欧(某)		1235 前后	端平年间	佚名
	蔡 垲	浙江永嘉	1241—1252	淳祐年间	承议郎
	黄 湛	浙江天台	1241—1252	淳祐年间	宣教郎
	孙一飞	浙江杭州	1253—1258	宝祐年间	
	杨 侗		1253—1258	宝祐年间	
	赵孟溥		1253—1258	宝祐年间	
	黄孝勤		1253—1258	宝祐年间	
	赵孟燧		1253—1258	宝祐年间	
	史梦应		1253—1258	宝祐年间	
	俞一旗	浙江杭州	1253—1258	宝祐年间	
	姚希文		1253—1258	宝祐年间	
	刘应得	浙江金华	1270	咸淳六年	
	徐一锋	浙江黄岩	1265—1274	咸淳年间	
	常朝宗		1274	咸淳十年	代理
	赵若佺	浙江乐清	1275—1276	德祐年间	
	汤炳龙	陕西山阳	1276	景炎元年	

元至元二十年(1283)，"定江淮以南三万户之上者为上县"(《元史·百官志，诸县》)，奉化为上县。设达鲁花赤(蒙古语，意为掌印官)，蒙古人担任；县尹汉人担任，秩相同，均从六品。县丞、主簿各 1 人，典史 2 人。另鲒埼

巡检、公塘巡检、连山巡检、田下巡检、栅墟巡检、东宿巡检各 1 人,主掌巡捕之事。学职沿宋制。县以下改乡、里为都、图。

　　元元贞元年(1295),奉化升州,设达鲁花赤、知州(俱从五品,同掌州行政)、同知(正七品)、判官(正八品)、吏目。不设巡检,学职有州学正、教谕、学录。

元代奉化县达鲁花赤、县尹

达鲁花赤	附注	县 尹	附注
孙继宗		楼性之	至元年间(1264—1294)在任
布哈绰克		李炎午	至元年间(1264—1294)在任
张良弼		陈守义	至元年间(1264—1294)在任
张成德		王宗信	至元二十三年(1286)在任
蒙古岱	至元年间(1264—1294)在任	李天益	至元二十年至二十六年(1283—1289)在任
额布勒津		丁 济	至元二十六年至三十年(1289—1293)在任
雅勒呼		徐文郁	至元年间(1264—1294)在任
别多喇卜丹		梁 观	至元年间(1264—1294)在任
奇尔岱蒙古			

元代奉化州达鲁花赤、知州

达鲁花赤				知 州			
姓名	籍贯	上任年份	附 注	姓名	籍贯	上任年份	附 注
				周仲厚		1295	元贞元年 奉训大夫 顺德进士
察罕	蒙古	1296	元贞二年 忠翊校尉	李炳		1296	元贞二年 奉训大夫
				王珪		1298	大德二年 奉训大夫
克哶		1301	大德五年 武略将军				
				陈忠		1302	大德六年 奉训大夫
额森哈雅		1303	大德七年 承德郎	于巴延	蓟邱	1304	大德七年 奉直大夫
布呼丹		1306	大德十年 承直郎				
				裴继炎		1309	至大二年 奉训大夫
茂巴尔	冀宁	1312	皇庆元年 奉议大夫	蒋瑾	江苏镇江	1312	皇庆元年 武德将军

续表

达鲁花赤					知州				
姓名	籍贯	上任年份		附注	姓名	籍贯	上任年份		附注
					宋节	燕京	1315	延祐元年	奉议大夫
实保齐		1315	延祐二年	承务郎					
呼图克岱尔		1316	延祐三年	奉训大夫					
实巴尔		1319	延祐六年	武德将军	马称德	福建广平	1319	延祐六年	奉议大夫
亦黑迷失不花		1322	至治二年	武德将军	李端荣		1322	至治二年	奉议大夫
普寿		1324	泰定元年	承务郎					
					苏忙古觯		1325	泰定二年	奉训大夫
伯颜		1328	泰定四年	武德将军	李憼		1327	泰定四年	奉训大夫
忽林沙		1328	泰定四年	忠翊校尉					
也敦不花		1330	至顺元年	武节将军					
					李塔失帖木儿		1332	至顺三年	奉训大夫
					宋梦鼎	江苏淳安		至顺年间	进士
昔剌不花		1333	元统元年	忠翊校尉					
					史煓		1335	元统三年	奉训大夫
伯颜		1338	至元四年	忠翊校尉	高不颜察儿		1338	至元四年	奉训大夫
也先不花		1341	至正元年	承事郎	郭忽都答儿		1342	至正元年	奉训大夫
					周坤厚			至正年间	
					奥林		1353	至正十三年	
					舒庄	奉化		至正年间	
					李枢	河东	1360	至正二十年	
					马元德	燕山	1362	至正二十二年	进士
					李枢	河东	1362	至正二十二年	复任

明代废达鲁花赤。洪武二年（1369）改州为县，职官按县设置。有知县（正七品），县丞（正八品）、主簿（正九品），分掌粮马、巡捕之事；典史（从九品）。另塔山巡检、鲒埼巡检（俱从九品）；连山驿丞、西店驿丞各1人，掌驿传迎送之事；河泊所大使1人，掌渔课船只；税课司大使，掌税收，正统二年（1437）裁撤。学职有教谕、训导。洪武十四年（1381），县以下设里、甲，有里长、甲长。

明代奉化知县

姓　名	籍　贯	上任年份		附　注
李　溥		1368	洪武元年	
刘敬舆	浙江鄞县	1369	洪武二年	
高仲达		1381	洪武十四年	
张　逊	浙江鄞县	1368—1398	洪武年间	
章彦淳		1386	洪武十九年	
李绍宗		1388	洪武二十一年	
郭　麟	山西定襄	1398	洪武三十一年	由监察御史调署
裴　琚	河北邯郸	1404	永乐二年	
张　宁		1421	永乐十九年	
田南亩	江西永丰	1422	永乐二十年	监生
王　璟	河北霸州	1422	永乐二十年	
杨杞材	上海金山	1425	洪熙元年	
杨　森	上海松江	1425	洪熙元年	监生
李子琪	江西浮梁	1430	宣德五年	监生
周　铨	江西玉山	1431	宣德六年	进士
龚敬善	福建邵武	1438	正统三年	监生
李　琥	江苏泰州	1440	正统五年	监生
陈　关	江西赣州	1454	景泰五年	监生
马　毅	山西	1462	天顺六年	监生
杨　宪	河北阜城	1463	天顺七年	监生
翟　瑄	河南洛阳	1466	成化二年	进士

续表

姓　名	籍　贯	上任年份		附　注
尧　卿	四川安岳	1471	成化七年	进士
曹　澜	江苏句容	1476	成化十二年	进士
刘　宪	陕西巩昌	1465—1487	成化年间	监生
徐绍先	安徽蕲水	1488	弘治元年	进士
吴　鹏	福建莆田	1494	弘治七年	进士
陈　富	湖北黄岗	1498	弘治十一年	举人
邹　礼	江苏江宁	1503	弘治十六年	举人
丘　魁	福建浦城	1508	正德三年	举人
陶　麟	江苏吴县	1512	正德七年	进士
廖云翔	福建怀安	1515	正德十年	举人
朱　豹	上海	1518	正德十三年	进士
吴　榛	安徽合肥	1520	正德十五年	举人
曾玉山	安徽乐安	1523	嘉靖二年	举人
喻　江	山东滕县	1525	嘉靖四年	举人
陈　缟	湖南郴州	1528	嘉靖七年	举人
钱　璠	江苏常熟	1532	嘉靖十一年	举人
张　源	江苏吴江	1534	嘉靖十三年	由通判调署
纪　穆	江西永丰	1538	嘉靖十七年	举人
徐献忠	甘肃华亭	1541	嘉靖二十年	举人
高廷忠	福建长乐	1544	嘉靖二十三年	举人
萧万斛	江西太和	1549	嘉靖二十八年	举人
杨　旦	安徽休宁	1559	嘉靖三十八年	举人
李惟寅	福建延平	1563	嘉靖四十二年	举人
傅良谏	江西临川	1566	嘉靖四十五年	
高应旸	广西宜山	1569	隆庆三年	举人
周光镐	广东潮阳	1572	隆庆六年	由宁波推官调署
胡　潜	江苏无锡	1573	万历元年	举人
刘时可	广东高明	1576	万历四年	

姓 名	籍 贯	上任年份		附 注
黄廷竹		1573—1620	万历年间	
梅一科	安徽宣城	1573—1620	万历年间	举人
詹沂	安徽宣城	1583	万历十一年在任	进士
乔万里	江苏松江	1585	万历十三年	举人
陆鹤鸣		1590	万历十八年	贡生
朱万龄	江苏无锡	1592	万历二十年	举人
樊毅	江西进贤	1596	万历二十四年	举人
黄应明	广东东莞	1601	万历二十九年	举人
陈文炤	江西临川	1604	万历三十二年	举人
汪应岳	安徽桐城	1607	万历三十五年	举人
戚同文	广东德庆	1610	万历三十八年	贡生
朱德孚	云南		万历年间	
陈维鼎	江西进贤	1611	万历三十九年	进士
罗廷光	江西	1613	万历四十一年	举人
吴正宗	直隶（河北）	1614	万历四十二年	举人
赖愈秀	江西崇义	1614	万历四十二年	
孙嗣先	广西宣化	1618	万历四十六年	举人
蒋应昌	四川成都	1622	天启二年	举人
刘道生	福建瓯宁	1625	天启五年	举人
林士雅	福建莆田	1629	崇祯二年	由通判调署
吴之锦	湖北荆门	1630	崇祯三年	举人
蒋中超	广西全州	1628—1644	崇祯年间	由通判调署
李鳌元	江西婺源	1634	崇祯七年	举人
邹铨	福建建宁	1639	崇祯十二年	举人
胡梦泰	江西铅山	1639	崇祯十二年	进士
陈国训	云南晋宁	1643	崇祯十六年	举人
顾之俊	江苏长洲	1643	崇祯十六年	进士
姜愃	湖广黄岗	1644	崇祯十七年	

清沿明制,设知县(正七品)、县丞(正八品)、典史,废主簿。另鲒埼司巡检(康熙二年裁撤)、塔山司巡检、连山驿丞(乾隆年间裁撤),俱从九品。学职有教谕(正八品)、训导(从八品),康熙四年(1665),裁训导,1676年复设。

顺治十年(1653)县以下行均里法,设里长。雍正三年(1725)革里长,代以保长。宣统元年(1909)颁行自治法,设乡董、乡佐、村董、村佐。

清代奉化知县

姓　名	籍　贯	上任年份		附　注
蔡周辅	山东滋阳	1646	顺治三年	
吴道凝	安徽休宁	1649	顺治六年	进士
夏时正	吉林辽东	1650	顺治七年	
王奂	安徽南陵	1652	顺治九年	选贡
孙成名	山西恒山	1660	顺治十七年	
锺有闻	辽宁沈阳	1663	康熙二年	荫生
张奎胤	河北邯郸	1665	康熙四年	
郑愫	福建龙岩	1671	康熙十年	进士
曹鼎臣	江苏无锡	1673	康熙十二年	举人
蔡毓秀	辽宁锦县	1677	康熙十六年	监生
张启贵		1683	康熙二十二年	荫生
施则曾	江苏无锡	1685	康熙二十四年	举人
曾文寿	湖北监利	1691	康熙三十年	举人
熊昭应	福建永定	1693	康熙三十二年	举人
张廷相	辽宁	1696	康熙三十五年	监生
彭祖训	湖南澧州	1702	康熙四十一年	举人
雷声	河南开封	1703	康熙四十二年	举人
韩维藩	辽宁	1709	康熙四十八年	监生
黄霂	辽宁	1720	康熙五十九年	监生
魏大德	河北宛平	1726	雍正四年	贡生
王绪	辽宁	1728	雍正六年	举人,由通判调任
林绪光	福建闽县	1732	雍正十年	举人

姓　名	籍　贯	上任年份		附　注
王　纬	辽宁	1733	雍正十一年	举人（任内守制），复任
傅　楠		1734	雍正十二年	
何体仁	山东	1736	乾隆元年	副贡
路　觐	江苏宜兴	1738	乾隆三年	进士
李从龙	山西太原	1740	乾隆五年	进士
何　昇	湖北罗田	1743	乾隆八年	
龙云斐	湖北蕲水	1745	乾隆十年	进士
邹廷献	河北沧州	1750	乾隆十五年	举人
谢祖庚	江苏常熟	1752	乾隆十七年	举人
孙宸辅	山东青州	1753	乾隆十八年	监生
陈　滋	江苏武进	1754	乾隆十九年	监生
辛　钝				待考
万世荣	贵州贵阳	1764	乾隆二十九年	举人
陈九霄	江苏武陵	1765	乾隆三十年	举人
曹　膏	山东汶上	1767	乾隆三十二年	进士
唐宇霖	安徽含山	1772	乾隆三十七年	监生
杨　镳	江西南城	1773	乾隆三十八年	举人
陈士纯		1782	乾隆四十七年在任	载后洋庙四十七年匾
令狐逮	山西蒲州	1787	乾隆五十二年	载西溪陈祠五十六年匾
汪长龄	山东济南	1791	乾隆五十六年	进士
张廷兰	陕西	1801	嘉庆六年在任	
赵宜馨	江西广昌	1802	嘉庆七年	
胡　培	江苏丹徒	1803	嘉庆八年	
彭（某）		1807	嘉庆十二年在任	佚名，十二年修瑞峰塔
吴椿堂		1796—1820	嘉庆年间	
庄时功		1812	嘉庆十七年	
吴裕中	福建南安	1812	嘉庆十七年	举人
梁伟业	安徽亳县	1813	嘉庆十八年	举人
刘种桃	江西彭泽	1814	嘉庆十九年	载二十年乡宾匾

姓　名	籍　贯	上任年份		附　注
赵广培	山东海阳	1816	嘉庆二十一年	
吕　璜	广西永福	1818	嘉庆二十三年	进士
乐　韶		1796—1820	嘉庆年间	戴澄清周祠二十四年匾
杨国翰	云南云州	1821	道光元年	进士
杨绍霆	云南太和	1823	道光三年	进士
杨国翰	云南云州	1823	道光三年	复任
李汝霖	山东聊城	1825	道光五年	进士
傅贤进		1821—1850	道光年间	
汤金策	河南安阳	1821—1850	道光年间	举人
浑寿春		1821—1850	道光年间	
王克敬	福建晋江	1821—1850	道光年间	进士,载忠义显济庙七年记
万（某）		1821—1850	道光年间	佚名,载八年乡宾匾
李东育	河南郑州	1829	道光九年	
赖　晋	四川梓潼	1821—1850	道光年间	附贡
温廷显		1833	道光十三年在任	
齐双进	江西乐平	1837	道光十三年	
刘广墫		1837	道光十七年	
蒋士麒	江苏常熟	1838	道光十八年	进士
王（某）		1821—1850	道光年间	佚名,载二十年乡宾匾
金秀堃		1841	道光二十一年	
李则广	甘肃伏羌	1843	道光二十三年在任	进士,载锡福庙二十三年匾
缪　梓	江苏溧阳	1843	道光二十三年	举人
王　济		1845	道光二十五年	
唐　润	北京大兴	1845	道光二十五年	由杭州府经历调署
韩培乾	河北丰润	1848	道光二十八年	拔贡
马培璋		1851	咸丰元年	代理知县
舒　逯		1852	咸丰二年	

姓　名	籍　贯	上任年份		附　注
温因棠		1852	咸丰二年	代理知县
丁昌谷	上海金山	1852	咸丰二年	监生
刘国观	江西南丰	1854	咸丰四年	监生
牟温典	山东栖霞	1855	咸丰五年	举人
刘国观	江西南丰	1856	咸丰六年	复任
严家丞	江苏吴县	1857	咸丰七年	举人
吴芳惠	江西南昌	1858	咸丰八年	进士
屈永清	河南裕州	1860	咸丰十年	进士
徐传冕	江西丰城	1861	咸丰十一年十月	进士
戴明学		1861	咸丰十一年	次年五月被杀
屈永清	河南裕州	1862	同治元年四月	复任
徐传冕	江西丰城	1862	同治元年闰八月	复任
王以庄	江苏东台	1863	同治二年九月	代理知县
康敬思	河北涿州	1863	同治二年十月	武贡生
孙　惪	江苏吴县	1864	同治三年十月	监生,代理知县
郑锡濬	贵州玉屏	1864	同治三年十一月	廪生
邓恩锡	江苏金匮	1865	同治四年七月	监生
庄凤威	江苏武进	1865	同治四年十月	监生
姚徽典	湖南邵阳	1866	同治五年十月	举人
赵连弼	江苏丹徒	1868	同治七年三月	监生
戴恩溥	江西建昌	1870	同治九年二月	监生
嵩　林		1871	同治十年三月	代理知县
王嘉福	江苏溧阳	1871	同治十年四月	监生
王福祥		1872	同治十一年七月	贡生,正黄旗
周祖升	江苏吴县	1874	同治十三年九月	监生
萧世楷	四川富顺	1877	光绪三年七月	举人
朱锡傅	河北大兴	1879	光绪五年八月	监生,代理知县
罗信北	湖南湘乡	1879	光绪五年十月	监生

姓　名	籍　贯	上任年份		附　注
纪朋陵	河北文安	1880	光绪六年十一月	廪贡
朱和韵	江苏上元	1882	光绪八年八月	附贡
恩　裕		1884	光绪十年正月	举人,镶黄旗
罗信北	湖南湘乡	1885	光绪十一年正月	监生,复任
陈世彦	江苏吴县	1885	光绪十一年十一月	监生
邹文沅	江苏常熟	1886	光绪十二年三月	监生,象山县兼摄
孔广锤	江苏元和	1886	光绪十二年二月	进士
赵　煦	湖南善化	1887	光绪十三年五月	监生,慈溪县兼摄
罗配章	广东顺德	1887	光绪十三年八月	进士
夏经镕	江西新建	1888	光绪十四年七月	举人
杨葆彝	江苏阳湖	1891	光绪十七年七月	监生,代理知县
夏经镕	江西新建	1891	光绪十七年十月	复任
何文耀	广东香山	1892	光绪十八年二月	进士
黑式濂	河北通州	1893	光绪十九年正月	供事
周炳麟	广东南海	1895	光绪二十一年六月	举人
但懋祺	湖北蒲圻	1896	光绪二十二年正月	监生
郭文翘	安徽合肥	1898	光绪二十四年三月	监生
龚廷玉	河北通州	1899	光绪二十五年六月	供事
李前泮	湖南湘乡	1900	光绪二十六年十月	
沈寿铭	湖南湘乡	1901	光绪二十七年十月	附贡
王汝贤	甘肃秦州	1902	光绪二十八年十月	举人
孙文诒	上海	1906	光绪三十二年六月	进士
翁长芬	江苏江宁	1906	光绪三十二年十月	进士,代理知县
陈宗器	福建莆田	1906	光绪三十二年十二月	举人,代理知县
翁长森	江苏江宁	1907	光绪三十三年正月	附贡
王兰芳	山东寿光	1907	光绪三十三年十月	举人
魏象书	陕西乾州	1909	宣统元年八月	署任
魏　桐		1910	宣统二年九月	署任
袁玉煊		1911	宣统三年七月	九月十七日光复,改称民事长

1912 年(民国元年),废清制,设县公署,知县改称知事,综理县政。下设第一、二、三科。第一科掌管内务、实业事宜;第二科掌管财政事宜;第三科掌管教育事宜。另设警察所(知事兼任所长)、劝学所(始建于 1906 年)。次年,增设审检所。1915 年,改政务、财政、教育、实业 4 科,各科设主任、助理,酌设会计、收发等员。1917 年,裁撤审检所,知事兼理司法,设承审员协理。1923 年,教育科与劝学所合并改组,成立教育局。1912 年至 1927 年,先后出任知事及代理知事 16 人。

1912—1927 年奉化县知事

姓　名	籍　贯	任　期	附　注
孙　保		—1912 年 5 月	
陈锦波		1912 年 6 月—1913 年 6 月	
楼祖禹		1913 年 6 月—1913 年 10 月	代理
陶昌贤		1913 年 10 月—1914 年 8 月	
董增春		1914 年 8 月—1916 年 8 月	
屠景曾		1916 年 8 月—1917 年 9 月	
姜　若	江苏丹阳	1917 年 9 月—1919 年 5 月	
袁玉煊		1919 年 5 月—1922 年 9 月	复任
袁思古	湖南湘潭	1922 年 9 月—1923 年 4 月	
吴传球	江苏吴县	1923 年 4 月—1925 年 5 月	
葛尚冲		1924 年 10 月—1924 年 12 月	优贡,代理
沈秉诚	浙江吴兴	1925 年 5 月—1927 年 1 月	
陈亚春	江苏丹徒	1927 年 1 月—	代理,未到任
郑祖康	安徽黟县	1927 年 1 月—1 月下旬	举人,代理
吴承露	安徽	1927 年 1 月—2 月中旬	弃职
戴南村		1927 年 2 月—2 月底	代理

1927 年 2 月 19 日,国民革命军进驻奉化,县公署瓦解。5 月 30 日成立奉化县政府,知事改县长,仍兼理司法。下设总务、财政、民治、建设 4 科。1929 年 2 月,按县组织法,增设秘书 1 人,改设第一、二、三、四科。第一科掌

管地方自治、村里组织,整顿公安局、保卫团,督促清乡及卫生救济等;第二科掌管教育、交通、水利及农林垦植等;第三科掌管赋税杂捐征收报解,政府经费预算决算,整顿金融及土地陈报等;第四科掌管会计庶务,保管印信公物、稽发文件等。仍设公安(警察所改组)、教育2局,增设土地陈报办事处。1935年5月,公安、教育裁局改科。所有文书悉由县长判行,佐治人员由县长遴选,荐请省府核委或备案。1937年1月,设民政、财政、教育、建设、社会、军事6科及秘书、会计2室。抗日战争开始,征兵事务骤多,1939年裁社会、建设2科,增设兵役科,另设军法承审员、督学、会计主任等。

1941年4月,县城沦陷,县政府迁至里连山区,辗转西堡岙、赋竹林、柏坑等地。1943年4月,改设4科2室,第一科分社政、民政2股;第二科分财政、粮政、建设3股;第三科辖民教馆、图书馆及各学校;第四科为军事科;秘书室分总务、人事、政务3股;会计室分会计、统计2股。

1945年8月18日,县府回迁县城,接收汪伪政府机关,10月1日恢复原编制,设民政、财政、教育、建设、社会、军事6科,秘书、会计、军法3室。县长兼领民众自卫总队、田粮处。编制74人。1946年9月,裁撤军法室,增合作指导室,编制54人。至1949年,仍6科3室,共59人。5月,县府及所属科室解体。1927年3月至1949年5月,县长及代理县长22人。

1927—1949年奉化县长

姓　名	籍　贯	任　期	附　注
王简廷	浙江金华	1927年3月—1927年4月	二十六军发给委任状
陆有章		1927年4月—1927年7月	7月29日辞职
徐之圭	浙江江山	1927年7月—1927年11月	
徐祖燕		1927年11月—1928年7月	
赵子和	安徽	1928年7月—1929年1月	
朱懋祺	安徽	1929年1月—1930年8月	
章　骏	江苏吴县	1930年8月—1932年5月	
李涵夫	浙江缙云	1932年5月—1933年8月	

姓名	籍贯	任期	附注
胡鼎仁	浙江临安	1933 年 8 月—1935 年 7 月	
李学仁	浙江临海	1935 年 7 月—1936 年 2 月	
李涵夫	浙江缙云	1936 年 2 月—1936 年 3 月	未到任
曹钟麟	河北清苑	1936 年 3 月—1937 年 1 月	
林德玺	广西	1937 年 1 月—1938 年 3 月	
王崇熙	安东海龙	1938 年 3 月—1938 年 10 月	
何扬烈	湖南长沙	1938 年 10 月—1939 年 11 月	
钟诗杰		1939 年 11 月—	代理，未到任
俞隐民	浙江新昌	1939 年 12 月—1942 年 1 月	
朱炳熙	浙江青田	1942 年 1 月—1946 年 7 月	
马 炜		1942 年 8 月—1942 年 11 月	代理
杨梵清		1943 年 5 月—1945 年 8 月	日伪县长
周灵钧	安徽来安	1946 年 7 月—1949 年 4 月	
范魁书		1949 年 4 月—1949 年 5 月	

附录　奉化历代知县知州名录

四角号码人名索引

奉化知县知州史料选辑

3390 梁

　25 梁伟业（明）

　　　304、305、附表 485

　77 梁观（元）

　　　088、附表 479

3411 沈

　20 沈秉诚（清）

　　　424—430、附表 489

　34 沈湛（元）　《新建义仓记》

　　　118

　50 沈寿铭（清）

　　　387—390、附表 488

　60 沈昌言（宋）

　　　055、056、附表 478

　64 沈时升（宋）

　　　022、附表 476

3470 谢

　23 谢峻（宋）

　　　034、附表 477

　30 谢滩（明）　嘉靖《奉化县图志

　　序》

　　　175、180、181

　37 谢祖庚（清）

　　　284、附表 485

　77 谢凤（刘宋）

　　　023、064、242、248、286

3611 温

　12 温廷显（清）

　　　325、附表 486

　60 温因棠（清）

　　　336、附表 487

3712 冯

　27 冯多福（宋）

　　　序 002、048、050、162、附表 477

3712 汤

　26 汤穆（宋）

　　　029、030、附表 477

　80 汤金策（清）

　　　320、321、附表 486

　91 汤炳龙（元）

　　　069、附表 478

3715 浑

　50 浑寿春（清）

　　　320、321、附表 486

3912 沙

　57 沙邦

　　　参见实巴尔（元）3080

4010 左

　24（明）左赞　《知县周公铨传跋》

奉化知县知州史料选辑

奉化知县知州史料选辑

7726 屠

　60 屠景曾（民国）

　　序 006、409、附表 489

　77 屠隆（明）　《奉令樊侯去思碑
　　记》

　　216、218、219

7727 屈

　30 屈永清（清）

　　341—344、附表 487

7742 邓

　00 邓文原（元）　《建尊经阁增置
　　学田记》

　　097、111、116、117

　60 邓恩锡（清）

　　349、附表 487

7778 欧

　44 欧（某）（宋）

　　059、附表 478

8010 金

　10 金元素（明）　《知州李枢去思
　　记》

　　136

　20 金秀堃（清）

　　327、328、附表 487

8012 翁

　10 翁元臣（元）　《玭琳碶重修记》

　　029、109、121

　42 翁长森（清）

　　395、396、附表 488

　42 翁长芬（清）

　　393、394、附表 488

8022 俞

　10 俞一旗（宋）

　　063、附表 478

　40 俞大本（明）　《挹秀楼记》

　　185

　77 俞隐民（民国）

　　466、468、附表 491

8030 令

　42 令狐逵（清）

　　298、299、附表 485

8040 姜

　44 姜若（民国）

　　409—412、422、附表 489

　91 姜恒（明）

　　237、附表 483

8060 普

　50 普寿

后　记

　　《奉化知县知州史料选辑》是在"奉化人物史料汇编"材料基础上衍生出来的。因"奉化人物史料汇编"体量较大，便把其中有关奉化历代知县、知州的史料辑为一册。编纂工作于2015年12月初启动，因基础资料扎实，编纂工作较为顺利，至次年4月中旬完成初稿，字数近50万。为方便读者查阅，后期又编制四角号码人名索引。

　　人物史料主要选自历代《奉化县志》，如明嘉靖《奉化县图志》、清顺治《奉化县志》、清光绪《奉化县志》等。嘉靖《奉化县图志》起初用的是上海图书馆藏影印本，后又设法复制北京图书馆藏本——因为上海图书馆本有好几页脱字、模糊，也顺利得到北京图书馆藏清顺治《奉化县志》孤本的复印本。旁的还参阅了宋乾道《四明图经》、宝庆《四明志》、延祐《四明志》及清雍正《宁波府志》等，间或参考他处志书及文献资料。嘉靖《奉化县图志》选录的有近3万言，顺治《奉化县志》及《剡川诗钞序》等过录的有1.2万言。其余多以光绪《奉化县志》为主。

　　编纂过程中，最为麻烦和艰辛的是对人物史料的辨析考证。引用的史料难免存在错误、抵牾情况，必须查实、修正，如照搬照抄，不予纠正，则无辑录的意义了。如，光绪《奉化县志》在收录嘉靖《奉化县图志》有关史料时，将马元德与吉雅谟丁（吉雅谟丁实为马元德别名）误认为二人，因而吉雅谟丁列在马元德之后出任奉化知州——导致1994年版《奉化市志》也出错。

　　这方面，我们充分利用了网络平台和电子化信息资料。目前国内的许多高等院校、地方图书馆、学术研究机构都建有网站，且大多面向公众开放。我们对存疑的材料，会利用网络资源进行比较甄别。复制原文进行网络检索，对检索结果加以比较，是是非非，洞若观火。校阅中，不仅校对文字异同，也校正原文断句。这种校勘，可称之为他校、外校。

　　还有是内校。即对现成的、已经入稿的材料进行联系比较。如光绪《奉化县志·职官》中有些县令、县尹没有籍贯及上任、卸任日期（早期元代县尹，由于延祐《四明志·职官考》有的只著录人名，没有其他信息，后志就因循而略），有的任上遗有政绩，一些有关政绩的碑记等文，记有任期；有些碑记是事主自己撰写的，任期和籍贯等信息更为明确、可靠，是校阅者考查的重要依据，可作佐证。如元代最后一任知州，旧志记载是马元德（吉雅谟丁），而明嘉靖《奉化县图志》（影印本）载有明代金元素撰《知州李枢去思记》一段文字："前奉化知州李侯元中既受代之四年，实大明皇帝即位之洪武元年也。"即李枢在至正二十年（1360）知奉化州后时隔4年又任奉化知州。

在编纂过程中，奉化区档案馆、奉化区文保所以及宁波市图书馆陈英浩给予了大力支持与帮助，得以方便地利用和参考一些文献资料。如《清代官员履历档案全编》与《清代朱卷集成》（目前出版的有420册）等，前者是事主自己题写呈献，让皇上选择的履历，可信度较高；后者是举人、进士的登科录，其所题的出生年月日、籍贯等，都著录得清清楚楚，且多附有试卷文，方便校对人物生卒年月等。而录用、校对明嘉靖《奉化县图志》、清顺治《奉化县志》（影印本）史料，则仰仗了区档案馆、区文保所。对此表示由衷感谢。

已成书稿还留有不少遗憾，如一些知县、知州只有名讳，没有其他信息——可能是官卑职低，或政绩寥寥，史册记载着墨不多；也可能存在个别谬误，如因同姓同名而非同一人造成的张冠李戴等。恳请读者批评指正。

奉化区地方志编纂办公室

2017 年 12 月

奉化知县知州史料选辑